出境旅游领队培训与考试用书

AN INTRODUCTION TO TRAVEL DESTINATIONS
旅游目的地概述
（第5版）

夏林根 ◎ 编著

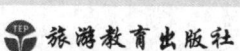

出版说明

随着人民生活水平的提高和改革开放进程的加快,公民出境旅游人数在迅速增长,国家批准的出境旅游目的地国家(地区)也在不断增多。同时,也对出境旅游领队人员的知识结构、业务素质提出了更高的要求。为了进一步提高出境旅游领队人员的综合素质,满足出境旅游领队培训与考试的需要,我们出版了这套"出境旅游领队培训与考试用书"。本丛书自出版以来,受到广大出境旅游领队和业内人士的普遍欢迎,成为业内影响最广、备受欢迎的专业化培训教材。

出境旅游目的地国家(地区)不断增多,出境旅游领队知识和实践不断丰富,丛书的内容必须与时俱进。因此,我们组织原书作者对本套丛书进行了第四次修订。修订后的丛书仍保留了原来的特点,内容丰富,可操作性强。丛书包括《出境旅游领队实务》《旅游目的地概述》《领队英语》《出境旅游领队工作案例解析》四种,主要介绍了出境旅游领队的工作流程及业务规范、与出境旅游相关的法律法规、旅游目的地国家(地区)概况、领队英语等方面的知识。

修订后的丛书主要有以下特点:

第一,权威性。本丛书作者既有在各大旅游院校从事相关教学工作的经验,又拥有丰富的领队实际工作和培训经验,保证了丛书内容的准确性和权威性。

第二,规范性。《出境旅游领队实务》《领队英语》均按出境旅游领队的基本工作流程安排章节;《旅游目的地概述》按目的地国家(地区)基本知识进行介绍,读者可以按"文"索骥、随用随查;《出境旅游领队工作案例解析》则精选了领队实际工作中的典型案例,从法律法规、行为规范、应急能力等层面进行了分析。

第三,实用性强。本丛书介绍了领队实际工作中的基本知识、流程与规范,以及紧急情况的处理技巧,具有很强的实用性。同时,本丛书内容基本上是要点性的介绍与讲解,易于培训教学。

《旅游目的地概述》是2005年春天编撰出版的,几番修订,多次重印,一直供不应求。初版时出境旅游目的地国家(地区)只有63个,2007年年底开放的旅游目的地国家(地区)增加到134个,其中正式实施的93个,我们请作者重新编撰修订,挑选其中比较重要的81个旅游目的地国家(地区),出版《旅游目的地概述》第2版。2011年1月,开放的目的地国家和地区扩展到140个,实际开展出境业务的

108个,我们再次请作者作了修订,并补写了新开放的27个国家和地区的概况,出版第3版。截至2014年4月,亚洲、欧洲、美洲、大洋洲和非洲的145个国家和地区成为中国公民出境旅游目的地,其中全面开展出境旅游业务的116个。为满足多地出境旅游领队培训机构的需要,我们又一次请作者进行补充修订,并增补了新增加的8个旅游目的地国家,出版第4版。本书为第5版,作者对全书内容重新进行校订,删繁就简,补充最新资料,调整章节编排,介绍的出境旅游目的地国家和地区也增至120个。全书近60万字,是国内最完备的一本出境旅游目的地著作。

《旅游目的地概述》由资深旅游专家、复旦大学旅游学系教授夏林根编写。夏先生长期从事旅游学科的教学与研究工作,对出境旅游领队培训工作非常熟悉。记忆中外地名数量全国纪录保持者刘仁军为本书进行了地理专业知识方面的审校。本书系统地介绍了120个已经开展组团旅游的出境旅游目的地国家(地区)的基本情况,每个国家(地区)分为"自然地理"、"国家象征"、"社会生活"、"民俗风情"、"旅游城市"、"经典景点"、"世界遗产"等七个部分。全书分为亚洲、欧洲、美洲、大洋洲和非洲等五章,并按开展出境旅游业务的先后为序编排篇章。资料丰富,内容翔实,简明扼要,对旅行社出境旅游领队了解旅游目的地国家(地区)的知识大有裨益。

本丛书既可用于出境旅游领队人员培训和考试,也可作为广大出境旅游者了解出入境及目的地国家(地区)概况的工具书。丛书在编写过程中得到了北京市旅游局人教处、上海市旅游局人教处、浙江省旅游局人教处、吉林省旅游局培训中心、陕西省旅游局人教处、陕西省西安旅游培训学院、湖北省旅游局人教处、天津市旅游培训中心等有关部门的指导,在此深表谢意。真诚地希望读者在使用中能够及时反馈不足,我们定会虚心采纳,使本丛书不断提高与完善。

旅游教育出版社

目 录

第一章 亚洲地区 / 1

第一节　动感之都——香港 / 2

第二节　博彩莲岛——澳门 / 8

第三节　黄袍佛国——泰国 / 13

第四节　花园城市——新加坡 / 22

第五节　黄金角落——马来西亚 / 27

第六节　海沟花园——菲律宾 / 35

第七节　隐逸之邦——韩国 / 40

第八节　樱花世界——日本 / 51

第九节　金山银海——越南 / 63

第十节　高脚木屋——柬埔寨 / 70

第十一节　万塔之国——缅甸 / 74

第十二节　和平之邦——文莱 / 80

第十三节　众神座椅——尼泊尔 / 83

第十四节　赤道翡翠——印度尼西亚 / 86

第十五节　月亮之国——印度 / 92

第十六节　梦幻世界——土耳其 / 100

第十七节　花环群岛——马尔代夫 / 105

第十八节　光明乐土——斯里兰卡 / 108

第十九节　清真之国——巴基斯坦 / 113

第二十节　油橄榄花——塞浦路斯 / 116

第二十一节　藏金秘洞——约旦 / 118

第二十二节　印支屋脊——老挝 / 121

第二十三节　高原骏马——蒙古 / 125

第二十四节　水泽之乡——孟加拉 / 130

第二十五节　沙漠新娘——叙利亚 / 132

第二十六节　石油宝库——阿曼 / 135

第二十七节　祖国宝岛——台湾 / 138

第二十八节　神之勇士——以色列 / 146

第二十九节　沙漠之花——阿联酋 / 150

第三十节　白衣民族——朝鲜 / 155

第三十一节　四金古国——乌兹别克斯坦 / 159

第三十二节　中东雪松——黎巴嫩 / 163

第三十三节　政教合一——伊朗 / 166

第三十四节　英雄田园——格鲁吉亚 / 172

第二章　欧洲地区 / 176

第一节　南欧乡村——马耳他 / 177

第二节　欧洲走廊——德国 / 179

第三节　红角山羊——克罗地亚 / 191

第四节　多瑙明珠——匈牙利 / 194

第五节　欧洲阳台——希腊 / 198

第六节　浪漫天地——法国 / 203

第七节　风车王国——荷兰 / 214

第八节　欧洲首都——比利时 / 220

第九节　钢铁王国——卢森堡 / 225

第十节　温暖港湾——葡萄牙 / 227

第十一节　斗牛勇士——西班牙 / 232

第十二节　遗产大国——意大利 / 242

第十三节　音乐之邦——奥地利 / 255

第十四节　桑拿之源——芬兰 / 260

第十五节　北欧明珠——瑞典 / 263

第十六节　金舌雄狮——捷克 / 268

第十七节　欧洲路口——爱沙尼亚 / 272

第十八节　铠甲美人——拉脱维亚 / 274

第十九节　银装骑士——立陶宛 / 278

第二十节　中欧白鹰——波兰　/281

第二十一节　六角黄星——斯洛文尼亚　/286

第二十二节　石竹玫瑰——斯洛伐克　/288

第二十三节　童话王国——丹麦　/291

第二十四节　冰火天地——冰岛　/296

第二十五节　天使之琴——爱尔兰　/299

第二十六节　油画乡村——挪威　/301

第二十七节　谷物女神——罗马尼亚　/306

第二十八节　钟表王国——瑞士　/310

第二十九节　发亮石头——列支敦士登　/316

第三十节　绅士淑女——英国　/317

第三十一节　双头雄鹰——俄罗斯　/327

第三十二节　无税天堂——安道尔　/338

第三十三节　玫瑰骑士——保加利亚　/340

第三十四节　长剑道士——摩纳哥　/344

第三十五节　报春之花——黑山　/346

第三十六节　斗篷王冠——塞尔维亚　/349

第三十七节　欧洲粮仓——乌克兰　/353

第三十八节　自由太阳——马其顿　/356

第三章　美洲地区　/360

第一节　雪茄同志——古巴　/361

第二节　天涯之国——智利　/365

第三节　蓝山碧水——牙买加　/368

第四节　足球之王——巴西　/370

第五节　战神之地——墨西哥　/376

第六节　玉米之仓——秘鲁　/382

第七节　粉色贝壳——安提瓜和巴布达　/386

第八节　珊瑚之国——巴巴多斯　/388

第九节　香料王国——格林纳达　/389

第十节　美洲富翁——巴哈马　/391

第十一节　粮仓肉库——阿根廷　/393

第十二节　兰花之国——委内瑞拉　/ 397

第十三节　山姆大叔——美国　/ 400

第十四节　南美水乡——圭亚那　/ 414

第十五节　美洲神鹰——厄瓜多尔　/ 417

第十六节　香蕉岛国——多米尼克　/ 419

第十七节　枫叶之国——加拿大　/ 421

第十八节　自由之帽——哥伦比亚　/ 429

第十九节　富庶海洋——哥斯达黎加　/ 433

第四章　大洋洲地区　/ 436

第一节　绵羊大国——澳大利亚　/ 436

第二节　白云星岛——新西兰　/ 445

第三节　待雕美玉——北马里亚纳　/ 449

第四节　香蕉甜岛——斐济　/ 451

第五节　猪牙勇士——瓦努阿图　/ 453

第六节　胖子之国——汤加　/ 455

第七节　大洋珍珠——法属波利尼西亚　/ 457

第八节　极乐皮鼓——巴布亚新几内亚　/ 459

第九节　世外桃源——密克罗尼西亚　/ 461

第十节　南太天堂——萨摩亚　/ 463

第五章　非洲地区　/ 466

第一节　文明摇篮——埃及　/ 467

第二节　黑人家园——南非　/ 471

第三节　非洲屋脊——埃塞俄比亚　/ 475

第四节　非洲石屋——津巴布韦　/ 479

第五节　天然良港——坦桑尼亚　/ 481

第六节　东非明星——毛里求斯　/ 485

第七节　黄金沙滩——突尼斯　/ 488

第八节　珊瑚礁岛——塞舌尔　/ 491

第九节　阳光花城——肯尼亚　/ 493

第十节　铜矿之国——赞比亚　/ 496

第十一节　高原水乡——乌干达　/ 498

第十二节　沙漠花园——摩洛哥　/ 501

第十三节　沙漠平原——纳米比亚　/ 505

第十四节　绿色海角——佛得角　/ 507

第十五节　黄金海岸——加纳　/ 510

第十六节　微笑民族——马里　/ 512

第十七节　水牛王国——马达加斯加　/ 514

第十八节　中非粮仓——喀麦隆　/ 517

第十九节　常春千丘——卢旺达　/ 520

附录一　出境旅游目的地首都、人口、面积一览表　/ 523

附录二　出境旅游目的地国际域名、电话代码、时差、流通货币一览表　/ 528

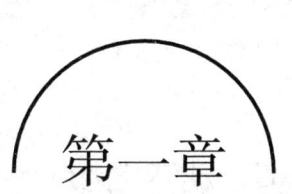

第一章

亚洲地区

　　亚洲,"亚细亚洲"的简称。亚洲位于东半球的东北部,东临太平洋,南濒印度洋,北达北冰洋,面积4400万平方千米,约占全球陆地总面积的3/10,是世界上面积最大的一个洲。亚洲有中国、韩国、日本、阿富汗、东帝汶、阿联酋、巴基斯坦、沙特阿拉伯、巴林、印度尼西亚、泰国、尼泊尔、卡塔尔、土耳其、孟加拉、哈萨克斯坦、缅甸、越南、阿曼、菲律宾、黎巴嫩、巴勒斯坦、亚美尼亚、土库曼斯坦、蒙古、老挝、约旦、柬埔寨、科威特、塞浦路斯、阿塞拜疆、塔吉克斯坦、朝鲜、文莱、伊朗、新加坡、伊拉克、斯里兰卡、格鲁吉亚、吉尔吉斯斯坦、印度、不丹、也门、以色列、叙利亚、马尔代夫、马来西亚、乌兹别克斯坦等48个国家。人口41.64亿人(2015),是世界上人口最多的一个洲。

　　亚洲地形地表起伏大,高山多,山地、高原和丘陵约占总面积的3/4,平原约占1/4。珠穆朗玛峰海拔高度8844.43米,为地球上第一高峰,而死海水面平均低于海平面约400米,是地球表面的最低点。亚洲面积超过10万平方千米的岛屿有6个,长度超过1000千米的河流有58条,是世界上大江大河最多的大陆。亚洲地跨寒、温、热三带,是世界上气候差别最大的一个洲。

　　亚洲矿产资源种类多,储量大,主要有煤、铁、石油、锡、锑、钨、铜等,其中以西亚的石油和东南亚的锡最为著名。亚洲农产品在世界上占有重要地位,稻谷和天然橡胶占世界总产量的9/10以上,棉花、椰子、胡椒、木棉、柚木、黄麻、茶叶的产量也名列前茅。

　　亚洲是世界三大文明古国中国、印度和巴比伦的所在地,世界三大宗教佛教、伊斯兰教和基督教的发源地。亚洲历史悠久,民族众多,文化灿烂,亚洲人民为世界文明做出了伟大的贡献。

　　本章介绍亚洲地区的34个出境旅游目的地国家或地区,包括已经开展组团出境业务的中国香港、台湾、澳门地区,以及泰国、新加坡、马来西亚、菲律宾、韩国、日本、越南、柬埔寨、缅甸、文莱、尼泊尔、印度尼西亚、印度、土耳其、马尔代夫、斯里兰卡、巴基斯坦、塞浦路斯、约旦、老挝、蒙古、孟加拉、叙利亚、阿曼、以色列、阿联酋、朝鲜、乌兹别克斯坦、黎巴嫩、伊朗、格鲁吉亚。

第一节 动感之都——香港

香港(Hong Kong)是中国的一个特别行政区。"香港"之名源自这里一个自明朝开始转运东莞香木的村落名。

一、自然地理

香港西与澳门隔海相望,南濒南中国海,北临深圳,面积约1094平方千米。

香港为滨海丘陵,多海湾岛屿,沙滩星罗棋布。大雾山(大帽山)海拔高度975米,为香港第一高峰。香港境内没有大的河流、湖泊,食用淡水六成以上依靠广东省供给。

香港属于海洋性季风气候,年平均气温约23℃,年降水量2225毫米。

二、区旗区徽

香港特别行政区的区旗呈横长方形。区旗旗面为红色,中间有5瓣紫荆花,花瓣上各有一颗五角星。红色代表祖国,紫荆花代表香港,寓意香港是中国不可分离的一部分,在祖国的怀抱中兴旺发达。花瓣上的5颗星象征香港同胞热爱祖国,红白2色体现"一国两制"的精神。

香港特别行政区的区徽呈圆形,中间为红底白色五星紫荆花蕊图案,其寓意与区旗相同。外圈有"中华人民共和国香港特别行政区"和"HONG KONG"字样。

在香港,凡国旗与区旗、国徽与区徽同时悬挂时,国旗或国徽置于较突出的位置;列队举持国旗与区旗时,国旗在区旗之前;平列悬挂国旗与区旗时,国旗在右,区旗在左。

三、社会生活

香港人口约715万人,其中汉族为主的中国居民约占98%。人口密度6340人/平方千米,市区2.1万人/平方千米,是世界上人口最稠密的城市之一。汉语、英语为官方语言,粤语为最主要的通用语言。汉族居民主要信仰佛教、道教。

香港特别行政区高度自治,享有行政权、立法权、司法权和终审权。原有的社会经济制度、生活方式自回归后维持50年不变。基本法律保持不变,在经济、贸易、金融、航运、通信、旅游、文化、体育等领域可以"中国香港"的名义与世界各国各地区及有关国际组织保持和发展关系。行政长官是香港特别行政区最高首长,在当地通过选举或协商产生,由中央人民政府任命。立法会是香港特别行政区的立法机关。行政长官、立法会议长都必须是香港的永久性居民,必须是中国公民。香港主要政党有自由党、香港协进联盟(港进联)、民主建港联盟(民建联)、民主党。

外贸、金融、航运和旅游是香港的四大经济支柱。香港与世界近200个国家和地区有贸易关系,人均对外贸易值名列世界第二,转口贸易长期稳居世界榜首。香港是全球第三大金融中心,第三大黄金市场,第七大外汇市场,第十大银行中心,第十大股票市场;还是全球第二大手表出口地,第二大成衣出口地,第三大玩具出口地,第十大服务出口地,最大的收音机出口地,世界第七大港和第三大空运中心。香港人均年收入居亚洲地区之冠。

四、民俗风情

香港既有西方现代大都会的风范,又保留中国传统的生活方式和习俗。男士称先生,女士称小姐、太太;对中年妇女称小姐亦无妨,而对年长女性称师奶、阿婶更显亲切。在非正规场合,中年以上的男人称阿叔、阿伯,年轻男女称哥哥、姐姐。一般行握手礼,亲朋好友间也行拥抱礼和贴面颊亲吻礼。表达谢意,往往用叩指礼。

香港人有"上只角"与"下只角"的说法,如果住在山上众人便会刮目相看。"山"指太平山,那里的房子没有一两千万元港币难以得手,山顶别墅每月租金高达数十万元港币。大多数香港人梦寐以求的是能够住进九龙、新界的"海景楼"。

香港是一个璀璨多姿的不夜城,各式会所、餐厅及酒吧有不少是24小时营业,不同娱乐场所任君选择,消费丰俭自选。香港人对麻将牌的热衷胜于吃饭睡觉,饮宴开席之前主人喜欢以"雀局"招待;朋友谈心事、商人谈生意、同事谈工作,常以搓麻将作为联络感情之举。香港人对六合彩情有独钟,嗜赌举世闻名,尤以赛马为最,据说香港马迷约占总人口的1/3,赛马时分盛况空前。

香港人讲求因缘,相信占卜,许多家庭供奉神像。大门口供奉土地爷,神台上供奉族宗牌位,厨房里供奉灶公;尊崇如来、观音、吕洞宾、关帝圣君;对孔老夫子的尊崇比祖国其他地区有过之而无不及;现代化的厂家、商店里也设有财神爷赵公明的神龛,神龛中装有现代化香烛(烛状红色电灯)。香火最旺的神明都与海和天有关,沿海渔村和水上人家都供奉天后妈祖。

香港人结婚十分豪华,送嫁、斟茶名目繁多,婚礼非闹到半夜不可。

香港人以米饭为主食,也喜欢面食。菜肴讲究鲜、嫩、爽、滑,注重营养成分,口味喜清淡。香港人喜欢早茶,喜欢到茶楼会友、聊天、谈生意。香港是广东"汤文化"的发扬光大者,更是"茶文化"的开拓创新者,居民对煲汤津津乐道,而伴着虾饺啜饮功夫茶的情结挥之不去。

在香港,除极相熟者外,不在姓氏前冠以"老"字。香港人不说"新年快乐",因"快乐"容易念成"快落",不吉利。香港人生活节奏紧张,业余生活各有安排,互相探访者少,商务和社交活动要约在酒楼、茶室或餐厅进行。接受礼品不会当面打开。不能给公务人员送礼,公务人员收受礼品是违法的。香港人喜欢红、黄等鲜艳的颜色,不喜欢白、黑、灰等颜色,近年来流行金色。香港人对数字很迷信,3 和 8 是最乐于追求的数字,因为广东话 3 的谐音是"生",代表生财、生龙活虎;8 的谐音是"发",代表发财、发达。

五、经典景点

维多利亚港 世界著名深水港。"维多利亚港"之名来自英国维多利亚女王。日间蓝天白云碧水,万吨巨轮进出海港,夜晚万家灯火,景色璀璨,香港因此被称为"东方之珠"。维多利亚港每晚举办激光射灯和音乐表演"幻彩咏香江"。维多利亚港影响着香港的历史和文化,是香港成为国际文化大都市的关键之一。

太平山 海拔高度 554 米。从前江洋大盗盘踞港岛,在太平山顶设瞭望台,客船过境即扯旗为号出动抢劫,因而称为"扯旗山"。山顶公园为观赏香港夜景的最佳之处,放眼四望,万千灯火映照下的港岛和九龙如镶嵌在维多利亚港湾的两颗明珠,"旗山星火"被列为世界奇景之一。山顶部分为香港最负盛名的豪华住宅区。

大屿山 香港最大的岛屿。主峰凤凰山高 934 米,有"凌绝顶"之称。山下有罗汉寺,山西有宝莲寺和天坛大佛,山北有清代海盗张保仔的古堡,东南海岸有香港最长的海水浴场——长沙湾浴场。大屿山的狗涌岭号称香港最美丽的露营地。大屿山的大澳渔村浮在水上的"棚屋"别具一格,人称"香港威尼斯"。

中环 香港的政治和商业中心。中环大厦如林,酒楼鳞次栉比,超级市场和摊贩市场并存,被称为"购物天堂"。这里的景观是殖民时期的建筑与现代高科技大厦的混合体,老建筑如立法会大楼,现代建筑如中银大厦,中环 IFC 国际金融中心,曾为亚洲最高的建筑——怡和大厦,构成香港美丽和壮观的城市风景线。

旺角 香港人流最旺的地区。大厦林立,店铺精致,不少商店及饭馆通宵营业。旺角有香港最古老的一些街道,也有不少特色街道和集中售卖某些物品的专门店铺,如有很多售卖运动用品店的"波鞋街",专卖雀鸟的"雀仔街",满是卖花店铺的"花墟",以售卖廉价衣服和饰物著名的"女人街"。

尖沙咀 香港九龙主要的购物区。有南亚裔及非裔人士聚居的高楼大厦,有全港最大的清真寺,充满英国风情的五星级酒店,有韩国街之称的金巴利街,售卖土耳其、俄罗斯、意大利、日本等地美食佳肴的诺士佛台及亚士厘道,熙熙攘攘的外国游客,令人有身处异国之感。尖沙咀钟楼巍峨秀丽,是九龙的象征。

铜锣湾 香港商业及娱乐场所集中地。因海岸线像一个铜锣而得名。铜锣湾区内有香港海底隧道、维多利亚公园、皇仁书院、香港中央图书馆、崇光百货、时代广场、舞台广场以及世贸中心，街头巷尾还有很多餐厅。铜锣湾是世界各大奢侈品牌开设顶级旗舰店的必争之地，也是全世界租金最贵的地段之一。

香港文化中心 香港文化中心建筑外观犹如回力刀，流线型的屋脊简约优雅。设有音乐厅、剧院、展览厅，设备先进，可举办音乐、歌剧、舞蹈等各类大型文艺演出，许多世界一流的艺术家曾在此献艺，也是欣赏电影、会议展览活动的理想场所。

太空馆 世界上设备最先进的太空科学馆之一。太空馆设计独特的蛋形外壳，已成为香港的一个地标。太空馆东侧设天象厅和展览厅，西侧为太阳科学厅。天象厅天幕直径23米，设座位315个，是世界上最大的天象厅之一。星象投映仪能将天空中包括太阳在内的8000多颗恒星、月亮及金木水火土五大行星投射到天幕上。

科学馆 有展区8个，展品500余件，题材广泛，其中80%的展品可让观众触摸。高达22米的能量穿梭机，是全世界同类展品中最大的展品。馆内可以用透镜和棱镜进行简单的光学实验，有飞行模拟器学习驾驶飞机。

赛马博物馆 设有8个展览厅和1所小型电影院，展示香港从1840年至今的赛马历史资料，如现代先进的赛马场赛道、破纪录的彩池金额、著名练马师和骑师的辉煌战绩，以及沙田马场从填海至兴建及使用的过程。赛马是香港人最喜爱的运动项目，至今已有170多年的历史，"跑马地"之名即由此而来。

迪士尼乐园 全球第五个以迪士尼乐园模式兴建的主题游乐园。游乐园包括幻想世界、明日世界、探险世界、反斗骑兵大本营、灰熊山谷、美国小镇、迷离庄园等七大主题区，还有载歌载舞的百老汇歌舞剧和璀璨的"星梦奇缘"烟花表演。走进园区如同置身梦幻世界。

海洋公园 东南亚地区最大的海洋公园之一，分为山上高峰乐园和山下海滨乐园，以全长1.5千米的缆车线连接，缆车跨山越海，处处是景。海洋公园拥有东南亚最大的海洋水族馆，海洋鱼类千奇百怪，还有高耸入云的海洋摩天塔，惊险刺激的越矿飞车、极速之旅。海洋公园曾被选为"全球十大最受欢迎的主题公园之一"。

维多利亚公园 香港最大的公园。以体育运动场地为主，有足球场、篮球场、网球场、溜冰场、草地滚球场、游泳池、儿童游乐场和公众休憩区。园内绿草茵茵，树木成荫。入口处有维多利亚女皇的铜像。每逢周日正午，公园内举行时事辩论会——城市论坛。每年的国际网球精英大赛、格兰披士小型赛车活动在此举行。

金紫荆广场 1997年香港特别行政区成立，中央政府赠送香港1座"永远盛开的紫荆花"铜雕，安置铜雕的广场被命名为"金紫荆广场"。广场上还矗立着香港回归纪念碑，飘扬着中国国旗及香港特区区旗。每年7月1日香港特区成立纪念日和10月1日中国国庆日，这里都会举行隆重的升旗仪式。

青马大桥 全球最长的汽车铁路双用悬索式吊桥之一。大桥跨越马湾海峡连接青衣和马湾，全长约2160米，主跨长约1377米，混凝土桥塔高约206米，吊缆钢索总长达16万千米，结构钢重量达5万吨。大桥曾被选为"20世纪十大建筑成就奖"之一。

星光大道 全长约440米,仿照美国好莱坞星光大道设计。星光大道地面装嵌香港电影界杰出人士的牌匾,香港德高望重的老牌电影人、当代国际港片大师留下了他们的手印。这里还是观赏维多利亚港夜景的绝佳地点。

长洲岛 岛形狭长,两头大中间细,像一个哑铃,故又称"哑铃岛"。长洲岛保存着渔港的面貌,是夏日度假胜地。全岛禁止车辆行驶,最美妙的旅行方式是骑自行车。首位香港奥运金牌得主李丽珊在岛上出生和长大,她昔日练习风帆的长洲观音湾海域适合该项运动,所以这里也是香港风帆运动爱好者的圣地。

南丫岛 形状像汉字的"丫"而得名。南丫岛不见高楼大厦,平房建筑俯拾皆是。岛上没有机动车,自行车是主要的交通工具。清新的空气,优美的海岸风光,美味的海鲜美食,中西合璧的古老建筑,浓厚的艺术气息,使南丫岛成为郊游胜地。

浅水湾 浅水湾海滩绵长,滩床宽阔,水清沙净,波平浪静,夏令时节游客蜂拥而至,各式泳装组成一幅色彩斑斓的画面。沙滩上有中国古典色彩的镇海楼公园,沙滩旁有快餐店、餐厅及超级市场,临海的茶座是欣赏红日西沉、海涛拍岸的好地方。因景色秀丽,浅水湾成为港岛著名的高级住宅区之一。

荃湾 传说南宋皇帝宋端宗南逃时曾停驻于此。荃湾有游船码头及香港第一吞吐量的集装箱码头,已成为新界西部的交通枢纽。除了不断落成的私人屋苑和商业大厦,荃湾也保留了不少具有地区特色的建筑物,庙宇林立,圆玄学院、西方寺及竹林禅院均是信众参拜之地。这里的地价达寸土寸金的地步。

赤柱 景色秀丽的小镇,曾是英军军事据点,香港岛的行政中心。赤柱拥有很多优美的海湾,如"香江八景"之一的赤柱东湾。每当朝阳升起,倒映的霞光在水面形成一道红柱,因此有"赤柱朝晖"的美名。阳光海滩,独特建筑,购物饮食中心,是观光消闲的好去处。

大澳 香港著名渔村,远离烦嚣的市区,纵横的水道和水上棚屋构成独有的水乡情怀。大澳附近有大面积的红树林。大澳还有"香港威尼斯"之誉,有渔家风情馆、古渔民民居群、万人坟、海上日出、葛洲帆影、蛋家棚居、商会旧址、海角琼楼、古炮楼等景点,是"阳江十景"之一。咸鱼和膏虾是大澳著名的水产。

红石门 两岸相距数十米,水道狭窄如门。近岸处满是鲜红色的岩石,整条海岸线被染得通红,因而别称"火红海岸"。船只驶到赤门海峡尽头,向黄竹角咀一拐,便是黄竹角海,有陡峭的绿坡夹道;越往西行,海面越趋平静,万籁无声,好像到了世外桃源。

吉庆围 客家围村,与永隆围、泰康围、南围、北围和新围合称"锦田六围"。以青砖砌围墙,四周有碉堡,旁有护城河,一些古旧建筑已被现代楼宇所取代。1899年当地居民以吉庆围为据点与英军血战,英军屡攻不下,最后以大炮攻击,英军后来把连环铁门拆除运回伦敦作战利品展览,史称"铁门事件"。

第一章 亚洲地区

庙街 香港早年的烟花之地。俗称"老庙",因有一座清代的天后庙而得名。庙街到访者以男性为主,故有"男人街"之称。每日傍晚,唱戏、占卜、算命等各色人物云集庙街,路边的摊档售卖男性服装、手工艺品、茶具、玉器、古董甚至廉价电子产品。庙街以售卖平价货的夜市而闻名,被喻为香港的"平民夜总会"。

兰桂坊 20世纪70年代初,一位意大利商人在此开设一间意大利服装店及餐厅,随后成为"优皮士"们的聚脚处。有些电影在这里取景,渐成一处有品位的消闲之地,酒吧食肆及娱乐场所越开越多。每当夜幕低垂,兰桂坊霓虹灯闪烁,各种肤色的人士或开怀畅饮,或高谈阔论,或随歌劲舞,成为中西文化交融的欢乐憩园。

杜莎夫人蜡像馆 简称"香港蜡像馆",是展览名人蜡像的博物馆,展出约100尊海内外名人的蜡像,包括中国原国家主席胡锦涛、篮球明星姚明、足球明星贝克汉姆、香港奥运金牌得主李丽珊、著名艺人刘德华、陈慧琳、周杰伦,以及已故巨星邓丽君、梅艳芳、张国荣等。

圣约翰教堂 俗称"大教堂",是远东最古老的英国教堂之一。教堂为哥特式建筑,石砌楼塔上有4个小尖顶。正门前有纪念碑一座,悼念第一次世界大战期间的殉难者以及香港保卫战中在教堂前殉难的士兵。教堂北墙上有威廉大尉纪念碑石,纪念威廉在1857年殉难于广州城下。

宝莲禅寺 香港十方丛林之一,与观音寺、灵隐寺、延兴寺、罗汉寺合称五大禅林圣地。宫殿式的大雄宝殿,朱门绿瓦,金碧辉煌。林丛小径浓荫覆盖,古意盎然,景色宜人,堪称屿山胜境。禅寺左前方有一山峰,形似僧人敲击木鱼,故名"木鱼山"。

黄大仙祠 香港香火最旺的庙宇之一。祠内的飞鸾台、经堂、玉液池、孟香亭、照壁,按金、木、水、火、土"五行"布局,建筑雄伟。祠旁的小公园精巧玲珑。九龙壁仿照北京故宫九龙壁而建。祠内供奉的黄大仙据说有求必应,农历新年,善男信女们蜂拥而至,争上"头炷香",成为一年一度的贺岁佳话。

洪圣古庙 典型的乡村庙宇建筑。此地居民以捕鱼为生,集资筹建庙宇供奉海神洪圣以保平安。古庙建于1889年以前,2000年修复,荣获联合国教科文组织"亚太区2000年文物古迹保护奖"杰出项目奖。每年洪圣诞辰,当地居民在此举行大型庆祝活动。

圆玄学院 香港佛、道、儒三教的总坛,学院布置集三教之长,精致高雅。入口处一块三教牌坊高矗入云。主体建筑三教大殿仿照北京天坛而建,大殿的半球形顶部象征道教的精髓无始无终。通往广场的楼梯两旁种满松树和柏树,广场左右两边设有两座传统特色的凉亭。每年春季这里举办"圆玄盆栽雅石欣赏会"。

天坛大佛 世界上最大的露天青铜大佛坐像之一。佛像身高23米,总高34米,重达250吨,由202块青铜焊接而成。佛面重5吨,浇注时加入约2000克黄金,更添光彩。大佛造型集云岗、龙门佛像和唐代雕塑技术之精华。大佛莲眼低垂,眉如新月,螺发复顶,神韵非凡。

第二节 博彩莲岛——澳门

澳门(Macau)是中国的一个特别行政区。澳门原属香山县,故称"香山澳"。澳门环海,称为"澳",南台山和北台山相封成门,既是澳,亦有"门",便称"澳门"。妈阁庙隔海同湾仔的银坑相望,形成海峡像门;南面对开的四岛对峙,海水贯流其间,成十字状,所以亦有"十字门"之称。澳门因位于海口咸淡水交汇之处,盛产牡蛎(又称生蚝),蚝镜为蚝之外壳的一部分,平滑如镜,故又称澳门为"蚝镜澳""濠镜澳",别称"濠江""濠海""海镜""镜湖"等。

一、自然地理

澳门位于广东省珠江口西侧,北与珠海拱北接壤,东隔伶仃洋与香港相望,西连磨刀门和珠海市的湾仔、横琴岛隔水相对,面积约27.5平方千米。

澳门由澳门半岛、氹仔岛和路环岛组成,多丘陵、台地,楼宇、房屋多顺坡而筑。路环岛最高峰塔石塘山,海拔174米。澳门海岸线长938千米,多海湾港口。

澳门属于亚热带季风气候,夏热多雨,冬稍干冷,春温多雾,冬日晴朗。年平均气温为22℃,年降水量约1970毫米。

二、区旗区徽

澳门特别行政区的区旗呈横长方形,区旗面为绿色,图案包括五星、莲花、大桥、海水。绿色代表祖国大地,象征和平与安宁;呈弧形排列的5颗五角星,象征中国政府恢复对澳门行使主权;3朵白莲花象征澳门是由3个岛屿组成的吉祥之地;大桥和海水是澳门自然地理和景观的代表,也寄托澳门回归祖国后一定能保持稳定发展的美好愿望。

澳门特别行政区的区徽呈圆形,徽面由绿色环形窄边、文字区外圈、绿色内圆及五星、莲花、大桥和海水图案所组成。文字区外圈上方为"中华人民共和国澳门特别行政区"中文繁体字样,下方排列"澳门"葡文字样。内圆中间是3个花瓣组成的白色莲花,莲花上方的金黄色五角星一大四小,莲花下方是白色大桥和绿白相间的海水。其图案的含义与区旗相同。

在澳门,凡国旗与区旗、国徽与区徽同时悬挂时,国旗或国徽置于较突出的位置;列队举持国旗与区旗时,国旗在区旗之前;平列悬挂国旗与区旗时,国旗在右,区旗在左。

三、社会生活

澳门常住人口约56万人,中国籍人士超过九成半。人口密度每平方千米约

1.8万人,花王堂区超过10万人,是世界上人口密度最高的地区之一。澳门有50多个民族。土生葡萄牙人是澳门的特殊群体,即具有葡萄牙人血统的葡籍居民,他们沿用葡人姓名,受葡文教育,信奉天主教。中文及葡文是澳门官方语言,通行英语,市民普遍讲粤语。大部分居民信奉中国传统宗教,信仰佛教者最多。

按照"一个国家,两种制度"的基本方针,澳门原有的社会经济制度和生活方式自回归后50年不变,实行高度自治,享有独立的行政管理权、立法权、司法权和终审权。行政长官是澳门特别行政区的最高行政首长。澳门没有政党,但每个行业都有自己的社团,注册登记的社团达1460多个。

澳门为微型市场经济体系。神香、火柴和爆竹等手工业一直是澳门工业的主体。成衣、纺织业迅速发展,一些新兴行业如电子、玩具、人造丝花等相继兴起。博彩业特别发达,因此被称为"东方的蒙特卡洛"。澳门长期依靠旅游博彩业支撑的"赌埠",形成了以出口加工业、旅游博彩业、地产建筑业和金融保险业为四大支柱的经济结构。澳门被世界银行列为全球45个人均高收入的地区之一。

四、民俗风情

澳门邻近广东,广东人的生活习惯和风俗礼仪在澳门的影响最为深远。

澳门人相见一般以握手为礼,亲朋好友之间常以热情拥抱并拍肩膀为礼。澳门人以爽快诚挚、开朗热情著称,在社交活动中不喜欢拐弯抹角绕圈子。善于结朋交友,喜欢相聚畅叙。

澳门人普遍崇拜妈祖,居家门前立个土地神牌位,每日敬供,香火不断。开张庆典,舞狮耍龙,摆放供台,点香乞祖宗保佑。新船下海,燃放鞭炮,求助平安。传统节日,不论大小,祭天有加。

澳门人的婚礼,在澳葡萄牙人、欧美人士和信奉天主教或基督教的中国人均按有关宗教程序进行,其他人绝大多数采用广东式的结婚仪式,往往大摆宴席。澳门人生儿育女要设汤饼宴,品尝姜醋,分送红鸡蛋。婴儿过周岁,登上酒楼(取登高吉祥之意)设宴庆贺,年长的亲友会给婴儿一束线,意为"长命富贵"。

澳门荟萃了世界的美食,中国菜、日本菜、韩国菜和泰国菜应有尽有。澳门菜自成一派,最吸引人的是中葡合璧的地道澳门菜。澳门大街小巷四处有"手信店",卖的是牛肉干、猪肉干、杏仁饼、凤凰卷、姜糖等地方特产。

除特别熟悉的人外,澳门人一般不将家庭住址告诉别人,也不习惯在家中招待客人。澳门人对吉祥话、吉祥物、吉祥数字较为偏爱,如恭喜发财、鱼、8、6等,但忌讳数字13和星期五,忌讳打听他们的年龄及婚姻状况、经济收入。

五、经典景点

大三巴牌坊 圣保禄教堂前壁的遗迹,已有350多年历史。"三巴"为"圣保禄"的音译,又因遗迹貌若中国传统的牌坊,因而得名。牌坊呈三角金字塔形,顶端高耸的十字架,铜鸽下面的圣婴雕像和被天使、鲜花环绕的圣母塑像,糅合了欧洲文艺复兴时期与东方建筑的风格,其造型雄奇,巍峨壮观,堪称"立体的圣经"。

议事亭前地 澳门四大广场之一,地面由碎石子铺成波浪状。广场中央矗立着一座喷泉,喷水池上摆放着象征葡萄牙航海远征的地球仪。议事亭前地地处繁盛的商业区,商店林立,更有不少手信店。附近的建筑物既有西式建筑如玫瑰堂、仁慈堂、民政总署大楼,也有中式屋宇如三街会馆,古老建筑和现代气息和谐共存。

大炮台 又名"圣保罗炮台""中央炮台""大三巴炮台",属圣保禄学院和圣保禄教堂的一部分。大炮台建于1616年明神宗年间,是中国最古老的西式炮台之一。炮台四周绿草如茵,古木参天,景观优美,在炮台上可眺望澳门全景及珠江口一带的风光。

玫瑰堂 因供奉玫瑰圣母而得名,最初用樟木建造,所以也称"板樟堂"。玫瑰堂保存有许多富有奇趣的油画及雕像,尤以耶稣基督像最为著名。圣堂内的天花板饰满图案,色彩缤纷。钟楼内的两座铜制大钟,是澳门最古老的钟。玫瑰堂圣物宝库收藏澳门天主教珍贵文物300余件。

妈祖阁 早期称"娘妈庙""天妃庙"或"海觉寺"。妈祖阁是澳门最古老的禅院之一,已有500多年历史,是澳门妈祖文化的象征。妈祖阁背山面海,沿崖建筑,石狮镇门,古木参天,飞檐凌空,古朴典雅。妈阁庙前地是葡萄牙人最早登陆澳门之地。庙前葡式碎石铺地与妈阁庙中式设计形成强烈对比,体现中西交融的特征。

澳门旅游塔 集观光、会展及娱乐设施于一身的观光塔。塔总高338米,共61层,造价约10亿元澳门币。顶层设有大型旋转餐厅,站在顶层,澳门、珠海尽收眼底,晴天还可远眺香港的大屿山。塔内还有展览及会议设施、主题餐厅、高级购物中心和剧场、露天广场。

黑沙海滩 天然海滨浴场。海湾呈半月形,坡度平缓,滩面广阔。沙滩的黑沙黝黑,据说是海洋特定环境形成的黑色次生矿"海绿石",经年累月被海浪冲刷携带到岸边。沙滩附近有黑沙公园,大片木麻黄树组成常绿林带,与黑沙海滩相映成趣。沙滩周围娱乐项目众多,每逢假日周末游人如潮。"黑沙踏浪"是澳门八景之一。

民政总署大楼 建筑具有明显的南欧特色。大楼曾作为中葡官员会面的场所。楼内有画廊及图书馆,每年举行"全澳书画联展"。图书馆收藏17世纪至1950年的外文古籍珍品,包括创刊于1822年的葡文《蜜蜂华报》。大楼后有葡式花园以及葡萄牙诗人贾梅士的半身雕像。

金莲花广场 为庆祝1999年澳门回归祖国而建。广场中心为中央政府赠送给澳门的"盛世莲花"青铜雕塑,其主体部分由花茎、花瓣和花蕊组成,表面贴金,重6.5吨;基座部分由23块红色花岗岩相叠组成。雕塑形似莲叶,寓意澳门3岛。莲花盛开,亭亭玉立,象征澳门永远繁荣昌盛。

第一章 亚洲地区

澳氹大桥 连接澳门半岛与氹仔岛的第一座大桥,原以澳门总督的名字命名为"嘉乐庇大桥",但市民历来通称为"澳氹大桥"。大桥全长约 2.5 千米,似长虹卧波,设计简洁大方。入夜后,桥灯吐亮,如珠连串,身秀影丽。

西湾大桥 连接澳门半岛和氹仔岛,竖琴斜拉式设计,长约 2200 米。大桥最大特色是两座 85 米高的双拱门桥塔,两个桥塔犹如两个巨大的 M 字母(代表澳门的英、葡文首个字母 M)、罗马数字 III 以及阿拉伯数字 3,寓意此桥是澳门的第三座澳氹大桥。桥墩外观呈弧形,寓意莲花花瓣。

龙环葡韵 "龙环"是氹仔岛的旧称,"葡韵"是指葡萄牙建筑风格。龙环葡韵包括住宅式博物馆、嘉模教堂、氹仔图书馆、氹仔市政花园和十字花园。住宅博物馆有 5 幢葡萄牙式小型别墅,原为澳门离岛高级官员的官邸及一些土生葡人家庭住宅。博物馆前面有一片红树林。

威尼斯人度假村 占地约 11 万平方米,以意大利水都威尼斯为主题,威尼斯特色拱桥、小运河及石板路随处可见,处处充满威尼斯人浪漫狂放享受生活的异国风情。这里有澳门最大的室内购物中心,3000 间套房的酒店。博彩大厅有 850 张赌桌、4100 台老虎机,赌桌数量居世界第一。

葡京娱乐场 澳门最早的博彩娱乐场之一。内设多间娱乐场,可自由进出,但 18 岁以下未成年人及 21 岁以下本地人不准进入。澳门把赌博称为"幸运博彩",把赌场称为"娱乐场",娱乐场一般附设于大酒店。葡京娱乐场附近就有永利、金碧、新葡京等娱乐场。

圣方济各圣堂 巴洛克式建筑。教堂外墙以奶白色为主,窗户呈椭圆形。教堂内 14 世纪木刻耶稣头像和小巧精美的古钟楼引人注目。圣方济各跟随传教士自日本到达中国南部沿海,在澳门附近的一个小岛逝世,他的手骸圣镯被安放在教堂内一个银制骨匣里。教学设有陈列室,珍藏 13 世纪以来的文物和艺术品。

马礼逊教堂 澳门最古老的基督教传道所之一,为纪念将《圣经》翻译成中文的传教士马礼逊而建。教堂的门窗为别致的拱形设计,教堂内只有 10 张长椅,教堂顶部保持着年代久远的屋梁、屋椽以及两台长吊扇。教堂四周环境清幽脱俗。

圣老楞佐教堂 因靠近码头,立有风信旗杆,俗称"风信堂",广东话中"信""顺"同音,所以又称"风顺堂"。教堂建筑高耸,左右钟楼对峙,装饰充满东方色彩,既雄伟壮观又古雅逸趣。祭坛供奉的圣老楞佐神像,穿着绚丽的衣袍,一手持《圣经》,一手拿法杖,庄严肃穆。

圣奥斯定教堂 初建时用棕榈树叶作顶,树叶似龙须飘飘,故称"龙须庙",后改称"龙嵩庙"。教堂外形庄严雄伟,内部宽敞阔大。澳门的教堂大多以葡萄牙语或广东话传道,圣奥斯定教堂是第一所用英语布道的教堂。

主教山小堂 当年葡萄牙航海者与荷兰海盗船相遇却未受伤害,遂建此教堂以谢神灵保佑。教堂前平台处竖立一尊大理石圣母雕像。平台下有一岩洞,洞内怪石嶙峋。洞前是20世纪初天主教澳门主教埋骨之处。教堂四周绿树婆娑,曲径通幽,有不少南欧建筑风格的别墅。

东望洋山 古称"琴山",因横卧似琴而得名。山上松树茂密,故又名"松山",海风阵阵,松涛滚滚。山上有3处重要景点:一是圣母雪地殿圣堂,圣堂内许多壁画糅合了中西文化特色,还有一座铸于1824年的古钟。二是松山炮台,为中国现存最古老的西式炮台建筑群之一。三是松山灯塔,为中国沿海第一座欧式灯塔。

望厦炮台 葡萄牙殖民时期的军事据点之一。炮台的花岗石围墙高约6米,围墙上设有11个射击孔,还有一个高出平台4米的混凝土观察台。炮台四周现已改建成市政公园,罗马式广场、喷泉、人工湖、瀑布、长廊等与古老炮台相互衬托,环境幽雅。望厦山曾驻有葡属非洲士兵,故又称"黑鬼山"。

竹湾 竹湾海岸广阔,沙粒洁白。海滩旁有竹湾公园、水上活动中心,有专人训练驾驶独木舟、帆船。竹湾公园依山而建,碧绿苍翠,房舍、小桥、小径栏杆都是就地取材,以松木搭建,朴实自然。附近有葡式风格的度假酒店以及多幢小别墅。

白鸽巢公园 葡萄牙富翁马葵士曾在此建造豪华别墅,他酷爱养鸽,成群的白鸽漫天飞舞,成为当时澳门的一大景观,这里因此被称为"白鸽巢"。小山环叠,古木参天,鸟鸣不绝。小径依山建筑,纵横如八阵图。公园内有一石洞,葡萄牙著名诗人贾梅士因触犯宫廷被流放到澳门后隐居此洞,故又称"贾梅士公园"。

螺丝山公园 曾有俄罗斯人隐居,被称为"罗斯公园"。公园依山而筑,花木苍翠,处处清幽。园径螺旋状而上,直抵山巅的螺旋形小塔,整座公园形似一颗巨型螺丝。公园每个角落安置有乘凉座椅,其椅子之多堪称澳门公园之最。

卢廉若公园 又称"卢家花园"或"卢九花园",简称"卢园",是港澳地区唯一的苏州园林式公园。园内书有"屏山镜楼"的圆形拱门古色古香,参天的榕树、成片的竹林、盛开的鲜花,掩映着楼台亭阁、曲径回廊、池塘桥榭、流水飞瀑、假山怪石,景色如诗如画。孙中山曾应园主邀请下榻于园中的春草堂。

宋玉生公园 为纪念澳门著名土生葡人宋玉生博士而建。园内遍植棕榈树和灌木,景色幽美。公园主要通道为一条铺砌碎石的葡萄牙式林荫大道,两旁为宽阔的草坪和小径。公园一侧设有音乐喷泉,其水柱造型、组合千变万化;另一侧为荷塘拱桥,桥下池水清澈,有鸭子和锦鲤嬉戏水中,一派悠然自得的景象。

何贤公园 原名"香山公园",为纪念澳门华人领袖何贤绅士而建。公园呈长方形,一条宽阔的三合土路贯穿公园两端,中央矗立着大型黑色石块建成的长方形拱门,淙淙流水沿石块徐徐而下。公园内还有一个大型露天剧场和一座澳门回归纪念亭。

六、世界遗产

澳门历史城区 以澳门旧城区为核心的历史街区,包括妈阁庙前地、亚婆井前地、岗顶前地、议事亭前地、大堂前地、板樟堂前地、耶稣会纪念广场、白鸽巢前地等多个广场空间,以及妈阁庙、港务局大楼、郑家大屋、圣老楞佐教堂、圣若瑟修院及圣堂、岗顶剧院、何东图书馆、圣奥斯定教堂、民政总署大楼、三街会馆、仁慈堂大楼、主教座堂、卢家大屋、玫瑰堂、大三巴牌坊、哪吒庙、旧城墙遗址、大炮台、圣安多尼教堂、东方基金会会址、基督教坟场、东望洋炮台等20多处历史建筑和相邻的8处前地。历史城区保留了中国境内年代最古老、规模最大、保存最完整和最集中的东西方风格共存的建筑群,见证了西方宗教文化在中国及远东地区的发展,也见证了向西方传播中国民间宗教的历史渊源。

第三节 黄袍佛国——泰国

泰国,全称"泰王国"(Kingdom of Thailand),自13世纪起自称"孟泰",意即"自由之地",曾称"暹罗",又称"千佛之国""黄袍佛国""大象之邦"。

一、自然地理

泰国位于亚洲中南半岛中部,东与柬埔寨为邻,北及东北与老挝交界,西与缅甸接壤,南与马来西亚相邻,东南濒临暹罗湾,西南临接安达曼海,面积为51.4万平方千米。

泰国版图形如大象头颅,叻武里以南宛如大象的鼻子伸入马来半岛。泰国平原低地占国土面积的一半以上。北部山区遍布热带雨林;中部平原盛产稻米,中部是人口最密集地区。泰国最高峰为界邻缅甸的因塔诺峰,高2576米;河网密集,第一长河昭披耶河纵贯南北。

泰国大部分地区属于热带季风型气候,除北部山地外,年平均气温为28℃。一年分3季,6—10月是雨季,11—2月是干季或凉季,3—5月是夏季。年降水量约1550毫米。

二、国家象征

泰国的国旗呈横长方形,由红、白、蓝3色相间的5条横纹构成。红色象征英雄的民族,白色象征纯洁的宗教,蓝色象征庄严的皇室。

泰国的国徽图案为驮着那莱王的一只大鹏。那莱王是传说中的神,而大鹏则是传说中降魔除怪的鸟中之王。

泰国的国歌是《泰王国歌》。

泰国的首都是曼谷。

三、社会生活

泰国人口约 6591 万人,约八成半住在农村,一成住在曼谷。华人约占总人口的一成。泰国有 30 多个民族,泰族和老挝族是两大主要民族。泰国官方语言是泰语,英语使用也很普遍。佛教为国教,居民九成以上信奉佛教,世界佛教联谊会总部设在泰国。

泰国是君主立宪制国家,行政、立法、司法三权分立。国王是国家元首、武装部队统帅、宗教的最高护卫者。国会是最高立法机构。泰国政权更迭频繁,内阁总理往往由军队首脑出任,内阁成员大部分是高级军官和警官,这是泰国政治的一个显著特点。泰国主要政党有泰爱泰党、社会行动党、泰国党、泰国民主党。

泰国是一个农业国,农业人口约占总人口的六成。泰国是世界著名的大米生产国和出口国,泰国香米享有盛誉,玉米、甘蔗、咖啡、花卉、水果等都是创汇农产品。泰国钾盐储量居世界第一,木薯和柚木的产量居世界前列。

四、民俗风情

泰国是佛教国家,事事处处都有佛教的色彩。泰国有"不当和尚不算男子汉"的说法,男性上至国王下至平民必须循例为僧,年满 20 岁出家,一般 3 个月后还俗,也有的长期为僧,剃度为僧被认为是一种社会资历,受到人们的尊敬。泰国至今使用佛历纪年,家家户户供奉佛经佛像,早晚必须祈祷,各学校都设有宗教课程。

泰国人以礼仪、宽容和谦让为荣,为人处世彬彬有礼。习惯以名字相称,一般把尊称"坤恩"(Khun)放在名字前,男女适用。亲友相见或告别,双手合十为拜表示恭敬。双手合十分 4 个级别:老百姓见国王,双手举过头顶;小辈见长辈,双手举到前额;平辈相见,双手举到鼻子底下;长辈见小辈,双手举到胸前。泰国男人盘膝而坐,妇女叠膝而坐,男子在长辈面前亦叠膝而坐。泰国有文身的习俗,几乎所有的男子都文身,大都在胸背腿臂等处刺上文字或图案,还有高僧用针刺入咒语,称为"贡头",据说能趋利避邪。

泰国的传统着装简单朴实,男子一般穿长裤和短袖衬衣,女子则大多穿筒裙。项链和戒指是男女青年喜欢的饰物,金项链下面往往挂一块金牌或一个小佛像。妇女还戴手镯、耳环,使用银、金或合金的腰带。

泰国最富地方特色的城市风景是世界上独一无二的"人妖"。一些贫苦家庭的男人为谋生计想方设法把自己变成"女人"。泰国有专门培养人妖的学校,从两三岁时就开始培养,成年以后进入剧团表演。人妖表演已经成为泰国旅游经济的支柱。

泰国的寺庙是公认的神圣之地,进入寺庙必须衣着整洁端庄,不穿短裤、迷你裙、袒胸露背装,必须脱鞋,脚不能踏踩门槛。泰国人把佛像奉为圣物,攀爬佛像取景照相"有欠尊重"。向托钵的和尚送现金是破坏僧侣戒律的行为。妇女若要将物品奉给僧人,由男士转交,否则僧人会以黄袍或手巾来接。为避免与妇女接触,僧侣乘坐公共汽车通常坐在后部,坐在后部的人要把座位让给他们。

泰国人以米饭为主食,用盘子盛饭,用右手抓食。菜肴以酸、辣、鲜、冷为特点,特别爱吃称为"羹"的辣汤,但不爱吃红烧的菜肴。泰国人尤其喜欢各种调味酱,泰国菜的精髓皆在酱中,常用生菜蘸酱佐餐,民间还有"没有辣椒不算菜"的俗语。饭后爱吃甜食、水果,但不吃香蕉。槟榔具有降气除湿的效用,男男女女都携带槟榔或槟榔叶随时嚼用。

泰国人对皇室很尊重,在电影院内播放国歌或出现国王肖像时都要起立。与人说话时不能戴墨镜,可以毫无拘束地自我介绍或询问别人的姓名,但不能用手指着对方说话。泰国人认为头部是身体的最高部分,即使是友善的表现也不容许抚拍。认为右手高贵,左手卑微,所以给人递物要用右手,正式场合还应双手捧上。凡接到邀请不应拒绝,否则会被以为瞧不起他。做客不一定要带礼物,可以给主人送水果或鲜花或蛋糕,但不送康乃馨或万寿菊。接受礼物要表示感谢但不能当面打开。农村居民大多居住在干栏式结构的高脚屋里,未经允许不能进入卧室。不论城市或农村,人们在家时都赤脚,做客者入内必须脱鞋。泰国人喜欢谈论他们的文化遗产,常常询问游客对泰国的观感,当然喜欢赞赏性的回答。在任何场合,避免谈论敏感问题,如毒品走私、地区政治、对国王或王后的消极议论等。

五、旅游城市

曼谷(Bangkok) 泰国的首都和泰国最大的城市,联合国亚太经社理事会、联合国亚洲和远东经济委员会、东盟等组织总部的驻地。"曼谷"泰语意为"天使之都"。曼谷位于湄南河曼谷湾的河口平原,河道纵横,有"东方威尼斯"之称。曼谷有佛寺400多座,被称为"佛庙之都"。曼谷建筑精致美观,具有浓厚的东方色彩。

清迈(Chiang mai) 泰国北部政治、经济、文化中心和交通枢纽,手工艺品主要产地。"清迈"意为"新京"。清迈位于湄南河支流滨河河畔,四周群山环抱,风景秀丽,古迹众多,商业繁荣,是著名的避暑胜地。清迈以玫瑰著称,有"北国玫瑰"之誉。清迈女子肤白貌美,眉清目秀,开朗活泼,因此清迈被称为"美人窝"。

清莱(Chiang rai) 泰国最北的府城,曾是13世纪朗那王国的国都。"清莱"因建城的孟莱王而得名。清莱位于科克河南岸,靠近金三角地区,又是山区探险队的基地,是一个极为重要的通关与贸易中心。

芭提雅(Pattaya) 泰国旅游经济特区,世界著名的海滨度假胜地。芭提雅位于暹罗湾,气候舒适,环境幽雅,以阳光、沙滩、海鲜名扬天下,被誉为"东方夏威夷"。最著名的是这里的夜生活,街道两旁亭式小酒吧鳞次栉比,延绵几十千米灯火通明,巨细无遗地展示着独特的风光。

普吉岛(Phuket) "普吉"意为"山丘"。普吉岛位于安达曼海东北部,周围有大小岛屿39个。普吉岛既有沙白水清的海滩,也有怪石林立的悬崖峭壁和覆盖着茂密热带植被的山地森林。普吉岛地处热带,长夏无冬。以"5S"即阳光(Sun)、海洋(Sea)、沙滩(Sand)、服务(Service)、治安(Security)著称,被称为"安德曼海上的一颗明珠"。普吉岛夜晚娱乐活动丰富多彩,有"珍宝岛""金银岛"的美称。

六、经典景点

四面佛 位于曼谷市。市中心商业区一个熙熙攘攘的街角供奉的一尊四头神像,它分别象征事业、婚姻、发财、平安,据说顺时针参拜,每面上香,最后用小杯子舀一碗水拍在额头、手臂和手上,可以心想事成,因此被称为"有求必应佛"。每天都有成千上万来自世界各地的信徒前来许愿叩拜。

湄南河 位于曼谷市。泰国的母亲河,在陆运不发达的年代发挥了至关重要的作用。湄南河水并不清澈,但两岸风光很有当地特色。河畔有许多文化古迹,如郑王庙、大皇宫、玉佛寺等。乘船游览湄南河,游船上不仅有歌舞表演、泰国特色美食,还有令人咋舌的人妖秀。

柚木宫 位于曼谷市。泰国第五世王朱拉隆功的行宫。柚木宫共81间房屋,用珍贵的柚木建造,梁、柱、楼板和架构的衔接未用一根铁钉,全部用榫卯连接。柚木有"木材之王"的美誉,其纹路美丽,坚硬耐腐蚀,还有驱虫的功能,是价值昂贵的建筑用材。

旧国会大厦 位于曼谷市。建筑基础呈十字形,大厦屋顶呈圆形。大堂肃穆,屋顶上满是装饰画。大厦为哥特式教堂风格,唯一不同的是那些装饰画的内容不是圣经故事,而是佛教故事以及国王拉玛五世画像。这座不伦不类的建筑体现了泰国当时的政治方针:亲和西方国家,仿效西方先进文明,但保留泰国文化的精髓。

大皇宫 位于曼谷市。主要建筑是4座各具特色的宫殿。宫殿是一色的绿色瓷砖屋脊、紫红色琉璃瓦屋顶,凤头飞檐,屋顶是典型的泰国"三顶式结构",集泰国数百年建筑艺术之大成,被称为"泰国艺术大全"。曼谷王朝从拉玛一世到拉玛八世均居住于此,现仅用于举行加冕典礼、宫廷庆祝等仪式。

玉佛寺 位于曼谷市。泰国王族举行宗教仪式的场所,因供奉玉佛而得名。玉佛寺曾是查库里王朝的守护寺和护国寺。寺内有玉佛殿、先王殿、佛骨殿、藏经阁、钟楼和金塔,主体建筑玉佛殿里的玉佛由一整块碧玉雕刻而成,被视为国宝。每当换季时节,泰国国王亲自为玉佛更衣,以保国泰民安。

金佛寺 位于曼谷市。寺内大殿供奉一尊大坐佛,坐佛后面是一幅壁画。佛塔内供奉佛祖释迦牟尼的遗骨舍利子,因而成为泰国乃至东南亚的佛教圣地。每逢水灯节,曼谷民众前往礼佛,僧侣们用红丝绸布围在塔身上,并缀满七彩灯泡,入夜后灯光和明月相互辉映,美不胜收。站在山顶极目远眺,曼谷全貌一览无余。

卧佛寺 位于曼谷市。泰国最大的庙宇。建于艾尤塔雅时代,拉玛一世下令重建,拉玛三世时又下令重建大雄宝殿、方位殿及讲经楼,并加盖两座塔及卧佛殿,拉玛四世时再添一座塔,这个建制格局延续至今。寺内卧佛长46米,高15米,每只脚的脚底长达5米,为世界上最大的卧佛之一。

玛哈泰寺　位于曼谷市。原有209座塔、10处僧院,大部分仅剩地基。中央塔台四周有四面佛龛的小佛塔和庙堂样式的佛塔。中央佛塔用红土建成,再涂灰泥粉饰。主塔原是一座高棉式佛塔,后来改建成为素可泰式的佛塔。主僧院前还有一个主僧院,遮住了旧有的主僧院。每年水灯节寺内有素可泰舞蹈表演。

云石寺　位于曼谷市。用从意大利运来的大理石建成,屋顶用中国琉璃瓦覆盖,既有浓厚的西方色彩,又融合了中国、印度等佛教艺术风格,被视为19世纪佛教建筑的典范。主殿大门两侧有石狮子守卫,殿内供有一尊高约3米的释迦牟尼金佛。回廊上陈列51尊泰国历代各种类型的佛像,形象逼真。

民主纪念碑　位于曼谷市。为纪念建立君主立宪制而建。六面体堡垒式建筑物,四面各立一柱,柱高24米,与堡垒式建筑各距24米,象征事件发生在24日。堡垒式建筑顶端盘上有一本宪法,表示宪法高于一切。盘高3米,象征事件发生在旧历3月。四周有75尊大炮,象征事件发生在佛历2475年。建筑物六面每面饰一柄宝剑,象征6项纲领。以数字元素设计建筑是泰国古代建筑的一种特色。

古城七十二府　位于曼谷市。是微缩景观公园,占地面积80多公顷,形似泰国版图,缩小复制了泰国各地最著名的建筑、纪念碑和庙宇。另有高脚木屋组成的水上市场、农村和市场小景。在特定节日这里可观赏斗鸡、泰拳和民族歌舞等表演。

国家博物馆　位于曼谷市。收藏泰国各个时期的雕刻和古典艺术品,包括各种文献、民间器具、古佛像、国王御用武器、木偶和皮影戏用具、古代武器等。墙上的壁画描述了佛祖的一生。馆内陈列着泰国重要历史文物,如班清文化出土的文物、叻武里府女子古乐队的灰塑、有"泰国维纳斯"之称的阿瓦罗甘旦舜菩萨像等。

马车博物馆　位于曼谷市。陈列自泰国第五世王至第八世王时代皇家专用的各式马车,还有一部分西欧的老式马车。最为尊贵的是英国女皇赠送给泰国五世皇的蓝宝皇冠马车,由劳斯莱斯公司工匠手工雕琢,举世无双;还有运载皇帝和皇室成员遗骸的灵车,金光灿灿。

三头神象博物馆　位于曼谷市。"三头象"是泰国民间故事中的象神,婆罗门教一位天神的坐骑,神通广大,妖魔鬼怪都不是它的对手。这座"三头象"由纯铜精雕而成,重达250多吨。博物馆设在三头象的腹腔内,通过其腿上的电梯进入。

九世王御园　位于曼谷市。为庆祝拉玛九世国王阿杜德60寿辰,由中国、美国、英国、法国、意大利和西班牙等6国政府和民间捐建。有湖泊、人造瀑布、假山和许多奇花异草,树木葱茏,鲜花似锦。祝寿堂是御园主体建筑,呈九角形,象征曼谷王朝第九世王。中国捐建的智乐园为江南风格的园林,占地约1400平方米。

旅游目的地概述

王家田广场 位于曼谷市。原是皇家御苑,占地约12万平方米。广场呈椭圆形,四周种有酸角树。王室和政府的重要庆典多在此举行,还是泰国人民集会和休息娱乐的场所。春耕节这一天,泰国王室在此主持春耕典礼。每年夏天会举行大型的风筝比赛。

汤普森之家 位于曼谷市。典型的泰式花园,由7座建筑组成,悬空于一条小运河上。这里是泰国最出名的泰丝专卖店,也是一个泰丝博物馆,收藏和展览各种高档泰丝,还展出汤普森收藏的各种艺术品。汤普森原是美国建筑师,他把泰国丝绸推销到西方市场,振兴了泰国的丝绸业,而他本人最终失踪于马来西亚。

暹罗海洋世界 位于曼谷市。东南亚最大的水族馆之一,可容纳2万人。海洋世界容水量超过400万升,相当于3个北京奥运会游泳池的体积。海洋世界拥有400多个品种的3万多只海洋生物,包括企鹅、海豹、蓝圈八爪鱼、锯峰齿鲛、灰鲨、象鼻鲨、狮子鱼和巨型蜘蛛蟹等。

玫瑰花园 位于曼谷市。依湖而建,种植许许多多不同颜色的玫瑰及各种热带花卉,景色宜人。园内设有泰国民间文化展览厅,回廊内的橱窗里各式人物蜡像或兽皮缠身、或披红挂绿、或手执木棍刀枪,千姿百态,栩栩如生。园内每日下午有一场盛大的泰国民俗文化表演,还可以乘坐大象、马车在园内游览。

北榄鳄鱼湖 位于曼谷市。世界上最大的鳄鱼养殖场之一。地处热带,又是湄南河的出海口,海水和河水在此交汇,适宜鳄鱼生长。饲养世界各地的鳄鱼4万多条,包括南美、非洲和澳洲的各类咸淡水鳄鱼以及印度的尖嘴鳄、中国的扬子鳄等,大的重千斤,小的长不足一尺,从灰褐色鳄鱼到珍贵的白色鳄鱼,应有尽有。

蓝吡尼公园 位于曼谷市。公园入口处有拉玛六世的铜像,还有绿草如茵的广场。园内热带树木葱翠,湖上有一艘长达十几米的画舫,还有水上餐厅,湖景美不胜收。每天傍晚,伴随着欢快的节奏和落日的余晖,有许多有氧运动操爱好者在这里跳操。

赛寺院水上集市 位于曼谷市。是专供旅游者游览购物的水上集市。满载着游客的小船频繁来往,为数不多的几条商船高价兜售袋装水果、旅游纪念品。游客坐在船上,只要一举手,货船就像鱼一样飞到面前,送上各式各样的商品,非常有趣。

大佛塔寺 位于清迈市。佛塔呈四方形,高85米。佛塔下面有个形似"五头龙"的石像,造型奇特,工艺精湛,霸气十足。寺内大树参天,树干上挂着许多写着箴言的木牌。佛塔四面雕有精致的护塔灵蛇,蛇身随着阶梯而上。塔身上有6座大象雕塑,但只有那座没有耳朵和鼻子的大象才是原作。

帕辛寺 位于清迈市。1345年孟莱王为供奉其父亲的骨灰而建。寺内东西南北有4座佛殿,分别有长廊相连,每座殿内供奉一尊金身大佛。佛殿墙上绘有佛教故事的壁画,还有工艺精湛的木雕,被认为是泰国北部传统艺术的代表作。高约20米的大金塔,据说塔内保存有佛祖释迦牟尼的舍利子。

素帖寺 位于清迈市。寺庙建于高台上,两条彩色多头神龙雕塑长约数十米,组成石阶两旁的栏杆,故又名"双龙寺"。寺内有3件宝物:佛祖释迦牟尼的舍利子,泰九世皇所赠予的水晶莲花,释迦牟尼佛像。

蒲屏皇宫 位于清迈市。泰国皇室的避暑行宫。宫殿为泰式建筑,白墙黄瓦,坐落在青山之中。花园内种有玫瑰、鼠尾草和各种奇花异草,草木葱郁。宫外花园向游人开放。

素贴山 位于清迈市。白云缭绕,树木葱茏,百花争艳。山顶巨大的舍利塔贴满金箔,供奉释迦牟尼的遗骨。相传运载佛骨的大象行到此处停步不前,大叫3声,绕行3周,四脚跪下,人们认为这是佛祖的旨意,故在此建造了这座舍利塔。大象在佛骨安置完毕之时就地而死,所以山上立有白象塑像。

塔佩门 位于清迈市。是清迈古城现存最完整的一座城门。清迈古城始建于13世纪末,如今城墙大部分已经拆掉,高两米多红砖堆砌的塔佩门诉说着当年古兰纳的风采。傍晚,附近聚集摊商,商品琳琅满目,不时有卖艺的乐队表演。

清迈大学 位于清迈市。清迈唯一的一所国立大学,由普密蓬国王批准创建。校园建筑简洁,植被茂盛,风景如画。静心湖风光优美,倒映着蓝天、青山、鲜花。湖边的栈桥一直是热门的合影之地。

美丹大象训练营 位于清迈市。有大象100多头。这些大象从幼年起接受专业培训,能够表演各种杂技节目。游客可坐在大象背上的木椅内,沿山谷走一回,体验古代帝王、将领跋山涉水、驰骋丛林的快感。大象在泰国文化中占有重要地位,是战场上的坐骑、工程上的好帮手,白象更是王的象征。

兰花园 位于清迈市。兰花高雅清丽,泰国人经常用来献给贵宾。园内种植兰花上百种,有的粉嫩可爱,有的香气扑鼻,姹紫嫣红,秀色可餐。有些兰花培育在真空瓶中,既保证兰花的存活,又方便游客顺利地通过安检携带出境。能工巧匠们还给兰花镀上金银等材质,做成特色手工艺品。

园艺博物馆 位于清迈市。2006年泰国政府耗资上亿元,首次举办世界园艺博览会,展出世界各地的植物花卉250多万株。馆内有不同城市的多种园林园艺以及许多专类的展览园区,风格各异,多姿多彩,展现了"人与自然和谐共生"的优美画卷。园艺博览会结束后,泰国政府对园区重新整理,向公众开放。

博桑伞村 位于清迈市。这里制作油纸伞已有200多年历史。油纸伞以青竹制成,颜色鲜艳,图案多样,包括花草、动物、人物和风景,伞面或圆形或方形,极富民族特色,因此这里被称为"伞村"。每年1月举办博桑伞节,白天有彩伞游行,夜间有灯笼游行,更有歌手献唱。

假日创意市集 位于清迈市。20世纪90年代发生金融风暴,很多公司倒闭,失业率攀升,当地政府规划一处街道让百姓摆摊,把家里不用的东西拿出来售卖或交换,渐成市集。一些有创意设计的人也来出售他们的商品及艺术品,遂成一个特殊的创意市集。市集只在周六和周日开放。

王太后行宫 位于清莱市。行宫为木结构建筑,屋顶呈金字形,外观如同一座雕塑,简朴实用又不失高雅。楼上是王太后的起居室,4间居室间间相通。楼梯上刻着从0到9的10个数字,象征人的生命轮回。大厅的天花顶上满是用松木精心雕刻的云彰图案。行宫外的皇太后花园,种植泰北特有的植物,一年四季绿草如茵,繁花似锦。

玉佛寺 位于清莱市。这里曾发现一尊玉佛,后来辗转运到泰国首都,尊奉在曼谷玉佛寺。此后,清莱当地信徒又集资重雕了一尊新的玉佛安放在这里,这尊玉佛用加拿大翡翠雕成,高达65米。

湄赛镇 位于清莱市。镇边的山脉形如睡美人,被称为"睡美人镇"。地处泰北边境,是前往金三角等地的必经之地。镇上只有一条街道,街道尽头是湄赛河,河对岸就是缅甸的大其力镇。河上有石桥相连,桥头竖有"最北之点"的牌坊。缅甸盛产玉石,湄赛镇有大量售卖玉石的商店和摊位,成为泰北的一个玉石交易中心。

美斯乐村 位于清莱市。村内聚居着中国解放战争溃退来此后经泰国政府批准定居的原中国国民党93师的军人及其后裔,也有部分来自中国西南地区的移民。村民们保留了浓厚的中国汉民族生活习惯,是泰北最大的华人村。美斯乐村地处高山,终年云雾缭绕,林木俊秀,山花烂漫,风景宜人,被称为"小瑞士"。

白庙 位于清莱市。一位醉心研究佛教艺术的画家,有一天梦见佛祖降临,一片寺庙群银光闪闪、晶莹剔透,于是他耗尽毕生心血创造了这部他人生中最伟大的作品。庙宇以银色镜片镶嵌,纯白的屋顶,纯白的墙壁,纯白的基座,仿佛一座落入凡间的琼楼玉宇。白庙旁边一座小塔挂着无数把钥匙,是善男信女们的许愿牌。

苏梅岛 位于普吉岛地区。面积约247平方千米,周围有80个大小岛屿,但大多无人居住。椰树业是岛上重要的经济来源之一,每个月要向曼谷运送约200万只椰子,因此赢得"椰林海岛"的美名。苏梅岛海滩众多,处处水清沙白。水上运动品种繁多,可以潜水、潜泳、划独木舟,甚至可以扬帆出海。

翡翠岛 位于普吉岛地市。泰国唯一的海豚保护区。海水清澈,物种丰富,原始风貌保存完好。柔软洁白的沙滩,清澈的海水,蔚蓝的天空,水天一色。四季无冬,海风习习,这里的日光浴深受欧美游客的喜爱。

皮皮岛 位于普吉岛地区。形状如同一只不规则的哑铃,两头是绿荫覆盖的小山丘,中部最窄处只有80余米。岛上度假村、饭馆、酒吧和各种娱乐场所一应俱全,唯一的交通工具是一种泰国小木船——长尾船。柔软洁白的沙滩,宁静碧蓝的海水,鬼斧神工的天然洞穴,未受污染的自然风貌,使皮皮岛成为炙手可热的度假胜地。

珊瑚岛 位于普吉岛地市。长约3千米,宽约800米。岛上除了渔村,其他地方均为丛林所覆盖,多少年来未曾改变。珊瑚岛拥有绚丽多姿的珊瑚群,潜水可以看到美丽的珊瑚礁。沙滩细软洁白,可以尽情享受日光浴。岛上有骑大象、水上降落伞、海底漫步等游乐项目,非常受欢迎。

007岛 位于普吉岛地市。由两个岛屿组成,统称"考平甘岛"。詹姆斯·邦德曾在此拍摄007系列电影,因此被称为"007岛"或"邦德岛",成为观光胜地。通天的礁岩,维京人壁画,可穿梭其中的钟乳石洞,最为吸引人。

神仙半岛 位于普吉岛地区。半岛有一座高约百米的小山,成凹字形围绕大海。岩壁下的圆石、棕榈树相互交错,海流旋涡和拍岸海浪气势壮阔。临海一道短墙,可凭栏眺望。落日接近山巅时,余晖将海水染红,犹如锦鳞,一片辉煌;落日沉海时,彩霞斑斓,变幻多姿。

皇帝岛 位于普吉岛地区。以精致而绝美的景色、纯净无污染的海水与沙滩、奢华的配套服务而著称。在景区度假村开发期间,仅仅砍倒了1棵树,移种了两棵树,足见自然风貌保持的完好。皇帝岛珊瑚多姿,鱼儿成群,沙滩绵软,椰影婆娑,浪涛拍岸,堪称世外桃源。

苏林海滩 位于普吉岛地区。陡峭的暗礁遍布海域,海面风大浪急,白浪冲击崖壁激起层层浪花,岸边又有陡峭的山峰,是欣赏印度洋日出日落的胜地。海滩边设有18洞高尔夫球场及野餐大草坪。海滩岸边狭窄的小路上,挤满各种古典式的酒吧、小旅馆和商店。

卡塔海滩 位于普吉岛地市。拥有2个美丽的海湾,外形呈W形,当地人昵称为"大卡塔"和"小卡塔"。海岸蜿蜒,沙滩柔软,海风阵阵,适合潜水。卡塔海滩号称普吉岛最美的海滩之一,普吉岛明信片图案即取景于此。

七、世界遗产

素可泰历史城镇和相关历史城镇群 素可泰是13世纪和14世纪暹罗第一王国的首府。建筑物的样式千变万化,风格奇特,反映了泰国早期建筑的艺术风格。素可泰王国时期的灿烂文明吸收了各种文化成分,并结合当地的古老传统,构成了"素可泰建筑风格"。

阿瑜陀耶历史城市 "阿瑜陀耶"泰语意为"永远胜利之城"。阿瑜陀耶作为阿瑜陀耶王朝的首都,经历了34代君主,历时417年,是泰国历史上时间最长的一个王朝,鼎盛时期约有100万人口,商业之繁华在东南亚首屈一指。后屡遭战火,仅剩部分宫殿遗迹、佛像和雕刻。

班清考古地点 包括层次分明的6个文化层,最早的可追溯至公元前3600年,发掘出墓穴祭品、龙骨陶器及脚镯手镯等珍贵文物。班清居民公元前2000年已经懂得使用青铜器具,比中国夏商时代还要早500年,被认为是世界青铜文化的源头。

通艾、会—卡肯野生生物保护区 保护面积约3200平方千米,是泰国最大的自然保护区。"通艾"泰语意为"广阔的草地"。保护区内的动物除了老虎、美洲虎、美洲豹、亚洲象、苏门答腊犀牛、爪哇野牛、爪哇犀牛,还曾发现一群约50头印度野牛,这是在泰国发现的最大的印度野牛群。

栋巴耶延—考艾森林保护区 位于泰国东南部,面积6155平方千米。保护区包括泰国东部7处主要的热带雨林生态系统,至少生长着2500种植物,栖息着亚洲象、猿猴、野牛等野生动物800多种,禽鸟392种。

第四节 花园城市——新加坡

新加坡,全称"新加坡共和国"(Republic of Singapore)。"新加"马来语意为"狮子","坡"意为"岛"。传说一位王子看见一头野兽误认为是狮子,遂以"新加坡"为国名。又称"狮城""星洲""星岛"。

一、自然地理

新加坡东临南中国海与加里曼丹相对,西邻马六甲海峡眺望印度尼西亚的苏门答腊,南隔新加坡海峡与印度尼西亚的柔佛州为邻,面积699平方千米。

新加坡本岛地势平坦,平均海拔只有17米,中部有一些丘陵。最高的武吉知马山海拔170米,最长的河流实里达河长约5千米。

新加坡地处赤道附近,属于热带雨林气候,年平均气温24℃~27℃,无季节之分。年降水量约2400毫米,经常下暴雨。日照较长,近35年来平均日照5.6小时。

二、国家象征

新加坡的国旗呈横长方形,由红白两个长方形构成。红色在上,代表四海之内皆兄弟和人类的平等;白色在下,代表人民具有美德;红白两色象征世界人民的友谊与人类的平等。左上角一轮新月和5颗白色五角星,新月象征年轻向上的国家,5颗星代表五大理想:民主、和平、进步、正义、平等。

新加坡的国徽中心是红色盾徽,一轮上弯的新月托着排列成圆环的白色五角星;盾徽两侧各有一只猛兽,左侧金色的鱼尾狮代表"狮城"新加坡,右侧带有黑色条纹的金虎表示马来西亚。狮虎共扶一个盾牌象征新加坡与马来西亚的亲密关系。国徽基部是金色的棕榈枝和有英文"前进吧新加坡"字样的蓝色饰带。

新加坡的国歌是《前进吧,新加坡》。

新加坡的首都是新加坡城。

三、社会生活

新加坡人口约466万人,华族占3/4。官方语言为英语,民间日常多讲华语,是典型的双语系国家。主要宗教有佛教、伊斯兰教、基督教、印度教、锡克教，各类宗教信徒约占全国10岁以上人口的八成半，半数以上信仰佛教和道教。

新加坡为议会共和制国家。总统为国家元首。国会实行一院制，议会中多数党领袖任总理。新加坡没有地方行政机构，中央政府直接处理全国各项事务。新加坡主要政党有人民行动党、工人党、民主党。

新加坡实行现代东方型市场经济体制，是世界金融及贸易中心，排名仅次于伦敦、纽约和东京。新加坡是东南亚地区的海运、空运、贸易、加工制造中心和最大的船舶修理制造基地，世界最大的集装箱港口之一。生物技术、半导体、电信装配和特种化学为新加坡重点发展的产业，实现了由劳动密集型向资本和技术密集型的转变和向高科技、高附加值行业的转化。新加坡号称要建立"智能岛"。新加坡是世界上为数不多的无外债的国家之一，曾名列全世界最富裕的25个国家之一，全球竞争力排名第二位。

四、民俗风情

新加坡人待人接物总是笑容可掬，彬彬有礼，警察在执法时也是面带笑容。新加坡人人爱花，家家养花，种花较好的市民可享受减免房租的优待，医院、学校和住宅区200米内听不到噪声，堪称环境卫生模范国家。

新加坡已经西方化，但当地人保留了传统习惯。中国血统的人基本上保持中国的传统习俗，如结婚选黄道吉日，商店常见"鸿发""茂源"之类的招牌。华人见面打招呼，通常是鞠躬60度，拱手作揖。马来人相遇，先用双手相互接触，然后指向各自的胸前，表示衷心问候。印度人见面，合起双手放在胸前，微微闭目，虔诚安详。新加坡人约会要事先约定，赴约准时。馈赠礼品一般送季节性水果或其他食品。

在新加坡，"某先生""某太太"或"某小姐"的称呼无论对何种民族都适用。他们喜欢红双喜、大象、蝙蝠图案，忌讳乌龟。他们反对使用如来佛的形态和侧面像，禁止使用宗教词句和象征性标志。非常讨厌男子留长发，对蓄胡子者也不喜欢。视头部为心灵之所在，摸别人的头会令人有受辱之感，尤其不能摸小孩的头。新加坡人喜欢红色、绿色和蓝色，视紫色、黑色为不吉利，黑、白、黄为禁忌色。数字禁忌4、7、8、13、37和69。公共场合严禁吸烟，违者可能被罚款。最好的社交话题是当地的烹饪和餐厅、特别喜欢的旅游地以及对方业务兴隆的情况，回避的话题是个人性格、当地政治或不足之处、种族摩擦、配偶情况和宗教信仰。

新加坡荟萃世界各地的美食，中国、印度、马来西亚、印度尼西亚美食各具特色。新加坡人口最多的是华人，中国菜尤其是粤菜最受欢迎。

五、旅游城市

新加坡城(Singapore City)　新加坡的首都，经济、政治和文化中心，全球金融中心之一。新加坡城位于新加坡岛的南端。新加坡城人行道两旁的行道树叶繁枝茂,城内到处是草坪、花坛、小型公园,有"花园城市"的美誉。珊顿道两旁都是高耸的摩天大楼,是新加坡的"华尔街";吉宝港是世界上最繁忙的港口之一。

六、经典景点

总统府 原是肉豆蔻种植园,后成为英国皇室代表的官邸。总统府建筑壮观华丽,聚集了多种设计风格,如维多利亚文艺复兴建筑风格、罗马经典风格、哥特式建筑特色。总统府外的总统园地,面积达100公顷,有超过百龄的老树、稀有的动物和植物,还有50多种鸟类。

新加坡河 人工运河,也是新加坡唯一的河流,被称为"生命之河"。河畔有许多纪念性建筑,如鱼尾狮公园、莱佛士登岸遗址和旧国会大厦,宗教机构如奥马清真寺、保赤宫,还有驳船码头、克拉码头等繁华街区。入海口的码头区,是新加坡最繁华的街区。

花柏山 滨海小山丘。山顶瞭望台楼下有16幅壁画,介绍新加坡的历史和发展概况。还有一个海事村,是一艘传统式的帆船。花丛走道从花柏山顶延伸到海事村,花丛走道上辟有"棕榈园林"。有空中缆车至山顶,视野开阔,可远观新加坡的港都、圣淘沙岛以及邻近的印度尼西亚岛屿。

维多利亚纪念堂 此地首先建造的是维多利亚剧院,又在剧院右边建起维多利亚纪念堂。两栋建筑虽然是先后建造,但历经百年仍然天衣无缝。连接两栋楼的钟楼高约53米,皇冠形的圆尖顶直插蓝天。嵌入钟楼的大钟直径4米,重达1吨,钟声洪亮悦耳。纪念堂整体外观宏伟,细微之处的装饰独具匠心。

旧国会大厦 新加坡最古老的政府建筑物,如今是现代视觉艺术、电影、音乐、舞蹈与话剧演出的"艺术之家"。大厦内拥有多种艺术设施,包括小型电影院、音乐厅、黑盒子剧场、视觉艺术展览厅、宪法史展览厅。议会厅的座位上注明官员姓名,其中有前总理李光耀的座位。

圣淘沙岛 距新加坡本岛最近的一个岛屿,由一道陆桥与本岛相连。"圣淘沙"马来语意为"和平安宁"。岛上充满热带雨林气息,有多姿多彩的娱乐设施和休闲活动区域,如环球影城、SEA海洋馆、海底世界、主题村落和儿童娱乐公园等,以绚丽多彩的热带海洋风光和众多的专题博物馆著称。

龟屿 别称"峰岛"。相传有只神奇的海龟为拯救遇险渔民化身变成小岛。岛上建有大伯公庙和马来神殿以纪念海龟的义行。山顶处有3座马来圣祠,前往进香朝拜要攀爬152级阶梯。岛中有湖,湖上有一座红柱绿瓦的八角亭,雕梁画栋,装饰考究。如画的礁湖,洁净的海滩,可爱的海龟,广受好评。

东海岸公园 新加坡最大的海滨度假区。公园内有可以游泳和冲浪的中央人工游泳区,由14个网球场构成的全天候网球中心,200米的高尔夫练习场,17米高的滑梯与活水游泳池构成的"大滑水道",有 900 多条鳄鱼的热带鳄鱼园,有提供多种服务的东海岸娱乐中心。

夜间野生动物园 世界上第一个夜间野生动物园,有 2500 多只动物。乘坐游览车可以游览 7 个不同的地理区域,观察动物夜间的行踪,也可以在雨林中的蜿蜒小道上徒步,与花豹、渔猫、马来大狐蝠、沙袋鼠等近距离接触,还可以在露天圆形剧场里欣赏"夜晚的精灵"动物表演,表演以娱乐方式呈现动物夜间特有的自然习性。

裕廊飞禽公园 有 95 个鸟舍、6 个池塘和 10 个鸟儿可随意飞翔栖息的围场,饲养来自热带和寒带、沼泽和沙漠、海洋和深山的 360 多种 8500 多只鸟禽,包括西班牙的红鹳,几内亚的食火鸡,还有色彩艳丽的椋鸟、蕉鹃和来自冰天雪地的南极企鹅。园内红鹳、金刚鹦、犀鸟的表演,令人捧腹。

鱼尾狮公园 公园内有两尊鱼尾狮雕像,其中一尊高约 8.6 米,重约 70 吨。雕像全身洁白,毛发丰美,鳞片鲜活,双眼含笑,狮口日夜不停地喷洒水花。320 片鱼鳞由光导纤维制成,会不断变换颜色。狮头代表"狮城",鱼尾浮泳于层层海浪间,既代表新加坡从渔港变成商港,也象征当年漂洋过海的祖祖辈辈。

圣淘沙名胜世界 占地约 49 公顷,耗资约 66 亿新元,拥有东南亚唯一一个环球影城主题乐园,新加坡首个海事博物馆及水族馆,还建有娱乐场、4 家风格迥异的度假酒店、会议中心和多家名厨餐厅及零售精品店,集吃喝玩乐购及住宿于一身。

金沙娱乐城 有赌场、歌剧院、艺术科学博物馆、会议中心与展览设施、零售商铺和多样化的餐馆等六大建筑系列,耗资约 40 亿英镑。高达 55 层楼的酒店拥有 2560 多个房间,第 57 层的金沙空中花园占地 1 公顷,汇集了葱茏的各种热带树木、雅致的花园和游泳池。

环球影城 东南亚第一个环球影城主题公园,设有好莱坞大道、科幻城市、古埃及、失落的世界、遥远王国和马达加斯加等 7 个主题区,包括 24 个游乐设施和景点,如变形金刚 3D 对决、木乃伊复仇记、未来水世界表演等,其中 18 个是全球独有的游乐项目。影城内还有惊险的特技表演和壮观的环球影城明星大游行。

海底世界 全球最大的海洋馆之一,设有 49 个生态区,汇集 800 多个物种的 10 万多只海洋生物,包括鬼蝠魟、伊氏石斑鱼、路氏双髻鲨等庞然生物,还有 200 多条鲨鱼。观景窗长 36 米、高 8.3 米,游客能与深海区的海洋生物"面对面"接触,奇异的海洋生物令人目不暇接。这里还经常举办寓教于乐的海洋生物主题活动。

摩天观景轮 又名"飞行者摩天轮",高 165 米,相当于 42 层楼的高度,有 28 个座舱,旋转一周约 30 分钟,能够 360 度鸟瞰新加坡的城市景观,远眺 45 千米外的景色,包括印度尼西亚的巴淡岛、民丹岛以及马来西亚的柔佛州。观景轮大楼中庭有一片郁郁葱葱的热带雨林,景观如画。

音乐喷泉 利用最先进的激光科技、影像、三维立体动画、音乐等编排一出出令人振奋的表演。夜幕来临,音乐喷泉水花曼妙起舞,水柱形成的银幕上以镭射声光投射演出迷你剧情，水花随着音乐节奏摇摆，各种彩灯规律性地转换颜色，喷泉、火焰、灯光、音乐奇妙地融合在一起，交织成一幅绚丽的景象。

飞行风洞　室内跳伞舱。风洞舱高17米、宽5米，风速每小时达216千米。"风洞舱"是一种运用空气动力学原理建造的直立隧道，强风从下往上吹，随着4台吹风机发出的强风，玩家会随风被吹起，置身隧道内如在空中飞行。富有冒险精神的跳伞专家可左右转动、前后移动，甚至还可进行180度及360度旋转。

空中花园　横跨在3座酒店的顶部，距地面200多米，可容纳3900人，是世界上最大的公共悬挂地之一。种植250多棵树木和650多株植物。空中游泳池长约150米，边缘无任何遮挡，与高楼大厦景致融为一体，是全球最大的空中室外无边际游泳池之一。露天平台大如3个足球场，延伸出去的观景台可容纳几百人。

仙鹤芭蕾　仙鹤芭蕾是世界上最大规模的室外电动机械演出项目。用两台起重机装扮的两只仙鹤，通过不同的造型表现仙鹤的神奇爱情故事。每只仙鹤重达80吨，高约30米。通过数码艺术、LED显示屏、令人惊叹的灯光和水幕效果以及完美的配乐，展现一个宏伟梦幻的电动奇观。演出时间约10分钟。

乌龙桥　即"加文纳桥"。新加坡河上有十来座桥，安德逊桥、加文纳桥和埃尔金斯桥是其中最著名的3座。加文纳桥建于1869年，原先设计是中间的桥身可以敞开让商船通过，但桥身建好后却无法开启，那些高桅杆船只好停在港口外，因此被称为"乌龙桥"。

虎豹别墅　华人企业家胡文虎和胡文豹兄弟建造。别墅里面有各国著名建筑的缩微景观，最著名的是大型雕塑群"西游记""封神榜"。坐在知新馆的模拟运动器中，过去、现在与未来都变得栩栩如生。

天福宫　建筑风格酷似中国道观，琉璃瓦飞檐上装饰着龙的图案，花岗石柱、木祭台等建筑材料、供奉的神像都来自中国福建。正殿供奉"天妃"，中国闽南人称为"妈祖"，因此又称"妈祖宫"。宫中有许多中国名人题写的匾额，其中一块"波靖南溟"的匾额，出自清光绪皇帝之手。

千灯寺院　即"释迦牟尼菩提迦耶寺"。寺院保留不少佛教文物，其中一尊佛像高达15米、重达350吨，四周点着无数的灯烛。佛像座下悬挂记录佛陀一生事迹的美丽画卷。佛像背面有一扇小门，门后供奉一座卧佛，信徒可以自由捐赠或点亮佛灯。

圣安德烈教堂　哥特式教堂，塔楼高约63米。洁白的外墙上装饰着简单而美观的雕塑图案，经历百年仍旧光彩照人。教堂的特别之处是建筑物的表面涂有一种特制的石膏，不易出现裂痕，而且洁白有光泽。教堂周围环绕着绿树成荫、芳草萋萋的方形院落。

哈芝巷　曾经是一条两旁矗立着战前房屋的空荡街道，如今进驻了大批本土设计师和年轻创业者，旧巷重获新生。不少设计师和创业者在这里开设颇具个性的精品时装店,专门出售各种具有新加坡本土风情的时尚配饰和物品。店铺装饰也费尽心思,成为巷内重要景观。

牛车水 19世纪20年代,第一艘中国帆船抵达新加坡,船民们在新加坡河以南一带定居下来,每家每户都拉着牛车去取水,于是这片区域被称为"牛车水"。这里有许多餐馆、酒吧、艺术画廊和纪念品商店,现代购物中心和百年老店毗邻而居。夜晚的牛车水灯火辉煌,颇似中国的庙会。

阿拉伯街 阿拉伯人是最早到新加坡进行商业活动的族群之一,他们除了把商品运来这里,还带来了他们的宗教信仰和生活习俗。苏丹清真寺金色的圆顶,巨大的祈祷堂,是典型的伊斯兰教风格建筑。街道两旁,林立着阿拉伯风格的商店,弥漫着中东地区风情。

小印度 印度族群聚集地。1819年莱佛士爵士率船航行到此,很多印度的助手以及士兵随行,他们成为新加坡第一批印度移民。后来印度移民越来越多,形成印度人的聚居地。这里有数座印度教寺庙,每逢印度节日这里装饰成金碧辉煌的神话世界,印度风情更加显著。

七、世界遗产

新加坡植物园 拥有2万多种亚热带、热带的奇异花卉和珍贵树木。兰花园种植3000多个品种的6万多株名贵兰花。园内还有藏书万册的图书馆、藏品约50万件的植物标本室。植物园以研究和收集热带植物、园艺花卉而著称,是热带岛国的一个缩影。

第五节 黄金角落——马来西亚

马来西亚(Malaysia),国名源自希腊文,意为"墨土地",又称"橡胶和锡的王国"。

一、自然地理

马来西亚位于亚洲东南部,地处太平洋和印度洋之间,面积33万平方千米。

马来西亚由马来半岛南部的马来亚(简称西马)与加里曼丹岛北部的沙捞越、沙巴(简称东马)组成。国土的3/4被森林所覆盖,地形崎岖,海岸线漫长,河流多而河道短,最高峰基纳巴卢山海拔4101米。

马来西亚地处赤道附近,属于热带雨林海洋性气候,年平均气温26℃~29℃,早晚较凉,下午闷热,4月、5月和10月十分炎热。年降水量2000~3000毫米。

二、国家象征

马来西亚的国旗呈横长方形,由14道红白相间的横条构成,左上方有一深蓝色长方形,内有一弯黄色新月和一颗有 14 个尖角的黄色太阳星。14 道横条代表全国 13 个州和联邦直辖区,新月象征马来西亚的国教伊斯兰教,蓝色象征人民的团结,红色象征勇敢,白色象征纯洁,黄色象征皇室。

马来西亚的国徽呈盾形。盾面上端是 5 把短剑,红、黑、白、黄 4 条色带,蓝、白波纹和 3 根蓝色鸵鸟羽毛,马六甲树,一面旗帜,红、黑、蓝 3 色飞鸟,分别象征马来西亚的 13 个州。此外还有象征伊斯兰教和君主至高无上的黄色新月和星。两侧各一头猛虎踩着的饰带上写着"团结就是力量"。

马来西亚的国歌是《我的祖国》。

马来西亚的首都是吉隆坡。

三、社会生活

马来西亚人口约 2572 万人,约八成住在西马来西亚。有 30 多个民族,马来族、华族、印度族为马来西亚三大民族。马来语为国语,英语也通用。伊斯兰教为国教,半数以上的马来西亚人信仰伊斯兰教,大多数华人信奉佛教。

马来西亚实行君主立宪联邦制。最高元首为国家首脑、伊斯兰教领袖兼武装部队统帅,由统治者会议在 9 个世袭苏丹中选举产生。总理由最高元首任命下议院多数党领袖担任。马来西亚主要政党:国民阵线、马来民族统一机构(简称巫统)、马华公会(马来西亚最大的华人政党)。在马来西亚,共产党为非法组织。

马来西亚经济以农业为主,锡和橡胶产量居世界前列。吉隆坡证交所是仅次于东京、大阪、中国香港和悉尼的亚太地区第五大股市。半导体出口仅次于美国和日本。电子、制造、建筑和服务业发展迅速。兰花、巨猿、蝴蝶被誉为三大珍宝。

四、民俗风情

马来西亚熟人相见时微笑着伸出手掌,交错触摸,随后各自在脸上自上而下地抹一下,双手放在胸前,说道:"愿真主保佑您!"男人见面,手面手背轻轻拍一下,再把手贴住嘴唇或额角,互相问好。年轻人见到老年人,双手紧握,朝向胸前做抱状,身体朝前弯下鞠躬。妇女见到男子,先用手巾盖住手掌,再同男人的手掌接触,然后身体稍向前弯鞠躬,同时把手向胸前伸出做抱状,在城市里,高雅而有礼貌的做法是点头和微笑。

马来西亚男子有穿裙子的习惯。纱笼是典型的民族服装。逢年过节,参加亲友宴会,男子上穿"巴汝",腰围纱笼,头戴"宋古"帽,脚穿皮鞋。传统的女装,上衣宽大如袍,纱笼长及足踝,还要身披纱巾。马来西亚人都戴各种各样的头饰。伊斯兰教徒男性戴圆锥形天鹅绒帽子,而到麦加朝圣获得"哈吉"称号的人都戴一种叫"可达雅"的白色帽子。马来语"通可罗"指妇女用的头巾,表演传统文艺或体育活动时不可缺少,而头巾包裹也有特定的方式。男子喜欢身佩一种名叫"格利斯"的短剑,把它视为力量、智慧、勇敢和吉祥的象征。

马来西亚人聚居的典型村寨称为"坎棚",由多个住宅区组成,各区之间为稻田所隔,每家周围栽有椰树或其他果树。传统式样的房屋是"浮脚楼",地板离地数尺,以隔潮湿、防蛇鼠。房子构架多为木质,墙、天棚和地板则用竹板或竹篾制成。房顶一般为两面坡,也有四面坡的,上盖棕叶。门前有一晒台,上楼经晒台进屋。楼上为生活起居室,楼下用来关水牛或其他家畜,放置农具杂物。

马来西亚人以米饭为主食,用右手抓食。马来菜口味较重,多以胡椒和咖喱调味。肉类加上蔬菜,拌或蘸上辣椒调味,配以咖喱饭、黄姜饭、榴莲饭以及用椰浆和糯米制成的竹筒饭,这是马来西亚最基本的饭菜。马来西亚人爱嚼槟榔,咀嚼烟草。

马来西亚人对来访宾客十分热情,但黄昏时登门拜访不受欢迎。他们喜欢红、橙等鲜艳颜色,一般不穿黄色的衣服,不会过于热情地赞赏某件物品。家庭宴请只有男人参加,不会询问女主人的去向、身体是否健康。对主人端上来的食品,不管合不合口味都要吃一点,否则是对主人的不敬。绝大多数马来西亚家庭禁食猪肉,不吃死动物或动物血液,禁止饮酒。马来西亚严禁偶像,"洋娃娃"等类似人像的东西不能当作礼物送人。不可用食指指人,忌用手触摸他人的头部和背部,不可用左手握手、打招呼或馈赠礼品。坐姿忌讳双腿分开或跷二郎腿。对婴儿不能使用"胖"字。忌讳乌龟(代表"色情"和"侮辱"),忌用0、4、13等数字。最好的交谈话题是对方的商务或社会成就、足球、马来西亚的文明史和各地区的烹饪,回避的话题是种族纷争、国内外政治问题。

五、旅游城市

吉隆坡(Kuala Lumpur) 马来西亚的首都,政治、经济、金融、工业、商业和文化中心。"吉隆坡"马来语意为"泥泞的河口"。吉隆坡位于马来半岛,昔日的矿业小镇已发展成为高楼林立的大城市,既有现代都市的时尚气派,也不乏古色古香的迷人风韵。全市人口中,华人华侨约占2/3。

新山(Johor Bahru) 马来语称"柔佛巴鲁",柔佛州的首府。新山位于马来半岛最南端,与新加坡隔柔佛海峡相对,有"大马南方门户"之称。新山有不少著名的历史建筑物,外围乡村美丽如画。

怡保(lpoh) 霹雳州首府。怡保临近打河,地处冲积平原,因盛产一种有毒树木"怡保"而得名。19世纪末随采锡业兴起,怡保一直是马来西亚锡矿开采中心,有"锡都"之称。旧城内建筑古老,街道狭窄,新城内都是现代化建筑。

乔治(Georgetown) 又称"槟城",是槟城州的首府,马来西亚最大海港,位于槟榔屿岛东北部。绚丽的热带海洋风光,众多的古迹名胜,是东南亚首屈一指的海滨旅游胜地,有"印度洋绿宝石"的美誉。

六、经典景点

石油公司双子塔 位于吉隆坡市。马来西亚石油公司办公大楼。其外形像两个巨大的玉米,故又名"双峰大厦"。高452米,是全世界最高的两座相连的建筑物之一。塔内设置的国油交响乐厅,是马来西亚乐队及国油表演艺术团例常练习及表演的场所。登上双塔大楼,吉隆坡秀丽风光尽收眼底,灯光璀璨的夜景更加壮美。

国家回教堂 位于吉隆坡市。东南亚最大的清真寺之一,马来西亚伊斯兰教活动中心。教堂占地约5.5公顷,可容纳8000人。80余米高的尖塔直指蓝天。经堂、走廊、图书室等的式样和装潢都与麦加的清真寺相仿。

国家皇宫 位于吉隆坡市。最初是华人富商的私人豪宅,日本占领马来西亚后被改为日本军官的会所。日本投降后,州政府买下这栋建筑物作为雪兰莪苏丹的王宫,后又转卖给联邦政府作为最高元首的皇宫。皇宫庭院青草遍地,鲜花满园。皇宫门口的铁门以黑色作底色,以金黄色作为装饰,典雅大方。

吉隆坡塔 世界名塔联盟的成员单位。塔高约421米,重10万吨,号称世界第四通信高塔,也是电信网络、电台、电视台的传播站。其抗风式结构足以抵挡时速140千米的风力。塔的最高处为瞭望台及旋转餐厅,站在瞭望台可鸟瞰整个吉隆坡的景色。

国家博物馆 位于吉隆坡市。古典式马来建筑。入口处两侧墙上嵌饰着两幅描绘马来西亚文化历史的巨型壁画,长35米,高6米。馆内展出马来西亚历史和经济史料、马来风俗民情、当地特有的热带植物和动物的模型。展品中有16世纪的中国瓷器、明代航海家郑和访问马六甲的文献复制品。

苏丹亚都沙大厦 位于吉隆坡市。马来西亚高等法院所在地。大厦为印度和阿拉伯风格奇妙的混合体。楼中央有一个40米高的钟楼,钟楼顶部有一个金色的半球形圆顶,被称为"马来西亚大本钟"。钟楼两侧各有一个塔楼,顶部都有金色圆顶。每逢重大庆典,大厦彩灯五光十色,犹如阿拉伯神话世界。

太子城 位于吉隆坡市。因太子湖而得名。太子城面积约264平方千米,四面环山,被规划为马来西亚的"智能型花园城市"。城市中心是一个绿茵茵的巨大广场,有装饰着各色鲜花的喷水池。行政中心包括湿地、国家清真寺、太子大桥、首相官邸、达曼植物园、太子会议中心等,计划于2020年建成。

国家天文馆 位于吉隆坡市。蓝色圆顶建筑。馆内设有放映太空科学节目的影院,太空科学展览厅、剧院、观赏廊和天文台等,有很多太空科学展品,包括用于发射马来西亚第一颗卫星的太空引擎、太空舱、太空厕所、月食图、宇宙飞行服和太空员训练器材。馆外还有一个太空主题公园,安放着古代天文仪器的复制品。

国家动物园 位于吉隆坡市。半开发的原始森林,林木茂密,湖泊溪流分布其间,一片洪荒景色。园内饲养着200多种马来西亚和其他国家的鸟、兽、爬行动物,最受欢迎的活动是骑大象及骆驼。水族馆有现代科技的暗室设备,为深水鱼类提供舒适的生存环境,生活着80多种海洋及淡水生物。园内还有精彩的动物表演。

湖滨公园 位于吉隆坡市。繁茂的森林环绕着两个湖泊,花团锦簇,是吉隆坡的绿洲。最受欢迎的是芙蓉花园和蝴蝶花园。芙蓉花园有800多种兰花,周末和假期成了花鸟市场。蝴蝶花园有120多种蝴蝶,五彩斑斓。湖滨的山谷中,有世上最小的有蹄动物马来鼠鹿。公园对面的国家英雄纪念碑,有一座七勇士青铜塑像。

探险仙境公园 位于吉隆坡市。又名"绿野仙踪"。公园内最重要的娱乐项目是雪屋,雪屋里面有冰做的滑梯、雪人和小型溜冰场,公园内还有划船、滑水、冲浪等湖上游乐项目。晚上有音乐喷泉表演,喷泉水柱随着马来音乐翩翩起舞,由水柱组成的超大屏幕上展现激光投影影像,介绍马来西亚的国情,还有首相的问候。

国家清真寺 位于吉隆坡市。整栋建筑呈纯白色,主楼高73米,屋顶由49个大小圆拱组成,最大的圆拱直径达45米,尖塔直指苍穹。清真寺没有围墙,静静伫立于现代化大厦的包围之中,弥漫着清净沉思的氛围。按规定只有担任过总理或在职去世的副总理才能长眠于此。

黑风洞 位于吉隆坡市。由20多个石灰岩溶洞组成,其中两个洞穴最著名:一是暗洞,长366米,分洞无数,小径弯曲,石笋石柱林立,栖息着蝙蝠、白蛇和蟒蛇等150多种动物;二是明洞,洞高50~60米,宽70~80米,阳光从洞顶孔穴射入,扑朔迷离。大宝森节期间,虔诚的印度教徒背负神像,唱着宗教圣歌步入石洞参拜。

天后宫 位于吉隆坡市。大殿屋顶有岭南风格的龙、凤、鱼、虾等雕饰物,旁殿、牌楼屋顶有华北式的各种脊兽。彩梁、斗拱、雀替、栏杆、藻井、龙柱、琉璃瓦,富有中国传统建筑特色。主殿供奉天后妈祖,左右侧殿分别供奉水尾圣娘、观世音菩萨,道教与佛教并存。每逢道教、佛教及华人节庆,天后宫都会有相应的庆祝活动。

独立广场 位于吉隆坡市。面积约8.2公顷,绿草如茵。1957年8月31日,马来西亚国旗在此升起,象征脱离英国统治而独立,现升旗地点矗立着一根高30多米的旗杆。广场对面喷水池流水潺潺,旁边昂然屹立着一排柱廊。广场内还有百日草和万寿菊组成的缤纷花海,景色美不胜收。

云顶高原 位于吉隆坡地区。山地度假胜地。海拔约1700米,重峦叠嶂,林海茫茫,气候凉爽。有电动游乐设施、游泳池、室内体育馆、保龄球馆。云顶缆车全长3.38千米,15分钟便能登顶。云顶大酒店内的赌场,是马来西亚唯一的合法赌场,有"南洋群岛的蒙特卡洛"之称。

三保山 位于吉隆坡市。中国明代航海家郑和下西洋时落脚于此。曼苏尔苏丹迎娶明永乐皇帝之女为妻,公主随行的500宫女安置于此山。山上有三保庙,供奉三保公。庙后的三保井,直径逾2米,为公主专用井,至今井水清澈,传说喝过古井水,他日定会回到马六甲。

唐人街 位于吉隆坡市。即老城区的茨厂街。中式的牌楼,中式的楼宇,中式的沿街售货摊，来自中国的各式水果、食品，各种地方风味的中餐馆，保持着中国城市浓郁的生活气息。茶楼、酒店、中药店、华文书店、小旅馆、超级市场，应有尽有，老板基本上都是华人。唐人街是吉隆坡最热闹的地方。

印度人街 位于吉隆坡市。印度人聚居区，缠着厚厚头巾、留长须、穿长衫、裹围裙的男士，穿着特色纱丽、艳丽裙子的女士，给人一种到了印度的感觉。琳琅满目的商店，出售印度奇特的服饰、古朴的铜灯、精致的银餐具等特色商品。周六晚上这里有夜市，售货摊一个挨着一个，成为散步者的天堂。

武吉免登街 位于吉隆坡市。吉隆坡商业和金融中心。有许多高级酒店、大型购物中心、电影院、餐馆，住宿、用餐、购物都很方便，被称做"黄金三角"。"黄金三角"东部的新兴商业区，多夜总会、商店、电影院和露天市集，是吉隆坡最时髦的地区。附近有小型的阿拉伯公园。

浮罗交怡群岛 又名"凌家卫岛"，由100多个珊瑚岛组成。洁白的沙滩，碧蓝的大海，婆娑起舞的椰树，纯朴雅致的小楼，构成一幅绝妙的热带风情画，是游泳、潜水、滑水、驾风帆或垂钓的绝佳之处，被称为亚洲的"地中海"。群岛有海滨浴场、七口井、黑米乡、故事岩、孕妇岛、白鳄潭、温泉村等景点。

波德申 马六甲海峡北岸的重要港口和旅游胜地。沙滩长达16千米，其中最受欢迎的蓝珊瑚湾海滩，沙滩洁白，海水蔚蓝，各式各样的活动精彩纷呈。拉查杜岬峭壁高出海面118米，海底的珊瑚礁千姿百态。沿63级台阶登上16世纪葡萄牙人建造的灯塔，可远眺苏门答腊的鲁帕岛及海峡中的巨轮和风帆。

邦咯岛 金色的沙滩，清澈的海水，凉爽的海风，夏天朦胧月色下有成群的海龟爬上海滩产卵。典型的浮楼建筑连绵数百座，夜晚村中灯火和海上渔火相映成趣，依旧保持着原始的美丽。岛上居民华人占多数，多捕鱼为生。邦咯岛宁静安逸，历来为度假胜地，也是马六甲海峡商旅的庇护之所。

刁曼岛 海岸线曲折蜿蜒，岸边怪石嶙峋，一排排椰树挺拔翠绿，金黄色的沙滩洁净柔软，海水清澈宁静，近海有五颜六色的珊瑚礁，无数美丽的小鱼穿梭其间。岛上的主要建筑是酒店和度假别墅，酒店多为印度尼西亚南苏门答腊少数民族米南加保式建筑，形如几何形燕尾，雕花斗拱，颜色以棕色为主。

凯利古堡 位于怡保市。古堡有6层楼高，巍峨耸立，罗马式立柱及摩里西斯式拱门豪华亮丽，古堡内有奢华的酒窖，有很多密室和秘密地道，还有马来西亚第一部电梯。第一次世界大战后，英国橡胶大亨威廉·凯利下令在古堡附近兴建一座印度庙，并以隧道连接两座建筑，工程尚未完工而威廉去世，自此古堡沦为鬼屋，流传各种诡异传说。

椰壳洞 位于怡保市。马来西亚最大的天然石灰岩溶洞，长约1.5千米。洞顶有5个巨大的椰子壳似的石笋和钟乳石，因而称为"椰壳洞"。洞内有地下河，有各种各样的钟乳石和石笋。洞内设有方便又安全的行人道和平台，全程游览需要三四个小时。

大汉山国家公园 位于怡保市。马来西亚最大的自然保护区,面积约 4300 平方千米,素有"绿色心脏"的美称。公园保持着原始状态,有高山峻岭,多石灰岩丘陵,溪流湍急,有大片原始丛林和珍贵动植物,包括 800 多种热带兰、500 多种鸟类、300 多种淡水鱼,还有稀少的犀牛和岩羊。

三保洞 位于怡保地区。为纪念中国航海家郑和而建。19 世纪末一位僧人发现此洞,在此闭关修行 20 余年,直至逝世。洞前有亭台楼阁,小桥流水。洞中钟乳石和石笋之间佛像星罗棋布。洞崖上壁画生动传神。另有蜿蜒栈道通往"小西天"山谷,别有洞天。洞内有一座释迦牟尼像,高达 24 米,佛像头部内藏有舍利子。

霹雳洞 位于怡保市。天然石灰岩溶洞中辟建的佛道寺院,有"南国敦煌"之称。洞前建有崇楼峻阁,巍峨的龙头楼耸立于中央,四周古木参天。洞内石径回旋,连接大小十来个洞窟。钟乳石千姿百态,崖壁上有壁画百余幅。有佛像 40 多尊,造型优美。有 385 级石阶通向上部,沿着一缕光线拾级而上,可登上山顶的凉亭。

安顺斜塔 位于怡保市。由贵州安顺籍著名慈善家、建筑师梁全忠修建。因塔上有一座大钟,当地人称为"大钟楼"。原是一座储水塔,因霹雳河河水泛滥而发生倾斜,从此不再作储水之用。日本南侵马来西亚时,此塔成为瞭望台。斜塔附近有一个广场,安装古式灯饰,夜间大放光明。

怡保火车站 位于怡保市。车站内的月台上停放着保存完整的各种老式火车头和车厢,车站大楼楼上有一家铁路旅馆,俨然一座铁路博物馆。车站前有一座花园,花园里有棵古树,干粗冠大。此地因风景优美,被誉为"怡保的泰姬陵"。

升旗山 位于槟城市。昔日英国殖民高官居住山上,山下士兵利用旗语传递信息,遂有"升旗山"之名。热带雨林中布满奇花异草,山间小溪、大小瀑布随处可见,空气清新,景色美妙,是著名的避暑胜地。升旗山拥有亚洲最早的缆索铁道系统,上山的火车缓慢经过陡峭的山坡,在半山腰转乘另一趟火车可以到达山顶。

极乐寺 位于槟城市。由福建鼓山寺方丈妙莲禅师兴建,历时 20 多年才完成。寺院叠阁重楼,绿树环绕。寺内有一宝塔,塔身素白,塔顶金光璀璨,呈葫芦状直指云天,有"万佛宝塔"之称。"大雄宝殿"四字出自中国清朝皇帝光绪之手。节庆时节寺院布置各色彩灯,春节期间摆满祈福灯,场面壮观。

印度庙 位于槟城市。槟岛最早的印度神庙之一,传统的印度南部建筑风格。入口处有一座高塔,上面刻有形态生动、色泽绚丽的各式人物。庙内有很多巧夺天工的印度教神像,其中苏伯拉马廉神像以金、银、钻石和翡翠所装饰。每逢大宝森节,信徒们都会用花车载着神像去巡街。

蛇庙 位于槟城市。为纪念一位备受尊敬的佛教长老而建,据说这位长老具有超凡的治病疗伤的本领。庙内的廊柱、烛台、香炉、神像上到处可见蛇影,晚上群蛇四处爬行,吞食信徒供奉的鸡蛋等物,但并不伤人。

旅游目的地概述

康华利斯堡 位于槟城市。原先采用木制材料,后来英国殖民政府驱使囚犯改建为一座石堡。古堡现仅剩一堵围墙,原址陈列几尊大炮,这些大炮最早由荷兰人送给柔佛苏丹,后来落入海盗之手,最后才在此落脚。很多妇女常将鲜花放入炮管之中,据说可以增强生殖能力。大炮之下的火药库是一间小小的博物馆。

巴都丁宜镇 位于槟城市。海滩度假胜地。浩渺的海面,成片的棕榈树,洁白柔软的海滩,秀美清幽的山峦,兼有山海之胜。葱郁的棕榈丛中有依山而建的各式别墅。海滨的高脚屋保存了100多年前马来人的传统居住格调,窗明几净,整齐舒适。在此既可以在沙滩上沐浴阳光享受悠闲,也可以参加各种新奇刺激的海上活动。

姓氏桥 位于槟城市。是建于海上的木屋。姓林桥、姓周桥、姓陈桥、姓李桥、姓杨桥、杂姓桥,等等,犹如几个小村落,其中以姓周桥规模最大,有水上人家60多户,电影《初恋红豆冰》就在姓周桥取景拍摄。姓氏群聚,生活气息浓郁,已经成为一个闻名遐迩的观光点。

诗巫岛 位于新山市。长约6千米,宽约1千米,遍布热带植物。沿海有绵长的金黄色沙滩和许多岩石洞,岸外水底有迷人的珊瑚礁,聚集着许多美丽的海底生物。附近海床散布不少古时中国商船与海盗船互相攻击遗留的沉船。岛上提供潜水、滑水、风帆、海钓等活动。

乐高乐园 位于新山市。亚洲第一个乐高主题游乐园,占地约30万平方米,用3000万块乐高积木建造而成,耗资2.35亿美元。除了过山车、漂流、观光小火车、乐高智慧屋等游乐项目,还有一个"缩微城市",其中包括中国的故宫以及泰姬陵、吴哥窟等标志性建筑。

七、世界遗产

姆禄国家公园 位于沙捞越。面积超过528平方千米。姆禄山洞形成于500万年前,是世界上最大的天然洞穴群之一。鹿洞是鹿群喜欢的栖息之处。最小的狼洞中奇岩异石花纹美丽。清水洞长达107千米,是亚洲最长的洞穴之一。风洞中凉风习习,有奇岩怪石。

基纳巴卢国家公园 位于沙巴。占地约754平方千米。基纳巴卢山是世界上最年轻的非火山山脉之一,形成于10万~35万年前,如今还在以每年5毫米的速度升高。公园内存在4种气候区,有许多著名的食虫植物及兰花,以马来王猪笼草最特别。

马六甲市和乔治市 马六甲位于马来半岛。历来是各国商人的停泊点。三保太监郑和下西洋时这里成为远航船队的前哨基地,至今保存不少遗迹。乔治市位于槟岛,是槟城州的政治、金融、旅游、文化和高等教育中心,拥有马来西亚最多的战前建筑物。

玲珑谷地考古遗址 位于霹雳州。包括4个考古遗址,时间跨度距今180万年前至 1000 年前,是非洲以外最古老的人类活动遗迹之一。遗址类型包括洞穴遗址、露天遗址、旧石器时代的打造工场。曾发现距今 1.1 万年的"霹雳人"化石。

第六节　海沟花园——菲律宾

　　菲律宾,全称"菲律宾共和国"(Republic of the Philippines)。西班牙航海家以西班牙皇太子菲律普的名字命名莱特岛和萨马岛,后整个群岛称为"菲律宾",又称"椰子之国"。

一、自然地理

　　菲律宾是赤道北端、亚洲东南部的群岛国家,东临太平洋,西濒南海,分别与中国台湾省、印度尼西亚、马来西亚隔海相望,面积约 30 万平方千米。

　　菲律宾由 7100 多个岛屿组成,吕宋岛为主岛。有火山 50 多座,其中 10 多座是活火山。吕宋岛西南的塔尔火山是地球上最低和最小的火山之一。萨马岛和棉兰老岛以东的"菲律宾海沟"最深处约 10 497 米,是世界上最深的海沟。

　　菲律宾属于热带海洋性气候,全年阳光充足,一年分干湿两季,湿季高温多雨,干季炎热干燥。年平均气温约 26.7℃,年平均降水量 2000 多毫米。菲律宾以东有台风发源地,每年 7—9 月台风路线多经吕宋岛。

二、国家象征

　　菲律宾的国旗呈横长方形。上半部为蓝色,下半部为红色,平时蓝色在上,战时红色在上。旗杆处一边为一个白色等边三角形,三角形中央有一个黄色的太阳,周围有八道长的光线和一些较短的光线;三角形的每个角各有一颗黄色的五角星。蓝色代表和平、真理和正义;红色代表爱国心和勇敢;白色等边三角形代表和平和纯洁;三角形里的太阳代表自由阳光普照;八道光线代表最先拿起武器反抗西班牙统治的八个省,其余的光线代表其他各省;三颗星象征菲律宾群岛的三大区域——吕宋、米沙鄢和棉兰佬。

　　菲律宾的国徽呈盾形,图案代表菲律宾的三个历史时期,上方和中部代表菲律宾共和国时期,底色白色,上方有三颗金黄色的五角星,中间是有金黄色辐射线的太阳。左下方代表美国殖民统治时期,蓝色底面上有一只金黄色的美国秃头鹰,左爪握着橄榄枝,表示和平;右爪握着三支矛,表示随时准备战斗;右下方代表西班牙殖民统治时期,红底上有一只金黄色的狮子,这是当时西班牙国旗上的竞狮图形。

　　菲律宾的国歌是《菲律宾民族进行曲》。

　　菲律宾的首都是马尼拉。

三、社会生活

菲律宾人口约9798万人,其中马来族占八成半。他加禄语为国语,电台、电视台主要使用英语。居民中约八成半信奉天主教,土著民族信奉原始宗教,华人则大多信奉佛教。

菲律宾实行共和制,行政、立法、司法三权分立。总统是国家元首、政府首脑兼武装部队总司令,但无权实施戒严法,无权解散国会。国会是最高立法机构。菲律宾主要政党:基督教民主联盟党、民主战斗党、国民党、自由党。

菲律宾鱼类品种繁多,已开发的淡水渔场面积约2080平方千米。国民生产总值中工矿业约占三成,农业不足二成,服务业占五成多,旅游业是外汇收入重要来源之一。人口增长过速成为菲律宾经济的隐忧,失业率居高不下,散居海外的菲佣达400万人之众。

四、民俗风情

菲律宾深受西方文化影响,生活习惯与西方国家相似,并具有浓厚的宗教色彩。

菲律宾人姓在后,名在前,华人往往在名字后面加上其中国的姓。

西装在中上层人士中广泛流行,平民百姓的衣着则比较简单。男子喜穿白色衬衣西装裤,女子喜欢穿无领连衣裙,老年人仍穿用木头、麻或草做成的拖鞋。妇女结马来人发型,有时裹颜色鲜艳的头巾,戴手镯、项链和耳环。"特尔诺裙"是菲律宾女子的国服,这种圆领短袖连衣裙两袖挺直,两边稍高于肩,腰部细小,裙摆宽大,宛如蝴蝶展翅,所以也称"蝴蝶服"。

菲律宾人恋爱自由,少女十二三岁便可谈婚论嫁。农村男青年往往用歌声向倾爱的姑娘求爱,并赠以花束,花的颜色以白色和桃色为佳。

菲律宾民间盛行斗鸡,斗鸡场面惊险而残酷,据说由美国、古巴、西班牙与本地的鸡杂配而成的一种"蒙地诺"鸡,战绩最好。

菲律宾人以米饭、玉米为主食,喜欢吃椰汁饭、咀嚼槟榔。口味清淡,喜好香甜微辣。菲律宾菜是马来菜、中国菜、西班牙菜的奇妙混合体,任何菜甚至汤都用醋和大量的大蒜等辛辣调料,中西口味的巧妙融合创造出独特的风味。

菲律宾人对个人尊严很敏感,坦率和直言被视为鲁莽。喜欢送礼,也喜欢收取礼物,但收礼不当面打开。社交活动遵守时刻被视为过分热衷,一般要迟到15~30分钟。招呼人会伸直手臂,手掌向下,摆动指头,而手掌向上是一种侮辱。手掌不能放在臀部,眼光不能长时间直视他人——这往往是挑衅的象征。饮酒过量被认为是贪婪。宴会后常请客人唱歌,拒绝是不礼貌的。菲律宾人禁忌茶色和红色,他们尽量回避数字13,集会聚餐不宜13个人,旅馆没有13号房,认为13日又逢星期五是大不吉利。日常话题可以是婚姻、家庭、职业、烹饪等,避免谈论菲律宾内政、天主教会及政治人物,他们喜欢外国人赞扬他们的国家、家庭,适当得体的称颂会使双方成为朋友,而当众羞辱或令其难堪往往会激起摩擦,甚至拳头相向。

五、旅游城市

马尼拉(Manila) 菲律宾的首都和最大的港口,经济、文化、交通中心,位于菲律宾最大的岛屿吕宋岛。帕西河横贯全城,道路宽阔,花木掩映,到处可见洁白如玉的菲律宾国花"桑巴吉塔"。马尼拉既体现着悠久的东方传统,又汇合了西班牙、美国的西方文明,是一座市容整洁的热带花园城市,被称为"亚洲的纽约"。

宿务(Cebu) 菲律宾中央直辖市、宿务省首府,菲律宾国际航运中心,位于宿务岛。宿务设有东南亚规模最大的椰油炼油厂、世界上最大的椰壳活性炭厂和菲律宾第二出口加工区,宿务是椰干、蕉麻、杧果、烟草、木材集散地,被誉为"南方皇后市"。城区没有鳞次栉比的高楼,没有车水马龙的大道,保持特有的古风。

达沃(Davao) 棉兰老岛第一大港口和经济中心,菲律宾蕉麻加工中心,位于棉兰老岛东南达沃湾西岸。达沃日晴夜雨,四季如春,盛产香蕉、菠萝等水果,被誉为"菲律宾的果篮子"。达沃拥有最漂亮的兰花品种,被誉为"兰花之城"。

六、经典景点

马尼拉湾 这里的晚霞闻名遐迩,夕阳的余晖映照着海滨摇曳的椰树,碧绿的海水渐染成闪亮的金黄色,遥远的天边飘着几朵嫣红的浮云。濒临海湾的罗哈斯大道,椰树夹道,高楼林立,繁华异常。迎风摇曳的椰树,绿茸茸的草地,色彩缤纷的各种花卉,与平静的马尼拉海湾交相辉映。

马尼拉港 天然良港。港外建有很长的防波堤,防波堤里面是码头区。巴石河经此入海,把海港分成南北两港。北港停泊近海轮船,南港停泊远洋轮船。戴尔潘桥、琼斯桥、麦克阿瑟桥、奎松桥和阿亚拉桥跨越巴石河,连接两港的地面交通。港阔水深,现代化设施齐备,是菲律宾进出口贸易中心。

马拉坎南宫 位于马尼拉市。菲律宾总统府。曾是西班牙总督和美国总督的官邸。"马拉坎南"意为高贵人居住的地方。白墙红顶,圆拱式落地门窗。以巨大的花岗岩为建筑材料,内部装饰华丽,走廊墙上悬挂着历届菲律宾总统的肖像以及菲律宾、西班牙画家的名作。宫墙内外树木葱茏,充满东南亚特有的热带风韵。

椰子宫 位于马尼拉市。全部用椰子树建造的宫殿,椰木板屋顶,椰树干立柱,椰果毛壳纤维混合高强度水泥而成的墙砖,精心雕刻的椰壳大吊灯,椰果纤维织的地毯,用椰子树及椰子壳制成的高达两米的落地座钟,镶嵌着4.7万块不同形状椰壳片的大餐桌,台灯、烟灰缸都用椰壳雕刻而成。

圣地亚哥城堡 位于马尼拉市。原为木栅栏围成的城寨,后西班牙总督圣地亚哥改建成石城堡。城堡曾经囚禁无数的菲律宾爱国者,其中包括菲律宾民族英雄荷西·黎刹,他在被关押期间写下绝命长诗《我之诀别》,最终被杀害,城堡内有一尊被囚禁在铁栏监狱中的黎刹的铜像,还有一串从监狱通向城堡门口的铜脚印。

马尼拉大教堂 位于马尼拉市。外观如封建领主的城堡,以坚固、牢不可破的形象显示教会的权威。教堂正面墙壁上雕刻6个白色的宗教人物及各种精致的装饰,顶部雕刻两个可爱的小天使和庄严的十字架,玫瑰形雕窗的彩色玻璃放出异彩。旁边有3个小教堂,以马赛克装饰,散发着浓厚的宗教气息和古典韵味。

竹风琴大教堂 位于马尼拉市。教堂内高大的墙壁里镶嵌着一架用竹管制作的大型管风琴。大风琴3米多宽,由714根口径不同的竹管组成,最大的竹管长达2.44米,直径12.7厘米。竹风琴制作历时8年,成为菲律宾音乐艺术的象征之一。近百年来,竹风琴历经多次地震、台风和战争,曾被运到德国修缮,如今完好如初。

海洋公园 位于马尼拉市。占地约8000平方米。公园内有各种海洋生物1万多只,绝大部分来自菲律宾本土及东南亚其他国家。公园的最大亮点是长25米的弯曲海底隧道,可以从各个角度观赏奇异的海底世界,与海洋生物亲密接触。公园有零下15℃的雪村,东倒西歪的企鹅,全明星鸟的精彩表演,令人捧腹。

黎刹公园 位于马尼拉市。为纪念菲律宾的民族英雄黎刹而修建。黎刹是一位教育家、文学家和艺术家,早年学医,后从事反对西班牙殖民统治的斗争,最终被殖民统治者杀害,年仅35岁,公园里屹立着他的铜像。公园里有假山检阅台、礼堂、天文馆、盲人园和儿童游乐场,还有中国式庭院。

碧瑶 位于马尼拉市。这里有5所菲律宾颇具影响的大学,全市人口的1/3为大学生。矿景公园松树参天,环境优美。万寿宫建筑宏伟壮观,清静幽雅。海约翰美军休养所树木成林,遍地绿草,百花争艳。还有一个北方土著民族风情旅游区。全市人口10多万人,而每年游客达几十万,赢得了"旅游者的麦加"的美誉。

达雅台 位于马尼拉市。气候凉爽,风景秀美,有"小日内瓦"的美名。塔尔火山四五百年来已爆发40余次,1976年喷发时火山灰腾空而起达1500多米。火山口有火山湖,湖中有岛,岛中有湖,时而云雾迷漫,时而云开日出,扑朔迷离。群山环抱的海湾,在阳光照耀下泛着银光,秀丽壮美。

百胜滩 位于马尼拉市。山间峡谷全长约10千米。群山夹峙,奇峰峭立,林深藤密,莽莽苍苍。一条溪流自山巅辗转而下,在峡谷山石间构成溪、瀑、潭、流等各种景观,千姿百态。状如卷帘的急流瀑布从百米高处倾泻而下,水花四溅,如洁白的孔雀开屏。百胜滩河自然景色优美,泛舟河上可进入热带峡谷。

巴里卡萨岛 位于宿务市。赤道珊瑚岛,潜水圣地。巴里卡萨大断层海底落差达1000多米,好像一根千尺柱子竖立在海底,露出海面的部分就是巴里卡萨岛。水蓝清澈如水晶一般,艳丽珊瑚呈玫瑰形状,成群的热带鱼及逗趣的小丑鱼等海洋生物四处游动,珍贵稀有的黑珊瑚礁环绕着断层生长,花团锦簇。

马勒帕斯卡岛 位于宿务市。"马勒帕斯卡"意为"糟糕的圣诞节",因为西班牙人于15世纪的一个圣诞之日来到此岛,而这一天正巧狂风暴雨。岛上家家户户门前均有木桩,上立斗鸡一只,每逢星期天举行斗鸡活动。附近的浅滩几乎每天都能看到长尾鲨,有一种"清洁鱼"会吃掉长尾鲨身上、鳃及口里的死皮和细菌。

长滩岛 位于宿务市。白色沙滩长达4千米,蜿蜒曲折,清澈透明的海水在阳光下如同液体宝石,该岛多次名列世界最美沙滩。小岛南北各有一座海拔不过百米的小山,蜿蜒小路穿过雨林,连接起座座村庄。岛上度假村和酒吧星罗棋布,已成为热闹非凡的度假胜地。

巧克力山 位于宿务市。由1200多个圆锥形山丘组成,这些山丘高度为40~120米。每年2—5月的旱季,山上的绿色草木被炎热的阳光晒干,山体变成巧克力般的褐色,"巧克力山"之名由此而来,其中两座山头已开发成为度假地。

眼镜猴中心 位于宿务市。这里只有七八棵小树,每棵树上藏着一二只小猴(眼镜猴),它们只有巴掌大,眼睛比脑袋还大,脚趾有吸盘,白天静静地缠着树枝,不爱跳跃,不会咬人,超级可爱。这些小东西是十分古老的物种,距今已有4500万年的历史。可以近距离与眼镜猴接触,给它喂昆虫,但不能用闪光灯对着小猴拍照。

巴拉望岛 周围有千余个岛屿,被称为"海边乌托邦",以地下洞窟和溪流著称,有"现代伊甸园"之誉。塔本洞窟群有29个洞窟,上古族人的化石已达2.2万年,被称为"菲律宾文化摇篮"。地下国家公园在圣保罗山下一条地下河中,野生动物保护区有长颈鹿、斑马和瞪羚,海岸地带有海龟、海牛和许多海洋生物。

七、世界遗产

图巴塔哈群礁 位于苏禄海。面积约968平方千米。"图巴塔哈"意为"退潮时裸露的长礁"。由两个珊瑚环礁组成,各自形成一个突出水面的小岛。超过1000种物种在此栖息,其中有许多种类为濒危生物。潜礁与深沟比邻,海沟的沟壁成了竖立的"珊瑚墙",是潜水运动胜地。

巴洛克教堂群 位于吕宋岛及班乃岛。16世纪西班牙及墨西哥殖民者所建。教堂群既无侧廊又无交叉廊,回廊天棚低矮,这是菲律宾基督教堂的特征。圣奥古斯丁教堂是菲律宾最古老的全石料教堂,比略奴爱巴教堂两座钟塔用棕榈等热带植物作为装饰。这些巴洛克式教堂群是东方基督教文化与建筑艺术相结合的杰作。

科迪勒拉山水稻梯田 位于吕宋岛。梯田主要分布在巴纳威镇及邦图克、巴达特等地区,总长度约2000千米,是世界上最大规模的梯田之一,也是世界上最大的人造灌溉系统之一,被喻作"天国阶梯"。当地伊富高人可能在公元前1000—公元前100年开始耕作这片梯田。

美岸历史城镇 位于吕宋岛。美岸古城修建于16世纪,是亚洲保存最完好的西班牙殖民城市之一,体现了菲律宾、中国及欧洲文化的极好融合,从而创立了一种独特的文化,一个秀美的城市,这在东亚与东南亚的任何地方都是独一无二的。

普林塞萨港地下河国家公园 占地约 200 平方千米。公园的特色是喀斯特地貌和地下河流,有几个 120 多米宽、60 多米高的大溶洞。圣保罗洞内钟乳石和石笋林立。公园内有低地森林、喀斯特森林和灰岩森林 3 种森林类型,以拥有亚洲最繁茂的树木植物群而著称于世。

汉密吉伊坦山野生动物保护区 位于棉兰老岛。动植物资源丰富,尤以菲律宾国鸟食猿雕及多种猪笼草闻名。食猿雕也称"菲律宾鹰",世存不足 500 对,每对食猿雕领域达 30~50 平方千米。猪笼草是菲律宾特有的热带食虫藤本植物,生长于海拔 1200~1600 米地区。

第七节 隐逸之邦——韩国

韩国,全称"大韩民国"(Republic of Korea)。国名源于民族名,朝鲜半岛中南部是韩族定居之地。

一、自然地理

韩国位于亚洲大陆东北部的朝鲜半岛南部,北部隔"三八线"与朝鲜相邻,东濒日本海,西临黄海,西与中国、东南与日本隔海相望,面积约 9.85 万平方千米。

韩国国土的七成是山地和丘陵,山地集中在北部和东部,平原主要分布在西部和南部的河川及海岸地带。海湾多,良港多,岛屿多,海迹湖多。济州岛面积约 1849 平方千米,为韩国第一大岛;汉拿山海拔约 1950 米,为韩国最高峰;洛东江长约 525 千米,为韩国第一大河。

韩国属于温带季风气候,南部海洋性气候特点显著,北部向大陆性气候过渡。冬季寒冷干燥,极端最低气温可降至 -43℃;夏季高温多雨,最热的 8 月平均气温 20℃~24℃。年降水量超过 1000 毫米,夏季是降水集中季节。

二、国家象征

韩国的国旗俗称"太极旗",象征和平、统一、创造、光明、自由、平等、发展。国旗呈横长方形,以白色做底色,由中间的太极模样和 4 个角上的卦构成。白底象征白衣民族纯真、光明和热爱和平;象征希望、阴的蓝色和象征尊贵、阳的红色组成的太极模样,阴阳融合,显示对立与均衡。卦源自中国老子《道德经》,象征正义、富饶、生命力和智慧。

韩国的国徽呈圆形,上为五瓣木槿花。木槿花中间为红蓝两色组成的阴阳图案,图案寓意与国旗相同。

韩国的国歌是《爱国歌》。

韩国的首都是首尔。

三、社会生活

韩国人口约 4851 万人,平均每平方千米 482 人,是世界上人口密度最高的国家之一。韩国人八成居住在城市,约有一半聚集在首尔、釜山和大邱 3 个城市。韩国只有单一民族韩族,使用单一语言韩语。主要宗教是佛教和新教以及天主教。

韩国是议会民主制国家,立法、行政、司法三权分立。总统为国家元首兼政府首脑,由国民直接投票选出。立法权属于一院制的国会。韩国主要政党:新千年民主党、大国家党、国民新党和自由民主联盟。

韩国已经建立起比较完整的工业体系,工业实力和规模接近发达国家水平,钢铁、机械、汽车、电子等许多产品处于世界领先地位,是世界上最大的船舶、电子、半导体和汽车制造国之一,而服务业是经济增长最快的部门。排名前 30 位的财团总值超过国民生产总值的一半,占外贸出口业务的七成。

四、民俗风情

韩国政府选定服装、文字、泡菜和烤牛肉、石窟和佛寺、跆拳道为韩国文化的五大象征。

韩国的传统服装"韩袍"线条简洁,色彩和谐,一成不变地流传了几百年。男子的基本服装由一件短袄、一条裤子和一件外套组成,短袄袖口宽松,裤子肥大,用带子将裤脚束在脚踝处。女子的"韩袍"包括一件有两根长丝带的短袄,丝带系着一个蝴蝶结,还有长长的袖子和高腰长裙。白棉纱袜和由丝、稻草或橡胶制成的船形鞋与韩袍配套而穿。

跆拳道是起源于朝鲜半岛的武术运动。跆指用脚踢,拳指用拳击,道指方法和艺术。跆拳道习练容易,具有强身健体的功效,已在世界各地推广。

韩国人崇尚儒教,尊重长者,学者享有最高的社会地位。晚辈、下级遇到长辈或上级要鞠躬、问候,让其先行。长者进屋大家要起立,和长者谈话要摘去墨镜。子女早晨起床和饭后要向父母问安,父母外出回来子女要迎接。乘车要给长者让座,登楼要扶助长者,排队让长者居首。吃饭先为长辈盛饭上菜,并请长辈首先动筷。

韩国男女分别进行社交活动。拜访必须预约,并带小礼品。酒是馈赠韩国男人最好的礼品,但不能送给妇女,除非说清楚是送给她丈夫的。韩国男性喜欢的礼品还有名牌纺织品、领带、打火机、电动剃须刀等,女性喜欢的礼品是化妆品、提包、手套、围巾类物品和厨房调料。见面时的传统礼节是鞠躬,男人之间见面互相鞠躬并握手,但女人一般不与他人握手。进入家庭住宅或韩式饭店要脱鞋。用餐时宾主席地盘腿而坐,不能把双腿伸直或叉开,未征得同意不能在上级、长辈面前抽烟。韩国人敬酒,右手拿酒瓶,左手托瓶底,鞠躬致辞后再倒酒,且要连干 3 杯。敬酒人把自己的酒杯举得低一些,用自己杯子的杯沿去碰对方的杯身,敬完酒后再鞠个躬才能离开。以汤匙就食,夹菜才用筷子,捧碗而食是不礼貌的。

米饭是韩国人的主食。一大碗饭、一碗肉汤、几盘泡菜,即可算一顿美餐。韩国泡菜是一种腌泡而成的辣菜,风味独特。人参鸡汤是韩国人喜爱的食品,"布尔高基"(烤肉)最受欢迎。韩国人喜欢烧烤,喜吃火锅、生鱼片、冷面,不喜欢吃羊肉、肥猪肉和鸭子、香菜,厌油腻,也不爱吃放糖或花椒的菜肴。韩国人喜欢辛辣食物,红辣椒一年四季不能少。

韩国人有许多禁忌,如:不能在大街上吃东西,不能在别人面前擤鼻涕;逢年过节不能说不吉利的话;农历正月头三天不能倒垃圾、扫地,更不能杀鸡宰猪;寒食节忌生火;生肖相克忌婚姻,婚期忌单日;渔民吃鱼不许翻面;忌到别人家里剪指甲,否则两家死后结怨;吃饭时忌戴帽子,否则终身受穷;睡觉时忌枕书,否则读书无成;忌杀正月里生的狗,否则三年内必死无疑;不用红色的笔写自己的名字(写死人的名字才用红色)。

五、旅游城市

首尔(Seoul) 旧称"汉城",韩国的首都,全国唯一的特别市,世界十大金融中心之一,位于朝鲜半岛的中部,作为首都已有600多年历史。汉江穿城而过,古色古香的名胜古迹与现代化的高楼大厦相互映衬,生机勃勃。韩国流传谚语:"如果你有一匹马,最好送到济州去;如果你有一个儿子,最好送到汉城去。"

釜山(Pusan) 因地形如一口铁锅而得名,位于韩国东南部。釜山港是韩国最大的港口,世界上最繁忙的港口之一。釜山有30多家银行、250多个金融机构、韩国唯一的证券交易所。釜山是京釜铁路和京釜高速公路的终点。釜山群山环抱,温泉星罗棋布,花园别墅依海而建,是一座多种文化共存的国际化大都市。

仁川(Incheon) 韩国港口城市,位于韩国西北部,与中国威海市隔海相望。市郊的仁川国际机场是韩国对外交通的重要门户。临海分布着永宗岛、永兴岛、德积岛等众多岛屿,具有丰富的海上旅游资源。

大邱(Taegu) 旧名"达城",位于洛东江中游支流琴湖江沿岸山间盆地中。四周众山环抱,琴湖江贯穿市区,风景美丽。轻工业发达,附近盛产谷物、棉花、蚕丝和水果。达城矿山是韩国重要的铜矿产地。

蔚山(Ulsan) 位于朝鲜半岛东南沿海,与日本隔海相望。太和江横穿市区,蔚山湾与蔚山港、温山港、方鱼津港连接,是韩国通往东亚、东南亚的关门。蔚山作为韩国经济发展的牵引车,拥有发达的汽车、化学、造船业,是一座美丽的工业城市。

光州(Kwangju) 韩国西南部的行政、军事、经济、社会、文化枢纽,位于朝鲜半岛西南。春夏秋冬特色鲜明,物产丰富,美食闻名,春雪茶、无等山西瓜、陶器与螺钿工艺品为传统特产。

济州岛(Jeju) 位于全罗南道。济州岛处处岩浆凝石,地貌奇特,有"蜜月岛""浪漫岛"的美称。自古以来以"三多三无三丽"而闻名。"三多"指石多、风多、女人多,因此被称为"三多岛"。"三无"指无小偷、无大门、无乞丐。"三丽"也称"三宝",指美丽的自然、民俗和传统工艺,也指农作物、水产品和旅游三大资源,还指浓厚的人情味、美丽的自然和独特的土特产品。

六、经典景点

景福宫 位于首尔市。李氏王朝的王宫,因位于城市北部,也叫"北阙"。景福宫历经壬辰倭乱和日本吞并朝鲜两次损毁,现已基本恢复原貌。景福宫由330栋建筑组成,酷似中国北京故宫,大多为中轴式建筑群,从光化门、兴礼门、勤政门、思政殿、交泰殿一字排开。朝鲜王朝末代皇后明城皇后被日本人刺杀于最北端的乾清宫。

庆熙宫 位于首尔市。原名"庆德宫",李氏朝鲜时代的宫殿。正门为兴化门,内门为建明门,正殿为崇政殿,外为崇政门,偏殿为资政殿,国王寝殿为隆福殿,王妃寝殿为会祥殿,此外还有集祥殿、集庆堂、兴政堂、德游堂、景贤堂等建筑。日本统治时代被全部拆毁,现为首尔市立美术馆,被拆毁的建筑物也已复原。

德寿宫 位于首尔市。曾称"景云宫"。中和殿是法殿,殿内的屋顶上画着两条龙。即祚堂的匾额是高宗皇帝亲笔手书。静观轩是最早的西式建筑,高宗曾在此喝咖啡、休闲,后面有一条又窄又长的秘密地下通道通向俄罗斯公馆。在首尔的宫殿中,唯有德寿宫与西式建筑静观轩并肩而立,构成别样的景致。

青瓦台 位于首尔市。韩国总统府。面向景福宫,背靠北狱山和仁旺山。由中央主楼、迎宾馆、绿地园、无穷花花园、七宫等组成,采用了15万块青瓦,据说青瓦的使用寿命可达百年以上。曲折的小路从青瓦台一直延伸到景福宫,小路左侧是景福宫的石墙,右侧是美术馆。

雪岳山 位于首尔市。每年早早下雪,连岩石都是雪白色,故称"雪岳"。山中千佛洞溪谷、土旺城溪谷、蔚山岩溪谷、铸钱谷都是大自然的杰作。卧仙谷、飞仙台、金刚窟、文殊潭、五连瀑布、阳瀑布、阴瀑布、天堂瀑布等组成雪岳山最具代表性的景观。已被联合国教科文组织认定为"生物圈保护区"。

北汉山 位于首尔市。也称"三角山""负儿岳"。"北汉山"的意思是北面最大的山。山峰千姿百态,高耸的岩峰和岩峰间流淌着清澈溪水,生存有1300余种动植物。山上有真兴王巡狩碑、北汉山城以及名僧元晓大师修建的祥云寺。北汉山春夏秋冬景色各不相同,妙不可言。站在白云台顶,可一览首尔和汉江景色。

南怡岛 位于首尔市。半月形小岛,面积约46万平方米。"南怡"是1467年平定叛乱立下战功的将军,岛上有他的坟墓。全岛没有电线杆,所有电线全部铺设于地下。电视剧《冬季恋歌》中男女主人公曾幸福地徜徉于这里的白桦林之间,南怡岛已成为一个新的四季旅游热点。

旅游目的地概述

清溪川 位于首尔市。穿越市中心的河流,全长10余千米。因河床被污泥和垃圾所覆盖,河水严重污染,先整体覆盖建成柏油路,后重新开挖河道,历经数年整治,现已成为一条漂亮的景观河。河道两岸汇聚各色传统商铺,还是韩国文化、艺术的展示场地。

国立剧院 位于首尔市。韩国最具代表性的表演场馆之一。包括日升剧场、月升剧场、星升剧场、文化广场,空间灵活多变,演出设备先进,可上演前卫的实验话剧及各类新剧目。国立剧团、国立唱剧团、国立舞蹈团、国立管弦乐团等4个驻院演出团体,定期举办形式多样的演出活动,曾策划上演一系列有影响的文艺节目。

国会议事堂 位于首尔市。临江而建,以汉江为背景。白色四角形建筑,有24根花岗岩柱子,代表全体国民的意见;蓝色的房顶,表示将全体国民的意见最后集中起来。游客可参加国会旁听,近距离感受韩国的政治生态。

韩国之家 位于首尔市。韩式木造建筑群。曾是日本殖民时期朝鲜统监的官邸。由海邻馆、民俗剧场以及闻香楼、绿吟亭、听雨厅组成。正堂屋顶采用李朝时代"雨班"样式,屋内间格仿照景福宫慈庆殿的风格,还有独特的"温突"暖气式房间。民族剧场有传统舞蹈、音乐或"面谱剧"表演,嘉乐堂有传统婚礼仪式表演。

韩国民俗村 位于首尔市。有240座传统建筑物,包括李朝时期的衙门、监狱、达官贵族的宅邸、百姓的简陋房屋、店铺作坊等。店铺和露天集市上的商品大都是当地传统手工制品。露天广场定时表演精彩的民俗舞蹈、杂技和乡村鼓乐,再现朝鲜半岛500多年前的人文景观和地域风情。

明洞圣堂 位于首尔市。韩国最早的教堂之一,被称为韩国民主化的圣地。45米的尖塔高耸入云,雄伟的西洋古典美和庄严的内部装饰驰名海外,还有安放信徒尸体的庙舍和一个地下小教堂。圣诞夜举行子夜弥撒仪式,点缀教堂的霓虹灯神秘而美丽。

奥林匹克公园 位于首尔市。占地约167万平方米,其中6个体育场馆是1988年首尔奥运会的赛场。露天雕塑公园陈列200余件雕塑作品,为参加国际野外雕刻展览会的67位艺术家赠送。奥林匹克文化中心展品中有各种空间探索设备的复制品以及月球岩石标本、美国和苏联宇航员的太空服。

龙平滑雪场 位于首尔市。海拔约1832米,每年11月到次年4月初适宜滑雪。有山岳雪橇场、室内高尔夫球场、生存游戏场、山地自行车道、高尔夫练习场、森林浴场、射箭场和野营所等。长3700米的8人封闭缆车可到达海拔1458米的发旺山顶龙峰,还有得到国际滑雪联盟认可的适合各等级滑雪爱好者的专属滑道。

首尔广场 位于首尔市。椭圆形草地广场,占地约12 500平方米。设喷水池和48个照明灯,喷泉和灯光组成35种华丽的景观。每到冬季,广场变身为开放式的滑冰场。曾是韩国三一运动、六月民主化运动等历史事件的舞台。2002年韩日世界杯期间,十万多名市民聚集在此为韩国足球队呐喊助威。

生命63大厦 位于首尔市。大厦地上60层、地下3层,高达264米,是首尔的象征。整幢大厦所有窗户使用双重反射玻璃,璀璨绚丽如黄金宝塔。地下一楼的水族馆,有鱼类400种2万余尾。在顶楼可饱览醉人的夜景。

N首尔塔 位于首尔市。首尔的地标性建筑。塔名N,代表Namsan(南山)、New(新)、Nature(自然)3个词的首个字母。塔高约236米,能俯瞰首尔市景。周围的围栏上挂满了情人锁,成为恋人们的爱情圣地。每晚有灯光秀,以"首尔之花"为主题,用光的变化表现花开过程,塔身每小时整点变换一种颜色。

汉江市民公园 位于首尔市。由蚕室、堤岛、蚕院、盘浦、二村、汝矣岛、杨花、望远、仙游岛、兰芝及江西地区等12个地区构成,其中人气最旺的是汝矣岛和堤岛。汝矣岛能观察栗岛生态保护区的各种鸟类,堤岛是有名的购物地和水上冲浪胜地,有"休闲运动天国"之称。夜晚凭栏而眺,汉江美景分外妖娆。

大长今主题公园 位于首尔市。由电视剧《大长今》拍摄地改造而成的主题公园。电视剧中的大殿、司饔院、狱舍、御膳厨和退膳间等场景,依据韩国古代建筑修建,房间内的家具和饰品陈设一应俱全,案几上精致的御膳点心、厨房的蔬菜蛋肉栩栩如生。墙上的液晶电视,循环播放电视剧以及许多鲜为人知的幕后花絮。

彩虹喷泉 位于首尔市。长约1140米的盘浦大桥设置380多个20米高的喷口,每分钟喷射的水量可达190吨。喷出的水柱随着水流的变换呈现出柳叶、柳絮等100余种造型,美丽的水雾如孔雀开屏一般绽开在江面上,细小的水滴在空中翻转着落到江中,由水滴组成的画面变幻多样,美轮美奂。已列入吉尼斯世界纪录。

梨泰院大街 位于首尔市。文化休闲街,全长约1.4千米。大街上有各种各样的商店、独具一格的咖啡厅、异国风情的酒吧、美食餐厅以及闪动跳跃的迪厅,天天宾客盈门,俨然一座不夜城。家具一条街云集各类中小古董和家私古玩,特别是古式柜子、梳妆台,高丽及朝鲜时代的家具,朴素简单中显出一种高贵及神秘之感。

狎鸥亭 位于首尔市。著名购物区,以售卖高级消费品为主,大部分为欧美进口品牌,成为韩国时装潮流的风向标。罗德奥街名牌店铺云集,聚集了不少美容店、咖啡室和各国特色料理餐厅,是年轻女性的心仪之地,不少韩国电视剧在此取景。

大学路 位于首尔市。因曾是首尔大学所在地而得名。首尔大学迁移别处后,原址改建为公园,各种剧场与文化艺术团体相继入驻,大大小小的剧场达100多家,常年有各种演出,还汇集了众多的酒店、酒吧等年轻人喜欢的场所,逐渐演变为韩流文化的发源地,被称为"亚洲的百老汇"。

贞洞路 位于首尔市。有历史悠久的德寿宫石墙,百年以上的建筑,如市立美术馆、贞洞第一教会、俄罗斯公使馆旧址、重明殿、梨花女子学校、东亚日报馆、培材学堂等。欧式建筑具有异国情调,秋天金叶红枫时更适合徒步。曾被首尔市指定为第一号"最想散步的街道",在"韩国最美的100条小路"评比中获得金奖。

旅游目的地概述

梵鱼寺 位于釜山市。传说金井山山脊有一井,一条金鱼乘着五彩云朵自天而下至井内玩耍,此井从此再不干枯,井水永远是金色的,人们称这条金鱼为"梵鱼",金井山、梵鱼寺因此得名,金井区的标志就是这个传说中的金鱼。梵鱼寺四周藤树林与溪谷融为一体,大雄宝殿建筑手法细腻而华丽,堪称李朝时期建筑佳作。

龙宫寺 位于釜山市。依山傍海,景色优美。三层石塔的每一层都有4只分别代表喜怒哀乐的狮子,因此被称为"四狮子塔"。最特别的景致是108级石阶和日出岩,必须下108级石阶才能来到龙宫寺,日出岩就位于108级石阶中间,站在岩石上可欣赏壮观的日出美景。每当新年,韩国人喜欢来这里面对日出许下心愿。

海云台 位于釜山市。原为突出海中的丘陵,新罗时代末建台。自然景观得天独厚,绵延的海滩上铺满厚厚的细沙绵柔如玉,夜幕降临,在温馨的黄色灯光下海云台更显幽静,这里是理想的海滨浴场。温泉水温45℃~50℃,含有少量氡元素,能治疗肠胃疾病、妇科病以及皮肤病。每年这里定期举行游泳大赛和放风筝比赛。

釜山太宗台 位于釜山市。传说新罗太宗武烈王被这里的美景所折服,常常来此游览,故而得名。三面环海,茂密的松林与海边的悬崖峭壁勾画出独特的美景。形态奇特的神仙岩是太宗台的代表性景观,据说是12万年前最后一次干冰期的产物。每当大旱民众在此举行祭雨仪式,每年阴历五月初十下的雨称为"太宗雨"。

蔚山岩 位于釜山市。由6个花岗岩山峰组成,周长约4千米,高达950米,四周是绝壁,被称作"东洋最大岩石"。下雨打雷时好像整个山在哭泣,所以也称"天吼山"。山上有神兴寺、安养庵、内院庵、继祖庵等胜景。沿着808级铁梯登上蔚山岩,可以远望雪岳山胜景和东海、达摩峰、鹤沙坪水库。

金井山城 位于釜山市。原称"东来山城",是韩国现存最大的一座古城。周长约17千米,城墙高1.5~3米,现仅存城墙约4千米。山城内有门楼、望楼,多泉水。这里属于花岗岩地带,到处都是岩石溶洞及大大小小的岩石峰。

五六岛 位于釜山市。各种船只进入釜山港的必经之地,是釜山港的象征。这里有6个小岛,其中的两个小岛的下部相连,涨潮时看起来是一个岛,退潮时成为两个岛,"五六岛"之名由此而来。五六岛是岩石岛,为釜山市自然保护区。

冬柏岛 位于釜山市。依海而建冬柏公园,葱郁的山茶树与茂密的松树形成秀美佳景,冬柏岛成为苍翠海洋之中的一颗明珠。山顶上竖有新罗时期的学者崔致远的铜像和纪念碑。冬柏岛有"红色冬柏花王国"之称,2005年举办APEC首脑会议时被称为"最美丽的会场"。沙滩附近有高2.5米的美人鱼雕像。

龙头山公园 位于釜山市。公园的地形似一条面朝大海的卧龙的头部,故名。公园占地约6.9万平方米。百花簇成的花钟,白山安熙济先生的铜像,釜山象征性建筑釜山塔,均坐落于此。登上高约118米的釜山塔,可以俯瞰釜山市全景和海洋风光,晴天可瞭望远方的对马岛。这里的夕阳和夜景,极具浪漫情调。

岩南公园 位于釜山市。曾为军事保护区而禁止通行,占地约56万平方米。

树木、碧海、峭壁，组合成一幅景致优美的风景画。公园内有钓鱼台、展望台、散步道、云桥等自然景观。钓鱼台不仅可以享受垂钓海鱼之乐，还可充分领略悬崖峭壁的魅力。沿着被青松覆盖的山路而上，可在展望台眺望风景。

海底世界　位于釜山市。面积约3.6万平方米，是韩国最大的水族馆，有鸟类、鱼类、爬虫类、两栖类等250种35 000只动物。地下一层是海洋模拟馆，游人可在虚幻的海洋世界中尽情畅游；地下二三层为各类水族馆。地下三层的海底透明隧道长达80米，置身隧道，鱼儿从两侧从头顶游过，神奇有趣。

札嘎其市场　韩国最大的水产市场之一。有超过300间海鲜店，食客可购买海鲜再找餐厅代煮或者直接在餐厅落单。市场还售卖海鲜干货，如鱼干、虾干以及海带干等。这里卖鱼的基本上都是女人，她们被称为"札嘎其嫂子"。每年10月这里举办札嘎其文化观光节。

白翎岛　位于仁川市。岛屿形如空中展翅的白翎，故名。头武津海滩奇形怪状的船台岩石、兄弟岩石等与青蓝色的大海融为一体，奇岩鼎立，岩壁陡峭，好似号令大军的将领的头颅，因而得名"头武津"。豆豆石海滩的石头大小、颜色都很像黄豆，在海滩上行走，会发出"咯吱咯吱"的声音。

摩尼山　位于仁川市。主要景点有高丽时期的净水寺以及堑星坛。净水寺大雄殿窗格子上的莲花花纹雕刻十分精致，在大雄殿的玄关处可以欣赏西海的日出美景，周围丛林郁郁苍苍，充满生机。堑星坛以四周的美丽景致而闻名，据说这里是檀君向上天祈祷的地方。站在摩尼山的顶峰上，能览尽京畿地区和西海的美景。

传灯寺　位于仁川市。因高丽忠烈王贞和王妃捐献玉灯而得名。据说建寺的一位工匠与一位女子相约共筑爱巢，工匠将施工费用交给她保管，那个女人却卷款和他人私奔，失意的工匠在大雄殿的4根柱子顶端雕刻了那个女人的裸体像。当年将士们誓死护国抗击敌军，在大雄殿的柱子和壁面上刻下自己的名字，流传至今。

自由公园　位于仁川市。初称"万国公园"，后公园内竖立指挥仁川登陆的美国麦克阿瑟将军铜像，自此改名为"自由公园"。公园内宽阔宁静，一年四季风光各异。公园广场是鸽子之家，万千鸽子翩翩起舞，异常壮观。夕阳西下，公园景色迷人。

道东书院　位于大邱市。与屏山书院、玉山书院、绍修书院和陶山书院并称为韩国五大书院。书院瓦砌墙垣朴素雅致；土墙上水墨色装饰花纹特别精致，是韩国唯一被指定为宝物的土墙。中正堂门口台阶上刻有口衔如意珠和鱼的龙头，称为"四勿箴"，据说意味着孔子的教诲——"非礼勿视，非礼勿听，非礼勿言，非礼勿动"。

八公山　位于大邱市。春季杜鹃盛开，夏季林木葱翠，秋季丹枫满山，冬季冰雪晶莹，四季风景美妙。一座山峰的顶上紧贴着一块扁长的大石头，如戴着一顶大斗笠，还有发髻状的岩石，被称为"纱帽岩"，当地传说"以至诚之心向佛祖祈祷，愿望就能实现"，元旦凌晨来此许愿者如潮水，高考期间祈求好运的学子络绎不绝。

无等山　位于光州市。3座高度几乎相同的岩峰并肩而立，因而有"无等级之分的山"之名。有奇岩怪石的瑞石台、立石台等绝景，还有悠久的寺庙及佛教遗迹，自古以来被认为是光州的守护神。春天的金达莱，夏天的山百合，秋天的红叶，冬天的赤松，千姿百态。

智异山　位于光州市。以海拔 1915 米的天王峰为首，10 余座高峰云海翻滚，山脉绵亘，乱石幽谷，溪水潺潺，绚丽多姿，与金刚山、汉拿山并称为三神山。山麓有华严寺和泉隐寺等古刹。苍郁的原始森林与乱石幽谷之间流淌着潺潺溪水。春天的杜鹃，秋天的红叶，绚丽多彩，冬天的雪景尤为动人。

多岛海　位于光州市。蔚蓝的海洋中罗列着 1700 多个岛屿，红岛的日落、珍岛的奇观已成绝景。每年 4 月下旬，珍岛的海水下降，至 16 时左右海底现出一条宽约 40 米、长 3 千米的平坦大道，几分钟后海水回升，海潮一浪高过一浪，大道逐渐变窄，又成汪洋一片。当地居民举行"灵登祭"，祭奠祖宗，祈求海龙王保佑风调雨顺。

佛影溪谷　位于光州市。以佛影寺为中心的天然溪谷，长约 15 千米。湍流的河床形成多处深深的瓯穴，森林中隐藏着多处瀑布，高达 50～100 米的赤松林立，有很多蕨菜、忍冬草等珍贵植物，水中有天鹅、伏水豚等珍稀动物，水流、岩石、草木相得益彰。有苍玉璧、义相台、山太极、水太极、菩萨岩等 30 余处著名景点。

汉拿山　位于济州岛。又称"瀛州山"，意思是山高得可抓住银河。汉拿山四季景色各不相同。山间生长着亚热带、寒带 1800 余种植物，有很高的科研价值。汉拿山西南部有南国风味十足的观光游乐区。

龙头岩　位于济州岛。200 万年前熔岩喷发后冷却而形成的岩石，高达 10 多米，长达 30 余米，岩石一端颇似龙头，故名"龙头岩"。以夕阳为背景的龙头岩仿佛巨龙升天，画面鲜活生动。龙头岩东侧有一处"龙池"，池水清澈见底，据说是蛟龙嬉游之地。在这里可见海女们海底作业的场面。

城山日出峰　位于济州岛。有世界上最大的突出于海岸的火山口。周边有 99 块奇岩怪石，像卫士一样守护着火山口，聚在一起状如一个巨大的城郭，因而得名"城山"。这里的人们把太阳升起的过程叫作"日出"，把升起的太阳叫作"出日"。这里的海上日出异常壮观。周边是一个大草原，有着田园诗般的美丽景色。

万丈窟　位于济州岛。熔岩洞窟长约 13.4 千米，是世界上最长的熔岩洞之一。熔岩石笋、熔岩管状隧道等典型熔岩洞各具形态，石柱和钟乳石向同一方向双重、三重发展，蔚为壮观。万丈窟与金宁窟原是一个洞，因洞的末端塌陷而一分为二。金宁窟是长约 700 米的 S 形熔岩洞，因内部形状像蛇又称"蛇洞"。

天帝渊瀑布　位于济州岛。多股劲水自岩石洞顶部飞流直下，形成 3 段壮观的瀑布。溪谷中有仙临桥和天帝楼等 8 处楼阁。仙临桥是座拱形桥梁，因雕刻着 7 位仙女又称"七仙女桥"。天帝楼的外墙上有描绘天帝渊传说的仙女图和神仙图。隔年 5 月这里举行七仙女节。周围的温带森林中，有松叶兰等珍贵的植物。

正房夏瀑　位于济州岛。亚洲唯一的海岸瀑布。瀑布高差约 23 米，两股宽达

8米的强劲水流冲刷陡峭的山壁,雷霆万钧冲入海中。瀑布陡峭的崖壁上刻有"徐福过此"的字样,相传当年徐福奉秦始皇之命东渡求取长生不老之药,因见"正房夏瀑"风景太美在此驻足,"西归浦"之名即取徐福由此向西而归之意。

海女博物馆　　位于济州岛。海女是不借助工具下海捕捉鲍鱼、贝类、海草等的女性,防水镜、具有浮力的圆球及盛装海物的网兜是海女的全部装备。博物馆共3层,一层的"海女生活"重现海女们曾居住的房屋,二层的"海女劳作"展示海女的服饰及使用的工具,三层为休息厅,设有观景台,可眺望大海美景。

泰迪熊博物馆　　位于济州岛。陈列泰迪熊1200只,其中一只玩具熊只有4.5毫米,是世界上最小的玩具熊。珍藏价值2.3亿韩币的世界最贵的路易威登泰迪熊、用125克拉宝石和贵金属制造成的泰迪熊,还有可以像机器人一样移动的泰迪熊。博物馆展示了近百年的泰迪熊发展史。韩剧《宫》里出现的泰迪熊为镇馆之宝。

信不信由你博物馆　　位于济州岛。探险家罗伯特·李普利的收藏品博物馆。"信不信由你博物馆"在全世界有12个美术馆和户外公园,运营着31处连锁设施,这个博物馆是其中之一。展示李普利周游198个国家和地区搜集的奇妙物品700余件,其中有德国的柏林墙砖、从火星上飞来的陨石块等众多令人惊叹的物品。

民俗村　　位于济州岛。由100多个传统韩屋组成。这些韩屋都是济州岛人实际居住的房屋,一块块石头一个个柱子搬过来,照原样复建而成。展示济州岛居民的农作具、钓鱼用品、家具以及生活用品等8000余件,原汁原味地重现了济州岛的生活风俗。

爱之岛　　位于济州岛。性文化主题公园。有80多件表现人类性行为和情爱的雕塑作品,如求婚、欲望、恋人、贵妇等。雕塑作品有的为人体的实际比例,有的则十分夸张,也有一些非常抽象,但都表现得淋漓尽致。公园内每一个细节的设计都独具匠心,连洗手间的拉手、指引游客的路标、喷泉、椅子等无不融入了性观念。

独立岩　　位于济州岛。西归浦沿岸地区的断崖绝壁、奇岩、岛屿千姿百态,约150万年前火山爆发的熔岩形成了这种自然奇景,独立岩是其中之一。周边散落着虎岛、鸟岛等美丽的小岛和神仙岩、火车岩等形态奇异的海岩。韩国热门电视剧《大长今》曾在此取景,其中长今与韩尚宫被流放的场景即以此为背景。

七、世界遗产

石窟庵和佛国寺　　位于庆州。建于公元8世纪。石窟庵建于自然巨石凿成的石窟内,佛像、神仙、菩萨的雕像惟妙惟肖,堪称远东地区佛教艺术杰作。佛国寺供奉着大理石雕刻的释迦牟尼像,是新罗时期石造美术的代表作品。庆州作为新罗时代的都城,佛国寺与石窟庵是当时佛教文化鼎盛时期的经典建筑群。

海印寺藏经板殿　　海印寺是韩国三大古寺之一。因藏有8万多块大藏经木刻板又称"法宝寺"。这些木刻佛经板刻于1237—1249年,是世界上保存最完整的

旅游目的地概述

早期佛教印经版。因经板数目超过8万又称"八万大藏经"。存放这些木刻印经板的昌永藏经阁建于15世纪，是世界上唯一用来保存藏经板的建筑物。

宗庙 位于首尔。依地势而建，没有中轴线，装饰简单，体现了儒家的简朴精神。宗庙内的道路中间高两边低，中间供王和世子行走，官员则走左右两边，显示了韩国神殿建筑的尊严和权威。每年5月的第一个星期日，韩国皇室后裔在此举行仪式纪念皇家祖先，宗庙乐是其不可分割的一部分。

昌德宫建筑群 位于首尔。朝鲜王朝太宗的离宫，自1611年到1910年一直是王室成员的居所。目前保存着13座殿阁，被称为"韩国的故宫"。正门敦化门是如今首尔最古老的宫门。建筑群与四周的自然环境和谐地融为一体，是远东宫殿建筑设计的典范。

水原华城 位于京畿道。建于李朝后期。城墙长5.5千米，城墙上方建有女墙，上面的多个射击口，既可掩护自身，又能监视和攻击敌人。东西南北各有城门。城内还有小溪流经，小溪与城墙相遇处设置了水门。拱形水门上修建了名叫"华虹门"的楼阁。

庆州历史区 庆州是新罗时代的首都。石结构建筑瞻星台是东方现存最古老的天文台之一，金字塔大陵园是新罗王和贵族的坟墓群，感恩寺是建立统一国家的新罗文武王修建的寺庙，都被视为国宝。庆州基本保持了古都的昔日风貌，被联合国教科文组织列为12个文化都市之一。

高敞、和顺、江华支石墓群 位于全罗北道、全罗南道和仁川市。支石墓是史前石墓的一种，以东北亚最为集中，韩国已发现支石墓近3万座，约占世界上支石墓总数的四成。这里的支石墓是韩国青铜器时期的代表性石墓，是研究史前文化现象和社会结构、政治体制以及当时人们的精神面貌的重要资料。

济州火山岛和熔岩洞 位于韩国最南端。绚丽多彩的碳酸盐洞顶和地面，纯黑色的熔岩洞壁，被视为完美的熔岩洞窟体系。由凝灰岩构成的锥形山峰日出峰，如堡垒般矗立在海边。韩国最高峰——汉拿山，以瀑布、形态各异的岩石和火山口湖泊而闻名。它们见证了地球的发展、特点和进化过程。

朝鲜王陵 李朝时期（1392—1910年）27代国王、王妃以及被追尊的国王及王妃的陵寝及墓园建筑共42座，绝大多数分布于京畿道和首尔市境内。朝鲜王陵和王妃陵的形制，严格遵守中国古代的《周礼》《礼记》等典籍，并以李朝第一代国王李成桂的健元陵为蓝本。

朝鲜历史村落 包括安东河回村和庆州良洞村两个村落。河回村因洛东江呈"S"形环绕村子而得名，是丰山柳氏600余年世代居住的氏族村落，458栋建筑保存完好。良洞村是庆州孙氏和骊州李氏500多年来繁衍生息的贵族村庄，150多座历史500多年的传统瓦房和茅草屋分散在茂盛的树林之间。

南汉山城 位于京畿道。原是2000多年前高句丽时期的土城，1624年建成山城。山城坐落于海拔495米的山顶,城郭周长约9千米,高3~7米,周边高而险,中间低平易守。城内曾建有皇帝的行宫及各种设施,但都未能保存下来。这里春天洋槐茂密,夏天山林苍郁,秋天枫叶映红青山,冬天白雪皑皑,四季景色宜人。

百济历史遗迹区 位于中西部山区。包括忠清南道的公山城和宋山里古坟群,扶余郡的官北里遗迹、扶苏山城、陵山里古坟群、定林寺址、扶余罗城,以及全罗北道益山市的王宫遗址和弥勒寺址等8处考古遗址。这些遗迹展现了朝鲜半岛上最早的3个王国之一的百济王朝后期的状况。

第八节 樱花世界——日本

日本(Japan)即日本国。"日本"意为"日出之国",又称"樱花之国",古称"八大洲国""苇原中国""丰苇原瑞穗国""大和",中国古代称其为"邪马台""扶桑""倭国"等。

一、自然地理

日本位于亚洲东部,东部和南部为太平洋,西临日本海,北接鄂霍次克海,与朝鲜、韩国、中国、俄罗斯隔海相望,面积约37.78万平方千米。

日本由北海道、本州、四国、九州等四大岛屿及附近6800多个小岛组成。日本地处环太平洋火山、地震带上,每年可感地震达1500多次。日本有火山200多座,其中活火山77座,有"火山国"之称。本州中部许多山峰海拔超过3000米,被称作"日本的屋脊"。富士山海拔3776米,为日本最高峰。最长的信浓川长约367千米,最大的琵琶湖面积约673平方千米,最深的田泽湖最深处约423米。日本有温泉约2万处,是世界上温泉最多的国家之一。

日本属于温带海洋性季风气候,分为6个气候区:北海道地区,夏凉冬寒降水少;日本海沿岸地区,冬雪夏晴;内陆地区,夏冬昼夜温差大;太平洋沿岸地区,夏季酷热多雨雾;濑户内海地区,丽日少雨;西南群岛地区,高温无霜雪。南北温差较大,年平均气温12℃~18℃。除北海道东部地区外,大部分地区年降水量1500~2000毫米。

二、国家象征

日本的国旗俗称"太阳旗",旗帜呈横长方形,旗面白底,象征正直和纯洁。中心是一个红圆,代表红色的太阳,象征真诚和热忱。传说日本是太阳神所创造,天皇是太阳神的儿子。

日本的国徽呈圆形,为16瓣金黄色的菊花图案。此图案源于佛教的法轮,也反映了日本以花道闻名于世的传统。

日本的国歌是《君王的朝代》。
日本的首都是东京。

三、社会生活

日本人口约1.27亿人,居世界第十位。城市人口约占八成。男性平均寿命78.07岁,女性84.93岁,是世界上人均寿命最长的国家之一。大和民族占总人口的99%以上,北海道地区的阿伊努族是唯一的少数民族。官方语言为日语。主要有神道教、佛教、基督教三大宗教,还有一些近代创立的其他宗教,统称为"新宗教"。大多数日本人既信神道教又信佛教。

日本实行君主立宪制。天皇终身制,皇位世袭,但只是国家的象征。国会由众议院和参议院组成。内阁为最高行政机关,最高行政首脑是内阁总理大臣(首相),众议院选举中获胜的政党党首担任内阁总理大臣。日本主要政党:自由民主党、民主党、公明党、自由党、共产党。

日本是世界上最大的资源进口国。日本的钢铁、造船、汽车制造、家用电器及电脑等产业均能与美国相抗衡,微电子、计算机、机器人、光纤通信等许多应用科技领域已领先于美国。工业是日本国民经济的主要支柱,电子、钢铁、汽车、电机、造船、石油化工、纺织等主要工业产值占工农业总产值的九成。造船吨位长期居世界首位,有"造船王国"之称。核电机组仅次于美国、法国居世界第三位。铁路运输规模居世界之首。农业现代化程度较高,但粮食自给率低,食品自给率仅四成。人均GDP位居主要发达国家之首。国际贸易对日本经济具有特殊的意义,美国一直是日本的第一大贸易伙伴。

四、民俗风情

和服、相扑和歌舞伎,充分反映了日本的民族文化。

和服又称"着物",日本传统服装,仿中国隋唐服饰改制而成。男式和服色彩庄重,背后饰有"家纹";女式和服艳丽,腰带更宽,打结处好像一个小包袱。高档礼服用丝绸做原料,饰以刺绣或手绘图样,价格昂贵。未婚女子穿宽袖外服和红领衬衣,已婚女子穿紧袖外服和素色衬衣。穿和服不戴首饰,不用纽扣,只用一条打结的腰带。夏季穿和服需登木屐。

相扑堪称日本国粹。由两位体形壮硕的大力士互相搏斗,只要把对手推出绳套或搏倒在地,即为胜者。每年东京、大阪、名古屋、福冈会举行相扑大会。

歌舞伎是日本传统艺术,发源于江户时代的传统戏剧。初为京游女模仿男装舞蹈,因有违风纪而被禁止,后变成由男性反串。押韵的台词,曼妙的舞蹈,华丽的服饰,多彩的化妆,悦耳的音乐,精致的饰物,是歌舞伎的最大特色。东京银座的歌舞伎座最著名。

日本人传统见面礼节是鞠躬,一般人行鞠躬礼弯腰30度~45度。鞠躬弯腰的深浅不同含义也不同,弯腰最低也最有礼貌的鞠躬称为"最敬礼"。男性鞠躬时,两手自然下垂放在衣裤两侧。表示恭敬时,多以左手搭在右手上放在身前行鞠躬礼,女性尤其如此。日本人在家里保持坐"榻榻米"的传统习惯,双膝并拢跪地,臀部压在脚跟上。男性也可"盘腿坐",把脚交叉在前面,臀部着地;女性则"横坐",双腿稍许横向一侧,身体不压住双脚。

在日本,访亲会友避开清晨、晚上8点以后及用餐时间。到日本人家中做客,进门前先按门铃通报姓名,未安装门铃也绝对不能敲门。进门后主动脱帽,穿上备用的拖鞋。背对着门就座,只有在主人的劝说下才可以移向摆着各种艺术品和装饰品的壁龛前的座位,那是专为贵宾准备的尊贵位置。应邀赴宴应带礼品,送礼要送单数,尤其是3、5、7这3个单数,易碎易破的物品不适合做结婚礼品,梳子、手绢及仙客来、山茶花、荷花、菊花也不宜用作礼品。男性不能进入住一居室的女性房间,有事相商可邀至咖啡馆。

日本人通常以米饭为主食,佐以鱼、蔬菜等副食,配些酱菜、酱汤。大量食用面包、肉类、禽蛋、乳制品。具有日本特色的主食是红豆饭、荞麦面条、日式点心。岛国环境养成了日本人喜食鱼虾和海藻类植物的习惯,其中"生鱼片"是日本独有的生食菜肴。

日本人的忌讳很多:如睡觉时头朝北;将饭盛得过满过多,用餐过程中整理衣服或头发,把筷子放在碗碟上面或垂直插在米饭中;打听他人的年龄、婚姻、工资收入等私事;谈论他人的生理缺陷;三人一起"合影",等等。日本人还忌讳"苦""死"等词及其谐音的词语;忌讳数字4、13、42,因而医院没有4号、42号的房间和病床,宾馆没有13楼层和13号房间,机场没有13号停机坪;婚礼等喜庆场合,忌说"去、归、返、离、破、薄、冷、浅、灭"及"重复、再次、破损、断绝"等言语,认为那是不吉和凶兆;商店开业或新店落成,忌说"烟火、倒闭、崩溃、倾斜、流失、衰败"及与火相关的言语。

五、旅游城市

东京(Tokyo) 全称"东京都",旧称"江户",是日本的首都,世界五大城市之一,日本最大的工业城市,日本的政治、经济、文化、交通和商业、金融中心。东京的股票市场和各种商品交易所闻名于世。东京位于本州岛。东京高层建筑林立,地下铁路网四通八达,经济发达,东京都市圈GDP高居世界第一。

大阪(Osaka) 大阪府的首府,日本水陆交通中心,位于本州岛。古时为京都的外港,与京都、神户合称"京阪神"。大阪经济实力仅次于东京,号称"商都"。大阪河道纵横,大小桥梁1400多座,有"水都"之称。大阪的南部地区是城市的心脏,被誉为"天下厨房"的发源地。春季樱花盛开,粉色的樱花和碧蓝的海水组成绝美的画卷。

横滨（Yokohama） 日本最大的海港,神奈川县的首府,位于东京湾。曾是日本东西方交流的重要城市。地处日本四大工业区之一的京滨工业区核心地区,工业发达。有码头10多个,可停泊上百艘大型货轮,年吞吐量达1.3亿吨,贸易额长期居日本首位。文化教育事业很发达,名胜古迹众多。

名古屋（Nagoya） 爱知县的首府,日本三大名城之一,位于本州岛。因位于东京和京都(西京)之间,通称"中京"。名古屋是中京工业带(伊势湾沿岸一带的工业区)的核心,木材加工、毛纺和陶瓷工业居全国首位,汽车、钢铁、机械、金属加工、精密仪器、化学工业等也很发达。名古屋处处绿荫夹道,鲜花吐芬,充满活力。

京都（Kyoto） 曾作为日本的首都达千年之久。位于本州岛。地处东京西面,国都迁至东京后,天皇登基、国家大典仍在此举行,故有"西京"的称号。京都与大阪、神户共同成为"京都阪神大城市圈"。京都"三步一寺庙、七步一神社",是日本佛教中心和神道教圣地,被誉为日本文化的摇篮,还是日本花道、茶道的繁盛之地。

神户（Kobe） 兵库县首府,位于本州岛,日本国际贸易港口城市,(大)阪神(户)工业带中心。大大小小的房屋错落有致地安插在六甲山起伏的山冈中间,众多的繁华街道各有独到之处。神户背山面海,四季分明,风情东西合璧。

广岛（Hiroshima） 广岛县首府,位于本州岛,临濑户内海的广岛湾。1945年美国在此投下第一颗原子弹,广岛被夷为平地,战后重建,现为本州岛西部的文化、经济和政治中心。

长崎（Nagasaki） 长崎县首府,日本最大的重工业城市之一,位于九州岛。日本锁国时代少数对外开放的港口之一,中国明朝僧人在这里修建了"四大唐寺",数百年来香火不断。长崎临近碧绿的海洋,并有悬崖地形,再加上温泉的乐趣,明治维新时代就成为避暑胜地。1945年美军在此投下一颗原子弹,市区1/3被毁。

札幌（Sapporo） 北海道首府。"札幌"阿伊努语意为"大河川"。位于石狩平原。札幌所有的行道树都是洋槐树,有"洋槐之都"的美称。札幌四周多山,冬季多雪,气温常在-10℃以下,有"雪城"之称。夏季气候凉爽,有"北国之都"的称誉。冬之冰雪夏之凉,秋之红叶春之绿,季节不同景色大异。

六、经典景点

皇居 位于东京市。日本天皇的居所。日本传统建筑,绿色的瓦顶,白色的墙壁,茶褐色的铜柱。皇室的主要活动和外交仪式都在正殿的"松之阁"举行。长和殿是天皇接受朝贺的地方,丰明殿内有大宴会场,常御殿为天皇内宫,还有花阴亭、观瀑亭、霜锦亭、茶室、皇灵殿、宝殿、神殿等。南侧的二重桥是日本的标志。

东京都厅 位于东京市。东京市政府所在地。东京都厅在日本泡沫经济高峰时策划兴建,是当时日本最高的大厦,被讽刺为"泡沫之塔"。厅舍的设计以哥特式教堂为蓝本,采用与巴黎圣母院相似的横三段和竖三段式立面。东京都政府的双塔楼是东京的标志性建筑,观望台可欣赏东京的景色。

浅草寺 位于东京市。东京最古老的寺院之一,被江户时代将军德川家康指定为幕府的祈愿所,是平安文化的中心地。有本殿的天顶画、高耸的五重塔等景点。红漆大门宽边瓦顶,安放风神和雷神,被称为"风神雷神门"。大门前的红灯笼,直径3.4米、高约4米,重达67千克。浅草寺延伸到宝藏门的参拜大道长约300米。

靖国神社 位于东京市。供奉明治维新以来阵亡的官兵246万余人,其中包括东条英机等第二次世界大战的日本战犯。游就馆藏有日本武士的头盔、神风大事记和带翼火箭推进的神风炸弹等。第二次世界大战后取消由国家主持的祭祀活动,但日本的一些政界要人仍公开前往参拜,引起曾受日本侵略之害的各国人民的愤慨。

明治神宫 位于东京市。东京五大神社之一。据说这里的卦签很灵验,每年尤其是新年伊始参拜求签者不计其数。日本人喜欢在这里举行新生儿命名仪式、成人礼、毕业典礼和婚礼等各种人生重要仪式。很多偶像明星的成人礼,每年上千场的传统婚礼,成为一道精致美丽的风景。

东京塔 位于东京市。棱锥形的铁塔,塔身的颜色橙黄和乳白相间,鲜艳夺目。塔的上部装有东京都7个电视台、21个电视中转台和广播台等的无线电发射天线。塔的底部有远东第一蜡像馆、近代科学馆和电视摄影棚。铁塔上的灯光颜色随季节变化,夏季为白色,其余季节为橙色。

迪士尼乐园 位于东京市。按照经典的迪士尼主题公园结构设计,分为世界市集、探险乐园、西部乐园、新生物区、梦幻乐园、卡通城及未来乐园等7个主题园区。乐园舞台及广场上定时举行丰富多彩的化装表演和趣味游行活动,颇具原汁原味的迪士尼风格。

海洋乐园 位于东京市。包括地中海港湾、美国海滨、发现港、失落河三角洲、神秘岛、美人鱼珊瑚和阿拉伯海岸等区域,景观富有异国海滨情调,有不少迪士尼卖座电影的元素。活动项目十分刺激,还有精彩的烟火表演和招牌演出。

上野公园 位于东京市。日本最早最大的公园,赏樱胜地,面积达52.5万平方米。宽永寺、德川家灵庙、东昭宫、清水堂等江户和明治时代的建筑散落在苍松翠柏之中,与湖光山色相得益彰。明治维新豪杰西乡隆盛的铜像是上野公园的标志。公园西北有上野动物园,饲养着900多种珍禽异兽。

离宫庭园 位于东京市。江户时代代表性庭园,占地约25万平方米。庭园的所在地最初是江户幕府的猎鹰场,后建立别庄,几经改修,幕府末期成为幕府海军基地。明治维新期间曾作为皇室的离宫,第二次世界大战后应盟军总司令部的要求下赐给东京都,向民众开放。

隅田公园 位于东京市。江户时期即以"墨堤之樱"闻名于世。隅田川的两岸排列着700多株樱花树,有"长堤十里花如云"的美称。在隅田川两岸居民捐款建造的步行桥——樱桥上眺望两岸的樱花,景色最棒。坐在屋顶形游船观赏樱花,别有一番情趣。每年7月末,东京规模最大的焰火盛宴在这里上演。

奥多摩湖　位于东京市。由多摩川上游截流形成的人工湖。湖周分布着许多利用自然环境开发的观光点,春有樱花,夏有绿茵,秋有红叶,冬有雪景。这里的温泉十分有名,水质无色透明,有"数马之汤""光滑肌肤温泉中心""萌葱之汤"等温泉设施。

国立博物馆　位于东京市。由一幢日本式双层楼房以及东洋馆、表庆馆、宝物馆构成,被称为"美术馆建筑与博物馆建筑的博物馆"。共有43个展厅,陈列面积约1.4万平方米,藏品达8.9万件,其中有近100件国宝,500多件国家指定的重要文物,反映了日本社会各个时期的文化艺术和人民生活概貌。

国立西洋美术馆　位于东京市。收藏西洋美术作品,有西洋绘画、雕塑作品4400多件,包括罗丹的雕塑《思想者》、鲁本斯的绘画《丰饶》、雷诺阿的《巴黎舞女》以及以莫奈、高更为首的印象派画家的绘画作品。曾被评选为日本"百所公共建筑"之一。

大江户温泉物语　位于东京市。设施完善,服务周到。"大江户温泉"和"黄金之汤"采用地下1400米深的天然温泉水。白色温泉"丝绸之汤"不断产生细腻气泡,有舒缓肌肤功效。温泉男女分浴,只有"足汤"可男女共享欢乐。有吹箭、套圈、算命等传统民间游艺及棉花糖等小吃摊点,不定期表演民俗节目。

新宿　位于东京市。日本最著名的繁华商业区。新宿车站是东京市区西侧最重要的交通要冲之一,每天近300万人次出入。这里集中了大量的企业总部和政府机关。著名的购物点众多,如伊势丹百货、堂吉诃德名品折扣店等。闻名海外的红灯区"歌舞伎町",日本两个规模最大的同志集中区之一的二丁目,均坐落于此。

台场　位于东京市。或称"御台场",东京最新的娱乐场所集中地。有长约300米的流行服装店街,有采用最新音响和影像设备的大型综合电影院,面积达1.5万平方米的日本最大的美食城,还有海滨公园、彩虹大桥、"面向女士的主题公园"帕莱特城等景观。

仲见世商业街　位于东京市。日本最古老的商业街之一。长约250米,横跨街区的顶上盖上了透明的顶棚,免除风吹雨打太阳晒。街道两旁有近百家漆着朱红色门面的小店铺,出售供神用品、江户玩具、舞蹈服装、点心小吃和各种土特产品,其中有不少是久负盛名的百年老店。多家小店都卖浅草最有名的点心"人形烧"。

京都御所　位于京都市。天皇的寝宫,占地约91万平方米,外围石垣,内铺白砂。东西南北各有城门。紫宸殿是天皇即位、接受朝贺的地方,曾举行过大正、昭和的继位大典。石园前面的登基殿,宽阔绵延的杉木屋顶,各个房屋由带顶的走道或游廊联结,成为帝王统治的象征。

平安神宫　位于京都市。为纪念平安迁都1100年而建。绿色和红色相映的主殿后面有 3 个池塘和 4 座庭园。以一株八重红枝垂樱而盛名远播,每年 4 月樱花怒放之际,此树樱花垂如流苏。在栖凤池一带,千余株各色樱花争相开放,池塘内饲养着锦鲤和鳖甲。每年 10 月京都三大祭祀之一的"时代祭"在此举行。

地主神社 位于京都市。以祈求良缘著称。绳文时代的遗物"恋爱占卜石"是两块膝盖高的石头,相距 10 来米,据说先对着其中一个石头许愿,然后闭上眼睛往另一个石头走去,若能到达,就表示所许的愿望能够实现。神社内还有许多祈求良缘的"妙方"、各式恋爱护身符,深受年轻人的欢迎。

南禅寺 位于京都市。京都名刹之一。天皇中首位皈依禅宗的法皇亲撰愿文"禅林禅寺起愿事",规定"日本最优秀的禅僧"才能为南禅寺住持,"南禅寺住持"成为超越法系、流派的最高禅僧的代名词。该寺曾二度荒废,但得以重建和兴隆。从巍峨耸立的三门楼上可俯瞰京都。

岚山 位于京都市。以春天的樱花、秋天的枫叶而闻名。"岚"在日语中是暴风雨的意思,山中的樱树和枫树摇摆时会发出沙沙的响声,宛如暴风雨,因而得名。山脚下大堰川上的渡月桥,传说是龟山皇上根据"宛如月亮渡河"而命名。每年 5 月,此桥附近举行三船庙会,管弦齐奏,舞姿翩翩,再现平安时代的舟游风情。

祇园 位于京都市。京都的艺妓区。街上排列着销售发簪、日式服装饰品的商店,在日式建筑中也有许多中式和意式餐馆。每年夏天举办祇园节,装饰豪华的彩车在街上巡游,人们用笛子、锣鼓和大鼓演奏古曲音乐,热闹异常,据说每年有百万人前去观看。

东映太秦映画村 位于京都市。电影主题公园,也是东映的时代剧拍摄场地。设有江户、明治时代的街道、武家屋敷、日本桥、吉原花街等布景,介绍日本电影历史和文化的"映画文化馆",讲解特技拍摄手法的"外景摄景棚",以私塾形式讲解江户时代生活的"寺子屋",供参观者装扮成时代剧人物的"装扮馆"。

伏见稻荷大社 位于京都市。稻荷神就是狐狸神,被认为能保佑五谷丰收,衍生为商业繁荣。神社内到处可见口叼稻穗的狐狸的雕像,接受人们的膜拜与礼敬。在漫长的山路上竖立着无数根鲜红的鸟居,号称"千本鸟居",是电影《艺妓回忆录》的取景地。

三十三间堂 位于京都市。即"莲华王院"。正殿进深约 17 米,长约 120 米,殿内有柱子 34 根,将殿堂隔成 33 间,故通称"三十三间堂"。以供奉千尊观音雕像而闻名。一尊木造 11 面千手千眼观音坐像高 3.3 米,左右两侧各有 500 尊高 1.7 米的金色观音立像。主佛后面及走廊两端,有木造天神像和风雷神立像。

名古屋城 位于名古屋市。日本三大名城之一。最初由德川家康修建,其中的天守阁是德川家三代世袭居住之地。在第二次世界大战中被损毁,后重建。阳春三月,2000 多株樱花盛开,和黑白色的城堡相互掩映,是名古屋城最漂亮的季节。

热田神宫 位于名古屋市。日本三大神社之一。"神宫"的名号据说是明治

旅游目的地概述

天皇所赐。占地约20万平方米,建筑物屋脊用铜板覆盖,四周古木参天,悦耳的鸟鸣声处处可闻。神宫以供奉日本三大神器之一的草雉剑而闻名。每年神宫内祭祀和节日庆典活动多达70多项,不少民众来此举行婚礼祈求天神降福。

德川园 位于名古屋市。原系私家宅邸。占地约44公顷,利用河岸丘陵形成的高低差地形、原有的常绿阔叶林及富有立体感的岩石群拼合重构,组合成富有变化的景观。龙仙湖、观仙楼、瀑布、虎仙桥、瑞龙亭、四睡庵为园中名胜。

绿洲21 位于名古屋市。展现环保理念的地标性建筑物。最上层的"水之宇宙船"由玻璃建造,承接雨水供其他设施使用。"绿色大地"是一个充满绿意的公园,游人可以悠闲地享受日光浴。"公车总站和地下铁入口"的中庭不定时举办音乐演奏会。最下一层的"运动广场",能透过太阳光,节省照明能源。

大阪城 位于大阪市。别名"金城""锦城",四周建有护城河,附近有风景秀丽的庭园和亭台楼阁。河边遍布奇花异卉,充满诗情画意。当年大阪城遭遇火灾,全部用巨石砌成的樱花门屹立无恙,成为仅存的遗迹。城中央耸立着大阪城的主体建筑天守阁,镶铜镀金,天守阁里保存有丰臣秀吉的木像及其使用过的武器。

唐招提寺 位于大阪市。中国唐代高僧鉴真受日本圣武天皇邀请东渡扶桑,他将新田部亲王的旧宅改建成唐招提寺,寺院落成后圆寂于此。寺内收藏有1200多年前鉴真从中国带去的经卷。寺内的《东征传绘画卷》生动描绘了鉴真东渡日本传教的艰难情景以及后来重任唐招提寺大方丈的辉煌生涯,是唯一的鉴真高僧传记性画卷。

四天王寺 位于大阪市。相传由将佛教引入日本的圣德太子修建,至今保持着初建时的格局和部分建筑构造,其视野开阔,建筑精巧,是日本罕见的飞鸟时代建筑。五重塔是该寺的标志性建筑。寺周围有一座花木扶疏、绿草如茵的公园,日落景观尤其优美,有"夕阳丘"之称。

通天阁 位于大阪市。参照凯旋门和埃菲尔铁塔修建,高103米。5层设有"福神",据说摸摸它的脚底就会带来好运,祈求考试合格和良缘尤其灵验。顶部装有独特的天气预测装置,会根据天气变换颜色。这里是柯南剧场版《世纪末的魔术师》的取景地之一。可搭乘电梯前往顶端的大展望台,观赏大阪的城市风光。

环球影城 继好莱坞环球影城和佛罗里达环球影城之后的世界上第三座以好莱坞电影为主题的游乐园。除了原汁原味还原好莱坞大片的惊险项目,还有日本动漫专区、哈利波特园区等热门项目。园区内还有"3根扫帚"酒馆、蜂蜜公爵糖果店、恶作剧商店、魔杖商店、对角巷商店等特色餐饮购物点。

天保山大摩天轮 曾经是世界上最大、最高也是技术最先进的摩天轮。大摩天轮高达112米,拥有60个8座观光厢。世界上首次安装的"流星雨烟花",可形成直径百米的美丽彩灯图案。预报天气的屏幕,对角线长超过100米。

彩虹地下街 位于大阪市。日本最长的地下街之一,长1000多米,宽约50

第一章　亚洲地区

米,高约 6 米,有 3 个大商场 300 多家商店、餐馆、影剧院、娱乐场一应俱全。四大游乐广场——爱的广场、光的广场、泉的广场、绿的广场,最为引人注目。

海游馆　位于大阪市。世界上规模最大的水族馆之一,因拥有巨大的鲸鲨而闻名。楼高 8 层,饲养着近 620 种 3 万余只海洋生物。独特的触摸池可以亲近平日难得一见的海洋生物。冬季会有特别的企鹅散步活动。海游馆旁边的大阪港有知名帆船型游船圣马利亚号。

三溪园　位于横滨市。古典日式庭园,是观赏梅花、樱花和红叶的胜地。高地上有一座中国南北朝式的三重塔,周围有横笛庵、东庆寺、松风阁、归春阁、听秋阁等日本式建筑。三溪园树木众多,芳草萋萋,鸟语花香,被誉为"园中佳丽"。周末的鹤翔阁常常进行日式传统婚礼,成为横滨的恋人圣地。

未来 21 世纪港　位于横滨市。原是一个临海的造船基地,如今不仅拥有一流的酒店和游乐园,还有会展中心、美术馆及音乐厅等文化场所。海边巨大的摩天轮,矗立在摩天轮周围的高楼大厦,闻名遐迩的红砖仓库,成为时尚、休闲、商业及文化中心,是横滨著名夜景之一。

太空世界　位于横滨市。立体式游乐园。分为三大区,第一区是惊险刺激游乐设施,第二区是恐怖鬼屋及"冰世界",第三区是小孩乐园。其中有世界上规模最大的急流泛舟、世界上第一部冲入水中的潜水云霄飞车等游乐设施。白天可眺望浩瀚海景,夜晚灯火通明,景致浪漫而迷人。

六甲山　位于神户市。环绕神户市区的山脉。山上有各种观景平台和观光度假设施,包括可以亲密接触小动物的六甲山牧场、生机盎然的布引花草园和八音盒博物馆。摩耶山为六甲山的最高峰,荧光石散步小路是这里的一大亮点。摩耶山的掬星台是观赏神户之夜的最佳之地。

明石海峡大桥　位于神户市。跨越明石海峡,连接神户和淡路岛之间的跨海公路大桥。总长 3911 米,是世界上跨距最大的悬索桥之一。大桥在世界最强级的阪神大地震中安然无恙,可见其卓越的设计与施工水平。夜晚大桥彩灯环绕,仿佛一串绚烂珠链横跨海湾,因此而获得"珍珠桥"的美名。

神户塔　位于神户市。世界上第一座以管状结构建造的观光塔,曾经荣获多项建筑大奖。塔高 108 米,塔上有 360 度大展望台,可登高俯瞰神户夜景。夜晚的神户塔更加灿烂夺目,已成为神户市的象征性建筑。

大久野岛　位于广岛市。第二次世界大战期间大久野岛曾是日本的毒气工厂所在地,因涉及军事机密而被从地图上抹掉,有"从地图上消失的岛"之称。战后大久野岛长期无人居住,逐渐成为兔子的天堂,被称为"兔岛"。如今岛上居民十余人,穴兔达 700 多只。

千羽鹤纪念碑　位于广岛市。为纪念死于原子弹爆炸的儿童,由日本学生及儿童捐款修建。纪念碑顶端有一小女孩的塑像,她双手高托一只大纸鹤。相传一个12

旅游目的地概述

岁的女孩在原子弹爆炸中惨受辐射,她相信只要扎完1000只纸鹤便能恢复健康,然而尚未完成就去世了。纪念碑下数以万计的纸鹤,出自日本各地的孩子们之手。

千光寺公园　位于广岛市。园内有各种樱花近万株,是日本著名的赏樱胜地。站在山顶的展望台上俯瞰四周,天地之间风景极佳,被誉为"绝景"。公园内设有市立美术馆、文学小路以及游园地。后山有条别致的小路,一路上有许多猫的画像,一块块圆石头被画成彩色的猫的模样。公园内还有以猫为主题的咖啡馆。

严岛神社　位于广岛市。供奉日本传说中的3位海洋女神。神社前方的海中矗立着一座建于1874年的红色鸟居(日式牌楼),是日本文化的标志和神道的代表物,被称为"日本三景"之一。清晨做祷告的朝座屋陈列舞乐节和上演能剧所需的服装和面具。神社旁的能剧剧场建于1568年,是日本最古老的能剧剧场之一。

和平公园　位于长崎市。是在当年原子弹落点修建的纪念公园。园内广植各种树木花卉,有和平祈念雕像、和平纪念馆。和平祈念雕像双目微合,象征祈念和平;右手上举,食指朝天,象征原子弹爆炸的威胁;左手平伸,手掌朝下,象征祝愿天下安泰、世界和谐;右腿作盘腿打禅状,祈祷世界和平。

云仙地狱　位于长崎市。30多处热泉,烟雾缭绕,到处可见硫黄岩石。最著名的"大叫唤地狱",100℃的热泉奔腾不息,坐在温泉里,眺望落日余晖染红的天空,会忍不住大声叫唤:"好棒呀!"这就是"大叫唤地狱"名字的由来。这里还是幕府时代来此传教的基督教徒殉教的地方,流传着凄婉动人的历史传说。

富良野　位于北海道。"富良野"来自阿伊努语,有"芬芳的火炎"之意。富良野四季绚烂多彩,寒冬冰挂水珠晶莹闪亮,春天观音莲吐露芬芳,夏日薰衣草花开遍野,秋季红叶染红山沟。每年初夏,丘陵斜面坡被整片的紫色覆盖,各色各样的花卉怒放,整个富良野变成广阔的紫色花海,成为许多广告的拍摄地点。

函馆　位于北海道。原名"箱馆"。老城区一带保留着许多旧建筑物,充满异国情调。由火山喷发形成的函馆山形似睡牛,故称"卧牛山"。山坡上生长着650多种植物,有"植物宝库"之称。夜晚登山纵目,亿万灯光如同点缀在扇面上的无数宝石熠熠生辉,车流似一条条流动的光河,"函馆夜景"号称世界三大夜景之一。

旭川　位于北海道。以大雪山为背景,分布着120条河流,建有740多座桥梁,因此有"河的城市"之称。旭川的艺术活动非常频繁,多喷泉和城市雕塑,有"艺术之城"的美称。周边有辽阔的牧场,奶牛吃着啤酒花和玉米长大,堪称日本第一的牛奶带着薰衣草的香味。一年四季瓜果飘香,还有各种口味的"旭川拉面"。

圆山公园　位于北海道。原始森林中有1700多株虾夷山樱花,一到春天到处是赏花的游人。山腰的北海道神宫中,有树龄超过100年的榆树和花柏等参天大树,聚集着黑啄木鸟等野鸟。动物园饲养着200多种生物,冬天雪地中来回奔跑着长颈鹿和狮子。

定山溪　位于北海道。温泉疗养地。泉水含有硫黄等多种矿物质,每小时出水量达20万升。温泉街上竖立着20多具河童塑像,每年8月举行河童节。河童是传说中的水陆两栖动物,头顶凹陷,脚和手上长着蹼,尖尖的嘴,形状滑稽,传说有一位青年被拖入河童国中过上了幸福的生活,河童成为定山溪的守护神。

层云峡 位于北海道。峡谷中布满高达百米的悬崖峭壁,温泉水量丰沛。大函耸立着宽阔的岸壁,犹如一座屏风,而小函以奇岩怪石著称。有许多瀑布,其中流星瀑和银河瀑从峭壁上直挂下来,气势非凡。乘坐空中索道缆车能登上海拔1700米的高处,欣赏大雪山雄伟壮丽的远景。夏天举办峡谷火焰节,寒冬季节举办冰瀑节。

七、世界遗产

法隆寺地域的佛教建筑物 位于奈良县。法隆寺是飞鸟时代建造的木造寺庙,其建筑样式是"飞鸟样式"的代表。法起寺建于公元638年,寺中的三重塔是日本最古老的佛塔。法隆寺金堂、法起寺三重塔在明治时代废佛毁释运动中得以幸存。这些木造建筑物记录了日本接受佛教的历史以及佛教由中国传入的过程。

姬路城 位于兵库县。姬路城与熊本城、松元城合称为日本三大名城,由于保存完好,被称为"日本第一名城"。因外墙为白色也称"白鹭城"。姬路城已成为江户城的象征,很多时代剧和电影在这里拍摄。

屋久岛的宫之浦岳和神木林区 屋久岛面积约504平方千米,3/4为山地,是日本降雨最多的地方。宫之浦岳海拔1935米,是九州岛的最高峰。屋久岛山脉覆盖丰富的森林植被,以神木——绳文杉最著名,树龄约有6000多年。每年夏季约有7300多只海龟在此登陆产卵。

白神山地 又称"弘西山地",位于青森及秋田县。面积约1300平方千米,如此广大的原生林世所罕见。核心区域未经人类开发和破坏,保持了原生态的环境。这里的主要景点有暗门瀑布、岳岱风景林、田苗代湿原、津轻峠等。

古京都遗址 包括京都市、宇治市及大津市的贺茂别雷神社、贺茂御祖神社、教王护国寺、清水寺、延历寺、醍醐寺、仁和寺、平等院、宇治上神社、高山寺、西芳寺、天龙寺、鹿苑寺、慈照寺、龙安寺、西本愿寺、二条城等遗址,众多建筑物见证了日本文化8~19世纪的发展,也为当时的日本艺术留下了记录。

合掌造聚落 合掌造是一种民宅样式,人字形屋顶如同双手合十。合掌造为木造建筑物,以茅草覆盖屋顶,完全不用钉子;屋脊陡峭,积雪容易滑落不会堆积,可避免大雪压垮屋顶。合掌造在日本境内也相当罕见,岐阜县白川村及富山县南砺市拥有113栋合掌造建筑,是日本最大的合掌造聚落。

原子弹爆炸圆顶屋 又称"广岛和平纪念碑",位于广岛和平纪念公园内。原为部分砖造部分钢筋混凝土构造,外覆石材和砂浆修饰,覆盖铜制圆顶。1945年8月6日,美军原子弹在此建筑东侧200米上空爆炸,爆炸中心周围2千米范围内的建筑物几乎全毁,此圆顶屋被原子弹爆炸产生的高温焚毁但却没有倾倒。

旅游目的地概述

严岛神社 位于广岛县。严岛旧名"宫岛",由于地理位置独特,景致秀丽,自古被认为是女神居住的灵岛,成为日本神道信仰的中心。岛上有神社500余座,收藏许多国宝级的文物。严岛神社前方海中的大型鸟居被誉为"日本三景"之一。

古都奈良文化财 奈良市一系列寺院的总称。公元710—794年,奈良是日本的首都,即平城京,是当时日本政治、经济、文化的中心。在迁都至平安京(今京都市)后,此地仍以宗教中心的角色而持续繁荣。奈良的诸多神社、寺院以及皇宫等建筑物,见证了日本文化在奈良时期的发展。

日光的神社与寺院 自8世纪以来,日光是以男体山为中心的山岳信仰圣地。这里有许多神社及寺院,其中最为壮观华丽的建筑是二荒山神社及轮王寺,建筑物上的雕刻非常细致。1616年开始兴建德川家康的灵庙,即日光东照宫,此后还兴建了德川家第三代将军德川家光的灵庙,即大猷院。

琉球王国的城堡以及相关遗产群 位于冲绳岛。包括琉球国的城墙遗迹、御岳(神域)以及王陵等。从12世纪出现国家到15世纪统一为琉球王国,琉球式城堡是特殊文化风貌的代表,它既具农业集村的特征,也具城堡的防御功能。御岳是琉球特有的一种宗教设施,祭拜当地神话中的神灵及祖先。

纪伊山地的灵场和参拜道 包括和歌山县、奈良县及三重县的寺院及参拜路线,主体是高野山、吉野山及金峰山3个灵场。平安时代,随遣唐使到中国习佛归国的空海大师在此创建金刚峰寺,纪伊山地成为真言宗的山岳修行场,日本重要的佛教圣地。前往参拜的信徒所走的道路,即今日的熊野古道。

知床半岛 位于北海道。"知床"的意思是"大地之果""大地突出之所""地球的尽头"。知床半岛面积约1230平方千米,有知床岳、海别岳、硫黄山以及罗臼岳。半岛处于千岛火山带,是北半球能够看见浮冰的最南地区之一。

石见银山 日本战国时代后期、江户时代前期的银矿山,其产量曾占当时全球的三成。位于岛根县大森地区,故又称"大森银山"。一般矿山开发时会耗去山林里很多薪炭类木材,但石见银山附近至今仍相当完整地保留了阔叶森林地貌。

小笠原群岛 位于东京以南的西太平洋中。总面积104平方千米。1830年曾有一些美国人在岛上殖民,1945年美国海军占领该群岛。第二次世界大战期间,美国军队和日本军队为争夺小笠原群岛展开连番激战,后任美国总统的乔治·布什驾驶的鱼雷轰炸机曾在此附近海域被击落,险些丧命。

平泉文化遗产 平泉町的寺院是按照8世纪传到日本的净土宗宇宙观建造的。1105年创立的中尊寺的很多建筑在历次山火中被烧毁,但金色堂得以幸存。金色堂的屋顶、墙壁、地板、大门、柱子等全部涂漆后贴金,遍施螺钿。这些庙宇、园林,对日本建筑技术、纪念性艺术、城镇规划、景观设计的发展有着巨大的影响。

富士山 横跨静冈县和山梨县的休眠火山,最后一次喷发是在1707年。山顶设有富士山本宫浅间大社,用于祭祀富士山的神灵。江户时代诞生了许多以富士山信仰为基础的神道教佛教混合的新宗教。富士山山麓周围分布着5个淡水湖，统称"富士五湖"，是著名的观光度假胜地。富士山是日本三大名山之一，被视为圣山。

富冈制丝场和丝绸产业遗迹群 包括4处遗址：富冈市富冈制丝场，对日本制丝业发展产生过重大影响；伊势崎市田岛弥平旧宅，这里确立的"清凉育"养蚕技术对后世养蚕农家的住房样式有着较大的影响；藤冈市高山社，高山长五郎设立的养蚕业研究教育机构；下仁田町荒船风穴，是日本规模最大的蚕种储藏设施。

明治工业革命遗址 包括山口、福冈、佐贺、长崎、熊本、鹿儿岛、岩手、静冈等8县11市的23处遗址，其中有日本海军的三重津遗址、前田炮台、三菱长崎造船所厂区、八幡制铁所、松下村塾。这片建筑群见证了日本19世纪中期至20世纪早期以钢铁、造船和煤矿为代表的快速的工业发展过程。

东京国立西洋美术馆 该美术馆为"勒·科尔比西耶现代建筑系列作品"之一。被列入世界遗产的勒·科尔比西耶的现代建筑作品共17处，分布在阿根廷、比利时、法国、德国、印度、日本和瑞士等7个国家。勒·科尔比西耶（1887—1965）是现代设计的先驱，20世纪最重要的建筑师之一，被公认为"功能主义建筑之父"。他的作品体现了现代主义运动为适应社会需求而引入的全新的建筑技法，为现代建筑奠定了基础，实现了建筑技术的现代化。

冲之岛 位于日本列岛和朝鲜半岛之间。面积不足一平方千米，却被视作神圣之地。除了宗像大社冲津宫的神职人员外无人居住，至今禁止女性进入，男性也只有在每年5月27日接受净身后才能全裸登岛。考古遗址和神殿遍布整座小岛，出土了包括波斯金戒指、韩国玻璃杯等供奉品。岛上约8万件物品被指定为国宝。

第九节 金山银海——越南

越南，全称"越南社会主义共和国"（Socialist Republic of Vietnam）。明朝宣德年间以后为中国的藩属国，称为"安南"。阮福映灭安南后遣使入贡，乞封"南越"名国，嘉庆皇帝以"南越"所包甚广，两广之地亦在其内，而阮福映不过辖交趾（安南）之地，遂赐国名"越南"。

一、自然地理

越南位于中南半岛东部，东和南面临北部湾和南海，北与中国云南、广西相接，西与老挝、柬埔寨为邻。面积约32.96万平方千米。越南与老挝、柬埔寨合称印度支那三国。

越南国土3/4为山地、高原。黄连山主峰番土邦峰海拔3142米，为越南最高峰，也是中南半岛第一高峰。长山山脉纵贯南北，是越南与老挝的天然国界。东部沿海为平原，北部的红河三角洲地势低平，是主要产米区之一。南部的湄公河三角洲是世界著名产米区,南方2/3的农业人口集中于此。中西部的高原地区平均海拔1500米以上,森林密布,草原辽阔。越南有大小河流1000多条。元江即发源于中国的红河。湄公河发源于中国青藏高原,流入越南南部后一分为九注入大海,因此又名"九龙江"。

除高山地区外,越南大部分地区属于热带季风气候。南方最热的4月平均气温29℃,北方最冷的1月平均气温15℃。降水量集中在5—9月,被称为雨季。从11月到次年4月降水稀少,被称为旱季。沿海地区常遭台风袭击,每年5—8月中部经常刮灼热的"老挝风",所到之处农作物如同被火烧过一样,当地人称为"焚风"。

二、国家象征

越南的国旗为金星红旗。旗面呈横长方形,旗地红色,中间有五角金星。红色象征人民争取国家独立、民族解放的革命斗争,五角星象征越南共产党,五角星的5个角分别象征工人、农民、士兵、知识分子及青年等社会各阶层。

越南的国徽呈圆形,周围是代表农业的金色稻穗,中心上端有一颗象征越南共产党的金色五角星,底部是代表工业的齿轮。下端红色饰带上有越南文"越南社会主义共和国"字样。

越南的国歌是《进军曲》。

越南的首都是河内。

三、社会生活

越南人口约8697万人。有54个民族,越(京)族约占总人口的九成。官方语言为越南语。越南人主要信奉佛教、道教、儒教、和好教、高台教、天主教、基督教,少部分人信仰伊斯兰教,以信仰佛教的人数最多。本土宗教和好教有僧侣但不建寺庙,用一块红布代替神佛的图像,信徒早晚供奉2次,供品为鲜花和清水。

越南是民主共和制国家。国会是国家最高权力机关。国家主席为国家元首,由国会代表以无记名投票选出,统率武装力量。总理和国家副主席由国家主席提名,经国会选举产生。越南的执政党是越南共产党。

越南是世界上最不发达的国家之一。"一根扁担挑着两筐稻谷"和"金山银海"是对越南物产资源的形象概括。"一根扁担"是指中部的狭长地带,"两筐稻谷"是指红河平原和湄公河平原两个著名的"粮仓"。西部和北部山区盛产贵重木材和其他林产品,蕴藏着丰富的矿产资源,因而被冠以"金山";江湖河海因有各种各样的水产资源,获得了"银海"的美誉。越南经济以农业为主,农业人口约占总人口的八成,是仅次于泰国的世界第二大大米出口国。

四、民俗风情

越南是东南亚国家中受中国文化影响最深、唯一一个接受儒家思想的国家,融合了东方的神秘色彩和法国的浪漫风情。

越南人姓在前,名在后,多数是单姓双字名,少数为单姓单字名。通常根据对方的辈分或身份来称呼,以表示亲热或尊重。如对父辈的人,第二人称用"大伯""大娘""叔叔""阿姨"等,第三人称用"那位大伯""那位大娘"等。问候不分"早晚",也不分"你好""再见",通常都用一声"召"来表示,例如见面时说"召同志"意为"同志你好",分别时说"召同志"意为"同志再见"。称呼对方时,一般是称呼与名字的最后一个字连用,很少带姓连名。如一位名叫"阮兴强"的男子,可根据他的年龄和亲疏程度,称为"强伯""强叔""强哥""强弟"或"强先生""强同志"。

在越南,城市男子多穿西装,妇女穿花色窄袖长袍和黑色或白色的宽腿拖地长裤。妇女喜戴项链、手镯、戒指,多留披肩长发,或用发夹束于脑后。嚼槟榔、染牙是京族的古风,男男女女十七八岁开始染牙、嚼槟榔,黑齿是少女貌美的重要标志。开嚼槟榔、染牙,象征已经成年可以成亲了。京人还把槟榔当作信物,求婚、请客均送上一个槟榔。

越南人相信自己就是龙和神仙的子孙。越南人特别喜欢桃花,过春节时即便家庭经济再困难也要买上一株桃花插在家里,他们认为红色的桃花会在新的一年里带来好运。越南人使用村边的河水有着严格的区分,上段是取饮用水的地方,中段是男人洗澡的地方,下段才是妇女洗澡的地方。只要水源处有公共用具如竹桶之类,就不能用自己的器具直接舀水。

越南人注重孝道,子女孝敬祖父母和父母是不可缺少的意识。越南人视祭祀供奉祖先为重大之事,每家每户都设有神龛、神台、神位,任何人不可触犯。

越南的许多饮食文化与中国南方相近。主食以檬粉(米粉)、米饭为主,面食主要是馅饼和烤饼。越南菜受法国菜的影响较大。

在越南,年初、月初不说可能带来坏运气的词,如"猴""死"等;钓鱼忌讳说"猫";忌讳吃烧焦的饭,喝酒忌讳把酒杯倒扣过来或把酒瓶倒过来;打牌前忌讳吃鸭头、吃甘蔗;购物忌讳还价一次;年初、月初忌穿白色、蓝靛色衣服;夫妇俩忌讳用同一条洗脸毛巾,忌讳互递牙签,忌讳除夫妻以外的人用自己的梳子;忌讳床上的席子反着铺,忌讳背对供桌而坐,忌讳在屋内戴斗笠;照相时忌讳3个人合影;忌讳夜晚摘水果。

五、旅游城市

河内(Hanoi) 别名"东京""升龙""罗城""交州",是越南的首都,位于红河三角洲平原。"河内"意为环抱在红河大堤之内。河内从公元11世纪起就是越南政治、经济和文化中心,历史文物丰富,名胜古迹遍布,享有"千年文物之地"的美称。河内四季如春,气候宜人,繁花盛开,素称"百花春城"。

胡志明市(Ho chi minh city) 越南的中央直辖市、最大的港口和交通枢纽,位于湄公河三角洲平原。除了法国殖民建筑，胡志明市没有太多的新建筑物或新马路，古老的风情就是其特色所在。原名"西贡"，为纪念越南共产党的主要创立者胡志明而改现名，但"西贡"一词仍广为流传，如西贡河、西贡港、西贡车站。

海防（Haiphong） 北方港口工业城市，濒临北部湾，为越南军事要地和海上门户。20世纪70年代初屡遭美军轰炸，破坏严重，战后重建。城区建筑以法国园林式为主，外墙颜色以黄白相间为特色，街道两旁绿树成荫，街心花园比比皆是，气候宜人，景色幽美。

顺化（Hue） 曾称"乌州""顺州""化州"，19世纪法国入侵后改名为"顺化"。先后为旧阮、西山阮和新阮封建王朝的京城，被称为"三朝古都"。顺化位于越南中部，背靠御屏山，西临长山山脉，美丽的香江穿城而过。香江两岸绿树郁郁葱葱，远山如黛，风景优美。

岘港（Da Nang） 越南中部的港口城市。岘港湾背山面海，港阔水深，形势险要。法国殖民者和日本侵略者曾以岘港为桥头堡入侵越南。美国曾大力扩建岘港，成为一个大型军事基地。岘港建筑物多呈白色，阳光照耀下像千万只海鸥展翅飞翔。

六、经典景点

还剑湖 位于河内市。树木环绕，湖水清澈，环境幽雅。湖岸边有笔塔、和风塔、水榭等古建筑，湖中有玉山祠、栖旭桥、镇波亭和龟塔等胜迹，是河内第一风景区。传说李太祖在游览湖景时不慎将一把宝剑掉入湖中，有一只大乌龟用嘴把剑奉还，"还剑湖"由此得名。

独柱寺 位于河内市。即延佑寺，因建在灵沼池中一根大石柱上而得名。据传李朝太宗梦见观音菩萨手托婴儿立于水池莲花台上，不久太宗老年得子，遂下令仿出水莲花建造此寺。寺中供奉送子观音菩萨，据说相当灵验，因此香火旺盛。

巴亭广场 位于河内市。越南举行集会和节日活动的重要场所，可容纳20万人。长1000多米、宽24米的雄王大道贯通广场，四周绿树环绕，建筑围拱如壁。广场西侧为胡志明主席陵，东靠巴亭会堂，西南面是胡志明博物馆。1945年胡志明主席在此宣读越南《独立宣言》，宣布越南民主共和国成立。

主席府 位于河内市。越南国家主席办公地。以前为法属印度支那联邦总督府。法国式4层建筑，大楼正门上面中央高挂越南国徽。胡志明主席从1954年起一直在这里生活和工作，直到1969年去世。越南大部分重要的外事活动都在这里举行。

胡志明故居 位于河内市。主体建筑是一栋由德国人修建的法式别墅，颇为豪华，生活极为简朴的胡志明其实一直住在别墅旁的电工宿舍里。故居花园幽静典雅，有许多罕见的菩提树，它的根部会往上长，形成一尊尊天然雕像。

圣若瑟大教堂 位于河内市。河内最古老的教堂之一，仿巴黎圣母院兴建，具有中世纪古风,也是河内代表性的法式建筑。装饰繁复的主坛,彩绘的玻璃窗,方形的塔楼,都是教堂的亮点。

涂山半岛　位于海防市。越南北方的避暑胜地。半岛一片海滨风光,景色优美。半岛海边的一座山头上,有越南末代皇帝保大的避暑行宫,已改建为"万花酒店"。半岛的尽头坐落着一座独立的法式建筑,这便是著名的涂山赌场。越南中央政府部门在此建立了不少对外开放的疗养所。

顺化皇城　位于顺化市。又名"大内",是阮氏王朝的皇宫,占地约6平方千米,为越南现存最大而又较完整的古建筑群。建筑群模仿中国宫殿格局,呈方形,城门有四,砖砌城墙10余千米,护城河宽23米。宫殿层层叠叠,气势磅礴。东为皇家图书馆,西为皇太后寝宫。越美顺化战役期间,许多建筑遭到破坏。

香河　位于顺化市。因上游长满繁密的石菖蒲,清澄的河水中总是飘着淡淡的幽香,故名。香河澄澄的清流,浇灌着两岸肥沃的稻田、果园、花圃,被誉为"顺化的灵魂"。入夜,满天星斗,玉兔东升,万家灯火,不时传来清脆的古刹钟声、悠扬悦耳的顺化民歌和宫廷乐曲,美的享受臻于佳境。

玉屏山　位于顺化市。通常简称"玉山",以松坡秀丽而闻名。玉屏山麓青松葱郁,松涛阵阵,松香扑鼻,意趣盎然。松林在抗法战争期间曾遭破坏,现又满山披绿,富有诗情画意。坡缓顶平,临顶东望可眺大海景色,翘首北向市容尽收眼底。

海云岭　位于顺化市。越南中部的南北交通要冲,广南—岘港、承天—顺化的天然分界线。长山支脉海云山由越南边境迤逦向东,一直插入大海,海云岭是海云山的最后一座山峰。草木葱茏,翠竹成林,终年白云缭绕,与蓝天苍海混如一体,故称"海云岭"。

天姥寺　位于顺化市。又名"灵姥寺",中国式佛寺。曾几次毁于兵燹和台风,数度修复。有1710年铸造的重达1600多千克的大钟,1844年绍治皇帝建造的一座七级浮屠,1963年73岁的和尚释光德为反对吴庭艳政权而自焚的照片和汽车。站在寺台上可俯视香江,眺望顺化风景。

钱场桥　位于顺化市。铁桥飞架香河南北,长约400米,上架白色弧形钢架拱梁,远眺如白龙卧波。昔日附近有钱币厂,俗称"钱场",故以"钱场"名桥。桥面两侧设置人行道,伫立桥上眺望,两岸景色美不胜收,若值炎夏,凉风习习,暑气顿消。

五行山　位于岘港市。海滨沙滩上拔地而起的5座山峰,分别以水、木、火、金、土命名,通称"五行山",以出产玉石著称。火山、金山的石头呈水墨色和碧绿色,水山、木山的石头呈白色和橙黄色,水山上有华严云洞等多个洞窟。金山和土山相对,火山双峰并立,木山一枝独秀,玄空洞冬暖夏凉,钟乳石形似飞禽走兽。

巴拿山　位于岘港市。越南中部的避暑胜地。山势平坦,云朵飘飘,林木葱茏,山下山上一天四季。上山缆车线路长达5千米,落差1300多米。山上的建筑物都是法式风格,色彩艳丽,犹如童话世界。山下有大型游乐场,各种娱乐设施齐全,是孩子们的玩乐天堂。

山茶半岛 位于岘港市。海拔690余米,可以鸟瞰整个岘港市。有原始森林4370多公顷,有爪哇猴、长尾猴、红脸鸡等珍稀动物。岗峦起伏,林木繁茂,鸟兽出没,已被划为森林保护区。半岛上有一个沙滩,海景美丽迷人,素有"越南黄金海岸"的美称。

岘港大教堂 位于岘港市。越南最大的天主教堂之一。以钟塔上的风向标为标志,被称作"雄鸡教堂"。中世纪风格的彩绘大玻璃窗与粉红色的建筑外观相映成趣,至今仍色彩艳丽。教堂旁有一座圣保罗女修道院,修女超过100名。

高台庙 位于岘港市。越南最大的高台教庙宇之一。每天正午、子夜、早晚6时,都有高台教信徒在此祈祷。进入圣堂的教众按女左男右的路线,分别从左右二个门进入,正中的通道则留给高级教徒。圣堂正中的香案上供奉着一只巨大的神眼,是高台教神灵的象征。

占族博物馆 位于岘港市。世界上最大的占族石雕艺术博物馆。展出300多件公元7世纪到16世纪的沙石石雕以及一些珍贵的古占族文化遗物,其中有很多雕刻精美的古代占族舞女石像。占族源自印度族,曾在越南中部建立占婆王国,15世纪湮没在热带丛林中,直到1885年才偶然发现被掩埋几个世纪的遗址。

统一宫 位于胡志明市。原名"诺罗敦宫",为法国印支地区总督府,法国撤离越南后作为南越政权的总统府改名为"独立宫",西贡解放后更名为"统一宫"。1962年西贡政权的两名反战飞行员驾机轰炸独立宫,部分建筑倒塌,随后展开重建工程。4层白色建筑,大小厅堂100多个,装饰华美,富丽堂皇。

觉林寺 位于胡志明市。胡志明市最古老的寺院之一。呈立体布局,用菠萝蜜木和梢木建成。正殿大门上装饰独特的西方花纹和狮子、莲花、菩提叶及高棉式的"那加"蛇头。壁雕、浮雕线条逼真,技术精湛。九龙壁雕刻的九龙腾云,嘴喷水珠,象征风调雨顺。寺内保存着有关宗教历史、建筑、雕塑艺术的大量珍贵资料。

红教堂 位于胡志明市。仿照巴黎圣母院钟楼设计。建造教堂的红砖全部从法国运来,历经130多年色泽依旧。两座塔楼高达40米,直入云霄。教堂内部四周均为小祈祷室,每一间的神龛、雕塑及装饰均各不相同。门廊等部位布满精美雕饰。教堂前花园广场上一座重达4吨的圣母马利亚雕像,系罗马教会所赠。

西贡剧院 位于胡志明市。仿照当时法国同类歌剧院设计建造。歌剧院外墙有各式各样的精美浮雕和花纹,正面巨型的拱门顶端是两尊手扶圣琴的女天使,拱门下方的两个立柱是两尊托起大门的女神,充满浓郁的欧洲风情。

古芝地道 位于胡志明市。为反抗法国统治而徒手挖掘的地下战道,越战时期继续挖掘扩大,成为抗美地道战的重要基地。由无数条宽不足80厘米的地道组成,全长200多千米,其中有医院、会场、粮库及陷阱等设施。越南南方民族解放阵线曾利用此地道突袭美国驻西贡大使馆、新山空军基地以及越南共和国总统府。

范五老街 位于胡志明市。得名于越南民族英雄范五老。街道纵横,遍布各种档次的酒店和廉价旅馆,临街的路边店铺,各色旅行社代理、外币兑换点,各种风味饭店、西餐厅、酒吧、咖啡屋以及本地特色的商品店,应有尽有。午夜,灯火璀璨,夜色阑珊。

中央邮局 位于胡志明市。又称"西贡邮局"。大厅内装饰华丽,宽阔的大厅两侧是业务柜台,中部由外至内是环形长椅,左右两侧上方各有一张越南地图,据说是当年法国地理学家手绘。穹顶、圆形花窗、华丽大吊灯、花型壁灯、电风扇,无不透露着哥特式建筑的风格。

疯狂屋 位于大叻市。本身是一家旅店,入口是一棵很大的榕树,树洞里的房间错综复杂,从一个树洞去另一个树洞要通过"天马行空"的树干,因奇特的设计而成为大叻的一个旅游景点。房子的设计者是具有传奇色彩的前越南共和国总统的女儿,大叻的儿童文化宫也是她的作品。

大叻火车站 位于大叻市。19世纪30年代开始运营,越南战争后期被废弃,20世纪90年代重新使用。火车站以橘红色为主色调,3个尖尖的屋顶和彩色玻璃彰显着古老的异国风情。保存了几节复古车厢和车头及部分早年的齿状铁轨。

七、世界遗产

顺化古迹建筑群 顺化在1802—1945年间先后为西山朝和阮朝的京城。顺化古迹建筑群是越南阮朝的故宫,也是越南现存规模最大的古建筑群。蜿蜒清澈的香江穿城而过,西南的御屏山松树成林,山美水秀的顺化孕育出纯朴、动听的民歌催眠曲、舂米歌以及和着船桨节拍而起的棹歌。

会安古镇 会安小城在公元1世纪即拥有东南亚最大的港口,16世纪、17世纪成为重要的经贸中心,引来许多中国、日本、荷兰、印度的商人定居,日本人在此建造了廊桥结构的"日本桥"(来远桥)和一座佛塔,中国人则建造了"明乡佛寺"。会安的建筑物融合了当地及外国的风格,而且保存得非常好。

美山圣地 位于维川县。这里曾是印度教占婆王国的心脏地区,寺庙达70余座。美山圣地又名"圣子修道院",修建于公元500年,是现存占婆王国时期最古老、最庞大的建筑群。13世纪末美山圣地被遗弃,100多年前美山圣地遗址被考古学家发现,1969年在越战中遭到美军轰炸,只有20余座寺庙幸免于难。

升龙皇城 位于河内。建筑遗迹有地基、柱脚、砖墙段、路段、铺砖地板或卵石地基以及排水系统、水井、御river、荷花池等,显示了昔日升龙皇城的巨大规模和具体面貌。发掘的文物数量很多,种类丰富,其中有些是首次发现。

胡朝时期城堡 位于马江与八里河之间的平原上。修建于14世纪。巨型石头建造,宫殿、寺庙、街道和装饰艺术、石雕、古老的村落及伟岸的高山、江湖等景观,都保留得较为完整,被视为14世纪末期传到越南及东亚其他地区的新儒家思想发扬光大的见证,在越南城郭建设史上具有"空前绝后"的地位。

下龙湾　位于北部湾。面积约 1500 平方千米。山岛林立,姿态万千,被称为"海上桂林"。伸出海面的锯齿状石灰岩柱为典型景观。山石、小岛或如直插水中的筷子,或如浮在水面的大鼎,或如奔驰的骏马,或如争斗的雄鸡,鬼斧神工。曾被联合国教科文组织列为"世界新七大自然奇观"之一。

峰牙-己榜国家公园　位于布泽县及明化县。占地约 2000 平方千米。该地区有数百个溶洞和洞穴,是世界上最大的两个岩溶地貌区域之一。峰牙洞全长 7729 米,是世界最长的洞穴;地下河长 13 969 米,是世界最长的地下河流;还有琳琅满目的石乳,当明亮的光线照射到石钟乳和石笋时折射出如梦幻般的光彩。

长安景观　位于红河三角洲。由华闾古都遗迹、长安—三谷—碧洞景区和华闾原始林区组成。奇峰突兀,山水灵动,被誉为"陆地下龙湾"。有溶洞数十个,乘小船过溶洞须俯身而过,若逢雨季则只能平躺着才可通行。山水之间隐伏着多处庙宇,旧时朝堂虽已湮没,但昔时情境仍隐约可寻。

第十节　高脚木屋——柬埔寨

柬埔寨,全称"柬埔寨王国"(Kingdom of Cambodia)。"柬埔寨"柬文意为"宝贵的土地"。旧称"扶南""真腊""甘孛智""高棉",明代转音为"柬埔寨"。

一、自然地理

柬埔寨位于中南半岛南部,东和东南同越南接壤,北与老挝交界,西和西北与泰国毗邻,西南濒临暹罗湾,面积约 18.1 万平方千米。柬埔寨与老挝、越南合称印度支那三国。

柬埔寨中部和南部是平原,东部、北部和西部被山地、高原环绕,大部分地区被森林覆盖。奥拉山海拔 1813 米,为柬埔寨最高峰。湄公河在境内长约 500 千米,流贯东部。洞里萨湖是中南半岛的最大湖泊,雨季湖面达 1 万平方千米。柬埔寨沿海多岛屿。

柬埔寨地处北回归线以南,属于热带季风气候,5—10 月为雨季,11 月—次年 4 月为旱季,年平均气温 27℃,年降水量约 2000 毫米。

二、国家象征

柬埔寨的国旗呈横长方形,由 3 条色带构成,上下为蓝色,象征王室;中间为红色,象征国家民族。中央是名胜吴哥窟圣塔图案,象征古老历史文化,圣塔为白色,象征宗教信仰。

柬埔寨的国徽,托盘上的王剑象征王室至高无上,大象和狮子守护着象征完美、吉祥的五层华盖,伸展向上的棕榈叶象征胜利。整体象征国王领导下的统一、完整、团结和幸福的国家。

柬埔寨的国歌是《柬埔寨王国国歌》。

柬埔寨的首都是金边。

三、社会生活

柬埔寨人口约 1450 万人。高棉族约占总人口的八成。官方语言为高棉语。主要宗教为小乘佛教,信徒占总人口九成以上。

柬埔寨是君主立宪制国家。国王是终身国家元首、军队最高司令,国家团结、统一和永存的象征。参议院、国民议院是最高权力机关和立法机关。柬埔寨主要政党:人民党、奉辛比克党、桑兰西党、宋双党、人民社会同盟。

柬埔寨是世界上最不发达的国家之一。经济以农业为主,全国人口的九成从事农业。工业基础薄弱,门类单一,以农产品加工为主。制革、玉石等手工业较著名。基础设施、交通运输、电力、通信十分落后。

四、民俗风情

柬埔寨人通常不称呼姓,只称呼名,并在名字前加一个冠词,以示性别、长幼、尊卑之别,如"召"意为孙儿,"阿"意为小孩,"达"意为爷爷,"宁"意为姑娘,"洛克"意为先生。称谓很有讲究,高学位的贤士称"班洁"(博士),全国最高僧侣首领称"僧王",省级僧侣首领称"梅绳",县级的称"梅丝娄克"或"阿努绳",宗教仪式主持人称"阿夏"等。"合十礼"是传统的见面礼。平辈朋友相见,左右合掌,十指并拢,置于胸前;晚辈见长辈,双手合十举至下颌;百姓见高僧,双手合十举至眉宇;身份低的人见地位显赫的官员,先伏身跪地,再双手合十高举过头。

柬埔寨地处热带,男女发育较早,一般女子 16 岁左右、男子 20 岁左右结婚。婚礼在女方家举行,婚后丈夫一般随妻子定居。传统的婚礼通常要延续 3 天。

柬埔寨的传统服饰有"纱笼"和"干曼"两种。纱笼用数尺印有各种图案的布两边缝合,围系腰间,状似裙子。"干曼"一般百姓用长布,富贵者用锦,从腰腹下缠至小腿,再从胯下穿过,在背后紧束于腰部,剩余部分伸出如鱼尾。他们常用服装的色彩表示日期,有"七彩星期"之说:星期一穿嫩黄色,星期二穿紫色,星期三穿绿色,星期四穿灰色或浅蓝色,星期五穿青色,星期六穿黑色,星期天穿红色。

柬埔寨人以米饭为主食,喜食素菜,但逢年过节餐桌上还是有鱼有肉。偏爱辣、甜、酸,辣椒、葱、姜、大蒜不可缺少。吃饭时席地而坐,用手抓饭。他们欣赏中国的广东菜和云南菜。饮酒较普遍,水果亦可做下酒物。

在柬埔寨人家做客,不能把鞋子带入门内。吸烟要征得主人许可,如果客厅里没有摆放烟灰缸,主人未请吸烟,不能提出吸烟的要求。主人讲话时要全神贯注地听,自己讲话时不能放声大笑,最好不做手势。进食、递给他人物品(尤其是吃的东西)要用右手。不能打听柬埔寨人的工资收入、家庭财产等私人生活方面的事情,不能询问女主人的年龄,不能夸奖女主人的长相、身材,避免涉及疾病、死亡等不愉快的话题。柬埔寨人不允许别人对国家内政作评论,不允许对他们的宗教习俗说三道四。

柬埔寨人忌讳在星期一卖出东西,也忌讳别人借钱,但在这天买到东西则认为是吉利的。认为星期六是鬼魂妖魔喜欢的日子,是不吉利之日。他们忌讳跷着二郎腿说话,女性忌讳接触和尚,女孩子忌讳用脚踢赶猫。

五、旅游城市

金边(Phnom Penh) 柬埔寨的首都和最大的城市,全国政治、经济、文化中心,国际航空和水陆交通枢纽,全国主要的工商企业、金融机构均汇集于此。位于柬埔寨中部平原。作为首都已有580多年历史,古迹名胜众多。

马德望(Battambang) 马德望省的首府,洞里萨湖平原西北部的经济中心。高棉语"马德望"意为"国王丢失的棍杖"。城区地跨马德望河两岸,市街宽直,绿树成荫。城郊是稻米、黄麻、杧果、榴梿等农产品的集散地。

暹粒(Siem Reap) 暹罗省的省府,西北部重要城市,曾为高棉王国的首都。暹粒河横贯小城,街道旁有成排的大树,老式殖民建筑风采依旧。郊区的村落以排屋式分布,并与城市中心连成一片。

西哈努克市(Sihanouk town) 原名"磅逊",位于磅逊湾东南岸,西临泰国湾,是柬埔寨唯一的海港城市。细沙碧水,蓝天白云,远离闹市喧嚣,是柬埔寨唯一的海滨度假胜地。

六、经典景点

皇宫 位于金边市。因位于上湄公河、洞里萨河、下湄公河与巴萨河的交汇处,也称"四臂湾大王宫"。建筑具有高棉传统建筑风格和宗教色彩,宫殿均有尖塔,代表繁荣;殿身涂以黄白两色,黄色代表佛教,白色代表婆罗门教。最初为木结构,后改建为水泥结构,但保持了原来的风貌。

洞里萨湖 位于金边市。又名"金边湖",是东南亚最大的淡水湖泊之一。湖滨平原平坦广阔,长约500千米,宽约110千米,从西北到东南横穿国境,在金边市与贯穿柬埔寨的湄公河交汇。它像一块巨大碧绿的翡翠,镶嵌在柬埔寨大地,很多渔民常年生活在湖上,是柬埔寨人民的"生命之湖"。

塔山 位于金边市。山高约百米,登上山巅可俯瞰首都风貌。1372年发生洪灾,一位奔姓妇女打捞上来河中漂来的一棵大树,发现树洞里有5尊佛像,她和邻居们堆起一座小山,在山顶上修建佛寺供奉这5尊佛像,此山成为金边的发祥地。

独立纪念碑　位于金边市。为纪念柬埔寨摆脱法国殖民统治获得完全独立而建造。高37米，四周雕有象征小乘佛教文化的七头龙100条，颇具高棉民族特色。每年独立节在此举行庆典，国王都会出席。来访的外国领导人也多到这里献花圈。

国家博物馆　位于金边市。典型的传统高棉建筑风格。中央有一座小亭，供奉一尊神像。周围有4个人造荷花池，以草圃及长凳相间，如一道道隔音墙阻隔了馆外闹市的喧嚣。馆内陈列着历代王朝的手工艺品、雕刻、佛像和珠宝等5000余件，还有很多吴哥窟雕塑的真品、法国摄影师拍摄的吴哥照片。

乌那隆寺　位于金边市。金边规模最大、最著名的佛教寺院。有金边最大的佛塔，其四周有5座稍小的佛塔环绕。1890年从锡兰（今斯里兰卡）迎来佛祖释迦牟尼的一捧骨灰，供奉于大佛塔内。此后，许多达官贵人也在此寺修建骨灰塔存放骨灰，大佛塔周围逐渐形成一个规模庞大的骨灰塔群。

银阁寺　位于金边市。佛寺由5000多片共6吨重的银瓦覆顶，地板也是纯银制成，因而称为"银阁"。寺内供奉被认为是东南亚最具影响力的玉佛，而全寺最名贵的当数由国王诺尔丹所建的一尊重90千克、镶有9584颗钻石的金佛。

女王宫　位于暹粒市。柬埔寨三大圣殿之一。建筑材料大量使用红色砂岩，以艳丽的色彩和精美的浮雕而闻名于世，玲珑剔透，富丽堂皇，有"吴哥古迹明珠"的美誉。宫内供奉婆罗门教三大天神之一的湿婆。

塔布笼寺　位于暹粒市。古吴哥国王献给其母亲的神庙。整座寺庙被密密麻麻的树木包围，如同神灵与大自然激烈搏斗过的现场。这里的最大看点是密集的超大的榕树与寺庙和谐共存的场景，非常神秘又富有艺术感。《花样年华》《古墓丽影》等影片都曾选择此处作为拍摄地。

巴戎寺　位于暹粒市。规模宏大，回廊上方原有木造屋顶，如今剩下断垣残壁及巨大的石柱。有宝塔54座，每座宝塔4个面，每面都有不同的"表情"，共有216个不同的"高棉微笑"。活灵活现的壁画和丰富生动的雕刻，古代战争的惨烈情景，寻常百姓的生活百态，洞里萨湖的湖畔风光，诉说着一段段遥远的故事。

圣剑寺　位于暹粒市。建于12世纪，相传是国王阇耶跋摩七世为纪念他的父亲而修建。砂岩石莲花围墙长约800米，宽约700米，规模宏大。当时大吴哥城正在修建，这里就成了国王的临时住所。入口处的一座两层建筑物，传说是用来存放圣剑的。

通王城　位于暹粒市。又称"大吴哥"，始建于公元9世纪，是国王阇耶跋摩七世所建的国都。有5道城门，高达23米，上方为巨大的四面佛像，面露安详的微笑，是吴哥古迹的标志之一。城内散布多处吴哥遗迹。

战象平台　位于暹粒市。国王阅兵的平台。12世纪末由国王阇耶跋摩七世建造，用巨石垒成，围一圈七头蛇石栏杆。平台两侧各有战象游行队伍的浮雕，象身上有朝臣及骑手，还有大象正在用鼻子搜索并与老虎搏斗的情景。内墙的基座上雕刻着一匹长着5个头的马,栩栩如生,它是国王的坐骑。

达波龙寺 位于暹粒市。吴哥王朝中兴君主阇耶跋摩七世所建。建筑顶端、基底和夹缝中生长着许多数百年的参天古树,建筑塔群苍劲宏伟,林木枝丫丛生,极为奇异。吴哥王朝衰落首都南迁后,都城内外森林日益繁茂,鸟类粪便中一些不能消化的树籽散落寺院建筑的细缝中,萌芽成树,天长日久演变成今天的奇观。

七、世界遗产

吴哥窟 又称"吴哥寺",是吴哥古迹中保存最完好的庙宇,也是世界上最大的庙宇之一,以建筑宏伟、浮雕细致闻名于世。12世纪时由吴哥王朝国王阇耶跋摩二世下令建造,历时35年才建成,为吴哥王朝的国寺。吴哥窟的造型已经成为柬埔寨国家的标志,展现在柬埔寨的国旗上。

柏威夏寺 位于柏威夏省与泰国接壤的边境地区。古寺最早的历史可追溯到公元9世纪,由高棉帝国的君主下令建造。由于地处偏远,地形险要,保存相当完好。泰国与柬埔寨都曾宣称对该寺所属区域拥有主权,但海牙国际法院将柏威夏寺判归柬埔寨,这一裁决在泰国引发争议。

三波坡雷古考古遗址 "三波坡雷古"高棉语意为"丛林中的寺庙"。这里是6世纪末至7世纪初真腊王国的首都所在地。遗迹占地约25平方千米,有一个带有防御工事的城市中心以及若干寺庙,每座寺庙都几乎是柬埔寨历史上最古老的建筑,八角形寺庙、砂岩建筑装饰、山形墙和柱廊都是吴哥时代以前所具有的独特装饰风格,它为吴哥时期的高棉艺术和建筑奠定了基础。

第十一节 万塔之国——缅甸

缅甸,全称"缅甸联邦共和国"(Republic of the Union of Myanmar)。国名源于缅族族名,梵文意为"坚强、勇敢"。中国汉代称缅甸为"掸国",三国魏晋时代称"骠国",宋代称"蒲甘",元代因两国相距遥远而称为"缅国"。在汉语中"缅"有遥远之意,云南及中缅边境一带称山间平地为"甸",明代即称其为"缅甸"。

一、自然地理

缅甸位于中南半岛西北部,西藏高原和马来半岛之间。东北与中国毗邻,西北与印度、孟加拉国相接,东南与老挝、泰国交界,西南濒临孟加拉湾和安达曼海。缅甸面积约67.9万平方千米,是中南半岛面积最大的国家。

缅甸国土以山地和高原为主,伊洛瓦底江冲积平原是缅甸人口集中地区。伊洛瓦底江即中国古书上的"大金沙江",在缅甸境内长约2150千米,流域面积达43万多平方千米,占全国面积的六成,缅甸人称为"天惠之河"。萨尔温江的上游是中国的怒江,发源于西藏高原唐古拉山南坡。

缅甸大部分地区属于热带季风气候,沿海地区属于季风型热带雨林气候,北部属于季风型亚热带森林气候。一年分为干季(3—5月)、雨季(6—10月)、凉季(11月—次年2月)。年平均气温27℃。

二、国家象征

缅甸的国旗呈横长方形,自上而下为黄、绿、红3色,旗面中间有一个白色的五角星。

缅甸的国徽,中间为橄榄枝环绕的缅甸版图,两侧各有一头佛教的吉祥物圣狮,象征保卫国家的坚强力量。二者之间为花卉状图案,是幸福极乐的天国标志。顶端为象征独立的五角星,下方绶带用缅文书写着"缅甸联邦共和国"。

缅甸的国歌是《缅甸联邦国歌》。

缅甸的首都是内比都。

三、社会生活

缅甸人口约4814万人,有135个民族,主要是缅族,约占总人口的2/3。缅甸语为官方语言,通用英语。缅甸人大都信仰小乘佛教,佛教徒的比例高达85%。

缅甸以总统为国家元首和政府首脑。三军总司令为武装力量最高统帅,军队在各级议会中拥有1/4非经选举产生的议会代表席位。缅甸主要有两大政党,一是缅甸社会主义纲领党,二是全国民主联盟。

缅甸经济基础薄弱,工业落后,人才缺乏,是世界上最不发达的国家之一。农业人口约占2/3,农业产值占工农业总产值的八成,农作物以水稻为主,曾为世界主要稻米输出国。国际市场的柚木八成以上产自缅甸,被称为"森林之国"。主要工业部门是碾米、木材加工和采矿业,采矿业以石油为主。"金三角"居民以种植鸦片为主要谋生手段,许多人嗜食鸦片。

四、民俗风情

缅甸人注重礼节,行止、坐卧、进食、就寝、待客都有一整套的礼仪,许多风俗习惯离不开小乘佛教的教规教义。

缅甸男子都要出家当和尚,长者三五年,短者半年或3个月,否则不能算成人。黄色的袈裟是庄严、崇高和圣洁的象征。家家都有神龛,僧侣到处受人尊敬。与僧侣说话要用敬语,庆典上最尊贵的座位留给僧侣。任何人见到僧侣都要行跪拜礼,亲生父母或国家领导人也不能例外。缅甸人最喜欢做的一件事就是拜塔,只要一有闲暇就会全家出动,带上干粮去拜塔,而挂着"拜塔车"牌子的车辆可以畅通无阻,不用受检查。朝拜时通常送一束鲜花,自左而右围塔行走,五体投地跪拜,诵经祈祷。信奉佛教的缅甸人崇拜榕树,认为它就是佛塔。

缅甸人有名无姓,称呼时在名字前面加一个字,如年长者或有社会地位的人,男性加"吴"(意为伯伯或叔叔),女性加"杜"(意为大嫂或大姊);小辈或青少年,男性加"貌"(意为弟弟),女性加"玛"(意为姐姐),幼年女子加"密"(意为妹妹);称呼男性平辈中年人或受尊重的青年人加"哥"(意为哥哥)。缅甸人多行合十礼,在外交场合行握手礼。

缅甸男女老少都着棉布纱笼,男性打结于前,女性打结于腰侧。在一般场合,男性上穿长袖衬衫,下穿纱笼,正式场合则外加一件长袖短外套;女性上穿贴身衣服,正式场合外加颜色鲜艳亮丽的围巾。纱笼色彩鲜明,样式简单,面料、花色、质地因社会地位、经济条件不同而不同。喜欢穿拖鞋,常常穿着拖鞋参加重要活动。

缅甸传统婚姻是男方嫁到女方家,女儿可以继承家业。缅甸人视吊唁为积功德,不管哪一家死了人,也不管相识与否,都会前往吊唁。

缅甸人一般每天二餐,分别于上午10点、下午5点用餐,习惯一人一把匙和一个汤盘,用右手抓食,一般是菜上齐后才上桌用餐。缅甸人的基本食品是米饭、面条和咖喱。缅甸菜肴炸食多、拌菜多、酸菜多、椰子和棕糖食品多,辣味浓、油腻大。缅甸人喜欢吃淡水鱼,每餐必吃的一个菜是炸虾酱。喜欢将竹笋腌成酸笋,并与其他蔬菜、肉类混炒。

缅甸人星期二不出门办事,遇有非办不可的急事要迈出门两步后再退回来,重复两次才能出发;星期五不会坐船渡江;不能在星期日送东西;不能用左手送茶、上菜、接物、递东西,尤其忌讳见面时用左手握手。缅甸人以乌鸦为神鸟,视牛为神物。进寺院、上佛塔、一定要脱鞋。缅甸人一般不吃牛肉,不买活鸡、活鱼。

五、旅游城市

内比都(Naypyitaw) 原称"彬马那",缅甸政府将首都从仰光迁移到这里后改名为"内比都"(意为"帝王之都"),位于缅甸中部。曾是缅甸民族英雄翁山将军发动独立战争的军事基地及共产党游击队的大本营。内比都依山傍水,满目苍翠,是全世界唯一没有国际航班,不存在交通拥堵,不通手机,也没有小贩挡道的首都。

仰光(Yangon) 缅甸的前首都和最大的城市,仰光省首府。"仰光"缅文意为"敌人已被消灭干净"。仰光位于伊洛瓦底江三角洲东部,街道笔直宽敞,人行道绿树成行,有"花园城市"之称。民间建筑具有传统的缅甸风格,也保留了不少西式建筑。市区南北各有一湖泊,湖水清澈,波光潋滟,宛如两颗熠熠生辉的绿宝石。

曼德勒(Mandalay) 曼德勒省的省会,古名"曼陀那崩尼卑都",意为"多宝之城"。位于缅甸中部平原,伊洛瓦底江从城西流过。由于距离古都阿瓦很近,旅缅华侨称为"瓦城"。城市街道呈"井"字形布局,以数字作为街道名称。有寺院、佛塔1000多座,是缅甸佛教圣地之一。

六、经典景点

世界和平塔 位于仰光市。即"至尊吉祥大千世界安宁宝塔",为迎接世界第六次佛教大会在仰光召开而建。和平塔用钢筋水泥建成,塔身中空,有6个大门,每个门内供奉一尊佛祖塑像,象征6次世界佛教大会。

瑞光大金塔 位于仰光市。东南亚佛教圣地。塔高98米,通体贴金,加上4座中塔、64座小塔,共用金箔超过27吨。塔顶金伞上挂有1065个金铃、420个银铃,顶端镶有4531颗宝石,金碧辉煌。供奉4位佛陀的遗物:拘留孙佛的杖,正等觉金寂佛的净水器,迦叶佛的袍,佛祖释迦牟尼的8根头发。

佛牙塔 位于仰光市。据传佛陀留有佛牙4颗,其中两颗分别供奉在天宫、龙宫,人间仅存的两颗分别供奉于今斯里兰卡康提布佛牙殿和中国北京西山灵光寺。北京灵光寺的佛牙曾先后3次赴缅甸接受信徒朝拜,当地佛教界募得7亿多元缅币,在仰光和曼德勒分别兴建两座佛牙塔,供奉的佛牙都是北京灵光寺的佛牙影骨。

乔达基塔 位于仰光市。这里最著名的是卧佛。卧佛长约20米,高5.4米,眼睛以玻璃镶成,神态慈祥豁达。卧佛以手为枕头,双眼注视着盘跪在地的虔诚信徒,两只脚一前一后,据说这种姿势是在休息而非涅槃。这尊佛的背后,常常有一对对情侣在规规矩矩地谈心聊天。

司雷宝塔 位于仰光市。传说印度1000名士兵护送佛发舍利到缅甸传佛送教,后这千名护卫士兵陪葬于此。塔基呈八边形,塔高46米,塔身镀金。塔内有圣山守护神司雷的神像。佛塔周围围着许多雕像,最引人注目的是生肖雕塑。缅甸人把生肖分成8个,从周一到周日各不相同,其中周三按上午和下午分成两个生肖。

卡拉威宫 位于仰光市。曾是古代缅甸皇帝御用的水上餐厅,造型为传说中的神鸟——妙声鸟,背驮一座宝塔,浮游在皇家大湖上。建筑周围的雕刻及大厅内的装饰,描绘缅甸主要民族的文化特色和生活场景,金红两色是整个建筑的主体色彩,象征吉祥、安乐。外观金碧辉煌,里面装饰豪华,夜晚灯光璀璨,色彩斑斓。

茵雅湖 位于仰光市。当地华人称为"燕子湖",绿树环绕,碧波荡漾。湖上有一艘巨大的皇家游船复制品。湖的四周是树林茂盛的公园,北边有缅甸独立领袖昂山的陵墓,南边是动物园和国家历史博物馆。湖滨有缅甸划艇俱乐部,著名的仰光大学就坐落在湖畔。

跳猫寺 位于仰光市。已有2000多年历史。寺中有一群训练有素的猫,能表演跳圈等节目,"跳猫寺"之名由此而来。湖周有许多高脚屋,是茵巴族的居所,居民以船为交通工具,能站立单脚划船,堪称奇观。

曼德勒山 位于曼德勒市。旧称"罗刹女山",缅甸佛教圣地。伊洛瓦底江仿佛从天边宛然而来,弯弯曲曲绕过曼德勒山,向肥沃的平原流去。传说2000年前,佛祖释迦牟尼率众弟子来此宣讲佛法,从此来此朝圣的信徒和游客不断。在半山

旅游目的地概述

腰处有一座大庙,据说庙内有佛陀的3块遗骨。

实皆山　位于曼德勒市。山路陡峭,植被繁茂。山上及周围聚集佛塔五六百座,高低错落,似无数竹笋破土而出,超过6000名僧侣在此修行。最著名的是贡慕都佛塔,塔形似女性乳房,因此被称为"乳塔"。

因瓦古城　位于曼德勒市。曾是缅甸近4个世纪的首都。古城的大批建筑在第二次世界大战中遭到严重破坏,零散的废墟遗址隐藏在郁郁葱葱的树林中。农夫赶着水牛耕地,金色的佛塔倒映在水田里,渡口有许多小餐馆,这里不仅有美丽的田园风光,更有佛教崇尚的平和和安宁。

曼德勒皇宫　位于曼德勒市。原是缅甸最后一个王朝贡榜王朝的皇宫。呈正方形,木结构,有大小庙宇104座,建筑以红色、金色为主,雕廊画栋。宝座后面的内厅供奉"奈特"——"马哈吉里"的雕像,"奈特"是缅甸的神灵,有天、地、山、水等的自然神灵,也有家族和部族的祖先,保佑皇权和皇家世代安康和繁荣。

金色宫殿　位于曼德勒市。坐落在数百个粗大的柚木支柱上。方顶重檐结构,门窗和墙壁上多柚木雕刻。最初位于皇宫之中,是敏东王的寝宫,敏东王最后也在这里驾崩。他的继任者为避讳,将整座建筑拆迁到皇宫之外,遂成一座僧院。这位国王后来经常来此独坐沉思,至今还保存着大狮宝座、冥想卧榻和佛祖肖像。

马哈伽纳扬僧院　位于曼德勒市。僧院内的僧人近2000人,每日餐食均由信徒供奉。上午10点钟,僧人们开始聚集排队领受信众布施的食物,赤脚缓缓前行,没有一个人说话,两条人龙一直向远方延伸。千名和尚同用午餐,场面壮观,俨然一道风景。

玛若盛佛塔　位于曼德勒市。1857年建成。当时缅甸和东南亚2400余名高僧举行修订佛经大会,最后将结集的《三藏经》等刻在700多方石碑上,这些石碑被誉为"世界上最伟大的书",据说如果每天阅读8小时,要读完这些"书"需要450天。为珍藏这些石碑,建造了这座佛塔。

摩诃牟尼塔　位于曼德勒市。当地人视塔内的佛像为佛祖真身,相信抚摩与自身疾痛所对应的佛像部位就有奇效。墙上挂着许多佛徒们许愿奉献的长发。香客将金叶铺贴在佛像身上,金叶厚度已达16厘米。佛塔内有个三角锣厅,据说这里的锣声响起,如果一个男人和一个女人将相同的字重复诵3次,他们就是天生的一对。

大玛央吉佛塔　位于曼德勒市。有许多尖顶拱门环环相套,具有欧洲哥特式建筑的特征。塔的外壁上有繁复华丽的砖雕。塔内的高穹顶上倒吊着许多蝙蝠,墙上地上蝠粪遍地。1170年由那拉都王所建,据说后来国王被杀,佛塔并未竣工。

马哈昂美寺　位于曼德勒市。由贡榜王朝的皇后捐建,由多种造型的佛塔组成,除了常见的扣钟形状塔以外,还有呈金字塔状的方形佛塔。黑黄色旧墙上精美的雕花层层叠叠。有两级回廊,内廊深幽,外廊明净。寺院内有一巨大的水池,佛塔倒映其中。该寺因有一座高约4米、据称经佛祖开光的青铜贴金佛像而闻名。

乌帕利寺　位于曼德勒市。建筑形似一个长匣子，外墙漆黑如被烟熏过，屋顶上有很多菱形箭头状石片装饰物，还有漂亮的浮雕。寺庙顶中间有一个小塔，里面有一尊浅色的坐佛。整个墙面都有色彩鲜艳、线条细腻的壁画。

敏贡大钟　位于曼德勒市。大钟高8米，直径5米，重达90多吨，用两艘大船装运而来，将其挂起来更是费尽心思。1839年大地震中大钟被震落，1896年又被重新挂起，当时很多人不远千里来见证这一神圣的时刻。

乌本桥　位于曼德勒市。由1000多根实心柚木斗榫相接而成，全长约1200米，是世上最长的柚木桥之一。桥头、桥中和桥尾分别有6座亭子，象征佛教的戒和同修、身和同住、口和无诤、意和同悦、见和同解、利和同均的"六和精神"。情侣们不远千里来此登桥，祈求永保这六种和睦互敬的精神，因此被称为"爱情桥"。

眉谬　位于曼德勒市。旧称"彬乌温"，意即"第一个平原城市"，其地势高旷，雨量充足，有历史悠久的植物园、茶园、桑园和橡胶园。眉谬宛如一座妩媚芬芳的大花园，以翠菊（缅人称"眉谬花"）、大丽花和各种菊花最为诱人，素有"花城"之称，是缅甸的避暑胜地。

南坎　位于曼德勒市。美丽的小城优雅安闲地躺在万亩良田之间。街道井井有条，民居典雅淳朴，古塔禅寺辉煌壮观。千姿百态的雕塑和优美的壁画，显示了古缅甸的辉煌。美国医学博士希格里夫曾在此开办医院，有个美国作家为希格里夫夫妇写下传记体小说《百马什金》（《缅甸外科医生》），后改编拍成电影，轰动一时。

苏拉玛尼佛塔　位于蒲甘市。四方形二层建筑，每层四角都有小塔，四个方向各有门廊，每个门都有半浮雕的佛像。佛塔内部壁画数量庞大，技法精湛，工笔娴熟，颜色鲜艳如新，壁画内容大多是佛教故事和民间传说，传神地反映了缅甸的古时风貌。这座佛塔由联合国教科文组织负责保护，韩国政府提供援助资金。

辛比梅佛塔　位于蒲甘市。缅甸国王孟云为他的王后建造。圆形的宝塔仿造佛教中的须弥山，通体乳白色，像一个巨大的奶油蛋糕，因此又称"奶油蛋糕佛塔"。塔身分3层，底座四周环绕如同海浪一样的7层塔基和象征高山的7层小塔，一直延伸到二层宽大的平台，第三层供奉佛像。

瑞山都塔　位于蒲甘市。塔基呈玛雅金字塔形，塔身四面有5层台阶，顶层平台还有二层八角形的台基，上立覆钟形的白塔，构成结构清晰的七级浮屠。四周大塔环绕，包括达玛央吉佛塔、苏拉玛尼佛塔、他冰瑜塔。每年11月举行点灯节，纪念菩萨返回大地，姑娘们比赛织红袍，灯节结束时把红袍赠送给和尚们。

达玛央吉佛塔　位于蒲甘市。塔体由大块红砖砌成，回廊光影迷人，自然光线透进窗户照亮佛塔内部。此塔是达玛央吉为赎弑父之罪而建，因而被称为"残暴之塔"。达玛央吉对工程施工极为严苛，砖缝稍欠紧密就会砍断工匠手指，塔里现在还摆放着当时的刑具。塔未完成而国王被刺杀，建塔工程中止。

玛努哈寺　位于蒲甘市。据记载，孟族直通国国王玛努哈被蒲甘国王阿奴律陀打败后被抓到蒲甘当奴隶,奉命建造了这座佛塔。东西南北佛殿中供奉4尊佛,其中一尊卧佛巨大无比,每个脚趾有2米高。佛像很大而佛殿很小,十分怪异,据说是玛努哈以此影射自己由国王沦落为奴隶被囚禁没有人生自由的处境。

七、世界遗产

伊洛瓦底江的佛塔与佛庙　缅甸历史上第一个统一的封建王朝于1044年定都蒲甘后,修建佛塔佛寺数十万座,大多毁于战火和地震,遗存2000余座。建于1091年的阿南达佛塔,有"神庙"之誉的达比纽佛塔,葬有佛骨的雪吉根佛塔,以壁画闻名的阿比雅大那佛塔,建筑精巧,精雕细刻,集缅甸建筑艺术之大成。

第十二节　和平之邦——文莱

文莱,全称"文莱达鲁萨兰国"(Brunei Darussalam),又称"文莱伊斯兰教君主国"。"文莱"马来语意为"植物",这里专指沙罗门果。"达鲁萨兰"意为"和平之地、安乐世界"。

一、自然地理

文莱位于亚洲东南部的加里曼丹岛北部,北濒南中国海,东南西三面与马来西亚的沙捞越州接壤,并被沙捞越州的林梦分隔为不相连的东西两部分,面积5765平方千米。

文莱沿海为平原,内地多山地,东部地势较高,西部多沼泽地。

文莱属于热带雨林气候,年平均气温28℃,年降水量约2800毫米。

二、国家象征

文莱的国旗呈横长方形,由黄、白、黑、红4色组成,底为黄色,旗面斜横黑白两色条纹,中央是国徽图案。黄色代表王室,表示苏丹至高无上神圣不可侵犯;黑白两色条纹是纪念文莱历史上两位功勋卓著的亲王。

文莱的国徽,中央一轮上弯的新月,象征伊斯兰教国家;红色羽冠代表公正、宁静、繁荣与和平;新月中心棕榈树干伸展枝叶,与月牙尖连接,象征和平;双翼上端一顶华盖和一面三角旗,代表苏丹至高无上的权威;新月中央的饰带上书写"在真主的指引下永远服务众人"字样;两侧有两只支撑着的手臂,表示向真主祈求,臣民对苏丹的拥戴,政府保证提升国家的福利、和平与繁荣。

文莱的国歌是《真主保佑文莱》。

文莱的首都是斯里巴加湾。

三、社会生活

文莱人口约 39 万人,集中居住在各大河流的三角洲和海滨地带,城市居民约占总人口的六成。文莱是个多民族国家,马来人占总人口的 2/3,华人占一成半。国语是马来语,通用英语,华语使用较广泛。伊斯兰教为国教。马来人约九成信奉伊斯兰教,华人大多信奉佛教。

文莱是君主制国家,伊斯兰教教规是生活的准则。苏丹是国家元首兼宗教领袖,拥有立法、司法、行政的全部权力。内阁是全国最高行政机构。文莱政党仅存国家团结党。

文莱有三宝——硅沙、石油和热带雨林。拥有丰富的石油和天然气,号称"浮在石油上的国家",是东南亚第三大石油生产国、世界第四大液化天然气生产国。公民不交纳个人所得税,医疗和教育全部免费,修建房屋、购买汽车都可得到国家低息贷款,是东南亚最富裕的国家之一。

四、民俗风情

文莱人名字通常由两部分组成,前半部分是自己的名字,后半部分是其父名,中间用 bin(意为"之子")或 binti(意为"之女")断开。男性名字前加尊称"阿旺",朝圣过的男子称"阿旺·哈吉"。女性名字前加尊称"达扬",朝圣过的称"达扬·哈贾"。皇室成员及与皇室有亲戚关系的人名字前加"本基兰",非皇室成员的达官显要和有功人士被苏丹赐予"佩欣"或"达图"等,他们的夫人被称为"达丁",当面称呼时,可简单地称本基兰、佩欣、达图、达丁。

文莱人与客人相见一般以握手为礼,然后把右手向自己胸前轻轻一扶。年轻人见到老人,要把双手朝胸前作抱状,身体朝前弯下如鞠躬。家里来了人,不论认识与否,是朋友或是仇人,只要对方向自己请安问好,都要笑脸相迎并给予热情的款待,但客人进门后主人却会躲到自己房间里,留下客人彼此聊天。不问客人想吃点什么,有吃的尽管拿出来,对方不吃不勉强,吃了也不问对方喜欢不喜欢。客人告辞时,还要向客人表示感谢,并邀下次再来。

文莱人习惯席地而坐,女性双腿并拢朝向一个方向,男性则盘腿而坐,任何人不得把腿伸向前方。不能靠在桌旁,更不能坐在桌上与坐在椅子上的人交谈。招呼别人时右手手掌朝下,手指张开。即使拒绝他人赠送的食物也要用右手轻触杯盘以表歉意。以右手手掌敲左手心,用食指指别人,在公众场合边走边吃,都是不礼貌的。

文莱人以米饭和面食为主食,用右手进食。文莱人偏好辣味的菜式,干炸类的菜品更属餐中佳肴。文莱人不吃猪肉、死物和动物血液。

文莱是东南亚伊斯兰戒律最严格的国家。伊斯兰教徒每逢星期五必须到教堂参加聚礼和祈祷。文莱几乎没有夜总会,不办舞会,也没有歌剧院。女士衣着庄重大方,衣服要长袖、裤、裙要掩过膝盖。男人不可穿浴袍、短裤或宽松T恤,这些衣着只能在海边或游泳池出现。进入宗教场所、博物馆以及民宅前都要脱鞋,不能从正在做祷告的教徒前走过,非穆斯林不能踩清真寺内做祷告用的地毯,也不可碰触清真寺内的《古兰经》。公共场所不能大声喧哗。黄色是文莱王室的象征,进入王宫不能穿黄颜色的衣物,紧身、过短、透明、暴露的衣着也不受欢迎。文莱人禁止喝酒,禁止赌博,卖酒和饮酒都是违法的,只有涉外饭店才允许提供酒精饮料,但也不能整瓶出售。

在文莱,左手被认为是不洁净的,接送物品都用右手。不要去抚摸孩子的头,也不能用食指来指对方,招呼出租车也不能用食指。在正式场合,不要跷二郎腿或两脚交叉。不少马来人不愿与异性握手。文莱人不喜欢旅游者冲着他(她)拍照。

五、旅游城市

斯里巴加湾(Bandar Seri Begawan) 文莱的首都,政治、经济、文化、交通中心和重要海港,位于婆罗洲北部,步行一个小时就能绕市区一圈。旧城区为"水村",一排排木桩上搭建木屋,许多住房刷上了颜色鲜艳的油漆,是世界上最大的水上村庄。每当涨潮,夕阳辉映,万千灯光闪烁,被誉为"东南亚的威尼斯"。

六、经典景点

努洛伊曼皇宫 位于穆阿拉。世界上仍在使用的最大的、最现代化的宫殿之一,被称为"世纪性的宫殿"。占地120公顷,共有1788间房间。装潢极其讲究,所有家具包括桌椅、沙发扶手和靠背都有不同程度的包金和烫金,地毯上穿织着金线,各个大厅悬挂着成吨重的水晶镶金吊灯,金碧辉煌。

苏丹纪念馆 位于穆阿拉。为庆祝苏丹登基25周年而建。馆内展出现任苏丹登基时所用的御用战车、皇冠、令牌以及皇室成员在重要庆典活动上使用过的物品。全部由黄金打造的龙辇,镶以宝石的王冠,金丝织成的龙袍,复制的登基大殿,均为无价皇家纪念品。馆内有2200个房间,号称世界上最大的私人住宅。

杰米清真寺 位于穆阿拉。文莱最大的清真寺,由第29任苏丹主持修建。29个黄金打造的巨型圆顶在阳光下熠熠生辉。7座拱门和15个喷泉,暗合苏丹生日——7月15日。奢华的水晶吊灯,华贵的地毯,偌大的祈祷室,既富丽堂皇又透露着威严。皇室的庄严和宗教的静谧融为一体,成为文莱富庶安宁的标志。

苏丹奥马尔阿里赛义夫丁清真寺 位于穆阿拉。亚太地区最壮观的清真寺之一。主拱顶用纯金镀制,拥有精心设计的花园,规模庞大,安静庄严。在彩霞的陪衬下,光彩夺目的清真寺宛如幻象,浮于潟湖之上。

水上村 位于穆阿拉。世界上最大的高脚屋村落之一。有居民2万多人,教堂、学校、警察局等各种配套设施一应齐全。村落已有千余年历史,依旧保持着原始质朴的风貌。有些居民生活富庶,却宁愿享受这种水上生活而不愿离去。

文莱博物馆 位于穆阿拉。收藏众多文莱历史珍品。伊斯兰艺术长廊陈列着古老的藏品——来自伊斯兰国家的9—10世纪的艺术品,如《古兰经》手稿、玻璃制品等;文莱传统文化长廊,介绍文莱在东南亚文化贸易中的贡献;自然历史长廊,介绍婆罗洲的各种生物。还有一个专区,介绍文莱石油开采的历史。

诗里亚第十亿桶原油纪念碑 为纪念1991年生产第十亿桶原油而建。纪念碑如一个巨型的油桶,黑色的提手和金光熠熠的桶身,意味着从黑色原油里喷涌出的源源不断的财富。纪念碑的顶上有苏丹王国的国徽。纪念碑矗立在海滩上,海面上成排的石油钻探机正忙碌地工作。

第十三节 众神座椅——尼泊尔

尼泊尔,全称"尼泊尔王国"(Kingdom of Nepal)。"尼泊尔"尼瓦尔族语意为"中间的国家",指位于中国和印度两国之间。

一、自然地理

尼泊尔位于喜马拉雅山南麓,北面与中国交界,其余三面都与印度接壤。面积约14.7万平方千米。

尼泊尔是内陆山国。北部喜马拉雅地区海拔4877~8844米,是世界的"脊梁"。中部山区约占国土面积的2/3。全世界海拔超过8000米的高峰共14座,其中8座位于尼泊尔境内,因而尼泊尔被称为"众神的白色座椅"。

尼泊尔属于季风性气候。全年分为热季(4—6月)、雨季(6—9月)和寒季(10月至次年3月)。北部气温最低可达-41℃,南部气温最高可达45℃。

二、国家象征

尼泊尔的国旗由两个三角形上下叠连而成。旗面为红色,旗边蓝色。上面的三角旗中有白色新月和星星的图案,代表尼泊尔皇室。下面的三角旗中有白色太阳,它是拉纳家族的标志。太阳和月亮代表人民祈祷自己的国家像日月般长存的美好愿望。两个三角形的尖端向右的角(旗尾),表示喜马拉雅山脉的两个山峰。

尼泊尔的国徽,图案背景是喜马拉雅山,图案中有鲜红色杜鹃花,河两岸分别是一头白牛和一只绿雉,景物之上有两把廓尔喀人用的腰刀、两个佛脚印、两面尼泊尔国旗、月亮、太阳和皇冠,佛脚印是佛祖释迦牟尼的脚印,皇冠象征尼泊尔是君主国家。图案两旁是手执武器的士兵。

尼泊尔的国歌是《尼泊尔王国国歌》。

尼泊尔的首都是加德满都。

三、社会生活

尼泊尔人口约2856万人。有30多个民族，主要民族是尼瓦尔族、古隆族、马嘉族、拉伊族、林布族等。尼泊尔语是国语，上层社会通用英语。印度教徒约占总人口的86%，是世界上唯一以印度教为国教的国家。

尼泊尔实行联邦共和制。主要政党：大会党、民族民主党、亲善党、共产党。

尼泊尔是一个农业国，农业人口占全国人口的八成以上。粮食自给有余，工业基础薄弱。出口以农畜产品为主，粮食和牲畜占一半以上。经济落后，贫富悬殊，人均国民生产总值只有二三百美元，四成以上的居民生活在贫困线以下，是世界上最不发达的国家之一。

四、民俗风情

尼泊尔人的姓名比较奇特，一般包括3个部分：本名或神名、爱好和理想、姓。

信奉印度教或佛教的尼泊尔人，以礼仪为重，慈悲为怀。他们见面时各自双手合十，相互问好，然后各自伸出舌头，以表真诚。妇女行见面礼时双手合十，轻轻点头说声"Namaste"，表示祝福。在重大节日，尼泊尔人行传统的吻脚礼。尼泊尔人有点燃酥油灯或红烛接待贵宾的传统仪式。客人临别，主人一般送3件礼物：尼泊尔帽、廓尔喀腰刀和登程鞋。如果主人赠送小制帽，那是最崇高敬意的表示。

尼泊尔中上层男士的礼服，上身是宽大而长的衬衣，外套西装，下身为细管形的白色长裤，头戴布质彩色无边的尼泊尔帽，脚穿皮鞋。妇女一般穿紧身短衫，内套深色衬裙，外面围宽而长的纱丽，上端搭在肩上，下端拖至地面。上层妇女的纱丽多用绸缎为面料，色泽鲜艳。

在尼泊尔，摇头表示同意，点头表示拒绝。围绕寺庙或佛塔行走要依顺时针方向，进入印度教寺庙前务必征得同意。用左手递物品不会有人接受，用双手接送物品才受欢迎。不可以用西方的礼仪与当地妇女握手或轻吻。他们通常会接受游客赠送的旧衣物，但拒收"不洁"的食物(吃过的食物)。千万不能摸小孩子的头部，也不可以跨过人的脚或身体。尼泊尔人敬牛如神，不得宰杀牛，禁食牛肉，也不用牛革制品。他们忌讳别人使用自己用过的刀、叉、勺子，用手接触别人的食品、餐具或者用脚触碰尼泊尔人的物品都是一种冒犯行为。骑在神像、神兽上面拍照也不符合他们的信仰。王室是尼泊尔国家的象征，不能议论王室。

尼泊尔人主食以米饭、大麦面和土豆为主，偏爱甜香的点心。

五、旅游城市

加德满都(Kathmandu) 尼泊尔的首都，全国政治、经济、文化中心，交通枢纽。原名"坎蒂普尔",梵语意为"美丽的城市"。加德满都五步一庙,十步一庵,素称"寺庙之城",并有多处世界文化遗产。群山环抱,景色迷人,有"山中天堂"的美称。

帕坦(Patan Lalitpur) 尼泊尔佛教中心,加德满都谷地的重要工业城市和贸易中心。以美术工艺品闻名,素称"艺术之城"。

比拉德讷格尔(Biratnagar) 位于特赖平原。窄轨铁路通印度,公路四通八达,有全天候机场。有黄麻、火柴、制糖和纺织等工厂,还有碾米和榨油作坊,是尼泊尔重要的新兴工业中心。

六、经典景点

巴德岗皇宫 位于加德满都市。"巴德岗"意为"稻米之城""虔诚者之城"。长达500年历史的马拉王朝的王宫,包括许多各具特色的宫殿、庭院、寺庙、雕像,被誉为"中世纪尼泊尔艺术宝库"。其中金门和55窗宫以精美的铜铸和木雕艺术而闻名。离王宫不远的尼亚塔皮拉庙,即著名的五层塔,是尼泊尔最高的寺庙建筑。

杜巴广场 位于加德满都市。林立的古迹建筑,精美的雕刻,神秘的寺庙,尼泊尔的历史气息扑面而来;呼啸而过的摩托车,到处摆地摊的小商小贩,随处休息的人影,踢足球的孩子,成群的鸽子,还有牛、羊、狗等,热闹得像个大集市。加德满都有3个杜巴广场,其中巴德岗杜巴广场最宽阔、最清静。

库玛丽神庙 位于加德满都市。尼泊尔弥漫着浓厚的宗教氛围,人们信奉各种神灵菩萨,还供奉活女神库玛丽。那些被严格挑选出来的具备32种美德的小女孩,被当作活女神供奉在这座神庙里,直到月经初潮时才能回归正常人的生活。神庙共3层,外墙用红砖砌成。

猴庙 位于加德满都市。加德满都河谷最古老的遗迹。主殿在山的最顶端,白色佛塔金光闪闪,格外神圣。庙里有数量庞大的猴群,它们穿梭跳跃在屋顶和佛塔之间。相传释迦牟尼曾亲临此地,每年佛祖诞生日举行盛大的法会,人头攒动,热闹非凡。

费瓦湖 位于博卡拉市。雄伟的安纳普尔纳山峰构成天然背景,鸟群在变换的光影里翩翩起舞,色彩鲜艳的帆船泛舟湖上,景色迷人。皇家行宫坐落在湖的南岸,旅馆、餐馆和商店塞满了湖畔主街和几条弄堂的角角落落。

世界和平塔 位于博卡拉市。由尼泊尔和日本、泰国、斯里兰卡的佛教徒和僧侣为祈祷世界和平而修建。佛塔的四面墙壁上塑着佛祖释迦牟尼不同阶段的雕像。在这里既可以远眺美得让人窒息的湖景,又可以凝望绵延无际的雪峰。

鱼尾峰 位于博卡拉市。因峰顶形状酷似鱼尾而得名。鱼尾峰的日出日落时刻尤其美丽,整座山峰被厚厚的云层覆盖,阳光洒过云层照在雪峰上,淡淡的金色铺满皑皑白雪。鱼尾峰被视为尼泊尔的圣山,禁止攀登,因此至今还是处女峰。

纳加阔特　加德满都山谷边缘一处迷人的风景区,被称为"喜马拉雅山的观景台"。在海拔 2000 多米处有一个瞭望塔,可以远眺数座 7000 米以上的高峰,喜马拉雅雪山像一条玉带横挂在空中,还能看到世界第一高峰珠穆朗玛峰。

七、世界遗产

加德满都谷地　位于喜马拉雅山脉南麓。加德满都是中国和印度之间的交通要道,印度教、佛教、喇嘛教三教汇聚于此,文化遗址超过 130 处,包括多处印度教和佛教圣地。谷地中有加德满都、帕坦和巴克塔普尔 3 座曾经的王城,代表了尼泊尔文化艺术的最高成就。

蓝毗尼　位于鲁潘德希县。"蓝毗尼"梵文意为"可爱"。公元前 623 年,被后世佛教徒尊称为"释迦牟尼"("释迦"指释迦族,"牟尼"意为"圣人")的悉达多·乔达摩出生于这里的娑罗树下,因而被称为"佛祖的故乡"。这里有许多与释迦牟尼有关的历史遗迹。

萨加玛塔国家公园　位于珠穆朗玛峰南坡。面积约 1200 平方千米。公园海拔从入口处的 2805 米一直上升到 8844 米,冰川深谷数量可观。公园内分布着 3 个植被带:由橡树、松树、桦树和杜鹃构成的较低的森林带,以矮小的杜鹃和刺柏丛林为主的高山中间带,高处森林带则是苔藓和地衣的天下。

皇家奇特旺国家公园　位于特拉伊平原。占地约 932 平方千米。娑罗双树和草场、丘陵、U 形的湖泊、洪水冲击形成的平原,为 500 多种鸟类和包括孟加拉国虎、印度单角犀牛在内的多种野生动物提供了繁衍生息的乐土。

第十四节　赤道翡翠——印度尼西亚

印度尼西亚,简称"印尼",全称"印度尼西亚共和国"(Republic of Indonesia)。"印度尼西亚"一词源于希腊文,意为"水中岛国"。

一、自然地理

印度尼西亚位于亚洲东南部太平洋和印度洋之间,东部和北部分别与巴布亚新几内亚、马来西亚接壤,南部与东帝汶毗邻,面积约 191.9 万平方千米。

印度尼西亚由 17 500 多个岛屿组成,其中约 6000 个岛屿有居民,7000 多个小岛尚未命名,是世界上最大的群岛之国。海岸线长约 3.5 万千米,可绕赤道一周。查亚峰海拔约 5030 米,是印度尼西亚最高峰。火山 400 余座,其中活火山百余座,被称为"火山之国"。

印度尼西亚横跨赤道,低谷地区属于热带草原气候,其余地区属于热带雨林气候,气温高、降水多、风力小、湿度大。年平均气温 25℃~27℃,没有寒暑之分。年降水量 2000 多毫米。印度尼西亚是世界上雷雨最多的地区之一,平均每年有 220 个雷雨日。

二、国家象征

印度尼西亚的国旗呈横长方形,由上下两个红白相等的长方形组成。红色象征勇敢和正义,白色象征自由、公正和纯洁。

印度尼西亚的国徽,由一只鹰、一面盾和一条绶带组成。鹰金黄色,两翼各有 17 根羽毛,尾巴的羽毛为 8 根,以纪念印度尼西亚独立之日——8 月 17 日。盾面分作 5 个部分,一个小盾套在一个大盾中心,象征"潘查希拉"——印度尼西亚建国五项基本原则。一颗金黄色的五角星镶嵌在黑色小盾其中,象征宗教信仰和民族主义的原则;左上角的水牛头象征人民为独立而斗争,主权属于人民;右上角一棵榕树,象征民族的活力和民族的意识;左下角为棉桃和稻穗,象征人民的衣食和福利,也象征社会必须公正的原则;右下角金黄色的饰环是妇女的装饰品,象征人道主义和世代相传。鹰爪下面绶带上写着"异中有同",象征多民族的整体国家。

印度尼西亚的国歌是《大印度尼西亚》。

印度尼西亚的首都是雅加达。

三、社会生活

印度尼西亚人口约 2.4 亿人。有 100 多个民族,主要民族为爪哇族以及巽他族。官方语言为印度尼西亚语,大多数民族拥有自己的语言。近九成人口信奉伊斯兰教,是世界上穆斯林人口最多的国家。

印度尼西亚宪法规定建国五基(又称"潘查希拉",即神道、人道主义、民族主义、民主和社会公正)为立国基础,实行总统内阁制。总统为国家元首、政府首脑和武装部队最高统帅。人民协商会议是国家最高权力机构。在印度尼西亚,50 名以上年满 21 岁的公民,只要遵循"不宣传共产主义,不接收外国资金援助,不向外国提供有损于本国利益的情报,不从事有损于印度尼西亚友好国家的行为"的原则,均可成立政党。主要政党:斗争民主党、专业集团党、建设团结党、民族觉醒党、国家使命党、新月星党。

印度尼西亚经济以农林矿的原产品生产和出口为主。石油天然气储量很大,年均石油产量 5.72 亿桶。锡储量在世界上仅次于马来西亚,镍储量居世界前列,金刚石储量居亚洲前列,是继澳大利亚和南非之后的世界第三大煤炭出口国。还有丰富的铀矿、铝矾土矿及锰、铜等矿。森林面积约占总面积的 3/4,覆盖率仅次于亚马孙地区。胡椒、金鸡纳霜、木棉和藤的产量居世界首位,天然橡胶、椰子产量居世界第二位。产量居世界前列的还有棕榈油、咖啡、香料等。海产品特别丰富,巴干西亚比亚是世界著名的大渔场。

四、民俗风情

多数印度尼西亚人有两个名字，日常称呼用第一个名字。熟人、朋友相遇，用右手按住自己的胸口互相问好，社交场合一般以握手为礼。印度尼西亚人注重送名片，客人主动把名片送给主人。印度尼西亚人一般不要求客人随带礼物，而应邀赴宴时送鲜花却合乎礼仪。主人会欣然接受礼品，但不当面打开包装。主人若有馈赠，推却不受是不礼貌的。印度尼西亚商人喜欢宴请，客人以同样的规格回请。

印度尼西亚人日常服装简朴轻便。女子的传统上衣长而宽敞，对襟长袖，没有衣领，衣服质料多半采用白色有花纹薄纱，纽扣用金色大粒铜扣，也有用合金或镶钻石的金纽。在办公室，男人通常穿白衬衫并打领带，穿长裤，妇女穿有袖的短外套和裙子，但色彩不过于鲜艳，正式场合穿午后礼服或晚礼服，私宅晚餐穿短袖外套、裙子或礼服。长袖蜡染衫在多数正式场合都可以穿。进入寺庙，不能穿短裤、无袖服、背心或裸露的衣服。印度尼西亚人建新房，架房梁时栋梁上高挂一株椰子苗，表示房子会如椰子树一样坚实牢固，住在新房子里的人像椰子树一样身强力壮。新房建成后，把椰树苗植在新房前后。

印度尼西亚的饮食文化已趋国际化。各地菜肴中最典型的是巴东菜，以油炸及辣味重而闻名。"巴东饭"其实就是过夜餐，因为吃不完又接着炖，隔夜也不会变质。印度尼西亚人喜欢吃甜食，不喝热咖啡，常用西瓜、白兰瓜等作餐后水果。

在印度尼西亚，招呼人时将掌心向下伸出手指做内屈运动，但不能用食指示意。与人谈话要摘下太阳镜，将手放在臀部是不尊敬或不礼貌的。不能两腿交叉而坐。印度尼西亚人常用笑声来掩饰震惊，但反感嘲笑别人的错误，也不能模仿任何人的动作。敬蛇如神，但忌讳老鼠，更忌讳乌龟，说它是丑陋、春药、性、污辱的代名词。不能当众接吻，裸体太阳浴也是非法的。印度尼西亚大多数人按教规不吃猪肉，不饮酒，也不吃带骨、带汁的菜肴。

五、旅游城市

雅加达（Jakarta） 印度尼西亚的首都，政治、经济、文化中心和海陆空交通枢纽。"雅加达"意为"光荣的堡垒""胜利之城"。位于爪哇岛，是太平洋与印度洋之间的交通咽喉，也是亚洲通往大洋洲的重要桥梁。集中了许多著名的文化、科研机构和大专院校，被称为"印度尼西亚的华尔街"。

泗水（Surabaya） 爪哇语称为"苏腊巴亚"，意为"蟒蛇、鳄鱼"。华人称为"泗水"，"泗"意为游泳，泗水即游过海洋，寓意华人漂洋过海、背井离乡到南洋谋生。泗水为东爪哇省首府，爪哇岛的海空交通枢纽。泗水因在独立斗争时期英勇抗英而被誉为"英雄城"，保留了许多殖民统治时期的建筑物。

万隆（Bandung） 西爪哇省首府，古称"勃良安"，意为"仙之国""山连山"。

万隆地处群峰环抱的高原盆地。以金鸡纳树皮为主要原料制造的奎宁药品畅销世界各地。万隆有50余家高校及研究机构,拥有全国唯一的飞机制造厂。万隆虽地近赤道,却气候凉爽,繁花似锦,有"花城"和"东方巴黎"之称。

日惹(Yogyakarta) 又名"周贾卡塔",位于中爪哇。1945—1950年是印度尼西亚的首都。学府林立,雕像众多,是印度尼西亚的文化中心之一。

棉兰(Medan) 濒临马六甲海峡,是北苏门答腊省首府,铁路、公路枢纽,对外贸易的西大门和主要出入境口岸之一。华人约占居民的1/5,八成多的商店为华人所拥有。山中有湖,湖中有山,绿树成荫,是东南亚旅游胜地。

巴厘岛(Bali Island) 四面环海,沙滩白净,海水清澈,林木葱郁,凉爽宜人,是世界上屈指可数的潜水佳地。山坡梯田层层叠叠,灌溉渠纵横交错,白色房舍掩映在绿荫丛中,人称"梦幻岛""南海乐园"。庙宇多达1.25万多座,宗教节日有198个。

六、经典景点

独立广场 位于雅加达市。广场上点缀花草树木,四周布满气根垂地的瓦林银树。广场中央矗立一座民族解放纪念碑。广场东面的国家宫原是荷兰总督的官邸,现为总统府。广场西面是国家博物馆。广场东北方有印度尼西亚最大的清真寺。广场东南角上有一组群马拉车的雕塑。

中央博物馆 位于雅加达市。馆前草坪上有一座铜铸大象,故又称"大象博物馆"或"象屋"。馆内设有金银饰物室、青铜器室、货币室、古物展览室、史前展览室、木器展览室、民俗展览室,藏品中有30万年前爪哇猿人头骨化石、三四千年前中国青铜时代的鼎和鬲、爪哇岛的象首人身佛像、苏门答腊岛独特的房屋模型等。

缩影公园 位于雅加达市。公园中央有巨型印度尼西亚群岛模型,园地划分为27个区域,代表印度尼西亚的27个省区,每个区域有当地传统特色的建筑物,种植当地特有的植物。公园内有博物馆、图书馆、影像中心、少年宫和儿童乐园,其中金蜗牛电影院每天定时放映《美丽的印度尼西亚》全景电影。

伊斯蒂赫拉尔清真寺 位于雅加达市。印度尼西亚最大的清真寺,占地约93公顷,建筑面积9.34万平方米。屋顶上有一个巨大的白色半圆形顶盖,十分醒目。印度尼西亚重大的伊斯兰教活动和仪式都在这里举行,总统及政府要人经常到这里做礼拜。

巴都依村 位于雅加达市。5000余巴都依人分布在几十个山村里,以原始耕织和渔猎为生,平时只吃米饭、芋头、薯类、香蕉、黄瓜和鹿肉、鱼虾,食物全用火烤。他们不信宗教,出门不坐车,不喝咖啡不吸烟,男女间不许眉来眼去,丧偶者不许重新婚配,除了油灯别无其他照明工具,没有货币、集市、店铺和娱乐场所。

马达山 位于棉兰市。因居民多为马达人而得名。青山如画,松涛阵阵,绿草

旅游目的地概述

成荫,奇花异卉,宛如世外仙境,被称为棉兰的自然氧吧。镇边有活火山,终年烟雾缭绕。附近产马,马车交通为山镇旅游增添特色。镇上的多数居民在棉兰工作,早出晚归。

多巴湖 位于棉兰市。印度尼西亚最大的淡水湖,由火山运动而形成的湖泊,宽24千米,长72千米,最深处529米,面积达3000平方千米。湖水清澄呈蓝色,四周青山环抱,北部有著名的瀑布群,其中希古拉古拉瀑布落差200多米。湖中的沙摩西岛和塔奥岛风景秀丽。

亚非会议纪念博物馆 位于万隆市。乳白色三层楼建筑。原为荷兰殖民者的高级俱乐部,日本占领期间成为一个文化中心,印度尼西亚独立后命名为"独立大厦"。1980年亚非会议25周年之际建立了这座纪念博物馆,并将市内最繁华的街道命名为"亚非大街"。

苏丹王宫 位于日惹市。由日惹苏丹国首任国王哈孟古·布沃诺一世设计并修造。苏丹的寝宫富丽堂皇,是日惹古城内唯一一座坐西朝东的屋宇。整座王宫是伊斯兰文化和爪哇文化的混合体,又具欧洲风格。寝宫附近,头戴圆帽、身着筒裙、脚穿拖鞋、背插短剑的侍从来来去去,悄无声息。

郑和清真寺 位于泗水市。600多年前中国航海家郑和下西洋时曾到过中爪哇及东爪哇,当地华人为缅怀他的盖世功绩,特建此寺。该寺参照中国北京牛街清真寺建筑风格,以绿、红、黄为主色调,融佛教、伊斯兰教、天主教风格为一体,雄伟壮丽,曾荣获印度尼西亚"创新成就奖"。

泗水动物园 饲养动物3500多只,其中有多种濒临绝种的珍禽异兽,还有难得一见的印度尼西亚大蜥蜴、四不像、天堂鸟、白老虎等稀有动物。其中的科莫多龙是世界上最大的蜥蜴,身长可达3米,它唾液内的超级细菌能令猎物中毒而死。

乌布皇宫 位于巴厘岛。外观雄伟,处处金箔装饰,石刻技术堪称一绝。最特别的是山形的大门以及许多迷宫般的小径。内部像个花园,还有一些凉亭式建筑和雕像,晚上庭院中上演巴厘传统舞蹈,充满巴厘风情。

圣泉寺 位于巴厘岛。巴厘岛著名庙宇,依地下泉眼而建。石头圣龛上早已苔痕斑斑,而泉涌一如当年。寺中有十多个出水口,历经千年泉水依然清澈。各个出水口的泉水据说功效各不相同,有的可以消灾解祸,有的可以驱除病痛,有的可以洗涤心灵,附近居民每天早、中、晚三次来此沐浴祈福。

德格拉朗梯田 位于巴厘岛。梯田层层叠叠,椰树点缀田间,背后是雄伟的火山,热带风光与田园景色完美结合,在世界上无数梯田中独树一帜。德格拉朗梯田的景色出现在很多明信片和摄影作品中。

圣猴森林公园 位于巴厘岛,是豆蔻林自然保护区。公园内林木葱郁茂盛,生活着当地特有的巴厘猕猴。巴厘岛居民对猴子敬若神灵,有专人喂食。猴群不惧生人,见到吃食就会围拢过来,往往会趁人不备进行偷袭,抢夺眼镜、相机甚至拖鞋,非常有趣。

乌鲁瓦图悬崖　位于巴厘岛。传说有一对青年男女相爱却受到父母的阻挠,便在这里跳海殉情,因此又称"情人崖"。到巴厘岛的情侣都会在此合照,以期待爱情的美好长久。悬崖之上还有一座建于 11 世纪的乌鲁瓦图海神庙。乌鲁瓦图海域是著名的冲浪地点。

水神庙　位于巴厘岛。又称"乌伦达努寺",完全建造于水面上,半印度教、半佛教风格,浓雾覆盖时更显宁静,景致极美,因而经常出现在风景明信片或摄影作品中。5 万面值印尼盾的背景图案就是这座水神庙。寺庙附近还有一个植物园。

海神庙　位于巴厘岛。巴厘岛三大神庙之一,坐落在海边一块巨大的岩石上,潮涨时岩石被海水包围,整座寺庙与陆地隔绝,孤零零地矗立在海水中。礁石中的一个洞穴还藏着几条小蛇,传说寺庙建成时忽逢巨浪,寺庙岌岌可危,寺内和尚解下身上腰带抛入海中,腰带化为两条海蛇,终于镇住风浪,海蛇成为寺庙的守护神。

蛇舍　位于巴厘岛。印度尼西亚人敬蛇如神,巴厘岛人建造这所像庙宇一样的房子,专门饲养一条大蛇。蛇舍前设有香案,供奉香花、祭品,蛇舍后面的蛇洞里养着大量的蝙蝠,专供这条蛇享用。当地老百姓经常来此磕头祈祷。

金巴兰海滩　位于巴厘岛。世界上最美丽的海滩之一。海滩狭长,金色的余晖洒满海面,显得格外温馨和浪漫,可以一边欣赏落日,一边品尝海鲜。虽然度假的游客众多,商业开发也日益完善,但海滩很好地保留了原来的风貌。

库塔海滩　位于巴厘岛。海滩平坦,沙粒洁白,沙滩上满是一排排阳伞和海滩椅,享受着日光浴的半裸外国人,接受编辫、修指甲或按摩服务的观光客,顶着饮料水果满场游走的小贩,身材健美的男男女女。附近有热闹的商业街,售卖各色巴厘传统手工艺品。晚上,这里成了夜生活的天堂。

七、世界遗产

婆罗浮屠　位于中爪哇省。约于公元 842 年兴建,在随后的千年中,隐没于火山灰之下和茂密的热带丛林中,直到 19 世纪初才被清理出来。浮屠修筑于一座岩石山上,周围是干涸的湖床,恰似一朵漂浮在湖中的莲花。塔基、塔身和塔顶分别代表通往佛教大千世界的三个修炼境界,即欲界、色界和无色界。

巴兰班南寺院群　位于中爪哇。始建于公元 850 年,由 8 座主庙和 250 余座孤立的坎蒂组成,是东南亚最大的印度教庙宇。3 座主要神庙分别供奉印度教的 3 位主神:湿婆(毁灭之神)、毗湿奴(秩序之神)和梵天(创造之神)。这个寺院群的独特之处在于高耸的尖顶建筑、印度教建筑的典型风格和高达 47 米的中心建筑。

桑吉兰早期人类地点　1969 年,桑吉兰一农民意外发现一块牢牢地植入在含砂岩泥土里的头盖骨化石,这是印度尼西亚迄今为止发现的唯一一块成年男性头盖骨化石。先后发掘出 50 余种早期原始人类化石,占世界已知原始人类化石的一半。桑吉兰作为150万年前的人类聚居地，成为研究人类进化最重要的地区之一。

巴利文化景观 位于巴利省。由水稻梯田和水渠、水坝、印度教神庙等组成。梯田沿袭古老的苏巴克灌溉系统，其历史可追溯至公元9世纪，至今仍正常运行。"苏巴克"体现了"幸福三要素"的哲学概念，是精神王国、人类世界和自然领域三者的相互结合。这一哲学思想是过去2000多年巴利岛和印度文化交流的产物。

乌戎库隆国家公园 位于西亚万丹省。面积约1206平方千米。1883年，喀拉喀托火山爆发并引发海啸，毁灭了巴娜依丹岛海岸地区的村庄与作物，致使居民大迁移，这里成为许多动物、植物物种的天堂。公园内有大面积的沼泽地与红树林，有57种稀有植物物种，约有五六十只爪哇犀牛。

科莫多国家公园 位于小巽他群岛。占地约733平方千米。这个国家公园建立的目的是保护世界上最大的蜥蜴科莫多龙，后来致力于保护包括海洋物种在内的多种生物。保护区内海洋生物多样丰富，水肺式潜泳非常流行。

洛伦茨国家公园 世界上唯一一个既包括积雪覆盖的山地又有热带海洋环境、广阔低地沼泽地的保护区。位于两个大陆板块碰撞的地方，地质情况复杂，既有山脉的形成又有冰河作用的重要活动，拥有动植物的地方特色及丰富的生物多样性。

苏门答腊热带雨林 交叠错落的山脉被原始森林所淹没，波平浪静的河流被高大挺拔的椰树簇拥，构成一幅和谐美丽的风情画卷。雨林中约有植物1万种，哺乳动物200种，鸟类580多种，其中许多为本地种类。热带雨林保存着苏门答腊岛独特而多元的生态面貌，其生物地理印记见证着该岛的演化过程。

第十五节 月亮之国——印度

印度，全称"印度共和国"（Republic of India），别称"婆娑罗""婆罗多"。国名源于印度河，河名出自梵文"信度"，意为"月亮"。中国西汉时称印度为"身毒"，东汉时称"天竺"，唐代才译为"印度"。

一、自然地理

印度位于南亚次大陆印度半岛，西北与巴基斯坦接壤，东北与中国、尼泊尔、锡金和不丹为邻，东与缅甸和孟加拉国毗邻，南与斯里兰卡、马尔代夫隔海相望，东南濒临孟加拉湾，西南面临阿拉伯海，南连印度洋，北倚喜马拉雅山，为亚、非、欧和大洋洲海上交通枢纽。面积328.8万平方千米，是南亚次大陆最大的国家。

印度北部为喜马拉雅山区；中部为平原区，由印度河、恒河和布拉马普特河三大水系的盆地组成，是世界上最大的冲积平原之一，印度主要农作物产区和经济最发达的地区；西部为塔尔沙漠区，人烟稀少，土地贫瘠；南部为德干高原区，适合农作物生长；东部为海域岛屿区。恒河长约2700千米，是印度最长的河流。

印度大部分地区分为冷季、热季和雨季退缩季。3—5月为热季,雨水较少,干燥闷热,大部分地区气温40℃以上。6—10月为雨季,降水量骤增,季风退缩。11—2月为冷季,除北部高山地区经常下雪外,温和凉爽。雨季降水约占降水总量的八成。阿萨姆邦的乞拉朋齐年降水量高达1万毫米以上,是世界上降水量最多的地区之一。东南沿海常受孟加拉湾风暴袭击,多暴雨。

二、国家象征

印度的国旗呈横长方形,自上而下由橙、白、绿3个相等的长方形组成,白色长方形中心绘有蓝色法轮。法轮是印度孔雀王朝阿育王时代佛教圣地石柱柱头的狮首图案之一,印度人视为神圣之轮、真理之轮,象征真理与道德。橙色是教士法衣的颜色,象征勇敢和自我牺牲精神;白色象征纯洁的真理;绿色表示信心,代表人类生命所依存的生产力。

印度的国徽,中心是3只向背而立的金色雄师,象征信心、勇气和力量;台基四周有四只守兽:东方是象,南方是马,西方是牛,北方是狮。守兽之间雕有法轮,图案下面是梵文"唯有真理得胜"。

印度的国歌是《人民的意志》。

印度的首都是新德里。

三、社会生活

印度人口约11.67亿人,是仅次于中国的人口大国。有印度斯坦族、泰卢固族、孟加拉族、马拉地族、泰米尔族等10多个较大的民族,他们占印度总人口的九成半,其余的称为"部落民"。印地语和英语为官方语言。八成以上居民信奉印度教。

印度是联邦制共和国。总统为国家元首和武装部队统帅,法定的联邦行政首长,实际的行政权力赋予一个以总理为首的部长会议。议会由联邦院和人民院组成。总理由人民院多数党领袖担任。印度主要政党:国民大会党、人民党、共产党(马克思主义)。

印度是农业大国,农业劳动力约占全部劳动力的七成。茶叶产量全球第一,甘蔗和甜菜产量全球第二,奶制品产量全球第三,花生和棉花产量全球第五,是世界上养牛最多的国家。煤、铁、锰、铬、钛、菱铁、镁、铍、锆、钍、云母和白云石等矿产资源的储量均居世界前列。石油、天然气、铝土、铜、金和铅锌等储量较丰富,水利资源较充足。已经建立部门比较齐全的工业体系,科学技术方面取得较大成就。

四、民俗风情

古印度人创造了光辉灿烂的古代文明。印度是世界三大宗教之一——佛教的

旅游目的地概述

发源地。

印度的种姓制度代代相传。婆罗门、刹帝利、吠舍、首陀罗为四大种姓。其中以婆罗门地位最高,多半是僧侣和统治阶级;刹帝利是武士和艺匠阶级;吠舍指商人或从事农耕畜牧的人;首陀罗是出身卑微、靠劳力为生者。婆罗门、刹帝利、吠舍等三大阶级被认为是纯洁阶级。不同种姓阶级的人不能通婚,不能交换食物,也不能自由选择职业。目前,种姓制度已经逐渐简化,妇女地位也开始受到重视。

印度人名在前,姓在后,女子婚后随夫姓。通常男子只称呼姓,女子只称呼名。对老人或父辈,在名字后面加上一个"吉"(意为老翁、若伯)或称"巴布"(意为大伯、父亲)。对伟人、老人和大师更为推崇,如师长、导师称"古鲁",博学家、梵学家称"潘迪特",一般学者称"斯利"(意为先生),称精通伊斯兰教义和阿拉伯语的穆斯林学者则为"毛拉"或"大毛拉"。

印度人以握手为礼,但男女相见行印度教的"合十礼",通常是双手合掌举手,合掌举手对长辈宜高以示尊敬,对平辈宜平以示对等,对幼辈则低以示关怀。有时也二手互搭对方肩膀,以示亲热。迎候嘉宾,往往敬献花环套挂在客人脖子上。传统坐姿是盘腿而坐,到朋友家做客即使有椅子也不坐。

纱丽是印度最具特色的国服,有5000多年的历史。男子常用一块三四米长的白色布料缠在腰间,下长至膝甚至脚部,上身加一件肥大的衬衣。妇女的上衣宽松,长至膝部,下身是紧身裤子,再加一条纱巾围住脖子。妇女喜欢佩戴各种各样的首饰,如发饰、耳饰、额饰、鼻饰等,大多为银或宝石制品,但寡妇不戴任何首饰。鼻饰多为金银制品,它是已婚女子的服饰标志。颈饰中的项链被当作避邪之物由新郎在婚礼中给新娘戴上,只要不离婚就要戴上一辈子。妇女在额头正中点一颗指头大小的红痣,已成为印度民族风格的标志。

印度人的主食,北方以小麦、玉米、豆类为主,东部和南方沿海地区以米饭居多,中部则以小米和杂粮为主。习惯左手拿盘子右手抓食物。特别爱吃土豆,但不吃菇类、笋类及木耳。印度菜的一大特点是糊状菜较多,还加以各种色素,因此常有黄的汤,绿的糊,红的泥。

印度教信徒禁食牛肉,但可以食用鸡肉、鸭肉、鱼、牛奶。印度教寺庙不允许牛皮制品入内。印度教把恒河视为"圣河",把恒河沐浴("圣浴")作为神圣义务和极大幸福,每年有许多人不辞劳苦千里迢迢赶到恒河沐浴,并将"圣水"带回家珍藏,吃饭时才滴入一滴。在印度教徒的婚礼上,洒"圣水"是必不可少的仪式。

印度人把大象看作吉祥动物,象征智慧、力量和忠诚。印度人喜爱红色(象征活力、蓬勃向上)、蓝色(象征真诚)、紫色(象征宁静)、金黄色(象征光辉灿烂)、绿色(象征和平),不喜欢黑色、灰色和白色。

印度人表示赞成同意时摇头,头往左右轻轻斜一下,然后立刻恢复原状,不同意时则点头。印度人重视身份,若身份不同或所属阶级有异,不能同席共桌。去印度人家中做客,要带些甜食或水果,也可带玫瑰、万寿菊等鲜花,但不能送鸡蛋花,那是葬礼用的。赠送礼物或接受礼物时要用双手或用右手,不能用左手。离去时不说"再见",而要说"我去了,并将回来"。头部是印度人身体最神圣的部位,千万不能抚摸。不能赞扬孩子,不能用浴盆给孩子洗澡。给孩子送钱,要给单数,5、11、21、51或101这些数字被认为是吉祥的,但忌讳数字3和13。大多数印度家庭将饭菜放在一只叫"塔利"的扁圆形金属盘中送上餐桌,主人会替客人夹菜,客人不能自取。不能拒绝主人敬的食物和饮料,盘中的食物吃不了也不能夹给别人。厨房被认为是隐私之地,未经邀请不能进入。以左手行礼是大不敬,用吹口哨的方式来招呼侍者被视为冒犯他人人格。市场上陈列的花环,不能用鼻子嗅或用手摸。印度的许多邦都禁酒。印度人的话题一般是家庭、教育、电影及印度的美术与文化,不要以宗教斗争、同巴基斯坦的关系、工资、贫困和两性关系为话题。诉说酷热,印度人会感到厌烦。

五、旅游城市

新德里(Delhi) 印度的首都,政治和经济中心,铁路、航空中心和文化教育中心。"德里"波斯文意为"门槛"或"山冈""流沙"。位于印度北部。城市布局精细,错落有致,草坪、花坛、喷泉随处可见,名胜古迹比比皆是,一派繁华景象。

孟买(Mumbai) 印度发展最快、最富裕的城市,有"商业首都""金融首都""印度门户"之称。高楼林立,街道宽阔,维多利亚式的楼宇和新式的摩天大厦交相辉映。印度大多数电影制片厂设在这里,被誉为"印度的好莱坞"。

加尔各答(Calcutta) 印度最大的港口和铁路、航空枢纽,最大的黄麻加工中心,印度教徒的活动中心,位于印度东部恒河三角洲地区,曾为英属印度的首都,也是泰戈尔、斯德雅基德、罗易等杰出人物的故乡。

六、经典景点

印度门 位于新德里市。新德里的地标,坐落在国王大道上,许多重要的道路从这里辐射出去。最初称为"全印战争纪念馆",纪念在第一次世界大战和第三次英阿战争中牺牲的士兵。为纯白大理石建筑,细腻柔美。这里时常举行文化活动。印度有两座印度门,另一座位于孟买。

巴哈伊教莲花庙 位于新德里市。又称"灵曦堂",全部采用白色大理石建造,外观像一朵盛开的莲花,象征不同宗教相互包容与共存,故称"莲花庙"。庙高34米,底座直径74米,由3层花瓣组成。底座边上有9个连环的清水池,拱托着巨大的"莲花"。夜晚的莲花庙,在灯光的照耀下显得尤为漂亮。

贾玛清真寺 位于新德里市。由莫卧儿帝国君主沙·贾汗下令修建。"贾玛"意为"星期五"。两座尖塔,白色的伊斯兰圆顶,在阳光下闪耀着光芒。印度有很多贾玛清真寺,以新德里的这一座为最大。登上宣礼塔,旧德里市景、远处的古特伯高塔、新德里的康诺特广场和议会大楼,尽收眼底。

恒河 印度的母亲河。印度教徒们千里迢迢来到恒河中游的瓦拉纳西(印度教圣地),就为能浸身恒河沐浴净身。人们不但在河里沐浴,还取回一些恒河水在重要的日子里洒上一些。他们深信恒河水能洗净罪孽与病痛,帮助灵魂升天,有些教徒死后家人也会将其遗体运来瓦拉纳西火化,将骨灰撒入河中。

鹿野苑 位于瓦拉纳西市。印度最重要的佛教遗迹之一。传说释迦牟尼第一次说法就在这里,当时听法的3位比丘是世界上最早的佛教僧侣。中国唐朝高僧玄奘于公元7世纪来到这里,见证了鹿野苑当时的盛况。佛教在印度没落之后,许多佛教建筑都遭破坏。

琥珀堡 位于斋普尔市。城堡由奶白、浅黄、玫瑰红和纯白的石料建成,远看犹如琥珀。城堡居高临下,规模宏大,装饰华丽,用玻璃嵌壁的镜之宫尤其瑰丽,在阳光反射下熠熠生辉。城堡一层有12道独立的楼梯,通往各个王妃的房间。

风之宫 位于斋普尔市。建筑雄伟,回廊四通八达,窗户众多,采光良好,通风顺畅,设计巧妙。每当皓月当空,整座宫殿闪闪发亮,所以又称"月宫"。皇宫内众多王妃可以从镶嵌雕刻的窗户中俯瞰街景,又可不被丈夫之外的男子看见自己的面容。

城市宫殿 位于斋普尔市。莫卧儿王朝的宫殿,如今的斋普尔王公还在此居住。由多个宫殿组成,主殿用大理石建造,其中最引人注目的莫过于代表春夏秋冬的4扇门。部分宫殿已经改造成博物馆,收藏王公贵族留下来的衣物、地毯、兵器、艺术品等,见证了印度的悠久历史。

金庙 位于阿姆利则市。印度最大的锡克教寺庙,既有伊斯兰教建筑的肃穆庄重,又有印度教建筑的绚丽璀璨,其造型优美,风格典雅。建造时耗用黄金750千克,被誉为"锡克教圣冠上的宝石"。金庙坐落在一个湖泊的中央,湖水波光粼粼,阳光下的金庙带上了金环。

七、世界遗产

阿旃陀石窟 位于马哈拉施特拉邦北部文达雅山悬崖上。大约建于公元前2世纪至公元后7世纪。拥有29座石窟,主要由举行佛教仪式的支提(塔庙)与供僧侣修行用的毗诃罗(精舍、僧房)两种类型组成。石窟始建时正值阿育王时代,石窟内的壁画及雕塑被视为佛教艺术及世界绘画艺术的经典。

埃洛拉石窟 位于奥兰加巴德西北郊。有石窟34座,包括佛教石窟12座,印度教石窟17座,耆那教石窟5座。这些石窟代表了从公元350年至700年之间的宗教信仰发展历史,是古印度佛教、印度教和耆那教艺术的杰作。

阿格拉堡 位于老德里。因主要建材为红色砂岩,又称"红堡"。始建于1639年,由莫卧儿王朝第五代帝王用10年时间建造。皇宫建筑呈八角形,没有用一块木料、一根铁钉。当年的红堡金碧辉煌,地上铺以手工精织的地毯,壁上镶的是各式宝石,天花板是白银铸就,还嵌着各种金雕图案。

泰姬陵 白色大理石建成的宫殿式陵园,占地约17万平方米。1631年动工修建。正中央是陵寝,两侧各有式样相同的建筑。大门与陵墓由一条宽阔笔直的红石甬道连接,布局工整。清澄水道两旁种植果树和柏树,分别象征生命和死亡。陵寝在一天的不同时刻和不同的自然光线中显现出不同的特色,被誉为"印度的珍珠"。

科纳克太阳神庙 位于孟加拉湾附近的科纳克。由13世纪羯陵伽国王那罗辛诃·提婆下令建造,是婆罗门教的圣地之一。整座神庙被设计成太阳神苏利耶的战车形状,外形宏伟,比例完美,体现出一种宗教的和谐。其线条装饰和涡形纹,动物和人的造型,在印度神庙中颇为特别。

默哈伯利布勒姆古迹群 位于马德拉斯城。默哈伯利布勒姆城又称"七寺城",公元7世纪就成为印度教的活动中心。有许多5—8世纪的名胜古迹,最著名的是凿刻在海边两块高达60米的巨岩上的马哈巴利普兰浮雕,有形象生动的神灵、魔鬼和动物的图像100多幅。

果阿的教堂和修道院 果阿位于印度西南部。曾是葡属印度的首府,历史上曾修建教堂和修道院60多座,保留至今的有10多座,其中仁慈耶稣大教堂是亚洲最主要的基督教朝圣地之一。这些建筑对于在所有亚洲的传教国家里传播曼奴埃尔式、曼纳瑞斯式和巴洛克式建筑风格起了很大的影响作用。

克久拉霍古迹群 位于本德尔坎德。建于公元950年至1050年,现存古庙22座,分属婆罗门教和耆那教,但风格相似。主建筑表面覆以彩绘镶板,顶部有集束型带曲线的尖塔,是纳戈尔式寺庙特有的标志。这些神庙有许多性爱题材的雕饰,雕刻精湛,栩栩如生,克久拉霍因此有印度"性都"之称。

亨比古迹群 位于卡纳塔克邦。印度维查耶那加尔帝国首都的遗址。14—16世纪期间,这里建造了宏伟的庙宇和富丽堂皇的宫殿。这里有许多用巨大的岩石修建而成的寺庙,位于亨比中心的维鲁帕克萨寺香火最旺。

法塔赫布尔西格里城 位于北方邦。始建于16世纪下半叶。拥有众多颇具特色的寺庙和一座气势宏大、装饰豪华的皇宫,突出地体现了莫卧儿文明的辉煌成就。这里的清真寺是印度最大的清真寺之一,全寺没有使用木料,地面、墙壁、顶棚都采用精工细雕的白石,用铅灌封,十分坚固。

帕塔达卡尔建筑群 位于卡纳塔克邦。建于公元7—8世纪。包括9座印度教庙宇和1座耆那教神殿。维鲁巴克沙寺庙建于公元740年,是罗卡玛哈德维王后为纪念她的丈夫战胜南方的国王们而建。帕塔达卡尔地区的寺庙,集印度寺庙建筑大成于一身,达到登峰造极的程度。

象岛石窟 象岛位于孟买东郊的阿拉伯海上。面积约10平方千米,菩提树、杧果树、棕榈树、阿育王树、凤凰树遍布山谷,景色秀丽。象岛石窟开凿于公元

450—750年，大多由岩石外部向内开凿，形成巧夺天工的地下神殿。精美的雕刻表现了印度教三大神之一湿婆神的传说故事和古印度人的生活情景。

朱罗王朝神庙 位于南印度地区。由朱罗王朝国王修建，现存的坦贾武尔的布里哈迪斯瓦拉神庙、康凯康达秋里的斯瓦拉姆神庙、达拉苏拉姆的埃拉瓦德斯瓦拉神庙，修建于公元11世纪和12世纪。这些神庙见证了朱罗王朝在建筑、雕刻、绘画和铜像铸造方面的辉煌成就。

桑吉佛教古迹 位于中央邦。拥有遗迹50多处，包括巨石柱、宫殿、庙宇和寺院，其历史可追溯到公元前3世纪至12世纪。公元前3世纪，阿育王修建佛塔8.4万座，其中8座在桑吉，现存3座。最著名的桑吉佛塔1号遗址为半球形建筑，原为埋藏佛骨而修建，后增修一个方形平台和3层华盖，雄伟古朴，庄严秀丽。

胡马雍陵 位于德里来穆纳河畔。建于1570年。陵墓四周环绕花园，是印度次大陆第一座花园陵墓。胡马雍为莫卧儿王朝帝王，胡马雍和妻子的石棺放在寝宫中央，两侧为莫卧儿王朝两个帝王的石棺。红沙石精细的镂花、花园式的内景和四周墙壁上的拱形大门，构成典型的莫卧儿风格。

顾特卜塔 位于新德里郊外。顾特卜是印度穆斯林领袖穆罕默德的得力将军，在穆罕默德遇刺身亡后建立了德里苏丹国。这座红砂石尖塔建于1193年，高72米。周围建于1311年的阿拉伊-达尔瓦扎门，是印度穆斯林艺术的精品，库瓦图-伊斯兰清真寺是印度北部最古老的清真寺。

印度的山地铁路 包括大吉岭喜马拉雅铁路、尼尔吉里山铁路和加尔加-西姆拉铁路等3条铁路。大吉岭喜马拉雅铁路是印度最早的铁路之一，始建于1879年，总长约60千米，从海拔100米的印度平原上的古城西里古里，一路爬升到海拔2200米的以产茶闻名的大吉岭，如今仍在行驶载重15吨的蒸汽火车。

菩提伽耶的摩诃菩提寺 位于比哈尔邦。公元前3世纪阿育王所建，是与佛陀生前生活紧密联系的4个圣地之一。释迦牟尼当年云游到此，苦修6年未能悟得解脱之道，于是来到一棵菩提树下打坐静思，发誓如若不能大彻大悟，终身不起。他苦思冥想了49天，终于在一个月圆之夜悟得正道，成为佛陀。

比莫贝特卡石窟 位于温迪亚山脚下。在巨大砂质石块之间有5组石窟群。石窟里有中石器时代以来至有历史记载时期的绘画。生活在缓冲区的21个村落的村民们至今所保持的文化传统，与石窟中的岩画所描绘的情景十分吻合。

尚庞—巴瓦加德考古公园 具有极高的考古价值，一些古老的传统文化依然可以从中寻得根源。公园内包括一些古代印度都城的高地堡垒，古老的军事防御工程、宫殿、宗教性建筑物，以及住宅区的排水系统。从公元8世纪至14世纪，这里的卡力卡玛达寺一直被认为是一个重要的圣地，终年吸引大量的朝圣者。

贾特拉帕蒂·希瓦吉终点站 前维多利亚终点站，位于孟买。1878年开始建造，历时10年始得建成。石头院顶、角塔、尖锐的拱门、古怪的植物与传统的印度宫殿建筑相辅相成,是不同文化融合的一个范例。直到现在,这个车站仍然是孟买乃至全印度最大、最繁忙的火车站。

红堡建筑群　位于德里东部老城区。紧邻亚穆纳河,是莫卧儿帝国时期的皇宫。建筑群有护城河环绕,环以厚重的石质围墙,总长度约2500米。历时500多年的红堡建筑群见证了莫卧儿王朝曾经的辉煌,也记载了当年英国入侵印度的殖民遗迹。

简塔·曼塔古天文台　位于斋普尔。由当时的统治者杰伊·辛格于1728年下令修建。他一生共建了5座天文台,这是其中最大也是保存最完整的一座。天文台内各种观测仪器目前还能为天文学家所用,许多器物还被用于研究占星学。古天文台展现了印度莫卧儿时代末期对宇宙的认知以及探究天文学的能力。

拉贾斯坦邦山地堡垒群　包括吉多尔格尔堡、贡珀尔格尔堡、伦塔波尔堡、杰伊瑟尔梅尔堡、琥珀堡、加戈隆堡,位于拉贾斯坦邦。建筑时间跨越8世纪至18世纪。这些军事建筑因地制宜,凭借山岭、沙漠、河流和密林等天然屏障,组成坚实的防御体系,反映了印度中世纪及中世纪后期的建筑风格的演变。

加济兰加国家公园　位于阿萨姆邦。世界上最重要的印度犀牛保护区。公园主要包括布拉马普特拉河约80千米的河段以及河中的几个沙岛和河两岸的部分地区,雨季时大部分地区会被泛滥的河水淹没。公园内生活着犀牛、大象、野生水牛、豹和其他一些动物,也是许多稀有和濒临灭绝的鸟类的家园。

马纳斯野生生物禁猎区　位于阿萨姆邦。面积约390平方千米。已经发现350种鸟类,其中有濒危的印度大野雁、非洲秃鹳和印度秃鹫;500多种高等植物,尤其引人注目的是靠攀附树木生长的兰花。体长只有70厘米、体重不足10千克的世界上最小的猪——侏儒野猪也生活在这里。

凯奥拉德奥国家公园　位于拉贾斯坦邦。占地约28平方千米,主要是内河湿地。这里曾是印度王公的猎鸭地区,现在是大批水禽鸟类冬季栖息的重要地区之一。公园里各种各样的水生植物为水鸟们提供了充足的养料。有记载的鸟类达364种,被认为是世界上鸟类品种最丰富的地区之一,其中包括稀有的西伯利亚仙鹤。

孙德尔本斯国家公园　位于印度恒河三角洲。占地约1万平方千米,其中一半以上地区在印度,其余部分在孟加拉国。"孙德尔本斯"意为"美丽的森林"。这里有世界上面积最大的红树林。

楠达戴维山国家公园和花谷国家公园　楠达戴维山国家公园人迹罕至,或多或少保留了原貌,一些濒危哺乳动物栖息在这里,其中特别珍贵的有雪豹、喜马拉雅山麝香鹿和岩羊。花谷国家公园以其地方特色的高山花卉草地和突出的自然美景而闻名,同时还是稀有濒危动物的栖息地。

西高止山脉　长约1600千米,纵穿马哈拉施特拉邦、卡纳塔克邦和卡拉拉邦,最高峰阿奈穆迪峰海拔2695米。西高止山脉比喜马拉雅山脉更古老,生物多样性水平极高,是至少325种全球濒危植物、鸟类、两栖动物、爬行动物和鱼类的家园。

那烂陀寺考古发掘遗址 那烂陀寺又作那兰陀寺、阿兰陀寺,乃梵名的音译,意译施无厌寺,全称那烂陀僧伽蓝,为古代中印度摩揭陀国首都北方的大寺院,其地在今拉查基尔北方的巴达加欧。曾是古印度佛教的最高学府和学术中心,可追溯至公元前3世纪至公元13世纪。从1861年开始,寺院遗迹被陆续挖掘出来。

昌迪加尔国会建筑群 勒·科尔比西耶现代建筑系列作品之一。勒·科尔比西耶(1887—1965)是现代设计的先驱,20世纪最重要的建筑师之一,被公认为"功能主义建筑之父"。他的作品体现了现代主义运动为适应社会需求而引入的全新的建筑技法,为现代建筑奠定了基础,实现了建筑技术的现代化。

干城章嘉峰国家公园 位于喜马拉雅山脉中段尼泊尔和印度边界处。拥有峡谷、湖泊、冰川和白雪皑皑的山峰,还有当地土著居民崇拜的洞穴、河流、湖泊。共有5个峰顶,其中4个峰顶高达8476~8586米,当地称为"雪中五宝"。在世界第一高峰被确认之前,干城章嘉峰曾被以为是世界最高峰。

艾哈迈达巴德历史城区 艾哈迈达巴德是印度的第六大城市,以精美的穆斯林建筑、印度教寺院及陵墓而出名。旧城区街道狭窄曲折,房屋拥挤,窗棂、阳台装饰得美轮美奂,也有许多工匠技艺出色的名胜古迹,如清真寺、耆那教寺院或具当地特色的石阶井,其中建于1501年的达达·哈里台阶井作为建筑学上的杰出作品闻名世界。

第十六节 梦幻世界——土耳其

土耳其,全称"土耳其共和国"(Republic of Turkey)。"土耳其"意即"勇敢者"。19世纪末以前,奥斯曼统治者认为"土耳其"是乡下佬乃至傻瓜的同义语,农民被叫作土耳其人。1897年青年诗人穆罕默德·艾明宣称:"我们是土耳其人,血管里流的是土耳其血液,起的是土耳其的名字。"后以"土耳其"作为国名。

一、自然地理

土耳其地跨亚、欧两大洲,位于亚洲大陆西北端的小亚细亚半岛和欧洲大陆东南角的巴尔干半岛,西南濒地中海,西临爱琴海,北濒黑海,东北与格鲁吉亚、亚美尼亚、阿塞拜疆交界,东与伊朗接壤,东南与叙利亚、伊拉克毗连,南与塞浦路斯隔海相望,西北与保加利亚、希腊为邻。面积约78.1万平方千米,亚洲部分占97%,欧洲部分占3%。

土耳其山多水多高原多,仅沿海地区有小块狭长平原。大阿勒山海拔5150米,为土耳其最高峰;凡湖面积约4000平方千米,是土耳其最大的湖泊;博斯普鲁斯海峡和达达尼尔海峡是沟通黑海和地中海的唯一水道。

土耳其沿海地区属于地中海亚热带气候,内陆高原向热带草原和沙漠型气候过渡。最冷的1月,安纳托利亚高原大部分地区气温-1℃左右;最热的8月,地中海沿岸气温24℃~28℃。黑海沿岸降水量达700~2500毫米,而内陆地区只有250~400毫米。

二、国家象征

土耳其的国旗呈横长方形,由白色新月和五角星图案组成,红色底色,靠旗杆一边有一弯白色新月和一颗白色五角星。新月和五角星既是伊斯兰教信仰的标志,又象征吉祥和幸福。新月抱星象征进步,表示土耳其人民的团结与独立。

土耳其的国徽,以一弯白色新月和一颗白色五角星为图案。

土耳其的国歌是《独立进行曲》。

土耳其的首都是安卡拉。

三、社会生活

土耳其人口约7681万人,土耳其人约占八成。官方语言为土耳其语,通用阿拉伯语、康德语、亚美尼亚语、希腊语。土耳其人95%信奉伊斯兰教。

土耳其以民族主义、共和主义、世俗主义思想作为国家政治制度的基础和准则,采取共和政体和议会民主制度。总统为国家元首。议会实行一院制。大国民议会是最高立法机构。土耳其主要政党:共和民主党、正义党、救国党。

土耳其自然资源主要有铬、铜、煤、铁、汞、铝、铅、锑、硼、钼、钨、锰、石油等,铬矿储量居世界前列,煤炭储量在中东地区居第一位。农业在经济发展和人民生活中占有重要地位,粮食自给有余。

四、民俗风情

土耳其国土一小部分在东欧,但土耳其人喜欢说自己是欧洲人,而不是中东人。

土耳其农村和小城镇的买卖婚姻依然存在。男青年往往把自己的意中人抢走藏起来,被抢的姑娘会被看作不洁的女人,等到姑娘的父亲成为外公时,两家的关系也就和解了。家境贫困的男青年常去当"入赘女婿",在未来的岳父家服二三年劳役后再结婚。还有用适龄妹妹交换新娘、弟弟娶兄长遗孀为妻的习俗。

土耳其人特别喜欢鲜花。欢宴宾客的餐桌上都有一只插满鲜花的花瓶,他们赋予各种不同颜色的鲜花以特定的含义,如:白玫瑰表示贞节,红玫瑰表示爱情,粉红色玫瑰的意思是"我的心属于你",而黄玫瑰则意味着分离;石竹花白色的代表纯洁,红色的表示友爱,黄色的则表示忧伤;美人蕉白色的是友谊,红色的是祈求,紫色的是信任,黄色的则是忌妒;郁金香白色的表示淳朴,红色的表示"我爱你",粉红色的表示谅解,黄色的则表示紧张;白菊花代表忠诚,黄菊花代表单相思,粉红色菊花代表无言的祈求,紫色菊花则表示恼怒;水仙花表示"勿忘我",兰花表示自豪而又自信,雏菊表示健康和富有,莲花则表示未来和革新。土耳其人常常在自家门口挂几个大蒜,祈求带来吉祥和幸福。

土耳其人非常重视身体的清洁,爱好蒸汽浴,从中世纪起就有被称为"哈曼"的公共澡堂。还爱好戏剧,大广场、小酒馆、咖啡店甚至私人寓所里都可能有精彩的演出。

土耳其有两大流行习俗。一是肚皮舞。肚皮舞分为民族舞、表演舞,前者讲求形式、习俗、传统和舞姿,后者则无拘无束,自由潇洒,适合在舞厅或酒廊表演。肚皮舞不受年龄和体形的限制,已在世界各地广泛流行。二是斗骆驼。每年要举行两次斗骆驼比赛,热闹非凡。

土耳其人拜客要提前预约,准时赴约。应邀赴宴要给女主人带一束鲜花。土耳其人喜欢谈论无异议的国际问题、家庭、职业以及业余爱好,忌谈当地政治及土耳其与希腊的纷争。

土耳其人的主食是面包和饼,很少吃米饭,没有面条和粥,白奶酪和橄榄油是餐桌上不可缺少的调味品。土耳其美食最出名的是烧烤。土耳其菜肴同中国菜、法国菜并列为举世称绝的三大菜系。

五、旅游城市

安卡拉(Ankara) 土耳其的首都,罗马时代是文化、商业贸易和艺术的中心,如今已成现代化都市。在印欧语系中,"安卡拉"意为"弯曲的锚"。位于小亚细亚半岛安纳托利亚高原。大街上汽车川流,马路旁高楼林立,繁荣兴旺。名胜古迹众多,有"土耳其的心脏"之称。

伊斯坦布尔(Istanbul) 世界上唯一地跨二洲的大城市,位于金角湾与马尔马拉海之间。作为古代三大帝国的首都,保留了辉煌的历史遗产。如今是土耳其最大的城市和全国经济、贸易、金融、新闻、文化、交通中心。

伊兹密尔(Izmir) 爱琴海地区最古老的城市之一,已有5000多年历史。位于安纳托利亚高原。青山碧水映衬着棕榈树,爱琴海微澜拍打着长长的海堤,凤尾、银箭等鱼类频频跃出水面,一群群海鸥飞掠于浪花之间,水天相接,美不胜收。

六、经典景点

托普卡帕宫 位于伊斯坦布尔市。又称"老皇宫",在19世纪前的近400年间,历任苏丹都居住于此,接受拜见,治理国事。整个宫殿由4个庭院及后宫等其他矮小的建筑物构成,设有御膳房、寝室、花园、图书馆、学校及清真寺,仿佛一个城中城。在此可以俯瞰马尔马拉海和博斯普鲁斯海峡。

多玛巴赫切宫 位于伊斯坦布尔市。建筑群沿着海峡绵延600米,占地1.5

第一章 亚洲地区

万平方米,豪华的水晶灯、象牙、黄金制品比比皆是,浴室和卫生间用白色大理石镶嵌,所有门窗都由优质木材精雕细刻,装饰天花板的金箔耗用黄金14吨,整个建筑工程耗费黄金35吨。

蓝色清真寺　位于伊斯坦布尔市。又称"苏丹艾哈迈德清真寺",始建于奥斯曼帝国时期。寺内墙壁铺贴蓝彩釉贴瓷2.1万多片。30多座圆顶层层升高,向直径达41米的中央圆顶聚拢,庞大而优雅。四周有6座宣礼塔,是全世界唯一拥有6座高塔的清真寺。

圣索菲亚教堂　位于伊斯坦布尔市。建于东罗马统治时期。穹顶上方的圣母马利亚怀抱耶稣的壁画散发着金色的光芒。教堂里有个哭泣柱,把大拇指放进洞里,以其为圆心,其余手指转一圈,据说可求健康平安。教堂充分展现了卓越的建筑艺术,成为后来伊斯兰清真寺的设计模板。

博斯普鲁斯海峡　位于伊斯坦布尔市。沟通马尔马拉海、地中海和黑海,是欧亚二洲的交通要道。乘船游览,前一分钟还在亚洲,后一分钟就来到了欧洲。拉太大桥横跨两岸,深蓝的海水起起伏伏,大小船只穿梭其间。碧蓝的天幕下,海鸥在海面上飞翔。一座城市容纳一个海峡,全世界仅此一地。

地下水宫　位于伊斯坦布尔市。拜占庭时期至奥斯曼帝国时期的地下蓄水池,长约140米,宽约70米,可储水10万吨。336根巨大石柱构建的宫殿,每根柱子上雕刻着精美的图案。宫殿里面有两个倒置的美杜莎头颅石雕,是从厚达两米的淤泥中挖掘出来的。悠长的滴水声,诡异的传说,神秘莫测。

独立大街　位于伊斯坦布尔市。长约3千米的步行街。大街两侧分布着伊斯坦布尔著名的建筑,包括各色教堂、各国领馆、著名饭店等。沿街有诸多精品店、音乐商店、书店、美术馆、电影院、剧院、图书馆、咖啡厅、酒吧、夜总会,古老的糕点铺、巧克力店和餐馆,是年轻人社交的重要场所。

加拉太塔　位于伊斯坦布尔市。拜占庭皇帝阿纳斯塔修斯修建的灯塔。最初用木头建造,十字军东征时被焚毁,后用石料重建。古塔曾被用作警卫塔、监狱、天文台,历经沧桑。塔身的牌匾描述穆罕默德二世击溃东罗马帝国夺回此塔的丰功伟绩。从旋梯登顶,可360度远眺伊斯坦布尔。

凯马克利地下城　位于卡帕多奇亚市。卡帕多奇亚已发现地下城36座,这是其中最大的一座。共8层,深达数十米,共有1200间石头小屋,可居住1.5万人。迂回曲折的走廊又低又窄,只能弯腰或蹲着前进。通往地下城的通道隐藏在村子各处的房屋下面。这里地貌千奇百怪,因而被称为"精灵的世界"。

格雷梅镇　位于卡帕多奇亚市。卡帕地区的游客大本营。小镇聚集众多极富特色的洞穴酒店,不远处还有奇特地貌——"仙人烟囱"。夜晚的小镇格外漂亮,沿着山坡排开的酒店点缀在深蓝色的夜空中。镇旁边的山上是观赏日落的绝佳地点。

费特希耶镇　土耳其南部著名的度假地,以美丽的自然风景和适宜的气候著称。费特希耶也是一座历史古城,博物馆拥有很多古代文物。滑翔伞是这里热闹的体验项目之一,从2000多米的高山上出发,乘着U形伞借助风力滑翔,精彩刺激。附近有著名的死海。

七、世界遗产

伊斯坦布尔历史区 伊斯坦布尔曾是古代三大帝国——罗马帝国、拜占庭帝国以及奥斯曼帝国的首都。它的杰作包括古代君士坦丁堡竞技场、6世纪的哈吉亚·索菲亚教堂和16世纪的苏莱曼清真寺。2000多年来,伊斯坦布尔总是与一些重要的政治、宗教和艺术事件联系在一起。

迪夫里伊的大清真寺和医院 迪夫里伊曾是大公国的首都。主要建筑物大多完成于11世纪末到13世纪中叶。大清真寺及其毗邻的医院、墓葬以及贝基尔·恰武什浴室和喷泉,优美的造型,精湛的技艺,富于生命力和表现力的艺术作品,反映了古代劳动人民的聪明才智和高度的艺术修养。

哈图沙 位于乔鲁姆省。是古代赫梯王国的首都。内城有宫殿和庙宇,外城有4座寺庙,城门有勇士、狮子和斯芬克斯浮雕装饰。已经发现约3万件泥版文书,最重要的是公元前1283年赫梯帝国和埃及法老拉美西斯二世签订的和平条约,其复制品作为最早的国际和平条约的范例存放在纽约联合国总部。

内姆鲁特山 位于安纳托利亚高原。海拔约2100多米。此山是众多神话中神仙的居住地。公元前1世纪,国王安条克一世在山顶建起一个包括雕像、祭坛和墓地的建筑群,并把自己的雕像和众神的雕像建在一起,以表示自己与神灵平起平坐。如今大多数雕像的头部因地震而受损,散落在山顶各处,因此被称为"人头山"。

桑索斯—莱顿 桑索斯是吉利西亚的都城,在罗马时代和拜占庭时期建造了许多重要的建筑物。莱顿著名的遗迹有莱特奥神庙、阿波罗神庙和阿耳特弥斯庙,还有一处喷泉、一个修道院和一个罗马剧院。这两个地方形成了土耳其最著名的考古群落,文物的历史可以上溯至公元前8世纪。

萨夫兰博卢城 位于安纳托利亚高原。市内截然不同的3个区域显示了土耳其传统中的不同方面,鳞次栉比的店铺和手工艺作坊组成了古老的非穆斯林住宅区以及带葡萄园的度夏住宅。最古旧的房屋是木料与黏土、砖瓦、石料的混合搭建结构,一楼不设窗户,二楼开一扇宽大突出的窗户,视野宽广。

特洛伊考古遗址 位于西萨尔立克。公元前8世纪,希腊诗人荷马的史诗《伊里亚特》描写的就是特洛伊战争。特洛伊遗址中重叠着分属9个时代的古城,挖掘出许多"特洛伊宝藏",这些宝藏又多次得而复失,土耳其、希腊、德国和俄罗斯均宣称拥有这批财宝的所有权,宝藏之争成为旷日持久的第二次"特洛伊之战"。

塞利米耶清真寺 位于埃迪尔内市。建于1568年至1574年间。清真寺呈方形,巨大的中央圆顶与4座细长的宣礼塔矗立在埃迪尔内的天际线上,俯瞰着这座前奥斯曼帝国的首都。清真寺内饰材料为伊兹尼克巅峰时期的瓷砖,代表着以这种瓷砖创造的艺术形式至今无人超越的最高成就。

加泰土丘的新石器时代遗址 位于安纳托利亚高原。东边山丘展示公元前7400年至公元前6200年居住地的发展级别,见证了人类为适应定居生活而在社会组织和文化实践方面的演变。西边山丘展示公元前6200年至公元前5200年的文化习俗的演变。遗址反映了2000年间同一位置的定居村落向城市聚居地转变的历程。

艾菲索斯 位于伊兹米尔市。约公元前1000年由爱奥尼亚人兴建。爱奥尼亚人定都艾菲索斯后开始大规模的城市建设,广泛采用柱式架构,配以大量雕塑和壁画,爱奥尼亚式建筑由此得名,并成为古希腊五种建筑风格之一。艾菲索斯古城是目前世上保存最好也是最大的希腊罗马古城。

迪亚巴克要塞和哈乌塞尔花园文化景观 迪亚巴克要塞位于底格里斯河上游河谷,周围地区自古希腊时代起是一个重要的中心区,一直延续至今。被称为"艾科力"的亚米达土城(内城)、5.8千米长的迪亚巴克城墙、不同时期留下的63处遗址和哈乌塞尔花园,组成一条把城市和底格里斯河连起来的绿色纽带。

格雷梅国家公园和卡帕多细亚石窟群 格雷梅国家公园位于安纳托利亚高原,岩石裸露,寸草不生,被称为"地球上最像月球的地方"。卡帕多细亚山悬崖绝壁中隐藏着成百上千座古老的岩穴教堂、洞窟住房和规模宏大的地下建筑遗址,教堂内精美的圣像、细腻的壁画以及优雅的柱廊与洞穴外部的荒凉世界形成巨大反差。

棉花堡 位于土耳其西南部。从山顶往下流的泉水历经千万年钙化沉淀,形成层层相叠的半圆形白色天然石灰岩阶梯。泉池深浅不一,有些没及脚踝,有些可及腰部,水温终年保持36℃~38℃。泉水对风湿、皮肤病、妇科病、消化不良及神经衰弱等有神奇疗效,泉水还可饮用,是远近闻名的温泉度假胜地。

阿尼考古遗址 位于土耳其北部城市卡尔斯地区。阿尼曾是中世纪时期一座繁华的城市,被称为"1001座教堂之城",1319年被地震摧毁。10世纪和11世纪,亚美尼亚人在此建起了教堂等许多建筑,这些建筑物为整个欧洲的哥特式建筑风格注入了灵感。14世纪,亚美尼亚人在土耳其统治下被迫离开,阿尼古城被废弃。

阿弗罗狄西亚 建于希腊和罗马时期的古城阿弗罗狄西亚,是小亚细亚西南海岸的一座小城,位于土耳其村庄热尔附近,以守护女神阿弗罗狄忒的名字命名。原有的女神神像经过多次地震已成为断壁残垣,只保留着希腊风格的澡堂、拱门、横梁、石柱长廊、月女神殿等景观。

第十七节　花环群岛——马尔代夫

马尔代夫,全称"马尔代夫共和国"(Republic of Maldives)。"马尔代夫"之名据说来自古代印度的桑斯克里特语,意为"以岛屿缀成的花环"。

一、自然地理

马尔代夫是南亚印度洋上的群岛国家。东北与斯里兰卡相距675千米,北部与印度的米尼科伊岛相距约113千米。陆地面积约300平方千米,是亚洲最小的国家。

马尔代夫包括1200多个珊瑚岛,其中199个岛屿有居民。地势低平,平均海拔1.8米。

马尔代夫位于赤道附近,具有明显的热带雨林气候特征,无四季之分。年平均气温28℃,年降水量约1900毫米。

二、国家象征

马尔代夫的国旗呈横长方形,中心是个绿色长方形,其中有一弯白色新月,四周是红边。绿色是伊斯兰教尊奉的颜色,展现生命、进步与繁荣;白色新月象征和平、安宁及人民对伊斯兰教的信仰;红色代表为争取国家主权和独立而献身的民族英雄的鲜血。

马尔代夫的国徽,中心是一弯新月,环绕一颗黑、白两色五角星。星月两侧是两面交叉的国旗,后面是一棵高大的棕榈树。

马尔代夫的国歌是《马尔代夫共和国国歌》。

马尔代夫的首都是马累。

三、社会生活

马尔代夫人口约40万人,是单一民族国家。官方语言是迪维希语。马尔代夫是一个全民信奉伊斯兰教的国家。

马尔代夫实行总统内阁制。总统是国家元首。国民议会为最高立法机构。马尔代夫没有政党。

马尔代夫是世界上最不发达的国家之一。工农业都很落后,仅有小型船舶修造、水产、水果加工业和手工编织业。渔业发达,盛产金枪鱼、鲣鱼、马鲛鱼和贝类,全国近半数的劳动力从事渔业,渔业收入占国家出口收入的七成以上。

四、民俗风情

马尔代夫人遵从宗教习俗,淳朴好客。妇女的社会地位受到相当保障。他们相见时互相拉住对方的手问好。马尔代夫人不会主动与他人握手。朋友到家,主人会拿出家里最好的食物款待。马尔代夫男子可以拥有4个妻子,子女都有财产继承权。

马尔代夫地处热带,气候炎热潮湿,一般居民住宅就地取材,用椰树干做柱,用树皮、树叶编织成席子盖房顶,用珊瑚碎石砌墙。穿着比较简单,男子一般穿白色衬衫,长裙围腰;妇女服装色泽鲜艳,常穿轻质的上装,长长的裙子。人们持伞上街,既遮日挡雨,又表明身份。马尔代夫人从来不患牙病,他们用海沙磨牙。

马尔代夫人以米饭为主食,其次是红薯、山芋等。常食山羊肉或家禽肉及蛋类,吃得最多的食品是鱼、虾、蟹,不食猪肉,不吃无鳞鱼,不沾酒类。口味以甜淡为主,也喜欢刺激性的芳香的调味品。洋葱汤在当地最流行。马尔代夫人有嚼槟榔的习惯。

五、旅游城市

马累(Male)　马尔代夫的首都,面积约2.5平方千米,是世界上最小的首都之一。地理位置极其重要,是红海、波斯湾至太平洋的重要停泊港,印度洋上重要的军事及交通要地。整座城市没有刻意铺整的柏油马路,汽车是多余的,人们不是骑单车就是步行,放眼望去尽是晶亮的白沙路、炫目的白色珊瑚礁、漆成蓝色或绿色的门窗。

六、经典景点

马尔代夫博物馆　在原苏丹王府邸的基础上改建而成,陈列苏丹王朝的宝座、皇冠、古炮、刀枪、砍斧、长矛和从入侵者手中缴获的武器,还有制作精良的古老手工艺品。展品中有一支锃亮的铜制长枪,马尔代夫民族英雄阿拉扎姆曾用这支枪打死葡萄牙侵略军的首领,继而全歼葡军,赢得自由和独立。

大清真寺　又名"古清真寺""老礼拜五清真寺",建材取自大海的珊瑚,墙面装饰削集成块并镶以金银丝的珊瑚石,传统工艺独具一格。圣殿有厚重的木门,里面悬挂各种木制灯笼,横梁上雕刻阿拉伯文《古兰经》,文字依稀可辨。围绕清真寺的一块墓地,安息着马尔代夫的皇室成员和民族英雄。

苏丹公园　古苏丹王朝的公园,至今完整地保留着原始的风貌。公园内的国家博物馆,是爱德华时代的殖民式建筑,馆藏丰富,其中有国王的御座、头饰和伞,穆罕默德·塔库鲁法努在16世纪与葡萄牙人作战时用过的步枪,庆典用的长袍,全国第一张印刷的报纸。

椰子岛　马尔代夫接待来访各国领导人的度假岛屿,徒步环岛一周不过20多分钟。岛上所有的建筑为白墙红顶,错落有致,处处是挺拔的椰子树。现代化休闲别墅环绕海滨,每间小屋都有极佳的视野,打开房门十步之内必有沙滩,清幽舒适。碧海、蓝天、白沙,是这里的三宝。

波杜希蒂岛　清澈的海水,金色的沙滩,摇曳的椰树,自然的享乐天堂。岛上有极致的度假村,众多的餐厅和沙滩影院,安详宁静。原生态草屋顶的"水上屋",每间屋子依靠钢筋或圆木柱固定在海面上,相距海岸10多米,凭借一座座木桥连接岸边,有的靠划船摆渡。这里的海底世界非常壮观。

卡尼岛　树木繁茂,花草遍地,海水清澈,珊瑚礁鲜艳夺目,海底世界充满奇幻色彩。豪华的水上套房,以木桥互相联结,远看像漂浮浅滩的橄榄树。豪华沙滩别墅坐拥沙滩园景,设有室内玻璃浴室、石头户外浴室,浪漫幽雅,卡尼岛成为蜜月度假的首选,被称为"情侣之岛"。

卡曼都岛　七彩缤纷的珊瑚礁,海景独特迷人。有45个伸展到海滩上的带走廊的木制平房,每一间平房前有两张长椅。房间内部装修豪华高雅,全玻璃门为欣赏海滩美景提供方便。这里是潜水爱好者的天堂。

双鱼岛　洁白美丽的海滩长达2千米,码头一侧是延伸成峭壁的礁岩,礁岩周围海水中有蝶鱼、雀鲷等珊瑚礁鱼类,数以万计的小鱼密密麻麻结成一团,周围有小鲨鱼或其他掠食鱼类。岛上的度假村拥有极好的私密性,还有别致的景观。多次荣获"最佳海滨奖"。

梦幻岛　绵延数里的白色沙滩,透明清澈的碧蓝海水,海边摇曳的棕榈树,仿佛与世隔绝,以幽雅恬静著称。躺在白沙细软的海滩上,享受赤道的阳光,眼前是一幕幕运动的画面。站在浅水中,脚边会有无数的热带鱼嬉戏。浮潜海中,可与海底生物一起游动,感觉绝妙。

天堂岛　地处美丽的印度洋怀抱,能够轻而易举地享受灿烂的日光浴,欣赏神奇罕见、千姿百态的海底生物及珊瑚群,尽情享受大自然。岛上的水上屋,都有一个向外延伸的阳台,有阶梯可直接下海。

芙花芬岛　海水透明,空气清新无污染。拥有世界上第一家水下SPA,独一无二的水上瑜伽帐篷、海底酒吧、地下酒窖。在海下40米处有世界上第一个玻璃水下房间,可以欣赏各种色彩斑斓的海底生物。岛上的度假村,是马尔代夫度假海岛中的王者至尊,成为度蜜月的伉俪和想脱离繁杂现代都市生活游客的最佳选择。

巴洛斯岛　遍地摇曳的棕榈树,连绵不断的洁白沙滩,清澈湛蓝的海水,形成鲜明的蓝、绿、白对应色彩,自然风光秀丽。运用原木、原石和椰子树等天然材料构筑的别墅,绝对豪华,绝对私密,凸显当地传统建筑风格。私人的户外花园和浴室充满热带风情。

港丽岛　由两个岛组成,中间以500米长的桥相连,有免费的摆渡船往返。大岛的服务设施较多,游泳池、水上活动中心、潜水中心和诊所都在大岛。小岛上全部是水上屋。在水下餐厅用餐时各种珊瑚就在身边,鱼儿也游荡在周围,异常的平静和美丽。

狄娃岛　狭长的白沙滩上覆盖着郁郁葱葱的热带植株,岛屿周围环绕着巨大的潟湖,美如仙境。设有豪华水屋和沙屋,每个房型各有特点。水屋装饰精美,有豪华露天浴池,沙屋的赭石色与沙滩的洁白互为呼应,是绝佳的休闲之所。

第十八节　光明乐土——斯里兰卡

斯里兰卡,全称"斯里兰卡民主社会主义共和国"(Democratic Socialist

Republic of Sri Lanka)。"斯里兰卡"僧伽罗语意为"乐土"或"光明富庶的土地"。旧称"锡兰",梵文意为"狮子"。中国古代称其为"狮子国""师子国"。

一、自然地理

斯里兰卡是印度洋上的岛国,位于南亚次大陆南端,西北隔保克海峡与印度半岛相望。面积约6.56万平方千米。

斯里兰卡岛呈梨形,中南部是高原,皮杜鲁塔拉格勒山海拔为2524米,为全国最高点。北部和沿海地区为平原。河流众多,最长的河流马哈韦利河长335千米。东部较低洼的平原地区湖泊星罗棋布,最大的巴提卡洛湖面积约120平方千米。

斯里兰卡地近赤道,属于热带海洋性气候,无四季之分,只有雨季和旱季的差别,雨季为每年5月至8月和11月至次年2月。年平均气温27℃,年降水量1000~2500毫米。

二、国家象征

斯里兰卡的国旗呈横长方形,旗的中央是持利剑的黄毛雄狮,四角各有一片菩提树叶,左边有绿色和橙色的竖条各一条,右边是咖啡色,四周套黄边。绿、橙两色代表少数民族,咖啡色代表僧伽罗族,3种颜色汇集于一旗,象征各民族和睦团结。菩提叶代表佛教。金色雄狮象征锡兰始祖僧伽罗王朝的维加亚王。

斯里兰卡的国徽,中间是一头雄狮,狮子左前足握一把利剑,外圈环绕荷花,两穗稻谷构成圆周环绕荷花,象征圣洁、吉祥和丰收;圆周下面一个花碗,以示对佛的忠诚;花碗右侧是太阳,左侧是月亮。图案顶端是象征正直的法轮,表示佛力无边,永远护佑斯里兰卡。

斯里兰卡的国歌是《我亲爱的母亲》。

斯里兰卡的首都是科伦坡。

三、社会生活

斯里兰卡人口约2133万人,僧伽罗族占总人口的3/4。僧伽罗语为官方语言,通用泰米尔语和英语。斯里兰卡几乎人人信奉宗教,近七成信奉佛教。

斯里兰卡是英联邦成员国,实行议会民主制。总统为国家元首、政府首脑和武装部队总司令。总理、部长、总检察长、陆海空三军司令以及警察总监,均由总统任命。斯里兰卡主要政党:统一国民党、自由党、泰米尔联合解放阵线。

斯里兰卡是以种植园经济为主的农业国,农业人口约占总人口的七成。工业基础薄弱。茶叶、橡胶、椰子产量均居世界前列,锡兰红茶是最重要的出口产品,享誉世界。矿物资源有限,但宝石和石墨资源丰富,世界上最大的"东方巨蓝"宝石、"罗兰根宝石"和"霍普猫眼石"都产自斯里兰卡,有"宝石王国"的美称。

四、民俗风情

斯里兰卡人的姓名非常复杂。通常是姓在前,名在后,姓名之前冠以父亲的名字,即"父名+姓+本人名字"。有的姓名中加进原居住地名和村名,有的加进种姓或官职名,还有的加进生辰八字、宗教信仰、个人爱好等,不一而足,如"帝伐纳伐特·兰卡·阿迪卡利·古达"这个名字,"古达"是本名,"帝伐纳伐特"是祖籍,"兰卡"是种姓,"阿迪卡利"是官职。如今除姓氏保留不变外,其他通常只保留其中的第一个字母。女人出嫁后保留本名,改随夫姓。

斯里兰卡男子上身穿白色紧袖口短褂,下穿花格纱笼;妇女穿浅色前开襟短袖紧身衣,圆形或直角形领口,下着彩色纱丽,这种服饰既可把全身裹起来又能把身体的整个线条凸显出来。妇女世代沿袭使用首饰,认为这是积累财富的最可靠办法。孩子们从小就戴避邪用的小物件和护身符,这些东西也是一些成年人的装饰品。

斯里兰卡婚姻讲究门当户对,还要征得父母的同意,比对生辰八字。在乡下,婚嫁一般由父母包办,订婚和结婚都要举行隆重的仪式。一般实行一夫一妻制,但中部山区农村依然存在一妻多夫制,在这种家庭里妻子是一家之主。

斯里兰卡人双手合十,表示敬意、欢迎或欢送。接待客人常为客人戴上花环。正式集会,送上一叠蒌叶或几片槟榔。还有几种传统的典礼仪式至今仍为人们常用:一是燃灯礼仪,铜灯雕有雄鸡,里面放椰油,宾主将灯芯点燃,乐队随后击鼓,这种礼仪常用于城市中工程奠基、店铺开张或比较重大的宗教典礼。二是煮奶礼仪,将红色的瓦罐盛满牛奶煮沸,每人用一树枝蘸奶向四处点洒,以示繁荣昌盛,农村中欢庆丰收和新年佳节常用这种礼仪。三是椰子礼仪,选一个成熟的椰子,用刀劈开或用力摔在地上,椰汁四溅,象征吉祥如意,这种礼仪常见于喜庆场合。

斯里兰卡人的主食是米饭。米饭盛放在盘子里或芭蕉叶上,加上各种菜肴,再浇上豆汤或椰肉汁,用手捏合拌匀送入口中。饭桌上每人有一碗清水和一杯凉开水,清水用于洗手指,冷开水供席间饮用。喜欢食用"煮稻",米泽微黄,长时间香味不变,可随时食用。不吃牛肉。最为人们称道的是用牛奶一样的椰汁煮成的"吉利奶饭",香甜可口,已成为传统佳肴和吉祥如意的象征。人们喜欢咀嚼一种蒌叶抹上生石灰加槟榔片的混合食品,据说可以提神助消化,但却会使牙齿挂上黑色的锈渍。

斯里兰卡人喜欢大红色、白色、咖啡色、黄色、天蓝色、草绿色,喜欢带有宗教和古代神话色彩的颜色和图案。乌鸦在斯里兰卡被视为神鸟和吉祥物,因而受到敬仰和崇拜。斯里兰卡人以摇头表示同意,点头表示不同意。

五、旅游城市

科伦坡(Colombo) 斯里兰卡的首都。"科伦坡"僧伽罗语意为"海的天堂"。科伦坡濒临印度洋,是欧洲、非洲和西亚与东亚、太平洋地区航运的必经之处。旖旎的滨海风光,巍峨耸立的摩天大厦,金碧辉煌的寺庙厅堂,繁华喧闹的夜市赌场,欢快狂放的打击音乐,虔诚笃信的宗教信徒,构成浪漫多姿的城市魅力。

康提（Kandy） 位于斯里兰卡南部。僧伽罗语"康提"意为"高山"。康提被生长着稀有植物物种的群山所环抱,地处热带植物生长地带,依山傍水风景秀丽。康提古城已被列入世界文化遗产名录。

六、经典景点

毗诃罗提公园 位于科伦坡市。原名"维多利亚公园",斯里兰卡最古老的皇家公园之一。"毗诃罗提"是斯里兰卡历史上国王杜多迦牟尼之母,以崇尚佛教、行善助人而为后人所崇拜,故又称"国母之园"。公园中有不少珍贵的树种和奇花异草。

甘波哈公园 位于科伦坡市。亚洲最早的植物园之一。园内植物茂密,鲜花盛开,绿草如茵。公园内有从马来西亚移植而来的第一株橡胶树、著名的黑儿茶、产橡胶的藤蔓、贵重的药用植物杜根,以及郁郁葱葱的天然热带海滨雨林。

国家博物馆 位于科伦坡市。收藏斯里兰卡古代的佛教遗物和各个历史时期的文物,如康提国王的王冠和仪仗,尤以中国明朝下西洋的郑和树立的石碑最著名。

国际会议大厦 位于科伦坡市。为纪念斯里兰卡已故总理班达拉奈克而建,由中国工程技术人员帮助修建。洁白宏伟的八角形建筑,造型新颖独特。大厦主体是一座有1500个座位的大会堂,有可供90多个代表团使用的办公室和6个大小不同的会议厅。

拉尼亚寺 位于科伦坡市。寺内有一尊镀金大卧佛和建于公元前3世纪的舍利子宝塔。相传释迦牟尼曾在寺内的一张躺椅上休息过,因而备受崇敬。

佛牙寺 位于康提市。寺院有上下两层,厅堂套厅堂,结构复杂,其中最重要的建筑是中心大殿。寺内安放着斯里兰卡最重要的佛教圣物——佛祖释迦牟尼的牙舍利。舍利放在圣坛的盒子里,圣坛离游客所能到达的门口有3米的距离。

康提湖 位于康提市。是一片稻田挖成的人工湖。湖边长满热带花草树木,郁郁葱葱,构成天然的凉棚。各种花卉争相开放,万紫千红。著名的佛牙寺坐落在湖旁。康提湖映衬佛牙寺,佛牙寺又点缀康提湖,完美和谐,构成康提古城最美的一道风景线。

大象孤儿院 位于康提市。收养无家可归、掉入深坑或陷阱、脱离象群,尤其是身受重伤或身患疾病的幼象。生活在这里的大象受到精心照顾,一些经过训练的大象还会表演节目。有一家造纸公司就地取材,将象粪加工处理成能登大雅之堂的纸类产品,远销日本和欧美。

皇家植物园 位于康提市。曾经是康提国王的御花园。种植4000多种斯里兰卡本土以及海外引进的植物,不乏一些稀有珍贵的热带植物。赤道的热带骄阳,康提地区的地中海式气候,使得植物园四季如春,植物茂盛,鲜花盛开。

旅游目的地概述

马特勒美瑞莎沙滩 斯里兰卡岛最美丽的海滩之一。沙滩长约1千米,散布着数十家酒店,从家庭客栈到四星级酒店一应齐全。海滩上有大片椰林,海水清澈,沙子细软,适合冲浪运动。这里最吸引人的项目是出海观赏鲸鱼和海豚。

努沃勒埃利耶索 山区小城,避暑胜地。环境幽雅,植物丰富,以小山、峡谷和瀑布闻名。英国殖民时期很多英国人聚居于此,因此留下很多英国风格的建筑,人称"小伦敦"。海拔2000多米,是斯里兰卡六大红茶产区之一。搭乘古朴原始的蒸汽小火车,行驶在茶香飘飘的山野树林茶园间,如同穿梭在童话世界。

宝石城 位于拉特纳普勒市。亚洲最大的宝石矿之一,群山环抱,景色秀丽。宝石开发已有2000年历史,城周到处是宝石采掘井。这里生产的"印度之星"蓝宝石,现珍藏在纽约历史博物馆。一块重43.16克的紫翠玉珍藏在伦敦博物馆,一块号称世界第三大的红宝石珍藏在科伦坡博物馆。城南有亚洲第一的宝石博物馆。

七、世界遗产

阿努拉德普勒圣城 位于斯里兰卡中北部。2000多年前,印度高僧摩哂陀携佛经到此,开创了斯里兰卡的佛教历史。印度阿育王女儿僧伽蜜多来斯里兰卡弘扬佛教,带来了佛陀当初静坐得道的那棵菩提树的一根枝干,这根枝干被栽种于阿努拉德普勒,如今仍枝繁叶茂。

波隆纳鲁沃古城 位于斯里兰卡东北部。公元933年为斯里兰卡的首府。公元10世纪末,当时的佛教中心阿努拉达普拉开始衰落,波隆纳鲁沃取而代之。14世纪起古城趋于荒废。20世纪初复建成为一座现代化城市。在古城里,不仅有考拉斯时期的婆罗门教遗址,还有帕拉克拉马一世12世纪时修建的花园城市的遗迹。

锡吉里亚古城 位于斯里兰卡中部。斯里兰卡传统建筑风格在这里表现得淋漓尽致:林荫下的花园、小径与水榭楼台交融一体,对称和非对称的建筑元素相得益彰,变化多端的平面、轴线和半径设计完美地结合,高达200米的巨石拔地而起。

康提古城 位于斯里兰卡南部,群山环抱。建于14世纪,是辛哈拉国王统治时期的最后一个首都。佛牙寺、王宫建筑群和康提古城与人类最重要的宗教活动佛教的传播历史密切相关,康提的庙宇是释迦牟尼牙骨最终旅程的产物,也是信徒们继续举行活动的见证。

加勒老城及其城堡 位于科伦坡南部。由于大量珊瑚礁的出现,港口的入口处变得极其错综复杂。加勒老城的存在充分展现了17世纪至19世纪期间欧洲建筑与南亚传统建筑之间的相互影响。建筑师们已经改变了欧洲最初的建筑模型,使这些建筑物适应了当地的地理、气候、历史及文化条件。

丹布勒金寺 位于斯里兰卡中部。建于公元前1世纪。从山岩中开凿而建的寺庙,有各种各样石刻佛雕像和其他雕刻,并遍布壁画。佛窟包括5所圣堂,是斯里兰卡最大的、保存最完整的洞穴庙宇,展示了佛教艺术的魅力。

辛哈拉加森林保护区 位于斯里兰卡西南部。斯里兰卡唯一一片原始热带雨林，六成以上的树木是当地特有树种，其中许多属于珍稀树种。生存着很多当地特有的野生动物，以鸟类居多。这里还是斯里兰卡半数以上的哺乳动物和蝴蝶生存的家园，也是种类繁多的各种昆虫、爬行动物和珍稀两栖动物繁衍生息的地方。

斯里兰卡中央高地 位于斯里兰卡中南部。由维尔德尔内斯峰保护区、霍尔顿平原国家公园和那科勒斯保护林地组成。这些山林生长的地区海拔高达2500米，拥有十分丰富的动植物资源，包括西部紫脸叶猴、灰瘠懒猴和斯里兰卡豹等濒危物种。该地区被认为是生物多样性的超级热点。

第十九节　清真之国——巴基斯坦

巴基斯坦，全称"巴基斯坦伊斯兰共和国"（Islamic Republic of Pakistan），国名波斯文意为"圣洁的土地""清真之国"。

一、自然地理

巴基斯坦位于南亚次大陆西北部，南濒阿拉伯海，东接印度，东北毗邻中国，西北与阿富汗交界，西邻伊朗，面积约80.4万平方千米。

巴基斯坦国土面积的六成为山地、高原。北部为高山区，海拔一般在3500米以上，西部和西南部是高原区，东南部为印度河平原和塔尔沙漠。最高峰蒂里奇米峰海拔约7690米，印度河是境内第一长河。

巴基斯坦大部分地区处于亚热带，气候干燥炎热。6—7月大部分地区超过40℃。北部山区比较凉爽，昼夜平均温差14℃。年降水量不足250毫米。

二、国家象征

巴基斯坦的国旗呈横长方形。旗面的3/4为绿色，左侧是白色竖长方形，右侧为深绿色长方形，中央有一颗白色五角星和一弯白色新月。白色象征和平，代表信奉印度教、佛教、基督教的居民和其他少数民族；绿色象征繁荣，还代表伊斯兰教；新月象征进步，五角星象征光明；新月和五角星还象征对伊斯兰教的信仰。

巴基斯坦的国徽，上面是月牙和星，下面是花环围着的盾牌，盾牌饰以棉花、小麦、茶叶、黄麻图案。花环下的带子上印有乌尔都文的"忠诚、统一、纪律"。

巴基斯坦的国歌是《巴基斯坦伊斯兰共和国国歌》。

巴基斯坦的首都是伊斯兰堡。

三、社会生活

巴基斯坦人口约1.76亿人。旁遮普族、信德族、帕坦族和俾路支族是主要民族。

乌尔都语是国语,官方语言是英语。伊斯兰教为国教,教徒占总人口的九成半。

巴基斯坦是联邦制国家。总统是国家元首,总理是全国行政首脑。宪法规定只有穆斯林才能担任国家最高职务。巴基斯坦主要政党:人民党、穆斯林联盟(领袖派)、穆斯林联盟(谢里夫派)。

巴基斯坦是一个发展中国家,工业基础薄弱,经济以农业为主,粮食基本自给,水果资源非常丰富,有东方"水果篮"之称。主要矿藏储备有天然气、石油、煤、铁、铜、铝土等,还有大量的铬矿、大理石和宝石。财富分配不均,多数人仍然十分贫困。

四、民俗风情

巴基斯坦男子的上衣开衩,裤子罩到足踝,头包头巾;常见的是没有领子的长衬衣和似睡裤的白裤子,很少有人穿短衣短裤;冬天戴毛皮帽子。农村男子穿长衬衫,头缠穆斯林头帕。妇女大都穿宽大的长袍和衬衣,缠长围巾,外出时戴面罩。人们喜欢带上红粉出门,见了亲友相互将红粉涂在对方额头上,表示幸运吉祥。

巴基斯坦的菜肴及饮食习惯深受中东穆斯林地区的影响。主食以米饭和面粉为主,常将肉类、青菜和调料放进大米中一起炖制,用右手抓食。每天的菜谱都差不多,土豆炖牛肉、土豆炖牛筋、萝卜炖牛肉、西红柿炒鸡蛋、洋葱炒鸡蛋、鸡蛋汤、土豆丝、土豆片,偶尔拌个凉菜。爱喝奶茶,有的还要放些盐,常以茶点代早餐。

巴基斯坦人最喜爱的运动是曲棍球,板球也很流行。

巴基斯坦是伊斯兰国家,忌食猪肉,严格禁酒,凡含有酒精的饮料一概在禁忌之列。红白喜事、官方国宴,一律不准喝酒,而以开水代之,违者将遭受藤鞭的处罚。外国人也不能在公共场所饮酒,否则也要受处罚。

五、旅游城市

伊斯兰堡(Islamabad) 巴基斯坦的首都,建于1970年,是世界上最年轻的都城之一。位于波特瓦尔高原,背依马尔加拉山,东临拉瓦尔湖,南界一片葱绿的山丘。街道宽阔,无工矿企业,空气清新,花草繁茂。有寺院数十座,被称为"清真寺城"。

卡拉奇(Karachi) 巴基斯坦第一大城市和最大的海港,工商业、贸易和金融中心。位于巴基斯坦南部,1947—1959年曾为巴基斯坦首都。城内既有狭窄的小巷、破旧的古城、碎石子小路,也有高雅的现代建筑。海滩宽广且阳光充足,深海垂钓、游艇、高尔夫、骑马等旅游活动都很发达。

拉合尔(Lahore) 巴基斯坦的文化和艺术中心,已有2000多年历史,有"巴基斯坦灵魂"之称。旧城由7米高的红色砖石城墙围绕,建有14座城门。城内树木葱茏,芳草如茵,叠翠飘香,有"花园城市"之称。

六、经典景点

巴基斯坦纪念碑 位于伊斯兰堡市。造型独特,象征巴基斯坦4省3领地的荷花瓣高高伸展,呵护着中间的花蕊,寓意中央与地方在意志上的统一。荷花瓣上面雕刻着巴基斯坦的重要历史时刻。颜色丰富多彩,阳光照耀下就像打开了星际之门。

费萨尔清真寺 位于伊斯兰堡市。南亚地区最大的清真寺之一。由沙特国王出资兴建。建寺工程耗资约1.3亿沙特里亚尔,耗时10年,其间费萨尔国王去世,遂以他的名字命名。占地约19万平方米,尖塔高88米,主祈祷厅高40米,可容纳万人。寺前广场有巴基斯坦前总统齐亚·哈克的墓。

马格拉山国家公园 位于伊斯兰堡市。山脚下有伊斯兰堡野生动物园,半山腰有半山公园。在观景台上能俯览整个伊斯兰堡,绿色的拉瓦尔湖点缀在青山和建筑群中间。

国立博物馆 位于拉合尔市。莫卧儿式的红砖建筑。馆藏文物丰富,保存了许多来自塔克西拉的犍陀罗佛像,举世闻名的释迦牟尼禁食苦修的瘦骨嶙峋的石雕就收藏在这里。很多英国知名的考古和历史学家担任过这里的馆长。

拉合尔古堡 位于拉合尔市。始建于1021年。城垣用巨大的红褐色岩石筑成。堡内有亭台楼阁、喷泉池塘和园林花圃。古堡中最著名的景点是沙·贾汗国王为王后建造的"镜子宫",内墙用白色软玉打造,拱形穹顶上镶着无数宝石和玻璃珠。

塔克西拉博物馆 博物馆仅一个大厅、两个展示厅和一个开放式门廊。博物馆外墙使用当地产的灰色片岩,2000多年前同样的石头用来建造了一个佛教文化的繁荣城市——塔克西拉,如今依然是当地人房屋的主要建材。外屋顶使用红色瓦块,内部屋顶使用柚木。馆中收藏的犍陀罗王朝时期的石雕和泥塑佛像颇为珍贵。

拉瓦尔品第 巴基斯坦北方重镇。1959—1965年为巴基斯坦临时首都,旧总统府、总理府、陆军总部和国宾馆等重要场所均在此。拉瓦尔品第手工艺品和刺绣很著名,还是去北方山区度假地的最后一个暂歇地。

七、世界遗产

摩亨约·达路考古遗址 位于信德省。世界上已发现的最古老的城市遗址之一。曾遭严重破坏,全城居民几乎死于同一天,因此被称为"死亡之丘"。遗址中心约1平方千米内的所有建筑物皆化为乌有,留下许多尸体骨架,极像一次核爆炸后的痕迹。这座遗址的发现,使印度河河谷文明被公认为古代世界主要文明之一。

塔克西拉古城遗址 位于伊斯兰堡。公元前7世纪已是繁华城市,公元前5世纪成为波斯大流士帝国的一部分,公元前3世纪发展成为香火鼎盛的佛教圣地和学者云集的佛教、哲学和艺术研究中心。坚固高大的城垣,精巧别致的佛塔,金碧辉煌的寺院庙宇,形象逼真的人物浮雕,显示了这座城市的昔日盛况。

塔赫特巴希佛教遗址 位于西北边境省,地处古丝绸之路的交通要道。公元1世纪至5世纪这里是繁华的佛教圣城,后来在战争中遭到毁坏。在宏伟的佛教建筑群里,有无数珍贵的手法细腻、工艺精湛的雕塑,还有一系列造型独特的佛塔和佛龛。

特达历史古迹 特达是15世纪末叶至18世纪中叶莫卧儿王朝的宫廷所在地。特达的古建筑极具地方特色,沙·贾汗大清真寺最为壮观。古城附近一块墓地有近百万座坟墓,被称为"东方最大的墓地"。如今的古城,除了一些破败的民居,只存留下坟墓、灵庙和清真寺,依稀显示着昔日的辉煌,被称为"逝去的城市"。

拉合尔的古堡和夏利马尔花园 拉合尔是巴基斯坦东部文化名城,被誉为"巴基斯坦的心灵"。这座古堡最初由印度迦兹纳维王朝建于1021年,城垣用巨大的红褐色岩石筑成。夏利马尔花园建于1641年,经过几百年的历史风雨侵蚀,许多建筑的辉煌旧貌已荡然无存,但鲜花依旧盛开,点缀着遗迹的旧韵。

罗赫达斯要塞 谢尔沙阿·苏里在1541年打败莫卧儿皇帝胡马雍后所建立的城堡。位于巴基斯坦北部。这个地方从未被风暴袭击过,因而完整地保留到今天。城堡的主要防御工事由超过4000米长的厚厚的城墙组成,与棱堡相连,并建有宏伟的城门,是中亚和南亚地区穆斯林早期军事建筑中的一个特例。

第二十节 油橄榄花——塞浦路斯

塞浦路斯,全称"塞浦路斯共和国"(The Republic of Cyprus)。"塞浦路斯"希腊语意为"产铜之岛",又称"爱神之岛"。

一、自然地理

塞浦路斯位于地中海东北部,与希腊、土耳其、叙利亚、黎巴嫩、以色列、埃及隔海相望。面积9251平方千米。

塞浦路斯北部为狭长山脉,多丘陵;西南部为山脉,地势较高;中部是美索利亚平原。岛上无常流河,只有少数间歇河。最高点奥林匹斯峰海拔1951米。

塞浦路斯属于亚热带地中海型气候,夏季炎热干燥,平均气温28℃~35℃,冬季温和湿润,平均气温4℃~10℃。

二、国家象征

塞浦路斯的国旗呈横长方形。旗面为白色,上绘有黄色的该国国土轮廓图形,其下有两枝交叉的绿色橄榄枝。白色象征纯洁和希望;黄色代表丰富的矿产资源;橄榄枝代表和平,象征对和平的向往和相互协作的精神。

塞浦路斯的国徽为绿色橄榄枝环饰的盾徽。黄色盾面上一只展翅的白色和平鸽叼着绿色的橄榄枝,表达的是向往和平的美好心愿。盾面下部写着塞浦路斯独立的年份"1960"。

塞浦路斯的国歌是《自由颂》。

塞浦路斯的首都是尼科西亚。

三、社会生活

塞浦路斯人口约80万人,其中希腊族占3/4,土耳其族占1/10。主要语言为希腊语和土耳其语,通用英语。希腊族信奉东正教,土耳其族信奉伊斯兰教。

塞浦路斯实行总统共和制,总统为国家元首兼政府首脑。议会为最高立法机构。议会和内阁分立,内阁部长不能同时为议员。劳动人民进步党是塞浦路斯执政党。

塞浦路斯是一个严重依赖进口的国家。注重发展农业、加工制造业和建筑业,重点开发以旅游业为主的第三产业。

四、民俗风情

塞浦路斯民风淳朴,待人诚实宽厚。青年男女的婚恋完全操纵在父母之手。传统婚礼比较隆重,新婚夫妇骑马进教堂,一路上鼓乐齐鸣,热闹非凡。

塞浦路斯人不喜繁文缛节,过分谦让反而会引起对方的不快。塞浦路斯人喜爱素灰色、蓝白相间色。

塞浦路斯人喜欢在星期日到海滨或农村去,在橄榄树下或圣庙旁边吃烤肉。他们常把羊肉焖熟后就着生菜沙拉吃。大多数人喜欢吃"马伊卡"(饼状食品)和"格里基斯"(拌蜜饯的小吃)。善饮酒,喝咖啡。

五、旅游城市

尼科西亚(Nicosia) 位于塞浦路斯岛梅索里亚平原中部。塞浦路斯的首都,经济、教育、文化中心,众多的国际大公司在此设有区域总部。街道宽阔,纵横交错,整洁繁华,建筑物既有东方的式样,也有西方的格调,显示出历史的变迁和东西方的影响。城区没有任何污染,是世界上环境最好的城市之一。

利马索尔(limassol) 位于塞浦路斯岛利马索湾。历史悠久,古迹处处,其中包括一个可容纳3500名观众的罗马圆形剧场及其毗邻的尤斯托洛斯之家、阿佛洛狄忒神庙。所产葡萄酒颇为著名,塞岛两个最大的酒厂就设在这里。海岸线长达15千米,沙滩连绵不绝,水上运动项目丰富多样,也是观赏地中海日落的绝佳之地。

拉纳卡(Larnaca) 塞浦路斯拉纳卡湾的港市,拉纳卡区的行政中心,全国第二大港、最大油港。曾一度是腓尼基人在塞浦路斯岛的重要据点。有着众多文物古迹,包括圣拉撒路教堂、哈拉·素丹清真寺、拉纳卡城堡等。每到夏季,海滩上到处都是太阳伞。沿海大街石板铺路,夜晚灯火通明,热闹非凡。

六、经典景点

尼科西亚圣索菲亚大教堂 位于尼科西亚市。典型的哥特式建筑,顶上被加上了一个穆斯林的宣礼塔。大教堂修建了整整118年才得以完成,与伊斯坦布尔那座同名建筑号称东正教的姐妹花。后来被奥斯曼人摧毁,内部的壁画、雕塑、琉璃窗被洗劫一空,还把名字改为"塞利米耶清真寺"。

班诺卢弗卡拉 塞浦路斯拉纳卡区的一个小镇,其特点是鹅卵石铺成的街道。镇上有一座民俗博物馆,展示着100多年前人们的生活场景。小镇重视对旧建筑的保护工作,一些旧房子被改造成博物馆加以保护。

特罗多斯山 塞浦路斯岛中部山脉。山中有林木茂密的深谷,南面和西面是狭窄的沿海平原,北面是中部低地。早在罗马时代,这里就开始开采铜矿,是著名的矿区。最高峰海拔1952米,拥有4个滑雪斜坡,是著名的冬季度假胜地。

七、世界遗产

帕福斯 位于塞浦路斯西南部。传说阿芙罗狄蒂诞生于此,公元前12世纪迈锡尼人为她建造了庙宇。残存的别墅、宫殿、剧院、要塞和墓地都表明这个遗址在建筑学和历史学上具有特殊的价值。帕福斯在公元前294—公元395年曾为首府,其后逐渐衰落。帕福斯有许多名胜古迹,其中最负盛名的是"镶嵌画宫"。

特罗多斯地区彩绘教堂 位于特罗多斯山区。教堂的历史可以上溯到公元12世纪早期,是阿希诺拜占庭式教堂和修道院群。教堂为拱顶矩形建筑,覆盖着陡倾的屋顶和平瓦,四周墙壁上有高大的拱形凹进处。教堂内的装饰画大多存留至今,表现了塞浦路斯拜占庭式和后拜占庭式绘画的惊人艺术。

乔伊鲁科蒂亚 地中海地区最重要的史前遗址之一。新石器时代居民点遗址保存得特别完好,许多发掘的物品展示了大约存在于公元前7000年的整个新石器时代的居民的社会生活情况,提供了大量的有关从亚洲向地中海传播世界文明的重要的科学的资料,证明了该地区在人类社会发展中的重要地位。

第二十一节 藏金秘洞——约旦

约旦,全称"约旦哈希姆王国"(The Hashemite Kingdom of Jordan)。国名源于约旦河,希伯来语意为"水流急下"。

一、自然地理

约旦位于亚洲西部,西与巴勒斯坦、以色列为邻,北与叙利亚接壤,东北与伊拉克交界,东南和南部与沙特阿拉伯相连。面积约9.2万平方千米。

约旦为阿拉伯高原的一部分,沙漠占国土面积的八成以上。亚喀巴湾是唯一的出海口。

约旦属于亚热带地中海性气候,最冷的1月平均气温7℃~14℃,最热的7月平均气温26℃~33℃。

二、国家象征

约旦的国旗呈横长方形。靠旗杆一侧为红色三角形,内有一颗象征《古兰经》的白色七角星。右侧自上而下为黑、白、绿三色。以上4种颜色为泛阿拉伯颜色。

约旦的国徽,斗篷中的王冠象征君主立宪国。中心为金色纹徽,萨拉丁雄鹰屹立蓝球象征伊斯兰教义传遍全球,国旗下的宝剑、弓箭象征伊斯兰的胜利者,麦穗和棕榈枝象征农业。下面绶带上用阿拉伯文写着"约旦哈希姆王国国王祈祷真主赐给他幸福和帮助"。绶带下是一枚复活勋章。

约旦的国歌是《约旦哈希姆王国国歌》。

约旦的首都是安曼。

三、社会生活

约旦人口约634万人,其中六成是巴勒斯坦人。阿拉伯语为国语,通用英语。居民九成以上信奉伊斯兰教。

约旦是君主立宪制国家,权力掌握在以国王为首的哈希姆家族王室手中。立法权归于国王和议会,国王是国家元首。约旦主要政党:伊斯兰行动阵线党、宪节爱国党、阿拉伯社会复兴党、共产党。

约旦可耕地面积甚少,资源贫乏,国民经济主要支柱为侨汇和旅游。

四、民俗风情

正式场合,约旦男士一般穿西装,有的戴头巾或穿阿拉伯大袍加戴头巾;女士一般穿套装,有的戴头巾或穿阿拉伯大袍加戴头巾,但不蒙面。女士可同男士一起参加各种社交活动,男士可以与女士握手寒暄,而女士之间行握手礼或贴面礼。

约旦人在谈话时喜欢注视对方,双方距离很近,目光旁视或东张西望都是轻视人的行为。在约旦,不能用左手递送东西,禁止摸小孩的头。约旦人不喜欢饮酒,正式宴请不上酒,私人宴请不劝酒,也忌讳以酒作为礼物。他们忌讳谈论中东政治、宗教以及妇女权利等话题。

约旦人餐饮基本上是清真餐,以牛肉、羊肉、鸡肉、谷物、蔬菜为主。早餐必吃焖蚕豆、干酪、乳酸酪。中晚餐主要吃蔬菜、水果,约旦名菜曼沙夫、开胃小吃迈兹等。咖啡是约旦人的主要饮料。

五、旅游城市

安曼（Amman） 约旦的首都，全国最大的城市、商业与金融中心。位于阿杰隆山脉东部的丘陵地带。因坐落在7个山头之上，故称"七山之城"。安曼集中了全国大部分工业，还有许多西方公司在中东的总部，保留着不少古老建筑，大街上常常出现骆驼与汽车并行的情景。街上行人的服饰五光十色，充满阿拉伯风情。

伊尔比德（Irbid） 伊尔比德省省会，位于约旦河谷地。其历史可上溯到青铜器时代早期，有众多罗马时期的城市遗址，其中有世界上保存最完好的罗马城邦。

六、经典景点

佩特拉卡卡兹尼宝库 在岩石中建成的巨型建筑，正面宽近30米，高约40米。殿门分两层，下层有两根罗马式石柱，高10余米，门檐和横梁雕有精细的图案。传说这里是历代佩特拉国王收藏财富的地方。

死海 位于以色列、约旦和巴勒斯坦之间。南北长约86千米，东西宽5~16千米，最深处约415米，面积1049平方千米，像一条双尾鱼或藏或露，游弋在群山脚下。熠熠生辉的海水，岸边的黄沙戈壁，远处的连绵山峰，大片的黄色、蓝色、绿色，还有从死海上升腾的雾气，构成一幅壮美画卷。

红海 中东地区著名的度假和潜水圣地。海水清澈，水里深色的区域是大片的珊瑚礁。红海在大多数时候并不是红色，只是会季节性地出现大片红色藻类，从而使海水呈现红色。景色很美，尤其是日出的时候。

城堡山 位于安曼市。安曼的制高点、最古老的要塞。其历史可追溯至公元前11世纪，目前有较多存留物的是罗马时期的赫拉克勒斯神庙、伍麦耶阿拉伯王朝的艾米尔宫殿群和一座拜占庭时期的教堂。从穹顶大厅、高大石柱可以想象古罗马帝国的辉煌。

古罗马剧场 位于安曼市。罗马帝国"五贤帝"之一的安东尼·庇护修建，是约旦三大罗马剧场中最大的一个。罗马人对公共艺术的追求甚于金钱和土地，所以剧场成为所有罗马古城里必不可少的一种建筑。这座气势不凡的罗马剧场，可以容纳6000人，现在依然被用于举办各种艺术集会和音乐节。

佩特拉古城 位于马德巴市。始建于公元前4世纪，曾盛极一时。古城内主要有四大精华——卡兹尼神殿、国王墓、罗马大道和代尔修道院。在卡兹尼神殿后的献祭台，可以俯瞰古城。

马达巴镇 位于马德巴市。有3500多年历史的古城，成百上千幅马赛克镶嵌画散落在教堂和民宅中，因此被称为"马赛克之城"。古巴比伦时期，人们开始用小石头创造马赛克这种奇妙的视觉艺术。基督教盛行以后，马赛克艺术广泛用于教堂中的壁画。

七、世界遗产

佩特拉 位于安曼南部一条连接死海和阿卡巴海峡的峡谷内。这里曾是阿拉伯、埃及、叙利亚腓尼基之间的交通要塞,古代厄多姆王国的都城。佩特拉的建造者纳巴泰人是一个充满迷惑的民族,他们好像在一夜之间控制了阿拉伯半岛到地中海间的重要商路,一夜之间建立起了佩特拉,又似乎一夜之间消失在历史的迷雾中。

库塞尔阿姆拉城堡 位于安曼东郊。倭马亚王朝在沙漠中修建的众多行官之一,建于8世纪早期。这组方形石砌建筑物,厚重而又牢固。内部的墙壁和拱顶全部以绘画装饰,韵味十足。该建筑物对于了解伊斯兰艺术在其发展的初期阶段的特征具有非同寻常的作用,城内所保留的壁画更是那个时期的杰出艺术代表。

乌姆赖萨斯 位于安曼南郊。罗马、拜占庭和早期穆斯林时期(公元3世纪末到9世纪)的遗迹,起初是一个军营,公元5世纪前后发展成为一个城镇。遗址中有16座教堂、神殿、露天剧场、凯旋门、角斗场、浴场富丽堂皇,气势宏大,许多1200多年前的马赛克拼图仍鲜艳清晰如初,体现了古罗马时代的建筑特色。

耶稣受洗处 位于约旦河东岸。地处原始自然环境,人们认为这就是耶稣为约翰洗礼的地方。建筑物具有罗马和拜占庭遗迹的特征,包括教堂、小圣堂、修道院、隐士使用的洞穴以及洗礼所用的水池。这里见证了宗教人物的成长,是基督教徒朝圣的地方。

瓦迪拉姆沙漠保护区 位于约旦南部。占地740平方千米。据称是世界上最美丽的沙漠之一,因像月球表面宁静沉寂,被称作"月亮谷"。这里是行踪不定的阿拉伯羚羊和贝都因人的家园,贝都因人长久以来一直与当地的自然奇迹和平共处。这里的岩画、碑铭和考古遗址拥有大约1.2万年历史。

第二十二节　印支屋脊——老挝

老挝,全称"老挝人民民主共和国"(Laos People's Democratic Republic)。以老挝最大的民族老挝族(又称"老龙族",中国称为"寮人")为国名。

一、自然地理

老挝是中南半岛北部的内陆国家,北邻中国,南接柬埔寨,东接越南,西北达缅甸,西南毗邻泰国。面积约23.68万平方千米。老挝与越南、柬埔寨合称印度支那三国。

老挝国土面积的八成为山地和高原,有"印度支那屋脊"之称。最高峰普比亚山海拔约2820米。最大河流的湄公河发源于中国。

老挝属于热带、亚热带季风气候,全年分为雨季、旱季和冬季,季节性温差不大,平均气温 20℃~26℃。

二、国家象征

老挝的国旗呈横长方形。旗面上下为红色长方形,中间为蓝色长方形,其中有白色圆轮。蓝色象征富饶,红色象征革命,白色圆轮表示圆月。

老挝的国徽呈圆形,由两束稻穗环饰。图中大塔是老挝的象征;齿轮、拦河坝、森林、田野等分别象征工业、水力、林业;稻穗象征农业。两侧的饰带上写着"和平、独立、民主、统一、繁荣昌盛",底部的饰带上写着"老挝人民民主共和国"。

老挝的国歌是《老挝人民民主共和国国歌》。

老挝的首都是万象。

三、社会生活

老挝人口约 684 万人。有 60 多个民族,统划成三大民族,即老龙族(约占全国人口的六成以上)、老听族和老松族。通用老挝语。居民大多信奉佛教。

老挝国会为国家最高立法机构,政府是国家最高权力执行机关。老挝执政党为老挝人民革命党。

老挝是一个发展中国家,经济以农业为主,工业基础较为薄弱。土地、矿藏、林业、水利和旅游资源等较为丰富。

四、民俗风情

老挝人温和善良,注意礼貌。参加婚宴或喜庆习惯送现金。

老挝传统服装为沙笼裤和筒裙,在正式的场合均需穿着。

老挝人喜食糯米饭,传统糯米饭以竹笼蒸制,煮熟的糯米饭盛在一种叫作"迪普考"的竹编小饭篓里,蘸用鱼露、辣椒等制作的调料而食。老挝菜的特点是酸、辣、生,蔬菜多生食。老挝人习惯用手抓饭,一般不使用刀叉和筷子。最喜欢把鱼烤着吃,最地道的吃法是用生的绿菜叶子包裹凉米粉、生茄子和蘸上调料的鱼肉包成一个大包,一口吞到嘴里。

在老挝,客人进门要走前门,进屋要脱鞋。老挝人一般席地而坐,但不能用脚指向人或物,不能从谈话的两人中间穿过,不可抚摸人(包括小孩)的头部。禁止进入主人内房参观。

五、旅游城市

万象(Vientiane) 老挝的首都和政治、经济、文化中心。"万象"意为"檀木之城"。城市呈新月形,有"月亮城"之称。隔湄公河与泰国相望,枯水季节湄公河大半个河床显露浅滩,可以涉水走到泰国。街道两侧高矮植物交错生长,现代化建筑物掩映在一片绿树和花卉丛中。佛教气氛浓厚,寺庙古塔处处可见。

琅勃拉邦(Luang Prabang) 又称"銮佛邦",琅勃拉邦省首府,已有1000多年的历史,是老挝著名的古都和佛教中心,已被列入世界文化遗产名录。

万荣(Vang Vieng) 位于万象和琅勃拉邦两个城市之间。一座座山峰拔地而起,形态万千。静谧的南松河,神奇的喀斯特地形,千奇百怪的岩洞,附近传统的老挝村庄,山清水秀,民风纯朴,是老挝著名的休闲旅游地。

六、经典景点

凯旋门 位于万象市。为纪念老挝人民解放独立而建。由4根大柱撑起,共7层,一至四层以及第七层是室内,五六层是室外。凯旋门上面雕刻有佛像及神话故事中的人物,充满宗教色彩。登上凯旋门,可俯瞰万象市区景色。凯旋门前方的音乐喷泉广场,由中国援建,广场喷泉定时喷放。

塔銮 位于万象市。历代国王和高僧存放骨灰之所,是老挝国家的象征。在老挝语中,"銮"意为"大"或"皇家","塔銮"即"皇塔"或"大塔"。始建于1560年,历遭毁坏,塔内文物损失殆尽。塔銮方形,灰砖结构。主塔顶端贴以金箔,金光闪烁。据说佛塔下面埋有佛祖释迦牟尼的头发和佛骨。每年11月初举行塔銮节。

香昆寺 位于万象市。寺内有一座姿态优美、长约50米的卧佛,佛背为墙,正面守着近百座奇特的雕塑,这座大卧佛是万象的象征物之一。这里还有一座奇妙建筑圆身层塔,与河对岸泰国的万桥公园遥相呼应,当地人称为"天堂与地狱"。塔里面隔着一层墙,墙内尽是一些人类受罪的模拟画和雕像,这就是所谓的"地狱"。

玉佛寺 位于万象市。1565年为供奉碧玉佛像而建。历经劫难,毁于一旦,1942年重建。殿堂深奥,佛坛巨大,基座的梯道旁有长龙护卫,回廊里有许多石雕佛像,回廊四周是高大的圆柱,寺门上、墙上有许多繁复的洛可可式雕饰。

西萨格寺 位于万象市。万象最古老的寺庙之一,由国王阿诺旺督建。暹罗建筑风格,高耸的塔尖和高墙回廊富有高棉特色。供奉的主佛重达10多万千克,所以又称"十万佛寺"。回廊里整齐安放着万余尊大大小小的金漆木雕佛像,墙上依稀可见佛教故事的壁画。院内的椰子树、香蕉树枝繁叶茂,一派浓重的热带风情。

西孟寺 位于万象市。原老挝王国历届内阁均在寺内举行就职宣誓仪式。在19世纪暹罗、老挝两国战争中被毁,1915年重建。寺庙内埋藏着一块建城时的方形奠基石,被全城百姓视为保护神,来此求签问佛者如潮涌。

祥光寺 位于万象市。又称"西娘庙",是万象香火最旺的一座庙宇。这里有一座铜塑的许愿佛,传说一位叫"西"的孕妇跳下深坑,以自己的身躯为万象城门打桩奠基,因此民众深信西娘能够显灵,遇事都会来此求签许愿。

国家主席府 位于万象市。又称"金宫"。1560年赛塔提腊国王定都万象,把包括现今国家主席府在内的周围 4.5 平方千米划为王宫。1827 年以后定都琅勃拉邦,万象王宫变为行宫,现在的建筑物为在王宫废墟上重建。泰国国王、柬埔寨国王、中国国家主席、越南国家主席、文莱苏丹等领导人访问老挝时曾在此下榻。

天鹅湖 位于万象市。原名"塔拉大水库",河区附近的山峰被水淹去大半,山头露出水面成为一座座小岛,共计 300 多座,故又称"千岛湖"。岸边有天湖度假村,其中有老挝唯一的赌场。老挝为内陆国家,水库是老挝人心中的海,他们喜欢在节假日驱车来此乘船游湖,品尝风味鱼餐。

皇宫博物馆 位于琅勃拉邦。原为国王的寝宫,建筑呈十字形,建筑风格集老挝古典韵味与法国情调于一身。昔日的大殿、议事厅、书房、收藏室、起居室等,装饰典雅华贵。馆内展示着各种各样的王室宗教器具,还有从印度、柬埔寨和老挝收集而来的稀有佛像,其中最有价值的艺术品是一座站立的金佛。

玛诺隆寺 位于琅勃拉邦。寺内有一尊铜坐佛高 6 米,重约 12 吨,1372 年铸造,是琅勃拉邦的镇城之宝。此佛像可以移驾他寺,但几百年前铜像是如何移驾至此的至今仍是不解之谜。19 世纪泰国和法国都曾争夺过这尊铜佛,法国人带走铜佛的一只手臂至今不知所踪,老挝政府重做了一只新手臂,铜佛得以复原。

维苏纳拉特寺 位于琅勃拉邦。原为全木结构,在一场大火中被烧毁后按原样重建,但改为砖泥结构,尽管失去了不少古朴味道,但从门楣或屋顶的翘檐仍可感受到原有的高雅气质。寺院中一座大莲花佛塔高 34 米,外形似西瓜,当地人称为"西瓜塔"。佛塔内原来藏有的水晶佛和金佛像,现已转存于皇宫博物馆。

迈佛寺 位于琅勃拉邦。建于 18 世纪,是琅勃拉邦城最宏伟、装饰最精美的寺庙。5 层木结构大殿沿袭琅勃拉邦风格,前廊装饰精致的木柱和华丽的镏金浮雕墙。主殿内供奉一尊绿宝石佛像。老挝新年期间,著名的琅勃拉邦金佛会从皇宫博物馆移驾于此,供公众朝拜。

香通寺 位于琅勃拉邦。琅勃拉邦最负盛名的寺庙。大殿内装饰华美的木柱支撑着覆有法轮的房顶,后殿外墙上的"生命之树"大名鼎鼎。建筑群东门附近有一幢王室的葬仪礼堂,陈列着一辆豪华的 12 米高的出殡仪仗马车和王室成员的骨灰坛,礼堂外立面嵌板上雕刻着史诗《罗摩衍那》中的场面。

千佛洞 位于琅勃拉邦。又称"南乌河口石窟",面河而立。石灰岩悬崖底部分为上石窟坦蓬和下石窟坦丁,两座石窟藏有上万座佛像,登记在册的就有 8000 多尊。佛像大小各异,形态各不相同,大部分是典型的琅勃拉邦式立佛。

普西山 位于琅勃拉邦。普西山高约百米,是老城区制高点。山的两侧分别是湄公河和南坎河。有几处寺庙散落山间。北坡低处的帕华寺,拥有精妙的雕纹木框,保存着相对完整的 19 世纪的原始壁画。山上最高点宗西塔,是每年老挝新年游行的起点。

孟威 位于琅勃拉邦。依山傍水的山谷小村。由于陡峭的山脉切断了常规的行车路线,山村保持了与世隔绝、小国寡民的模样。狭窄的土路旁椰子树排列成行,只有从容不迫的行人或两轮车通行,唯有大山、溪流、清泉、白雾、草地、岩洞、田园及亚热带热烈的阳光,显示了一个原汁原味的世外桃源。

光西瀑布 位于琅勃拉邦。3层瀑布倾泻而下,最大落差超过百米,飞落直下形成多个泛着蓝绿色光泽的水潭。瀑布四周植被茂盛,曲径通幽。游人可以在瀑布积水下嬉戏、站在树枝上跳水、逆瀑布而上攀爬,痛快淋漓。

金鹿瀑布 位于琅勃拉邦。又称"达关西瀑布"。瀑布总高约200米,呈正三角形,雨季水量特别大。激流泛过层层叠叠的石灰岩,飞落直下形成墨绿色的深潭,甚为壮观。站在瀑布之前,清凉的水珠扑面而来。

七、世界遗产

琅勃拉邦镇 位于老挝北部。湄公河绕城而过,两岸树木郁郁葱葱。现存古佛寺30多座。市区没有高楼大厦,只有寺庙、佛塔和王宫的尖顶掩映在葱茏的树海和修竹之中。宁静古雅,民风淳朴,被称为老挝最美丽的城镇。

占巴塞文化景观 包括瓦普神庙建筑群以及湄公河两岸的两座文明城市和普高山。在方圆10千米范围内,整齐而有规划地建造了一系列庙宇、神殿和水利设施,完美表达了古代印度文明中天人关系的文化理念。这两座文明城市体现了公元5世纪到15世纪以高棉帝国为代表的老挝文化的发展概况。

第二十三节 高原骏马——蒙古

蒙古(Mongolia),即蒙古国。"蒙古"蒙古语意为"我们的火"。

一、自然地理

蒙古是亚洲中部的内陆国家,北与俄罗斯相邻,其余三面与中国接壤,中蒙边界线长达4670千米。面积约156.4万平方千米。

蒙古地处蒙古高原,平均海拔约1580米。西部、北部和中部多为山地;东部为丘陵和平原,有一马平川的天然牧场;南部是戈壁沙漠。山地地区多溪流、湖泊,主要河流为色楞格河及其支流鄂尔浑河。有大小湖泊3000多个。

蒙古属于典型的大陆型气候,冬季最低气温可至-40℃,夏季最高达35℃。

二、国家象征

蒙古的国旗呈横长方形。旗面由3个垂直相等的竖长方形组成。两边长方形为红色,象征国家坚固的屏障。左边的红色长方形中有黄色的火、太阳、月亮、长方形、三角形和阴阳图案,黄色是民族自由和独立的象征,火、太阳、月亮表示人民世代兴隆永生,三角形、长方形代表人民的智慧、正直和忠于职责,阴阳图案象征和谐与协作。中间长方形为蓝色,红色象征快乐和胜利,蓝色象征忠于祖国。

蒙古的国徽呈圆形。圆面为蓝色,中间是一匹驰骋的骏马,象征游牧民族;马中间的图案象征世世代代兴隆;马之下有一个法轮。圆周由褐色和金黄色的花纹装饰,下方饰以白色的荷花花瓣,法轮和莲花象征佛教。顶端是3颗宝石,象征丰富的宝藏。

蒙古的国歌是《蒙古国国歌》。

蒙古的首都是乌兰巴托。

三、社会生活

蒙古人口约304万人,城市居民占总人口的八成。有16个主要民族,蒙古族约占总人口的八成。喀尔喀蒙古语为通用语言。喇嘛教为国教。

蒙古大呼拉尔是国家最高权力机构,拥有立法权。总统是国家最高领导人,同大呼拉尔(常设机构)、小呼拉尔形成国家领导核心。执政党主席担任政府总理。蒙古主要政党:人民革命党、民主党。

蒙古地下资源丰富,矿产有铜、钼、金、银、铀、石油等80多种。额尔登特铜钼矿为世界十大铜钼矿之一。采金业为蒙古发展最快的行业。经济以畜牧业为主。工业以轻工、食品、采矿和燃料动力工业为主。出口产品主要有铜钼精矿以及羊毛、山羊绒、皮张、地毯和其他畜产品。服务业几乎全部私有化。

四、民俗风情

蒙古牧民至今保持着游牧生活方式,靠蒙古包栖身。蒙古包通常用羊毛毡子覆盖,不易积雪存水;门长而小且连地面,寒气不易侵入;百叶哈纳用数根相等的细木棍和牛皮绳联结而成,用时拉开便成圆形的蒙古包墙,搬迁时折叠能当勒勒车的车板;顶端有天窗,可散烟通风又可采光。

蒙古族男女老幼喜爱穿长袍。长袍宽大袖长,领子较高,纽扣在右侧,下端一般不分岔,领口、袖口、边沿常用漂亮的花边点缀,袍子颜色因地因人因季而异。腰带是穿蒙古袍子所必备,有的是布料,有的是绸缎,长达5米,颜色和袍子相协调。牧区妇女一般不戴帽,多用红、绿等颜色的长绸子束缠头发。男子夏季多戴鸭舌帽,冬季多戴羊皮、狐皮帽。逢年过节,喜庆宴会,访亲探友,妇女喜戴用玛瑙、珍珠、宝石、金银等制成的首饰。年轻人爱穿牛皮马靴。

蒙古民族对来客总是热情问候,主人把右手放在胸前,微微躬身,请客人进蒙古包,把香甜的黄油、奶皮、醇香的奶酒、酥脆的油炸果子和炒米、奶茶、奶酪以及独具草原风味的"手扒肉"一一摆在客人面前,请客人痛饮饱餐。主人常把奶壶、酒壶托在哈达上端出来,还唱一些表示欢迎和友好的歌曲来劝酒,客人接杯畅饮,主人格外高兴。遇到特别尊贵的客人或祭典，常摆整羊席。迎送、馈赠、敬神、拜年以及喜庆时常献哈达，表示敬意祝贺。哈达为丝制，其中以蓝色哈达为尊。敬献哈达时，哈达的叠口对着接受者。晚辈向长辈敬献哈达，双手献上哈达，同时致祝词，接受者双手接过哈达，自行将哈达搭在颈上；长辈向晚辈赠送哈达，直接将哈达搭在晚辈颈上。主人常常拿出一个精致的鼻烟壶，敬给客人嗅闻。递鼻烟壶有一定的规矩：同辈相见，用右手递壶，互相交换，或双手略举，鞠躬互换，然后各自倒出一点鼻烟，用手指抹在鼻孔上，品闻烟味，品完再互换；长辈和晚辈相见，长辈微欠身右手递壶，晚辈跪足双手接过，各举起闻嗅，然后再互换。

马和骆驼是牧民不可缺少的交通工具。赛马、摔跤是草原上最激动人心的传统体育娱乐活动。马头琴是蒙古民族特有的民族乐器，"好来宝"是蒙古民间独特的曲艺艺术。

蒙古人的祭祀风俗名目繁多，最有特色的是祭敖包。水草丰美、牛羊肥壮的6~8月间，敖包插上树枝，树枝上挂五颜六色的布条或纸旗，旗上写经文，祭祀礼仪有血祭、酒祭、火祭、玉祭等多种。血祭是宰杀牛、马、羊供奉在敖包之前，游牧时代蒙古族牧民把牛、马、羊等牲畜看成是天地所赐，祭祀天地诸神时宰杀牲畜以为报答。酒祭是把鲜奶、奶油一滴一滴洒在敖包前，祈求平安幸福，蒙古人认为神不仅要吃肉，也要饮酒喝奶子。火祭，在敖包前焚烧一大堆干树枝或牛、马、羊粪，人们念着自己家的姓氏，供上祭品，把整羊肉投到火里，烧得越旺越好，蒙古民族认为火最洁净，可以驱逐一切邪恶。玉祭，昂贵的玉是古代祭神的供品，现在已经没有人用玉祭敖包了。

蒙古人的主食大致分为三类，即肉食、奶食、粮食。牛羊肉是蒙古民族最普通也是最喜爱的食品。手扒肉、烤全羊、石烤肉是蒙古民族传统佳肴，也是待客珍品。他们把整块肉下锅煮，待六成熟时捞出，用手撕或以小刀切着吃，手扒肉就是蒙古人传统的食肉方法之一。石烤肉是将石头烧红后放入铝合金罐中，放入羊肉以及盐、土豆、洋葱、胡萝卜，烤熟的羊肉味道很地道，为节庆活动的必备美食。奶食蒙语叫"查干伊德"，意思是纯洁吉祥，每年七八月份牛肥马壮是酿制马奶酒的季节。奶食品主要有白油、黄油、奶皮子、奶豆腐、奶酪、奶果子，黄油、白油、奶皮子是奶食中的佳品，味道纯香，营养丰富。蒙古人的饮料主要有奶茶、酸奶和奶酒。奶茶是蒙古民族最喜好的饮料，一日三餐都要喝奶茶，不少蒙古人还喜欢饮用红茶。蒙古人爱喝烈性酒，偏爱马奶酒，啤酒也乐于品尝。

到蒙古包里做客，如果骑马、坐车而来，接近蒙古包时要轻骑慢行，以免惊动畜群；如蒙古包门的左侧缚着一条绳子，绳子的头埋在地下，表示主人不能待客，来访者就不应进门；进蒙古包以前要把马鞭和马棒放在门外，如带入蒙古包内是对主人的不尊敬；主人躬身端奶茶时，客人要欠身双手去接。出蒙古包后，客人不能立即上车、上马，要走一段路，等主人回去了才可上车上马。

在蒙古,不能踩踏门槛,不能踩碰锅灶,不能从火堆上跨越,不能在火堆旁放刀斧等锐器,不能在火上烤脚,不能往火里扔脏东西,不能用烟袋或手来指人的头;河里不能洗澡、洗脏东西,更不能倒垃圾、大小便。送礼忌送帽子,接递物品以双手接递为敬。蒙古禁酒,晚12点后酒吧、酒店不售酒。蒙古人不吃马肉。

五、旅游城市

乌兰巴托(Ulan Bator) 蒙古的首都,位于蒙古高原,是亚欧"大陆桥"的重要节点。"乌兰巴托"意为"红色英雄城"。全市常住人口中70%为30岁以下的年轻人,是世界上人口最年轻的城市之一。昔日的宗教中心已变成全国政治、经济、交通、科教、文化中心。

达尔汗(Darhan) 位于蒙古北部。"达尔汗"蒙语意为"骄傲""神圣"或"荣誉"。位于哈拉河谷。楼房和各类建筑物皆为白色,夏季犹如一艘白色的航空母舰,冬季则银装素裹,像一座冰雪城堡矗立在茫茫雪原上。

乔巴山(Choibalsan) 东方省首府,位于克鲁伦河下游。市名取自蒙古人民共和国早期的领袖霍尔洛·乔巴山。祭敖包,献哈达,尝蒙古特色风味餐,欣赏马头琴、蒙古长调、呼麦等演出,到附近草原欣赏原生态草原风景,真枪实弹打猎,入住蒙古包,真实体验蒙古族的生活,成为乔巴山市旅游的常规节目。

六、经典景点

成吉思汗宫 位于乌兰巴托市。"成吉思汗"意为"拥有海洋四方",是蒙古帝国可汗铁木真的尊号,1206年,成吉思汗建立大蒙古国,此后多次发动对外战争,征服地域西达中亚、东欧的黑海海滨。1227年,成吉思汗在征伐西夏时去世。宫中有成吉思汗的巨大雕像,雕像用不锈钢制作,精美雄伟。

国家宫 位于乌兰巴托市。蒙古总统、议长、总理的办公地。大厅正中摆放着"九尾白纛旗",旗形似三股叉,下坠9束用白马尾制成的缨。古代蒙古人每逢大战必祭战神,他们相信战神附在此旗上,据说成吉思汗征战时有两匹白色战马,一匹为坐骑,另一匹专门载此旗,因此战无不胜。

博格达汗冬宫 位于乌兰巴托市。汉藏式殿宇建筑,是蒙古活佛哲布尊丹巴八世的冬宫。宫庙层层相连,收藏蒙古王公贵族华丽的服饰及生活用品。令人瞩目的是哲布尊丹巴八世活佛的寝宫,收藏各国元首赠送的礼物,其中有金缕衣、80只狐狸皮制成的大衣、150头美洲豹皮制成的蒙古包和大象标本。

甘丹寺 位于乌兰巴托市。蒙古现存唯一的藏传佛教寺院。"甘丹"蒙古语意为"极乐之地"。寺内收藏许多蒙古民族的珍宝,其中有铜铸镀金菩萨旺扎拉丹尔及第一世班禅喇嘛罗桑克珠杰的雕像,1956年世界佛教徒纪念释迦牟尼诞辰2500周年铸造的释迦牟尼佛像,在黑纸上用金字书写的《甘珠尔经》108卷。

乔金喇嘛庙　位于乌兰巴托市。蒙古最早的喇嘛教寺庙之一。主庙内有镀金释迦牟尼雕像，其右边是乔金喇嘛里夫桑达夫的雕像，左边是巴丹乔木伯龙的防腐遗体。庙内收藏大量珍贵的宗教乐器、萨满教舞蹈面具、唐卡绘画、蒙古国末代可汗从西藏带回的226卷手抄版《丹珠尔经》、108卷的《甘珠尔经》影印本。

国家自然历史博物馆　位于乌兰巴托市。收藏很多动植物标本，最珍贵的是一对"厮杀恐龙"。大约8000万年前，一只迅猛龙和一只原角龙展开生死搏斗，坍塌的沙丘活埋了它们，成了如今这个恐龙化石，被视为"蒙古国宝"。还有一幅很长的历史画卷，描绘从铁木真出生到北元建立200多年的历史。

成吉思汗广场　位于乌兰巴托市。即"苏赫巴托广场"，苏赫巴托是蒙古开国元勋。广场上矗立着巨大的成吉思汗、苏赫巴托的雕像，温暖的阳光夹着风沙，成群的鸽子在觅食，画面和谐。广场北面是国会大厦，南面是和平大街，东面是中央文化宫和国家古典艺术剧院，西面是乌兰巴托市政府和中央邮局。

七、世界遗产

乌布苏盆地　横跨乌布苏省、扎布汗省、库苏古尔省与俄罗斯图瓦共和国，面积约8980平方千米，因盆地中的乌布苏湖而得名。保存了亚欧大陆东部的主要生物群系。西伯利亚大草原生态系统是各种鸟类的栖息地，沙漠是各种动物栖息地，山区是不少濒危动物的栖息地。

鄂尔浑谷文化景观　包括鄂尔浑河两岸辽阔的牧地、可追溯到公元6世纪的考古遗迹群、13—14世纪威震一时的蒙古帝国的首都——哈剌和林，反映出游牧生活、游牧民族社会与管理和宗教中心的共生关联性，展现出鄂尔浑谷在中业历史上的重要性。

阿尔泰山脉石刻群　阿尔泰山脉北起西西伯利亚，经中国新疆阿尔泰地区，东南至蒙古国，绵延约2000千米。峻峭伟岸的山岩上，2000～3000年前古代游牧民族遗存的岩画组成"千里岩画长廊"。大量石刻遗迹与随葬的纪念碑展现了1.2万年来人类文化在蒙古国的发展，为了解北亚地区的史前社会提供富有价值的史料。

大不儿罕·合勒敦山及其周围的神圣景观　大不儿罕·合勒敦山是蒙古帝国的发源地，传说中成吉思汗的出生地和埋葬之地，也是蒙古族萨满教及佛教的圣地。当地禁止打扰山上的土地、水、树木植物、动物等，也禁止打猎或砍柴，这种发自社区居民内心的敬畏是最好的保护方式。

外贝加尔山脉景观　位于蒙古和俄罗斯的交界处，东西长达1000千米。独特的气候条件为这里带来了丰富的物种多样性和多种生态系统，形成了干湿季分明、自然景观丰富的干草原生态区。这里有草原、森林、湖泊、湿地，生活着白枕鹤和大鸨等珍稀禽类，以及几百万只脆弱的候鸟。

第二十四节 水泽之乡——孟加拉

孟加拉,全称"孟加拉人民共和国"(The People's Republic of Bangladesh)。"孟加拉"是印度最大的民族之一,聚居在恒河下游,这片区域也称为"孟加拉"。印巴分裂后,东孟加拉被划入东巴基斯坦。东巴基斯坦独立后,以"孟加拉"为国名。

一、自然地理

孟加拉位于南亚次大陆的恒河与布拉马普特拉河的三角洲,东、西、北三面与印度毗邻,东南与缅甸接壤,南部濒临孟加拉湾。面积约14.4万平方千米。

孟加拉国土85%为平原,东南部和东北部为丘陵,凯奥克拉东峰海拔1229米。河流230多条,是世界上河流最稠密的国家之一,其中布拉马普特拉河的上游是中国的雅鲁藏布江。全国有60多万个池塘,被称为"水泽之乡"和"河塘之国"。

孟加拉大部分地区属于亚热带季风型气候,湿热多雨。全年分为冬季(11月—次年2月)、夏季(3—6月)和雨季(7—10月),年平均气温约26℃。孟加拉湾飓风常侵袭内地,造成灾害。

二、国家象征

孟加拉的国旗呈横长方形。旗面深绿色,中间有一个红色圆轮。深绿色象征朝气蓬勃、充满生机的大地;红色圆轮象征初升的太阳,意为经过浴血奋战实现了独立,国家充满生机。整个旗面如广阔的平原上正冉冉升起的一轮红日,寓意年轻共和国的光明前景和无限生机。

孟加拉的国徽呈圆形。圆面中间是一株睡莲,睡莲下面几条波浪线,象征恒河和布拉马普特拉河;两旁以谷穗装饰,花环顶端饰三叶黄麻,突出国家的农业特产;黄麻叶两侧镶有4颗五角星,象征人民远大的社会与经济抱负。

孟加拉的国歌是《金色的孟加拉》。

孟加拉的首都是达卡。

三、社会生活

孟加拉人口约1.56亿人,基本上都是孟加拉族。人口密度每平方千米近千人,是世界上人口密度最大的国家之一。国语为孟加拉语,英语为官方语言。伊斯兰教为国教,信奉伊斯兰教的居民约占九成。

孟加拉实行共和制。一院制国民议会行使立法权。总统为国家元首,总理为内阁首脑。孟加拉的主要政党:民族主义党、人民联盟、国民族党。

孟加拉是农业国,农业人口约占总人口的八成半。农产品主要有茶叶、稻米、小麦、甘蔗、黄麻,是世界上稻谷主要产地之一。黄麻产量约占世界产量的1/3,被誉为"黄麻之国"。茶叶贸易成为重要外汇来源。工业以制麻、皮革、制衣、棉纺织和化工为主,重工业薄弱,制造业欠发达。约有半数居民生活水平在贫困线以下,1/3的居民生活水平在极贫线以下,是世界上50个最不发达国家之一。

四、民俗风情

信仰伊斯兰教的孟加拉人一般采用阿拉伯人的名字,也有人用波斯语取名。社交活动讲究准时赴约,一般在俱乐部或饭店里招待客人,但很少带妻子参加。

孟加拉国有"歌舞之乡"的美称。其音乐别具特色,伴奏的乐器多为当地独有的手鼓"托普拉"和一种类似手风琴的"哈姆尼姆"。歌者边奏边唱,以音色纯清、音域宽广见长。

孟加拉人以米饭为主食。除在社交场合就餐时使用刀叉外,一般都用手抓食,把饭与菜放在同一个盘子里,先用几个手指把饭菜搅拌均匀,然后做成饭团送入口中。在孟加拉,酒为禁品。

孟加拉人摇头表示赞同或认可,点头则表示不同意。他们称荷花为"花中君子",视为吉祥、平安、光明、纯洁的象征。他们忌讳拍打后背,视左手待人为不敬,厌弃数字13。

五、旅游城市

达卡(Dhaka) 孟加拉国的首都和第一大城市,位于恒河三角洲。建城已有400多年。有800多座清真寺,被称为"清真寺之城"。城区到处可见浩浩荡荡的三轮车流,据说全城拥有三轮车70余万辆。

吉大港(Chittagong) 孟加拉最大的港口城市,位于孟加拉湾戈尔诺普利河下游右岸的希达贡达丘陵脊上。有现代化装卸设备,海轮可沿卡纳富利河入港。在全球发展最快的城市中排名第十。

六、经典景点

阿赫桑曼济勒粉红宫殿 位于达卡市。一位地主在法国人留下的仓房的基础上改建的私邸,后来在一次龙卷风袭击时受创,如今是博物馆。二层楼,有23间展室,主要展示以前的生活用品以及一些历史文物,当年土皇帝的奢侈生活一览无余。

拉尔巴格堡 位于达卡市。穆罕默德阿山王子所建,传说年轻公主的猝死成了这座城堡永无完成之日的诅咒。穆斯林风格的建筑,有点儿神圣有点儿肃穆,还有一丝丝的神秘。

国家博物馆 位于达卡市。馆中展品都是政府百里挑一选出来的,很多是当地特色的物品，集中展示孟加拉国的历史、地理、动物、植物、艺术、风俗和文化。艺术品展厅都是象牙的艺术品，超级美丽。

戈布多伊湖　位于吉大港市。吉大山区小镇蓝伽玛蒂的一个拦河而成的湖泊，自然风光非常漂亮。清晨或傍晚，泛舟湖上，美如仙境。这里是孟加拉国与缅甸接壤地区，饱受战火摧残。

圣马丁岛　孟加拉国唯一的珊瑚岛。1493年11月11日哥伦布首次登上这座小岛，这一天是圣马丁节，小岛遂命名为圣马丁岛。有美丽的珊瑚，壮观的海景，原始的海洋生活，还有潜水和高速游艇项目等海上活动，这里已成为滨海观光度假胜地。

科克斯巴扎尔海滩　世界上最长最宽而又没有鲨鱼危害的美丽海滩。长约120千米，与海滩平行的丘陵长达100千米。沙滩上黑色的泥沙，踩上去不似细沙那般松软，但感觉却比细沙更舒适。蓝天绿叶，银沙相配，和谐静谧。

七、世界遗产

巴凯尔哈德清真寺历史名城　位于库尔纳。由50多座宗教设施和世俗建筑构成，以寒特昆巴多清真寺为代表的寺院建筑更是举世闻名。寒特昆巴多清真寺极为坚固，被称为"神之要塞"，是德里苏丹王朝时代的典型建筑。这里的基础设施建设令人叹为观止，体现出很高的建筑技术和技巧。

巴哈尔布尔的毗诃罗遗址　位于瑙冈地区。呈金字塔、十字形的庙宇，在建筑风格上明显受到一些东南亚国家特别是缅甸和爪哇等国的深刻影响，是公元7世纪以前大乘佛教在孟加拉国兴起的见证。寺院布局设计完美，适合举行宗教仪式，简单和谐的线条及许多雕刻装饰代表了独一无二的艺术成就。

孙德尔本斯　位于恒河三角洲。原始红树林绵延几十千米，高低起伏错落有致的各类红树形成了一处处神奇的风景。这里是动物的天然栖息地，还是鸟类的天堂。它提供了一个很好的进行生态过程的范例，展示了季风降雨、三角洲形成、潮汐的影响和植物的成长的过程。

第二十五节　沙漠新娘——叙利亚

叙利亚，全称"阿拉伯叙利亚共和国"（The Syrian Arab Republic）。"叙利亚"意为"高地"。

一、自然地理

叙利亚位于亚洲西部，地中海东岸，北与土耳其接壤，东同伊拉克交界，南与约旦毗邻，西南与黎巴嫩和巴勒斯坦为邻，西与塞浦路斯隔地中海相望。面积约18.5万平方千米。

叙利亚国土大部分是高原。主要分为4个地带:西部山地和山间纵谷,地中海沿岸平原,内陆平原,东南叙利亚沙漠。西南部的谢赫山为全国最高峰。

叙利亚沿海和北部地区属于亚热带地中海气候,夏季炎热干燥,冬季温和多雨。南部地区属于热带沙漠气候,终年炎热干燥。大部分地区年降水量不足250毫米。

二、国家象征

叙利亚的国旗呈横长方形。旗面自上而下由红、白、黑3个平行的横长方形相连构成,白色部分中有两个绿色五角星。红色象征勇敢,白色象征纯洁和宽容,黑色象征穆罕默德已赢得胜利,绿色是穆罕默德的子孙所喜爱的颜色,五角星象征阿拉伯革命。

叙利亚的国徽由鹰和国旗图案等组成。一只展翅的鹰胸前有盾形的国旗,下面交叉着两穗小麦,象征农作物。底部绶带上用阿拉伯文写着"阿拉伯叙利亚共和国"。

叙利亚的国歌是《阿拉伯叙利亚共和国国歌》。

叙利亚的首都是大马士革。

三、社会生活

叙利亚人口约2018万人,其中阿拉伯人约占八成。阿拉伯语为国语,通用英语和法语。居民中八成半信奉伊斯兰教,一成半信奉基督教。

宪法规定叙利亚是社会主义人民民主的主权国家。人民议会行使国家立法权。人民议会根据阿拉伯复兴社会党叙利亚地区领导人的提议提出总统候选人,以全民秘密投票的方式选举总统。总统和部长会议行使行政权。叙利亚的主要政党为阿拉伯复兴社会党。

叙利亚矿产资源,主要有石油、磷酸盐、天然气、岩盐、沥青等。农业在国民经济中占据重要位置,是阿拉伯世界粮食主要出口国之一。工业基础薄弱,现代工业只有几十年历史,主要有采掘、加工和水电等部门。

四、民俗风情

叙利亚人相见,同事和朋友间一般用握手表示欢迎,亲朋好友久别重逢或出远门时热烈拥抱并吻腮3下(男的为左、右、左,女的为右、左、右),关系密切的在吻腮的同时嘴里发出咂咂的声响。对外宾,第一次见面行握手礼;第二次热烈拥抱并亲脸,一般亲两次,先左后右,如友情很深则亲3次(左、右、左)。男女相见,只握手不拥抱不亲脸。平时以先生、女士、小姐相称,关系较好的可互称别名。

叙利亚流行一种沐浴相亲习俗。青年男子想结婚时,其母亲四处奔走物色新娘人选,初步看中某位姑娘后,邀这位姑娘及其母亲一同赴公共浴室,一起洗浴聊天,实际是进行"面试",满意后才拍板。

叙利亚人的主食是面食和米饭。叙利亚菜的特别之处是种类繁多的香料。

叙利亚是伊斯兰国家，禁食猪肉，不吃自死的动物或血液，不吃没有念"以大慈大悲的真主的名义"之句便宰杀的动物，不吃奇形怪状的无鳞水产动物或不反刍的陆产动物。虔诚的伊斯兰人禁酒。在喝汤或其他热饮时，不能发出任何声响。食物入口不许复出。吃饭时用右手抓食。

在叙利亚，拜访必须事先约定。名片最好印有英文及阿拉伯文。商业谈判时习惯同时讨论几个问题，销售价格都要大大杀价。被邀请到咖啡店共饮咖啡不可拒绝。叙利亚人一般用苦咖啡招待客人，每次倒咖啡仅及杯子的 1/3 左右，客人如不想再喝，可以左右摇动杯子，否则主人会不断地续加，直到客人摇动杯子为止。

五、旅游城市

大马士革（Damascus） 叙利亚的首都。位于叙利亚西南部，建城已有 4500 多年。历尽沧桑，几经兴衰，曾是阿拉伯倭马亚王朝首都，被誉为"天国城市"。古代伊斯兰建筑、现代化的高楼大厦以及秀丽的公园互相映衬，几乎家家户户都培育玫瑰，古城多姿多彩。

阿勒颇（Aleppo） 中东最古老的城市之一，位于叙利亚西北部。历史上曾是交通要站，东西方贸易往来的必经之地。多石灰岩建筑，有"白色阿勒颇"之称。当地特产"橄榄皂"闻名世界。阿勒颇古城已被列入世界文化遗产名录。

六、经典景点

倭马亚清真寺 位于大马士革市。伊斯兰世界著名的古清真寺之一。建于公元 705 年倭马亚朝时期。建筑富丽堂皇，装饰华美精致，可容纳数万人，还珍藏着一些著名的穆斯林圣物。夜晚，宣礼塔被青绿色的灯光照亮，宁静安详。

萨拉丁雕像 位于大马士革市。萨拉丁是阿拉伯的民族英雄，曾率领阿拉伯民众英勇地抵御外国侵略者。萨拉丁雕像矗立在大马士革的街头，英武豪迈。大马士革老城区有萨拉丁的墓。

阿勒颇城堡 位于阿勒颇市。耸立在阿勒颇城中心一座锥形小山上。城堡周围是一条深约 20 米、宽约 30 米的壕沟，以险要坚固而闻名。古城堡原是古巴比伦王国和亚述王国神庙的所在地，千百年来不断加固扩建，现存城堡修建于 13 世纪。

七、世界遗产

大马士革古城 建于公元前 3 世纪，是中东地区最古老的城市之一，被称为"天国里的城市"。保存了众多的著名古建筑，清真寺就有 250 余座。建于公元 705 年的奥玛亚清真寺，是世界上最古老最富丽堂皇的清真寺之一。古城的宗教性建筑是大马士革作为穆斯林城市的天然例证。

巴尔米拉古城 荒凉的沙漠中四散着美丽的文明残骸,簇拥的石块、耸立的圆柱、长长的柱廊虽然残缺不全,但当年巴尔米拉城的宏伟气势仍隐约可见。最大的遗址贝勒神庙始建于公元32年,四周环绕着两排精美石柱支撑的回廊。古城交融了东西方的艺术智慧,凝聚了古人对神灵的信仰和崇拜,成为那一时期的代表作。

布斯拉古城 位于地中海和美索不达米亚之间。曾是多个王国和王朝的首都或首府,沙漠商队和通往麦加的重要中转站。古城内大街宽敞,圆柱排列整齐,保存有富丽堂皇的罗马剧场、古老的浴室、罗马兵营、赛马场以及清真寺。这些建筑的设计规划不仅对基督教建筑产生影响,并在一定程度上影响了伊斯兰教建筑。

阿勒颇古城 位于阿勒颇盆地中央。这里从公元前2世纪起就处于几条商道的交会处,各个王朝的统治留下了各个历史时期灿烂的文化。13世纪的城堡,12世纪的大清真寺,17世纪的穆斯林学校、宫殿、沙漠旅店及浴室,构成古城独特的阿拉伯文化气质。

骑士堡和萨拉赫丁堡 骑士堡位于霍姆斯峡谷,霍姆斯峡谷联通的黎波里和霍姆斯两大城市,具有重大的战略意义。11世纪末建造的骑士堡,是世界上现存最重要的中世纪城堡之一。萨拉赫丁堡建于1183年,城堡区建有穆罕默德·阿里清真寺,内有埃及历史上叱咤风云的穆罕默德·阿里的陵墓。

叙利亚北部的古村落群 包括40多个村庄,这些村庄建于公元1至7世纪,8至10世纪遭废弃,但景观保存完好,民居、寺庙、教堂、蓄水池、澡堂等建筑遗存依然可见。这里的村落文化景观遗存对于展现古罗马帝国的非基督教时代向拜占庭基督教时代的转变具有重要的价值。

第二十六节　石油宝库——阿曼

阿曼,全称"阿曼苏丹国"(The Sultanate of Oman)。"阿曼"为临阿拉伯海的一个海湾,"苏丹"即统治者。

一、自然地理

阿曼位于亚洲西南部的阿拉伯半岛,西北界阿拉伯联合酋长国,西连沙特阿拉伯,西南邻也门,东北与东南濒临阿曼湾和阿拉伯海。面积约21.2万平方千米。

阿曼三面环海,大部分是海拔200~500米的高原。东北部哈贾尔山脉主峰沙姆山海拔3352米,为全国最高点。中部是平原,多沙漠。西南部为佐法尔高原。

阿曼除东北部山地外均属于热带沙漠气候,气候干燥,降水稀少。5—10月为热季,平均气温40℃以上;11月至翌年4月为凉季,平均气温约24℃。

二、国家象征

阿曼的国旗呈横长方形。由红、白、绿3色组成。红色部分构成"T"字形图案,右侧上方为白色,下方为绿色。旗面左上角绘有黄色的阿曼国徽。红色象征吉祥,白色象征和平与纯洁,绿色代表大地。

阿曼的国徽图案由一把阿拉伯饰刀、两把弯刀和一条佩带组成,表示人民保卫国家主权和独立的决心与力量。

阿曼的国歌是《阿曼苏丹国国歌》。

阿曼的首都是马斯喀特。

三、社会生活

阿曼人口约342万人,绝大多数是阿拉伯人。官方语言为阿拉伯语,通用英语。居民绝大多数信奉伊斯兰教。

阿曼是君主制国家。无宪法和议会,禁止一切政党活动。由苏丹颁布法律、法令和批准缔结国际条约、协定。国家管理机构由内阁秘书处、各专门委员会、首都、省政府和国家协商委员会构成。协商会议是审议监督机构,无立法权,但可向苏丹及政府提出建议。内阁是苏丹授权的国家最高行政机构,成员由苏丹任命。

阿曼矿产资源主要有石油、天然气、煤、铜、金等矿物,石油储量超过7亿吨。工业基础薄弱,以石油开采为主。四成以上的人口从事农、牧、渔业,主要种植椰枣、柠檬、香蕉等水果和蔬菜。粮食作物以小麦、大麦、高粱为主,不能自给。主要出口石油和天然气,其收入占国家财政总收入的1/3。全国实行免费医疗,私人住房拥有率已达世界较高水平,是全球最富有的国家之一。

四、民俗风情

阿曼人的名字中包含父名和族名。与阿拉伯国家的人相见一般行拥抱和亲吻礼,对非阿拉伯国家的人则行握手礼。男子习惯穿无领长袍,扎缠头巾,必佩腰刀,牛耳尖刀佩在胸前,短剑斜挂在左腰侧。妇女服装艳丽,喜饰金银。

阿曼人视款待宾客为无上的光荣,遇到陌生人也会主动打招呼,热情问候,甚至邀请去家中做客。习惯以茶待客,宾客临门主人首先敬上一杯红茶。阿曼人钟爱香料,长袍的领口处有一条专门蘸香水的缨穗,男子身上的香味浓烈得远隔数米都能闻到。家庭主妇把洗罢的衣物用乳香熏得香气袭人。对家中来客,主人会端上几瓶名贵的香水请客人喷洒,饭毕又捧上香炉:"让这美好的香气留存友谊,也留住难忘的回忆!"

阿曼人能歌善舞,一般都是女歌男舞,男人在圈中欢快地跳舞,妇女则在圈外拍手唱歌相伴。传统舞蹈有剑舞和甩头发舞,也有当地人自己创造的航海舞。

阿曼人认为绿色会带来美好和幸福。他们视牛如宝,每天早晚向牛请安,喂草、刷毛、梳妆,如同照料产妇那样细致周到,还经常喂以沙丁鱼等高级饲料。

阿曼人的主食以面食为主,尤以饼类为最好,爱吃甜点。菜肴讲究酥香鲜嫩,菜品质高量小,偏爱油炸食品。最著名的食品是"烤驼羔",又香又嫩。

在阿曼喝咖啡,举起杯子摇晃几下,侍者就不会再给添加;若把喝空的杯子随手放在一旁,侍者会不停地续加;如果只说"不喝了,谢谢",侍者以为你在客气,仍会坚持续加,只有晃动杯子才表示真的喝够了。

五、旅游城市

马斯喀特(Masqat) 阿曼的首都。地处印度洋通往波斯湾的要冲。高大的建筑群整齐地坐落在一片绿树花草丛中,街道上汽车川流不息。附近山坡上层层密布的旅游别墅,在五颜六色的鲜花衬托下显得美丽而幽静。

塞拉莱(Salalah) 位于阿拉伯半岛,海湾地区避暑胜地。自古以来是乳香和香料的产地和出口地,中国航海家郑和的船队曾5次来到这里。植被茂盛,沙滩洁净,椰影摇曳,还有著名的香料交易市场。

六、经典景点

苏丹皇宫 位于马斯喀特市。葡萄牙占领阿曼时期的一个据点,阿曼独立后改为皇宫。三面环山,一面靠海,是老国王办公的地方。虽然不怎么高大宏伟,但与阿曼整体的建筑风格非常和谐,给人以圣洁的感觉。

苏丹卡布斯清真寺 位于马斯喀特市。纯白色的现代风格建筑,呈方形,圆形拱起的屋顶,上面用彩色玻璃和瓷片装饰,4个角上分别修建4座高塔,宏大壮丽,金碧辉煌。四周种满各种树木和青草。寺内有一块世界上最大的地毯。

阿罗斯塔克温泉 位于马斯喀特市。有阿曼境内最著名的温泉,水温约45℃,泉水对风湿、关节炎及皮肤病具有明显疗效。附近有12间公共浴室,有一条专用沟渠将温泉引入村内。

穆桑代姆半岛 位于波斯湾要冲霍尔木兹海峡,为数众多的油轮就是从这个海峡出海,把大量"黑金"运往欧、亚、美洲。海底布满珊瑚,还有一些海难沉船,游客可搭乘单桅帆船或小艇探访峡湾景色。

尼兹瓦 阿曼古城,历史上数位君王在此建都。城内有一座阿拉伯半岛最大的圆城堡,从城堡的屋顶可眺望邻近的清真寺,宝蓝色镶黄金的圆顶在阳光照耀下光彩夺目。周围土地肥沃,多有泉源,随处可见茂密的椰枣林和果园。

塞拉莱 历史名城,海湾地区避暑胜地,古代以盛产乳香闻名。植被茂盛,沙滩洁净,椰影摇曳,还有著名的香料交易市场。每年七八月间举行"卡瑞夫节",表演传统歌舞、戏曲、民俗技艺。

依博拉比尼哈利德河谷 河谷终年有水,河水清澈,岸边长满青翠的椰枣树丛,沿河两岸山壁陡峭,是烧烤、垂钓、探险、戏水、消暑的胜地。附近有一个长达450米的巨大岩洞。

瓦稀柏沙漠 沙漠长约200千米，宽约80千米，沙丘的颜色和位置变化多端。搭乘吉普车从高数十米的沙丘上俯冲而下，人、车随沙丘颠簸而跳动——这就是惊险刺激的"冲沙"活动。沙漠中还有一些贝都因游牧人家，他们以阿拉伯咖啡及椰枣来招待远方来客。

第二十七节　祖国宝岛——台湾

台湾(Taiwan)，即中国台湾地区。在中国史籍中，台湾岛在战国时代称"岛夷"，前后汉和三国时代称"东鳀""夷洲"，隋唐起称"流求"，明万历年间正式称为"台湾"。"台湾"之名的来历至今未有定论，较可信的说法是与台湾台南城大湾庄一带的土著"台窝族"有关。

一、自然地理

台湾位于中国大陆东南沿海大陆架的东南缘，隔台湾海峡与福建省相望，东临太平洋，南界巴士海峡与菲律宾相隔。目前所称的台湾地区还包括福建省的金门、马祖等岛屿。台湾本岛面积约3.6万平方千米，是中国第一大岛。

台湾岛四面环海，高山和丘陵面积占2/3以上，为地震多发地区。

台湾北部属于亚热带气候，南部属于热带气候，冬无严寒，夏无酷暑，年平均气温22℃，一般地区终年不见霜雪。年降水量2000毫米以上。6—10月是台风季节。

二、社会生活

台湾地区人口约2297万人，其中汉族占98%。在台湾地区，普通话俗称"国语"，闽南语通行于马祖列岛。佛教与道教为台湾两大宗教，不少民众既信佛教又信道教。

台湾地区最高行政长官称为"总统"，由全民普选产生。"行政院"院长由"总统"任命，"立法院"院长由"立法委员"互选产生，"司法院""考试院""监察院"的院长均由"总统"提名，经"立法院"同意后任命。台湾地区主要政党：民进党、国民党、亲民党。

台湾盛产稻米，米质好，产量高。主要经济作物是蔗糖和茶，花卉产值相当可观。水果种类繁多，有"水果王国"的美称。樟树提取物居世界之冠，樟脑和樟油产量约占世界总产量的七成。渔业资源丰富，近海渔业、养殖业发达。传统劳动力密集型工业已经渐渐由高科技产业取代，电子工业对世界经济举足轻重。对外贸易是台湾重要的经济命脉，外汇储备位居世界第四。

三、民俗风情

台湾汉族同胞保持着闽粤地区的生活习惯和社会风俗。青年人多穿西装或港衫西裤,乡村男女则戴斗笠或裹毛巾。

台湾人家孩子降生向亲友报喜,孩子满月时以红蛋分赠亲友、邻居,孩子满月、4月、周岁时外祖父母送去衣服礼物。男孩满月、周岁、16岁都要隆重庆祝,而女孩的庆祝仪式就大为简化甚至不举行仪式。

台湾人喜欢过生日。一般从50岁起开始称寿,60岁为下寿,70岁为中寿,80岁为上寿,90岁为耆寿,百岁为期颐。每逢诞辰,家人准备素面、香烛等举行简单庆祝仪式,每逢寿期,子孙邀请亲朋隆重庆祝。

台湾民间崇拜天地、神佛和祖先,但不同群体有不同的信仰和崇拜,泉州籍同胞主要信奉保生大帝、清水祖师、郭圣王,漳州籍同胞多尊奉开漳圣王,客家人则多尊三山国王。崇拜妈祖的人数最多。

台湾居民以米饭为主食。台湾菜海鲜丰富,酱菜水果入菜,原汁原味。调味不求繁复,清淡、鲜醇是烹调的重点。每遇节庆,普遍以中药材熬炖各种食补药膳。台湾小吃名闻天下,品种多达数百种。

在台湾,忌以手巾、扇子、剪刀、雨伞、镜子、钟、甜果、粽子、鸭子作礼品。

四、旅游城市

台北(Taipei) 台湾地区第一大城市和政治、经济、文化中心。位于台湾岛北部。台北各类工厂企业5000多家,全岛规模最大的公司、企业、银行、商店的总部大多设在这里。有大专院校20多所,在校学生占台湾大学生总数的1/3以上。许多街道都以祖国大陆的城市命名,位列全球人口最稠密的城市排行榜前20名。

基隆(Keelung) 位于台湾岛东北角。三面环山,一面临海,为台湾北部的门户。基隆港外窄内宽,形状像一个巨大的鸡笼,所以旧称"鸡笼"。每年的12月到次年3月,北风阵阵,冬雨绵绵,是有名的"雨港"。

台中(Taichung) 位于台湾岛台中盆地。台湾中部的物产集散地,有"农村都市"之称。有许多高等院校,学生人数占全市人口的1/5,是台湾文教事业最发达的城市,有"文化城"之称。每年的台湾佛法大会都在这里的宝觉寺举行。

花莲(Hualian) 原名"崎莱",花莲溪入海处海浪激荡,迂回澎湃,汉族移民称为"洄澜",后以其谐音改称"花莲"。位于台湾岛中北部,东临太平洋。大理石、石灰石储量丰富,有"大理石城"的美称。

嘉义(Chiayi) 位于台湾岛西南部。因诸山罗列,古名"诸罗山"。因古城形如桃子而名"桃城"。嘉义以绘画著称,有"画都"之美誉。嘉义还是台湾交趾陶的发源地,有"交趾陶的故乡"之称。

台南(Tainan) 位于台湾岛台南平原。西临台湾海峡,与澎湖列岛隔海相望。台南安平港是台湾最古老的港口,大多数台湾移民都从这里登岸进入台湾。荷兰入侵台湾后台南曾作为施政中心,郑成功收复台湾后定为"东都",是台湾最早开发的城市。

高雄(Kaohsiung) 原名"打狗""打鼓",与大陆的闽南和粤东隔海相望。高雄港是东南亚集装箱集散中心,货物吞吐量居世界第四位,集装箱运输港口名列世界第三位。高雄河沿岸风光旖旎,高楼林立,挺拔的椰树、棕榈和火红的凤凰木交相辉映,既充满热带气息,又有江南水乡的韵味。

屏东(Pingdong) 位于台湾岛最南端。地处热带地区,富有热带风情。产业结构偏重农、渔业,近年来大力推动观光产业,黑珍珠莲雾、黑鲔鱼是最具代表性的特产。

五、经典景点

故宫博物院 位于台北市。依山而建,中国传统宫殿建筑形式,庄重典雅。馆内收藏各类文物珍宝约60万件,肉形石、翠玉白菜和毛公鼎是三大镇馆之宝。翠玉白菜和肉形石皆是精巧绝伦的工艺品,栩栩如生以假乱真。毛公鼎是迄今为止镌刻铭文最多的重器,世所罕见。馆内还建有仿宋明庭院风格的"至善园"和"至德园"。

101大楼 位于台北市。台北地标性建筑,原名"台北国际金融中心",建筑面积约29万平方米,造价达580多亿元新台币。楼高509米,曾是"世界第一高楼"。主楼造型宛若劲竹节节高升,柔韧有余,运用高科技材质及创意照明营造视觉穿透效果,兼具东方古典文化及台湾本土特色。

"国父"纪念馆 位于台北市。为纪念孙中山先生百年诞辰而建,高约30米,每边长约100米,黄色屋顶,呈大鹏展翼状,巍峨雄伟。大厅内有孙中山先生铜像。每个整点进行庄严的"三军仪队"卫兵换岗仪式。纪念馆门前的开阔地,是观赏和拍摄101大楼全貌的绝佳地点。

中山堂 位于台北市。1928年日本人为纪念天皇裕仁登基,拆除清末布政使司衙门,兴建"台北公会堂"。抗战胜利台湾光复,公会堂成为台湾省受降日本之地,并更名为"中山堂"。中山堂为钢筋混凝土建筑,既有西班牙风格,又有欧洲古典主义风格,曾是"国民大会"会场和接待外国贵宾之地。

自由广场 位于台北市。占地约25公顷。周边有中正纪念堂、中正公园、牌楼、瞻仰大道、"国家剧院"、音乐厅,是台北最重要的大型活动广场、文艺表演中心。广场内园艺花卉五颜六色,还有假山、水池、小桥,是婚纱摄影的热门地点。

二·二八和平公园 位于台北市。原名"新公园",为纪念台湾二·二八事件而改现名。亭台楼阁、艺术雕刻、曲桥喷泉,处处胜景,满园绿意,堪称都市之肺。园内有一些古迹,如日据时代电台播音塔、铜牛老火车头以及急公好义坊和黄氏贞节坊等。

阳明山 位于台北市。原名"草山",因蒋介石曾被讽为"草寇",蒋又与明朝学者王阳明为同乡,他败退台湾后将此山改名为"阳明山"。青山翠谷,遍植樱花、杜鹃,夏季凉爽,为避暑胜地。建筑采庭园布局,楼台亭榭力求典雅,池塘喷泉顺其自然,有"城中山林""台北后花园"之誉。

法鼓山 位于台北市。因山形如大鼓而得名。镇山之物法华钟,青铜铸造,高4.5米,直径2.6米,重25吨,内外钟面铸刻《妙法莲华经》《大悲咒》以及"多宝塔双佛并坐图"。大殿正下方的地宫中,保存300多件台湾佛教典籍、文物,注明要待公元3000年时才能开启。

北投温泉 位于台北市。北投有"温泉之乡"的美名。大屯山终年云雾缭绕,神秘莫测。地热谷热泉澈绿似玉,称为"青黄",因含有少量的放射性镭,也称为"镭温泉"。由龙凤谷接管引来的白黄温泉称为"星汤"。两种泉水均对慢性关节炎、肌肉酸痛、慢性皮肤炎有疗效。

士林夜市 位于台北市。台北最著名也最平民化的夜市。店面和摊贩超过500家,集合各种潮流玩具、生活用品、衣服饰品、新奇发明、神算占卜、传统游戏,而夜市的主力——各种大菜小吃是台北饮食文化具体的展现。

美丽华百乐园 位于台北市。大型购物中心,同时又是娱乐城。摩天轮基座架于建筑物屋顶,离地面100余米,绕行一圈约17分钟。因地近台北101大楼,民众将"摩天轮"与"摩天楼"戏称为"摩天兄弟"。摩天轮上装设624支霓虹灯管,晚间被打上绿色的光彩,定时演出灯光秀,成为台北夜空美丽的宝石。

迪化街 位于台北市。台北的南北货、茶叶、中药材及布匹集散中心。大部分店屋为长条形连栋式店铺,屋小幽长深邃,兼顾商业和居住的功能,是清代台湾商街的典型形式。建筑群落古色古香,传统商品琳琅满目,充满市井气息。这条长仅800米的狭长街道,是台湾富商的发源地,被称为"台岛第一街"。

诚品书店 位于台北市。除了销售图书,还经营画廊、出版、展演活动,并延伸至商场经营和物流中心建置等。"诚品"是台湾本土自创品牌,代表对美好社会的追求与实践,"诚"是诚恳的心意、执着的关怀,"品"是专业的素养、严谨的选择。店内明亮、开阔的空间对称而有层次,装潢沉稳、优雅、温馨。

龙山寺 位于台北市。建于1738年,后多次重修。由正殿、前殿、后殿及东西护宝所组成,布局方正。门壁梁柱精雕细琢,护室上有华丽的钟鼓楼。主要供奉观世音菩萨,并祀奉妈祖、四海龙王、十八罗汉、城隍爷等,神佛合一。寺前旷地开凿为池,景色优美。

关渡宫 位于台北市。台湾北部最古老的妈祖庙。殿口的龙柱、石狮、壁雕等非常精巧。殿顶的藻井、斗拱、梁椽都有丰富的雕塑、彩绘。妈祖神像安坐正龛,神态慈祥,和她的部将千里眼、顺风耳的造型形成强烈的对比。右边有一个约80米长的古佛洞,入口处有镇洞宝臼,洞内有千手千眼观世音菩萨及28天王的雕像。

猫空茶园 位于台北市。这里的地形、气候适宜种植茶叶,猫空铁观音享誉岛内外。猫空环山公路上的休闲茶坊至少有五六十家,有的古意盎然,有的设计新

旅游目的地概述

颖,有的24小时营业。在云雾缥缈的猫空山区沏茶、品茶,还可俯瞰大台北都会区的夜景。

野柳风景区 位于基隆市。因波浪侵蚀、岩石风化及地壳运动,造就了海蚀洞沟、烛状石、蕈状岩、豆腐石、蜂窝石、壶穴、溶蚀盘等奇特景观。遥望如一对海龟蹒跚离岸,翘首拱背而欲游,故有"野柳龟"之称。野柳村的海洋世界,有海豚、海狮等动物表演,有高空跳水及水上芭蕾表演,有饲养珍奇鱼类的百米"海底隧道"。

仙洞岩 位于基隆市。原为一海蚀洞,因海岸上升而高出海平面1米多。附近奇崖重叠,怪石嶙峋。洞内曲折蜿蜒,清静幽暗,气氛神秘。主洞两侧石壁上有许多佛雕,惟妙惟肖。右洞为一小洞,不易深入;左洞一片漆黑,宽窄起伏不一,时蹲时侧才可通行。

情人湖 位于基隆市。原名"五义埤",为山间洼地蓄水而成的小湖泊。四周丘陵山坡草木青翠,林间有情人步道,清静幽雅。有青年体能活动场、观景亭、吊桥、水车、风车、划船码头、露营、烧烤等设施。湖北有步道可登临面海的山岭,远眺基隆屿及野柳海岬。

乌来 位于新北市。居民以泰雅族为主。"乌来"山胞语意为"冒烟的热水"。景色幽美,以温泉、瀑布、山胞而闻名。乌来瀑布的瀑水如从云端而降,极其壮观。乌来温泉来自附近插天山,水质清澈透明,最高水温可达78℃,是中性碳酸氢钠泉,对皮肤有修补作用。乌来山地文物馆陈列山地民族原始生活用具。

九份 位于新北市。这里有9户人家,外出购物都是每样要9份,"九份"遂成村落之名。九份保留着日本统治时代的旧式建筑。九份老街街巷窄狭,石板路凹凸不平,各式小吃店、茶艺馆及咖啡厅林立,可以俯瞰山脚下的太平洋。在此取景的电影《悲情城市》获威尼斯大奖,九份的独特旧式建筑、坡地风情引起国际注目。

红毛城 位于新北市。古称"圣多明哥城",由荷兰人重建,当时人们称荷兰人为"红毛",故名红毛城。四周林木苍郁,庭园幽静。城顶的观望楼,可东望大屯诸峰,西眺汹涌大海。"南门"是城内唯一的中国风格建筑。黄昏时分,沧海、落日、红楼,风景令人叫绝。

渔人码头 位于新北市。台湾北部早期重要的渔业港口,以夕阳景色及新鲜渔货闻名。渔人码头或称"渔夫码头",指以渔村风情为概念的旅游景点,有各式食肆及酒吧、特色商店、海鲜市场,让游客以不同方式体验传统的渔港风情。

深坑黄氏永安居 位于新北市。传统三合院建筑,主屋有精致的砖饰、彩绘及石雕等装饰,石窗等处有"禅贤让位""大舜象耕""瑞云"等泥塑。每扇窗户都有一块约20厘米长的凸出石块,上方凿有孔穴,称为"兔仔耳"。深坑臭豆腐比古迹更有名。

承天禅寺 位于新北市。北台湾佛教圣地,白墙绿瓦,庄严肃穆。每到四五月,附近的森林步道落满桐花,如白雪铺道。禅寺左侧的步道沿线是桐花最密集区域,禅声诵音呼应着山林虫鸣鸟叫,承天禅寺也被称为"桐花禅寺"。山区有原生阔叶林,油桐树散生其间,白色的花瓣,绿色的落叶,青色的苔衣,景致天成。

霸尖山 位于新竹市。大小两座霸尖山并肩而立,如一对孪生兄弟屹立在林海之中。大霸尖山近似倒置的酒桶,俗称"酒桶山",四面峭壁,宛如矗立之岩堡,有"世纪奇峰"之誉。大霸尖山与中央尖山、达芬尖山合称"三尖"。当地泰雅族原住民坚信大霸尖山是其祖先发祥地,尊为圣山。

青草湖 位于新竹市。枯水季节湖底绿草如茵,故名"青草湖"。梅雨季节,微波荡漾。湖畔各寺中以灵隐寺最为著名,寺内楹联题字颇染道术色彩,因而又称"孔明庙"。青草湖有八景:钟峰夕照、山寺朝曦、葫岛秋声、柴桥春色、五指列屏、双溪环带、寿塔凌霄、弥勒现肚。每逢端午佳节举行传统龙舟赛,热闹异常。

司马库斯 位于海拔1500多米的新竹市新竹县尖石乡。泰雅族部落是台湾最深僻的原住民部落,曾被称为"黑色部落"。这里的两棵红桧树,树冠周长均达20米左右。族人在登山口设置公共厕所,游客如厕时可无障碍瞭望山景,许多游客到此上厕所,为的不是"方便",而是看美景。

武陵农场 位于台中市。地处深山,山环水绕,林木苍幽。春季是花的飨宴,寒梅、樱花、桃花、山樱、杜鹃千姿百态。夏秋之际,满园果实累累,果香四溢。农场外的桃山瀑布,宽约200米,如烟如雾,声响如雷。

月眉育乐世界 分为"马拉湾""探索乐园"二大主题乐园。东南亚第一座大型露天人工造浪池"大海啸"会造出2.4米的高浪,"阿酋湾"狂泻而下水量达1800升,"沙滩剧场"表演异国音乐和热情舞蹈,"漂漂河"河道长达270米,"极速勇士"高空快速滑水道高达21米,另有23种骑乘设施。

彩虹眷村 位于台中市。当地老荣民黄永阜把街道巷弄当成天然画布,彩绘色彩艳丽、造型俏皮的兔子、小鸡、猴子、小鸟、卡通人物、花朵、太阳以及彩虹等,红色、黄色、蓝色、绿色、白色,绚烂的色彩和极富想象力的线条,充满童趣。黄永阜被称为"彩虹爷爷",他所居住的眷村被赋予一个好听的名字"彩虹眷村"。

五福临门神木 位于台中市。指5棵树合抱在一起的相思树、楠树、榕树、樟树、枫树,树干粗壮,枝条交错,还有几枝树干低垂落地生根,绿荫宽广,需12人才能合抱,被台湾地区领导人蒋经国赐名为"五福临门神木"。居民相信神木护佑,在树下建了一座小亭,每逢初一、十五前来祭拜祈福。

北回归线标志塔 位于花莲县。太阳光垂直照射地球表面最北面的点连成一条线,即北纬23°26′的纬线圈,就是北回归线。每年6月22日正午12点左右的一瞬间,太阳光垂直照射北回归线,形成"立竿不见影"的天文现象。北回归线横过台湾,台湾在东西两面各立标志性建筑物,西标志碑在嘉义,东标志碑即此塔。

太鲁阁森林公园 位于花莲县。三面环山,一面紧挨太平洋。气候多变,一天之内可成春夏秋冬四季。自然景观呈亚热带到亚寒带的不同气候带特色,如被称为"达欧拉斯"瀑布的白杨瀑布,号称中横公路奇观的九曲洞,适合健步的砂卡步道,"鲁阁幽峡"被列为"台湾八景"之一。这里还有太鲁阁族部落遗迹。

七彩湖 位于花莲县。面积约1.5公顷,水深约7米。湖面呈现绚丽的七色彩光,"七彩湖"由此得名。湖底大多为沙砾夹杂的岩碎片,湖水清澈见底。周围高山林种多样,风景四季变化。动物资源珍贵,如火冠戴菊鸟、栗背林鸲、冠羽画眉、台湾长鬃山羊、金翼白眉、台湾蜓蜥、台湾猕猴、水鹿、山羌及曙凤蝶等。

清水断崖 位于花莲县。苏花公路和仁至崇德之间长约12千米的路段。刀砍斧劈似的陡峭悬崖纵直插向碧蓝的太平洋,形状如鞘,绝壁万丈,号称世界第二大断崖。碧海万顷,惊涛裂岸,海天一线,鬼斧神工。汽车经过,掠崖凌空,临海观潮,惊心动魄。

合欢山 位于花莲县。台湾岛东西水系分水岭之一,浊水溪、大甲溪和立雾溪三大河流的发源地。山势雄壮威武,山容秀丽多姿,树木苍郁深蔚,日出、晚霞和云海最著名,有"山岳典型"之誉。山腰上一道瀑布凌空而下,奇伟壮观。山区地形奇特,雪岩冰瀑,晶莹多彩。合欢谷建有滑雪场,滑雪道长达数百米。

矶崎海水浴场 位于花莲县。一湾美丽的沙岸,细砂绵延约3千米,波涛平缓,提供戏水、塑沙、烤肉、矶钓服务。浴场背倚飞行伞起飞场,戏水玩沙之余也可欣赏艳阳晴空下朵朵伞花。登上北端瞭望台远眺,沙岸圆弧迤逦而去,轻柔的浪花拍打着沙岸,镶出一条漂亮的银白花边,美丽之极。

慕谷慕鱼 位于花莲县。山峰奇秀,碧水清幽,弯弯的河床上是白色的大理岩,急流、水潭、瀑布处处可见,风景秀丽。溪边鸟语花香,蜂鸣蝶舞。这里居住的大都是原住民,他们的生活一仍其旧,有些老人甚至不会讲普通话。

阿里山森林游乐区 群峰参峙,谿壑纵横,巨木参天,既有悬崖峭壁之险,又有幽谷飞瀑之秀。神木、樱花、云海、日出,是阿里山名扬四海的四大胜景。阿里山铁路有70多年历史,是世界上仅存的3条高山铁路之一,途经热、暖、温、寒四带,景致迥异。每年三四月是樱花季,满山遍野的樱花同时绽放,美不胜收。

日月潭 位于嘉义县。淡水天然湖泊。潭中有一小岛光华岛,以小岛为界,潭水分为丹碧两色,北半湖形如圆日,南半湖形如新月,故名"日月潭"。四周群山环抱,林木葱郁,山中有水,水中有山,山水相映。春夏秋冬,晨昏晴雨,景色变幻。环湖胜景殊多,如涵碧楼、慈恩塔、玄光寺、文武庙、孔雀园等。

赤崁楼 位于台南市。原是荷兰殖民者修造的城楼,后改建成一座四方形的要塞,被称为"赤崁楼"或"番仔楼""红毛楼",郑成功收复台湾时首先攻打的就是这座楼。后在原址兴建中式祠庙,终成今日样貌。文昌阁与海神庙两座红瓦飞檐的中国传统建筑是赤崁楼的标志。拥有广阔的庭园,庭园中摆设多项历史文物。

安平古堡 位于台南市。台湾地区最古老的城堡。因为荷兰人所建,当地人称荷兰人为红毛,所以称为"红毛城"。城堡曾经是荷兰人统治台湾的中枢,后来成为

第一章　亚洲地区

郑成功三代的宅第。古堡建筑屋舍用红色砖瓦，以糖水、糯米汁捣合牡蛎壳灰、砂土等叠砌而成。今仅存外城城墙一堵、古井一口、半圆形棱堡基座及部分残迹。

亿载金城　位于台南市。俗称"安平炮台"，台湾最早的西式炮台之一。建材取自荒废的安平古堡城墙，城垣四周林木茂密，四隅有突出的棱堡，架设大炮以利远攻。城外围绕堑壕，可将海水引入形成护城河。城门以红砖砌成，外额书"亿载金城"，内额书"中流砥柱"，皆出自清代沈葆桢手笔。

大天后宫　郑成功之子郑经为宁靖王朱由桂而建。后清朝将领施琅率军攻占台湾，将平定之功归于妈祖，在宁靖王府内供奉妈祖，扩建为巍峨宏大的妈祖庙，遂改名为"天后宫"。历经数次整修，在台湾近400座妈祖庙中具有尊贵地位。塑像、雕塑皆出自名匠之手，古匾、古联之珍贵丰富更为全台庙宇少见。

关子岭黑色温泉　位于台南市。因夹带地下岩层泥质与矿物质，泉水呈灰黑色，是稀有的泥浆温泉，有"泥巴温泉"之称。由于当地盛产天然气与硫黄，泥浆水经过这些天然热源加温后滑腻而带有浓厚的硫黄味，泉水可浴不可饮，浸泡后全身舒畅，可令皮肤有柔滑感觉，堪称天然美容品。

草山月世界　位于台南市。此地为青灰岩地形，土壤含盐分高，草木难以生存，俗称"恶地"。因外表如月球表面，又称为"月世界"，是台湾3处月世界地形之一。这里只有耐旱的刺竹，不同的季节呈现红黄绿相异的样貌，冬季青翠的刺竹竹叶渐渐转为枯黄，翌年春天先转为橙色继又变为红色，形成一片翠竹红叶的景观。

安平树屋　位于台南市。这里曾是盐业仓库，后制盐工业没落，一度无人闻问，任由多株百年老榕树盘根错节随意生长，结果整个仓库皆为榕树所霸占，树与屋融为一体。老榕树的气根自破损的屋顶卜垂，光线透过树木穿进建筑物流泻而下，壮观而神秘。

高雄山　位于高雄市。原名"打狗山"，又称"麒麟山""埋金山""寿山"。古老的城门雄镇北门，当年英国领事馆就建在这里。西子湾海滩平坦，白沙细软，海水蔚蓝，风景秀丽，既是海水浴场，又是避暑胜地。寿山公园林木苍郁，泉清岩秀，相思树、凤凰树掩映着寿山寺、法兴寺、早觉园、忠烈祠、千光寺等各具风貌的建筑。

佛光山　位于高雄市。建筑疏落有致，规模宏伟，有"南台佛都"之称。大雄宝殿供奉3尊高七八米的大佛，四面墙壁有14 800多个小佛龛，在万灯照耀下更显庄严神圣。接引大佛高达36米，阳光下反射出万道金光，四周有480尊小型金身阿弥陀佛塑像围绕。佛教文物陈列馆珍藏古今中外佛教文物数千件。

西子湾　位于高雄市。以夕阳美景及天然礁石闻名。防波堤外是高雄港船只进出的水道，大小船只布满海面。海水浴场沙滩平缓，沙滩内侧设置露天游泳池，衬上海滩的椰子树，极具热带风情。夜幕低垂，海潮覆岸，渔火闪烁，海天一色，风景天成。"西子夕照"为"台湾八大胜景"之一。

85大楼　位于高雄市。总高378米，是南台湾最高的摩天大楼。左右两栋建筑在35楼以上合并成单一的高塔,在中央塔下方留下一个中空的空间。大楼内电梯和手扶梯多达92部,最快的电梯每分钟可达750米,可在45秒之内上升至77层楼。

垦丁公园 位于屏东县。三面环海,东临太平洋,西邻台湾海峡,南濒巴士海峡。陆地范围包括台地崖海滨地带、猫鼻头、南湾、垦丁国家森林游乐区、鹅銮鼻、南仁山区,海域范围包括南湾海域及龟山经猫鼻头、鹅銮鼻北至南仁湾间距海岸1千米内的海域。终年气温暖和,热带植物衍生,四周海域清澈,珊瑚生长繁盛。

猫鼻头 位于屏东县。台湾海峡与巴士海峡的分界点,与鹅銮鼻形成台湾岛最南的两端。从海崖上断落的珊瑚礁岩外形状若蹲伏之猫,因而得名。典型的珊瑚礁海岸侵蚀地形,有崩崖、壶穴、礁柱、层间洞穴等奇特景观,海岸线鸟瞰似百褶裙,故有"裙礁海岸"之称。

第二十八节 神之勇士——以色列

以色列,即以色列国(The State of Israel)。"以色列"希伯来语意为"神的勇士"。国名由来有两种说法:一说源于《圣经》。《圣经》中说犹太人雅各因与天神角力取胜,神赐名"以色列",公元前936年古犹太人国家分裂为南北两个王国,北方王国即被称为"以色列王国"。另一说是伊斯哈克之子、易卜拉欣·海里勒之孙雅和布的别名,由"以色"(奴仆)和"列"(伊尔神,即唯一的神)组成,意为"伊尔神的奴仆"。

一、自然地理

以色列位于亚洲西部的巴勒斯坦地区,东接约旦,东北部与叙利亚为邻,南连亚喀巴湾,西南部与埃及为邻,西濒地中海,北与黎巴嫩接壤。根据1947年联合国关于巴勒斯坦分治决议的规定,以色列面积约1.49万平方千米。

以色列分为海岸平原、中部丘陵、约旦大裂谷以及内盖夫沙漠等4个地理区域。内盖夫沙漠面积达1.2万平方千米,占国土面积的8/10。

以色列属于地中海型气候,夏季漫长炎热少雨,冬季短暂凉爽多雨,年平均气温22℃~33℃。降水量集中在11月至次年3月之间,6月至9月通常是无雨季节。雨季常见雷雨和冰雹,有时龙卷风会袭卷地中海沿岸。

二、国家象征

以色列的国旗呈横长方形。旗面为白色,上下各有一条蓝色宽带。蓝白两色来自犹太教徒祈祷时披肩的颜色,象征犹太精神。白色旗面正中有一个蓝色六角星,是古以色列国王大卫王之星,象征国家的权力和犹太人复国的理想。

以色列的国徽为盾徽。蓝色盾面上有个七叉烛台,系耶路撒冷圣殿中点燃祭坛的物件,象征犹太精神一脉相承。烛台两旁饰以橄榄枝,象征犹太人渴望和平。烛台下方有希伯来文"以色列国"字样。

以色列的国歌是《希望》。

以色列以耶路撒冷为首都。

三、社会生活

以色列人口约723万人,其中犹太人约占八成。希伯来语和阿拉伯语为官方语言,通用英语。以色列是犹太教、伊斯兰教和基督教的发源地。犹太教为国教,信徒超过居民总数的八成。

以色列实行民主共和制,实行普遍选举权。一院制的议会拥有立法权。总统是名义上的国家元首,总统必须指派国会的多数党或多数派联盟领袖出任总理。总理为政府首脑和内阁领导人。以色列没有明文宪法,政府运作的依据都是国会颁布的法规。以色列主要政党:工党、前进党和利库德集团。

以色列地处沙漠地带,水资源匮乏。工业比较发达,机械化、自动化程度高。钻石出口量居世界第一位。高新技术产业发展举世瞩目,电子、通信、计算机软件、医疗器械、生物技术工程、农业以及航空等方面拥有先进的技术和优势。软件开发、通信和生命科学名列世界顶尖国家之列,被称为第二个硅谷。高新技术武器出口世界近50个国家,是西方国家中仅次于美国、法国、德国、英国的第五大军火出口国。

四、民俗风情

以色列是一个移民国家,来自世界各地的移民带来了多样化的文化和风俗。以色列社会深受犹太教的影响,日常生活留有较深的宗教痕迹。

以色列人基本不穿西服,即使在正式场合也很少西装革履。按照犹太教规定,男性头戴小圆帽,犹太教的"拉比"(相当于牧师)穿戴黑色服饰,头戴黑色毡帽,并在耳朵上沿留长而卷曲的鬓发。

在犹太教的安息日(从星期五太阳入海开始到星期六的傍晚时分),所有商店早早关门,公共交通也停运,救护车等应急车辆车窗前后必须有当日可以行车的标志,否则路人会向车上扔石头、西红柿、鸡蛋。星期五晚上,夫妇们(通常为3对夫妇一组)会在某个家庭中聚会共度周末。军人只要不处于安全防卫第一线都可以回家休息,留守军事基地的人会收到家里寄来的装有食物和报纸的包裹,邮局有专为邮递该种包裹而设定的固定费率,军队的广播电台专门播出一档名为"母亲之声"的音乐节目,父母们点播一些歌曲向远离家庭的孩子们表示慰问。

犹太人的主食是饼,用小麦或大麦面制成。吃饼通常不用刀切而用手掰。信奉犹太教的以色列人禁食猪肉和其他某些肉类、贝类、无鳞鱼和任何种类的食腐动物的肉,牛肉可以吃,但必须是犹太教牧师在场时宰杀的。肉制品和奶制品不能同时食用,而鱼类、蛋、水果和蔬菜可以与肉类或奶制品同时食用。

以色列民族不拘泥礼节,但参拜圣地不能不守规矩,而且非常严格。进入犹太教的圣地或教堂,男性必须戴着一种叫"哥巴"的帽子。进入教堂必须脱鞋,绝不可嘻嘻哈哈。如果犯了什么错误,光说一句"抱歉"往往不能就此了事,必须说出犯错的原因,然后跟对方讨论、沟通,否则会招来对方的轻视。

五、旅游城市

耶路撒冷(Jerusalem) 以色列最大的城市,总统府、最高法院和国会的驻地。西亚古城,古代西亚宗教活动中心之一,犹太教、基督教和伊斯兰教的圣地。位于近东黎凡特地区。1980年以色列宣布以耶路撒冷为永久首都,但耶路撒冷的地位和归属问题阿拉伯国家一直存有争议。

特拉维夫(Tel Aviv) "特拉维夫"希伯来语意为"春天的小丘"。以色列建国时的首都,以色列大多数政府机关的驻地,绝大多数驻以色列的大使馆也设在此城。地中海沿岸新兴港口城市,全国经济和文化中心,是世界上唯一全部采用包豪斯建筑的城市。夜生活丰富多彩,向来以接受同性恋而自豪。

海法(Haifa) 以色列北部港口城市。"海法"意思是"美丽的海岸"。西濒地中海,背倚迦密山。港宽水深,为天然良港。气候温和宜人,为地中海东岸著名的旅游胜地。

六、经典景点

耶路撒冷老城 位于耶路撒冷市。老城内分为穆斯林区、基督区、犹太区和亚美尼亚区4个区域,集中了犹太教、伊斯兰教、基督教的众多圣迹,其中有著名的奥玛清真寺、阿喀萨清真寺、圣墓大教堂、胡瓦犹太会堂等,因此耶路撒冷被犹太教、基督教和伊斯兰教奉为圣地。

圣堂 位于耶路撒冷市。又称"圣殿山"。伊斯兰教认为他们的创始人穆罕默德在此"登天"接受天启,因此被列为第三圣地,其地位仅次于第一圣地麦加和第二圣地麦地那。这里也是基督教的圣地,他们认为耶稣在此遇难和升天。

圣墓教堂 位于耶路撒冷市。又称"复活教堂"。教堂里有基督教的几处重要遗迹,包括涂油石——耶稣下葬前身体停放的石头和耶稣之墓。教堂内每一个钉子、蜡烛、石头都登记在案,分属几个教派。由于教堂归属问题争斗不断,大门的钥匙只得掌管在一个阿拉伯望族手中,每天早晨由阿拉伯少年负责打开大门。

圆顶清真寺 位于耶路撒冷市。古朴的石头建筑。清真寺的圆顶镀金光芒四射。主殿的正面门廊用大理石柱支撑,每根柱子的颜色、厚度各有不同。寺内有一块石头,据说先知脚踏此石而升天,石下为洞穴,穆斯林称为"灵魂之窗"。这座清真寺被称为"圣殿山上的皇冠",出现在无数明信片上。

哭墙 位于耶路撒冷市。犹太教圣殿遗留的西墙。一年四季,无论白天黑夜,来自世界各地的犹太教徒们在此哀哭祷告,表述流亡之苦和对古神庙的哀悼,因此又称"哭墙"。把写有心愿的纸条塞进墙的缝隙,据说可直达天庭。周五日落时分,人们祷告、唱歌、跳舞迎接安息日的到来。

苦路 位于耶路撒冷市。也称"受难路",是指耶稣从受审的衙门出来,背负十字架往伽略山,最后被钉死在骷髅山上所走过的道路。很多来耶路撒冷朝圣的基督徒都要重走耶稣的受难路。

鸡鸣堂 位于耶路撒冷市。天主教堂。为纪念彼得在鸡叫两次以前3次否认耶稣,故名"鸡鸣堂"。院子里有一座描绘否认事件的雕像。入口两侧的锻铁门上刻有圣经题材的浮雕。巨大的五彩镶嵌画,描绘耶稣被绑受审、耶稣和十二使徒共进最后的晚餐、穿着教宗衣服的彼得等场景。

橄榄山 位于耶路撒冷市。耶路撒冷的宗教圣地。据记载,耶稣曾在此布道,并在死前一周从这里进入耶路撒冷。公元4世纪起此山上相继落成多座基督教教堂和圣徒纪念堂。传说弥赛亚时代将在此山开始,因此该山坡成为犹太人最神圣的墓地。

"最后的晚餐"厅 位于耶路撒冷市。一座大理石修建的房子,靠两扇门里折射进来的些许光线作为照明。这里原是一个基督教堂,基督教认为耶稣和他的门徒们就是在这里享用了最后的一次晚餐。达·芬奇的著名油画《最后的晚餐》就是描绘当时的场景。

大卫塔 位于耶路撒冷市。这里最有名的是博物馆和夜晚的灯光秀。博物馆以时间为线索,讲述以色列国家的历史;灯光秀用另一种方式展现耶路撒冷历史长河中的重要事件。模型、雕塑描摹耶路撒冷的历史,记录了圣城的兴衰。

天使报喜大教堂 位于拿撒勒市。原为圣母马利亚的故居,走廊上挂满世界各地赠送的关于圣母报喜主题的艺术作品,颇有观赏价值。旁边有在古代农舍废墟上建起来的约瑟夫教堂,相传约瑟夫是圣母马利亚的丈夫,曾在这里经营木工店。传说拿撒勒是天使告知圣母马利亚怀有上帝之子耶稣的地方,所以慕名而来者甚多。

七、世界遗产

马萨达 犹地亚沙漠东侧的一座小山,俯瞰死海,四周环绕悬崖,地势险峻。马萨达要塞始建于公元前68年,数千年间发生过许多壮烈的故事。遗迹有犹太希律王宫殿城堡、古罗马浴池和蒸汽室、储水库、墓碑、剧场、拜占庭时代基督教堂,以及犹太教徒祈祷经典残卷等,颇具宗教、建筑艺术之考古价值。

阿卡老城 位于地中海东岸,约有5000年的历史。阿卡历经战火洗礼,兴衰存亡令人荡气回肠。特殊的历史条件使这个小城成为多种文化的交会点,犹太教、基督教、伊斯兰教、巴哈伊教都曾在这里流行一时。古老遗迹生动地再现了中世纪耶路撒冷十字军王国的城市规划和城市结构。

特拉维夫白城　世界上国际风格建筑最为集中的城市之一。大部分建筑修建于20世纪30年代住房建设兴盛时期,具有白色的不经装饰的平顶,完美地体现了城市对当地独特文化、传统和地理要素的需求,是20世纪前期现代建筑运动不同流派文化的杰出代表,新兴城市建筑规划的杰出范本。

圣经废丘——米吉多、夏琐和别是巴　以色列最具代表性的早期居民遗址,并且都与《圣经》相关。这3个圣地展示了精制铁器时代的一些最佳例子和服务于人口稠密的都市社区的地下水收集系统。具有数千年历史的建筑物,反映了中央集权、繁荣的农业活动和控制主要贸易路线的存在的痕迹。

香料之路——内盖夫的沙漠城市群　位于以色列南部的荒芜沙漠中。包括纳巴泰人的哈卢察、马姆希特、阿夫达特、希夫塔等4座古城遗迹,当年的酒馆、兵站、山洞、仓库和沟渠保存完好。它们见证了2000多年前香料商贸曾经繁华兴盛的历史,极具文化、商贸传奇色彩。其主角纳巴泰人的起源和神秘消失之谜至今未解。

海法和西加利利的巴哈伊圣地　包括与巴哈伊教创始人巴哈欧拉有关的26座建筑、纪念碑、遗址和周边的花园,以及阿克的巴哈欧拉圣陵和海法的巴孛陵墓。巴哈伊教于19世纪中叶发源于伊朗,主张万教归一、天下皆为兄弟,巴哈伊圣地体现了巴哈伊浓厚的朝圣传统,以及它们所蕴涵的关于宗教信仰的深刻内涵。

迦密山人类进化遗址　位于以色列北部。包括塔帮、约马尔、艾瓦德和斯虎尔等洞穴,在这里不但发现了尼安德特人,而且还发现解剖学意义上的现代人早期化石遗迹的文化群,保存有展现人类50万年来进化历程的文化留存,为尼安德特人的消失以及智人的进化提供了新的历史证据。

贝特沙瑞姆大型公墓——犹太复兴中心　位于海法东南部。由一系列犹太人墓穴组成。这里从公元前2世纪开始不断发展,第二次犹太人反抗罗马统治的革命失败后成为犹太人的主要墓葬地。公元135年后,古犹太人在族长拉比犹大的领导下实现犹太复兴,这片遗产地正是这一时期历史的独特见证。

第二十九节　沙漠之花——阿联酋

阿联酋,全称"阿拉伯联合酋长国"(United Arab Emirates),是由阿布扎比、迪拜、沙迦、富查伊拉、乌姆盖万、阿治曼以及哈伊马角等7个酋长国组成的联邦国家。

一、自然地理

阿联酋位于阿拉伯半岛东部,北濒波斯湾,西北与卡塔尔为邻,西和南与沙特阿拉伯交界,东和东北与阿曼毗邻。面积约8.4万平方千米。

阿联酋境内除东北部有少量山地外,绝大部分是海拔200米以上的荒漠、洼地和盐滩。

阿联酋属于热带沙漠气候,夏季(5—10月)炎热潮湿,气温可达48℃;冬季(11月至次年4月)气温8℃~20℃,偶有沙暴。年降水量约100毫米,多集中于1—2月。

二、国家象征

阿联酋的国旗呈横长方形。旗面由红、绿、白、黑4色组成,代表穆罕默德后代的几个王朝。旗面靠旗杆一侧为红色竖长方形,右侧是3个平行相等的横长方形,自上而下分别为绿、白、黑3色。红色象征祖国,绿色象征牧场,白色象征祖国的成就,黑色象征战斗。

阿联酋的国徽,主体是一只黄色的隼,翼羽黄白相间,尾羽白色。隼胸前的圆形图案中有一艘行进的帆船,象征国家的航海史。隼爪下的红色底座上用阿拉伯文写着"阿拉伯联合酋长国"。

阿联酋的国歌是《阿拉伯联合酋长国国歌》。

阿联酋的首都是阿布扎比。

三、社会生活

阿联酋人口约480万人,其中外籍人口约占3/4。阿拉伯语为官方语言,通用英语。居民大多信奉伊斯兰教,多数为逊尼派。

阿联酋是当今世界唯一以酋长国名义参加联合国组织的国家。国家最高机构包括联邦最高委员会、联邦政府、联邦国民议会以及联邦最高法院。总统是国家元首、最高行政首脑、宗教精神领袖,国民议会是全国协商性咨询机构。各酋长国政府在行政、经济、司法等方面享有自主权,酋长拥有绝对的权力。

阿联酋的天然气储量居世界第五位,石油储量约占世界石油总储量的1/10,是世界上最重要的石油出口国之一。工业以石油化工工业为主,还有天然气、液化气、炼铝、塑料制品、建筑材料、服装和食品加工等工业。主要农产品有椰枣、玉米、蔬菜、柠檬等,粮食和主要肉类产品依赖进口,农、林、牧业的产值仅占国内生产总值的2.4%。人均收入超过3万美元,居世界各国之首,是世界上最富有也是物价最昂贵的国家。

四、民俗风情

阿联酋人进行商务活动一般穿保守式样的西服,商人不喜欢与商务代表谈判而更愿意与厂商直接打交道。往访政府机构及大公司必须预约。人们下班以后喜欢到咖啡店聚坐。阿联酋有焚烧熏香的习俗,檀香木香代表主人对远道而来的宾客的诚挚欢迎,因而有"香水属于阿拉伯"的说法。

阿联酋的婚礼习俗具有浓厚的阿拉伯色彩,操办婚事讲究阔气排场。婚礼活动一般进行3天,第一天宴请女宾,第二天宴请男宾,第三天宴请众人。新娘的金首饰、成套新衣服和化妆品数量之多令人瞠目结舌。赛骆驼是婚礼上一项不可缺少的重要活动。新婚之夜,新郎一个人待在新房里,深夜1点新娘在母亲的陪同下进入洞房,凌晨5点岳母再次进入洞房,询问新婚第一夜是否和谐、满意,并将女儿带走。直到上午10点钟,岳母把新娘再次交给新郎。据说这样可使小伙子体会到娶妻的不容易。

阿联酋上至高贵酋长下至普通百姓对猎鹰怀有特殊情感。猎鹰凶猛有耐性,视力极佳,能够轻而易举地抓获猎物,适合沙漠中行猎。阿联酋人平时沉默,但聊起猎鹰个个眉飞色舞。

阿联酋餐饮流行阿拉伯风味。阿联酋人喜欢饭前吃一点酸泡菜。烤牛、烤羊、烤鸡是阿联酋的特色菜肴。红茶、椰枣茶和薄荷茶是风行阿联酋的三大饮料。阿拉伯烤饼和混合各种海鲜的炒米饭,是任何一种阿拉伯餐的主食。

在阿联酋,凡是伊斯兰教所禁止的行为均在禁忌之列,犯者将受惩罚。穆斯林每天做5次礼拜,旁人不得与其谈话,更不得开玩笑。

五、旅游城市

阿布扎比(Abu Dhabi) 阿联酋的首都。"阿布扎比"阿拉伯语意为"有羚羊的地方"。位于阿拉伯半岛。典型的沙漠气候,夏季气温可高达50℃,淡水奇缺。风格各异、式样新颖的高楼大厦林立,整齐宽阔的街道纵横交错,花园式的别墅掩映在绿树鲜花丛中。这里的水比油更值钱,金饰是女人体重的一部分。

迪拜(Dubai) 迪拜酋长国首府,位于欧、亚、非三大洲的结合部。利用"石油美元"建成了一系列既现代化又最另类的建筑,人工岛、购物中心、酒店、游乐园、机场、室内滑雪场、音乐喷泉等都创世界之最,享有"中东威尼斯""世界黄金中心""海湾新娘"的美誉,"迪拜"成为奢华的代名词。

六、经典景点

谢赫扎伊德清真寺 位于阿布扎比市。为纪念阿联酋第一任总统谢赫扎伊德而建,是为数不多的对非穆斯林开放的清真寺之一。清真寺外墙全部采用希腊进口的汉白玉建造,并且将贝壳和宝石镶嵌进大理石。装修用去数以吨计的黄金,华丽水晶灯每盏价格达80万美金。据说建造清真寺共耗资55亿美元。

法拉利主题公园 位于阿布扎比市。全球最大的室内主题乐园之一。从空中俯瞰公园如同外星飞碟。这里有世界上最快的云霄飞车,最高时速可达240千米。娱乐设施应有尽有,除可欣赏法拉利各个时期的跑车外,还有风洞试验室、驾驶模拟器、空中航行,还可参观赛车组装车间。

宫殿酒店 位于阿布扎比市。为迎接海湾合作委员会首脑会议在阿布扎比召开而修建。原名"会议宫",是一座古典式的阿拉伯皇宫式建筑。酒店像一个巨大的城堡,富有浓郁的阿拉伯民族风格。酒店拥有1300多米长的黄金海岸线,内部设施极其豪华。

豪华别墅群 位于阿布扎比市。包括31栋滨海别墅和50栋水上别墅,总面积约30万平方米。所有别墅都拥有私人直升机停机坪、健身中心、游艇接送服务等设施。滨海别墅都拥有私人海滩、花园、屋顶花园、室内泳池、户外用餐区、开放式厨房等设施。水上别墅除了没有私人海滩与花园,其他豪华物事和滨海别墅一样。

萨巴尼亚岛 位于阿布扎比市。面积约87平方千米,曾是阿联酋总统的私人岛屿和皇家自然保护区。岛上有豪华的温泉度假村,阿拉伯海湾地区唯一的海滩高尔夫球场,游客可以乘坐四轮驱动车参观阿拉伯野生动物园,参加一系列惊险刺激的活动。

海滨大道 位于阿布扎比市。全长10多千米。大道两旁有高大的桉树、椰枣树和灌木树丛,还有各具风格的小花园、绿草地和喷水池。大海从近到远依次呈现深绿—浅蓝—蓝色,漫步大道仿佛走进绿色的世界,花的海洋。大道旁的海面上,枝繁叶茂的红树林形成一道天然的绿色屏风,成为阿联酋首都一道独特的风景线。

民俗村 位于阿布扎比市。一座座贝都因形式的帐篷,用棕榈树叶和泥巴盖成的屋子,早期的清真寺建筑,都是仿照游牧和渔业时期的样式。栅栏内饲养着骆驼、马、羊和牛,它们是居民主要的交通工具或畜产经济来源。仿古露天市场出售各种手工艺品。生动地展示了阿布扎比在发现石油之前的居民传统生活。

哈利法塔 位于迪拜市。又称"迪拜塔",世界第一高楼与人工构造物。由美国、比利时建筑商和韩国三星公司联合营造。总高828米,150多层,总投资超过70亿美元。建筑由连为一体的管状多塔组成,基座周围采用富有伊斯兰建筑风格的几何图形——六瓣的沙漠之花。乘坐升天电梯,两分钟内可以从地面到达顶端。

棕榈岛 位于迪拜市。人工填海而成的岛屿,伸入阿拉伯湾5.5千米,用沙子和岩石搭建而成,耗资140亿美元,是世界上最大的人工岛。岛上有水下酒店、世界上最高的摩天大楼、室内滑雪场、与迪拜城市大小相当的主题公园,1.2万栋私人住宅和1万多所公寓,可容纳6万名居民。

朱美拉古城 位于迪拜市。参照阿拉伯古城设计,阿拉伯古典城堡风格,雍容华贵。占地约45万平方米,高低错落、形态各异的建筑灵活巧妙地穿插组合,并用长度约4千米的水系分割与连接,形成一幅美丽的图画。这里不仅保留着传统的古城建筑风格,而且还有传统商铺、餐厅、小运河等,更有现代化的星级酒店。

朱美拉清真寺 位于迪拜市。依照中世纪法蒂玛王朝的建筑传统而修建。白天,清真寺圆顶上镶金的菠萝纹闪闪发光,高高在上的尖塔宣示着古兰经的庄严。晚上,皎洁的月光洒在清真寺上面,幽静神秘,突出了伊斯兰教建筑圣洁优雅的艺术风格。

旅游目的地概述

朱美拉公共海滩 位于迪拜市。迪拜大量保护良好的海滩为私人或酒店所有,唯有此海滩免费向公众开放。海滩前方是湛蓝清澈的波斯湾,背后是一排豪华酒店。有很多水上项目,如水上摩托、水上飞行等。除了各大酒店的私有沙滩,这里是迪拜唯一的能公开穿泳装的地方,也是欣赏帆船酒店的绝佳地点。

迪拜沙漠保护区 阿联酋第一个国家公园。保护区里有着多样的生物种类,野生动物包括阿拉伯羚羊、沙原羚和山瞪羚,还引进了38种原产于阿拉伯半岛的哺乳动物和爬行动物,包括阿拉伯兔、沙狐、阿拉伯红狐狸和戈登的野生猫。这里也有沙漠冲沙等特色娱乐运动项目。

卡延塔 位于迪拜市。原名"无限塔",建造耗资81亿美元。这座摩天大厦总高310米,共73层,包括购物中心、会议中心、休闲室、儿童保育中心、医疗中心。摩天楼的主要构件是现场浇注的高强度钢筋混凝土柱,每一层楼扭转1.2度,整个楼体成90度扭曲旋转,呈舞蹈状,堪称全世界"最拧巴"的大厦。

阿拉伯塔酒店 位于迪拜市。帆船形的塔状建筑,共56层,高321米,顶部有直升机停机坪。酒店备有8辆宝马和两辆劳斯莱斯轿车接送客人。大厅、中庭、套房、浴室,任何地方都是金光灿灿,连门把手、水龙头、烟灰缸、衣帽钩甚至便条纸都镀了黄金,有私家电梯、私家电影院、私家餐厅、旋转睡床、上中下三段式淋浴喷头,极尽奢华,全世界无出其右。

亚特兰蒂斯酒店 位于迪拜市。占地约4万平方米,耗资约15亿美元。大堂巨型水族缸内有6.5万余条鱼。海豚池饲养20多条从所罗门群岛进口的瓶鼻海豚。共有1539个房间,最贵的套房每夜房价3.5万美元,内有3间睡房和3间浴室,并有一张可供18人用餐的金叶餐桌。酒店从建筑、装潢到服务都极尽奢华。

迪拜河 位于迪拜市。长约10千米。迪拜河把迪拜城市分为两半。在1960年发现石油之前,当地人靠挖珍珠和经营小额贸易为主要生计,迪拜河两岸是一片黄沙,只有几间简陋的房子。如今迪拜河清澈见底,两岸的高楼大厦闪闪生光,还有传统的风塔和圆屋顶清真寺。

迪拜滑雪场 世界上最大的室内滑雪场之一,建造耗资近3亿美元。占地约2.25万平方米,面积相当于3个足球场,可容纳1500人滑雪。拥有5条难度、高度和坡度变化多端的滑雪道,其中最长的一条滑雪道长达400多米,高低落差60多米,用雪超过6000吨。

迪拜音乐喷泉 总投资约2.18亿美元。喷泉总长约275米,配有6600多个灯光、50多个彩色投影机。从人工湖吸水喷入高空后又落入湖中,覆盖面相当于2个足球场。每小时喷射水量达8万多升,高度可达150米,相当于50层楼。喷出的水柱有1000多种变化,既有音乐,又有舞蹈,还像烟火,壮观美妙。

黄金香料市场 位于迪拜市。市场内既有富丽宽敞的大商店,也有几乎难以转身的狭窄铺子。市场入口有一枚"世界上最大的金戒指",重达64千克。市场金饰品种繁多，款式多样，不仅可以挑选金项链、金耳环、金手镯，还可以自己设计款式，观看工匠现场制作首饰的过程，也可以用自己的相等分量和成色的金首饰来交换。

迪拜购物中心　　占地约83万平方米，建筑面积超过55万平方米，有约1200家商店，1.6万个停车位，还有水族馆、奥运比赛规模的冰场、6层楼高的巨幅屏幕影院、探险公园、沙漠喷泉等，是当今世界最大的购物中心之一。各种各样的商品琳琅满目，都是奢侈品。

世界贸易中心　　位于迪拜市。中东地区最重要的贸易展览中心之一。有7个主题展馆，面积超过3万平方米，具备一流的国际标准展览设施。每年举办100多个国际大型展览。有来自40多个国家的大型展区，售卖世界各地的食物、商品、手工艺品。中心还有室内滑雪场、水族馆。

七、世界遗产

艾恩文化遗址　　包括哈菲特、西里、比达—宾特—沙特以及绿洲等大量史前文化遗迹。突出的遗迹有圆形石墓葬群（约公元前2500年）、水井及大量的土坯建筑物，如住宅、塔楼、宫殿及行政建筑。艾恩文化遗址是这一地区由狩猎与采集文化向定居文化过渡的重要见证。

第三十节　白衣民族——朝鲜

朝鲜，全称"朝鲜民主主义人民共和国"（Democratic People's Republic of Korea）。原称"高丽"（意为"山高水丽"）。1392年高丽三军都制使李成桂派使臣向中国明朝称臣，明朝皇帝朱元璋取"朝日鲜明"之意，赐国号"朝鲜"。又称"白袍之国""清晨之国"。

一、自然地理

朝鲜位于亚洲东部朝鲜半岛北半部，北部与中国为邻，东北与俄罗斯接壤，南部以军事分界线为界与韩国相邻，东临日本海，西南面为黄海。面积约12.1万平方千米。

朝鲜国土八成为山地。北部多山区，东北地区多深狭山谷，平原大部分在西部地区。最高峰白头山海拔约2750米。中朝界河鸭绿江是朝鲜最长的河流，长津湖是朝鲜最大的湖泊。

朝鲜属于温带季风气候，年平均气温8℃～12℃，年降水量1000～1200毫米。

二、国家象征

朝鲜的国旗呈横长方形。旗面中间是一条红色宽带，上下各有一蓝边，红色和蓝色之间是白色细条。红色宽条中一白色圆底内有红色五角星。红色宽条象征爱国主义和顽强斗争的精神,白色象征单一民族国家,蓝条象征团结、和平,红五角星象征革命传统。

朝鲜的国徽呈椭圆形。由红色绶带束扎的稻穗构成椭圆形图案,顶间有一颗光芒四射的红五角星,其下有革命圣地白头山,中间为水坝、水电站、高压输电线架等图案,底部红色饰带上有朝文"朝鲜民主主义人民共和国"字样。红五星象征革命,水电站和稻穗分别象征工人、农民,红色绶带束扎在国徽周围象征团结和胜利。

朝鲜的国歌是《爱国歌》。

朝鲜的首都是平壤。

三、社会生活

朝鲜人口约2267万人。全国为单一的朝鲜族。通用朝鲜语。只有少数人信奉宗教,主要是佛教、基督教。

朝鲜国家最高权力机关是最高人民会议,行使立法权。最高人民会议常任委员会委员长代表国家。国防委员会为国家最高军事领导机关,国防委员会委员长是统率政治、军事、经济力量的国家最高职位。内阁是全面管理国家的行政机关。朝鲜的执政党是朝鲜劳动党。

朝鲜已探明矿产300多种,石墨、菱镁矿储量居世界前列,铁、铝、锌、铜、银等有色金属和煤炭、石灰石、云母、石棉等非金属矿物储量丰富,水利和森林资源也较充裕。工业以采矿、电力、机械、冶金、化工、纺织等为主,优先发展工业、电力、煤炭、铁路运输四大先行产业。农业以种植水稻和玉米为主。

四、民俗风情

朝鲜人以鞠躬、握手为礼,但女人一般不与男人握手,只是鞠躬致意。朝鲜人习惯称呼职务、职称。金、李、朴、崔、郑合称"朝鲜五大姓"。

朝鲜族喜穿素白衣服,一般为短衣长裤。男子上衣斜襟无扣,用布条打结外加坎肩,裤裆肥大,裤脚系带。妇女短衣斜襟无纽扣,以彩带为结。老年妇女多穿白色长裙,中年妇女多穿缠裙,长及脚跟。年轻妇女的裙幅多为色彩鲜艳的绸缎。男子多穿平面白胶鞋,女子穿船形胶鞋。如今只在节日或民族集会上才穿民族服装。

朝鲜人视尊老敬老为传统美德。子女起床后向父母问安,远行归来向父母施跪拜礼;父母外出、回归,子女迎送并施礼;年长客人临门,父母率先向来客施跪拜礼,然后令子女向客人施跪拜礼。路遇长辈或上级,鞠躬、问候并为之让路。就餐时,给老人摆单人桌,儿媳恭顺侍候,老人用餐完毕后才全家就餐。晚辈不在长辈面前喝酒,若无法回避则背席而饮。年轻人不在老人面前吸烟,更不与老人对火。

元旦黎明时分,朝鲜人把一些钱塞进扎好的稻草人中,扔到十字街头,意为送走邪恶的魔鬼,迎来福星高照。黄昏时,把全家人一年里脱落的头发全部烧掉,据说可保四季平安。新年期间,除享受美味佳肴外,用糯米、栗子粉、松子、枣泥、蜂蜜等蒸煮成饭,据说可使家人兴旺,日子甜蜜。

朝鲜族青年男女订婚,先由父母陪着儿子去女方家求婚。如女方父母拒见,预示婚事不谐。双方老人见面,男女青年可旁听,说明婚事有成功希望。男女青年必须明确表示愿意赡养双方老人。女方不会向男方索取财物,男方买些服装和姑娘所爱之物相赠。

米饭是朝鲜人的主食。米饭、打糕、冷面、饺子汤是待客的上佳之选。几乎每餐都有凉拌菜、腌制品或荞麦冷面。朝鲜人喜欢吃狗肉,爱喝酒。朝鲜族饮具器皿讲究冬用铜碗,夏用瓷碗。用餐时,桌子中间一盆饭,一人一匙,备有凉水。

朝鲜人递接物品以用双手为佳。在他人面前吐痰、擤鼻涕、掏耳朵,都是没教养的表现。朝鲜人不吃鸭子、羊肉或肥猪肉。朝鲜人很不喜欢数字4,因为它的发音与"死"相似。称服务员为"小姐"有侮辱之嫌。

五、旅游城市

平壤(Pyongyang) 朝鲜的首都,位于朝鲜半岛西北部,因地势平坦而得名。平壤山水环抱,大同江横跨市区,碧波荡漾,风景优美。城区面积八成是公园和绿化用地,是世界上绿化面积比重最大的城市之一,被称为"花园城市"。城内柳树成行,随风摇曳,享有"柳京"之誉。

咸兴(Hamhung) 咸镜南道的首府,位于朝鲜半岛东海岸。拥有化学工业、机械工业、纺织工业等众多重工业和轻工业基地,素称"工都"。朝鲜战争时期被夷为平地,原有的工业基础全部被毁,战后重建,现已成为一座现代化的工业城市。

清津(Chongjin) 咸镜北道的首府,朝鲜最大的钢铁工业基地。清津港配备现代化装卸设施,又有铁路接通中国及俄罗斯,设有占地30平方千米的货仓及露天货场,是朝鲜最大的港口之一。

新义州(Sinuiju) 平安北道的首府,轻工业中心之一,新义州—平壤—咸兴—罗先电气化铁路的起点,也是京义线(首尔—新义州)铁路的终点,还是中朝国际铁路线朝鲜段的第一个火车站。位于朝中边境鸭绿江南岸,与中国辽宁省丹东市隔江相望,为中朝贸易口岸。风光秀丽,古迹众多。

开城(Kaesong) 位于朝鲜半岛中西部,曾是朝鲜半岛第一个统一国家高丽国的首都。松岳山上松林茂密,因此被称作"松都"。拥有众多的历史遗迹和文物,朝鲜半岛军事分界线、板门店就在开城附近。当地特产高丽人参驰名国际。

六、经典景点

妙香山 位于平壤市。朝鲜四大名山之一。山势奇妙,漫山馨香,景致绝佳。

旅游目的地概述

四季景色各异,春暖花开,夏绿盎然,秋色斑斓,冬雪茫茫,尤以秋天满山红叶最为壮观,向有"三千里锦绣江山皆名胜,未见妙香山莫谈景"之说。历史博物馆保存着5400多件遗迹和遗物以及高丽时期的木板雕刻大藏经。

万景台 位于平壤市。大同江畔的山上保存有石质的古烽火台,可俯瞰山景和江水,饱览万景,因而得名。万景台下的七谷洞是金日成将军的诞生地,带有神圣色彩。朝鲜许多纪念物和歌曲皆以"万景台"命名。

金日成广场 位于平壤市。以巨大的金日成铜像为中心,两侧是红旗下的群像雕塑,后面是朝鲜革命博物馆,南北分别是主题思想塔和人民大学习堂。这里是朝鲜举行重要政治文化活动、庆祝大会、公众集会、阅兵式的场所。

凯旋门 位于平壤市。高约60米,宽52.5米,用1万多块精雕细琢的花岗石砌成,规模宏大。拱门为朝鲜传统的城门形式,门柱正面镌刻白头山、《金日成将军之歌》和金日成投身革命到凯旋回国的年代"1925"和"1945"字样。门柱边缘有70块金达莱花纹浮雕石板,标志金日成的70寿辰。南北两侧壁面上还有浮雕群像。

主体思想塔 位于平壤市。为祝贺金日成70寿辰而建。由主塔、3人群像、6幅主题群像、两座亭阁和两个喷泉组成。主塔高约170米,塔身分70节,由25 550块花岗岩砌成,象征金日成将军70寿辰和70年的总天数。塔身底部背面镶嵌600多块珍贵石料,是90多个国家的国际友人和外国主体思想研究组织赠送的。

朝中友谊塔 位于平壤市。为纪念中国人民志愿军烈士而建。塔高30米,由1025块花岗岩和大理石砌成,象征志愿军赴朝参战的10月25日。塔身正面嵌有"友谊塔"3个朝文镏金大字,每个字重40千克。塔顶有一个铜质镀金五角星,重达500千克。塔内有一个圆形石室,石室中央放置一块重1吨的大理石基座,里面保存着10本志愿军烈士的名册原本。

人民大学习堂 位于平壤市。朝鲜国家图书馆,由金日成命名。由10座楼组成,总建筑面积约10万平方米。34个屋顶组成的朝鲜式青瓦屋顶,如展翅腾空的群雁,雄伟清雅。大厅里明净的墙壁,圆形的立柱,花纹大理石的装饰,玉石铺成的花纹地板,十分和谐。藏书3000多万册,设有15个阅览室、14个教室,可容纳1.2万人。

金刚山 位于平壤市。奇峰峻岭连绵不绝,号称山峰1.2万座。主峰毗卢峰海拔约1639米。金刚山划分为外金刚、内金刚、海金刚3个地区。外金刚有万物相、集仙峰等山岳和无数瀑布峡谷,内金刚有万瀑洞等柔和秀丽的溪谷,海金刚以碧波荡漾的海景湖色别具一格。

西海水闸 位于平壤市。水闸大坝长8千米,有3间闸室,36个闸门,还留有3条鱼路。水闸既可以防止海水倒灌,又可以储存数十亿立方米的淡水,灌溉平安南道和黄河南道约10万公顷的土地,解决大同江下游地区城乡用水及南浦、大安等地区的工业用水,一举数得,是世界著名的拦海大坝之一。

牡丹峰 位于平壤市。重峦叠嶂,酷似一朵盛开的牡丹。松树、五叶松、椴树、杏树、山樱等各种树木成林，春天各式鲜花遍野，还有清流绝壁、牡丹瀑布、清流瀑布等景观，自古被称为朝鲜八景之一。保存着高句丽的古式亭台楼阁，如乙密台、最胜台、浮壁楼、清流亭等。

普贤寺 位于平壤市。朝鲜五大寺院之一。原有24座建筑，现存大雄殿、曹溪门、解脱门、天王门、万岁楼、观音殿、灵山殿、酬忠寺、《八万大藏经》保存库、解藏院、四角九层塔、八角十三层塔、普贤寺碑等。大雄殿为歇山式屋顶，仿流线型粗腰房柱，雕塑装饰，和谐端庄。寺内保存着13世纪刻印的佛教经典。

最胜台 位于平壤市。朝鲜李朝时期的楼亭。1716年修建，初名"五胜台"。建在高高的台基上，四面围以城垛，为单层双檐、歇山式屋顶的建筑。正面3间，侧面两间，上细下粗的柱子上有双翼拱斗拱。春季，一簇簇金达莱盛开，与郁郁葱葱的松林、杏林交相辉映，曼妙如画。

统军亭 位于新义州市。朝鲜关西八景之一，被指定为国宝。建造时间无从稽考，应当属高丽初期的建筑物，1538年重建，1823年修复。甲午战争期间，日本军队曾在此向中国军队开炮，造成多人死伤。在统军亭远眺，中国辽宁省的虎山及鸭绿江景色尽收眼底。

板门店 位于开城市。朝鲜战争停战谈判的会场。曾在这里用木板建造一个小店铺，"板门店"之名即源于此。因军事停战委员会会议室、中立国监督委员会会议室位于此，被称为"停战村"。板门店军事分界线的两侧有朝鲜、韩国的哨所，路边壕沟、反坦克路障、堵路滚石等军事设施保留了当年的战时状态。

七、世界遗产

高句丽墓葬群 位于平壤市、南平安道、南浦市和黄海南道。包括墓葬约30座，分布在12个地点，半数以上是高句丽帝王、皇室成员或贵族的墓。高句丽曾是中国东北和朝鲜半岛上一个强大的王国。古墓群多以精美的壁画装饰，内容涉及当时的朝鲜文化和神话传说，几乎是高句丽文化唯一的遗迹。

开城历史古迹地区 开城位于朝鲜黄海北道，是东亚地区及朝鲜新兴轻工业中心开城工业地区的一部分。此地曾是高丽时代的古都——开京，经历了500多年的繁荣，传统商业兴盛。开城拥有众多的历史遗迹和文物，有王陵、故宫等，最有代表性的是高丽国的王宫"满月台"。

第三十一节 四金古国——乌兹别克斯坦

乌兹别克斯坦，全称"乌兹别克斯坦共和国"（The Republic of Uzbekistan）。"乌兹别克"的含义是"自己统治自己"，即"独立"。

一、自然地理

乌兹别克斯坦位于中亚腹地,西北濒临咸海,与哈萨克斯坦、吉尔吉斯斯坦、塔吉克斯坦、土库曼斯坦和阿富汗毗邻。面积约44.7万平方千米。

乌兹别克斯坦全境地势东高西低,大部分是克孜勒库姆沙漠。东部和南部属天山山系和吉萨尔-阿赖山系的西缘,内有费尔干纳盆地和泽拉夫尚盆地。吉萨尔峰海拔4643米,为乌兹别克斯坦最高点。主要河流有阿姆河、锡尔河和泽拉夫尚河。乌兹别克没有出海口,5个邻国也没有出海口,是世界上两个"双内陆国家"之一。

乌兹别克斯坦属于典型的大陆性气候,夏季酷热干燥昼热夜凉,冬季寒冷雨雪不断。7月平均气温26℃~32℃,南部最高可达40℃;1月平均气温-6℃~-3℃,北部最低温度可达-38℃。年均降水量平原低地80~200毫米,山区1000多毫米,降水季节主要在秋冬季。

二、国家象征

乌兹别克斯坦的国旗呈横长方形。自上而下为浅蓝、白、浅绿3色平行宽带,白色和浅蓝、浅绿色宽带之间为两道红色细条,浅蓝色宽带左侧有一弯白色新月和12颗白色五角星。蓝色象征蓝天,绿色象征绿地,白色代表纯洁善良,一弯新月和12颗星星表示信仰伊斯兰教。

乌兹别克斯坦的国徽呈圆形。圆面上有一只展翅的吉祥鸟,背景是冉冉升起的太阳和碧绿的原野。圆面上端为一颗八角星,星内绘有一弯新月和一颗五角星。圆周两侧为国旗颜色的饰带捆束的棉桃和麦穗。

乌兹别克斯坦的国歌是《乌兹别克斯坦共和国国歌》。

乌兹别克斯坦的首都是塔什干。

三、社会生活

乌兹别克斯坦人口约2761万人。有129个民族,乌兹别克族约占总人口的八成。官方语言为乌兹别克语,通用俄语。伊斯兰教信徒占人口总数的九成以上。

乌兹别克斯坦是共和制国家,立法、行政、司法三权分立。总统是国家元首、内阁主席和武装部队最高统帅,终身为宪法法院成员。最高会议行使国家立法权。乌兹别克斯坦主要政党:人民民主党、自我牺牲者民族民主党、公正社会民主党、民族复兴民主党。

乌兹别克斯坦是中亚5国中经济实力较强的国家,国民经济支柱产业是"四金":黄金、白金(棉花)、黑金(石油)、蓝金(天然气)。天然气储量居中亚第二位,黄金储量居世界第四位,铀储量位列世界前七位,铜、钨、银、白金、锌、铝矾土等储量也非常丰富。农业以棉花种植业为重点,桑蚕业、畜牧业、蔬菜瓜果种植业也占有重要地位。棉花产量居世界第四位,生丝、洋麻、羊羔皮、蚕茧产量在中亚国家中名列前茅。

四、民俗风情

乌兹别克男子相见,手放胸前鞠躬后握手;妇女相见,手放胸前鞠躬后可拥抱。他们注重礼节,尊重长者,行路让长者优先,骑马外出长者在前幼者在后,用餐时长者居上座幼者居下座。

按传统习惯,乌兹别克男女青年结婚遵循先长后幼的原则,兄姐未婚嫁,弟妹不可先娶先嫁。婚姻关系宗教色彩较浓,习惯在亲戚之间通婚,姑表、姨表、堂兄妹之间均可结成婚姻关系。亲事一般都是包办性质,先由男方父母选定对象,再请媒人正式提亲,然后举行订婚仪式,商定彩礼及其他婚典费用。

乌兹别克斯坦人能歌善舞,每逢节假日都要唱歌跳舞。乌兹别克斯坦人擅长刺绣,他们的床单、枕套、帽子、衣服等都有精美的绣花。一般家庭都在房屋中央挖一大坑,坑中放炉生火,坑沿搭上木板,人可以睡在木板上,又做饭,又取暖。乌兹别克斯坦人认为多子多福,家家孩子少则几个,多则几十个,所以年轻人的比例很高。

信仰伊斯兰教的乌兹别克斯坦人,多食牛肉、羊肉、马肉和奶制品。日常饮食离不开馕(一种烤制的发面饼)和茶。各种烤肉串、烤包子等传统小吃在街头随处可见。对手抓饭情有独钟,每个家庭都有专做抓饭的厚重铁锅。宴请尊贵客人时,手抓饭是必不可少的民族佳肴,通常要等到最后一道菜上完才端上饭桌。婚丧嫁娶、婴儿出生或举行其他庆祝活动时,所有参加活动的男士都要在早上5点左右、太阳升起前到主人家里或聚会地点去吃手抓饭,而这项仪式一般不允许女人参加。这种手抓饭要精心焖制2~3小时,再拌上羊尾油和切成小块的熟肉,撒上切碎的绿色时蔬,营养丰富,色香味美,别具风味。

乌兹别克斯坦人信奉伊斯兰教,忌吃猪肉、狗肉、驴肉和一切动物的血。饭前必洗手,洗手后不能乱甩,要用毛巾擦干。用餐过程中不能脱帽,不能咳嗽,对食物不能挑来挑去、嗅闻摸擦。吃馕时不能拿着整个馕往嘴里放,而要分成数块。家里有少妇的禁止外人进入,新婚夫妻的房子更禁止外人进入。

五、旅游城市

塔什干(Tashkent) 乌兹别克斯坦的首都。"塔什干"意为"石头城"。位于中亚心脏地带。骄阳之下沙浪滚滚,有"荒原"之称。塔什干为伊斯兰文化古城,"丝绸之路"必经之地,中国文化名人张骞、法显、玄奘都曾在此留下足迹。在1966年大地震中塔什干变为废墟,30万人无家可归,如今已是中亚地区最大的城市和重要的经济文化中心。

撒马尔罕(Samarkand) 中亚古城,丝绸之路上重要的枢纽城市。"撒马尔罕"意为"肥沃的土地"。位于东南部泽拉夫尚河谷地。具有 2500 年的沧桑历史，融合了印度、波斯、突厥等古国文明，素有"东方罗马""伊斯兰教珍珠"的美称。素有"不到撒马尔罕，就不算真正到过乌兹别克斯坦"的说法。

六、经典景点

独立广场 位于塔什干市。占地 12 公顷，绿树成荫，草坪翠绿，是乌兹别克斯坦最重要的广场。广场上矗立着独立纪念碑，因而广场成为自由和独立的象征。广场是居民休闲娱乐的去处，总是人山人海。

帖木儿广场 位于塔什干市。为纪念乌兹别克斯坦历史上的战略家帖木儿而建，广场正中有帖木儿策马横戈的铜像。广场绿树环抱，树下长满花草，柏油小路穿行在绿荫之间，各种鸟儿在草坪上觅食，鸟鸣之声不绝于耳。这里的夏天气温高达 40℃，孩子们经常在喷泉下冲凉，广场成为孩子们的乐园。

地震纪念碑 位于塔什干市。又称"英勇纪念碑"，为纪念 1966 年塔什干大地震死难者而建。主体造型是一对男女石刻雕像，男人迈开大步，脚踏废墟，右手臂把女子拦在身后，女子也伸出右手与灾难抗争。在这对男女前方有一道深深的裂缝，延伸到一块方形时钟雕塑，时钟的时针和分针停留在地震发生的具体时间。

塔什干电视塔 塔高 375 米，综合了乌兹别克斯坦的传统和现代建筑风格。配有广播、电视和其他类型的通信设备，具有传送电视节目、接收和传送卫星电讯信号、气象观测及旅游观光等多种功能。高速电梯能在 30 秒之内将游客送至最高层的餐厅。

恰尔瓦克湖 位于塔什干市。其实是一个水库，由高 168 米的石头大坝围成。湖面碧绿，湖水清澈。湖泊四周被山脉包围，夏季非常凉爽，是避暑胜地。在湖边右侧，有一条通向附近山脉的羊肠小道。

塔什干动物园 占地 227 公顷，为中亚最大的动物园。动物园的一大特色是水族馆，可以观赏鲨鱼、珊瑚虫等。动物实行轮休制度，如狮虎山每天只放出少数狮虎，而且藏在某个角落。除了这些活生生的动物外，还有大量的标本。

兀鲁伯天文台 由帖木儿帝国的创建人帖木儿的孙子、著名天文学家兀鲁伯于 1428—1429 年建造，是中世纪时期具有世界影响的天文台之一，为 3 层圆形建筑物，有独特的大理石六分仪和水平度盘。巨型象限仪半径达 40 米，这在当时非常罕见。兀鲁伯在此测出的一年时间的长短与现代科学计算的结果相差甚微。

列基斯坦神学院 位于撒马尔罕市。一组宏大的建筑群，内有金碧辉煌的清真寺。神学院是中世纪培养穆斯林神职人员的学府，其中兀鲁伯神学院是 15 世纪最好的穆斯林学府之一。据说撒马尔罕的统治者兀鲁伯曾亲自在此授课，这里是他统治期间世俗科学思想的中心。

紫敏国家公园 乌兹别克斯坦最古老的自然保护区，占地 156 平方千米。公园少有人涉足,古老山地生态系统和植物系统都处于自然的状态,其中的一些杜松已经生长了 2500 多年。公园中有野兔、狐狸、豪猪、野猪、突猞猁,甚至还有雪豹。

咸海 位于哈萨克斯坦和乌兹别克斯坦的交界处。散布着 1000 多个小岛,北岸有许多大大小小海湾。曾经是世界上最大的内陆湖之一,由于咸海海水被大量用于农业灌溉项目,再加上气候持续干旱,导致湖面水位下降,湖水盐度增高,湖盆附近地区干盐堆积。

七、世界遗产

布哈拉历史中心 位于泽拉夫尚河河谷地区,面临沙赫库德运河,坐落在一块绿洲上。建于公元前 1 世纪,历史上丝绸之路途经此处,是当时的宗教和贸易中心。布哈拉历史中心有各个王朝修建的宫殿、清真寺等,被称为"博物馆城",是中亚城市中绝大多数建筑物保存完好的中世纪城市的范例。

西部天山 天山为世界七大山脉之一。西部天山指天山山脉的西部地区,最高处海拔超过 4500 米,地貌多样,生物种群极其丰富。这里是世界多种水果作物的发源地,还拥有多样的森林类型和独特的植物群落体系。

第三十二节 中东雪松——黎巴嫩

黎巴嫩,全称"黎巴嫩共和国"(The Republic of Lebanon)。国名源于黎巴嫩山脉。"黎巴嫩"希伯来语意为"白色山岭"。

一、自然地理

黎巴嫩位于亚洲西南部的地中海东岸,东部和北部邻叙利亚,南界巴勒斯坦、以色列,西濒地中海,面积约 1.04 万平方千米。

黎巴嫩地形分为沿海平原、黎巴嫩山地、贝卡谷地和东部的安提黎巴嫩山。黎巴嫩山纵贯全境,库尔内特—萨乌达山海拔高 3083 米,为黎巴嫩最高峰。黎巴嫩河流众多,向西注入地中海,利塔尼河为最长的河流。

黎巴嫩属于热带地中海气候,大部分地区 10 月至次年 4 月为雨季。7 月平均气温为 32℃,1 月平均气温为 11℃。年降水量约 1000 毫米,山区约 1200 毫米。

二、国家象征

黎巴嫩的国旗呈横长方形。中间为白色长方形,上下为两个红色长方形,旗中间是一棵绿色黎巴嫩雪松。白色象征和平;红色象征自我牺牲精神;雪松在《圣经》上被称为植物之王,代表坚忍不拔的斗争精神和人民的力量,象征纯洁和永生。

黎巴嫩的国徽为盾徽。盾面上为斜置的国旗图案,周围有白色绶带,底部的白色饰带上分别用阿拉伯文和法文写着"黎巴嫩共和国"。

黎巴嫩的国歌是《黎巴嫩共和国国歌》。

黎巴嫩的首都是贝鲁特。

三、社会生活

黎巴嫩人口约402万人,绝大多数是阿拉伯人。阿拉伯语为国语,通用法语和英语。居民一半以上信奉伊斯兰教。

黎巴嫩是议会共和制国家。总统由议会选举产生。议会为一院制,议员由普选产生。黎巴嫩主要政党:真主党、未来阵线、长枪党、自由国民党、社会进步党。

黎巴嫩矿产资源较少,工业基础薄弱,以加工业为主。农业欠发达,粮食主要靠进口。农产品以水果和蔬菜为主,主产柑橘、苹果、葡萄和香蕉,水果产值占农业产值的一半。经济作物有烟草、甜菜、橄榄等。外贸在国民经济中占有重要地位。平均每3人拥有一辆汽车,人均汽车拥有量居世界前列。

四、民俗风情

黎巴嫩人见面一般以握手为礼。商务活动事先约定,但并不准时赴约。鲜花和糖果是比较合适的礼物。他们爱听笑话,喜欢别人赞美他们的家庭。

黎巴嫩允许近亲婚姻。传统的婚礼长达7天,有的地方还会鸣枪助兴。黎巴嫩人非常重视彩礼。黎巴嫩美女闻名遐迩,曾多次获得世界小姐的桂冠。

黎巴嫩的菜式多以蔬菜为主。除了中东常见的鸡肉、羊肉和牛肉,海鱼也是餐桌的主菜。"薄肉饼"是黎巴嫩人最爱的小吃,饼上覆盖着一层阿拉伯香料和肉馅、西红柿丁和红辣椒片,又脆又香。餐厅、菜肴常常用一些恐怖的名称,如"杀人快餐店""恐怖分子面包""蝮蛇"等。

黎巴嫩允许非伊斯兰教徒进入清真寺参观,但必须脱鞋,女士需围上头巾。在黎巴嫩,不要给妇女拍照。

黎巴嫩人不吃猪肉不喝酒,不能以酒和香烟作礼物。他们不喜欢黄色,妇女忌讳暴露肌肤。饭后是谈公事的合适时机,可以谈论买卖、孩子、教育和旅行,但避免谈论政治、宗教和男女关系。

五、旅游城市

贝鲁特(Beirut) 黎巴嫩的首都,中东地区重要的交通枢纽和文化中心,有"中东小巴黎"的美誉。"贝鲁特"意为"多井之城"。位于地中海畔。保存有罗马时期的城墙、庙宇、水池的遗址和奥斯曼帝国时期的清真寺。夜总会、酒馆、赌场、跑马场为数众多,为阿拉伯世界所罕见。

六、经典景点

贝特丁宫 位于贝鲁特市。始建于18世纪末期,巴希尔·谢哈布酋长1840年流亡国外前的行宫。分三部分,一为巴哈尼埃宫,二为马斯塔宫,三为哈里姆宫。贝特丁宫造型优美,雕琢精细,富有民族特色,是黎巴嫩建筑的瑰宝。

国家博物馆 位于贝鲁特市。博物馆共两层,第一层展览腓尼基文物,包括腓尼基国王石棺,石灰石和大理石古雕塑,充满浓厚的宗教色彩。第二层展览自石器时代到瓷器时代的各种文物,包括纯金首饰、玻璃瓷器、珠宝玉坠。

贝鲁特美国大学 被称为"中东的哈佛学院",奉行美国式的教育方式,宣扬言论自由,注重社会责任,主张人权平等,不论肤色、种族和信仰差异,培养出了很多中东国家政界、商界和学界的领袖和领军人物。学校不大,但风景绝佳,与地中海仅相隔一条马路。

十字军城堡 位于贝鲁特市。中世纪城堡。石阶古老而沧桑,美丽的比卜鲁斯古港口里停靠着无数的游艇,蜿蜒的海岸惊涛拍岸,城墙脚下荒草瑟瑟,风声鹤唳地诉说着神奇的历史故事。

杰达溶洞 位于贝鲁特市。1836年由美国传教士发现,《天演论》的作者赫胥黎曾两次前往探险。分上下两洞,上洞洞顶为罗马教堂式穹隆,廊道上的岩石千姿百态,硗石和断裂地形尤为壮观。下洞既有瀑布激水,又有曲径通幽,另有地下河可以泛舟游览。

圣马利亚山 因有圣母马利亚雕像而得名。圣母马利亚雕像高12米,位于一间小教堂顶部。小教堂后侧的大教堂,上下两层可容纳上千人,教皇保罗二世曾在此举行弥撒。山上有20多座教堂及修道院,最古老的一座已有近400年历史。

七、世界遗产

安杰尔 位于贝卡地区。古城呈正方形,四周建城墙,每墙中间开门,由十字道路将城内分为4个区域,这种城市格局与罗马城市的布局风格相似。城内有王宫、公共浴池和清真寺。商店分布在大道两旁,店前都是拱门形状,支撑着高矮粗细各不相同的大柱,柱头的形状和装饰各不相同,成为倭马亚城市规划设计的唯一见证。

巴勒贝克 位于贝卡谷地。"巴勒贝克"意为"太阳城"。从公元前2000年开始,这里修建了一批祭祀太阳神巴勒、万神之神朱庇特、酒神巴卡斯和爱神维纳斯的宗教建筑。这些神庙不但是当时神圣的祭祀中心之一,也是罗马帝国鼎盛时期的代表作之一和至今保存最完好的罗马时代的神庙。

比卜鲁斯 位于贝鲁特北郊。世界上至今一直有人居住的最古老的城市之一,现存大量历史遗址,如旧石器时代人类居住的洞穴、新石器时代人类居住的遗址和墓地、巴拉特女神庙、腓尼基国王墓、十字王城堡等，石碑上刻有迄今看到的最早的拼音文字。比卜鲁斯和数千年来地中海地区的传奇和历史紧密联系在一起。

泰尔-罗马竞技场 位于阿卡的北郊。泰尔是古代腓尼基人的城市。孕育文明的"欧罗巴"，传播腓尼基字母的卡德谬斯，都来自泰尔。罗马竞技场象征着在早期文明西传到爱琴海以及后来欧洲的过程中所特有的枢纽地位。

圣谷和神杉林 "圣谷"是指黎巴嫩中北部地区群山夹峙、重峦叠嶂之下的谷地，是世界上早期基督教最重要的修道士聚居地，崎岖不平的地形上坐落着许多年代久远的修道院。"圣谷"地区有漫山遍野的雪松，被称为"神杉林"，为古代宗教建筑提供了优质的木材。

第三十三节 政教合一——伊朗

伊朗，全称"伊朗伊斯兰共和国"（Islamic Republic of Iran）。"伊朗"古波斯语意为"光明"。曾名"波斯"，中国汉代称其为"安息"。

一、自然地理

伊朗位于亚洲西南部，中北部紧靠里海，南靠波斯湾和阿拉伯海，东邻巴基斯坦和阿富汗，东北部与土库曼斯坦接壤，西北与阿塞拜疆和亚美尼亚为邻，西界土耳其和伊拉克。面积约164.8万平方千米。

伊朗国土绝大部分位于伊朗高原，沙漠和荒地占1/3。北部里海和南部波斯湾、阿曼湾沿岸一带为冲积平原。德马万德峰海拔高5670米，为伊朗最高峰。世界上最大的咸水湖里海的南岸即属伊朗。

伊朗大部分地区属于沙漠性气候和半沙漠性气候，干热季节可持续7个月。北部春夏秋季较为凉爽，冬季较为寒冷；南部夏季炎热、冬季温暖。降水量各地相差甚大，里海一带可达1000毫米以上，中央高原在100毫米以下。

二、国家象征

伊朗的国旗呈横长方形。自上而下由绿、白、红3个平行的横长条组成。白色横条正中镶嵌红色的伊朗国徽图案。白色与绿色、红色交接处，用阿拉伯文写着"真主伟大"。绿色代表农业，象征生命和希望，白色象征神圣与纯洁，红色表示丰富。

伊朗的国徽，由四弯新月、一本《古兰经》和一把宝剑组成。四弯新月和一本经书组合成阿拉伯文"安拉"（真主），新月代表伊斯兰教，《古兰经》象征伊斯兰教义高于一切，是共和国行为准则的依据。四弯新月和正中的一把宝剑表示伊斯兰教五大信仰以及伊朗人民坚定的信念和无比的力量。圆形图案代表地球，表示真主"安拉"的伊斯兰思想遍及全球。

伊朗的国歌是《伊朗伊斯兰共和国国歌》。

伊朗的首都是德黑兰。

三、社会生活

伊朗人口约 7515 万人,其中波斯人约占 2/3,阿塞拜疆人占 1/3。官方语言为波斯语。居民基本上都信奉伊斯兰教,九成为什叶派,是世界上什叶派穆斯林最多的国家。

伊朗宪法规定政教统一,神权高于一切,伊斯兰信仰、体制、教规、共和制及最高领袖的绝对权力不容更改。宗教领袖是伊朗国家最高领导人、武装力量总司令,也是伊朗政教合一的象征。总统既是国家元首又是政府首脑,议会是最高立法机构。伊朗主要政党:德黑兰战斗的宗教人士协会、伊斯兰指导党、伊朗拜火教协会。

伊朗石油储量占世界总储量的 1/10,居世界第五位,天然气储量占世界总储量的一成半,居世界第二位。伊朗是世界第二大原油出口国,石油收入占外汇总收入的一半以上。石油化工、钢铁、汽车制造业比较发达,电子工业、核工业、计算机软硬件业发展很快。农业主产小麦、大麦、棉花、甜菜、水果、羊毛等。开心果、苹果、葡萄、椰枣等远销海内外,是世界上最大的开心果出口国。

四、民俗风情

悠久的历史和灿烂的文化,培养了伊朗人民热情、善良、纯朴的性格。伊朗人喜欢鲜花,尤其是玫瑰花,视作高雅、完美、幸福和纯真爱情的象征。视金鱼为美丽的吉祥物。非常喜欢兽中之王狮子,认为它有神圣和吉祥之意。对于绿色、新月、宝剑这些具有伊斯兰教色彩之物,伊朗人十分崇拜。

伊朗的男人一般穿不超过膝盖的长衫,腰围至脚面以上的围裤,头裹长长的包头巾。女性穿灯笼裤,用大块布包头,佩戴许多饰物。男子有的留胡须,女性一般要戴面纱。

伊朗人相见时都会说"萨拉姆"(你好),喜欢别人称他们的姓并加上学术或职务头衔。宾客相见,习惯以握手为礼,然后亲吻对方,身份相同的互吻嘴唇,身份稍低的吻面颊,身份差距很大的则以俯拜为礼。

伊朗人爱吃面食,也吃米饭。作为主食的"馕"一日三餐不可或缺,早餐就蜂蜜和奶酪、果酱而食,中晚餐做点鸡腿或油煎肉饼裹着菜肉而食。讲究的正餐是一份烤肉,配一些生洋葱、整个或半个烤番茄、一些馕,加上一瓶可乐类饮料。烤羊肉串是伊朗名菜。伊朗人还常以一种叫"马加拉特"的黏土为食,"马加拉特"被视为珍品。

伊朗人的微笑和点头只是一种礼貌的表示,并不一定表示同意。与人相对而坐时要将双手平放,双手交叉着说话被认为态度傲慢甚至有意挑衅。在伊朗,不可用手触摸小孩子的头部,不能用食指指人,接受物品应用右手,赞美时伸出大拇指的做法被认为是一种侮辱。乘坐公交车辆女士应坐在汽车后部,地铁女士专用车厢男士不得入内。伊朗是伊斯兰国家,禁食猪肉,不吃外形可憎或不端正的动物的肉,忌吃无鳍无鳞的鱼。酒和一切含有酒精的饮料均在禁止之列。中东政治、美伊关系、两伊战争、禁核问题、对逊尼派穆斯林的赞美、对西方尤其是美国的称道,都是伊朗人反感的话题。

伊朗人对数字13讳莫如深,而7则是吉利的象征。春节餐桌上摆上7种由字母S开头的食物,妇女化妆品有7种颜色,结婚新娘腰带上打7个结,快乐的星期三点燃7堆火。生了孩子要用铁签子叉上10个葱头放在孩子头上,一个代表一天,过一天就拿下一个,一边丢一边说:"灾难走开吧。"

五、旅游城市

德黑兰(Tehran) 伊朗的首都。位于伊朗中北部。"德黑兰"波斯语意为"平原"。全国1/3的工业集中于此,地毯、丝织品、刺绣等手工业久负盛名。德黑兰有清真寺等宗教场所1000多座,花园800多个,被称为"美丽之城""纯洁之城"。

马什哈德(Mashhad) 位于伊朗东北部。"马什哈德"阿拉伯语意为"埋葬殉难者的地方"。曾是伊朗北部与中亚、阿富汗之间的贸易中心。马什哈德是伊朗和中东旅游胜地,每年朝觐者多达400余万人,接待朝觐旅游者已成为马什哈德当地财政收入的重要来源。

伊斯法罕(Esfahan) 位于扎格罗斯山和库赫鲁山的谷地。"伊斯法罕"波斯语意为"军队"。伊斯法罕是伊朗最古老的城市之一,公元11~12世纪塞尔柱王朝时曾为首都,拥有各种伊斯兰风格的建筑。作为"丝绸之路"的要站,民间有"伊斯法罕半天下"的说法。

六、经典景点

古列斯坦宫 位于德黑兰市。又称"玫瑰宫"。在萨法维王朝阿巴斯一世国王所建宫殿的基础上扩建而成。由11个宫殿组成,富丽堂皇,流光溢彩。宫殿墙壁上有著名画家克马尔·穆鲁克创作的数幅名画。巴列维王朝最后两位国王的加冕典礼,最后一个国王在新年和生日庆典时接受祝贺的仪式,均在此举行。

萨德阿巴德王宫 位于德黑兰市。始建于凯加王朝,后为巴列维国王的夏宫。共有18处宫殿。宫内陈设装饰十分豪华,沙发、桌椅、窗帘、吊灯均从法国、英国、捷克、印度等国进口,地毯全部是图案精美、做工精细的手织波斯地毯。还陈列各国元首、政府首脑赠送的各种贵重礼品,其中有不少来自中国的手工艺品。

自由纪念塔 位于德黑兰市。为庆祝波斯帝国建国2500周年而建。塔高约50米,倒Y形建筑,全塔呈灰白色。登塔眺望,德黑兰全城景色尽收眼底。广场所在地也是德黑兰的重要交通枢纽,日夜车流不息。

国家珠宝博物馆　展馆面积近千平方米。展品多数是16世纪以后欧洲、印度以及奥斯曼帝国的奇珍异宝。一颗名为"光海"的玫瑰色钻石,重182克拉,是世界上最稀有的宝石之一。法塔哈·阿里国王遗留的孔雀宝座,镶有26 700多颗宝石。镶有51 300多颗宝石的地球仪,制作时使用黄金34千克。

国家博物馆　位于德黑兰市。伊朗最大的考古和历史博物馆,包括两座单体建筑,分别是古代伊朗博物馆、伊斯兰历史博物馆。展品达30余万件,其中最吸引眼球的是牛首柱头、大流士一世的纯金号角形酒杯(复制品)、帕提亚武士雕像、1600年前的尸骸、盐湖内发现的盐人。

地毯博物馆　占地约3400平方米,有两个大厅和一个宽敞的地下室,展出16—20世纪伊朗手织地毯珍品5000余件。波斯地毯有5000多年的历史,以精湛的工艺、美丽的图案、和谐的色彩搭配享誉世界。

当代艺术博物馆　位于德黑兰市。博物馆建筑本身是当代艺术的杰出代表,收藏20世纪前70年间50多位西方现代艺术大师如康定斯基、恩索尔、巴斯金、莫奈、毕加索等的优秀艺术作品,该馆被公认为世界上最丰富的当代艺术珍宝博物馆之一。

四十柱宫　位于伊斯法罕市。坐落于6.7万平方米的大花园内。宫殿前半部是一个三面开放的宽敞平台,台上有20根高大的松木柱子。平台的4根大柱子下方各有一只石狮子,石狮子嘴里喷出的水落入4根柱子中间的小水池。宫殿前面有一个长方形水池,20根柱子与其水中的倒影相映成趣,"四十柱宫"由此得名。

三十三孔桥　位于伊斯法罕市。全长约298米,双层结构,可拦截河水起到大坝的作用。枯水期河床干涸,一层的桥洞中常有年轻人演奏乐器,唱伊朗的歌曲。二层有人行步道,人来人往,充满生活气息。华灯初上,人流如织,河水在灯光中银丝般流动。

谢赫·劳夫清真寺　位于伊斯法罕市。皇室家眷的祷告场所。此清真寺设计非常简单,既无宣礼塔,也没有院子。外观呈柠檬黄色,建筑用料和装潢艺术皆属上乘,每一寸墙壁都呈现出皇室的高贵与气派。设计师是伊斯兰学者谢赫·劳夫,清真寺即因他而得名。

伊玛姆清真寺　位于伊斯法罕市。占地1万平方米。清真寺里外均以精美的瓷砖镶嵌,大门镀银。拱顶高54米,主要部分均镀金或镀银,辉煌夺目。站在正对拱顶的回音石上拍手可听到多次洪亮的回音。拱顶上的尖塔正对着麦加圣地。

旺克大教堂　位于伊斯法罕市。伊朗最大的教堂。这里曾经是中东地区最早印刷《圣经》的印刷厂。教堂外部和内饰充满亚美尼亚风格,又清晰可见波斯阿拉伯文化的痕迹。教堂内饰壁画都是《圣经》故事,如世界的诞生、伊甸园被驱逐的人类等。

粉红清真寺　位于设拉子市。即"莫克清真寺",因外墙彩釉以粉红色最为出彩,故又称"粉红清真寺"。10多根斜蛇纹柱子撑起整个祈祷厅,每根柱子上都有雕刻以及复杂的瓷砖图案。地上铺着精美的波斯地毯,阳光直接洒在地毯上,色彩和线条完美结合,置身其中犹如在万花筒之中。

大流士一世宫殿 位于设拉子市。是阿契美尼德王朝大流士一世和嗣王们的宫殿。宫殿用坚石建造,背依山峦,面向平野,总面积达14万平方米。残留的石柱高约20米,顶端有重达数吨的石雕兽,宫殿门道两壁有对称的巨型有翼兽身人面浮雕石像。1971年伊朗政府在这里举行波斯帝国建国2500年庆祝大典。

古兰经门 位于设拉子市。设拉子城的北城门,已经有一千多年的历史。桑德王朝第一位统治者卡里姆汗曾在城门顶上的小房间里放置一本《古兰经》,以求赐福,因而称为"古兰经门"。

蓝色清真寺 位于大不里士市。建于1465年。拜占庭风格,外墙贴满小片蓝色釉砖,闪烁着钻石般的光耀,号称"伊斯兰绿松石"。1779年地震中遭受严重损坏,1973年重建。

七、世界遗产

乔加赞比尔 位于胡齐斯坦省。乔加赞比尔城大约建于公元前1250年,为供奉守护苏萨城的牛神而建造,其主体是一座金字形神塔,另外还有几座神庙和3座宫殿。在3堵巨大的同心墙内遗留着埃兰王国圣城的遗址,这里的几千块还没用过的砖说明这座城市并没有完全建成。

波斯波利斯 位于扎格罗斯山区的盆地。古代阿契美尼德帝国的行宫和灵都。"波斯波利斯"意为波斯都城,建于公元前522年至公元前486年,公元前330年被废弃。主要遗迹有大流士王的接见厅、百柱宫等,提供了许多关于古代波斯文明的珍贵资料。

伊玛目广场 原名"国王广场""世界地图广场",位于伊斯法罕市。1597年,萨菲王朝国王阿巴斯一世将首都迁至伊斯法罕后,大兴土木,其中最主要、最著名的建筑就是伊玛目广场。广场由绿茵茵的草地和众多的花圃所组成,当年萨菲王朝国王阿巴斯曾在此检阅军队和观看马球。广场周围有不少著名的历史建筑。

塔赫特苏莱曼考古遗址 位于伊朗西北部。该遗址包括索罗亚斯德教避难所的主要部分、萨桑时代(6世纪到7世纪)一些属于阿纳海塔的庙宇。它是萨桑王朝富丽堂皇的建筑特点的完美统一,是远古信仰、《圣经》原型和神话传说的融合的见证。

帕萨尔加德 位于扎格罗斯山的盆地。建于居鲁士王(公元前558—前529年在位)时期,为波斯阿契美尼德帝国的首都之一。帕萨尔加德的遗迹范围约1.6平方千米,包括一个普遍被认为是居鲁士二世陵墓的建筑、坐落在附近山丘上的堡垒、两座皇宫与花园的遗址。

巴姆城及其文化景观 巴姆是伊朗最古老的城市之一,曾是"丝绸之路"和

"香料之路"的必经之地。巴姆古城的历史可追溯到2500年以前,以生产丝绸和棉制服装而闻名于世。公元7世纪到公元11世纪达到鼎盛时期。沙漠绿洲中生命的存在依赖地下灌溉渠,巴姆古城保留了伊朗这些最早的证据。

苏丹尼耶 位于赞詹省。这里曾经是14世纪统治波斯的伊儿汗国的首都,其名称的含义为"至高无上"。成吉思汗身后的第5个继承人完者都在波斯这片荒凉的高原上修建了这座新都城。苏丹尼耶以建于1302—1312年间的完者都陵墓——著名的圆顶建筑而闻名于世。

贝希斯敦 位于克尔曼沙汗省。公元前522年,波斯王大流士一世建立起世界上第一个地跨亚非欧的大帝国,为了颂扬自己,他让人用埃兰文、波斯文和巴比伦文3种文字把其战绩刻在悬崖上,史称"贝希斯敦铭文"。

亚美尼亚隐修院集合体 包括圣达陡隐修院、圣斯德望隐修院、佐佐尔小堂。隐修院是依教会法所建立的独立会院,若干会士聚在一起,与外界隔离,在会院内一同祈祷和工作,共度团体献身生活。

舒希达历史水力系统 位于胡齐斯坦省。包括克鲁恩河上的两条主引水渠,其中一条大运河目前仍在供水。这是一个大规模的多功能水利工程,在土木工程结构以及多样性用途方面出类拔萃。这个遗址见证了依拉密特人和美索不达米亚人的聪明才智,也反映出罗马建筑的影响。

阿尔达比勒的谢赫·萨菲丁陵园和清真寺 阿尔达比勒是波斯萨菲王朝始祖谢赫·萨菲丁的出生地。谢赫·萨菲丁陵园与哈内加建筑群是伊斯兰教苏菲派的精神家园,建于16世纪初至18世纪后期,采用伊朗传统的建筑形式,将有限的空间最为有效地加以利用,诸多功能集于一身,是罕见的中世纪伊斯兰建筑元素的大集合。

大不里士历史巴扎建筑群 "巴扎"维吾尔语意为集市、农贸市场。大不里士是伊朗阿塞拜疆地区的最大城市,历史上多次成为王朝首都,伊朗西北方的门户和商业中心,东阿塞拜疆省首府,向来是东西方交通与印度洋通往伊朗和俄罗斯之间南北交通路线的会合点。

波斯花园 包括9座园林,最早的建于公元前6世纪。波斯园林的设计理念突出了对伊甸园及索罗亚斯德教四大元素——天空、水、大地、植物的象征意象。水在园林的灌溉与装饰中发挥了重要的作用。楼台、亭榭、墙垣以及精密的水流灌溉系统是波斯园林的重要特征。波斯园林对印度及西班牙园林艺术都产生了影响。

伊斯法罕的聚礼清真寺 聚礼清真寺又称"礼拜五清真寺",位于伊斯法罕历史中心。该清真寺是伊朗现存此类建筑中最古老的一座,建筑群占地2万多平方米,其双层带肋圆顶是建筑上的一个创新,为整个地区的建筑设计带来灵感。

卡布斯拱北塔 位于戈勒斯坦省。一座53米高的墓葬,公元1006年由卡布斯·伊本·沃斯米吉尔建造。该塔由未上釉的烧结砖砌成,其错综复杂的几何图形构成一个直径15~17米的尖细圆锥体,塔顶亦是圆锥形砖块结构。卡布斯拱北塔代表着公元 1000 年穆斯林世界在数学与科学上的发展成就。

戈勒斯坦宫 位于德黑兰。由 17 个小宫殿和博物馆、大殿组成。宫殿外墙采用大量彩釉瓷砖,色彩艳丽;内部装饰采用伊朗传统玻璃片镶嵌工艺,豪华精致。几乎所有的建筑都在卡扎尔王朝统治时期的 200 年间建成,是德黑兰最古老的建筑群之一。

苏萨古城 位于胡齐斯坦省。已有 8000 多年历史。苏萨宫廷占地约 37 500 平方米,宫墙上镶着精美琉璃砖浅浮雕。为修建这座宫殿,大流士一世几乎动用了当时帝国全部的人力、物力、财力。由于苏萨在历史上至少有两次遭到毁坏,这座宫廷的全貌如今已无从得知。1901 年在此出土著名的《汉谟拉比法典》。

梅满德文化景观 梅满德位于伊朗中部山区的半沙漠地区。这里的居民是从事农牧业的半游牧民族,他们在山区牧场放牧,春秋两季住在山区临时定居点,冬季则住在山谷底部软岩上凿出的窑洞里。这种窑洞在干旱的沙漠地区非常罕见,是半干旱条件下人类适应自然环境的一种典型方式。

波斯坎儿井 波斯坎儿井水利系统有 11 条坎儿井,它将上游河谷的水通过长达数千米的地下暗渠引到下游,还有工人休息区、小水库以及水磨坊。作为一种古老的水利系统,坎儿井是干旱气候下沙漠地带传统文化和文明的独特证明,时至今日仍在实行的传统管理方式,使当地得以可持续地分配和共享水源。

亚兹德历史城区 亚兹德历史城区是一座土建筑城市,位于伊朗中央高原的中心地带。亚兹德古城是人类利用有限的资源在沙漠中幸存下来的鲜活例证。城市的用水通过坎儿井系统被引到城市。在众多传统土制建筑的城市被现代化摧毁时,亚兹德却有幸置身于这一潮流之外。这座城市及其传统的坎儿井系统、集市、浴室、清真寺等建筑抵住了时间的考验,完好地保存下来。

卢特沙漠 占地面积约 480 平方千米,是地球上最热的地方,被称作"烤熟的小麦"。美国宇航局的卫星曾记录这里的表面温度高达 71℃,可能是有史以来记录的地球表面的最高温度。这里的地表被黑色的火山熔岩所覆盖,容易吸收阳光中的热量,大风吹过这片干旱的亚热带地区,使沉积物输送堆积,造就了大范围的风蚀景观,极为壮观。

第三十四节 英雄田园——格鲁吉亚

格鲁吉亚(Georgia),国名源于民族名,在希腊语中意为"田园"。

一、自然地理

格鲁吉亚位于亚洲西南部高加索地区的黑海沿岸,北接俄罗斯,东南和南部分别与阿塞拜疆和亚美尼亚相邻,西南与土耳其接壤,西邻黑海。面积约 6.97 万平方千米。

格鲁吉亚国土八成为山地、山麓或丘陵,北部和南部均是高山,西部沿海地区是平原,中部和东部是山间低地、平原和高原。格鲁吉亚最高峰什哈拉峰海拔为5068米。最长的河流阿拉扎尼河长约390千米。湖泊帕拉瓦尼湖面积约37.5平方千米。

格鲁吉亚大部分地区属亚热带海洋性气候,西部属亚热带地中海气候,1月平均气温3℃~7℃,8月平均气温23℃~26℃。降水量西部为1000~2500毫米,东格鲁吉亚平原和高原地带为300~1000毫米,山区约1800毫米。日照充足,年日照约2500小时。

二、国家象征

格鲁吉亚的国旗呈横长方形。旗面白色,红十字将旗面分成4个部分,每个部分各有一个十字。

格鲁吉亚的国徽为一颗七角星。七角星中间有一个圆面,圆面上的骑士是格鲁吉亚保护神——英雄吉特里格奥尔基,他手持长矛和圆盾,身披白色战袍,骑着白马奔驰于山丘之上。骑士上面绘有5颗八角星,其间镶有太阳和月亮。

格鲁吉亚的国歌是《自由》。

格鲁吉亚的首都是第比利斯。

三、社会生活

格鲁吉亚人口约430万人,主要民族为格鲁吉亚族。格鲁吉亚语为官方语言,居民多通晓俄语。居民多数信奉东正教,少数信奉伊斯兰教。

格鲁吉亚立法、司法、行政三权分立。总统是国家元首兼武装力量最高统帅,一院制议会是最高立法机构。格鲁吉亚主要政党:民族联合运动、保守党、工党。

格鲁吉亚自然资源贫乏。工业生产以锰矿石、铁合金、钢管、电力机车、载重汽车、金属切割机床、钢筋混凝土等行业为主,尤以锰矿石开采闻名。轻工业产品以食品加工著称,主要产品有罐头、葡萄酒等。农业主要是茶业、柑橘、葡萄和果树栽培等,畜牧业和养蚕业较发达。经济作物主要有烟草、向日葵、大豆、甜菜等。谷物产量较低,不能自给。

四、民俗风情

格鲁吉亚人性格粗犷豪放、坦率耿直、慷慨大方。在社交活动中喜欢送礼,但不喜欢过多的客套,过多的客套容易被误解为虚伪。他们对红色备感亲切,认为红色是勇敢、无畏的象征,给人以鼓舞。

格鲁吉亚人与客人相见时一般以握手为礼,亲朋好友相见常施拥抱礼或亲吻礼。伊斯兰教教徒送别亲友宾客常以两手交叉胸前,施90度鞠躬礼。

格鲁吉亚人对嚼食饭菜时发出声音很反感,认为有失文雅。对在众人面前擤鼻涕、抠鼻孔、吐痰等举止很看不惯,认为有失礼貌。视红色为吉祥色,厌恶黑色,尤其对黑猫更为讨厌。伊斯兰教徒禁食猪肉、狗肉、驴肉、骡肉等,也忌食一切自死的动物及血液。忌讳数字13,认为这是个凶兆的数字。

格鲁吉亚人主食以面食为主,也爱吃什锦炒饭。喜欢用核桃、菠菜、水果、禽类及各种香料烹制菜肴。他们爱吃串烤类食品,对椒盐鸡块更为偏爱。格鲁吉亚人喜饮烈性酒。

五、旅游城市

第比利斯(Tbilisi) 格鲁吉亚的首都,政治、经济、文化中心,高加索地区的重要交通枢纽。第比利斯地处外高加索的战略要冲,城市沿库拉河两岸以阶梯式向山麓展开,旧城滨水,新城傍山。每年10月最后一个周末为第比利斯的秋季狂欢节。

巴统(Batum) 阿扎尔自治共和国首府,外高加索黑海东南岸港口城市,邻近土耳其边界。盛产柑橘类水果和烟草、蔬菜、茶叶等,海滨有宽阔的海滩、海滨浴场、矿泉水疗养院,旅游疗养院设施齐全,欧洲人和俄国人喜欢在这里度假。

六、经典景点

自由广场 位于第比利斯市。沙俄时期称"埃里温广场",前苏联时期称"列宁广场"。广场上的纪念碑金光灿灿。附近有旧城区,有国会、艺术馆、博物馆等建筑,还有著名的格鲁吉亚餐厅和当地手信及红酒店,其中不少是前苏联留下来的建筑。

龟湖 位于第比利斯市。坐落于马塔斯明达山的北部斜坡上,靠一条小河补给水源。海拔约687米,集水面积0.4平方千米,最深处2.6米,远眺像是马塔斯明达山的一颗闪闪发光的明珠。这里是节日和演唱会的举办地,届时会变得人山人海,热闹非凡。

母亲堡垒 位于第比利斯老城区的山上。眺望第比利斯全景的好地方,建于公元4世纪,当时被称为"令人反感的堡垒"。历史上曾多次扩建。1827年的大地震对这座建筑造成了相当程度的破坏,建筑的一部分不得不拆除。要塞内的教堂修建于12世纪,教堂内部装饰有描绘《圣经》和格鲁吉亚历史场景的壁画。

斯大林博物馆 位于第比利斯市。格鲁吉亚是斯大林的故乡。博物馆是一座二层楼房,黄色的外墙,宽大的外走廊,馆外停着斯大林生前的专列。博物馆内有斯大林的汉白玉雕像。展品大都是图片,也有一些书籍、雕像和斯大林生前使用过的物品,还有国外送给斯大林的礼品,其中有中国送的两面锦旗和一件唐三彩。

赛格纳给小镇 位于第比利斯市。远眺小镇,一片红色的屋顶镶嵌在绿色的林海之中,十分漂亮。充满年代感的老城墙,爬满绿叶黄花的古堡,蜿蜒斑驳的石阶,清一色的大红房顶,仿佛一个童话世界。

西蒙·贾纳沙博物馆 曾称为"格鲁吉亚国家历史博物馆",建于1852年。收藏有成千上万件格鲁吉亚和高加索山脉地区的考古发现和民族学物品。最具价值的展览品是在德马尼西挖掘的匠人化石、公元前5世纪独一无二的珠宝首饰等,还有8万多个钱币以及公元4—5世纪的马赛克浴缸等。

七、世界遗产

姆茨赫塔历史古迹群 包括季瓦里修道院、特斯克维里教堂、萨姆塔夫诺教堂和修道院。姆茨赫塔古城建于铜器时代,曾是格鲁吉亚王朝的首都。古城在历史上是姆茨赫塔基督教会所在地,格鲁吉亚都城的雏形,是中世纪高加索地区宗教建筑的杰出典范,展示了这个古代王国极高的艺术和文化水平。

巴格拉特大教堂和格拉特修道院 巴格拉特大教堂位于库塔伊西市,为十字形圆顶建筑物,石刻装饰,多壁画,是中世纪格鲁吉亚文化的里程碑。格拉特修道院保留了大量的12—18世纪的壁画,工艺精湛,是中世纪艺术的瑰宝。在过去的数世纪中,格拉特修道院一直是格鲁吉亚人的主要教化中心。

上斯瓦涅季 位于高加索地区。这是一处带有典型中世纪式样的村落和塔状房屋的山地景区,因与世隔绝而被保留下来。恰扎西的村庄还保留了约200处这种房屋的原貌,房屋除了居住,同时也是防御骚扰这个地区的侵略者的哨所。

格拉特修道院及其建筑群 位于格鲁吉亚中部。格拉特修道院始建于1106年,以藏有12世纪至19世纪的镶嵌画、壁画、珐琅和金属制品而闻名于世,是这个国家最珍贵的宗教、文化地标。

第二章

欧洲地区

欧洲,"欧罗巴洲"的简称,"欧罗巴"为传说中的女神。欧洲位于东半球的西北部,北临北冰洋,西临大西洋,东隔乌拉尔山脉、大高加索山脉、博斯普鲁斯海峡与亚洲相对,南隔地中海与非洲相望。总面积1016万平方千米。欧洲有瑞士、英国、瑞典、意大利、马其顿、白俄罗斯、克罗地亚、塞尔维亚、捷克、希腊、波黑、卢森堡、立陶宛、保加利亚、爱沙尼亚、黑山、德国、冰岛、安道尔、摩纳哥、乌克兰、罗马尼亚、拉脱维亚、丹麦、荷兰、奥地利、马耳他、梵蒂冈、斯洛伐克、阿尔巴尼亚、芬兰、挪威、比利时、葡萄牙、匈牙利、圣马力诺、斯洛文尼亚、法国、波兰、西班牙、爱尔兰、俄罗斯、摩尔多瓦、列支敦士登等44个国家,总人口约7.26亿人。

　　欧洲地形以平原为主,多半岛、岛屿和海湾。欧洲平原西起大西洋,东至乌拉尔,横贯欧洲大陆,绵延数千千米。阿尔卑斯山脉横亘欧洲南部,是欧洲最大的山脉。东南部的高加索山脉主峰厄尔布鲁士山海拔5642米,为欧洲最高峰。欧洲海岸线长379万千米,是世界上海岸线最长的一个洲。欧洲河网稠密,主要河流有伏尔加河、多瑙河、乌拉尔河、第聂伯河、顿河、莱茵河、罗纳河和泰晤士河等。湖泊众多,多小湖群。欧洲绝大部分地区的气候湿润温和。

　　欧洲自然资源丰富。森林面积广阔,沿海渔场面积约占世界沿海渔场总面积的1/3。欧洲经济发达,发展水平居各大洲之首,绝大多数国家已经进入发达国家行列。工业、交通、商贸、金融、保险等行业在全世界举足轻重,科学技术的许多领域处于世界领先地位。

　　欧洲对人类发展史作出过重大贡献。欧洲是古希腊罗马文明和日耳曼文化的发源地,又是近代文艺复兴的滥觞之地,数千年的灿烂文明留下了无数的文化遗产。欧洲各国大多承袭了古希腊、古罗马文明,在政治、经济、文化、宗教诸方面都有着千丝万缕的联系,并在与基督教文明的交融中创造了新的文明。欧洲是世界上城市化程度最高的区域,现代物质文明和精神文化高度发达。西欧地区丰富的文化胜迹,奇异的都市风情,令人眼花缭乱。中欧地区湖光山色,多姿多彩的历史名城宛若璀璨明珠。有"世界文明摇篮"之称的南欧,地中海的无限风光,众多民族的热情浪漫,令人遐思不断。北欧地区的冰雪王国,林海雪原,滨海胜景,相映生辉。欧洲自然景观丰富多彩,人文景观异彩纷呈,王宫、教堂、城堡被称为"欧洲三绝"。

本章介绍欧洲地区的 38 个已经开展组团出境业务的目的地国家,包括马耳他、德国、克罗地亚、匈牙利、希腊、法国、荷兰、比利时、卢森堡、葡萄牙、西班牙、意大利、奥地利、芬兰、瑞典、捷克、爱沙尼亚、拉脱维亚、立陶宛、波兰、斯洛文尼亚、斯洛伐克、丹麦、冰岛、爱尔兰、挪威、罗马尼亚、瑞士、列支敦士登、英国、俄罗斯、安道尔、保加利亚、摩纳哥、黑山、塞尔维亚、乌克兰和马其顿。

第一节　南欧乡村——马耳他

马耳他,全称"马耳他共和国"(The Republic of Malta)。腓尼基语称"马莱特",意为"避难处",因这里自古以来就是海上船舶避风之地而得名。

一、自然地理

马耳他位于欧洲南部地中海中部,紧临意大利,面积 316 平方千米,是地中海最大的群岛。

马耳他由马耳他岛、戈佐岛、科米诺岛、科米诺托岛和菲尔夫拉岛 5 个小岛组成,其中最大的马耳他岛面积约 245 平方千米。马耳他地势西高东低,丘陵起伏,间有小块盆地,没有森林、河流或湖泊,淡水缺乏。

马耳他属亚热带地中海式气候。夏季平均气温 25℃,冬季平均气温 15℃。年降水量约 560 毫米。11 月至次年 3 月为雨季。

二、国家象征

马耳他的国旗呈横长方形,由左白右红两个垂直相等的长方形组成,左上方有 1 个镶着红边的银灰色乔治十字勋章图案。白色象征纯洁,红色象征勇士的鲜血。

马耳他的国徽呈盾形。盾面为马耳他国旗,上端有 1 顶王冠,两旁饰以橄榄枝和棕榈枝。

马耳他的国歌是《马耳他颂》。

马耳他的首都是瓦莱塔。

三、社会生活

马耳他人口约 41 万人,其中马耳他人约占九成。官方语言为马耳他语和英语、意大利语、法语及阿拉伯语亦可通用。罗马天主教为国教，居民几乎人人信教。

马耳他实行共和制。总统为国家元首，由议会选举产生。议会为一院制，议员由普选产生。马耳他主要有国民党和工党两大政党。

马耳他矿产资源匮乏，但石灰岩和大理石储量丰富。国民收入处于世界中上等水平，人人享受免费医疗及退休保险。

四、民俗风情

马耳他是欧洲唯一保留浓重中世纪骑士文化的岛国。总统旗、军旗、建筑物、航空公司、首饰品，都用骑士标志，旅游纪念品都是大大小小的骑士形象。

马耳他人相信避邪驱鬼。教堂的顶部装置风水筒，房子屋顶高处或大门上绑1只向外指的公牛角，男子的颈项链坠是小小的像公牛角似的护身符。婚庆喜事，在大门上钉1枚白色蝴蝶结。哪家有丧事，大门口一定放一碟盐或一杯水。船只涂以鲜明的色彩，船首两边各有一只警惕的大眼睛。公共汽车上都有小神龛，马车上往往系上红丝带或羽毛。

马耳他人喜食海产品，当地的特产葡萄酒、啤酒、点心很有特色。马耳他人喜欢猎鸟，一有空闲就举行射鸟活动。

五、旅游城市

瓦莱塔（valletta） 马耳他的首都，位于马耳他岛，依山傍水，布局整齐，城街狭直。夏季长而不炎热，冬季温暖而舒适。瓦莱塔安静恬适，没有大城市的喧嚣，也没有大工业的烟尘。已被列入世界文化遗产名录。

六、经典景点

大公宫 位于瓦莱塔市。建于1574年，现为马耳他总统办公地。宫殿布局整齐，造型高雅庄严，金碧辉煌。入口处的海神庭院充分反映了地中海风格。宫内收藏历代兵器，多达5000多件。

圣约翰大教堂 位于瓦莱塔市。马耳他地标性建筑，巴洛克式建筑，部分细节模仿哥特式风格。教堂外观朴实无华，内部装饰华丽，各种大理石雕刻极为罕见。教堂内陈列着意大利画家卡拉瓦乔的重要作品《被斩首的施洗者圣约翰》，地下墓穴中安放着马耳他骑士团首领的遗体。

巴拉卡花园 位于瓦莱塔市。包括两个花园，有电梯连接。上巴拉卡花园原是意大利骑士的私人花园，属于城市防御工事的一部分，因此又名"瞭望台"。附近有1排11座礼炮，每天日出及日落时礼炮鸣声，代表上下班及城门开关时间。下巴拉卡花园中主要是罗马风格的大理石寺庙，是观赏三姐妹城风景的绝佳地点。

姆迪纳城 马耳他旧都。在坚固的城墙之中，有许多宫殿、教堂、寺院。姆迪纳城街巷古旧,宁静安详,禁止任何车辆通行,因而有"寂静之城"的说法。

蔚蓝之窗 位于戈佐岛德维拉湾。喀斯特石灰岩海岸,因受海浪冲刷,在高约40米的悬崖边形成一个巨大的岩石门,景色奇特。从远处眺望,"门框"中的海水如蓝色玻璃。

蓝潟湖 位于科米诺岛与科米诺托岛水域。科米诺岛没有车辆,仅有几条泥土路,宁静而祥和。海岸满目都是崎岖不平的岩石,皎洁的月光映着透明的海水,恍若仙境。为划船、潜水和游泳的好地方,夏季人满为患。

七、世界遗产

瓦莱塔城 欧亚非三大洲海运交通的枢纽,素有"地中海的心脏"之称。以圣约翰骑士团第六任首领拉·瓦莱特的名字命名,不可改变地与耶路撒冷圣约翰骑士团的军事和宗教历史联系在一起。在方圆55公顷的土地上耸立着320座纪念碑,是世界上最集中的历史文化区。

哈尔·萨夫列尼地宫 位于瓦莱塔。建于公元前2500年左右,是欧洲最早的石造建筑。由新石器时代的古人类在地下的岩石中挖凿而成,深达12米,面积达500平方米,工程浩大。地宫内的各式遗物中包括殉葬遗骨7000多具,据此断定是史前时期的墓地,对考古研究具有宝贵的价值。

巨石神庙群 位于戈佐岛中部。包括杰刚梯亚神庙等7座巨石神庙。约在公元前3500—公元前1500年建造,但至今没有发现任何建造这些神庙使用的工具。马耳他神庙是人类远古时期文明的展示,其精准、独特的建筑反映了人类先民的非凡智慧,其卓越的建筑艺术甚至可以成为今天建筑工程师们的典范,赢得了"露天历史博物馆"的美誉。

第二节 欧洲走廊——德国

德国,全称"德意志联邦共和国"(Federal Republic of Germany)。"德意志"古德语意为"同胞、民族"。

一、自然地理

德国位于欧洲中部,东邻波兰、捷克,南毗奥地利、瑞士,西界荷兰、比利时、卢森堡、法国,北接丹麦,濒临北海和波罗的海。面积约35.7万平方千米。

德国地形大致分为北部的冰碛平原、中部的丘陵山地和南部的高原山脉。阿尔卑斯山楚格峰海拔2963米,为德国最高点。主要河流有莱茵河、易北河、多瑙河、美因河、威悉河。最大的天然湖博登湖,位于德国、瑞士和奥地利的交界处。

德国属于温带海洋性向温带大陆性过渡型气候,温和多雨,日照较少。1月平均气温1.5℃~6℃,7月平均气温18℃~20℃。年降水量可达2000毫米。

二、国家象征

德国的国旗呈横长方形,自上而下由黑、红、金三色相等的长方形组成。黑、红、金三色旗出现于1813—1814年反抗拿破仑侵略的民族战争中,是自由与统一的象征。

德国的国徽为土黄色盾徽,徽面有1只红爪、红嘴、双翼展开的黑鹰,象征力量和勇气。

德国的国歌是《德意志联邦共和国国歌》。

德国的首都是柏林。

三、社会生活

德国人口约8233万人,其中城市人口占八成五。60岁以上的人口占1/3,是老龄化程度最高的国家之一,也是世界上人口出生率最低的国家之一。九成以上的居民为德意志民族。官方语言为德语。居民主要信奉基督教新教和罗马天主教。

德国实行联邦议会共和制,立法、行政、司法三权分立。总统为国家元首,总理由议会根据总统提名选举产生。各部部长经总理提议由总统任命。德国主要政党:基督教民主联盟、基督教社会联盟、社会民主党、自由民主党、绿党。

德国是欧洲经济的中心和支柱,经济总量位居欧元区第一位,为西方世界第三大经济体。汽车和机械制造业、化工、电器等部门占工业产值的四成以上,是世界第三大汽车生产国,汽车工业被称作德国经济发展的动力和"经济晴雨表"。德国公路密度为世界之最,服务业堪称德国经济新的顶梁柱。

四、民俗风情

德国人名在前姓在后。称谓重视职务、学衔及学位,不喜欢直呼其名。见面行握手礼,夫妻和情侣见面才拥抱、亲吻。男人喜欢蓄络腮大胡子,且式样多种多样。

德国人讲究穿戴整齐,不同的场合如工作、做客、看戏、参加婚礼葬礼、宴会、舞会等要穿不同的服装,佩戴不同的鞋帽、手套和手提包。尤其是去欣赏歌剧,女子须穿长裙,男子须穿礼服,至少是深色服装。

德国人讲究秩序、追求效率,去商店买东西也会先列1张购物单,约会、拜访、赴宴事先约定。住房、汽车、衣架、灯罩宁可失之笨重也不可徒有其表。德国人注重整洁,几乎到了爱洁成癖的地步。

德国人的主食是面包、土豆,一日三餐至少两餐吃土豆,煮土豆羹、蒸土豆糕、调土豆酱泥、煎土豆饼、炸土豆条、烤土豆团子等,不一而足,还会把土豆做成各种动物状或各种类型的小点心。菜肴略带酸甜,用啤酒调味是德式菜的一大特色。一日三餐中最重视午餐,称为"大餐",比较丰盛。德国人对香肠情有独钟,德国的国菜就是在酸卷心菜上铺满各式香肠及火腿。德国的啤酒、葡萄酒在全世界享有盛名,酒类消耗量居世界第二位,啤酒销量居世界首位。德国人喝啤酒如同喝白开水,而且对啤酒杯也十分讲究。

德国人喜爱体育运动,足球、网球、高尔夫球和骑马是最喜爱的体育项目。

在德国,生日不得提前祝贺。用餐时"以左为上",男士坐在女士右边,地位低者坐在地位高者右边,嚼食、喝汤不能发出声响。客人需带一些小礼品,送礼不讲究价格昂贵,以精致、有纪念意义为上。收礼者不需还礼,但应及时表示感谢。食用马铃薯时不能用刀切开而必须用刀背压碎。

德国人对颜色有一定的偏好,北方人喜用黑色、灰色,南方人偏爱鲜明色彩,而红色或掺有红色的色彩则不被看好,尤忌墨绿色(纳粹军服色)。许多人忌茶色,不喜欢深蓝色的衬衫。注重礼品的包装,但忌讳黑色、白色及咖啡色的包装,也不用彩带系扎。视猪、公鸡和鲤鱼为吉祥的动物,因此用餐时往钱包里塞一些鲤鱼的鳞片。德国人忌食狗肉。黑猫、公羊、仙鹤、孔雀被认为是不吉利的。他们讨厌菊花、蔷薇、蝙蝠图案,忌讳给朋友的妻子及不熟识的女子送玫瑰或蔷薇,忌讳做客时送葡萄酒。德国人喜欢单数,送花时枝数和花朵数不能是13或双数;忌讳星期五,如果13日又逢星期五,被认为是厄运缠身的日子。在公共场合,不能四个人交叉式谈话,不能窃窃私语,不能议论垒球、篮球或美国式的橄榄球,最好谈谈德国的原野、个人的业余爱好和足球之类的体育项目,回避德国统一后的国内政治问题。德国人的年龄、职业、婚姻状况、个人收入甚至政治面貌都属于隐私。

五、旅游城市

柏林(Berlin) 德国的首都、第一大城市,位于德国东北部,扼东西欧交通要冲。施普雷河和哈维尔河流经市区,整个城市在森林和草地的环抱之中,宛若一个绿色大岛。第二次世界大战中柏林大部分建筑被毁,战后被苏、美、英、法四国分区占领,民主德国建造的"柏林墙"被推倒后柏林重新成为一个完整的城市。

汉堡(Hamburg) 德国最大的港口城市,德国北部的经济和文化都市,西欧通向北欧、东欧的桥梁,被誉为"德国通往世界的大门",也是欧洲最富裕的城市之一。曾与北德各港口城市建立自由贸易联盟——汉萨同盟。汉堡河道纵横交错,有"北方威尼斯"之称。汉堡风光秀丽,名胜众多,是国际著名的旅游城市。

慕尼黑(Munich) 巴伐利亚州的首府,驻有各大公司的总部和许多跨国公司的欧洲总部,是德国主要的经济、文化、科技和交通中心之一,位于德国南部。慕尼黑清净典雅,保留着原巴伐利亚王国都城的古朴风情,被称作"百万人的村庄"。慕尼黑优雅大气而内涵保守,张扬激烈而内敛沉静,被誉为"啤酒之都"和"博览会之城"。

莱比锡(Leipzig) 位于莱比锡盆地,地处中欧交通要道。"莱比锡"当地古语意为"有菩提树的地方",处处可见浓郁的菩提树。莱比锡500多年来一直是德国印刷出版业的中心,以"书城"著称。莱比锡是德国音乐会的发源地,是世界闻名的"音乐之城",还号称"博览会之母"。

德累斯顿(Dresden) 萨克森州的首府,德国东部的文化、政治和经济中心,位于易北河谷地,曾是德国照相机、钟表和高级食品的生产中心。1945年该城遭英美飞机猛烈轰炸,几乎化为灰烬。德累斯顿拥有许多研究人员,被称为"德国的硅谷";诱人的易北河风光,精美的巴洛克式建筑,被誉为"易北河畔的佛罗伦萨"。

纽伦堡(Nuremberg) 德国东南部铁路枢纽,曾是多位德意志皇帝喜爱的居住之处。第二次世界大战后期成为一片废墟,战后由美、苏、英、法四国组成的纽伦堡法庭对法西斯德国首要战犯进行国际审判。纽伦堡玩具制造和啤酒酿造业发达,被称为欧洲的"玩具都城"。

不来梅(Bremen) 不来梅州的州府,德国西北部的中心城市,威悉河穿城而过,被称为"北方的罗马"。不来梅港是德国第二大港,也是欧洲最大的渔港之一。食品加工、航天航空、物流航运、汽车制造、贸易和风电等行业为不来梅的支柱产业,不来梅的人均国民生产总值位列德国第二位,有"童话之城"的美誉。

汉诺威(Hanoverian) 下萨克森州的首府,北德重要的经济文化中心,位于莱纳河畔,处于巴黎到莫斯科、北欧到意大利的十字路口,是水陆辐辏的交通枢纽。工业制造业高度发达,是德国的汽车、机械、电子等产业的中心。会展业和旅游业最著名,德国展览公司总部、欧洲最大的旅行社组织TUI的总部就设在这里。

杜塞尔多夫(Dusseldorf) 北莱茵-威斯特法伦州首府,著名诗人海涅的出生地。位于莱茵河畔。杜塞尔多夫的钢材、钢管、钢铁、机械、化工和玻璃等工业在世界上享有盛誉;时装世界著名;每年举办各种行业的国际大型展览会,号称"博览会之城"。杜塞尔多夫的歌剧场、话剧院久负盛名,是德国的文化艺术名城。

科隆(Cologne) 欧洲化学工业最重要的基地之一,著名的展览会名城,是福特、雪铁龙、马自达、尼桑、雷诺、丰田、沃尔沃等一流汽车公司德国总部甚至欧洲总部的驻地。莱茵河穿城而过,以悠久的历史和独具魅力的古老教堂闻名于世,有"没到科隆就是没到过德国"之说。

法兰克福(Frankfurt) 德国最大的航空站、铁路枢纽,欧洲重要的工商业、金融和交通中心,位于美茵河的下游。第二次世界大战时遭严重破坏,战后重建。驻有欧洲中央银行和德国联邦银行,法兰克福股票交易所是继伦敦之后的欧洲第二大交易所。法兰克福既有时尚感又有历史感,文化气息浓郁,以丰富多彩的夜生活著称。

斯图加特(Stuttgart) 位于德国西南部。著名哲学家黑格尔的诞生地,13世纪时为城防要塞,曾是符腾堡新公国的首府。有电子、汽车、机械、精密仪器、纺织、食品等工业,是世界著名汽车城。附近有大矿泉,多葡萄园,是矿泉水、葡萄酒的著名产地,被称为德国"生活品质最高的城市"。

六、经典景点

国会大厦 位于柏林市。古典式、哥特式、文艺复兴式和巴洛克式多种风格的建筑,建于 19 世纪,从初建开始就一直备受争议。在第二次世界大战中被毁,后改造和扩建,加上了现代的玻璃圆顶,装潢精雕细刻,成为柏林新的城市地标。从会议大厅透明的玻璃大圆顶可俯瞰柏林全城。

勃兰登堡门 位于柏林市。用乳白色花岗岩建成,巍峨壮丽。门顶上是张开翅膀的胜利女神驾驶四轮马车的铜像,女神手中的权杖上有橡树花环、铁十字勋章和展翅的鹰鹫,这一切都象征战争的胜利。柏林城墙拆毁后,与勃兰登堡门楼连接的南北两翼建筑被改建成敞开的立柱大厅。勃兰登堡门因在德国的特殊地位被称为"命运之门",成为德国众多庆典活动的举办地。

柏林大教堂 曾为宫廷教堂,德国新教教会中心之一,建筑带有巴洛克和意大利文艺复兴鼎盛时期风格。地上建筑四层,主塔高 114 米,内部装饰奢华,拥有 7269 根管弦的德国最大的管风琴。地下室陵墓安葬着几十位霍亨索伦皇族成员。

菩提树下大街 位于柏林市。欧洲著名的林荫大道。全长约 1390 米,宽约 60 米。街道两边挺拔的菩提树像翠绿的长廊,婀娜多姿。作为柏林市中心的交通要道,菩提树下大街将许多重要的景点连接在一起。德国法西斯灭亡前在这里与盟军展开血战,许多重要建筑被毁,战后按旧貌重建。

柏林墙 冷战时期德国分裂的代表性建筑,民主德国围绕西柏林建造的界墙,称为"反法西斯保护墙"。1989 年底柏林墙被推倒,统一后的德国重建了一段 70 米长的柏林墙,岗亭、"死亡地带"、铁丝网等一应俱全。柏林墙两面都有涂鸦,成为世界上最大的露天画廊。

犹太博物馆 位于柏林市。为纪念死于第三帝国时期的 600 万犹太人而建。建筑折叠多次,连贯的锯齿形平面线条被一组排列成直线的空白空间打断,这些空白空间代表真空,意喻犹太人民及文化在德国和欧洲被摧残后留下了永远无法弥补的空白。馆内常年展览德国犹太史,其中大屠杀展览尤其引人注目。

波茨坦广场 位于柏林市。是庞大的地铁换乘站,柏林的新中心。广场上摆放着几块被拆卸下来的柏林墙砖。广场周围汇集许多知名建筑师设计的宏伟建筑,如索尼中心、戴姆勒城和柏林火车总站等。

威廉皇帝纪念教堂 位于柏林市。德意志帝国皇帝威廉二世为纪念他的祖父、德意志帝国的第一个皇帝威廉一世而下令建造。内部装修非常精致,前厅由马赛克艺术作品装饰,下方是皇室成员礼拜用的十字架。以蓝色的玻璃墙和令人难以置信的内部音效闻名于世。由于这座教堂的成功,新罗马式建筑一度风靡整个德国。

柏林红色市政厅 位于柏林市。模仿托伦(今属波兰)旧市政厅以及法国拉昂圣母院的建筑样式,用红砖砌成。第二次世界大战中遭受盟军轰炸损失惨重,后按原规划修复。100余米高的钟塔是柏林的路标。市政厅大门上镶着黑熊城徽。

尼古拉大教堂 位于莱比锡市。为纪念中世纪批发商和贸易商的保护神而建。初为罗马式建筑风格,后增建哥特式大厅、巴洛克风格的尖塔,是德国杰出艺术和技术的例证。圣殿里晚期的罗马式木质十字架,是莱比锡最古老的艺术品之一。

战胜拿破仑纪念碑 位于莱比锡市。即"民族大战纪念碑"。1813年普鲁士、俄国和瑞典三国联军在莱比锡大败拿破仑军队,普鲁士倡议为战死的军人树立纪念碑,因国库匮乏,修建计划一度搁浅,直到1898年才动工。碑高91米,由大块花岗石砌成,碑身饰有巨大的人像浮雕。

季米特洛夫博物馆 位于莱比锡市。原为德国法西斯审讯季米特洛夫的法庭。季米特洛夫是保加利亚人、国际共产主义活动家。1933年德国发生震惊世界的"国会纵火案",纳粹警察局以"参与纵火"之名逮捕了季米特洛夫,并在这里开庭审讯,但最终无罪释放。季米特洛夫后来担任保加利亚共产党总书记和部长会议主席。

茨温格宫 位于德累斯顿市。巴洛克式宫殿建筑群。为了装饰这座建筑,众多的雕塑家创作了大量无与伦比的雕塑作品。宫殿中间是占地1万平方米的广场,宫殿建筑围成一圈。宫内处处有精致的石雕,大喷泉周围的出浴仙女塑像姿态神情各不相同。

德累斯顿王宫 历代撒克森王国统治家族的居住地。第二次世界大战中毁于战火,后按照原貌复原重建。宫殿建筑融合了多种建筑艺术风格,鹅黄色的外墙配上红色屋顶和青铜色的圆顶,雍容华贵。绿穹珍宝馆里的珍宝是王宫的镇殿之宝,馆内展出上千件珍贵藏品。

圣母大教堂 位于德累斯顿市。始建于1726年,在第二次世界大战中被炸毁,后花费1.79亿欧元重建,许多遗物被精心保留下来。教堂高95米,圆形拱顶,砂岩拼建,精巧华丽,是西方新式教堂建筑的代表作。重建落成典礼规模盛大,德国总统、总理、英国王室代表等10万余人参加了盛会。

布拉格大街 位于德累斯顿市。德累斯顿最负盛名的街道之一。路面由石块铺成,中间的隔离带由一组组的喷泉组成。两旁有高大的橡树,树的间隙之间安放木椅。大街上杰出的建筑有维多利亚大厦、百货公司和住宅火灾保险公司大楼。

空中铁路 位于德累斯顿市。易北河上的悬挂铁路。1900年由德国皇帝威廉二世亲自乘车测试。全钢结构,建构、工程技术方面当时都是最先进的,100多年后的今天依然是全世界独一无二的悬挂铁路。德国政府对铁路进行翻修,希望它再运行100年。

易北河谷 位于德累斯顿市。纵深约18千米,其中有许多古老的牧场、宫殿、纪念碑、公园,19世纪和20世纪的别墅和花园。沿河谷的梯田种植葡萄,一些古老的村庄保留着工业革命时期的建筑和自然风光。147 米长的钢桥、空中铁路、古老的渡船、1900 年成立的造船厂，至今仍在使用。

皇帝堡 位于纽伦堡市。始建于 11 世纪，直至 16 世纪时才成现今的规模。神圣罗马帝国的每一位皇帝都曾在这里住过一段时间。城堡长约 200 米、宽 50 米，全部用巨石砌成，色彩柔和，线条粗犷。古堡通往外面的众多大道上，都有一座镇守城门的高塔。

圣劳伦茨教堂 位于纽伦堡市。在两座哥特式塔之间装嵌一扇直径 9 米的圆形花窗，以许多三角形的门和无数的玫瑰花为装饰。教堂的装饰艺术品令人目不暇接，最令人难忘的是星形圆顶的圣坛及悬空的天使报喜木雕像，圣体安置塔也堪称珍品。

纽芬堡皇宫 位于慕尼黑市。由一幢幢方形楼房连接而成，长达 600 米。主楼雄伟壮观，展开的两翼对称和谐。宫殿前一潭清水，潭中有天鹅、野鸭。皇宫庭院，浓荫掩映，宁静典雅。宫殿内厅堂众多，其中的"中国之阁"装饰摆设全是中国式。宫中有一个独特的群芳画廊，陈列着 36 幅美人油画像。

慕尼黑新市政厅 位于慕尼黑市。布局恢宏，装饰华丽。最有趣的是高 85 米的钟楼上的木偶报时钟，每天有真人大小的 32 个木偶演出历史剧，载歌载舞、惟妙惟肖地再现威廉五世的婚礼情景。慕尼黑曾发生大鼠疫，十室九空，威廉五世公爵为了恢复和重振慕尼黑，在这里举行大婚庆典，游行庆祝，慕尼黑从此恢复兴旺。

慕尼黑奥运中心 位于慕尼黑市。为 1972 年第 20 届夏季奥运会而建。奥林匹克体育场总面积约 7.5 万平方米，可容纳 8 万观众，其帐篷式的顶盖像一张大渔网。奥林匹克公园内 1 座 52 米高的山丘，用第二次世界大战中被炸毁的城市废墟堆积而成。

特蕾莎广场 位于慕尼黑市。慕尼黑啤酒节的官方举办地，占地约 42 万平方米。广场得名于路德维希一世的妻子特蕾莎，他们于 1810 年在此举行婚礼。啤酒节期间，这里搭建数个巨大的啤酒棚，酒棚里有现场乐队，每个啤酒棚都排着长长的人龙，热闹非凡。

慕尼黑大教堂 位于慕尼黑市。建于 15 世纪，但教堂的尖顶没有竣工，50 多年后工程继续，当时哥特式建筑时代已经过去，从意大利传来了一种新型的文艺复兴风格，于是哥特式教堂被安上了时髦的圆顶，被称为"罗曼国家的帽子"。这种圆顶风格成为以后巴伐利亚众多教堂建筑的典范。

阿尔斯特湖 位于汉堡市。内湖像 1 颗明珠镶嵌在汉堡市区的中央，彩帆点点，天鹅优雅地穿梭在波光粼粼之中，风景如画。湖滨有精美的雕像，古老的教堂，豪华的宾馆和商业大街。外湖湖岸植被丰富，环湖小路是慢跑爱好者的最爱。阿尔斯特湖被称为汉堡的灵魂。

米歇尔教堂 位于汉堡市。巴洛克风格。铜绿色的钟塔是汉堡的标志。教堂

旅游目的地概述

平面略成花瓣十字形,由四根大柱支撑,四周有厢楼,祭坛和布道坛都是意大利风格的大理石建筑。这里是作曲家勃拉姆斯的受洗之地,至今保留着为他施洗的水盆。

不来梅酒窖　位于不来梅市。德国最古老的酒窖之一,占地5000平方米,位于地下4~6米。珍藏过去几个世纪的每个年份的美酒,其中包括1653年吕德斯海姆的白葡萄酒。这个酒窖是欧洲皇室、贵族、政要、音乐家和诗人们流连忘返的圣地,德意志帝国的历代皇帝几乎把它作为御用酒窖,铁血宰相俾斯麦曾多次游览酒窖。

箍桶匠街　位于不来梅市。仿照中世纪街道结构设计建造的街道,全长不足100米。狭窄的街道上有电影院、剧院、美术馆、赌场、时装店、玻璃工艺店以及首饰加工铺、咖啡厅和餐馆。那些挂在屋顶之间的铃铛,实际上是用迈森瓷制作的组钟,会定时奏响音乐。

汉诺威展览中心　位于汉诺威市。世界上最大的展览中心之一。拥有49.6万平方米的室内场馆,5.8万平方米的户外场地,27个展馆和1个有35个功能厅的会议中心,可容纳2.6万名参展商和230万名观众。每两年举办"汉诺威世界商用汽车博览会"。

杜塞尔多夫老城　位于杜塞尔多夫市。老城完整地保存有德国传统的民居建筑,古色古香。在不到0.5平方千米的范围内,有众多的啤酒馆、酒吧、各国风味餐馆以及迪斯科舞厅,尤其以啤酒馆闻名,被称为"世界上最长的酒吧街"。老城中心集市广场竖立着1711年雕成的约翰威廉大公爵的青铜骑像。

本拉特宫　位于杜塞尔多夫市。欧洲现存最漂亮的洛可可式建筑之一。建于18世纪中叶,占地60多公顷。宫殿前有个小湖,许多天鹅悠闲游弋,粉红色的宫殿倒映在明镜般的湖面上。修剪整齐的树木,巍峨的白色雕像,长长的水渠和大片的草坪,游人仿佛置身于画中。

香水博物馆　位于科隆市。古龙水的发明人法利纳的故居。科隆是世界上最古老的香水产地之一,古龙水香味犹如春之女神,成为当时王室贵族的必备之品,普鲁士、波兰、奥地利、英国、西班牙、丹麦、瑞士、法国等众多国家的皇室都将古龙水作为御用香水。香水博物馆展示了香水制作的起源和300多年的香水文化。

电影博物馆　位于法兰克福市。以收藏和演示旧电影为主,包括埃米尔·雷诺1882年的"实用镜",发明家爱迪生1889年发明的活动电影放映机,卢米埃兄弟1895年发明的电影机复制品等,还会生动展示现代电影的特效制作。

斯图加特王宫　位于斯图加特市。斯图加特有两座王宫。老王宫建于13世纪,1553年和1578年两次按文艺复兴建筑风格改造,被视为德国最漂亮的文艺复兴式建筑。新王宫始建于1746年,宫殿中心部分现为州政府大型活动举办地,两翼是州财政部、文化部,白色大厅是斯图加特最漂亮的音乐厅之一。

路德维希堡　位于斯图加特市。由皇宫、御花园及行宫组成。符腾堡公爵路德维希于1704—1733年建造,是欧洲至今保存最完整的巴洛克式宫殿园林之一。

有各种厅房 450 多间,内部以巴洛克式、洛可可式的不同风格加以装饰,极尽奢华。

霍亨索伦城堡 位于斯图加特市。曾统治德意志的霍亨索伦家族的私有城堡。始建于 11 世纪,19 世纪重修。城堡内展示腓特烈大帝的遗物、普鲁士王的宝物及王冠等。目前普鲁士王朝末代皇帝威廉二世的子孙留居城堡,但对公众开放。

梅赛德斯—奔驰博物馆 位于斯图加特市。楼高 9 层,双螺旋结构,展览面积约 16 500 平方米。展品 1450 多件,其中 160 辆展车中不乏 20 世纪 50 年代鸥翼跑车和银箭车等曾影响整个时代的传奇车型。

七、世界遗产

亚琛主教座堂 公元 800 年,查理大帝在亚琛建立第二罗马帝国,修建皇宫,其中的行宫教堂即亚琛主教座堂,查理大帝去世后埋葬于此。从公元 936 年起的 600 年间,这里一直是皇帝加冕之地。教堂的形态维持了 1200 年,至今仍存留着当年的入口大厅、皇帝包厢、旋转楼梯塔、穹隆建筑,显示着极高的艺术水平。

施派尔主教座堂 用红色砂岩建造。教堂的地下墓室是欧洲最大的罗马式柱廊,埋葬有罗马帝国皇帝康拉德二世、亨利三世、亨利四世、亨利五世、腓特烈一世的皇后、亨利六世的弟弟、哈布斯堡王朝的创立者鲁道夫一世、罗马人民的国王阿道夫一世、阿尔布雷希特一世等,成为罗马帝国皇帝埋葬之地,持续近 300 年。

维尔茨堡官邸 侯爵主教住处,德国最宏伟的巴洛克式王宫之一,包括宫殿、花园和广场三部分,号称"万宫之宫"。这所华丽的宫殿,是欧洲封建王权的登峰造极之作。由许多巴洛克式建筑围成的正方形宫殿广场,至今仍保留原来的石造路面,是德国屈指可数的几座保存完好的宫廷广场之一。

维斯朝圣教堂 位于巴伐利亚州。传说一位农妇看到了救世主雕像眼睛中的几滴眼泪,引来礼拜和朝圣的人潮,于是建造了一座小型礼拜堂,它就是维斯教堂的前身。19 世纪初教堂曾被下令拍卖和拆除,但被农民抢救下来。每年 5 月 1 日开始维斯朝圣,6 月 14 日和随后的星期日是"耶稣的眼泪"节,每年到访者超过百万人。

奥古斯都堡 位于布吕尔。科隆大主教克雷门斯·奥古斯都于 18 世纪初兴建此城堡作为寓所,景色优美,深具田园风情。附近有法尔肯拉斯特狩猎小屋。这两座建筑是 18 世纪德国早期洛可可风格的杰作,直到 1994 年仍为德国总统接待外国贵宾的地方。

希尔德斯海姆的圣马利亚主教座堂和圣弥额尔教堂 圣马利亚主教座堂于公元 872 年奠基,大殿内每两根圆柱搭配一根方柱,铜门上有 16 组浮雕。圣弥额尔教堂于 1010—1020 年建造,正殿的雕刻尤为珍贵,6 位圣人相伴的圣母子像更是罗马式雕刻的杰出代表。这两座教堂是神圣罗马帝国时期罗曼建筑艺术的最好见证。

特里尔的古罗马古迹、圣伯多禄主教座堂和圣母教堂 特里尔是德国最古老的市镇,已有 2000 年的历史。公元前 16 年,罗马皇帝奥古斯都在此建立后方重

旅游目的地概述

镇。公元3世纪末,古罗马皇帝戴克里将这里作为宫廷所在地。此后,相继建成许多历史性建筑,其遗迹至今尚存。这些古迹是罗马文明的有力证据。

汉萨同盟城市吕贝克 吕贝克是德国北部重要港市,建于11世纪。13世纪末至15世纪曾为"汉萨同盟"盟主,北欧主要商业中心之一,如今仍是海上商贸中心。这座老城结构的大部分由15—16世纪的贵族居所、一些古迹、教堂和盐场组成,它们至今完好无缺。

波茨坦和柏林的宫殿和公园 现存的宫殿包括桑斯西宫、古里尼凯宫、沙尔劳腾霍夫宫、巴贝贝尔克宫及采茨利霍夫宫,庭园有鲁斯特庭园、孔雀岛等。柏林纳森林和哈维尔河形成的一系列湖泊和池塘,为波茨坦的宫殿和庭园提供了优越的自然资源。

洛尔施修道院和教堂 公元764年奠基,石造建筑,卡洛林式建筑风格。修道院及其入口——著名的"托尔哈尔"是卡洛林时代珍贵的建筑遗迹,雕刻和绘画保存完好。作为中世纪早期及其后大部分时间里的文化中心和不可忽视的政治因素,洛尔施修道院对其周围地区有着不可磨灭的影响力。

拉默尔斯贝格矿、戈斯拉尔历史城镇和上哈尔茨王室水利工程 拉默尔斯贝格矿从公元968年起开始经营,戈斯拉尔城即为开发此矿而建,有教堂和修道院47座。上哈尔茨王室水利工程位于哈尔茨丘陵山区,由人工连接起来的107个小型水库、水隧道和沟渠组成,早在800多年前就开始为采矿业提供用水。

班贝格城 建于1007年,曾经是贸易中心,以特产啤酒著称。12世纪是班贝格城的繁荣时期,当时它的建筑风格对于北德和匈牙利产生了巨大的影响。它还是18世纪晚期欧洲启蒙运动的中心,南德的哲学家黑格尔和霍夫曼就住在这里。班贝格老城保存完好,拥有2000多处文物古迹。

毛尔布龙修院群 前身为西妥教团隐修院,位于巴登-符腾堡邦。这座隐修院群由封闭的城墙包围,是阿尔卑斯山北面保存最好的中世纪修道院群,是从罗马式到后哥特式建筑潮流与发展过程的代表。

奎德林堡的神学院、城堡和古城 这里约有1200间建于15世纪的木房子,它们由木头、黏土和石块的混合材料构建,柱、梁的结构风格一直延续到19世纪,因此被称作"木框架建筑的百科全书"。奎德林堡所在的贝斯滕道尔克城有两个居住区,因此奎德林堡的广场、教会、市政厅都是两个,甚至连市长也是两个。

弗尔克林根钢铁厂 工厂占地6公顷,构成了弗尔克林根市的主体部分。这个拥有百年历史的炼钢厂于1986年停产。保留有6座炼钢高炉以及独特的对角升降机,展示着19世纪和20世纪时期建造和装备的钢铁厂风貌。它是整个西欧和北美地区现存唯一一处保存完好的综合性钢铁厂遗址。

梅塞尔化石坑 位于法兰克福。面积约0.7平方千米,低于地面60米,原为一处废弃的沥青页岩矿场。化石坑出土文物超过4万件,是世界上出土哺乳动物化石最多的遗址之一,它深刻而生动地记录了地球某一历史时期剧烈的生态变化,揭示了4700万年前进化与生命的奇迹。

科隆主教座堂 科隆市标志性建筑物。钟楼高约157米,为德国第二高、世界第三高的教堂。13世纪中期开始兴建,工程时断时续,至1880年才由德皇威廉一世宣告完工,前后耗时超过600年,直到今日仍修缮工程不断。教堂完美地结合了所有中世纪哥特式建筑和装饰的元素。

魏玛和德绍的包豪斯遗址 包豪斯原是一所艺术和建筑学校,又指其所倡导的建筑流派或风格。除了建筑领域,包豪斯还在艺术、工业设计、平面设计、室内设计、现代戏剧、现代美术等领域都有显著的影响。魏玛和德绍的包豪斯遗址代表了"现代运动"的兴起,也为20世纪建筑的发展奠定了基础。

艾斯莱本和维滕贝格的马丁·路德纪念地 1517年教宗利奥十世谕令出卖"赎罪券",马丁·路德在维腾贝格王宫教堂的大门上张贴反对兜售赎罪券的《九十五条论纲》,后又发表关于宗教改革的三大论著,焚毁教皇通谕、教会法典,向教皇及罗马教会公开宣战。由此引起的宗教革命,彻底结束了罗马教会的精神独裁。

古典魏玛 魏玛古城的中心是俄国东正教教堂式的皇帝陵墓区,歌德和席勒的墓地也在这里,歌德家族的其他成员夏洛特冯施泰因及库德雷家族和武尔皮乌斯家族的墓地在这个陵墓区之外。古城中的歌德花园别墅、维特姆斯宫殿和蒂富特宫,现为歌德博物馆的一部分。

柏林博物馆岛 即"施普雷岛",岛上有5家著名的博物馆——柏林老博物馆、新博物馆、国家美术馆、歌德博物馆及佩加蒙博物馆,它们形态各异,却又和谐统一。佩加蒙博物馆所收藏的人型历代建筑物最负盛名。这组经过百年建造逐步完善的博物馆群体建筑,在第二次世界大战中大半被毁。

瓦特堡城堡 位于图林根海拔约400米的小山上,11世纪时由当地领主"跳跃者路易"所建。尽管这里还保留着一些封建原始建筑,但19世纪重建后的形态展示了这座城堡在军事和权力巅峰时的风采。此地曾是著名宗教改革家马丁·路德的流放之所。城堡周围森林环绕,风景殊佳,被誉为"理想城堡"。

德绍-沃利茨宫殿式园林 位于易北河边凹地。建于18世纪。面积约1.1平方千米,中心是沃利茨湖,为德国第一个值得关注的自然式园林,也是欧洲最具代表性的景观公园之一。英式风格的庭院景观以及精心设计的农田风光,将美学、教育和经济目的巧妙地融合在一起,是18世纪启蒙运动中庭园设计的杰出代表作。

修道院之岛赖兴瑙岛 位于博登湖湖中。建于公元724年的贝纳迪克汀修道院,在宗教、认知和艺术方面都曾有过巨大影响。马库斯教堂、圣彼得教堂、圣保罗教堂和圣乔治教堂建于公元9世纪至11世纪,为中世纪早期的修道院式建筑提供了一幅可贵的全景图,教堂里的壁画则是各种影响深远的艺术活动的见证。

关税同盟煤矿工业建筑群 当时欧洲最现代的炼焦场,每天提炼煤1万吨,被

旅游目的地概述

誉为"世界上最美的矿区"。昔日的筛煤车间、煤仓和洗矿场、巨大的机器和传送带以及如林的炼焦炉、巍峨的大烟囱,令人眼花缭乱。这些深受包豪斯风格影响的建筑,成为现代工业建筑的标志,这里同时还摇身一变成为一个艺术和文化中心。

施特拉尔松德和维斯玛的历史中心 施特拉尔松德位于前波莫瑞地区,1234年获得城市自立权以后,与波罗的海的其他城市结成汉萨同盟,其中包括吕贝克、维斯玛和罗斯托克。施特拉尔松德的帆船远航俄国、斯堪的纳维亚和西欧,14世纪成为德国东部地区最重要的城市之一,后随着汉萨同盟的衰亡而衰落。

莱茵河中上游河谷 莱茵河流经瑞士、卢森堡、法国、德国、荷兰等国家,全长1320千米,德国境内长865千米。上莱茵河谷是欧洲人文主义的摇篮,中世纪文艺复兴运动的重要舞台。中莱茵河谷描述了人类与自然环境相互影响的漫长历史。这里发生的历史事件、演绎的传奇,对作家、艺术家和作曲家产生了很大影响。

不来梅市政厅和罗兰雕像 不来梅市政厅是欧洲最重要的哥特式建筑之一。罗兰骑士雕像高5.5米,建于1404年,迄今已有600年的历史。不来梅市政厅和罗兰雕像是神圣罗马帝国发展市民自治权的有力证据,是公民自治和自由市场的杰出体现。

穆斯考公园 占地约8.3平方千米,横跨德国、波兰两国。最为成功的是将整片区域的各个结构化部分,通过宽广的景观视轴和蜿蜒的小径连接起来,并将天然河段完美地镶嵌于人工景观之中。旧宫殿、热带植物园、骑兵房、水上乐园和山地公园以及巴洛克式花厅,都是穆斯考园林的珍贵亮点。

雷根斯堡老城及施达特阿姆霍夫城区 雷根斯堡位于上巴伐利亚,公元179年修建,曾是天主教雷根斯堡教区主教的驻地,保存了数量众多的历史建筑。这些建筑物中有中世纪贵族的房屋和塔楼、教堂和修道院建筑群,还有建于12世纪的古桥,跨越了近2000年的岁月。许多遗迹展现了这里浑厚的教育和宗教历史。

柏林现代住宅群落 包含6个聚落区,1913—1934年兴建,当时柏林市在社会、政治、文化方面的发展尤为迅速,建筑改革运动通过城镇规划、建筑及园林设计极大地改善了低收入人群的住房与生活状况。这些聚落区代表的是战后社群住宅区的时空意向,决定了20世纪建筑与都市房屋的走向。

瓦登海 欧洲大陆西北部到北海之间的一块浅海及湿地,北起丹麦南部的海岸,向南至德国海岸后又转向西直到荷兰,总面积约1万平方千米。瓦登海拥有丰富的生物多样性资源,是全球海洋中海岸线被人类改变最多的海洋之一。

法古斯工厂 位于阿尔费尔德。鞋楦厂按照制鞋工业的功能需求,设计了各级生产区、仓储区以及鞋楦发送区,这些功能区直至今日依然可以正常运转。法古斯工厂的设计开创性地运用功能美学原理,并大面积使用玻璃构造幕墙,不仅对包豪斯设计学院的作品风格产生了深远的影响,也成为欧洲及北美建筑发展的里程碑。

阿尔卑斯地区史前湖岸木桩建筑 阿尔卑斯地区湖边、河岸及湿地边的史前木桩建筑遗迹共 111 处,分布在德国以及瑞士、奥地利、法国、意大利和斯洛文尼亚 6 国。这些小型定居点建于约公元前 5000 年至 500 年,保存极其完好,文化内涵丰富,是研究这一地区早期农业社会的最重要的史料来源之一。

拜罗伊特侯爵歌剧院 巴洛克剧院建筑中的一项杰作,建于 1745—1750 年间,观众席能容纳 500 人。这座宫廷歌剧院作为城市元素建于公共场所,开创了 19 世纪大型公共剧院的先河。剧院内层层叠加、装饰华丽的木制包厢,幻想主义的帆布画,充分展示了瞬间美学的庆典式建筑传统。

威海姆苏赫山地公园 位于黑森州卡塞尔市。面积约 2.4 平方千米,是欧洲最大的依山而建的公园,也是世界第二大的建在山坡上的公园。1696 年开始建设,大约 150 年后才完成。

卡洛林时期面西建筑和科尔维城 位于赫克斯特尔市。建于 822 年至 885 年。最初的修道院只有部分被挖掘出来。这一历史遗迹利用独特的方式描述了卡洛林时期的建筑,是这一时期的杰出建筑代表。科尔维城的修道院始建于 822 年,是当时法兰克王国最重要的宗教中心之一和教徒的朝圣地。

仓库城和康托尔豪斯区 位于汉堡。仓库城建于 1885—1927 年间,包括 15 个大型仓库区和 6 个附属仓库群以及一个相连的短运河系统,占地约 30 万平方米,是世界上最大的港口仓库群遗址。康托尔豪斯区建于 20 世纪 20 年代至 40 年代,包括 6 座写字楼,占地面积超过 5 公顷。它们见证了 19 世纪末至 20 世纪初汉堡港繁荣的国际贸易。

勒·科尔比西耶现代建筑系列作品 建筑师勒·科尔比西耶(1887—1965)是现代设计的先驱,20 世纪最重要的建筑师之一,被公认为"功能主义建筑之父"。他的作品体现了现代主义运动为适应社会需求而引入的全新的建筑技法,为现代建筑奠定了基础,实现了建筑技术的现代化。

施瓦本侏罗山的洞穴和冰川时代的艺术 早在 43 000 年前,人类首次踏上欧洲,德国南部的施瓦本侏罗山成为他们的一处定居点。这里的 6 个洞穴里留下了最古老的具象艺术,包括小型动物雕像、乐器、首饰等,还有一些半人半兽小雕像以及一个女性形象的小雕像。这些源自冰川时代的艺术作品可以帮助理解人类艺术的起源与发展。

第三节 红角山羊——克罗地亚

克罗地亚,全称"克罗地亚共和国"(The Republic of Croatia)。"克罗地亚"为民族名,斯拉夫语意为"山冈之人"。

一、自然地理

克罗地亚位于中欧的东南边缘,巴尔干半岛的西北部,亚得里亚海东岸。隔亚得里亚海与意大利相望,北部邻国是斯洛文尼亚和匈牙利,东面和南面是塞尔维亚与波黑。面积约5.65万平方千米。

克罗地亚分为三个地理区域:北部、东北部平原,中部山地,伊斯特拉半岛和达尔马提亚沿海地区。岛屿达1185余个,被称为"千岛之国"。

克罗地亚境内呈现两种不同的气候类型,沿海地区为地中海气候,内陆地区则是四季分明的大陆性气候。

二、国家象征

克罗地亚的国旗呈横长方形,旗面为红、白、蓝三色,这是斯拉夫民族的传统颜色。旗面中间是国徽图案。

克罗地亚的国徽为盾徽,盾面上有25个红、白两色相同的方格。盾徽上方是状如王冠的图案,分成5个盾牌,象征克罗地亚古老王国的5个省区;饰有六角星、白色新月、带王冠的黄色狮头、红角山羊和貂,这些都是克罗地亚古老文化传统的纪念物。

克罗地亚的国歌是《我们美丽的祖国》。

克罗地亚的首都是萨格勒布。

三、社会生活

克罗地亚人口约449万人,克罗地亚族占总人口的近八成。官方语言为克罗地亚语,大部分克罗地亚人都会说英语。主要宗教是天主教,教徒占总人口的3/4。

克罗地亚实行共和制。总统是国家元首。议会是国家最高权力机构。克罗地亚主要政党:民主共同体、社会民主党、社会自由党、农民党、人民党、权利党。

克罗地亚原来是南斯拉夫经济较为发达的地区,南斯拉夫危机爆发后经济严重滑坡,近1/3的工业生产能力遭到破坏,通货膨胀率一度高达1600%。近10多年来,经济缓慢回升,支柱产业旅游业复苏较快。

四、民俗风情

在克罗地亚,男的可称先生,女的可称夫人、小姐、女士。一般行握手礼。

克罗地亚人习惯穿亚麻布、毛料、绸料服装。男子服装为长裤、衬衣加短外套,也常有坎肩、腰带,喜欢穿皮靴。女子服装为衬衣、短上衣、坎肩、斗篷、腰带、围裙,衬衣多有花边、刺绣等装饰。

克罗地亚人以能歌善舞著称,科罗舞欢快而优美。

克罗地亚菜肴综合了意大利、匈牙利、奥地利的菜肴特点,篝火烤肉、达尔马提亚熏火腿、羊奶酪等最为驰名。克罗地亚人爱吃鱼、虾、蚌。

五、旅游城市

萨格勒布（Zagreb） 位于克罗地亚西北部，克罗地亚的首都，政治、经济、文化中心。"萨格勒布"的原意是"战壕"。城市由三部分组成：由教堂、市政厅等古建筑组成的老城；由广场、商业区、歌剧院组成的新区；第二次世界大战后发展起来的现代化城区。

斯普利特（Split） 克罗地亚历史名城，第二大海港，著名的海滨疗养胜地，位于亚得里亚海的达尔马提亚海岸中心。附近萨洛纳城是罗马达尔马提亚王朝的古都，遗迹犹存。

六、经典景点

萨格勒布大教堂 位于萨格勒布市。克罗地亚最华丽的教堂之一。教堂旁边有1座钟，在1880年的一次大地震中停摆，至今还停留在那个时间。教堂在地震后重新翻修，延续了欧洲教堂大气宏伟的建筑风格。

圣马可教堂 位于萨格勒布市。哥特式建筑，屋顶上有用马赛克砌成的徽章，左边是克罗地亚几个大区的徽章，右边是萨格勒布的市徽。教堂里陈列着克罗地亚著名雕塑家梅什特罗维奇的作品。

失恋博物馆 位于萨格勒布市。馆内拥有世界各地失恋者捐赠的展品1000多件，曾被授予"欧洲最有创意博物馆奖"。进门处的墙上悬挂着一幅世界地图，上面用白色光点标注出馆内所收集的一个个分手故事的发生地。背后的咖啡馆，一个大大的"吻"字首刺眼帘。

圣多努米斯教堂 位于斯普得特市。原址是个大花园，戴克里先去世后葬在这里，后他的灵柩被移走，下落不明，这里也被改建成基督教堂，后又加建了高57米的钟楼，成为非常独特的建筑。

格雷戈留斯雕像 位于斯普得特市。格雷戈留斯是斯拉夫宗教领袖，在克罗地亚的语言和文化方面作出了卓越的贡献。这座雕像创作于公元10世纪。因传说抚摸雕像的左脚趾会带来好运，所以左脚趾已经被摸得锃亮。

克尔克岛 克罗地亚西北部最大岛屿，面积超过400平方千米。石灰岩、砂岩和地下暗流形成岩熔地貌，地上有石笋式峰林洼地，地下有奇特溶洞，森林苍郁。岛上还有中世纪的城墙、城堡，700多年前的罗马天主教堂，古盐矿遗址，是新开辟的旅游胜地。

七、世界遗产

杜布罗夫尼克老城 位于达尔马提亚海岸南部石灰岩半岛。始建于公元7世纪，依山傍海，风景优美，气候温和，被誉为"亚得里亚海明珠"和"城市博物馆"，如今是克罗地亚疗养胜地和海港城市。这里较好地保存了14~16世纪的古城堡,14世纪的药房、教堂、修道院、古老而华丽的大公宫和壮观的钟楼。

斯普利特历史建筑群和戴克里先宫　斯普利特是达尔马提亚海边的一座历史名城,城市建筑以罗马皇帝戴克里先宫为核心发展起来,建造于公元3世纪末到4世纪初。12~13世纪的罗马式教堂、中世纪防御工事、15世纪的哥特式宫殿以及其他文艺复兴时期和巴洛克风格的宫殿,构成了保护区内的其他景点。

波雷奇历史中心的尤弗拉西苏斯圣殿主教建筑群　波雷奇位于伊斯特拉半岛,有许多著名的文化遗迹,包括幼发拉底大教堂、内普丘思庙宇以及罗马风格的房屋等。长方形的大教堂以一种特殊的方式融合了古典与拜占庭风格,是宗教建筑的典型代表,以人物形象为内容的马赛克艺术装饰成为欧洲马赛克艺术的典型之一。

特罗吉尔历史城　位于达尔马提亚,建于公元前3世纪。垂直的街道布局可追溯到希腊时期,后来的统治者们又新建了许多精美的公共建筑、家居住宅以及防御工事。精巧的罗马式教堂与威尼斯时期杰出的文艺复兴式和巴洛克式建筑相得益彰。特罗吉尔是城市历史连续性的著名范例。

希贝尼克的圣雅各主教座堂　位于达尔马提亚海岸。大教堂由岩石构成,拱顶和圆顶采用了独特的建筑技巧。大教堂的形式和装饰要素,例如由71个形态各异的男人、女人、孩子脸装饰的教堂中眉,展现了哥特艺术与文艺复兴艺术的成功融合。

斯塔瑞格勒平原　位于亚得里亚海赫瓦尔岛。在这片肥沃的平原上,最初开展的农业活动主要是种植葡萄与橄榄,从古希腊时期直至今日始终如此。这里的景观以古老的石墙与小型石砌居所为特色,见证了古希腊人所采用的几何学土地分割系统方法。历经24个世纪后,这处景观依旧完好无损。

普利特维斯湖群国家公园　位于克罗地亚中部。东南欧历史最悠久、克罗地亚最大的国家公园。数千年来,流经石灰石和白垩上的水逐渐沉积为石灰华屏障,构成一道道天然堤坝,这些堤坝又形成了一个个美丽的湖泊、洞穴和瀑布。这种地质作用至今仍在继续进行。公园里的森林是熊、狼和许多稀有鸟类的家园。

威尼斯共和国的防御工事　意大利、克罗地亚及黑山的15座防御工事,横跨1500千米,从意大利北部延伸至亚得里亚海的东海岸。陆地之国的防御工事在西北方向保护着威尼斯,海洋之国的防御工事保护着亚得里亚海通往东方黎凡特的海洋通道及关口。这些防御工事对维护古代威尼斯共和国的力量和扩张必不可少。防御工事引入大炮火药,在军事及建筑上具有重要的变革意义。

第四节　多瑙明珠——匈牙利

匈牙利,全称"匈牙利共和国"(The Republic of Hungary)。"匈牙利"为民族名,即马札尔族,其含意是"十个部落"。

一、自然地理

匈牙利位于欧洲中部,东邻罗马尼亚、乌克兰,南接斯洛文尼亚、克罗地亚、塞尔维亚,西靠奥地利,北连斯洛伐克。面积约9.3万平方千米。

匈牙利是内陆国家,全境以平原为主,八成的国土海拔不足200米,属多瑙河中游平原。匈牙利大平原面积约5万平方千米。凯凯什峰海拔1015米,为全国最高点。巴拉顿湖为中欧最大的湖泊。

匈牙利地处北半球温带区,属于温带大陆性气候、温带海洋性气候和地中海气候的交汇点,平均气温1月-4℃~-2℃,7月20℃~22℃,不同地区温度差别较大。年降水量480~800毫米。春夏和秋末经常会有暴雨。

二、国家象征

匈牙利的国旗呈横长方形,自上而下由红、白、绿三色的长条形组成。红色象征力量,白色象征忠诚,绿色象征希望。

匈牙利的国徽为盾徽,其顶端为匈牙利国王的王冠。

匈牙利的国歌是《匈牙利共和国国歌》。

匈牙利的首都是布达佩斯。

三、社会生活

匈牙利人口约991万人,马札尔族(匈牙利族)约占总人口的九成半。通用语言为匈牙利语。约2/3的居民信奉罗马天主教。

匈牙利是共和制国家。国会为一院制。国家权力机关是国民会议。匈牙利主要政党:左派社会党、自由民主联盟和基督教民主论坛。

匈牙利资源贫乏,农业以及牧业在国民经济中占主导地位。最近10多年,经济保持稳定增长势头,增幅超过欧元区。

四、民俗风情

匈牙利人姓在前,名在后。女子婚前用父姓,婚后在名字后面再加上夫姓,也有的只用丈夫的姓和名,并在丈夫的名之后加一个"妮"字。

在匈牙利,结婚须经求婚、订婚和迎娶三个阶段,订婚的仪式必不可少,双方都由1位女性亲戚陪同去神甫处登记。妇女婚后用花布把头发包住,这是与未婚少女的最大区别。

匈牙利人平时穿着很随意,但重要场合常常是西装革履,节日、出席宴会、听歌剧都要换装。男士的礼服都是西服,有的略洒些香水;女士的衣着比较多样,长裙、晚礼服端庄潇洒,胸前佩戴各式项链。匈牙利人讲究穿戴,不修边幅被认为是缺乏教养,而穿着邋遢的人会遭到公众的白眼。

匈牙利人所有约会必须事先安排。第一次拜访宜送女主人鲜花。匈牙利人过新年,好友之间都要互赠一块镀金的镍币。镍币一面是翩翩起舞的天使,另一面则刻上"祝你新年幸福"的美好字句。

匈牙利饮食兼受东西方文化习俗的影响,食品辛辣、油腻、油炸的洋葱、辣椒、番茄常作为底菜,青椒既作为原料,又单独成菜,令人叫绝。没有辣椒的美味佳肴,同样让人回味悠长。鱼和山珍在匈牙利食品中占据重要位置。匈牙利有无数的香肠和腊肠系列,鹅肝菜肴称誉全球。他们不会食用禽类制作的菜肴,据说是避免幸运随禽类飞走。

五、旅游城市

布达佩斯(Budapest) 匈牙利的首都,欧洲中世纪古城。位于多瑙河两岸,处于欧亚大陆交通线的十字路口。河右岸的"布达"多山,左岸的"佩斯"地势平坦,玉带似的蓝色多瑙河穿城而过,风景秀丽,有"多瑙河明珠"的美誉。绿荫环抱,花草繁茂,曾被法国人评为世界上最安静的首都。

德布勒森(Debrecen) 位于匈牙利东部。城市的历史可追溯到10世纪,但构成今日市容的主要是19—20世纪的建筑。第二次世界大战期间几乎被摧毁。附近大草原四季景色各有魅力,原汁原味的草原风光令人流连忘返。

米什科尔茨(Miskolc) 匈牙利东北部交通枢纽,位于布达佩斯东北。早期是希腊人的聚集地,所以有很多巴洛克风格的建筑。古老的建筑和摩登的高楼相交错,成为一道独特的风景。奥沃斯山山麓的酒窖鳞次栉比,号称800窖,有的在地下百米,有的已历时300多年。

六、经典景点

布达王宫 位于布达佩斯市。新巴洛克式建筑群,13世纪创建,屡毁屡建。主要建筑包括哥特式大殿、伊斯特万塔、王宫小教堂及御花园。宫内有一喷泉,塑有匈牙利国王马加什的猎装像和他的幸臣塞普·伊仑伽像。御花园中耸立着1686年解放布达时的军事司令欧仁尼大公的骑马塑像,园门上有古匈牙利人的神鸟图茹尔鸟的雕像。

国会大厦 位于布达佩斯市。大厦建于奥匈帝国最辉煌的时期,施工17年才建成。哥特式与巴洛克建筑的完美结合,玫瑰粉色的圆形屋顶,乳白色的建筑本体,富丽堂皇,极尽奢华。

渔人堡 位于布达佩斯市。这里曾是个渔市,渔民们修建此堡作为防御工事。四周环境优美,景色秀丽,站在这里可以鸟瞰布达佩斯全城美丽的风光。如今这里是市民悠闲散步的重要场所,情侣们最喜欢到这里谈情说爱。

塞切尼链桥 位于布达佩斯市。横跨多瑙河,将布达和佩斯连在一起,是这座城市最古老、最著名、最美丽的桥梁。桥头昂立着威猛的狮子,却只有牙齿而没有舌头。它和周边的建筑共同组成了引人入胜的夜景。

马加什教堂 位于布达佩斯市。13世纪中叶由国王贝拉四世所建,后因匈牙利国王马加什在此举行婚礼而改名。教堂抛弃了传统哥特式建筑的对称结构,将高高的钟楼修建在教堂的一角。白色尖塔、彩色屋顶和教堂内部的彩绘玻璃、壁画,为教堂增色。历代匈牙利国王的加冕仪式在此举行,故又称"加冕教堂"。

圣伊什特万大教堂 位于布达佩斯市。以匈牙利第一位国王伊什特万一世命名,他的右手至今仍然保存在这里,每年8月20日信徒庆祝圣伊什特万节。教堂有两个大钟楼,其中有匈牙利最大的钟,重量超过9吨。游人可以攀爬364级楼梯到达教堂顶部,全方位俯瞰布达佩斯。

圣母马利亚教堂 位于布达佩斯市。建于13世纪。西大门两侧各有一塔,一座高达80米,另一座又矮又粗。教堂内文物颇多,以马加什国王的盾形纹章、描述圣母归天的14世纪浮雕、贝拉三世及其王后的石棺、王冠、权杖最为珍贵。

城堡山 位于布达佩斯市。地势险要,山上有许多宫殿建筑以及城堡和寺院,以匈牙利末代皇帝住过的皇宫最著名。山顶的布达城堡,曾是2000多年前古罗马的军事要塞。

盖莱尔特山 位于布达佩斯市。山顶上耸立着自由女神青铜雕像,她双手高举橄榄枝,昂首仰望苍穹,端庄安详,是匈牙利民族的象征。山麓有温泉150余处,日流量5万立方米,是欧洲最大的疗养中心之一。

埃格尔地道 建于1552年,上下5层,深30米,宽3米,长达17千米,堪称一座地下长城。当年土耳其人占领匈牙利大部分国土,埃格尔城堡内的2300余军民凭借复杂的地道网络,坚守38昼夜,粉碎了35万土耳其军队的进攻,成为世界军事史上的一大奇迹。

七、世界遗产

布达佩斯的多瑙河沿岸、布达城堡区、安德拉什大街 世界上城市景观的杰出典范之一。布达佩斯最重要的名胜都位于多瑙河畔,建筑和自然景色和谐融洽。布达城堡区有中世纪的城墙、众多的哥特式建筑和巴洛克建筑。安德拉什大街是条林荫大道,两边是美丽的新文艺复兴宫殿和房屋。

霍洛克古村落及其周边地区 位于匈牙利东北部。霍洛克是被精心保护下来的传统民居的一个典型范例,是20世纪农业革命前乡村生活的一幅生动图景。生活于此的居民不足100人,终日为生计而不停地忙碌。群山附近,分布着几个葡萄庄园、蔬菜园、花园、黄灿灿的玉米地和向日葵地,田园生活恬淡而优雅。

蓬农豪尔毛的总隐修院及其自然环境 位于布达佩斯。始建于公元10世纪末,是匈牙利境内唯一一个保存完整的本笃会庙宇建筑群。具有双层结构的圆屋顶建筑风格,是继15世纪中叶之后兴起的一种建筑模式。修道院周边的森林广阔茂盛,修道院附属的植物园里生长着许多当地特有的珍贵植物。

霍尔托巴吉国家公园 位于赫维什县。国家公园内的盐湖湿地是匈牙利南部所具有的典型生态环境,是许多水生鸟类和潮湿环境中生存的食肉类鸟的一个重要的捕食、饲养和定期运输的场所。蒂萨菲赖德鸟类保护区是多种全球濒危动物的饲养地,对于维护当地生态环境多样性起着重要的作用。

佩奇的早期基督教徒坟场 位于迈切克山南麓。公元4世纪,罗马帝国在这里建造了大量的带有装饰的基督徒墓地。墓地不仅建筑在地面上,而且还有用做礼拜堂的功能。墓室里的装饰以基督为主题,精美细腻。这个早期基督徒墓地在人类建筑史和艺术史上占有重要的一席之地。

费尔特湖文化景观 费尔特湖是欧洲内陆最大的平原湖,其中1/3属匈牙利,2/3归奥地利。湖岸芦苇茂密,栖有珍贵水禽,为国际禁猎地。费尔特湖是多种文化的汇集地,湖区周围出色的乡村建筑和几座18—19世纪的宫殿为该地区增添了浓厚的文化色彩。

托卡伊葡萄酒产地历史文化景观 托卡伊地区既是葡萄和葡萄酒的产区,也是自然和人文景观完美结合的游览胜地。这里自16世纪中叶起就成为世界上最卓越的甜白葡萄酒产区。葡萄园体系繁杂庞大,包括葡萄园、农场、村庄、小城镇,还有网络般的地下酒窖,完好地表明了3个世纪以来著名的托考伊葡萄酒的酿造过程。

奥格泰莱克的喀斯特岩洞群 位于匈牙利北部与斯洛伐克的交界处。以独特的喀斯特地形和自然的、生物的形成物而闻名于世,无论是从科学研究还是艺术欣赏的角度,其价值都难以估量。作为热带与冰河气候共同作用下的一种极其奇特的组合,该地貌使科学家研究几千万年以来的地貌历史成为可能。

第五节 欧洲阳台——希腊

希腊,全称"希腊共和国"(Hellenic Republic)。"希腊"希腊语意为"希伦人的居住地"。

一、自然地理

希腊位于欧洲东南部巴尔干半岛南端,北面与保加利亚、马其顿以及阿尔巴尼亚接壤,东部与土耳其接壤,濒临爱琴海,西南临爱奥尼亚海及地中海。面积约13.2万平方千米。

希腊国土的15%为岛屿,海岸线长约1.5万千米。境内多山,沿海有平原。品都斯山脉纵贯西部,中部为色萨利盆地。河流短,港湾多。

希腊南部地区及各岛屿属于地中海气候,全年气温变化不大,冬季气温6℃~12℃,夏季28℃~31℃,夏季较长,阳光强烈。北部和内陆属于大陆性气候,冬季温湿,夏季干热。年降水量400~1000毫米。

二、国家象征

希腊的国旗呈横长方形,由蓝、白相间的横条组成,4道白条,5道蓝条。旗杆一侧上方有蓝色正方形,上有白色十字。9道宽条表示希腊的一句格言"不自由,毋宁死",这句话在希腊文中拥有9个音节。蓝色代表蓝天,白色代表宗教信仰。

希腊的国徽为由橄榄枝环抱的盾徽。近似方形的蓝色盾面上镶嵌着一个白色十字,白十字象征宗教信仰。

希腊的国歌是《自由颂》。

希腊的首都是雅典。

三、社会生活

希腊人口约1074万人,基本上都是希腊人。希腊人讲希腊语,大多信奉东正教。

希腊以总统为国家元首,议会实行一院制。总统、总理由议会选举产生。希腊采用一种十分复杂的比例代表制选举体系。希腊主要政党:新民主党、泛希社运和左派联盟。

希腊是传统的农业国,经济基础比较薄弱,是欧洲联盟中经济欠发达的国家之一。航运、旅游、侨汇为三大经济支柱。

四、民俗风情

希腊人以握手为礼,也以拥抱、亲吻来表示友好之情。

希腊人注重着装整洁,尤其是中老年人更讲究衣着端庄大方。在社交场合,男子通常穿深色西装,打领带或系领结。老太太们喜欢穿颜色鲜艳的服装。

新年时,希腊家家户户要做一个大蛋糕,里面放入1枚银币,谁吃到银币谁将吉祥如意。

希腊人以面食为主食,喜欢吃牛肉、羊肉。希腊菜肴选料考究,只求新鲜,重视原汁原味。希腊人的晚餐开始得很晚,雅典城里晚饭一般在10点以后才开始。

拜访希腊人,主人会递上一杯浓稠的咖啡,如果贸然拒绝会被视为羞辱。希腊人性格开朗,乐天好客,说话好激动,对方如滔滔不绝,最好恭敬地倾听。希腊人喜爱饮酒,喝得稍醉微醺被认为是社交礼仪的风范。希腊人不使用招手和摆手的动作,认为这是蔑视人的一种行为,手离对方的脸越近则侮辱性越强。他们还认为久久地凝视别人是不怀好意的表现。当众打喷嚏和用手帕擦鼻涕更是十分忌讳。他们不喜欢黑色,也不喜欢猫,尤其厌恶黑猫。希腊人忌讳数字13和星期五。希腊人对其古代多彩多姿的历史、古迹、哲学、艺术、政治深以为荣,但避免谈及希腊国内政治以及希腊和塞浦路斯的关系。

五、旅游城市

雅典(Athens) 希腊的首都,用智慧女神雅典娜的名字命名,三面环山,一面傍海,基菲索斯河和伊利索斯河穿城而过。建城已有5000多年,在数学、哲学、文学、建筑、雕刻等方面都取得过巨大成就,还是奥林匹克运动会的发源地,有"西方文明的摇篮"之誉。

塞萨洛尼基(Thessaloniki) 希腊北部最大的港市,位于哈尔基季基半岛,濒塞萨洛尼基湾,拥有大量的拜占庭建筑杰作以及一些重要的奥斯曼帝国、犹太人建筑。此地亚里士多德大学的哲学、神学和考古专业在世界上颇负盛名。这里每年都会举办希腊的奥斯卡——塞萨洛尼基电影节。

帕特雷(Patra) 位于伯罗奔尼撒半岛,背依帕纳哈克斯山,西临帕特雷海湾,是希腊西部重要的港口城市。城市的历史已超过4000年,保存有古希腊城邦时期、罗马和拜占庭时期的许多文物,其中以罗马时期的马赛克拼装画最为著名。这里每年举行的狂欢节,已成为欧洲最重要的狂欢节之一。

六、经典景点

宪法广场 位于雅典市。为纪念1834年在此颁布最初的宪法而建。广场上有希腊议会大厦和无名战士阵亡纪念墓碑。大理石地板铺成的广场上放置着许多长椅,是当地居民重要的休闲区域。这里是希腊举行重大活动的场所,还不定期举办装置艺术展。

米克诺斯岛 位于雅典市。全岛主要由花岗岩构成,五光十色的岛屿风光美不胜收,犹如爱琴海上一颗璀璨明珠。洁白如羽的白墙,五彩的门窗阳台,幽静的小巷,鲜艳的花朵,富有诗意,还有神圣的教堂、天体海滩、同性恋海滩。

奥林匹亚宙斯神庙 位于雅典市。古希腊宗教中心,古欧洲最重要的建筑之一。公元前86年,罗马指挥官苏拉攻占雅典,破坏了这座尚未完成的神庙建筑,将一部分石柱和其他建材拆运到罗马,原有的104根美丽的科林斯式列柱现仅存15根。

奥林匹克竞技场 位于雅典市。第一届国际奥林匹克运动会的会址。17世纪末仿造古希腊竞技场的格局建造。竞技场呈马蹄形,门口的墙壁上镶嵌着五色环,细煤渣跑道黑得像墨,大理石台阶冰雕玉砌。一排排座位用白色的大理石堆砌,可容纳万名观众。

哈德良拱门 位于雅典市。拱门横跨雅典市中心的一条古老道路,是新旧雅典的界碑。拱门是罗马时代的凯旋门。据说兴建这座拱门是为了庆祝罗马皇帝哈德良在公元131年的到访,皇帝来此是为了当时附近新建的神庙,向该市捐献了大量财物。

狄奥尼索斯剧场 位于雅典市。是建于公元前6世纪的露天剧场。两个半圆形的剧场以门廊相连,可容纳17 000人。曾经上演过埃斯库罗斯、索福克勒斯和欧里庇得斯的悲剧作品及阿里斯托芬的喜剧作品,现在仍然作为夏季露天音乐会和戏剧表演的场所。

阿塔罗斯柱廊 位于雅典市。由帕加马国王阿塔罗斯二世兴建。走廊上的45根多利安式圆柱和22根爱奥尼亚圆柱,展现出优雅的古典风格。如今是古阿哥拉博物馆,收藏从遗迹中挖掘出来的陶器、雕刻、钱币、剧院门票、面具等文物。

古罗马市集 位于雅典市。公元前1~公元2世纪建造。中央大道直接通往雅典卫城。其中比较引人注目的是八角形的风塔,据说有方向指标、计时、测量风向等功能,塔上雕刻还清晰可见。此地不仅是古罗马帝国的发源地,也是7座小山丘的汇集地,更是古时罗马帝国市民聚集的场所。

七、世界遗产

阿波罗神庙 位于巴赛。公元前6世纪建立,由于工程浩大艰巨,一直无法完成。神庙是为康复之神和太阳神而建,有迄今为止发现的最古老的科林斯式柱头。神庙区还有露天剧场和圣路,圣路两旁有希腊各邦为供奉诸神而兴建的礼物库、祭坛、纪念碑、柱廊等。

德尔斐考古遗址 位于帕尔纳苏斯山南麓。因居住在这一地区的德尔斐族人而得名。古希腊典型的宗教遗址,以女祭司皮提亚宣示的神谕著称。在希腊人的心中,古希腊时期供奉太阳神阿波罗的圣地是全世界的中心,享有极为崇高的地位。

雅典卫城 "卫城"是指城邦国家的都城。雅典卫城已有3000年的历史。雅典卫城的中心是雅典城的保护神——雅典娜的铜像,其旁边的帕特农神庙是古希腊建筑艺术的丰碑。伊瑞克提翁神庙、酒神剧场、阿迪库斯音乐厅等遗迹,不仅是希腊文明的缩影,也是希腊建筑史上的奇迹。

塞萨洛尼基的早期基督教和拜占庭古迹群 包括古城城墙、拜占庭浴室、圆形大厅和圣凯瑟琳教堂、圣索菲亚教堂、圣潘特雷蒙大教堂。塞萨洛尼基建于公元前315年,是最早的基督教传播地之一。教堂修建工期漫长,也因此反映了同一类型的教堂在不同历史时期的特点。马赛克镶嵌艺术是早期基督教艺术中的杰作。

埃皮达鲁斯考古遗址 位于纳夫普利亚省。这里曾经是古希腊的一个非常活跃的城邦,公元前6世纪阿斯克勒庇俄斯医药神的祭仪在此进行。主要的遗址,尤其是大剧院,自4世纪以来被当作希腊建筑艺术的完美体现。如今除了剧场与运动场之外,阿斯克勒庇俄斯神庙早已不复存在,其他古迹也大多只留下遗址与废墟。

罗德岛的中世纪古城 罗德岛位于爱琴海最东部,是爱琴地区文明的起源地之一。在希腊化时期,岛上竖立起一个巨大的太阳神雕塑。十字军东侵期间在岛上留下了许多中世纪的建筑,上城有大长老宫殿、大医院和骑士街,下城不但有哥特式建筑,也有清真寺、公共浴池及其他奥托曼时期的建筑。

米斯特拉斯旧城 位于摩里亚半岛。上面部分有城堡、帝王宫殿建筑群、王室的住宅、几座修道院以及圣索菲亚大教堂,这些建筑物被一个具有两个大门的城墙包围起来;下面的部分被另外一座城墙围绕着,建筑物的中心部分是13世纪修建的圣杰米特厄斯大教堂,还有一座修道院和14世纪修建的潘塔纳萨大教堂。

奥林匹亚考古遗址 位于雅典。从公元前8世纪至4世纪末,因举办祭祀宙斯主神的体育盛典而闻名于世,是奥林匹克运动会的发祥地,古希腊人把体育竞赛看作是祭祀奥林匹斯山众神的一种节日活动。公元前776年,伯罗奔尼撒半岛的奥林匹亚村举行了人类历史上最早的运动会——古代奥林匹克运动会。

提洛岛 位于基克拉泽斯群岛。一度是宗教、政治和商业中心。在希腊神话中,该岛是女神勒托的居住地,她在此生育了阿波罗和阿耳忒弥斯。历史遗迹主要包括:公元前5—前3世纪的阿波罗神殿遗址,公元前2世纪的阿尔忒弥斯神殿遗址、私人住宅遗址、剧场遗址等,以巨大的阿波罗神庙与圣湖的9尊大理石狮最有名。

达夫尼修道院、俄西俄斯罗卡斯和希俄斯的新修道院 分别位于阿提卡、福基斯州和爱琴海的一个岛上。3座修道院属于相同的类型,有着相同的美学特征。这些教堂的金色背景上装饰着华丽的大理石或马赛克,代表着拜占庭艺术的第二个黄金时代。

毕达哥利翁和赫拉神庙 位于萨摩斯岛。毕达哥利翁是一个古老的要塞,有着希腊和罗马建筑以及壮观的隧道和高架渠。赫拉神庙是萨摩斯人赫拉的神庙。这里的遗迹已有3000多年的历史。

韦尔吉纳的考古遗址 位于希腊北部。被视为古代马其顿人的首都艾加伊城的遗址。遗址中有300多个坟墓,其中有些为公元前11世纪建造。墓葬群中有马其顿王国皇室墓群,其中可能有亚历山大之父腓力二世和亚历山大四世的墓穴,两座墓穴中都装饰着精美的壁画,被保留下来的巨大宫殿用马赛克和灰泥装饰。

迈锡尼考古遗址 位于伯罗奔尼撒半岛。一座3700年前的王城。外围由巨大的回形墙所围绕。迈锡尼的文明以城堡、圆顶墓建筑及精美的金银工艺品著称于世。其中有一座据说是特洛伊战役中希腊军队统帅迈锡尼国王阿伽门农的陵墓,曾在墓中发现一个金制的"阿伽门农的面具"。

帕特莫斯岛历史中心 传说圣约翰被流放到此,在山洞里得到天启,写下《天启录》等书,小岛由此闻名于世。由于地处偏远,岛上的宗教仪轨至今还保留着早期基督教的遗风,这在世界范围内极为罕见。圣约翰写作《天启录》的"天启"之洞以及始建于10世纪的圣约翰修道院,几百年来一直是希腊东正教徒朝觐的圣所。

科孚老城 位于科孚岛。起源于公元前8世纪,保留有中世纪威尼斯人建造的双尖塔城堡。考古博物馆藏有印着蛇发女怪头像的三角墙,是无与伦比的古希腊艺术品。作为地中海的港口要塞,科孚城区和港口以高度的完整性和真实性闻名于世。

阿索斯山　位于恰尔基迪半岛。自1054年起成为修道士们的隐居中心。这里有多所修道院,修道士曾达2万名,现在还有1300多名。修道院所在的村庄称为"圣村",一代又一代的修士在这里唱诗诵经,阿索斯山被称为"圣山"。这里是男性世界,除了圣母马利亚的神像外,妇女绝对禁止进来,甚至连雌性动物也概莫能外。

迈泰奥拉　位于帕萨里亚地区。几百万年前这里是一片汪洋,后来经地壳运动变成一片石林。11世纪中叶,隐遁修士逐渐增加,鼎盛时期修道院多达24座,修士上千名,成为抵挡土耳其人的侵占而来的伊斯兰教的中流砥柱。因有众神曾经居住过的奥林匹斯山和令人叹为观止的迈泰奥拉修道院而闻名于世。

腓立比考古遗址　腓立比是马其顿国王为控制附近的金矿于公元前356年建立,成为罗马的驻防城,有"小罗马"之称。从4世纪中叶到6世纪末,这里建造了7座规模较大装饰优美的教堂。14世纪奥斯曼帝国统治时期被摒弃。考古挖掘出了希腊剧院、广场、长方形教堂、八角形教堂、私人住宅、浴室和城墙等古迹。

第六节　浪漫天地——法国

法国,全称"法兰西共和国"(Republic of France)。"法兰西"日耳曼语意为"自由的"。

一、自然地理

法国位于欧洲西部,周边有比利时、卢森堡、德国、瑞士、意大利、西班牙、安道尔、摩纳哥等国家,西北隔拉芒什海峡与英国相望,濒临北海、英吉利海峡、大西洋和地中海四大海域。面积约55.2万平方千米,是西欧面积最大的国家。

法国国土2/3为平原,阿尔卑斯山、比利牛斯山、汝拉山为主要山脉。法国与意大利边境的勃朗峰海拔约4810米。主要河流有卢瓦尔河、罗讷河、塞纳河。

法国大部分地区属海洋性温带阔叶林气候,南部地区属亚热带地中海气候,中部和东部属于大陆性气候。年均气温10℃~14℃,大部分地区降水量600~1000毫米。

二、国家象征

法国的国旗呈横长方形,由3个平行且相等的竖长方形构成,从左至右分别为蓝、白、红三色。三色旗曾是法国大革命的象征,三种颜色分别代表自由、平等、博爱。

法国没有正式国徽,采用法国大革命时期的纹章作为国家的标志。纹章为椭圆形,绘有大革命时期流行的标志之一——束棒,这是古罗马高级执法官用的权标,是权威的象征。束棒两侧饰有橄榄枝和橡树枝叶,其间缠绕的饰带上有法文"自由、平等、博爱"字样。整个图案由带有古罗马军团勋章的绶带环饰。

法国的国歌是《马赛曲》。

法国的首都是巴黎。

三、社会生活

法国人口约6063万人,其中法兰西人占九成。法语为国语。信奉天主教的国民超过八成。

法国实行总统共和政体。总统为国家元首、武装部队统帅。议会为最高立法机构。法国主要政党:保卫共和联盟、民主联盟、社会党、共产党、国民阵线和绿党。

工业是法国国民经济的支柱。新兴工业如核能、石油化工、海洋开发、航空和宇航等部门发展迅猛。核电设备能力、石油加工技术居世界第二位,航空和宇航工业水平居世界第三位,钢铁工业、纺织工业占世界第六位。三大支柱产业依次为钢铁、汽车和建筑。第三产业的就业人数和在国内生产总值中的比重均在六成以上。铁矿石、有色金属、石油、天然气依赖进口。综合经济实力居于美、日、德之后,位列世界第四位。

四、民俗风情

法国人名在前姓在后,姓氏多达25万个,名还有阴阳之分。法国人一般称姓不称名,再加上先生、夫人、小姐等敬称,但朋友间称名不称姓。未婚女子用父姓,婚后用夫姓。法国是世界上第一个公开行亲吻礼的国家,举止行为处处以"女士第一"为准则。

法国是欧洲浪漫的中心,讲究时尚,享受生活,是法国人的"幸福观"。服装华丽而考究,化妆品尤其是香水风靡全国。

法国是世界三大烹饪王国之一。法国人把烹调看作是一门艺术,每一道菜都有独特的烹调方法。法国大餐香浓味厚,口感之细腻、酱料之美味、餐具之华美,举世罕见。特别追求进餐时的情调,如精美的餐具、幽幽的烛光、典雅的环境,而法式服务在西餐服务中最奢华、最细致和最周密。法国人习惯用西餐,喜爱猪肉、牛肉、羊肉(肥嫩的)、鸡、鱼、虾、鸡蛋和各种烧卤肠子,但无鳞鱼被排除在餐桌之外。菜肴以鹅肝、海鲜、蜗牛、青蛙腿、奶酪芝士最为著名。法国香槟酒享誉全球,法国人喝酒之多举世闻名。法国人最爱吃奶酪,因而有"奶酪王国"的说法。咖啡是法国人喜爱的饮料,咖啡馆是各种聚会的主要场所。午餐是法国人最重要的一餐,一般在下午1点左右进餐,晚餐则在晚间9点以后。

在法国,对已婚女子不能称"小姐",老年妇女绝不能称其"老太太",就餐时不欢迎有人递送毛巾。法国人喜欢以鲜花作为礼物,但花的枝数不能是双数,男子不能送红玫瑰给已婚女子,他们将白花和菊花献给死者,而视黄色为不忠诚。用核桃待客或做装饰被视作不吉祥。不喜欢仙鹤图案,认为那是蠢汉和淫妇的象征。喜爱猫、狗,最愿意在宠物上破费。法国人尊重个人隐私,不能询问他人的年龄、政治倾向、工资收入以及家庭私事。

五、旅游城市

巴黎(Paris) 法国的首都和最大的城市,政治、经济、文化、商业中心,全球仅次于纽约、伦敦和东京的第四大国际化都市,联合国教科文组织驻地。巴黎位于法国北部,横跨塞纳河,建都已有1400多年的历史。巴黎举世闻名的历史遗迹与现代化建筑并存,清雅、浪漫、奢华是这座古城的最大特点,被称为"浪漫之都"。

马赛(Marseille) 法国南部的行政、经济、文化和交通中心,三面环山,一边临地中海,建城已有2600年的历史。第二次世界大战后大批北非人移居马赛,形成多民族、多种文化混合的独特风情,因此被称为"地中海的熔炉"。马赛群山环抱,气候宜人,景色秀丽,曾被选为"欧洲文化首都"。

里昂(Lyons) 位于罗讷河和索恩河汇流处,地处地中海通往欧洲北部的战略走廊。罗马帝国之前已很繁荣,长期为法国的政治中心。全国的丝织业几乎全部集中于此,也是化学纤维的主要产地。作为历史名城,有许多中世纪建筑和博物馆,田园风光诗情画意,每年举办国际博览会。

尼斯(Nice) 阿尔卑斯滨海省首府,位于法国东南部,濒临地中海。有众多的历史古迹、博物馆、美术馆和游乐场所,还有欧洲最大的高新科技园区。依山傍水,坐拥神圣的古罗马文化和异域风情的地中海美食,是法国"蓝色海岸"地区最具魅力的滨海度假胜地。尼斯狂欢节是法国最有名的节日之一。

戛纳(Cannes) 位于法国东南部,邻近地中海。蔚蓝的大海,洁白的沙滩,白色的楼房,高大的棕榈树,终年的阳光,一派地中海风光,既是避寒胜地,也是避暑天堂。戛纳国际电影节云集全世界的影星名人。

南特(Nantes) 卢瓦尔河大区的首府,位于法国西部。终年温暖湿润,气候宜人,绿意盎然,曾被选为欧洲最适合居住的城市,获得欧盟委员会颁发的"欧洲绿色首都奖"。

图卢兹(Toulouse) 上加龙省省会。古代是一座军事要塞。国内外许多大公司、大企业,如马特拉、汤姆逊、西门子、摩托罗拉等均在此设立生产企业,贸易公司多达近万家。建筑以玫瑰红砖瓦为特色,被称为"粉红玫瑰城"。

六、经典景点

巴黎圣母院 位于巴黎市。天主教巴黎总教区的主教座堂。1163年由教皇亚历山大三世奠基,工程历时约200年。长约130米,宽48米,可容纳9000人,巍

旅游目的地概述

峨庄严，幽深肃穆，一直是法国举行各种重要典礼的场所，拿破仑1804年即在此登基。大文豪雨果的名作《巴黎圣母院》，更使其名扬世界。

罗浮宫 位于巴黎市。世界三大博物馆之一，始建于1204年，历经800多年扩建始成今日规模。曾是塞纳河右岸的一座城堡，后为法国王室的宫殿，本身就是一座建筑瑰宝。占地面积约45公顷，收藏艺术品40多万件，包括雕塑、绘画、美术工艺及古代东方、古代埃及和古希腊罗马等七个门类，是世界上收藏绘画和雕塑最丰富的博物馆之一。

凯旋门 位于巴黎市。为纪念拿破仑1806年战争的胜利而建，工程历时30年。高50米，宽45米，进深22米，有"起义""胜利""抗战"和"和平"为主题的四组巨型雕刻，是世界上首屈一指的纪念性建筑。凯旋门正下方是无名烈士墓，墓前的火炬常年不灭，鲜花终年不断。

协和广场 位于巴黎市。法国最著名的广场，由路易十五下令营建。法国大革命期间曾被称为"革命广场"，是行刑的场所，国王路易十六及王后、罗兰夫人、罗伯斯庇尔都在此被送上了断头台。广场中央耸立着一尊从埃及卢克索神庙搬来的方尖碑，碑身上刻满了称颂埃及法老拉美西斯二世光辉业绩的古埃及象形文字。

埃菲尔铁塔 位于巴黎市。为纪念法国大革命100周年和迎接国际博览会而建，是一座象征工业文明、在巴黎任何角落都能看到的巨塔。铁塔以设计人的名字命名，并在塔下为他塑了一座半身铜像。铁塔总高324米，呈四方狭长金字塔形，四方各有1座大拱门，夜晚灯光下玲珑剔透，犹如玻璃塔，有"云中牧女"之称。

蓬皮杜国家艺术文化中心 位于巴黎市。时任法国总统蓬皮杜下令兴建。文化中心钢架林立，管道纵横，因建筑外观像一座工厂，故有"炼油厂""文化工厂"之称。占地7500平方米，建筑面积超过10万平方米，分为工业创造中心、大众知识图书馆、现代艺术馆以及音乐音响协调与研究中心四大部分，收藏大量现代艺术精品。

香榭丽舍大街 位于巴黎市。世界著名的林荫大道。"香榭丽舍"法文意为"极乐田园"。大街长1800多米，最宽处约120米，一排排梧桐苍翠欲滴，街心花园夹在万木丛中。东段以自然风光为主，两侧是平坦的草坪，恬静安宁；西段是高级商业区，世界一流品牌、服装店、香水店都集中在这里，火树银花，雍容华贵。

奥赛美术馆 位于巴黎市。主要收藏绘画、雕塑、家具和摄影作品，以收藏大量印象派画作而闻名于世。雷诺阿的《煎饼磨坊的舞会》、凡·高的《自画像》和莫奈的《睡莲》等为镇馆之宝。该馆与罗浮宫、蓬皮杜国家艺术文化中心并列为巴黎三大博物馆。

亚历山大三世桥 位于巴黎市。以大桥奠基人——沙皇尼古拉二世的父亲亚历山大三世的名字命名。左右两岸4根17米高立柱上有4尊镀金青铜雕像，左岸的立柱代表工业与商业——文艺复兴时期和路易十四时期；右岸的立柱象征科学与艺术——当代法国和查理曼法国。两端入口处的立柱上分别有象征塞纳河与涅瓦河的寓意性装饰物。

巴士底狱遗址 位于巴黎市。原是军事堡垒，后改为监狱，占地约2600平方米。四周石墙高厚，8座塔楼高30多米，围有宽约24米的深沟，设吊桥进出。16世纪开始囚禁政治犯，成为法国封建专制统治的象征。1789年巴黎人民攻占巴士底狱，揭开法国大革命的序幕。监狱1791年被拆毁，旧址上建成巴士底广场。

圣心大教堂 位于巴黎市。巴黎天主教宗座圣殿。洁白的大圆顶具有罗马式与拜占庭式相结合的别致风格。教堂前的威利特广场花团锦簇，曲径有致。教堂内有许多浮雕、壁画和镶嵌画。登上教堂穹顶可俯瞰整个巴黎，也是观赏落日美景的好地方。

圣让首席大教堂 位于里昂市。1180年开始兴建，建造时间长达3个世纪，兼具罗曼和哥特式风格。这里曾见证过教皇约翰二十二世加冕典礼，欢庆过法王亨利四世与王后玛丽·德·美第奇的盛大婚典。中午12点至下午4点，钟楼大钟会出现可爱的机械娃娃，表演圣灵降落人间的故事。

圣母大教堂 位于里昂市。1168年始建小教堂，历经重建和扩建。1870年里昂总主教向天主教徒许愿，如果圣母能显灵而免于普鲁士军队的破坏，将扩建教堂以感谢圣母。里昂人民的祷告最终如愿，该教堂从此成为里昂市守护神圣母马利亚的象征。教堂外形似城堡，融合了拜占庭和中古世纪风格，有各式复杂美丽的雕刻。

里昂歌剧院 位于里昂市。又称"国家歌剧院"，总高约80米，地上地下各40米，主剧场有1200多座位，另有200座位的多功能厅和多个排练厅。屋顶及剧场入口通道的大红绒布包厢，以外婆的"百宝箱"为设计重点，富有童趣。建筑设计体现了"戏剧奇幻旅程"的构想，整体外观颇具现代感。

艺术博物馆 位于里昂市。法国最重要的美术馆之一。展览空间7000多平方米。主要收藏19世纪和20世纪的绘画作品，其中有莫奈、高更、塞尚、毕加索、杜菲等名家的作品，院子里全是罗丹的雕塑作品。大厅四面墙上有几百幅画，每一幅都比前一幅多加了一二笔，展现了一幅画从最初落笔到成品的过程。

高卢罗马博物馆 位于里昂市。在考古遗址上建成的地下博物馆，收藏许多高卢的考古珍品。采用中国园林的借景手法，从窗户远望便是两座罗马露天剧场。入口处设在五楼，每经一朝代便下一层楼，一路蜿蜒而下如同走过历史长河。镇馆之宝是1528年发现的克劳狄青铜板，铭刻着罗马皇帝公元48年在元老院的演说文字。

白莱果广场 位于里昂市。一度被称为"皇家广场"，曾是19世纪中期里昂纺织工人暴动的重要舞台。广场地面全部由红土铺成，广场的红色调同里昂旧城建筑的红屋顶极为和谐。广场上有一座路易十四骑马雕像。广场周围有许多19世纪初建造的楼房。

伊夫堡 位于马赛市。方形建筑，城墙上建有三个开着宽大射击孔的圆柱形塔楼。最初由法国国王下令兴建，为关押新教徒与政治犯的监狱。伊夫岛四周风高浪急，监狱潮湿阴暗，囚犯能够活着出去的少之又少。大仲马的旷世巨著《基度山伯爵》的主人公就被关押于此，小岛因此为全世界所知。

隆尚宫 位于马赛市。拿破仑三世的行宫，整体风格融巴洛克、罗马及东方建筑为一体。基本格局为半圆形，中间是群雕和喷泉，两边各延伸出去一段回廊，回廊的尽头分别是美术博物馆和历史博物馆。群雕中立者为河神，左右二女神各持葡萄和麦穗，象征酿酒和农业，外围几头效忠的公牛象征畜牧业和斗牛传统。

守护圣母教堂 位于马赛市。罗马拜占庭风格，穹顶、彩石、金饰、马赛克镶嵌装饰，金碧辉煌。钟楼高约60米，顶部有高达11米的圣母怀抱圣子的金像，在马赛的任何角度都可看到，大教堂也因此成为马赛的标志。教堂内保存有许多祈祷航海平安的模型船，也残留着第二次世界大战时期的累累弹痕的墙壁。

尼斯老城 位于尼斯市。尼斯城最初由希腊人建成，曾是罗马帝国的殖民地，因此老城区有很多巴洛克式的教堂和房屋，充满意大利式的生活气息和情调。建筑物颜色鲜艳明亮，高低曲折的狭窄小巷随小山丘起伏，沿路有不少特色小店、餐厅和酒吧。

埃兹小镇 位于尼斯市。中世纪古镇，一砖一瓦散发着浓浓的历史感和古典的地中海风情。建筑物建在陡峭岩壁上，很像鹫筑的巢，因此又称"鹫巢村"。小镇坐拥地中海全景，海景与山景相互辉映，景色壮丽。哲学家尼采多次在这里居住，并完成了代表著作《查拉图特拉如是说》的第三部。

盎格鲁大道 位于尼斯市。海滨步行道，沿地中海蔚蓝海岸延伸，由美丽的花床与棕榈树分隔成两条交通要道，两侧多艺术画廊、商店及豪华饭店。碧海蓝天，风光明媚，是当地居民散步的地方。尼斯的许多活动在此举行，如尼斯狂欢节、鲜花大游行等。

东正教教堂 位于尼斯市。俄罗斯境外同类建筑中最古老的教堂，由沙皇尼古拉二世下令兴建。建筑富丽堂皇，由红砖、浅灰色大理石和色彩缤纷的陶砖铺盖而成，6个洋葱形圆顶是一大特色。装饰诸多圣像、壁画、雕刻的细木护壁板以及由压花和雕镂金属制成的圣像屏，极其精致。收藏了大量雕像、木制品及壁画。

戛纳老城区 位于戛纳市。这里是戛纳城镇的起源与摇篮，窄窄的街道，古老的建筑，幽静的氛围，很适合漫步。靠着大海的山坡上，密密麻麻地排列着一座座居民楼，山脚下是豪华气派的现代化大楼。平静的海港停泊着大大小小的游轮，沙滩上满是餐馆酒吧。

影节宫 位于戛纳市。戛纳国际电影节主会场，包括25个电影院和放映室，可容纳3万人，还设有赌场、夜总会及许多会议厅。戛纳电影节的金棕榈奖在此颁发。影节宫台阶上的地毯，平时为蓝色，有重要活动便改换成红色。这里还是金合欢节、音乐节、焰火节、国际赛船节、国际音乐唱片节、含羞草节等活动的举办地。

克鲁瓦塞特海滨大道 位于戛纳市。戛纳最主要的干道，最有名的酒店、餐馆、奢侈品店都聚集于此。一边是蔚蓝的海水,另一边是摩登都市,街道宽阔整洁,中间的绿化带全年繁花盛开,棕榈树生机勃勃,风景如画。夜晚的海滨大道,更加璀璨。

圣玛格丽特岛 位于戛纳市。戛纳外海风情万种的一座小岛。春末夏初,茉莉花、栀子花渗出幽幽香气,松树丛中鸟语婉转。相传17世纪末,路易十四曾把自己的孪生兄弟在此囚禁了10多年。大仲马的小说《布拉日罗纳子爵》中的主人公,莱昂纳多·迪卡普里奥塑造的不朽形象"铁面人",即源于此。

德旺斯镇 位于戛纳市。山顶村镇。小镇中心地带有一所建于12世纪的圣保罗教堂,教堂的钟楼是古城的最高点。这里一年超过300天阳光普照,在此可眺望湛蓝的地中海、古老的安提布港、连绵的阿尔卑斯群山以及雄伟的埃斯泰雷尔高原。小镇人口不足3000人,每年却吸引了250多万名观光客,其魅力可想而知。

不列塔尼大公城堡 位于南特市。昔日不列塔尼大公的居所。四周围绕长满绿树的壕沟,固若金汤。防御城墙建于15世纪。1598年法王亨利四世在此颁布南特诏书,给予信奉基督教新教的臣民以广泛的宗教自由,允许他们公开举行礼拜仪式,享受充分的公民权。

加连宫 位于波尔多市。"加连"是253年至268年罗马的皇帝。加连宫建于罗马帝国时期,原为木制圆形阶梯剧场,可容纳15 000人。276年遭遇大火,所有木制部分皆被焚毁,仅有部分石质建筑残存下来,是波尔多现存最完好的高卢—罗马遗迹。

梅花广场 位于波尔多市。欧洲规模最大的广场之一。广场面积12.6万平方米,形状为加长的矩形加半圆形,树木种植呈梅花形,因此取名"梅花广场"。面向加龙河的两个圆柱,其中一个象征商业,另一个代表航海。广场上有蒙田和孟德斯鸠的白色大理石雕像以及蹄子上都有爪子和蹼的龙马。

波尔多大剧院 位于波尔多市。欧洲最古老的木框架歌剧院之一。由著名建筑师维克多·刘易斯设计,他因此而赢得罗马大奖。建筑立面为新古典主义风格,门廊的12根巨柱为科林斯柱式,顶部的12尊雕像为9个缪斯女神以及朱诺、维纳斯和密涅瓦。剧院被视作艺术和光的圣殿。

卡尔卡松城堡 位于图卢兹市。欧洲现存最完整的中世纪古堡之一。高耸的塔楼,黑灰色的城墙,坚固而神秘。2000多年来屡毁屡建,现存52座塔楼。当年查理曼大帝率军围困城堡长达5年之久,城堡里弹尽粮绝,守军把仅剩的一头猪喂饱撑足后扔下城墙,猪肚爆裂,露出未曾消化的粮食。围军误以为城堡内储备充足,便黯然退军。

圣母大教堂 位于图卢兹市。据说1858年的5个多月中,圣母在玛萨比埃山洞先后18次显现给一个年仅14岁的乡村少女伯尔纳德,每次显现时都手持玫瑰念珠,并要世人虔诵玫瑰经。于是在此修建了圣母大教堂,成为著名的朝圣地。大教堂共有5座殿堂,其中以可容纳2000人的玫瑰大殿最著名。

七、世界遗产

圣米歇尔山及其海湾 圣米歇尔山位于诺曼底和布瑞坦尼之间孤立的岩石岛上，曾是凯尔特人祭神的地方，8世纪成为朝圣中心。存有11世纪罗马式中殿和15世纪哥特式唱诗班席，13—15世纪的部分城墙和哥特式修道院围墙。附近海湾的海潮落差达15米，如今海湾被流沙和淤泥侵袭，沿海垸田变成了杂草丛生的海岸。

沙特尔主教座堂 第一座完全成熟的哥特式主教座堂，法国哥特式建筑高峰时期的代表作，其建筑结构及平面配置成为以后各主教座堂模仿的蓝本。据传圣母马利亚曾在此显灵，教堂保存有圣母的头颅骨，沙特尔因此成为西欧重要的朝圣地之一。教堂大门雕有圣母和旧约圣经中的人物，因此被称为"石雕圣经教堂"。

凡尔赛的宫殿和园林 凡尔赛宫占地约111万平方米，其中园林面积约100万平方米。有大小宫殿及各类厅室500余间。建筑群集中体现了路易十四所追求的豪华、尊贵和威严，体现了当时法国的中央集权和绝对君权观。漫步凡尔赛宫园林，恍若遁入瑶池仙境、世外桃源，是名不虚传的欧洲古典主义园林艺术的杰作。

韦兹莱的教堂和山丘 位于约纳省。中世纪近300年间，被称作基督教四大圣地之一。圣玛德莱娜教堂如一座皇冠屹立山顶，传闻参加耶稣受难的圣女玛利·玛德莱娜安葬于此，教堂因此成为朝圣之地，卡佩王朝国王曾四次拜谒。大教堂是12世纪勃艮第罗马建筑风格的杰作，代表了这一时期科学发展的顶峰水平。

韦泽尔谷的史前地点和装饰洞穴群 洞穴群大多分布在韦泽尔河的两岸，还包括4处人工洞穴、3处供居住用的岩洞以及6处化石遗址。这些历史悠久、有人类居住的洞穴群，是研究古代文化艺术、人造用具、古化石的最佳场所，是发现可鲁马努人的地点，被公认为迄今为止发现的最重要的史前人类文化遗址之一。

枫丹白露宫和园林 "枫丹白露"意即"美泉"。法王路易六世下令修建城堡，经历代改建、扩建、装饰和修缮，成为一座富丽堂皇的宫殿建筑群，人称"宫殿中的宫殿"。藏品中有中国历代名画、金银首饰、瓷器、香炉、编钟、宝石和金银器3万多件，是国外收藏和展览中国圆明园珍宝最多的博物馆之一。附近有森林1.7万公顷。

亚眠主教座堂 法国最大的教堂之一。始建于1152年，1218年遭受雷击被摧毁，1220年开始重建，是哥特式建筑顶峰时期的代表作。主教座堂表现宗教题材的雕像非常著名，正门雕塑的是《最后的审判》，北门雕塑的是殉道者，南门雕塑的是圣母生平，这些雕像被称为"亚眠圣经"，极具艺术价值。

奥朗日的古罗马剧场及其周边的凯旋门 剧场看台依山而建，阶梯状观众席可容纳8000人。剧场舞台正面是一堵高墙，长103米，高38米。剧场的音响效果极佳，时至今日依然经常上演歌剧和音乐会。皇帝奥古斯都统治时期还建造了许多凯旋门，其中建于公元10—25年间的半圆形拱门最精美。

阿尔勒的古罗马和罗马式古迹 阿尔勒是欧洲古代城市向中世纪文明过渡的

一个范例,令人震撼的罗马纪念遗迹处处皆是,其中最早的建筑竞技场、罗马剧场和地下走廊可追溯到公元前1世纪。阿尔勒经历过公元4世纪罗马帝国第二个黄金时代,11世纪到12世纪再一次成为地中海地区最具魅力的城市。

丰特莱的熙笃会隐修院 位于马尔马尼。始建于12世纪,罗马式建筑风格,是欧洲最古老的熙笃会隐修院之一。修道院的教堂、回廊、餐厅、住宿区、面包房和钢铁厂一起,显示了早期熙笃会隐修士自给自足的理想生活。

阿尔克-塞南皇家盐场和萨兰-莱班大盐场 阿尔克-塞南盐场位于贝桑松。始建于1775—1779年。萨兰-莱班大盐场从中世纪或更早时间就开始提取盐水,至少有1200年历史。从1780年到1895年,盐水穿越21千米的木管到达阿尔克-塞南皇家盐场。13世纪建成的盐场地下输送盐水的长廊以及19世纪的液压泵,如今仍可发挥其功能。

圣萨万隐修院教堂 约公元810年,查理大帝在圣萨文市加尔唐普河畔修建一座修道院,此后数度重建。如今最古老的建筑是11世纪初期建造的十字堂,以保存极好的11世纪至12世纪的巨幅壁画著称于世。这些巨幅壁画充分表现了中世纪基督教艺术的技艺,教堂也因此有"法国的西斯廷教堂浪漫派艺术"之誉。

加尔桥 位于加尔省。一座三层石头拱形桥,公元前夕修建,高约50米,长275米。加尔桥是古罗马帝国时期修建的高空引水渡槽,将水引至尼姆,再分送至公共澡堂、喷泉和私人住宅,曾为罗马人类文明和卫生的生活条件做出了重要贡献。此桥使用了近500年,至今保存良好。

斯特拉斯堡——大岛 大岛是斯特拉斯堡历史中心区伊尔河中的一个岛屿,因呈椭圆形,被称为"椭圆岛"。岛上除了斯特拉斯堡主教座堂、华丽的15世纪哥特式建筑之外,还拥有圣多马教堂、老圣伯多禄教堂、新圣伯多禄教堂和圣司德望教堂。大岛是体现中世纪的城市旧区的例证。

巴黎塞纳河沿岸 塞纳河全长约776千米,流经巴黎市区约13千米,有运河与莱茵河、卢瓦尔河相通。巴黎起源于塞纳河,城市的主要建筑如巴士底广场、卢浮宫、爱丽舍宫、埃菲尔铁塔、巴黎圣母院、凡尔赛宫均位于塞纳河沿岸,塞纳河对巴黎的发展意义重大,巴黎被称为"塞纳河的女儿"。

兰斯的圣母主教座堂、圣勒弥教堂和塔乌宫 圣母主教座堂是13世纪新建筑技巧与雕塑艺术结合的典范,有25位法国君主在此加冕。圣勒弥教堂体现了法国公元9世纪的建筑风格,教堂中安放着法国国王加冕仪式的创始人圣勒弥大主教的遗体。塔乌宫从13世纪开始修建,四尊立像是哥特式建筑鼎盛时期的杰作。

布尔日主教座堂 全称"布尔日圣斯德望主教座堂",建于12世纪末至13世纪末,是法国中世纪基督教的权力中心,也是哥特式建筑的杰出代表,以匀称的比例、雕刻、绘画以及花窗玻璃闻名。

阿维尼翁历史中心 位于法国南部。1309年教皇克雷芒五世迁居于此,

1309—1377 年有 7 位教皇在这里居住,遂成教徒们的朝拜圣地。罗马教主宫非常古朴,小宫殿和罗马主教堂构成一组特殊的纪念碑,显示了阿维尼翁在 14 世纪基督化的欧洲所扮演的突出角色。罗纳河上的圣贝尼兹桥为 22 孔的石桥,修建于 12 世纪。

米迪运河　米迪运河东起地中海港口城市埃罗省的塞特港,西至上加龙省首府图卢兹附近与加龙河相接,整个航运水系涵盖了船闸、沟渠、桥梁、隧道等 328 个大小不等的人工建筑。建于 1667—1694 年,第一次在地下建筑中使用炸药,在贝济耶附近的岩石高地上开凿出一条长 157 米的隧道。

卡尔卡松历史设防城　位于奥德河右岸的山上。城堡创建于高卢—罗马时期,有长达 3 千米的双重城墙、52 个塔楼。最初是一个高卢居民点,3 世纪改建为设防城,1247 年卡尔卡松并入法国后成为法国与阿拉贡王国之间强大的边境要塞。1659 年比利牛斯条约签订后,该城的防御工事被废弃,19 世纪末修复。

比利牛斯—珀杜山　位于法国和西班牙交界处,是阿尔卑斯山脉向西南的延伸部分,长达 435 千米。湖泊、瀑布、冰川、大峡谷和裸露的岩层随处可见。动植物资源丰富,拥有繁多的物种,亚地中海植被、麻类植被、山区植被,亚高山植被和高山植被等 5 种植被覆盖了这一地区的各个角落,哺乳类动物多达 800 多种。

里昂历史地点　公元前 1 世纪,里昂成为高卢罗马时期的三个都城之一,从此在欧洲政治、经济和文化的发展上扮演着重要角色。这里有法国文艺复兴风格的建筑群。1536 年,这里设置第一个丝绸纺织作坊,17 世纪成为欧洲最重要的丝绸产地,里昂国立歌剧院更是历史遗产与当代社会发展完美结合的代表。

圣艾米伦辖区　圣艾米伦位于波尔多。从罗马时代起,这个地区一直生产高质量的葡萄酒,至今有 2000 年的历史。中世纪时这里是从北欧到西班牙的圣地亚哥—德孔波斯特拉朝圣大道上的一个站点,当地的美味葡萄酒逐渐声誉鹊起。

法国北部的钟楼　法国北部加来海峡地区和皮卡迪地区中世纪的钟楼带有钟楼的建筑物有 23 座,即:巴约勒市政厅、阿尔芒蒂耶尔市政厅、贝尔格钟楼、康布雷圣玛尔定教堂钟楼、科米讷市政厅、杜埃钟楼、敦刻尔克圣安利日教堂、敦刻尔克市政厅、格拉沃利讷钟楼、里尔市政厅、卢斯市政厅、艾尔苏拉利斯市政厅、阿拉斯市政厅、贝蒂讷钟楼、滨海布洛涅钟楼、加来市政厅、埃丹市政厅、阿布维尔钟楼、亚眠钟楼、杜朗原市政厅、吕舍城门、吕钟楼、圣里奎尔钟楼。这些钟楼建于 11—17 世纪,共同展现了罗马、哥特式、文艺复兴和巴洛克式的建筑风格。

叙利到沙洛讷间的卢瓦尔河流域　卢瓦尔河流域是法国古代文明的中心之一。这一区域的城堡具有典型意义:昂布瓦斯城堡是意大利建筑艺术家为法国国王路易十二建造的王宫,舍农索城堡和阿宰勒里多城堡曾是弗朗西斯一世的王宫,尚博尔城堡历时 150 年才竣工,被认为是法国文艺复兴时期建筑艺术的顶峰。

中世纪集镇普罗万　普罗万位于法国中北部,沿山而筑,山丘上的主要建筑是教堂、谷仓、钟楼等,山丘下集中着民宅、商铺等,周边环绕着高高的中世纪城墙,最高处是一座12世纪的要塞。城区马路狭窄蜿蜒,大部分保留了别致的名字。每年4—11月,这里文化表演不断,如放飞食肉猛禽、骑士比武、丰收庆典。

勒阿弗尔—奥古斯特·佩雷重建之城 勒阿弗尔是巴黎的海上门户,以巴黎外港的航运地位而著称。第二次世界大战期间遭惨烈轰炸,战后重建。勒阿弗尔融合了早期城市布局的设想和未毁的历史建筑,融入了城市规划和建筑技术的新观念,以协调和完整而独具一格,是战后城市规划和建筑的杰出典范。

波尔多 法国西南部港口城市。碧水蓝天得天独厚的自然环境在法国首屈一指,夏季炎热干燥,冬天温和多雨,适合葡萄生长,形成了大片的葡萄庄园,葡萄酒更是享誉全世界,波尔多人是泡在红酒里长大的。18世纪的市政厅,古典色彩的歌剧院,古老的大教堂,都是著名的旅游景点。

沃邦要塞防御工事 沃邦是法国元帅、著名军事工程师,18岁参军,直到垂暮之年仍在服役。他一生共修建了33座新要塞,改建了300多座旧要塞,指挥过对53座要塞的围攻战,并建立起近代第一支工程兵部队。沃邦要塞防御工事是他的杰作之一。

新喀里多尼亚潟湖:礁石多样性和相关生态系统 拥有6个海洋生物群落,是全世界三大珊瑚礁生态系统之一,生活着种类丰富的大型鱼类,成为许多濒危鱼类、海龟和海洋哺乳动物的栖息地,其中儒艮的数量位居世界第三位。湖中有不同时期的珊瑚礁石,既有活着的珊瑚礁,也有古老的珊瑚礁化石。

阿尔比主教城 位于塔恩河畔。公元4世纪,这里建立了第一个主教辖区。天主教卡特里派于12世纪初传入阿尔比并得到极大发展,因此又名"阿尔比派"。为表示对天主教会的归顺和忠诚,建造了规模宏伟的主教座堂和主教宫。这里的传统建筑一律由红砖砌成,整座城市色调泛红,故称"苍红之城"。

留尼汪的皮通斯、环谷和环壁 留尼汪是印度洋西部马斯克林群岛中的火山岛,面积2512平方千米,海岸线长207千米。除沿岸有狭窄平原外,均属山地和高原。这里最著名的是火山,拉夫艾斯活火山经常爆发,往往持续数月之久。留尼汪岛有"小欧洲"之称,是度假胜地。

喀斯和塞文—地中海农牧文化景观 位于法国中南部。占地约3000平方千米。古朴的教堂、厚重的石墙和喀斯特石灰岩高原在蓝天下静谧相处;谷地上砖瓦结构的小屋和风格各异的乡间别墅随处可见;山区保留了传统的花岗岩建筑。丰富多彩的田园风光,风格迥异的建筑,是人类在和谐的自然环境中形成的独特景观。

加莱海峡的采矿盆地 煤矿遗址占地约120平方千米,包括矿井及升降设施、渣堆、煤矿运输设施、火车站、工人房产及采矿村庄。村庄中有社会福利住房、学校、宗教建筑、卫生和社区设施、员工住宅、市政厅等。遗址见证了从19世纪中期到1960年探索创造模范工人城市的努力,是人与自然互相结合的独特地理区域。

肖维一蓬达尔克洞穴 位于阿尔代什大峡谷。世界上最具历史意义的史前绘画遗址。洞穴面积约8000平方米,岩壁上有450多幅动物壁画,一些冰河时代罕见的或从来没有发现过的动物亦在此出现。它是迄今为止最古老的绘画,却采用现代式的绘画笔法,熟练运用了透视技术,深度表现现实主义风格,堪称最早的电影雏形。

勃艮第葡萄园 勃艮第从中世纪中期就种植葡萄,是世界公认的最具魅力的葡萄酒产区,目前葡萄产区总面积277平方千米。特级葡萄园是勃艮第的精髓所在,拥有罗曼尼康帝和亨利贾伊酒庄等世界顶级酒庄,出产世界上最昂贵的葡萄酒。2014年每公顷勃艮第特级葡萄园的价格达到1000万欧元。

香槟地区的山坡葡萄园、酒庄及酒窖 香槟地区包括马恩省、埃纳省和奥布省的一部分区域,特殊的气候环境造就了风格优雅细致的香槟酒。在绵延数百千米的地下岩洞里,储藏着数亿万瓶品质上佳的香槟酒。香槟地区出产的香槟酒才能称为香槟酒,其他地区出产的同类酒只能称为"发泡葡萄酒"。

斯特拉斯堡:大岛到斯特拉斯堡新城 斯特拉斯堡的历史老城区大岛,提供了15世纪和16世纪莱因河地区中欧特性的城市的卓越典范和独特的整体住宅建筑,早在1988年就被列为世界文化遗产。斯特拉斯堡的新城的布局以奥斯曼式的建筑为模型,采用德国建筑风格,从而形成了斯特拉斯堡所独有的特色。

第七节 风车王国——荷兰

荷兰,全称"荷兰王国"(Kingdom of the Netherlands)。"荷兰"意为"森林之地"。旧称"尼德兰王国","尼德兰"荷兰语意为低洼地带。

一、自然地理

荷兰位于欧洲西北部,东与德国为邻,南接比利时,西、北濒临北海,地处莱茵河、马斯河和斯海尔德河三大河流的入海口。面积约4.15万平方千米。

荷兰国土的1/4低于海平面,1/3高出海平面仅1米,部分地区由围海造地而成,拦海造田的堤坝总长度达1800多千米。西部沿海为低地,东部是波状平原,中部和东南部为高原。主要河流有莱茵河、马斯河。西北濒海处有艾瑟尔湖。

荷兰属于海洋性温带阔叶林气候,沿海夏季平均气温为16℃,冬季为3℃,内陆夏季和冬季分别为17℃和2℃。年平均降水量为760毫米。

二、国家象征

荷兰的国旗呈横长方形。旗面自上而下由红、白、蓝3个相等的横长方形组成。蓝色表示国家面临海洋,象征人民的幸福;白色象征自由、平等、民主,还代表人民淳朴的性格特征;红色代表革命胜利。

荷兰的国徽呈斗篷式。一顶红色貂皮华盖如开启的幕布,下部嵌有一条写着威廉亲王誓言"坚持不懈"的蓝色饰带;两只跨立的金狮翘着尾巴,口吐红舌护着1面蓝色盾徽;盾徽顶部是威廉一世御玺上所用的王冠;后面中央绘有1只头戴王冠的金狮,右前肢挥舞着1把出鞘的利剑,左前肢挥动1束金色箭翎,它们象征国王权力。蓝色盾面上布满金色的小长方块,象征自由。

荷兰的国歌是《威廉·凡·那叟》。

荷兰的首都是阿姆斯特丹。

三、社会生活

荷兰人口约1672万人,其中荷兰族占总人口的九成。官方语言为荷兰语。居民中约有四成信奉天主教,四成信奉基督教。

荷兰是世袭君主立宪制国家。枢密院为最高国务协商机构,女王为主席。议会拥有立法权。荷兰主要政党:基督教民主联盟、工党、自由民主人民党。

荷兰是西方十大经济强国之一。天然气储量丰富,自给有余。主要工业部门有食品加工、石油化工、冶金、机械制造、电子、钢铁等,是世界上主要造船国家之一。空间、微电子、生物工程等高技术产业发展迅速。农业发达,是世界第三大农产品出口国。人均一头牛、一头猪,跻身于世界畜牧业最发达国家的行列。花卉是支柱性产业,花卉出口量占国际花卉市场的近五成,有"欧洲花园"的美称。

四、民俗风情

荷兰人自称是"欧洲的中国人",讲秩序、爱清洁、性情豪放,流行女士优先的礼仪,对安乐死、同性恋、红灯区等非常宽容。荷兰人对家庭十分看重,家庭成员过生日便全家团聚,妇女一半以上选择半日工作,并按照孩子的课程表安排工作时间,为照顾孩子宁可减少收入、缩减家庭开支。

荷兰人的爱花和擅长种花闻名遐迩,家家户户住房前后种植花草,窗台上摆设或窗口上悬挂各种奇花异草。喜欢别人恭维他们的家具、艺术品、地毯和家中摆设。

荷兰人的婚恋生活保持了许多传统而奇特的习俗。女儿到了婚嫁年龄,家长便在女儿卧室窗台上放置一盆色彩鲜艳的玫瑰花,示意青年男子可以前来求婚。青年男女订婚时,新郎要送新娘一双木鞋,木鞋用整块木头雕成,厚底硬边,削成尖尖的头,涂上艳丽的色彩,朴拙可爱又防潮。

荷兰流行西餐,早餐和午餐多吃冷餐,晚餐才是正餐。荷兰人把胡萝卜、土豆和洋葱混合烹调而成的菜叫"国菜"。牛奶是日常生活中必不可少的饮料,不太喜欢喝茶。

在荷兰,给女主人送花要送单数,5朵或7朵最好。女子入座时双腿要并拢,男子就座时不能抖腿。荷兰人倒咖啡只及杯子的2/3,倒满杯子被视为缺乏教养。任何时候不能在他人面前用牙签剔牙。不能在公共场所高声喧哗。不能对着荷兰人拍照。荷兰人忌讳数字13和星期五。比较受欢迎的谈话内容是旅游、度假、足球、骑车、滑雪,美国政治、钱和物价之类的话题一定要回避。

五、旅游城市

阿姆斯特丹(Amsterdam) 荷兰的首都和最大的城市。低于海平面1~5米,被称为"北方威尼斯",河渠纵横,水入城中,人居水上,人水相依,景自天成。阿姆斯特丹还以开放的性文化名闻天下。每年节日庆典活动140多次,人称"节日之都"。迷人的风车,醉人的郁金香,香醇的奶酪,独特的建筑,是这座城市的名片。

鹿特丹(Rotterdam) 欧洲最大的炼油中心,造船和炼钢等重工业基地,也是欧洲第一大港,西欧货物集散中心,欧亚大陆桥的西起点,位于荷兰西南部。建筑物新颖别致,异彩纷呈。建筑物近旁,河畔桥边,随处可见荷兰独特的风车。

海牙(The Hague) 荷兰政府机关、女王的王宫和大多数使馆都位于此,也是国际法庭所在地,是事实上的全国政治中心,既富帝王魅力又具现代活力。

六、经典景点

阿姆斯特丹王宫 位于阿姆斯特丹市。荷兰四座王宫之一,根据国会法案由贝娅特丽克丝女王使用。17世纪荷兰黄金时代兴建,后来成为路易·波拿巴的荷兰王宫。王宫建筑很特别,先在地下14~16米处打下1.36万多根木桩,再在木桩上用石块垒砌成地基,然后在地基上建造楼房,因此被称为"木桩上的宫殿"。

皇帝运河 位于阿姆斯特丹市。由160多条运河、1281座桥梁构成75千米长的运河网。阿姆斯特丹的主要景点都集中在约1.5千米半径的运河带中。这座城市最重大的庆祝活动如国王节和同性恋游行都在运河上举行。乘坐运河观光游船,可以欣赏两岸鳞次栉比的17世纪山形墙建筑。

水坝广场 位于阿姆斯特丹市。阿姆斯特丹的发祥地。1270年修建阿姆斯特丹第一条运河,河上的第一个水坝就建在这里,广场因此得名。广场中间的白色纪念碑是为纪念第二次世界大战中的牺牲者而建。每年5月5日在广场上举行第二次世界大战停战纪念仪式和向"二战"死难者默哀活动,女王也会来参加。

凡·高博物馆 位于阿姆斯特丹市。馆内收藏了凡·高黄金时期最珍贵的200多幅画作,约为梵高全部作品的1/4,还有凡·高的750封书信,其中有《十五朵向日葵》《自画像》《乌鸦群飞的麦田》《吃马铃薯的人》等代表性作品。一幅幅生动的画面,加上凡·高坎坷的经历,似乎能听到那个时代的声音。

性博物馆 位于阿姆斯特丹市。世界上独一无二的性文化集大成处。博物馆面积不大,收藏却极其丰富,包括以性为主题的艺术作品、以性为主题的生活情趣用品,从画在卷轴、书册、瓷瓶上的春宫画,到用陶土、铜铁、象牙、大理石制成的人偶,还有很多动态展品,淋漓尽致地展现了人类最原始的情欲。

国立博物馆 位于阿姆斯特丹市。馆内拥有无可匹敌的荷兰艺术典藏,从早期的宗教工艺品到文艺鼎盛时期的大师杰作,应有尽有。著名展品:伦勃朗的《夜巡》《犹太新娘》《工商布会的稽查官》《自画像》;维米尔的《厨娘》《小街》;哈尔斯的《结婚肖像画》《快乐的酒徒》;史堤的《圣尼古拉斯节》。

七孔桥 位于阿姆斯特丹市。并非是一座七孔的桥,而是在一段河道上大小样式相同的7座桥梁,每座桥下都只有一个拱形桥孔,7座桥的桥孔中心点一一相对,通过第一座桥的桥孔向前望去,由近及远的7座桥梁变成了由大到小、桥中套桥的奇特景观。

喜力啤酒体验馆 位于阿姆斯特丹市。创建于1864年的喜力啤酒是全球知名的啤酒品牌。体验馆是一座啤酒工厂,曾经的厂址已改为博物馆,保留了啤酒生产的全过程,不仅可以深入了解喜力啤酒的发展历史和生产过程,还可畅饮喜力啤酒。

安妮之家 位于阿姆斯特丹市。犹太姑娘安妮·弗兰克当年躲藏的密室旧址,20世纪畅销书《安妮日记》的故事发生地。除父亲外,安妮本人及其全家都在第二次世界大战中被纳粹杀害。安妮的日记详细记录了她的避难生活,日记发表后引起轰动。故居的布置保持了书中原样,充满了与世隔绝的窒息感。

西教堂 位于阿姆斯特丹市。教堂装饰简朴,中厅形状类似希腊式十字架,屋顶采用木制拱形结构。晚年凄凉的伦勃朗逝世后,和幼子同葬在这座教堂里。教堂边还有一座同性恋纪念碑,以纪念那些因同性恋而遭到纳粹分子迫害的人,碑上的三角象征同性恋者在纳粹压迫期间被迫戴上的三角形标记。

丹玛格尔桥 位于阿姆斯特丹市。建造于1672年,是阿姆斯特河上唯一的木桥。该桥狭长,连步行者都很难通过,因而又称"瘦桥"。每当夜幕降临,桥上的彩灯五光十色,为漆黑中的阿姆斯特河增添光彩。

立体方块屋 位于鹿特丹市。鹿特丹共有方块屋51座,其中38座是私人住宅,其余一些是学校、咖啡馆、小吃店、服装店等。方块屋如一个个斜放的魔方,奇异又前卫的造型颠覆了传统房屋的刻板印象。每座方块房屋象征一棵树,所有房子组合起来就成了树林。这些方块房屋采用鲜明的色彩,给人以视觉的冲击和新鲜感。

天鹅桥 位于鹿特丹市。即"伊拉斯姆斯大桥",以著名的人文主义者和神学家D.伊拉斯姆斯的名字命名。桥长约800米,桥塔高139米,由32根支柱固定。桥身呈淡蓝色,造型优雅,因而称为"天鹅桥",曾被选为世界上最美的13座大桥之一。

欧洲桅杆 位于鹿特丹市。为荷兰国际园艺博览会而建的观景塔。塔总高185米,是荷兰最高的地标建筑之一。内部直径9米,墙厚30厘米,钢筋混凝土结构。整个建筑坐落在一块由131根水泥柱子支撑的、重1900吨的钢筋混凝土板块上。遇到强风塔身会左右摇动,11级风时塔顶摇摆可达1米,但决无倒塌之忧。

迷你世界 位于鹿特丹市。世界上最大的室内微缩景观之一。城市风光、沿海淤田、海港美景的模型,栩栩如生地展现了鹿特丹的城市风貌。长达2000米的铁轨和100多辆微缩火车模型,令人惊叹。游人可以进入工作室了解这些模型的制作和运转过程。

马士基公司大楼 位于鹿特丹市。马士基公司是一家在航运、石油勘探和开采、物流、相关制造业等方面都具有雄厚实力的世界性大公司。这座办公大楼的独特之处是外立面有一个斜坡,倾斜度超过45°。电影《我是谁》曾在此取景,其主人公沿着斜坡滑下,惊险又刺激。

圣劳伦斯大教堂 位于鹿特丹市。哥特式教堂,14世纪动工,17世纪竣工,历时3个世纪。第二次世界大战中毁于炮火,后修复。教堂内墙绘满壁画。红木雕刻的神龛中有圣劳伦斯的塑像,其胸前挂着十字架,身着大红色绣金丝的法衣,表情慈祥。教堂前的广场上有一尊荷兰著名的神学家和人文思想家伊拉斯谟斯的雕像。

自然史博物馆 位于鹿特丹市。博物馆的主体建筑用红砖修建而成,另有一座玻璃展厅,二者用4座玻璃桥连接起来。馆内主要收藏各种动物标本和动植物化石,其中有抹香鲸的骨骼标本、亚洲象"拉蒙"的骨骼标本,甚至还有很多已经灭绝的动物的标本。

中央图书馆 位于鹿特丹市。楼高6层,整栋建筑大量运用45°角设计,层层渐缩,又有涂以鲜艳黄色的管线绕着外墙,因此别称"金字塔""水管宝宝"。馆内藏书40多万册。除了书库,另有阅报室、1个小型剧场和1间资讯中心,内部结构可以依需要而变更。

博伊曼斯·范伯宁恩美术馆 位于鹿特丹市。荷兰三大美术馆之一。馆内收藏作品超过14万件,许多著名画家如法布里蒂乌斯、罗伊斯达尔、鲁本斯、弗兰斯·哈尔斯、扬·斯特恩、康定斯基、马格利特、柯克西卡、列奥纳多·达·芬奇、康奈尔、贝克曼等的作品均有收藏,恰如一部从中世纪初期到当代的艺术发展历史。

和平宫 位于海牙市。修建资金主要来自美国人卡内基的捐赠。国际法院(世界法庭)、国际常设仲裁庭和海牙国际法学院均坐落此处,因此被认为是"国际法之都"。为表达解决争端和维持世界和平的重要性,命名为"和平宫"。1946年国际法庭在这里第一次开庭。和平宫还有藏书极为丰富的图书馆。

海牙国会大厦 位于海牙市。原是13世纪荷兰伯爵的住所。大厦的中央是美丽的骑士厅,其左右两侧的建筑物曾经是总督的住所,现在是议会的上议院和下议院。荷兰历史上最重要的事件基本都是以国会大厦为背景。女王的年度演说、国会开幕、官方接待以及国会内部会议都在这里举行。

莫里茨皇家美术馆 位于海牙市。原是荷兰王子约翰·莫里茨的宫殿,后来演化成美术馆。馆内藏品精致,主要为自荷兰黄金时代以来的杰作,包括维米尔、伦勃朗、史堤、哈尔斯、鲍特以及无数大师的绘画作品。镇馆之宝是与伦勃朗齐名的荷兰画家维米尔于1665年创作的油画《戴珍珠耳环的少女》。

海牙塔 位于海牙市。以纽约熨斗大厦为灵感设计建造。大楼共42层,高135米,建造在30米×35米的狭小地块上。塔的较低楼层为办公室和学生宿舍,较高楼层是豪华出租公寓、商务套房和顶楼餐厅。顶楼餐厅是荷兰最高的餐厅,可俯瞰海牙及更远处的美景。象牙塔曾获得安波利斯摩天大楼奖的金奖。

七、世界遗产

斯霍克兰及周围地区 位于弗莱福兰省。原是一个狭长的半岛,15世纪时形成内海中一个人口稠密的岛屿,由于海水的侵蚀,居民已全部撤离。人类居住于斯霍克兰的遗迹可追溯自史前时代,这些遗迹成了当时荷兰人长年对抗水患的英勇事迹地。

阿姆斯特丹防线 防线建成于1883—1920年,在阿姆斯特丹四周延伸135千米。它建在一些洪水多发区(淹没地带),是为控制水量而建成的防御工事。此地拥有45个堡垒,并配有大炮用来防洪,还设有沟渠和水闸系统。

威廉斯塔德历史区—内城和港口 威廉斯塔德位于加勒比海上的荷兰属地库拉索岛,库拉索岛面积约450平方千米。威廉斯塔德曾是库拉索岛的首都,其内城及港口古迹区的建筑,保留了17—18世纪荷兰殖民时期的风格。

金德代克—埃尔斯豪特风车群 荷兰濒海,几百年来荷兰人民与潮水进行着不屈不挠的斗争,从大海中取得了约1/3的土地,"上帝创造了人,荷兰风车创造了陆地。"风车在围海造田中功不可没,至今还有1000多座风车。金德代克—埃尔斯豪特风车群是人工制作的突出景观,它展示了人类的独创性和坚韧性。

沃达蒸汽泵站 位于莱姆斯特兰。荷兰工程师首次将蒸汽用作能源,用于水利管理时的动力工具。沃达蒸汽泵站是荷兰有史以来最大的水利泵站,荷兰水利工程最卓越的代表,为全世界的水利建筑树立了典范和标杆,至今仍在使用。

贝姆斯特尔圩田 荷兰最早围海开垦的地区,完成于1612年。它以矩形网格的方式分割,反映了17世纪对于人与环境和谐相处的理想。长长的矩形土地被租赁给耕农和畜牧业者,商人们在圩田上建造了金碧辉煌的府邸与庄园。整齐的田园、道路、运河、堤防和小村庄,至今仍然保留。

施罗德别墅 位于乌德勒支市。20世纪初荷兰美术界出现艺术流派"风格派",倡导几何形体与纯粹色块的组合与构图。这栋别墅是荷兰风格派艺术在建筑领域最典型的表现,光光的墙板,简洁的体块,大片的玻璃,明快的颜色,横竖错落,若即若离,对20世纪后期的建筑设计产生了重要的影响。

阿姆斯特丹运河 17世纪初阿姆斯特丹开挖了四条半环形运河,这些运河相互联通,总长度约72千米,拥有约90座岛屿和1500座桥梁,该市因此被称为"北方的威尼斯"。作为城市建设和建筑设计的艺术品,这些运河是荷兰"黄金时代"阿姆斯特丹在政治、经济和文化方面蓬勃发展的具体体现。

范内勒工厂 位于鹿特丹。修建于1925年至1931年。20世纪时主要被用来加工咖啡、茶叶和烟草等产品。1996年工厂停止生产后,许多新媒体和设计公司入驻,既保留了原有厂房的工业元素,又注入了文化艺术的时尚氛围,范内勒工厂被称为范内勒设计工厂。这样大体积的工业厂房改造成创意园区,在全世界很少见。

瓦登海 位于弗里斯兰省。临近德国和丹麦,连通北海。这个海域最大的特征是存在着世界上最大、最完整的潮间带,具有许多不同的生态系统。遍布浅滩,是世界著名的海床漫步区。20世纪30年代,当地人发现了徒步穿越海床的路线,这一运动逐渐发展成当地的传统运动。

第八节 欧洲首都——比利时

比利时,全称"比利时王国"(Kingdom of Belgium)。"比利时"克尔特语意为"勇敢""尚武"。

一、自然地理

比利时位于欧洲西北部,东与德国接壤,北与荷兰毗邻,南与法国交界,东南与卢森堡相连,西临北海,西北隔多佛尔海峡与英国相望。面积约3.05万平方千米。

比利时国土的2/3为丘陵和低地。西北部沿海为佛兰德伦平原,中部为丘陵,东南部为阿登高原。主要河流有马斯河和埃斯考河。

比利时属海洋性温带阔叶林气候,年平均气温约10℃,年降水量约800毫米。

二、国家象征

比利时的国旗呈横长方形,从左到右由黑、黄、红3个相等的竖长方形相连构成。黑色悼念1830年独立战争中牺牲的英雄;黄色象征国家的财富和畜牧业与农业的丰收;红色象征爱国者的生命和热血,还象征独立战争取得的伟大胜利。

比利时的国徽呈斗篷式,中心的盾面上有1只直立的狮子,其后为交叉的君王节杖,象征王权。盾形图案由比利时第一代君主利奥波德勋章饰带环绕,两侧各有1只举着国旗的狮子,上端为1顶王冠。饰环之下悬挂着1枚利奥波德勋章,底部的饰带以法文和弗拉芒文写着民族格言"团结就是力量"。斗篷上端装饰王冠和代表比利时9个省的9面旗帜。

比利时的国歌是《布拉班人之歌》。

比利时的首都是布鲁塞尔。

三、社会生活

比利时人口约 1041 万人,其中弗拉芒族占六成,瓦隆族约占四成。官方语言为法语和荷兰语。居民中八成信奉天主教。比利时还是欧洲许多神秘教派的活动中心。

比利时实行君主立宪联邦制。国王为国家元首、三军最高统帅,国王和议会共同行使立法权,国王和政府共同行使行政权。国王成年子女是法定参议员。比利时主要政党:荷语自由民主党、法语社会党、法语革新运动党。

比利时是发达的工业国家,世界十大商品进出口国之一,人均出口量排名世界第一位。半数以上的工业产品供出口,金属丝线、平板玻璃、梳洗毛线、钻石等的出口量均列世界前茅,而八成的原料靠进口。铁路网的密度在世界上首屈一指,而且早已全部实现电气化。

四、民俗风情

比利时人的活动有较强的计划性,讨论问题,登门拜访,找大夫看病,甚至理发都要事先约定时间。应邀会面,按照约定时间提前 5 分钟到达。初次见面时衣着整齐,主动递上名片,常以先生、小姐或夫人称呼对方,但不会直呼其名,不会显得过于亲近。有的拉手问候,有的亲面颊一次、两次或者三次。不同的地方和家庭有不同的习惯,他们的办法是别人做什么就随着做。

比利时人喜清淡、鲜嫩的菜肴,不喜油腻。餐馆菜单上少不了炸虾丸和土豆泥,还有兔肉、海蚌、土豆片以及独一无二的蔬菜汤,以各式海鲜最著名。啤酒多达 350 多种,干酪 85 种,巧克力 400 多种。

访问比利时人家,以巧克力、鲜花或中国工艺品作礼物比较受欢迎,但不送白菊花,那是放在坟墓上的花。红玫瑰表示爱情,送红玫瑰要注意场合。接受礼物要马上打开,表示喜欢。比利时人视蓝色为不吉利。与比利时人交谈,较为稳妥的话题是比利时人喜欢的足球、自行车赛、全国性运动项目鸽子比赛以及比利时的文化成就,不要涉及政治、宗教及法语和弗拉芒语之间的区别,更不要涉及私生活。

五、旅游城市

布鲁塞尔(Brussels) 比利时的首都,比利时最大的城市,政治、经济、文化中心。欧洲联盟、北大西洋公约组织等国际组织的总部所在地,另有 200 多个国际行政中心和超过 1000 个官方团体在这里设有办事处,有"欧洲首都"之称。位于荷一比一法铁路干线的心脏地带,摩天大楼和中世纪古建筑相得益彰,被誉为欧洲最美丽的城市。

安特卫普(Antwerp) 比利时最重要的港口城市,佛兰德地区的首府,欧洲人口最密集的地区,位于比利时西北部。旧市区古老建筑充满中世纪情调,钻石加工和交易神秘莫测,绘画艺术和博物馆众多,独特的露天雕塑闻名于世,是欧洲著名的文化中心。

根特(Gent) 比利时西北部港市,铁路枢纽和重要港口,位于斯凯尔特河和莱斯河汇合处。曾是佛兰德的首都,被誉为"目睹神出生的城市"。五年一度举办世界闻名的花展,被称为"花城"。

布鲁日(Brugge) 位于比利时西北部。"布鲁日"佛兰德语意为"桥"。布鲁日曾是欧洲著名的港口城市,有"比利时艺术圣地""佛兰德珍珠"等美称。布鲁日河渠如网,水巷纵横,古屋鳞次栉比,完整地保存了中世纪的城市风貌。布鲁日文艺复兴时期遗留下来的古老教堂,造型新颖,别具特色。

六、经典景点

布鲁塞尔市政厅 位于布鲁塞尔市。哥特式建筑。尖塔高96米,塔尖有一座5米高的风向标,是布鲁塞尔守护神圣米歇尔的雕像。布鲁塞尔领主曾因圣米歇尔相救而幸免于难,领主为此授予圣米歇尔为布鲁塞尔的守护神。走廊上布满壁画,包括比利时君主以及曾经统治过布鲁塞尔的西班牙、荷兰、法国等国国王的肖像。

滑铁卢古战场 位于布鲁塞尔市。1815年6月,威灵顿公爵指挥英荷联军及普鲁士军队在这里围困并最终击败拿破仑,从而结束了这位传奇人物纵横欧洲的历史。在一片宁静田原风貌的山丘顶上,安放着一头长4.5米、高4.45米、重28吨的铁质巨狮,相传是用拿破仑军队丢弃在战场上的枪炮铸造而成。

布鲁塞尔撒尿小童雕像 位于布鲁塞尔市。布鲁塞尔的吉祥物,已有400年的历史。传说布鲁塞尔被敌军包围,城墙上炸药的导火线被点燃,但找不到水源灭火,小于连急中生智往导火线上撒尿,熄灭了炸药,保住了城墙。

原子球塔 位于布鲁塞尔市。由9个圆球组成,每个圆球象征一个铁原子,按照铁分子的正方体晶体结构组合成一个巨大的铁分子,寓意从第二次世界大战阴影中走出来的欧洲进入经济高速发展时期,象征人类进入了科学、和平、发展和进步的新时代。当时欧共体有9个会员国,比利时有9个省,原子球塔成为比利时和欧共体的象征。

圣米歇尔大教堂 位于布鲁塞尔市。大教堂呈十字形,集罗马与哥特建筑艺术于一身。大殿为典型罗马风格,其穹顶的开间多达7道,两侧拱门式长廊上的楼廊砌有罗马式的拱窗,三层圆形祭坛为哥特式,周围的回廊不带祈祷室。这种教堂风格在诺曼底一带很有代表性,曾经风靡一时。

新欧盟总部大厦 位于布鲁塞尔市。即贝尔莱蒙大楼。1967年落成后成为当时欧共体(现欧盟)总部的办公大厦。大厦成十字形,其产权归比利时政府所有,欧盟以租赁方式享用。大厦是比利时首都最具象征意义的建筑物,也是欧洲联合的象征之一。

银禧公园 位于布鲁塞尔市。占地约 30 公顷,由一个个小花园、池塘和小瀑布组成。为纪念比利时独立 50 周年而建,因此又称"五十周年纪念公园"。由比利时国王利奥波德二世下令修建。中间的凯旋门由钢铁、玻璃和石头构成,象征比利时当时的经济和工业状况。这里曾举办过世界展览盛会。

丁丁壁画 位于布鲁塞尔市。丁丁是比利时漫画家埃尔热创作的《丁丁历险记》的主人公,这位环游世界、不知疲倦的小记者是世界上最受欢迎的漫画形象之一,埃尔热因而被称为"丁丁之父"。丁丁的故乡即布鲁塞尔。布鲁塞尔街头随处可见漫画,漫画故事和墙面的风格和谐统一,饶有情趣。

皇家美术馆 位于布鲁塞尔市。馆内收藏世界许多地区和时代的艺术珍品 2 万多件,包括罗马帝国、古希腊和埃及的珍贵出土文物,中东和波斯古国的浮雕与铜盾,来自南美、大洋洲、中国和东南亚的艺术珍品,其中鲁本斯厅藏有鲁本斯的油画 20 多幅,雅克-路易·大卫创作的著名油画《马拉之死》也藏于该馆。

"迷你欧洲"缩微景观公园 位于布鲁塞尔市。占地约 25 万平方米,荟萃欧洲闻名世界的宫殿、教堂、修道院、古堡、神庙、广场、港口、高塔和名人故居等 300 多个名胜古迹,均按真实景物的 1/25 比例建造。这些景观从各个不同的侧面反映了欧洲的历史、文化、艺术和科学技术的发展。

圣母大教堂 位于安特卫普市。哥特式风格,已有 660 多年历史。塔楼高 123 米,傲视全城,被誉为"中世纪的摩天大楼"。在这里可以欣赏到鲁本斯的代表作品——《耶稣的升架》《耶稣的下架》和《圣母升天》等名作。

安特卫普中央车站 位于安特卫普市。整个火车站像一座古老的城堡。车站候车大厅的穹顶高 75 米,火车站台全部被玻璃所覆盖,蓝色镜面玻璃具有现代感。车站的设计完美地体现了和谐的混合风格,曾被评为"欧洲最美的火车站"。

斯滕城堡 位于安特卫普市。欧洲最古老的城堡之一,现在是国家海事博物馆。公元 800 年时挪威人洗劫了这里,后来城堡作为罗马帝国的防御堡垒被重建。古堡临海,可以眺望江面。著名画家鲁本斯晚年曾住在这里。

布鲁日市政厅 位于布鲁日市。建于 1376 年。正面 6 扇尖顶穹隆窗垂直排列,造型新颖,别具特色。外墙上刻有浮雕,内容为圣经故事和历史人物,生动传神。大厅中有穹顶天花板和历史壁画,历史室有许多有关布鲁日历史的档案以及绘画。

布鲁日钟楼 位于布鲁日市。中世纪的钟楼,曾收藏珍宝和市政档案,观测火情及其他危险状况。钟楼两侧和后部是原来的市集大厅,因此钟楼也被称为"大厅钟楼"。钟楼上有一台 46 个钟铃的钟琴,琴声美妙悦耳。在钟楼顶上可观赏壮观的布鲁日全景。若想登上 83 米高的钟楼顶,需攀登狭窄、陡峭的 366 级台阶。

圣血教堂 位于布鲁日市。初建于 12 世纪。教堂由上下两座小教堂组成,下层教堂保持着最初的罗曼式风格,上层教堂供奉着据说是耶稣的圣血遗物。每年 4 月底到 5 月中旬的耶稣升天节,欧洲各界宗教人士纷纷来此顶礼膜拜救世主的圣血,成为比利时的重大宗教盛事。

圣母大教堂　位于布鲁日市。始建于13世纪。教堂钟楼高122米,号称是世界第二高的砖砌塔楼。唱经楼里有查理公爵及其女儿玛丽的坟墓,黑色石板上是他们的镀金青铜肖像,两人都戴着王冠。教堂收藏有米开朗基罗的雕塑珍品《圣母子像》,这是米开朗基罗为数不多的留在意大利之外的艺术作品。

钻石博物馆　位于布鲁日市。布鲁日是钻石抛光技术的诞生地。钻石博物馆陈列着各种打磨钻石的机器,以独特的视角展示钻石世界不为世人所知的秘密,曾被称为"布鲁日皇冠上的一颗明珠"。

七、世界遗产

佛兰德的贝居安会院　贝居安会是罗马天主教会的妇女团体,创立于13世纪,其成员是寻求侍奉上帝而又不愿离群索居的妇女。贝居安会院是贝居安会使用的小型建筑物的汇集。

拉卢维耶尔和勒罗尔克斯的中央运河上的4座升船机及其周边设施　位于拉卢维耶尔镇。中央运河连接比利时东西向的两条大河,一座高67米的山丘挡在运河中央,为使船舶翻越这座山丘建造了4座升船机。升船机完全不使用电力,全靠水力运作。液压升船机加上运河本身及其附属设施,构成一幅19世纪末的工业全景图。

布鲁塞尔大广场　始建于12世纪。广场地面用花岗石铺就,四周哥特式建筑物形似燃烧的火焰,被誉为"世界上最美丽的广场"。埃格蒙特伯爵和霍尼斯伯爵在这儿丢了脑袋,佛朗索瓦·安尼森在这被推上断头台,流亡中的法国作家维克多·雨果在此落脚,马克思和恩格斯在附近的天鹅餐厅写就著名的《共产党宣言》。

佛兰德和瓦隆地区的钟楼　佛兰德和瓦隆地区有中世纪的钟楼33座,均用石料构造。钟楼在建立之初是公社获得独立的标志,象征自由。钟楼是城市景观中的第三种塔,可与要塞(封建领主的标志)和钟塔(教堂的标志)媲美,象征着贵族的权力。几个世纪以来,它们已逐渐成为城镇影响力和财富的象征。

布鲁塞尔的建筑师维克多·奥塔的主要城市建筑　建筑师维克多·奥塔为布鲁塞尔设计的主要城市建筑,是19世纪末最具代表性的欧洲建筑。维克多·奥塔的大部分作品已经遭到彻底毁坏,只保留了非常少的几座作品,其中包括塔塞尔公馆、索尔维公馆、范·艾特菲尔德公馆以及奥塔住宅与工作室。

斯皮耶纳的新石器时代燧石矿　位于埃诺省蒙斯的一个瓦隆村庄斯皮耶纳。燧石矿面积约1平方千米,是欧洲最大且最早的古代矿坑汇集地。这些燧石矿的非凡在于提炼技术的多样化及其与当时人类聚落之间的直接联系。

图尔奈的圣母主教座堂　1213年竣工,但建筑的设计和建造活动一直延续到18世纪,所以给人一种由不同时代、不同风格的建筑体块拼凑而成的印象。建筑的早期部分反映了当时德国和诺曼底地区罗马风建筑的影响,通顶层的集束柱和对垂直线条的强调反映了法国早期哥特风格的影响。

布鲁日历史中心 中世纪古城,保存着大量几个世纪前的建筑。早期哥特式建筑已经成为城市特色的一个部分。城墙长约6800米,围起了4平方千米的区域。城市核心部分的发展主要围绕两个中心,一是伯爵城堡,二是旧堡镇的商人住宅区。布鲁日城区有大量交错的小巷和一个接一个的广场。

普朗坦—莫雷图斯住宅—工坊—博物馆综合体 位于安特卫普城,安特卫普与巴黎、威尼斯并称为欧洲早期印刷的三大领袖城市。此综合体详细地记录了欧洲16世纪后期印刷和出版业的状况,不仅有世界现存最古老的印刷机以及完整的成套模具与字模,还有一个庞大的图书馆,保存了部分档案和珍贵的艺术作品。

斯托克雷特宫 位于布鲁塞尔郊区。修建于1905年至1911年,由当时著名建筑师约瑟夫·霍夫曼建造,被视为霍夫曼的杰作,是20世纪最具艺术气质、最豪华的私人住宅之一。斯托克雷特宫至今仍然为斯托克雷特家族的财产。

瓦隆尼亚主要矿业遗迹 长约170千米、宽约3~15千米的地带上的4处矿区遗址。这里原有数百座煤矿,但过去的基础设施大部分已不复存在,仅这4个矿区遗址很好地保持了自身的完整性,并与工业、城市建筑群高度融合在一起。这些采矿遗迹群是欧洲工业时代早期乌托邦建筑风格的作品。

第九节 钢铁王国——卢森堡

卢森堡,全称"卢森堡大公国"(The Grand Duchy of Luxembourg)。"卢森堡"之名源自古高德语"卢泽尔堡"(意为"小城堡"),又称"红土之国"。

一、自然地理

卢森堡为欧洲内陆国家,位于欧洲西北部,东邻德国,南毗法国,西部和北部与比利时接壤。面积约2586平方千米。

卢森堡地势北高南低,北部阿登高原厄斯林区占全境1/3。最高点布尔格普拉兹峰海拔约550米。南部为古特兰平原。

卢森堡属于海洋—大陆过渡性气候,年平均气温约9℃,常年温和。降雨量以西南部和东南部较多,但最多不超过1000毫米,北部地区很少下雨。

二、国家象征

卢森堡的国旗呈横长方形。旗面由3个平行相等的横长方形组成,自上而下分别为红、白、浅蓝三色。红色象征热烈和勇敢的国民性格,还象征在争取国家独立和民族解放斗争中牺牲的烈士的鲜血;白色象征人民的淳朴和对和平的追求;蓝色代表蓝天,意味着人民获得了光明和幸福。三色连在一起又象征平等、民主和自由。

卢森堡的国徽,顶部为金色王冠,金、红、白三色斗篷内有1枚盾徽。盾面由白、蓝相间的平行条纹组成,其上有1只头戴王冠的直立着的红狮,红、白、蓝三色为国旗颜色。盾徽上方有1顶公爵金冠,两侧各有1只金狮,周围饰有绶带,下端悬垂1枚勋章。

卢森堡的国歌是《我们的祖国》。

卢森堡的首都是卢森堡城。

三、社会生活

卢森堡人口约50万人,主要民族有卢森堡族、日耳曼族和法兰西族等。官方语言是法语,通用德语。居民绝大多数信奉天主教。

卢森堡是君主立宪制国家,大公为国家元首,拥有立法权和行政权。卢森堡主要政党:基督教社会党、社会党、民主党、绿党。

卢森堡自然资源贫乏,粮食不能自给,经济对外依赖性较大。钢铁工业、金融业和广播电视业是三大经济支柱。卢森堡人均钢产量居世界前列,有"钢铁王国"之称;人均国民生产总值居世界前列,人均国民收入和生活水平居欧盟国家之首。

四、民俗风情

卢森堡人虽然传统但并不守旧,也不那么古板。卢森堡人喜欢握手,见面时握手,离去时握手,到办公室或建筑工地参观时也要同秘书小姐和建筑工人们握手。

在卢森堡做客,给女主人送上一束鲜花或一盒糖是应有的礼节。如果把卢森堡人与比利时人、德国人和法国人混为一谈,那将令卢森堡人非常不高兴。假如对卢森堡所产的干白葡萄酒大加赞赏,可能会被邀请去他家共进晚餐。

卢森堡菜肴以法国菜和德国菜为主。餐馆菜单上常见香肠及德国酸菜以及猪肉、野味及河鱼,还有肝酱煲加德国酸菜及土豆。典型的卢森堡风味有黑布丁配苹果酱及土豆泥,咸猪肉配法式嫩煎土豆及奶油豆角,黄油炸整鱼。

五、旅游城市

卢森堡城(Luxembourg) 卢森堡的首都,全国最大的城市,经济、政治、文化中心,交通枢纽,欧洲的一个重要金融中心,欧共体部分机构的所在地。位于南部旁帕依地区,历史上一度是西欧的重要军事要塞,被称为"北方的直布罗陀"。

六、经典景点

大公宫殿 卢森堡大公的住所和办公地。宫殿顶部尖尖,黑色的瓦,米黄色的砖墙,颇似城堡。内部装饰十分精致,特别是主会厅、国王的房间和宴会厅。宫殿门口有士兵持枪巡逻,表情特别严肃。

卢森堡古堡 古堡下面有从坚硬的岩石中开凿出来的地道和暗堡,长达 20 多千米,向地下延伸 40 余米,工程颇为艰巨。哈布斯堡人、西班牙人、普鲁士人和法国人都曾为争夺这个要塞而频繁争斗。古堡圆柱形的外观,卡通感十足的窗户,暗黄色的石头城墙,颇有特色。

佩特罗斯大峡谷 卢森堡市新旧城区的天然分界。大峡谷宽约百米,深约 60 米,一直被视为军事重地。峡谷中的参天大树,种类繁多,生长方向各异,显出毫无拘束的自然之美。宪法广场一侧,有通向峡谷的古老石阶。

宪法广场 广场上有一座方尖形建筑,是为第一次世界大战中阵亡的卢森堡士兵而建的纪念碑,高 12 米,碑顶上站立着胜利女神像。广场两侧分别有贝特流斯炮台和贝克炮台的地下入口处,对面是圣母教堂。这里是远眺阿道夫大桥、大峡谷的绝佳地点。

威廉二世广场 广场以卢森堡大公威廉二世命名。广场中央有一尊威廉二世的铜像,他雄赳赳气昂昂地骑在马上,右手拿着礼帽,两眼正视前方,威武无比。周末,广场被作为集市,顾客摩肩接踵。

阿尔道夫大桥 卢森堡城的地标,全长 153 米,跨越峡谷,连接新旧两市区。圆拱形石桥,支撑桥梁的拱门左右对称。从桥上眺望,佩特罗斯峡谷溪水缓缓流淌,两壁青树绿草郁郁葱葱,森林中隐隐约约露出古城堡的夹顶,非常壮观。

卢森堡风景走廊 原是阿尔泽特河畔的防御城墙,曾经有陡峭的台阶。后拆除外侧的保护墙,形成 360°观景平台,站在观景平台能够远眺阿道夫大桥和卢森堡古堡,被誉为最美的欧洲阳台。

七、世界遗产

卢森堡城的老城区和防御工事 卢森堡城地处德法两国之间,曾是西欧的军事要塞,修建过三道护城墙、数十座坚固的城堡、23 千米长的地道和暗堡。老城区建筑古朴、街道狭窄,其中有尖塔高耸的大公宫殿,17 世纪前期的圣母院大教堂,还有大量德国童话式的老镇街道和不同风格的建筑。

第十节 温暖港湾——葡萄牙

葡萄牙,全称"葡萄牙共和国"(Portuguese Republic)。"葡萄牙"拉丁语意为"温暖的港口",别称"软木王国"。

一、自然地理

葡萄牙位于欧洲伊比利亚半岛的西南部,东、北毗邻西班牙,西、南濒临大西洋。面积约 9.2 万平方千米。

葡萄牙北部为梅塞塔高原,中部海拔800~1000米,西部沿海一带为平原,南部多丘陵。埃斯特雷拉山峰海拔1991米,为葡萄牙最高峰。主要河流有特茹河、杜罗河和蒙特古河。

葡萄牙北部属于海洋性温带阔叶林气候,南部属于亚热带地中海气候。冬季温暖湿润,夏季相对干燥。平均气温1月7℃~11℃,7月20℃~26℃。年降水量超过1000毫米。

二、国家象征

葡萄牙的国旗呈横长方形。旗面由左绿右红两部分组成,红绿连线中间绘有葡萄牙国徽。红色表示对1910年成立第二共和国的庆贺以及远航者为发现新大陆而献出的鲜血,绿色表示对被称为"航海家"的亨利亲王的敬意。

葡萄牙的国徽,主体部分是一个金色的浑天仪,代表葡萄牙人的航海成就。浑天仪中央为1面白盾,盾面上5个蓝色小盾组成十字形,每个小蓝盾上有5个白色圆堡。5个小蓝盾是纪念奥利基战役5个君主所取得的胜利,白色圆堡是葡萄牙古老的标志。白色盾形重叠于大红盾中,红盾周边有7个城堡,纪念葡萄牙从摩尔人手中收复的省份。浑天仪周围饰橄榄枝,象征和平。

葡萄牙的国歌是《葡萄牙共和国国歌》。

葡萄牙的首都是里斯本。

三、社会生活

葡萄牙人口约1071万人,基本上都是葡萄牙族。葡萄牙语为官方语言。居民几乎人人信奉天主教。

葡萄牙是议会共和制国家。总统为国家元首、武装部队最高司令。议会为一院制。葡萄牙主要政党:社会党、社会民主党、共产党、人民党、左翼集团。

葡萄牙是西欧经济较落后的国家之一。主要工业部门有纺织、服装、制鞋、食品、化工、造纸、电子机械、陶瓷、酿酒、软木等。大理石出口居世界前列。服务业发达,在国民经济中的比重已接近欧洲发达国家水平。

四、民俗风情

葡萄牙人习惯在人名前加上某种称呼,如国家元首、议长、总统、部长、议员、大使、最高法院法官、市长、州长、三军将领、文化团体领导人等。一般在人名前加"埃塞伦西亚"一词,第二人称时用"伏萨埃塞伦西亚",第三人称时用"苏阿埃塞伦西亚"。书写国家元首时不得用缩写。对宗教领袖不能用"阁下"一词,而应用"桑地达德"或"埃米能西亚",前者用于教皇,后者用于红衣大主教。葡萄牙人相见,男子习惯热情拥抱并互拍肩膀,女子熟人之间亲吻对方的脸。如有客人来访,总是早早地到门口迎接,客人离去时总要亲自送到门口。与人交谈时坐姿端正,尤其是女子,入座时双腿并拢。

葡萄牙人在社交场合着装整洁,男子身穿深色西服,打领带或系蝴蝶结,女子多穿华丽套服或连衣裙。在日常生活中,穿着有明显的职业和性别特点,男性青年职员喜欢穿宽松式西服,男大学生多穿运动衫、牛仔裤,女教师多穿套服。

葡萄牙人热爱花草树木,喜欢莳花弄草,即使在冬季也到处红花绿叶。每年圣诞节,家家都会烤制曾得到王后伊莎贝尔赞赏过的直径18英寸的面包与人分享。

葡萄牙人以面食为主食,喜食面包,有时也吃米饭。爱吃牛肉、猪肉及水产品,常吃土豆、胡萝卜。爱喝葡萄酒是葡萄牙人的一种嗜好。

葡萄牙人凡事慢三拍,但约会不能失约,等候15~30分钟并不稀奇。在葡萄牙,千万不要久久盯视别人,不要用一个手指去召唤侍者,那是对人的侮辱。葡萄牙人忌讳数字13和星期五。足球是葡萄牙人的第一运动,斗牛是葡萄牙人喜爱的娱乐活动,任何场合都可以成为话题。葡萄牙人喜欢讨论家庭、葡萄牙的优点和个人的爱好等,但回避有关政治和政府的问题。

五、旅游城市

里斯本(Lisbon) 葡萄牙的首都,葡萄牙的政治和文化中心,濒临大西洋,是风光秀丽的海滨城市。因建在特茹河入海口的7个山丘上,有"七丘城"之称。蜿蜒曲折的特茹河,街市行走的黄色电车和缆车,众多的纪念塔和纪念碑,壮阔的城郊风景,都是里斯本的魅力所在。

波尔图(Porto) 葡萄牙北部的港口城市。多罗河蜿蜒穿越城区,岩石悬崖上的波尔图老城与加亚新城隔河相望,一眼千年。这里生产的葡萄酒香味浓郁,因而被称为"酒都"。旧城区与周围产酒区已被列入世界文化遗产名录。

六、经典景点

彭巴侯爵广场 位于里斯本市。在1755年大地震中化为废墟,当时的总理彭巴侯爵下令大规模重建。现广场中央矗立着彭巴侯爵的雕像,面向特茹河,俯瞰着自己修建的一切。这座雕像是葡萄牙著名的雕刻家马卡斯特罗的作品。

航海纪念碑 位于里斯本市。也称"大发现纪念碑",为纪念航海王子亨利逝世500周年而建。纪念碑如同一艘展开巨帆的船只,刻有亨利及其他80位水手的雕像,船头站立者即为亨利,其后是发现欧洲至印度航线的达伽马,颇具气势。碑前的地面上刻有一幅世界地图,上面标志着发现新大陆的日期。

4月25日大桥 位于里斯本市。横跨特茹河,最初以当时的独裁统治者萨拉查的名字命名,1974年4月25日萨拉查独裁政权被推翻,大桥改名为"4月25日大桥"。大桥全长2278米,上层六线行车,下层双轨铁路。此桥外形类似美国旧金山的金门大桥,两桥的承建商又是同一家公司,因而称为"姐妹大桥"。

胡斯塔升降机 位于里斯本市。里斯本唯一向公众开放的直上直下的电梯。升降机高 45 米,设有两个升降机笼,均为木质内饰,可乘载 20 名乘客。通过螺旋楼梯可达顶层,顶层阳台可观赏圣若热城堡、罗西欧广场和庞巴尔下城。

罗西欧广场 位于里斯本市。仿巴黎协和广场设计,铺设代表葡萄牙特色的葡式碎石路,中央矗立着国王佩德罗四世的雕像,雕像的底部有 4 个女性小雕像,分别象征正义、智慧、力量和节制,这是国王对自己的评价。这里还是里斯本市的交通枢纽。

里斯本主教座堂 位于里斯本市。原是一座清真寺,1147 年葡萄牙开国国王阿方索一世赶走摩尔人后下令改建成为里斯本最早的教堂。教堂经受过多次地震考验,但都得以重修。因曾改建数次,教堂混合了多种建筑风格,而这些建筑风格相得益彰,自成一体。

自由大道 位于里斯本市。里斯本最主要的干道和繁华的商业街,有葡萄牙"香榭丽舍大道"之称。长 1.2 千米,路上镶嵌美丽的彩绘地砖,路旁行人道棕榈树、椰子树等绿树成荫,两旁尽是高级酒店、名牌商店和航空公司办公大楼及银行。

阿尔法玛 位于里斯本市。里斯本最古老的城区。"阿尔法玛"在阿拉伯语中意为喷泉或浴室。这里是一个由狭窄街道和小广场构成的迷宫,拥有许多重要历史名胜,许多法朵酒吧和餐馆。在此可享受著名的葡萄牙忧郁音乐——法朵音乐。

大耶稣像 位于里斯本市。耶稣像高约 110 米,悲悯地俯瞰着世人。教堂里的图片讲述了它的建筑史,还有虔诚的妇女感谢上帝保佑她们的第二次世界大战中幸存的父兄丈夫的故事。基督像内部有电梯直达顶端,站在顶端里斯本城、特茹河尽收眼底。

太阳海岸 位于里斯本市。葡萄牙最著名的海滨度假地。惊涛拍岸而柔波荡漾,也是 007 詹姆斯·邦德的"诞生"地。埃斯托里尔还有一个大赌场,加斯凯斯有一个海蚀洞。

莱罗书店 位于波尔图市。葡萄牙最古老的书店之一,开业已经 130 多年,曾被评为全球十大最美书店之一。书店建筑为新哥特式风格,扶梯雕刻精美,天窗为五彩玻璃,环境幽雅,透过玻璃楼顶可以 360°仰望天空。著名魔幻小说《哈利·波特》的作者 J.K.罗琳在波尔图居住时经常来此构思写作。

牧师教堂 位于波尔图市。18 世纪的巴洛克式教堂,顶层刻意留下的有异于其他传统建筑的残破三角形,上面雕刻的花环和贝壳,用彩色大理石雕刻的祭坛,都很精美。教堂的牧师塔,高 76 米,曾是波尔图的灯塔和象征。

亨利王子广场 位于波尔图市。广场上有亨利王子的雕像:亨利王子站在石碑顶部指点航海方向,身后一个地球仪代表航海发现全世界的信念,碑座上的女神手执旌旗驱动着前进的马车,马车前的随从吹响着前进的号角,象征奋不顾身的前进精神。葡萄牙的航海成就震惊欧洲,亨利王子为葡萄牙人所景仰。

七、世界遗产

亚速尔群岛英雄港中心区 英雄港与特塞拉海湾的2个自然港湾相连,保留了葡萄牙贸易货栈,16世纪巴洛克风格的教堂和修道院组成紧密的市区建筑群。英雄港自15世纪至19世纪汽船的问世,一直是传达命令的必经港口。有400年历史的圣塞巴斯蒂安和圣胡安包蒂斯塔要塞是军事建筑的两个独特典范。

托马尔的基督会院 建于12世纪,最初为圣殿骑士团的大本营,象征着骑士团的征服历程。14世纪圣殿骑士团解散后,这个葡萄牙分支机构转为天主教会,支持葡萄牙15世纪的地理大发现。基督会院综合了罗马式、哥特式、曼努埃尔和文艺复兴时期的建筑风格,是葡萄牙最重要的历史和文化建筑之一。

巴塔利亚修道院 位于贝伦省。葡萄牙国王若昂一世为感谢圣母帮助葡萄牙人战胜卡斯蒂利亚人而建。建筑风格为晚期哥特式。整座建筑明显地受到曼纽尔式艺术的影响,把原始和民族哥特式风格结合起来,形成了独特的皇家修道院范例。

里斯本的哲罗姆派修道院和贝伦塔 哲罗姆派修道院坐落于里斯本海港入口处,始建于1502年,它是葡萄牙艺术巅峰时期的杰作。1520年完工的贝伦塔,是一座五层防御工事,历史上被用作海关、电报站,甚至是灯塔,其贮藏室曾被用作地牢。在大航海时代,这里也是航海家们出航的起点。

埃武拉历史中心 位于葡萄牙东南部三条河流的交汇处。建于公元纪年之始。埃武拉是葡萄牙的宗教和文化中心,被称为"博物馆式的城市"。11世纪以前,埃武拉先后由罗马人、西哥特人和摩尔人统治。老城内保存着建于2世纪的狄安娜神殿等古罗马时期的建筑遗址。

阿尔科巴萨修道院 位于里斯本。建于12世纪末,由教堂、5条回廊、7间宿舍、外来者住所、厨房和食堂组成。教堂简朴庄严,鼎盛时期有近千名修道士。修道院里安放着国王佩德罗一世和他的情人伊内斯·德·卡斯特罗的灵柩。一对恋人躺在相向的陵墓中,棺椁上许多栩栩如生的塑像是精美绝伦的艺术作品。

辛特拉文化景观 辛特拉是里斯本的一座小镇。空气新鲜,风景优美。从13世纪后半期开始,这里成为皇室的避暑胜地。18世纪末期,一些富商在此建造别墅。荷兰人建造的新古典主义式的塞特艾斯宫,是当时豪华的建筑。费尔南多二世改造了哲罗尼莫司修道院,在山上建造了佩拉宫。

波尔图历史中心 波尔图历史久远。早在葡萄牙建国之前就已经有了一座罗马教堂,教堂里保存下来的壁画是葡萄牙中世纪时期的重要历史文物。14世纪,波尔图的工匠们重修了教堂内的壁画,并修建了强大的防御工事。波尔图因为大量出口葡萄酒也被称为"酒市"。

科阿谷和谢加贝尔德的史前岩石艺术地点群 这里的陡峭岩石上有645件岩刻艺术作品,描绘的主要是动物形象,但也有几何图案与抽象的图案。这些岩石雕刻完成于公元前22 000年至公元前10 000年,如此集中表现早期人类艺术活动的样例在全世界绝无仅有。

上杜罗葡萄酒产地 上杜罗即杜罗河上游山区,当地生产葡萄酒有近2000年的历史。山区地势起伏很大,许多葡萄园是从悬崖峭壁上开垦出来的,一层层狭窄的梯田上只能种植两三行葡萄树。酒厂连同村落的宅舍、小礼拜堂和乡间道路网,构成一道表现传统欧洲葡萄酒产地的文化景观。

吉马良斯历史中心 吉马良斯是葡萄牙北方小城。始建于4世纪。11世纪中叶创建的葡萄牙王国即以吉马良斯为都城。这里有近30处古迹。建于996年的古堡建筑群,地势险要,其主楼用花岗石建造。根据葡萄牙国王若奥一世的旨意于15世纪建造的杜卡尔宫,曾是国王的寝宫,现为博物馆。

皮库岛葡萄园文化景观 当地的人们通过500多年的努力,终于根除土壤中的火山喷发形成的岩石,将其转化为富饶的土地,并筑起环绕岩石海岸的石墙,用来抵御海风和海水的侵蚀。皮库岛葡萄园占地约10平方千米。这里最早的葡萄酿酒技术可以追溯到15世纪,其技术延续至今。

边境城镇埃尔瓦斯及其驻防工事 位于埃尔瓦斯。修建于17世纪至19世纪,是世界上最大的防御干沟系统。护墙内的埃尔瓦斯城建有兵营和其他军事建筑以及教堂和修道院。为抵抗长期围城的要塞提供支持,这里还修建了阿莫雷拉水道。

马德拉的月桂林 马德拉是大西洋中的一座美丽的岛屿,由火山喷发而形成。四周海崖高耸,群山环抱,杰朗角还是世界上有名的海崖。这里密林遍布,巨木擎天,终年蓊郁,月桂林分布广阔,这里所有的动植物都是月桂树森林所独有的。

第十一节 斗牛勇士——西班牙

西班牙,全称"西班牙王国"(Kingdom of Spain)。"西班牙"腓尼基语意为"野兔",因伊比利亚半岛有很多野兔而得名。别称"橄榄王国""斗牛王国"。

一、自然地理

西班牙位于欧洲西南部伊比利亚半岛,西邻葡萄牙,东北与法国、安道尔接壤,北濒比斯开湾,南隔直布罗陀海峡与非洲摩洛哥相望,东和东南临地中海。西班牙的领土还包括地中海中的巴利阿里群岛,大西洋的加那利群岛及非洲的休达和梅利利亚。面积50.5万平方千米。

西班牙全境分为5个地理区域:北部山区、中央高原、阿拉贡平原、地中海沿岸山地、安达卢西亚平原。中央高原约占全国面积的六成。

西班牙中部属于大陆性气候,北部和西北部沿海属于海洋性温带气候,南部和东南部属于地中海型亚热带气候。西北部较湿润,内陆和东南部较干燥。最冷的1月平均气温9℃～10℃,最热的7月平均气温19℃～28℃。年降水量350~500毫米,山地高达1500毫米。

二、国家象征

西班牙的国旗呈横长方形。旗面由3个平行的横长方形组成,上下均为红色,中间为黄色。黄色部分偏左侧绘有西班牙国徽。红黄两色是西班牙人民喜爱的传统颜色,分别代表组成西班牙的4个古老王国,象征人民对祖国的赤胆忠心。

西班牙的国徽,中心为盾徽,盾面上有6组图案:左上角是红地黄色城堡,右上角为头戴王冠的红狮,城堡和狮子是古老西班牙的标志,分别象征卡斯蒂利亚和莱昂;左下角为黄红相间的竖条,象征东北部的阿拉贡;右下角为红地金色链网,象征北部的纳瓦拉;底部是白地绿叶红石榴,象征南部的格拉纳达;盾面中心的蓝色椭圆形中有3朵百合花,象征国家富强、人民幸福、民族团结。盾徽上端有1顶大王冠。盾徽两旁各有1根海格立斯柱子(大力神银柱),左右柱顶端分别是王冠和帝国冠冕,缠绕着立柱的饰带上写着"海外还有大陆"。

西班牙的国歌是《皇家进行曲》。

西班牙的首都是马德里。

三、社会生活

西班牙人口约4051万人,其中主要是卡斯蒂利亚人(西班牙人)。卡斯蒂利亚语(西班牙语)为官方语言和全国通用语言。96%的居民信奉天主教。

西班牙实行议会君主制,国王为国家元首和武装部队最高统帅。西班牙主要政党:人民党、工人社会党、共产党、加泰罗尼亚民主联盟。

汽车工业、建筑业和旅游业为西班牙的三大支柱产业。橄榄油的产量和出口量居世界首位,渔业生产居欧盟之首。近年来西班牙农牧渔业比重不断下降,服务业比重逐步上升,综合国力在欧盟居第五位,并进入世界前十强。

四、民俗风情

西班牙是世界上各大文明碰撞最激烈、文化多样性最突出的国家之一,先后统治这片土地的伊斯兰教、犹太教和天主教都留下了灿烂的文化。

西班牙人热情、浪漫、好客,富有幽默感。他们注重生活质量,喜爱聚会聊天,对夜生活尤为着迷,经常光顾酒吧、咖啡馆和饭馆。西班牙人喜欢旅游,酷爱户外活动,对足球、登山及自行车运动情有独钟。西班牙的斗牛、弗拉门戈舞闻名于世。

西班牙人的姓名常有三四节,前一二节为本人姓名,第三节为父姓,最后一节为母姓。通常口头称呼称父姓。见面礼节有握手、亲吻和拥抱三种方式,正式社交场合通常行握手礼。

西班牙女人上街必戴耳环,认为没戴耳环简直与没穿衣服一样。披风是西班牙女性的传统服装。妇女有"扇语",如打开扇子把脸的下部遮起来,意思是:"我是爱你的,您喜欢我吗?"若一会儿打开一会儿合上,表示"我很想念你"。斗牛裤子是男士的传统行头。

西班牙人早餐以果汁、咖啡、饼干、面点等为主,午餐前一般喝些开胃酒,头道菜大多是蔬菜或汤类,主菜为鱼或肉,饭后有吸雪茄和喝餐后酒的习惯。晚餐清淡一些,但也非常丰盛。西班牙海鲜饭清香四溢,堪称西餐一绝。餐桌上不可缺少水果、甜食。烹饪时经常使用以橄榄油为主的植物油和以猪油为主的动物油脂,并以种类繁多的水果和蔬菜及马铃薯和番茄作配料。

西班牙人过年时手上一定要拿一枚金币才算有福气,穷人没金币常用铜币代替。西班牙人认为元旦那天小孩打架、骂人和哭啼都是不祥之兆,为了换得孩子的笑颜,几乎会满足他们提出的一切要求。

西班牙人约会通常在10~13点及16~18点,赴约不必准时到达,迟到十多分钟无妨,但迟到太多是一种失礼行为。客人一般都带些礼品,如一瓶葡萄酒、一盒点心、一束鲜花,但不送大丽花和菊花,每月的13日一般不送花,送花不送13枝。用餐时听从主人安排桌次和座位。男子的邻座如果是女士,一定要协助对方先入座。如打翻酒水,要向左右两边的人说"对不起"。喝汤时不能出声,口中有食物时不能说话,剔牙时用手或餐巾遮口。餐桌上不劝酒不敬烟,餐后立刻离开或待得太久都是失礼的。

五、旅游城市

马德里(Madrid) 西班牙的首都,全国政治、文化、经济和金融中心,联合国世界旅游组织所在地。有36个古代艺术馆、100多个博物馆、18家图书馆和100多个雕塑群,还有规模名列欧洲榜首的马德里大学城。南欧高原炽烈的阳光赋予马德里热情似火的气质。

巴塞罗那(Barcelona) 西班牙纺织、化工、医药、机械、造纸、汽车等工业的中心。巴塞罗那港是全国最大的综合性港口。气候宜人,古迹遍布,有"伊比利亚半岛的明珠"之称,是西班牙最著名的旅游胜地。

巴伦西亚(Valencia) 位于西班牙东南部,被称为"地中海的明珠"。长长的海滩闪烁着白色的砂砾,被称为"白色海岸"。巴伦西亚四周群山环抱,古木参天,峭壁危立,飞云缥缈,向为避寒胜境。巴伦西亚拥有众多的名胜古迹和多彩的民间节日。巴伦西亚是欧洲著名的柑橘产区,满城的柑橘树便是巴伦西亚的城市标志。

六、经典景点

马德里皇宫 位于马德里市。欧洲第三大皇宫,仅次于凡尔赛宫和维也纳皇宫。由于历代国王都根据自己的喜好对王宫进行装饰,使得王宫带上了浓厚的个人印记和时代印记,如卡洛斯三世布置的寝宫、卡洛斯四世建造的镜厅和阿方索十二世钟爱的豪华餐厅。绘画长廊收藏各种流派画家的作品。

普拉多博物馆 位于马德里市。三座大门前分别铸有西班牙古典绘画的杰出代表——戈雅、委拉斯盖兹和牟利罗的雕像。馆内收藏有戈雅、委拉斯盖兹、提香、拉斐尔、波提切利、鲁本斯等绘画大师的作品。委拉斯盖兹不仅将自己的名作贡献给这个博物馆,而且为这座博物馆收集了许多意大利著名画家的作品。

太阳门广场 位于马德里市。西班牙所有公路的零千米起点处,也是马德里近代许多重要事件的发生地。广场上有马德里的市徽——著名的熊吃葡萄雕塑;卡洛斯三世雕像面对的大楼,原来是马德里邮局,现在是马德里大区政府所在地。按传统,新的一年开始时,太阳门广场上响起钟声,人们要吃下12颗葡萄。

马约尔广场 位于马德里市。始建于1619年。数百年来,这里是民间庆典、斗牛、封圣、加冕和宗教火刑的场所。广场上有腓力三世国王的骑马雕像,还有各种咖啡厅、餐厅、零食店和面包房,可以买到品种繁多的明信片、冰箱贴、瓷工艺品、皇家马德里球队纪念品等。夜色降临,广场上造型各异的夜灯五彩缤纷。

西班牙广场 位于马德里市。为纪念著名作家塞万提斯而建。宽阔水池的后面,巨大的塞万提斯雕像高高在上,俯视着出自他笔下的著名人物——堂吉诃德和桑乔潘沙的雕像,骑士先生那指点江山的样子仿佛正要带着忠实的仆人一起去决战风车,很有西班牙的代表性。

哥伦布广场 位于马德里市。广场上最重要的建筑是哥伦布纪念碑。哥伦布的雕像站立在高17米的圆柱顶部,面向发现新大陆的西方,柱子基座四面装饰与哥伦布航海相关的浮雕。纪念碑下面是一个大型喷泉,犹如哥伦布率领的三条帆船乘风破浪向大西洋彼岸挺进。

东方广场 位于马德里市。广场中间是半圆形水池和腓力四世国王的骑马雕塑,骑士飒爽英姿,马为昂首奔腾状。广场的两侧分别是马德里王宫与皇家剧院,皇家剧院一侧一系列小酒吧排列成半圆形。

西贝莱斯广场 位于马德里市。广场上最著名的是兴建于卡洛斯三世时期的喷泉,喷泉的中心是坐在狮子拉着的战车上的生育女神西贝莱斯,女神和战车是弗朗西斯科·古铁雷斯的作品,而狮子是罗伯特·米歇尔的作品。广场四角分别是马德里市长办公室、西班牙银行、西班牙军队总参谋部。

德波神庙 位于马德里市。德波神庙有2000多年历史,原先位于埃及尼罗河畔,由于修建大坝而受到威胁,作为对西班牙协助保护神庙的谢意,埃及政府将这

旅游目的地概述

个庙宇赠送给西班牙。这里还是马德里观赏日落的最佳景点。

丽池公园 位于马德里市。原是西班牙国王、王后的专属公园。公园里有阿方索十二世的陵墓、用金属和玻璃建造的水晶宫，还有一座堕落天使的雕像——这是世界上为数不多的魔鬼雕像之一。大玫瑰园每到盛夏繁花锦簇，芬芳四溢。

巴特罗之家 位于巴塞罗那市。内部结构没有棱角，都是柔和的波浪形状。海洋元素贯穿整个装修，房间顶部巨大的螺旋造型像大海的漩涡一般向四周散开，漩涡中心装饰海葵样的顶灯，墙面全部由蓝色和绿色的陶瓷装饰，这种奇诡的颜色组合像印象派画家的调色盘，但色彩却出奇的和谐。

米拉之家 位于巴塞罗那市。其外观呈波浪形，屋顶高低错落，整栋建筑如波涛汹涌的海面，极富动感。屋顶上奇形怪状的烟囱和通风管道也是其显著的特征。整个建筑里里外外都显得非常怪异，甚至有些荒诞不经，给人无限遐想，被认为是最有独创性的建筑。

巴塞罗那大教堂 位于巴塞罗那市。天主教巴塞罗那总教区的主教座堂。修建工程历经几个世纪，因此各部分呈现出不同的建筑风格。教堂主体以哥特式风格为主，细长的线条是主要特色，圆顶和内部结构显示出新哥特式风格。各个祈祷室中供奉着各手工业行会的保护神。唱诗班的座椅、宗教壁画、雕塑和各式各样的金银器具华美夺目。

哥伦布纪念塔 位于巴塞罗那市。坐落于兰布拉大道的尽头，这里是哥伦布第一次航行美洲后返回西班牙的地点。哥伦布为西班牙开启了海上霸权之路，拉开了西班牙对南美殖民统治的序幕。哥伦布雕像矗立在60米高的塔顶，手指指向非洲北部国，这是西班牙境内唯一一尊没有指向美洲大陆方向的哥伦布雕像。

加泰罗尼亚广场 位于巴塞罗那市。面积约5万平方米，以喷泉和雕塑闻名。周围道路四通八达，数条重要街道交会于此，是城市购物、娱乐和交通的中心。广场中间有很多雕塑，广场周边高楼林立，商店毗邻，还有各种档次的餐馆和酒吧。

魔力喷泉 位于巴塞罗那市。即"蒙特惠奇喷泉"，1929年为巴塞罗那世界博览会而建，与附近的蒙特惠奇城堡、西班牙广场组成规模巨大的景观带。夜晚来临，在迷人的灯光照射下，伴随着音乐的节拍，巨大的梦幻喷泉表演秀场面令人震撼。

毕加索博物馆 位于巴塞罗那市。馆内收藏毕加索的许多画作及雕刻作品，还有毕加索的亲笔原稿以及编有他的插图的书籍，以及大师生平所收藏的帕尔哥、卢梭、米罗及雷诺瓦等人的画作。毕加索是西班牙画家却成名在法国，因此最好、最成熟的作品大多流散在国外。

加泰罗尼亚美术馆 位于巴塞罗那市。这里曾是国家宫的正厅，达官贵人社交活动的场所。国家宫是为1929年世界博览会而修建的展览馆。美术馆收藏世界上精美的宗教壁画和罗马式艺术品，被认为是全世界最完整的罗曼式艺术收藏之一。

奎尔宫 位于巴塞罗那市。建筑大师高迪专门为他的资助人奎尔家族设计的宫殿。其外表并不显眼,它的精髓在于富丽堂皇、精彩细致、绚丽豪华的内部:有构建性和装饰性功能的拱门,蘑菇形状的和双曲线线条的柱头,具有抽象装饰物的烟囱。现已改建为博物馆。

巴伦西亚主教堂 位于巴伦西亚市。天主教巴伦西亚总教区主教座堂,供奉圣母。教堂为加泰罗尼亚哥特式风格,也包含了罗曼式、法国哥特式、文艺复兴、巴洛克和新古典主义元素。教堂保存有一个圣杯,世界上大多数基督教历史学家认为它最有可能是"最后的晚餐"所使用的杯子。

圣女广场 位于巴伦西亚市。广场上主要的建筑物是圣女教堂,粉色的外墙面和圆锥尖顶很有特色。还有著名的喷泉雕像,中间高起的台子上半躺半坐着一位男性雕像,周围若干仙女姿态各异,或举或抱着水罐,源源不断涌出的清流激起朵朵水花。广场的地面由平整光洁的石材铺就,和平鸽与游人一同闲庭信步。

巴伦西亚斗牛场 位于巴伦西亚市。建于1850—1860年间。这里除了承办斗牛比赛以外,也经常举办一些大型活动。斗牛是西班牙的国粹,风靡全国,每年数以十万计的公牛死于斗牛勇士的长矛利剑之下。如今西班牙政府只允许少许城市的斗牛场在重大活动时开业。

塞拉诺斯塔楼 位于巴伦西亚市。建于14世纪末期,方正、对称,是哥特式军事建筑的杰作。古代曾是军事防卫设施,塔楼上的弹孔依稀可辨;后来亦被用作监狱,现在是法雅节拉开序幕的地方,市长和当年的"法雅小姐"会在这里宣布法雅节的开始。巴伦西亚历史上曾有城墙环绕,如今唯剩城门和库瓦特门。

七、世界遗产

格拉纳达的阿尔罕布拉宫、赫内拉利费宫和阿尔拜辛区 阿尔罕布拉宫位于内华达山上,其东面是风景秀美的赫内拉利费宫。阿尔拜辛住宅区保留着大量摩尔人建筑风格的各式建筑,传统的安达卢西亚建筑风格被完美地融入其中。这组古迹是14世纪穆斯林统治西班牙的罕有见证。

布尔戈斯主教座堂 哥特式的罗马天主教堂,以规模庞大和独特的建筑而闻名。1221年卡斯蒂利亚王国的国王费尔南多三世和布尔戈斯主教毛里西奥下令修建,从国王亲自铺下第一块奠基石到1567年竣工,整整经历了3个多世纪。教堂雄伟壮观,气势非凡,是13世纪哥特式建筑的杰出代表。

科尔多瓦历史中心 科尔多瓦曾有300多座清真寺及宫殿。古城区保留了中世纪的奇特布局,广场大街、漂亮的水池和精巧的花园巧妙地融入城市景观,大清真寺、罗马桥和数不清的宫殿、公共建筑争奇斗艳。科尔多瓦数度变迁,成就了融入多种宗教与多元文化的城市特色,在东西方文化的交融碰撞中闪耀出灿烂的光华。

埃斯科里亚尔修道院和遗址 位于马德里。建于16世纪末。建筑采用长方形格子结构,这样的设计是为了纪念殉难的基督教徒圣劳伦斯,因为他当年就是被这样的刑具折磨致死的。遗址是修道院、宫殿、陵墓、教堂、图书馆、慈善堂、神学院、学校八位一体的庞大建筑群,珍藏着欧洲各艺术大师的名作。

安东尼·高迪的建筑作品 巴塞罗那的安东尼·高迪的建筑作品共有7处,包括桂尔公园、桂尔宫、米拉公寓、文生之家、圣家堂、巴特洛公寓、桂尔纺织村教堂,这些建筑物都呈现了折中主义风格,对欧洲花园、雕塑以及所有装饰艺术和建筑的设计产生过极大影响。

阿尔塔米拉洞和西班牙北部旧石器时代洞窟艺术 阿尔塔米拉洞位于桑坦德市,洞顶和壁面上画满了红色、黑色、黄色和深红色的野牛、野马、野鹿等动物,其中最重要的是长达15米的群兽图,姿态真实生动,原始画家善于利用洞壁的凹凸不平创造出富有立体感的形象。

奥维耶多和阿斯图里亚斯王国的古迹群 公元9世纪起,这里产生了一种创新形式的罗马式前期建筑风格,这种建筑的最高成就通过奥维耶多城内和周围的诸多宗教建筑显现出来,例如纳兰科圣玛丽教堂、里约的圣米盖尔教堂、莱那的圣克里斯蒂娜教堂、圣卡玛拉教堂和布拉多的圣胡里奥教堂。

阿维拉 卡斯蒂亚雷昂自治区的一个小城,建于12世纪,古城墙是该城的象征。有9座城门、88个圆形碉堡和2500个城堞,形成周长2460米的城垣,墙高12米,厚3米,工程浩大,造型奇特,建筑雄伟,世所罕见。虽历千年仍完整如初。城内富丽堂皇的古建筑鳞次栉比,罗马式大教堂的半圆形殿堂与古城垣浑然一体。

塞哥维亚古城及其输水道 位于马德里。保存完好的罗马时代建筑遗迹。有13世纪的阿尔卡萨尔城堡,16世纪的大教堂,这些古老而美丽的建筑是塞哥维亚的骄傲。塞哥维亚古罗马输水道建于公元50年前后,迄今保存完好,成为塞哥维亚古城一道亮丽的风景线。

圣地亚哥—德孔波斯特拉古城 圣地亚哥10世纪末期遭到严重毁坏,11世纪重建。古城内有各式罗马式建筑、哥特式建筑和巴洛克式建筑。城中的古迹坐落在圣雅各的坟墓和奉有圣雅各圣骨的教堂周围。圣地亚哥之路穿越法国和西班牙边境,对于中世纪时期促进伊比利亚半岛和欧洲其他地区的文化交流具有重要意义。

托莱多古城 位于马德里。托莱多曾是卡斯蒂利亚王国的首府和宗教中心。腓力二世迁都马德里后,托莱多开始衰落,但宗教地位依然如故,至今仍是西班牙红衣大主教的驻地。莫扎拉布人、摩尔人和犹太人友善和平地共居此城,基督教、伊斯兰教和犹太教并存共容,托莱多成为"三种文化之都"。

阿拉贡的穆德哈尔式建筑 15世纪前的特鲁埃尔,基督徒、犹太教徒和穆斯林们和谐地生活在一起。12世纪末修建的圣塞尔瓦多大教堂和13世纪初修建的圣马丁大教堂,是穆德哈尔式建筑风格最具特色、最完整的体现。这种艺术风格在建筑中特别是在钟楼建筑中,以创造性地、精妙地使用砖块和釉面砖而闻名。

卡塞雷斯古城 位于塔霍河以南的小山丘上。建于公元前 25 年。历史上这一带经历了许多战争。古城四周环绕着中世纪的城垣,塔楼屹立于城垣之外,12 千米长的梯形城墙环绕着这座城市。老城区保留了古代的城墙和完整的中世纪城镇,没有受到任何现代建筑破坏。

塞维利亚的主教座堂、王宫和西印度群岛档案馆 塞维利亚主教座堂的规模仅次于梵蒂冈的圣彼得大教堂和伦敦圣保罗教堂,也是哥伦布的埋骨之地。塞维利亚王宫是欧洲最古老的皇家宫殿,修建于中世纪,造型独特,装潢讲究,雕梁画栋,金碧辉煌。西印度群岛档案馆原来是古老的集市,现在保存着美洲殖民时期的档案。

萨拉曼卡古城 位于马德里。公元前 3 世纪这里被迦太基人征服,后来成为罗马人的聚居地,11 世纪被摩尔人占领。这里的大学是欧洲最古老的大学之一,萨拉曼卡的黄金时代也促成了大学的辉煌。这座古城的历史中心有许多罗马风格、哥特风格、摩尔风格、文艺复兴时期风格和巴洛克风格的建筑物。

波夫莱特修道院 西班牙最大的修道院之一。修道院中央是一座 12 世纪建造的教堂,还有一处保卫严密的皇家官邸和纪念加泰罗尼亚国王们和阿拉贡国王们的万神殿。这座古朴而又宏伟的修道院一直是阿拉贡皇室最喜欢的隐退之所。

梅里达考古遗迹 位于埃斯特雷马杜拉。这处遗迹的历史可追溯到公元前 25 年,当时是罗马皇帝奥古斯都的殖民地,西班牙战役后是卢西塔尼亚的首都。瓜迪亚纳河上的大桥、圆形阶梯剧场、剧院、大马戏场、卓越的供水系统,迄今完好。

瓜达卢佩的圣马利亚皇家修道院 位于卡塞雷斯省。始建于 13 世纪。作为 4 个世纪西班牙宗教建筑中的特例,圣马利亚皇家修道院象征着发生在 1492 年的世界历史上的两个重大事件:天主教统治者收复伊比利亚半岛和克里斯托弗·哥伦布到达美洲大陆。修道院内著名的圣母雕像成为多数新大陆地区基督教化的有力象征。

昆卡古城 建于 8 世纪,历史上是军事、农业、制造业和宗教中心。昆卡古城建在陡峭的斜坡上,高耸的中世纪建筑物是该城景观的标志,其中大部分是宗教塔楼、社会事业机构、医院和宫殿。昆卡古城与周围的景物壮观地融为一体,强调了这个美丽如画的城镇的垂直性布局。

巴伦西亚的丝绸交易厅 建于 1482 年至 1533 年间。丝绸交易厅内的螺旋形圆柱、塔楼中的螺旋形楼梯、海康诺皮尔拱门和灰泥的天花板特别引人注目。作为哥特式晚期的建筑杰作,宏伟的交易大厅还是 15 世纪至 16 世纪地中海地区主要商业城市权力和财富的象征。

拉斯梅德拉斯考古区 位于西班牙西北部。历史上很早就有居民在此生活,修建城堡,形成了自己的农业社会,独特的水利技术流传下来。发现了数以千计的海生爬行动物和鱼类,包括罕见的甚至是非常奇特的物种。拉斯梅德拉斯考古区是唯一的三叠纪时代海洋生物的最好记录,也保存了陆地上重要的生命遗迹。

圣米兰的尤索修道院和素索修道院 圣米兰是西班牙北部的一座小城。尤索修道院依山而建,建于16世纪,建筑风格为西班牙哥特式,被认为是卡斯蒂利亚语的发源地,由此衍生了后来世界上被广泛运用的语言之一——西班牙语。素索修道院建于10世纪,是一组哥特式或文艺复兴式的建筑物,此修道院至今仍在使用之中。

巴塞罗那的帕劳音乐厅和圣保罗医院 这是著名建筑师蒙塔奈尔对于巴塞罗那建筑的两项出色的贡献。帕劳音乐厅由巨大的钢架结构组成,光线充足,空间开阔。圣保罗医院的设计和装饰同样大胆创新,同时还能尽善尽美地适合病人的需求。

伊比利亚地中海盆地的岩石艺术 伊比利亚半岛东部的地中海盆地有许多史前石器时代的岩画壁画,一部分画在露天的岩石上,更多的画在洞窟的岩壁上。这些史前晚期壁画艺术遗址形成独特的大规模壁画群,人类发展处于临界状态时的生活方式被生动形象地描于壁画之中。

埃纳雷斯堡的大学和历史区 埃纳雷斯堡是世界上第一座被规划成为大学城的城市。埃纳雷斯堡的城市社区模式,后来被西班牙传教士传至美洲,也是欧洲乃至世界大学城的原始模式。埃纳雷斯堡大学又名贡普鲁腾塞大学,是近代欧洲最重要的文化学术中心之一,也是西班牙文化向世界传播的基地,1836年迁至马德里。

科阿山谷和谢加贝尔德的史前岩画遗址 科阿山谷的岩石雕刻是公元前2.2万年到公元前1万年史前人类的卓越艺术创造力的浓缩。谢加贝尔德的陡崖上有645件崖雕,大多是形象化的代表动物,也有一些确定的示意图和几何符号。这些史前岩石艺术代表了伊比利亚半岛旧石器时代艺术最显著的特点。

伊维萨岛 在史前特别是腓尼基—迦太基时期,伊维萨岛对于地中海经济发展起到了重要的作用。岛上坚固的高城是文艺复兴时期军事建筑的杰出范例,对于西班牙殖民者在新大陆的防御性建筑的发展具有深远的影响。这里的生物多样性和特有文化提供了一个海洋生态系统和沿海生态系统之间相互作用的极好范例。

拉古纳的圣克斯托瓦尔 位于特内里费岛。有两个核心区,一个是原来无规划的"高城",另一个是经过精心规划的"低城"。"低城"是第一个依据科学原理布局的理想城市区,街道宽阔,有许多精美的教堂、宏伟的公共建筑和各式各样的私人住宅,这些建筑的历史都可以追溯到16世纪至18世纪。

塔拉戈纳考古遗址群 位于塔拉戈纳省。原来是罗马帝国统治时期西班牙的政治和商业中心,同时也是伊比利亚半岛的宗教中心。目前城内仍有许多罗马时代的遗迹,如当时修建的城墙,两座巨大的石门,三座塔楼、王宫、圆形剧场等。在城外,有巴拉凯旋门、高架水槽等遗址。

阿塔普埃尔卡考古遗址 位于布尔格斯市。约100万年前到1万或1.5万年前,人类就在此活动。山洞里发现了大量丰富的人类最早在欧洲生存的证据,还发现了30万年前的史前人类骨盆化石、股骨化石,反映了当时人类的基本物理特征,同时也保留了大量关于欧洲最早人类社会生活方式的珍贵实物资料。

博伊谷的加泰罗尼亚罗马式教堂群 位于比利牛斯山区。周围被陡峭的群山环抱。山谷中的每一个乡村都有一个罗马式教堂，乡村周围则是按照一定形式构成的封闭区域。在谷底的山坡上，有许多历史悠久的放牧场。

埃尔切的椰枣园　埃尔切是西班牙东南部的一座沿海城市，该城的帕梅拉尔是一个具有北非特色的农业区，中世纪建造的灌溉系统目前仍在运行。埃尔切大片的椰枣林景观以及精细的灌溉系统，在贫瘠的土地上创造了进行农业生产的奇迹，埃尔切是欧洲大陆上唯一曾经存在阿拉伯农业的地区。

卢戈的古罗马城墙　位于西班牙北部，濒临米尼奥河。建于公元3世纪末。城墙由巨大的片岩砌成，长约2000米，高约10米。整个圆形城墙至今保存完好，也是西欧罗马帝国晚期城堡的完美典范之一。

阿兰胡埃斯文化景观　这里的文化景观体现了许多复杂的关系：人类活动与自然的关系、蜿蜒水道与呈现几何形态的景观设计之间的关系、乡村和城市之间的关系、森林环境和当地富丽堂皇的精美建筑之间的关系，体现出人道主义和政治集权的观念以及启蒙运动时期伴随着植物种植和牲畜饲养所发展起来的城市生活方式。

乌韦达和巴埃萨的文艺复兴建筑群　乌韦达和巴埃萨相距不足10千米，被称为"双子城"。16世纪文艺复兴运动的发展影响了这两个小镇，聚集在此的贵族们请来了意大利艺术家安德鲁，小镇上的教堂、医院、皇宫、广场等文艺复兴时期的建筑大多出自他之手。两个小镇各拥有优雅精致的古建筑50多处。

比斯卡亚桥　此桥没有桥面，桥身下面悬挂着一个吊篮，是世界上第一座能够同时在吊篮内运送人员和车辆的桥梁，欧洲、非洲和南北美洲的很多大桥都仿照该桥建造。这座独特的大桥融合了19世纪的钢铁传统和当时新兴的螺纹钢筋，是功能性和建筑美学的完美结合，也是目前世界上此类桥梁中唯一一座仍在使用的大桥。

埃库莱斯灯塔　位于西班牙西北部的大西洋海岸。"埃库莱斯"是古罗马神话中的大力神。灯塔建于古罗马时期，迄今已有1900年的历史，至今仍在使用。灯塔高55米，是现时西班牙第二高的灯塔。

特拉蒙塔那山区文化景观　位于马略卡岛的悬崖峭壁中。数千年来，在一个资源稀缺的环境中发展起来的农业改变了土地的面貌，并围绕着源自封建时代的农业单位建立起了一个相互联通的水管理设备网络。这一景观的特征是拥有农业梯田、相互联通的包括水车在内的水利设施，以及若干石建筑与农场。

阿尔马登水银遗产　阿尔马登在公元前7世纪就开采朱砂用作油漆的添色剂和化妆品。这里的雷塔马尔城堡、宗教建筑等5个遗址，见证了水银的洲际贸易，以及数百年间在此基础上发展起来的欧洲与美洲的重要交流史。

加拉霍艾国家公园　位于拉戈梅岛。面积约40平方千米。一些岩石矿脉突出地面，地貌千奇百怪，显得既和谐美丽又奇怪突兀。瀑布从山坡飞流而下，经过峡谷流入海洋，浓雾弥漫，雨水丰沛。最珍贵的物种是古老的月桂树。公园内动物只有少数鸟类，桂冠鸽和长趾鸽是公园内特有的两种野鸽子，栖居在月桂林中。

多尼亚纳国家公园 占地约540平方千米。公园的最奇特之处是所有的风景会经常变化移动,沙丘会从此处移到别处,沼泽数日内可变成湖泊,灌木一夜间会冒出水面,丛林一夜间扩大许多。这里是欧洲最重要的禽类保护区,候鸟迁徙的必经之地,野生珍稀动物成群结队,其中有绝无仅有的伊比利亚灵猫和霸王鹰。

泰德国家公园 面积约189平方千米。泰德峰是一座活火山,海拔3718米,由于气候条件、云海对山的绝妙衬托、巨大的垂直落差和火山的活动,形成了独特的自然生态系统,景观特征和色调不断发生变化,记录了海洋岛屿演化的地质过程。

比利牛斯—珀杜山 比利牛斯山脉是法国与西班牙两国的界山。珀杜山海拔3352米,拥有湖泊、瀑布、裸露的岩层、冰川和峡谷等多种地貌。该区域内有亚地中海植被、麻类植被、山区植被、亚高山植被和高山植被等5种植被,生活着野生动物800多种。从旧石器时代起,当地就有人类生活。

安特克拉石墓 位于西班牙南部安达卢西亚中心地带的安特克拉石墓,包括3个巨石墓,另有2处自然遗迹。3个石墓均建在原古墓之下,为新石器和青铜器时代用大石块垒就的石室或封闭空间,内有横梁或假穹顶。这些石墓是欧洲史前最最令人惊叹的建筑作品之一。

第十二节 遗产大国——意大利

意大利,全称"意大利共和国"(Republic of Italy)。"意大利"源自阿卡德语,意为"日落之地"。

一、自然地理

意大利位于欧洲南部,北以阿尔卑斯山为屏障与法国、瑞士、奥地利、斯洛文尼亚接壤,东、南、西分别为亚得里亚海、爱奥尼亚海和第勒尼安海。面积约30.13万平方千米。

意大利国土的4/5为山丘地带。境内有阿尔卑斯山脉和亚平宁山脉,埃特纳火山是欧洲最大的活火山。最长河流是波河。较大的湖泊有加尔达湖、马焦雷湖等。境内还有两个主权袖珍国——梵蒂冈和圣马利诺。

意大利大部分地区属于地中海气候,夏季炎热干燥,冬季温和湿润,1月平均气温10℃,7月24℃~26℃。年降水量500~1500毫米。

二、国家象征

意大利的国旗呈横长方形,由绿、白、红3个平行且相等的竖长方形相连构成。绿色代表葱郁的山谷,白色代表皑皑白雪,红色象征烈士鲜血。这面三色旗是拿破仑设计的。

意大利的国徽呈圆形。中心图案是 1 个带红边的五角星，象征意大利共和国；五角星背后是 1 个大齿轮，象征劳动者；齿轮周围由橄榄枝叶和橡树叶环绕，象征和平与强盛。树枝下的红色绶带上有意大利文的"意大利共和国"字样。

意大利的国歌是《马梅利之歌》。

意大利的首都是罗马。

三、社会生活

意大利人口约 5813 万人，其中意大利人占九成以上。官方语言为意大利语，通用语言为英语、法语、西班牙语。大多数意大利人信仰天主教。

意大利是民主共和国。总统为国家元首、武装部队最高统帅、最高司法委员会和最高国防委员会主席。总理由总统任命。议会是最高立法和监督机构。意大利主要政党：力量党、左翼民主党、雏菊联盟、民族联盟、重建共产党、北方联盟。

意大利资源贫乏，能源和原料依赖进口。意大利工业以加工业为主，原油年加工能力约 1 亿吨，有"欧洲炼油厂"之称，钢产量居欧洲第三位，塑料、拖拉机制造、电力工业等位居世界前列。意大利近七成的国内生产总值来自中小企业，被称为"中小企业王国"。家庭式微型企业为主的"地下经济"十分繁荣。旅游业是该国国民经济的重要支柱。

四、民俗风情

意大利人豪迈、爽朗、乐观，爱好音乐、艺术。普通朋友和礼节性交往时行握手礼，亲近朋友间行亲吻礼，亲吻时两人的脸要靠两三次，还发出亲吻的声音。对长者、有地位和不太熟悉的人，称呼姓，再加上先生或太太、小姐以及荣誉职称。他们常以手势和表情表达意见，话题越丰富越佳，并以赠送小礼物来开启话题。"女士优先"是社会行为的基本准则。

意大利人生活悠闲舒适。每逢周末和节假日，或邀朋友或携家带小驾车前往公园、海滨或乡下农庄旅游。在法定节假日，政府机构停止办公，市中心繁华地段的商店老板们也缩短营业时间或干脆关门歇业，举家到乡下呼吸新鲜空气。

意大利人的主食是面食。意大利面据说至少有 500 种，再配上酱汁的组合变化，可做出上千种意大利面料理。用餐时，除了可以自取的面包，一般只有三道菜：第一道面条或其他面食，第二道主菜肉类，第三道生菜沙拉。喜欢喝咖啡，起床第一件事就是煮一杯咖啡，不分男女几乎从早喝到晚，平均一天要喝 20 多杯咖啡。

应邀到意大利人家中做客，特别是逢年过节，应给主人带点礼品或纪念品，礼品包装要讲究。朋友聚会上餐馆吃饭应共同摊钱，除非对方声明他请客。排座位通常是男女相隔，还要把丈夫与妻子分开。如喜欢某个菜，可以向女主人要，主人会非常高兴。用餐过程中，不能把刀叉弄得叮当响，吃面条时要用叉子将面条卷起

旅游目的地概述

来往嘴里送而不可用嘴吸,喝汤时不能发出响声。

在意大利,进入宗教场所不能穿短裤、短裙或无袖上衣。在社交场合用手指挖鼻孔、挖耳孔都是大忌。许多城市禁止坐在地上休息。在街头拍照不得使用三脚架。意大利人忌讳交叉握手,忌讳菊花。与意大利人交往,可以谈论工作、新闻、足球,不宜谈论政治和美国橄榄球。

五、旅游城市

罗马(Rome) 意大利的首都,政治、经济、文化和交通中心,位于亚平宁半岛。传说罗马城的创建人是战神的儿子罗慕洛和勒莫斯,他们少年遇难被母狼喂活,罗马因此以"母狼育婴"图案作为城徽。罗马作为古罗马帝国的发源地、世界历史文化名城、文艺复兴时期的艺术宝库,名胜古迹无数,被称为"永恒之城"。

米兰(Milan) 意大利最大的工商业都市,位于意大利北部。连接地中海及中欧的主要交通枢纽,有"经济首都"之称。米兰以时装、汽车和丝绸工业著称,米兰博览会是世界上著名的博览会之一。米兰蕴藏着大量的文化艺术遗产,是许多天才人物的故乡,文艺复兴时期的巨匠之一达·芬奇曾长期在此居住。

都灵(Turin) 位于波河上游。意大利重要的工业、商业及文化都市,曾是伦巴底国、撒丁王国、意大利王国的首都,拥有大量的古迹。工业发达,与米兰、热那亚构成意大利工业金三角。都灵汽车工业发展最快、产品最多,每年举行的汽车展是世界上重要的展览之一;有许多巧克力制造工厂,被称为"巧克力之都"。

威尼斯(Venice) 位于亚得里亚海滨。威尼托大区的首府,著名旅行家马可波罗的故乡。整座城市浮在海边浅滩上,船是城区的主要交通工具,为世界上唯一没有汽车的城市。威尼斯商人的足迹曾遍布欧、亚、非三大洲,威尼斯现仍是意大利工商业中心之一,尤以生产珠宝玉石、花边刺绣著称。

博洛尼亚(Bologna) 位于波河平原。艾米利亚罗马涅大区的首府,多城墙、塔、文艺复兴时期的宫殿、哥特式教堂等古代建筑,是欧洲保存最好的中世纪城市之一,多次被列为意大利生活质量最高的城市。

佛罗伦萨(Florence) 托斯卡纳大区的首府,意大利文艺复兴运动的发源地,位于阿尔诺河两岸的盆地。曾一度作为意大利王国的首都。文艺复兴时期出现了许多享有盛名的艺术家,被称为"欧洲的艺术明珠"。城市被平缓的山坡环抱,星罗棋布的村庄和乡间别墅点缀其间,有"花都"之称。

热那亚(Genoa) 利古里亚大区的首府,位于意大利北部热那亚海湾。曾是海洋霸主热那亚共和国的首都。热那亚港是意大利第一大港,海运业务是其主要经济来源。热那亚运输及保险业非常发达。

那不勒斯(Naples) 坎帕尼亚大区的首府。那不勒斯东西两侧是两个火山区域,自古至今不断受到火山活动和地震的威胁。那不勒斯第二次世界大战中被严重破坏,战后重建,如今是繁荣的地中海港口和商业城市。那不勒斯历史悠久,文物众多,风光美丽,是地中海最著名的风景区之一,被称为"阳光和快乐之城"。

巴勒莫(Palermo) 西西里大区的首府,位于西西里岛西北部。气候温暖风景秀丽,盛产柑橘、柠檬和油橄榄,被称为"金盆地"。古迹建筑没有金碧辉煌的傲人外观,但多种风格的建筑物并存,一些建筑物还具有浓厚的阿拉伯色彩,被意大利文豪但丁称赞为"世界上最美的伊斯兰教城市"。

六、经典景点

古罗马斗兽场 位于罗马市。又称"圆形竞技场",曾是古罗马角斗士与猛兽搏斗、厮杀以博取皇帝、王公、贵族一笑的地方,故称"斗兽场"。现仅存大半个骨架,但雄伟之气魄、磅礴之气势犹存。其外观像一座庞大的碉堡,平面呈椭圆形,可容10多万名观众,当年庞大的斗兽场始终座无虚席。

古罗马遗址 位于罗马市。古罗马时代的建筑遗址,曾经是古罗马帝国的经济和政治中心。古老的建筑多数成了废墟,主要遗迹有由罗马皇帝哈德良设计的维纳斯神庙、第度凯旋门、马森奇奥殿、罗慕洛神庙、安东尼诺和佛斯提纳神殿、维斯塔神殿、塞维鲁凯旋门及砖造建筑物元老院等。

君士坦丁凯旋门 位于罗马市。为庆祝君士坦丁大帝于公元312年战胜强敌马克森提并统一帝国而建,是罗马现存的三座凯旋门中年代最久的一座。凯旋门上方的浮雕板从罗马其他建筑上直接取来,主要内容为历代皇帝的生平业绩,君士坦丁大帝的战斗场景。这座凯旋门也是巴黎凯旋门的蓝本。

威尼斯广场 位于罗马市。罗马最大的广场,长约130米,宽75米,是罗马古城几条主要大街的汇集点。广场气势恢宏,外面有一排栏杆门围住,有士兵站岗。广场上最醒目的建筑是维克多·埃曼纽尔二世纪念堂。每年国庆日的阅兵式在此进行。

图拉真广场 位于罗马市。为纪念图拉真大帝远征罗马尼亚获胜而建。广场上有两所图书馆、两座大会堂、图拉真胜利纪念柱和一排排雕像,轴线对称,布局纵深。图拉真胜利纪念柱高30余米,由18块希腊产的大理石砌成,表面雕刻达齐亚战争的宏大场面,仅各种人物就有2500多个,气势恢弘。

鲜花广场 位于罗马市。这里曾设死刑绞架,还有一座哲学家布鲁诺的纪念碑。布鲁诺的哲学思想如"日心说"被罗马异端裁判所裁定为"危险的学说",他的所有著作被列为"禁书",1600年布鲁诺在此被活活烧死,意大利统一的第一天将他重新解释为"言论自由的殉道者"。

人民广场 位于罗马市。广场呈椭圆形。广场上的标志性建筑是一座古罗马征服埃及的战利品——古老的埃及方尖碑,碑高23米,旁有4个埃及狮子雕塑。广场两边有围墙,围墙上有16个狮身人头雕塑。广场南端有两座对称的教堂。广场的北面是弗拉米尼亚大道的起点波波洛城门。

旅游目的地概述

镣铐教堂 位于罗马市。教堂内左右各有一排大理石圆柱,圆柱顶端的圣物箱收藏圣彼得被囚在狱中所戴的铁链。传说其中一条镣铐曾被优多克修皇后作为礼物赠给教皇利奥一世,教皇把送来的镣铐与圣彼得第一次被关押在罗马监狱时所戴的镣铐进行比较,两条镣铐竟然一模一样。

圣乔万尼大教堂 位于罗马市。公元314年由最早承认基督教的君士坦丁大帝修建,后捐赠给教皇。1929年教皇在这里与法西斯党魁墨索里尼签订《拉特拉诺条约》,梵蒂冈城市国家由此实现政治独立。据说屋顶天棚中的彼得和保罗雕像的头部里面分别装有他们的头骨。12个石柱上雕刻着耶稣十二圣徒的故事。

罗马歌剧院 位于罗马市。由著名建筑师科斯坦齐设计,故又名"科斯坦齐歌剧院"。建筑矗立于山顶上,拥有2300多个座位,以极佳的音响效果闻名于世。作为歌剧的诞生地,罗马歌剧院对推动歌剧发展产生过重要影响,与米兰的斯卡拉歌剧院、那不勒斯的圣卡尔洛歌剧院并称为意大利三大歌剧院。

麦尔切诺剧场 位于罗马市。公元前11世纪修建,可容纳12 000人。剧场的石材曾在公元4世纪时被用于波河上架桥,中世纪时被用来建城墙,16世纪时又被用于奥尔西尼家族豪华的石棺。剧场外壁曾经围以三层拱形门,后在第二层的拱形门之上加建了文艺复兴后期的建筑。剧场右边是有三根圆柱的阿波罗神殿。

国立博物馆 位于罗马市。原址为戴克里先皇帝浴场,意大利语"浴场"的发音为"特尔梅",故又名"特尔梅博物馆"。馆内主要收藏古代雕像、浮雕、镶嵌画、原意大利枢机主教卢多维西收藏的珍宝以及罗马出土的文物。许多文物是贵族府邸、神庙、公共设施和墓室的装饰品,极为珍贵。

许愿池 位于罗马市。这座喷泉是公元前19年古罗马人将贞女泉引进罗马城水道的终点。喷泉中的大理石海神雕像栩栩如生,海马们拉着的硕大贝壳的雕像也相当精美。传说只要背对许愿池,右手拿硬币越过左肩抛入池中,便有机会再次访问罗马;而当情侣一起将硬币投入池中,爱情就会永恒。

真理之口 位于罗马市。一只古罗马时代的井盖,形似河神头像,人形面孔,有鼻有眼,张着一张大嘴,相传若把手伸入它的嘴中,如果不说真话手就会被咬住,如果讲的是真话将是好信誉的证明,可以说是世界上最古老的测谎器。由于千千万万只手在这张大嘴中伸进伸出,大嘴被磨得锃亮。

四河喷泉 位于罗马市。四河指多瑙河、恒河、尼罗河、普拉达河,这4条河流依次代表人类文明的4块大陆——欧洲、亚洲、非洲和美洲。设计者用4座大理石人体雕像象征4条河流,中间是假山和一个埃及式的方形花岗岩尖塔,寓意天主教在全世界的胜利。

卡拉卡拉浴场 位于罗马市。古罗马公共浴场,面积达3万平方米,分为冷水、温水、热水浴室和蒸汽室,采用火炕供暖系统。从残存的马赛克镶拼地板、直径

30米的浴池、高达30米的墙壁,可以想象当时规模宏大、贵客云集的场面。浴场还有图书馆、竞技场、散步道、健身房等各种设施,丝毫不亚于现代大型休闲中心。

米兰大教堂 位于米兰市。又称"圣母降生教堂""杜奥莫主教堂"。教堂外部共有135个尖塔,像浓密的塔林刺向天空。每个塔尖上都有一座神的雕像,加上教堂内部的雕像装饰,共有6000多个雕像,是世界上雕像最多的哥特式教堂之一,有"大理石山"之称。拿破仑曾在这里举行加冕仪式。

圣马利亚感恩教堂 位于米兰市。因收藏达·芬奇的名画《最后的晚餐》而闻名。《最后的晚餐》绘制在餐厅墙壁上,描绘耶稣12个门徒共进晚餐的情景。由于这是一幅油画,容易受到外界环境的侵蚀,数百年来曾多次修复,以致面目全非,1999年艺术家和科学家进行了大规模修复,基本恢复本来面目。

和平门 位于米兰市。1807年拿破仑为庆祝欧洲之战的胜利而兴建,称为"凯旋门"。此门还没有修建完成,拿破仑就在滑铁卢战败,遂改名为"和平门"。门上方是一座站在战车上手持橄榄枝的和平女神青铜像。

斯卡拉歌剧院 位于米兰市。建于1778年,第二次世界大战期间遭轰炸,演出大厅片瓦无存,战后重建。观众厅呈马蹄形,雕梁画栋,金碧辉煌。有6排包厢,皇帝包厢嵌金包银,丝毯绒幔,仿佛一座帝王寝宫。此歌剧院被许多音乐家和歌舞演员视为歌剧圣地,号称"歌剧之麦加"。

卡里尼亚诺宫 位于都灵市。曾是卡里尼亚诺亲王的私人府邸。一座红砖建筑,装饰奢华,典型的巴洛克风格。这里是后来的朗巴勒公主玛丽·露易丝、卡里尼亚诺亲王查尔斯·艾曼纽、意大利第一位国王维托里奥·埃马努埃莱二世的出生地。

圣乔瓦尼大教堂 位于都灵市。因收藏传说中的"耶稣裹尸布"而著称。"耶稣裹尸布"1356年首次被公开,引起基督世界的震惊。这块亚麻布长4米多,宽近1米,相传耶稣被钉十字架去世后用这块麻布包裹,布上的人影容貌酷似传说中的基督,而且还有血迹。梵蒂冈从来没有宣布过裹尸布是可信的,但裹尸布还是被当作基督教的"圣物"。

圣马可大教堂 位于威尼斯市。教堂呈十字形造型,上覆5座半球形圆顶。4000多平方米的马赛克镶嵌画,都覆盖着一层闪闪发亮的金箔,教堂因此被称为"金色大教堂"。因内殿黄金祭坛之下埋葬有耶稣门徒马可而得名,马可是圣经《马可福音》的作者,被威尼斯人奉为"护城神"。

圣马可广场 位于威尼斯市。又称"威尼斯中心广场",为纪念耶稣十二圣徒和收藏战利品而建,一直是威尼斯的政治、宗教和传统节日的公共活动中心。广场四周都是文艺复兴时期的精美建筑,包括公爵府、圣马可大教堂、圣马可钟楼、新旧行政官邸大楼等。此广场被拿破仑称为"世界上最美的广场"。

威尼斯大运河 位于威尼斯市。贯穿威尼斯市中心的河道,千帆并进,百舸争流。大运河呈S形,沿岸100多座古老建筑都是12~18世纪威尼斯贵族和富商的府邸。这些建筑无论风格多么迥异，均一致"插"在水中，形成一种独特的奇妙景观。15世纪法国驻威尼斯大使康米尼称大运河为"世界上最精美的街道"。

布拉诺岛 位于威尼斯市。据说居民每年都要对房子的外墙进行粉刷，把小巧玲珑的房子刷得五颜六色，色彩斑斓，因此有"彩色岛"之称。这里是世界闻名的玻璃制品生产地，玻璃制造工艺秘不外传，称雄欧洲几个世纪。岛上生产的手工蕾丝、抽纱制品、彩绘玻璃都是威尼斯的特色手工艺品。

黄金屋 位于威尼斯市。哥特式建筑，建筑外表华丽，曾用大量的金叶作装饰，因此被称为"黄金屋"。现今已变成美术馆，收藏威尼斯从14世纪到18世纪的绘画珍品，包括卡巴乔的《圣告图》、安东尼奥·凡·代克的《基督受难记》、曼帖那的《圣塞巴斯蒂安》以及提香等人的作品。黄金屋最引人注目的是造型漂亮的阳台。

叹息桥 位于威尼斯市。巴洛克式的石桥，高高悬在两栋楼宇之间，封闭严实。相传重罪犯人在总督府接受审判后被带到地牢中，经过这座密不透气的石桥时，通过小窗看桥外的自由世界，会不自主地发出叹息之声，"叹息桥"由此得名。

博洛尼亚双塔 位于博洛尼亚市。建于1169年。当时两家实力相当的贵族为争夺城市领导权，约定哪家的塔建得高建得快，哪家就获得领导权。结果加里森达家的塔因为基础不够牢固发生垮塌，只剩下48米高，而阿西内利家的塔有97米高，遂成一高一矮双塔相映的景象。加里森达塔倾斜度达4°，超过著名的比萨斜塔。

海神喷泉 位于博洛尼亚市。喷泉中有名为"巨人"的青铜塑像，其上方是海神形象。基座上有精致的雕刻，第二层四角为抱着鱼的小孩，基座底层为四位手抚胸部的半裸少女。夜晚的灯光照射在喷泉上，海神影像映射在对面的墙壁上，婀娜多姿。喷泉的左侧是市政府，右边是恩佐王宫和帕德斯塔宫。

博洛尼亚柱廊 位于博洛尼亚市。利用拱门作为建筑元素是博洛尼亚从中世纪遗传下来的一项建筑规定。一道道拱门延伸而成总长约35千米的全天候行人走廊。光线透过廊柱照在大门上，陶砖的、浮雕的、大理石的门框显得格外精致。几百年来，柱廊成为博洛尼亚人生活中不可缺少的组成部分。

米开朗基罗广场 位于佛罗伦萨市。广场的中心曾摆放米开朗基罗所雕刻的大理石雕像——大卫，雕像高5.5米，身材完美，神采坚毅，是力与美的结合，成为米开朗基罗的不朽之作。雕塑原作已被移往佛罗伦萨美术学院，现今的大卫雕像是一座青铜复制品。

圣母百花大教堂 位于佛罗伦萨市。佛罗伦萨的主教座堂，意大利文艺复兴时期的建筑瑰宝，曾被评为"世界最美教堂"。外部以绿、白、红大理石装饰，雄伟壮观。大教堂与周边正方形的乔托钟楼和八角形的圣乔瓦尼洗礼堂同在一个大广场上，三大建筑浑然一体。登上教堂的463级台阶，可俯瞰佛罗伦萨的全景。

乔托钟楼 位于佛罗伦萨市圣母百花大教堂西南侧，由乔托设计，但建完钟楼楼基和第一层乔托就去世了。随后的工程由另两位建筑师照着乔托留下的设计图纸完成,但顶部的一座尖顶至今未修建。乔托是意大利文艺复兴初期的壁画家,被称为"现代绘画之父"。钟楼高82米,细致典雅,堪称传世之作。

但丁故居　位于佛罗伦萨市。一座不起眼的小房子,因诞生了伟大的文艺复兴先驱但丁而出名。故居内摆放着但丁的一些出版物、家族成员的画像。但丁图书馆藏有世界各地出版的有关但丁的书籍和文献,还会举办一些关于但丁的研讨会。

乌菲兹美术馆　位于佛罗伦萨市。意大利文艺复兴的艺术殿堂,珍藏乔托、拉斐尔、提香、鲁本斯、卡拉瓦乔、米开朗基罗和波提切利等人的杰作,其中包括波提切利的《维纳斯的诞生》《春》,达·芬奇的《三博士的朝拜》,拉斐尔的《金翅雀的圣母》和米开朗基罗的《圣家族》等名作。

巨人喷泉　位于佛罗伦萨市。喷泉呈八角形,喷出的水柱层次分明,排列有序,注入巨大的石盆中。喷泉中间竖立罗马神话中的海神尼普顿的青铜塑像,暗喻佛罗伦萨的海上统治权。雕像底座装饰是被铁链锁住的神话人物斯库拉。

比萨斜塔　比萨大教堂的钟楼。从地基到塔顶高58米,倾斜角度3.99°。钟楼墙体地面宽度4米余,总重14 450多吨,重心在地基上方22.6米处。偏离地基外沿2.3米,顶层突出4.5米。伽利略曾在斜塔上从相同的高度同时扔下两个重量不同的球体,结果两个铅球同时落地,由此发现了自由落体定律。

赤红宫殿　位于热亚那市。豪华的宫殿建筑,有许多精美的壁画、大理石的雕像,还有威尼斯玻璃大吊灯。现已改建为美术馆,收藏17世纪、18世纪热那亚派和佛兰德派的绘画,其中以凡·戴克的作品最著名。凡·戴克留下了很多热那亚贵族的肖像画,其画作用色朴素,人物表情极富个性。

国家考古博物馆　位于那不勒斯市。18世纪后期建造。共有四层,地下一层主要存放木乃伊,第一层为各类雕塑,基本为全裸或半裸,大部分为真人大小,小部分体形很大且十分逼真。二层有一个秘密小屋,里面存放的基本都是男女性交的壁画以及各种大小型号、造型的男性器官以及少量女性器官。

卡布里岛　位于那不勒斯市。即"卡碧岛",面积约10平方千米。卡布里岛上有千万年海水侵蚀形成的天然洞穴,两座中世纪城堡遗迹以及供奉该岛守护神的教堂。岛上有大片的橄榄树、柠檬树,大量的候鸟,许多富豪的别墅。卡布里岛夕阳炫耀,晚霞动人,为恋人所钟爱,被称为"蜜月岛"。因妖异神秘,又被称为"女妖岛"。

阿玛菲海湾　位于那不勒斯市。沿海湾有许多依山傍水、风光旖旎的小镇。远山起伏苍翠,近岸烟波浩瀚。海滩依着悬崖,绽开优美的弧形。大部分房屋依山而建,如一只只栖息在嶙峋礁石上的大鸟。白色的罗马石像,火红的天竺葵,绿色的太阳伞,鳞次栉比。

蛋堡　位于那不勒斯市。又名"奥沃城堡"。传说古罗马有一位被认为是一个具有强大法力的男巫师,他将一颗鸡蛋秘密藏放在整个城堡建筑的支撑点上。如果鸡蛋破碎,城堡就将变成废墟,城市也会面临大灾难,由此被称为"魔蛋城堡"。蛋堡是那不勒斯城里最古老的城堡,已有 2000 多年历史。

陶尔小镇 位于巴勒莫市。城镇一面是悬崖,一面临大海,上接青天下临大海,气势非凡。全镇仅 1.5 万人,却有 100 家酒店、上万张床位、餐馆、咖啡店、各种商店更是布满大街小巷,生意兴隆。

羞耻喷泉 位于巴勒莫市。即普雷托利亚喷泉。有好几层喷水池,喷出的水柱落在水池中,荡起层层涟漪,围成一圈圈的同心圆,美观而有趣。喷泉四周精心安置了 20 多尊河神、仙女等的石膏像。这些裸体石膏像令那些规矩的教民难以接受,认为是伤风败俗,"羞耻喷泉"之名由此而来。

七、世界遗产

瓦尔卡莫尼卡的岩画 在 2400 块巨大岩石上有 14 万幅岩画,其创作年代最早可追溯到 1 万年以前,前后持续约 8000 年。这些岩画反映了史前人类的经济、社会、文化和宗教的演变,为研究史前人类的习俗、日常生活和思想提供了极宝贵的资料,为了解远古时代人类艺术表现形式的演化提供了可靠的证据。

恩宠圣母教堂和多明我会院 位于米兰。多明我会院食堂内有一幅意大利艺术家达·芬奇的作品《最后的晚餐》,这幅壁画描绘的瞬间情节是耶稣当众揭露出卖自己的叛徒时众弟子各不相同的内心活动,它的问世使达·芬奇名扬世界。教堂和会院曾遭到英美飞机轰炸,会院食堂大部分被毁,但此画所在的那面墙却得以幸存。

罗马历史中心 这里有许多著名古迹:罗马天主教特级宗座圣殿圣保禄大殿,建于公元前 27 年的万神庙,反宗教改革以来未曾改变过的拿沃那广场,美丽的弗兰切西教堂,司汤达住过的密涅瓦广场,守护圣凯瑟琳之墓的哥特式建筑,意大利议院所在地马达马大厦,奥古斯都的陵墓,斯帕尼亚广场,圣伊尼亚齐奥广场。

佛罗伦萨历史区 作为文艺复兴的象征,600 年来佛罗伦萨的艺术活动异常活跃,人才辈出,保存着大量艺术珍品和历史文物。佛罗伦萨历史区是城市规划和建筑艺术的杰作,既是中世纪和文艺复兴时期商业重镇的历史见证,又是充满永恒之美的举世闻名的名胜区,还保存有米开朗基罗、拉斐尔和达·芬奇的杰出作品。

比萨主教座堂广场 广场上的四大建筑——比萨主教座堂、比萨斜塔、圣若望洗礼堂、洗礼堂墓园,深刻影响了从 11 世纪到 1284 年的建筑发展和 14 世纪的艺术发展。比萨主教座堂是罗曼建筑的代表作品,始建于公元 12 世纪,后被大火焚毁重新整修并扩建。广场周围还保留着古代的城墙和城门。

威尼斯及其潟湖 亚得里亚海有一片广阔的浅水区,形成面积约 550 平方千米的潟湖,美丽如画的威尼斯城位于潟湖的中心。威尼斯包括 118 个小岛,177 条大小河道就是城市的大街小巷,401 座各式各样的桥梁把城市的各个部分连在一起,是世界闻名的"水上都市"。拥有历史名胜 450 多处,构成一幅非凡的建筑杰作。

圣吉米尼亚诺历史中心 位于托斯卡纳埃尔萨谷附近,是往返弗朗西斯科和罗马之间的朝圣者的重要物资补给地。吉米尼亚诺是公元397年在此逝世的天主教圣人。当时控制这个城市的贵族家庭，建造了72座塔楼以表明他们的富有和权力。保留了许多14世纪至15世纪时期意大利的建筑艺术杰作，还盛产白葡萄酒。

马泰拉 位于巴西利卡塔地区。山高水险，交通不便，因而经济发展缓慢。马泰拉是一处史前穴居人居住过的地方，许多天然洞穴是该地区新石器时代居民最早的居住地，这些洞穴错综复杂，构成一个像迷宫一样的住宅区。1750年政府确认穴居人家为1600户，但随后人们又开始开凿窑洞，因为很多人喜欢居住在里面。

维琴查城和威尼托的帕拉迪恩村 维琴查位于意大利北部。建于公元前2世纪，15世纪早期至18世纪末达到全盛时期。建筑大师帕拉迪恩为维琴查至少设计和改建了26座大型建筑，并建造了许多宅第别墅。城郊宅邸和别墅造型优美，以"圆顶别墅"最负盛名。这种建筑风格广泛地流行于欧洲的其他国家和北美。

阿达的克雷斯皮 1875年，一个织物生产商在此购买土地，建造了一家棉纺厂。后来他的儿子及继承人建造了单独的带有花园和菜园的房屋，还建造了一些公共设施。阿达的克雷斯皮是19世纪和20世纪欧洲和北美普通的纯粹工业城市的典范，是意大利19世纪中后期工业化时期产生的工人村庄的模板。

文艺复兴城市费拉拉及其波河三角洲 费拉拉位于波河河谷下游。从波河浅滩上建立起来的费拉拉，逐渐成为意大利文化艺术中心，吸引了大批文艺复兴的才子巨匠，人本主义观念下的"理想城市"成为现实。费拉拉所展示的欧洲城市设计的演化，对数个世纪的欧洲城市设计具有深远的影响。

那不勒斯历史中心 那不勒斯以美丽的海岸、蔚蓝的天空、雄伟的维苏威火山著称，它接纳和保留了不断出现在地中海盆地和欧洲的文化印记，保留了中世纪以来众多风格的古迹、建筑和艺术珍品，包括皇宫、城堡、教堂、歌剧院等。

锡耶纳历史中心 锡耶纳建于公元前29年。小城内尽是狭街曲巷和棕红色的砖石老屋，丘陵、斜坡和谷地上住宅遍布，古老的石阶蜿蜒而上，匠心独运、和谐美观的城市建筑与布局是中世纪城市规划的杰出典范。著名建筑如卡帕中心广场、帕布里科宫、桑塞多尼宫殿和奇吉—桑拉西尼宫殿，保存良好。

蒙特城堡 约于1229年建造，17世纪被遗弃，城堡的一些大理石和雕刻被抢走。城堡的八个角上有8座八边形的高25米的塔，内部有一座八边形的庭院。城堡上下两层，每层有8个相同的梯形房间。城堡似乎没有建造完成，没有外壁和壕沟，甚至没有军队使用的马棚。在基督教中，"8"代表无限(神)和有限(人)的联合。

拉韦纳的早期基督教遗迹 拉韦纳是欧洲拜占庭文化的宝库，也是诗人但丁安息之地。这里有普拉西狄亚陵墓、尼奥尼安洗礼堂、圣阿波利纳雷诺沃王宫、阿里亚诺洗礼堂、查佩尔主教辖区、狄奥多里克陵墓、圣维塔莱教堂、克拉塞的圣阿波利纳雷王宫等8座建筑，都是5—6世纪期间所建，显示出极高的艺术水准。

皮恩扎城历史中心 皮恩扎城建于1459年，曾为教皇庇护二世的夏宫。15

世纪重建的围墙大部分完好无缺地被保存下来。不规则的梯形广场构成了城市的中心和焦点，在地面上圆石的人字形式样突出了广场的独特形状。广场边上的大教堂、皮科洛米尼宫殿、市政大厅和主教宫殿，都是文艺复兴时期的杰作。

阿尔贝罗贝洛的特鲁洛群 阿尔贝罗贝洛是意大利的小城，保存着1000多座石顶屋，被称为"石板筑就的天堂"。由石灰石板撑起的金字塔形、圆锥形或球状的屋顶是石屋的特色，几百年历史的石顶屋依然有人居住。这种造型奇特的圆顶石屋，是史前建筑技术中无灰泥建筑技术的典型代表，该技术在这一地区仍然沿用。

卡塞塔地区的皇宫建筑群及其周围环境 波旁王朝国王查尔斯三世于18世纪中叶修建。皇宫占地约5万平方米，房间1200多个，有许多艺术品、壁画、油画和挂毯，华美无比。这一建筑群别出心裁地把豪华的宫殿及其园林和花园、天然林地、打猎用的山林小屋和生产丝绸的工业设施完美地结合在一起。

阿格里真托考古区 阿格里真托小城由希腊人于公元前6世纪修建，一直是扼守地中海的军事重镇。该城镇的象征是一组雄伟的多利安神庙，还有5座古希腊神殿。最值得骄傲的是保留了那些统治古代城市的陶立克式教堂。考古区有助于了解后来的古希腊和古罗马城市，了解古基督教居民的殡葬仪式。

庞贝、赫库兰尼姆和托雷安农齐亚塔的考古区 庞贝古城有8座城门，以3.2千米长的围墙围绕，大街小巷纵横整齐，街面用巨石砌成，街道两侧有深凹的车辙，给排水系统完备，可见当时的繁荣景象。托雷安农齐亚塔的奥普隆蒂斯别墅的壮丽壁画，呈现一幅早期罗马帝国富裕的市民生活方式的生动画面。

帕多瓦植物园 西方世界最古老的花园之一，建于1545年，至今仍在开放。植物园占地约11.6万平方米，外围有水流环绕，配备有装饰性的入口和栏杆以及水泵设施和温房，由东西、南北方向交叉的两条道路将植物园分割成四个部分，其中的植物多达1.6万种。

摩德纳的主教座堂、市民塔和大广场 欧洲最重要的罗曼式建筑之一。大广场是当地所有庆祝活动的起点和终点。大广场上有建于17世纪的市政厅。主教座堂和与之相配套的宏大广场以及耸入云霄的高塔一起，证实了建造者们对皇室的无限忠诚，体现了命令建造这些建筑的卡诺萨王朝的非凡国力。

阿玛尔菲海岸 这里曾是阿玛尔菲航海共和国的首都，海上商业活动的重要中心，也是指南针发明者弗拉维奥·吉奥亚的故乡。阿玛尔菲海岸众多小城镇的建筑与周围的环境完美地融合在一起，被美国《国家地理》杂志评为一生中必须去的51个美丽的地方之一。

韦内雷港、五村镇以及沿海群岛 韦内雷港是著名的旅游和海浴胜地。五村镇依山傍海，静静地躺在利古里亚海边山坳中。沿海群岛上有军港遗迹、中世纪时期的基督教遗迹以及史前人类居住的遗迹。它们表明了对陡峭、破碎不堪的地势的征服，生动记述了过去1000年以来人类在此长期定居的历史。

萨沃王室居所 从1562年到1865年,这里一直是萨沃公爵、意大利国王等王公贵族们的住所。萨沃王宫是17世纪意大利最著名的建筑之一,在随后的几个世纪里又得到了不同程度的改建和扩张,从中不难发现当时都灵建筑大师们的匠心独运的建筑风格。

巴鲁米尼的努拉格 "努拉格"是指一种石砌截顶圆锥形石堡,意大利撒丁岛上的原始居民在公元前2000年后期的铜器时代建筑了这种特殊类型的建筑。这种古建筑群遍布全岛,尚存7000多个,是史前同类形式建筑中修建得最好和保存最完整的典范。

卡萨尔的古罗马别墅 这些别墅始建于公元4世纪,在12世纪时完全被废弃。19世纪时重新被发现。进入20世纪后,这里曾有多次考古挖掘活动。卡萨尔的古罗马别墅中保存有众多的罗马时期的马赛克壁画。

阿奎莱亚的考古区和宗主教区圣殿 阿奎莱亚是乌迪内省的一个市镇。这个考古区大部分遗迹仍埋在地下而未被发掘。这里的长方形主教教堂用优质的马赛克铺筑,在中欧大部分地区的传教过程中起了关键作用。

奇伦托和迪亚诺河谷国家公园 这里分布着几组圣殿和村庄,生动地展现了这一地区的历史发展过程:在史前和中世纪是当时主要的贸易通道,也是文化和政治交流的中心。这里也是古希腊殖民地与本土的伊特拉斯坎人和卢卡尼亚人之间的边界。古希腊时期的两座主要城市帕埃斯图姆和韦利亚的遗迹也在这里被发现。

乌尔比诺历史中心 乌尔比诺是意大利少数几个未受现代文明污染的城市之一,四周环绕着1507年前后建造的堡垒,中央是15—16世纪的古城区,城市布局和谐匀称。乌尔比诺代表了文艺复兴时期的艺术和建筑的尖端,以一种非同寻常的方式使自己适合于自然环境和中世纪的传统。

哈德良别墅 位于蒂沃利。哈德良是一位在诗歌、数学、建筑和绘画等方面都有很高造诣的皇帝。哈德良的建筑杰作之一就是为自己营造的这座"伊甸园"。别墅占地达1.2平方千米,拥有作为一个城镇应有的各种要素,是罗马的"万园之园"。哈德良别墅为后世的欧洲园林提供了典范。

阿西西的圣方济各圣殿和其他方济各会建筑 阿西西是一座因为宗教而兴起的古城,与圣方济各修会的产生、发展和兴盛密切相关。圣方济各圣殿是方济各会创始者方济各的安葬之地和方济各会的母堂。圣弗朗西斯科教堂及其他的圣方济各遗迹是人类非凡创作力的艺术结晶,为欧洲乃至世界艺术史奠定了基础。

维罗纳城 古城内保留了大量古代的、中世纪的以及文艺复兴时期的文物古迹。不同时代都在这里留下了不同建筑风格的典型代表作品,如公元1世纪的圆形大剧场,规模仅次于罗马的斗技场,50多座不同时代与风格的教堂,24座王公贵族的宫殿,3座哥特式大钟楼,数十座城堡,别具一格的王公陵墓。

埃奥利群岛 第勒尼安海中的火山群岛,形成年代大约在100万年以前,至今

旅游目的地概述

维苏威式火山和斯创波利火山活动依旧活跃。典型的火山地形特征对世界火山学研究具有重要的科学价值。火山岩的不同岩层证实了史前和古代地中海的存在。这里是欧洲大陆动物分布的最南端界限。

伊斯特别墅　位于蒂沃利。文艺复兴时期，一位红衣主教将几近荒废的修道院改建成迷人的别墅，成为欧洲花园发展的一个早期的模型。这里拥有世界上最迷人的花园和喷泉，爬满苔藓的迷人喷泉都有着悠久的历史。

诺托壁垒的晚期巴洛克城镇　诺托是西西里岛的一座城市，1693年被地震摧毁。卡塔格罗尼、米里泰罗、卡塔尼亚、莫迪卡、那托、帕拉佐罗、拉古萨和西克里等8个城镇都是在此次大地震后重建的，它们成功地表现出高度的建筑成就和艺术成就，也贴切地展现了此地区的都市形态和建筑风格。

皮埃蒙特和伦巴第的圣山　圣山是一种基督教的宗教设施，主要修建于15—16世纪。皮埃蒙特和伦巴第有9座圣山，是一组修建于16世纪晚期至17世纪的小教堂建筑群。除了具有精神方面的象征意义，与周围自然环境高度和谐、融洽及统一的精湛建筑技艺也给人以高度美的享受。

圣乔尔乔山　位于卢加诺湖南岸。卢加诺湖跨越瑞士和意大利边界。山体呈金字塔形，湖畔树木苍翠，周围岩峰矗立，繁花争艳。这一带在三叠纪时曾是一片布满珊瑚礁的美丽海洋，与古地中海相连。这里完好保存了三叠纪中期以来的海洋爬行动物化石，见证了地球上曾经存在过的鱼龙、盾齿龙和长颈蜥蜴等生物。

切尔韦泰里和塔尔奎尼亚的伊特鲁里亚墓葬群　伊特鲁里亚人深信死后有另一个世界，所以将生前居住的模样全都呈现在坟墓里。这两个巨大的墓葬群，反映了公元前9世纪至公元前1世纪不同的墓葬形式，是伊特鲁里亚文化成就的见证。它们在9个多世纪里推动了地中海北部地区最早的城市文明的发展。

奥尔恰山谷　从中世纪起，这个地区一直是朝圣者前往罗马的必经之地。山谷中遍布数不清的旅舍、酒店、医院和驿站，灰白色的平原上耸立着点点突起的圆锥形小山峰，上面散布着一些定居点，如画的景致给人一种与众不同的美感。奥尔恰山谷的景观是文艺复兴时期农业美景得到良好管理的证明。

锡拉库萨和潘塔立克的石坟场　锡拉库萨是西西里岛上的一座古城，古希腊科学家阿基米得的故乡。城市建于8世纪，阿波罗神庙和阿西娜神庙至今犹存。锡拉库萨和潘塔立克的石坟群拥有5000多个靠近露天采石场的石刻坟墓，大部分可追溯至公元前13世纪到公元前7世纪，展示了地中海文明在近3000年间的发展。

热那亚：新街和罗利宫殿体系　热那亚是一座历史悠久的古城，市中心的广场周围坐落着卡洛·费利切剧院和公爵府，据说哥伦布在此出生。新街一带于16世纪中叶修建了富丽堂皇的宫殿，包括红宫、白宫、格里马迪宫等。热那亚其他地标性建筑有圣老楞佐主教座堂、旧海港、斯塔列诺公墓以及古代灯塔"灯笼塔"。

雷塔恩铁路　该铁路连接瑞士的图西斯和意大利的蒂拉诺，沿途穿越阿尔卑斯山,铁路终点海拔3454米,在世界同类铁路中落差最大。漂亮和独特结构的列车穿越55条隧道和196座高架桥和大桥,连接与世隔绝的乡村。高山峡谷,原始森林,高山牧场,沿途风景美不胜收。

曼托瓦和萨比奥内塔 波河平原上的两座古城。曼托瓦的典型布局是由规则的部分拼接而成不规则的整体,在城镇布局中嵌有许多中世纪的建筑,包括11世纪的圆形大厅以及一座巴洛克风格的剧院。萨比奥内塔于16世纪下半叶建成,直角栅格式布局。这两座城镇见证了文艺复兴时期的城市、建筑及艺术的辉煌成就。

多洛米蒂山脉 山体由浅色石灰岩构成,山脊呈锯齿形,山谷深邃,多陡峭岩崖,还有41条冰川。多洛米蒂山在2.5亿年前安静地躺在海底,7000万年前浮出水面。山峦壮丽,奇峰林立,大山怀抱着许多魅力无穷的村庄,是旅游度假胜地。

伦巴第人遗址 位于弗留利、布雷西亚、斯波莱托、贝内文托、蒙特圣安杰洛等城市。伦巴第建筑结合了多种风格,吸收了古罗马、基督教、拜占庭及北欧日耳曼等多种元素和影响,标志着欧洲古代向中世纪的过渡。一系列遗址见证了伦巴第在中世纪欧洲基督教精神与文化的发展中所起到的重要作用。

埃特纳山 西西里岛的活火山,海拔3200多米,主要喷火口直径500余米,喷发物覆盖面积达1165平方千米。该火山已爆发500多次,是世界上喷发次数最多的火山之一,因此造成的死亡人数已达100万人。火山喷发还会引发异象,周围地区的电子钟表和计算机时间会突然变快,电子设备会突然自动着火。

梅第奇别墅和花园 梅第奇别墅是指梅第奇家族于15世纪至17世纪在托斯卡纳乡间修建的建筑群。1803年拿破仑一世将罗马法国学院迁入美第奇别墅,1941年墨索里尼没收该别墅,迫使罗马法国学院撤走。梅第奇别墅既展现了梅第奇家族的权力和财富,也是梅第奇家族休闲度假之处,还是农业活动的中心。

皮埃蒙特葡萄园景观 皮埃蒙特位于波河和利古里亚阿尔卑斯山脉的中间地带。当地酿酒历史可追溯到前罗马时代,拥有根深蒂固的葡萄酒文化以及非凡的葡萄生长和葡萄酒生产景观。这里的葡萄园景观涵盖五大不同的葡萄种植区,以及驰名的景观和凯沃尔时期的城堡,在葡萄园的发展乃至意大利历史上具有象征意义。

阿拉伯—诺曼的巴勒莫和切法卢蒙—雷阿莱大教堂 巴勒莫位于西西里岛,盛产柑橘、柠檬和油橄榄,被称为"金盆地"。有9处诺曼王朝时期的民用和宗教建筑,这些建筑没有金碧辉煌的傲人外观,却是诺曼、拜占庭及伊斯兰三种风格并存,有些还具有浓厚的阿拉伯色彩。这片遗迹是不同出身、不同宗教的人共同生存的见证。

第十三节 音乐之邦——奥地利

奥地利,全称"奥地利共和国"(Republic of Austria)。"奥地利"德语意为"东方王国",因查理曼帝国时期地处帝国的东方而得名。

一、自然地理

奥地利是中欧南部的内陆国家,东邻斯洛伐克和匈牙利,南接斯洛文尼亚和意大利,西连瑞士和列支敦士登,北与德国、捷克接壤。面积约8.4万平方千米。

奥地利境内横贯东阿尔卑斯山,山地面积占七成。东北部是维也纳盆地,北部和东南部为丘陵、高原。大格罗克纳山海拔3797米,为最高峰。多瑙河流经东北部,长约350千米。

奥地利的阿尔卑斯山北端夏季气候宜人,南阿尔卑斯山地区温暖少雨。阿尔卑斯山区夏热冬冷且多雪。东部夏季炎热,冬季寒冷。年平均气温7℃~10℃,年降水量700~900毫米。

二、国家象征

奥地利的国旗呈横长方形。旗面自上而下由红、白、红3个平行且相等的横长方形相连而成,中央绘有奥地利国徽图案。驻外机构、政府机构、部长、总统均使用带国徽的国旗。另一种国旗不带国徽,用于一般场合。

奥地利的国徽,主体图案为一只鹰,鹰是奥地利的标志。鹰头上的三垛壁形金冠象征市民,鹰爪中的镰刀和锤子象征农工,胸前的盾面为国旗。鹰的锁链被打断,象征奥地利人民获得了自由解放。

奥地利的国歌是《让我们拉起手来》。

奥地利的首都是维也纳。

三、社会生活

奥地利人口约843万人,绝大多数为日耳曼族人。德语为官方语言,通用英语。近九成居民信奉罗马天主教。

奥地利为联邦制共和国。总统是国家元首,由普选产生。总理为政府首脑。奥地利主要政党:社会民主党、人民党、自由党、未来联盟、绿党。

奥地利是一个工业国家,经济增长速度高于欧盟平均水平,国有企业控制了九成半的基础工业和八成半以上的动力工业,其产值及职工人数均占总数的七成。农业机械化程度高,农产品自给有余。旅游业是奥地利最重要的服务行业。

四、民俗风情

奥地利人拜会需预先约定并准时赴约,见面及辞别时与每一个人亲切握手。应邀午餐不会抢着付账,但一般会找机会回请,而应邀晚餐及餐后听歌剧、看戏则无须回请。宴请分为工作宴请和私人宴请两种,工作宴请礼物可免,私人宴请则带礼品,以送鲜花最适当。做客或赴宴一般着深色服装或浅色服装,较重要场合着深色服装,参加婚礼或生日庆祝活动着浅色服装,听音乐会、看歌剧着深色服装。

奥地利居民以面食为主食,面包、香肠是人们普遍喜爱的食品。奥地利甜食点心举世闻名,最让人垂涎的是撒哈巧克力蛋糕和萨尔茨堡发糕,三明治精致丰富,奥地利大饼松脆薄嫩。奥地利人爱喝酒,白葡萄酒和果酒均很有名,啤酒是奥地利人的传统饮料。

奥地利人重视头衔,要准确无误地冠以对方的头衔,如把董事长错写成总经理生意必定告吹。每年2—4月、9—11月最宜往访,圣诞节及复活节前后二周一般不往访,7月、8月度假季节往访也不适宜。

五、旅游城市

维也纳(Vienna) 奥地利的首都,拥有1800多年历史。位于奥地利东北部,有"多瑙河女神"之称。四周环绕维也纳森林,南面是深幽的山谷和开阔的平原,多瑙河贯穿全城,葡萄园遍布山坡,是一座典雅、美丽、清洁的花园城市。维也纳历史中心已被列入世界文化遗产名录。

格拉茨(Graz) 位于穆尔河沿岸盆地。拥有900余年的历史,是中欧保护最完善的文艺复兴时期的古城。弯曲的小巷,装饰精美的庭院,梦幻般的园林,洋溢着南国风情,被誉为全世界最美丽的城市之一。格拉茨城历史中心已被列入世界文化遗产名录。

萨尔茨堡(Salzburg) 奥地利历史最悠久的城市。城市的建筑风格以巴洛克为主,有神圣的教堂、雄伟的宫殿、美丽的花园、雅致的喷泉。这里是音乐家莫扎特的诞生地,著名指挥家赫伯特·冯·卡拉扬的故乡。萨尔茨堡城历史中心已被列入世界文化遗产名录。

六、经典景点

美景宫 位于维也纳市。巴洛克风格建筑,曾是哈布斯堡王朝将军欧根亲王的宫殿。分为上美景宫和下美景宫两座建筑,由一座华丽的阿尔卑花园连接。对称设计的梯阶和轴向设置的喷泉水池被草地和树木所环绕,组成一个奇幻的世界。现为美术馆,藏品无数,重点是19世纪末和新艺术运动期间的奥地利画家的名作。

霍夫堡宫 位于维也纳市。哈布斯堡王朝的宫苑,1918年以前一直由皇室居住,如今是奥地利总统办公地点。1955年具有历史意义的《独立条约》在这里签订,奥地利从此宣布"永久中立"。珍藏着中世纪到现代的绘画和雕塑名作,存放着历代帝王的华丽服饰,传神的画像,光彩的珠宝。

金色大厅 位于维也纳市。维也纳最古老、最现代化的音乐厅,是每年举行"维也纳新年音乐会"的法定场所。外墙黄红两色相间,屋顶上竖立着许多音乐女神雕像,古雅别致。经常举行高水准音乐会,维也纳交响乐团每季度至少在此举办

12 场音乐会。

维也纳市政厅 位于维也纳市。新哥特式建筑。当时的非教堂建筑高度不能超过 100 米,市政厅塔楼的建造计划遭到教会的反对,于是将塔建为 98 米,却在塔尖上加上了一尊高 3.4 米的"市政厅铁人"。这座高塔被视为维也纳的吉祥物。

国家歌剧院 位于维也纳市。世界著名的歌剧院之一。原是皇家宫廷剧院,始建于 1861 年。每年演出约 300 场,每场节目决不重复。剧院聘用德高望重、技艺超群的音乐大师担任剧院经理,以乐坛称雄的维也纳爱乐乐团作为常任歌剧乐团。世界著名的作曲家、指挥家、演奏家、歌唱家和舞蹈家,都以能够在此演出而感到荣幸。

圣斯特凡大教堂 位于维也纳市。坐落在维也纳市中心,故有"维也纳心脏"之称。建于 12 世纪末,正门是罗马式,尖塔是哥特式,圣坛是巴洛克风格,不同风格的建筑融为一体。教堂内有国王弗里德里希的红色大理石墓碑。登 343 级台阶到达教堂顶部,可以欣赏维也纳的美妙风光。

卡尔教堂 位于维也纳市。1713 年,神圣罗马帝国皇帝卡尔六世宣布如果可怕的鼠疫能够停止,他就建造一座教堂,瘟疫结束后他便下令建造了这座壮丽的巴洛克式教堂。教堂正面是古希腊神庙风格,两个边厢为意大利文艺复兴风格。穹顶呈椭圆形,两侧有浅浮雕的圆柱,装饰华丽庄严。穹顶有大幅宗教壁画。

沃蒂夫教堂 位于维也纳市。相传弗朗茨·约瑟夫皇帝在此遇刺,又奇迹般康复,为了感谢天主护佑死里逃生,他在这里兴建了这座新哥特式的罗马天主教堂。因有两座突出的尖塔,被称为"双塔教堂"。当时教堂并无教友,因为 1848 年革命后前来维也纳的士兵提供服务,被称为"军队教堂"。教堂前面有一个宽阔的广场。

百水公寓 位于维也纳市。奥地利建筑设计师百水设计并参与建造的一座示范式公寓。公寓的外墙面上有大块大块鲜艳的颜色,整个建筑看不到一根直线,窗户也是形状各异。平台和阳台上种满了植物,充满生机。欣赏百水屋,更像是在欣赏一幅儿童随意涂抹的水彩画。

米拉贝尔宫 位于萨尔茨堡市。大主教沃尔夫·迪特里希为其情人莎乐美而建,如今是萨尔茨堡的市政厅。这座晚期文艺复兴风格的宫殿最大的特点是它的楼梯,楼梯的回旋扶手上有 22 个快乐的小天使滑上滑下,淘气地赤裸着小身子。楼梯通向一间大理石房间,号称是世界上最美丽最浪漫的婚礼大厅。

莫扎特出生地博物馆 位于萨尔茨堡市。一座米黄色六层楼房,1756 年天才音乐家莫扎特在此诞生。莫扎特的父亲是一位小提琴家,他们一家从 1747 年至 1773 年居住在这栋楼的三楼。莫扎特在此创作了著名歌剧《费加罗的婚礼》以及 11 首钢琴协奏曲。

克利本斯泰恩裸体滑雪场 温暖的阳光,湛蓝的天空,起伏有致的雪峰,风景优美如一幅油画。任何穿衣服的人都不能进入这个滑雪场,即使只穿比基尼也只能"望雪兴叹"。创办者巧妙地将欧洲传统的裸体文化和时尚的滑雪运动结合起来。

七、世界遗产

萨尔茨堡历史中心 萨尔茨堡在罗马时期就是贸易重镇,德国琥珀、俄国皮毛、中国丝绸和印度香料都在这里交易。奥地利著名的音乐和艺术中心,始于 1877 年的萨尔茨堡音乐节名扬天下。这里的建筑能与威尼斯和佛罗伦萨相媲美,有"北方罗马"之称。

美泉宫和皇家花园 维也纳的美泉宫及皇家花园占地 2.6 平方千米,有 1400 多个房间,优雅别致。曾是神圣罗马帝国、奥地利帝国、奥匈帝国和哈布斯堡王朝家族的皇宫。美泉宫背面的皇家花园是一座典型的法国式园林。美泉宫和皇家花园是奥地利最重要的文化标志之一。

哈尔施塔特—达赫施泰因萨尔茨卡默古特文化景观 这一地区的盐矿开采,从公元前 2000 年延续到 20 世纪中叶。哈尔施塔特的中心有晚期哥特式建筑围拢着的集市。珠特劳恩湖北岸的格蒙登城,有文艺复兴时期的市政厅以及内部镶瓷的钟乐器、精美的城镇房屋和众多的城堡,著名的陶瓷工厂以绿釉瓷器著称于世。

塞默灵铁路 塞默灵铁路是维也纳至格洛格尼茨铁路的延伸段,全长 41.9 千米,有 16 座大型高架桥、129 座桥、15 条隧道,最长的隧道长达 1430 米。这是世界上第一条高山铁路,沿途峭壁崎岖,河谷险峻,修建工程异常艰巨。

格拉茨城历史中心和埃根博格城堡 格拉茨城有无数的 17、18 世纪的山形房屋,有些仍展示着精美的灰泥装饰。这里的市政厅是历史主义的经典范例,方济会教堂是哥特式晚期的风格,兰德宫是南部德语区最精美完整的文艺复兴式建筑。埃根博格城堡体现了意大利文艺复兴时代晚期以及巴洛克时期的影响。

瓦豪文化景观 瓦豪的历史源远流长,可以追溯到史前。瓦豪依山傍水,景致旖旎秀丽。瓦豪的建筑、村落分布和土地的耕作——基本上是用于葡萄种植,都完好地保留了历史风貌。

维也纳历史中心 维也纳曾是奥匈帝国的首都,在欧洲乐坛上发挥着重要而独特的作用。沿着壮丽宽阔的林荫环城大道,散布着维也纳最重要的名胜古迹,既有宏伟的楼群,也有纪念碑和各式公园。作为中世纪欧洲最大的三座城市之一,维也纳至今仍保持着昔日显赫的地位,是举世公认的"欧洲音乐之都"。

新锡德尔湖文化景观 新锡德尔湖位于奥地利与匈牙利边境。湖岸芦苇茂密,栖有珍贵水禽,为国际禁猎地。8000 年以来这里一直是多种文化的汇集地,其独特的景观是人类行为和自然环境相互作用逐步演变发展的结果。湖区周围出色的乡村建筑和 18—19 世纪的宫殿为该地区增添了浓厚的文化色彩。

阿尔卑斯地区史前湖岸木桩建筑 阿尔卑斯地区湖边、河岸及湿地边的史前木桩建筑遗迹共 111 处,分布在奥地利以及瑞士、法国、德国、意大利和斯洛文尼亚 6 国。这些小型定居点建于约公元前 5000 年至 500 年,保存极其完好,文化内涵丰富,是研究这一地区早期农业社会的最重要的史料来源之一。

第十四节 桑拿之源——芬兰

芬兰,全称"芬兰共和国"(The Republic of Finland)。国名来源有多种说法,一说源于瑞典语,意为"芬人居住之地";一说源于日耳曼语,意为"游牧";芬兰人自称"苏奥米",芬兰语意为"湖泊"和"土地"。又称"森林之国",别称"湖沼之国"。

一、自然地理

芬兰位于欧洲北部,与瑞典、挪威、俄罗斯接壤,南临波罗的海和芬兰湾,西濒波的尼亚湾。面积约33.8万平方千米。

芬兰国土的1/4在北极圈以内,北部和东部为高地,其余大部分地区为丘陵和平原。有岛屿约17.9万个,湖泊约18.8万个,芬兰、挪威边界的哈尔蒂亚峰海拔约1328米,为芬兰最高点,最长的河流凯米河长512千米。

芬兰大部分地区属于海洋性气候。年平均气温冬季-14℃~3℃,夏季13℃~17℃,年降水量约600毫米。最北的地区夏天有73天太阳不落于地平线下,冬天则有51天不出太阳,12月和次年1月会出现极夜现象。

二、国家象征

芬兰的国旗呈横长方形,旗面为白色,左侧的十字形蓝色宽条,将旗面分为4个白色长方形。蓝色象征湖泊、河流和海洋,白色象征白雪覆盖着的国土,十字表示芬兰历史上与北欧其他国家的密切关系。

芬兰的国徽为红色盾徽。盾面上为1只头戴王冠的金色狮子,前爪握着1把剑,后爪踩着1把弯刀,9朵白色的玫瑰花点缀在狮子周围。狮子象征芬兰人民的勇敢和力量,9朵玫瑰花代表芬兰历史上的9个省。

芬兰的国歌是《祖国》。

芬兰的首都是赫尔辛基。

三、社会生活

芬兰人口约525多万人,大部分居住在南部城市。居民中芬兰族超过九成。官方语言为芬兰语和瑞典语。居民主要信奉基督教。

芬兰是共和制国家。一院制的议会是国家最高权力机构。立法权由议会和总统共同行使。总统是国家元首,掌管外交、统率三军。芬兰主要政党:中间党、社会民主党、瑞典族人民党、民族联合党、芬兰左翼联盟。

芬兰是一个工业化、自由化的市场经济体,工业已从劳动、资金密集型转变为技术密集型,人均产出与英国、法国、德国、意大利基本持平,曾连续3年被世界经济论坛评为年度"世界最具竞争力的国家"。经济支柱是制造业,以木材、金属、工程、电讯和电子工业为主,是世界第二大纸张、纸板出口国,世界第四大纸浆出口国。通信产业非常发达,是世界上互联网接入比例和人均手机持有量最高的国家之一。

四、民俗风情

芬兰人之间通常直呼其名,同事之间也有直呼其姓的,一般只对外国人才称先生、女士。芬兰人相见,不论男女都以握手为礼。

芬兰人衣着朴素,只有在商务会谈、高级餐厅或正式的社交场合才穿西装戴领带或长裙、礼服、高跟鞋。拉普人的民族服装式样别致,基本为海蓝、火红和金黄3种耀眼的色彩,象征五彩缤纷的北极光。

芬兰是桑拿浴的发源地,桑拿浴号称芬兰的国粹,有"先建桑拿,再搭房屋"的谚语,全国平均每三个人就拥有一间桑拿房,堪称全球之冠。享受桑拿浴后再用餐,已成为芬兰人的生活习惯,"不洗桑拿就等于没到过芬兰"。

到芬兰人家中做客,一要准时,二要带礼物给女主人,他们最喜欢送鲜花。芬兰人把白色看作和平、纯洁、公正的象征。芬兰人喜欢饮酒,酒量也较大,但在主人没有举杯祝福之前客人不能先喝。喝酒前先唱歌助兴,没有歌声的陪伴好像永远端不起酒杯。与芬兰人交谈,彼此不能离得太近。最普遍的话题是体育、饮食和天气,宗教信仰和政治问题最不宜讨论。

芬兰菜肴以肉类、鱼类为主,肉类以牛肉和猪肉为主,牛奶和奶酪是主要的副食。芬兰美食的独到之处是菜肴的选料,很多主料来自山林原野,地道菜式注重鲜甜。芬兰是世界上人均消耗咖啡最多的国家,每个家庭和办公场所的咖啡壶里总是备有热咖啡,外出垂钓或打猎习惯带上一壶热咖啡。喝咖啡时喜欢加些糖和奶油。

五、旅游城市

赫尔辛基(Helsinki) 芬兰的首都,被称为"圣诞老人的故乡"。濒临波罗的海,被称为"波罗的海的女儿"。赫尔辛基山峰终年积雪,建筑物都为白色,被称为"欧洲的白都";夏季日照时间长达20个小时,被称为"太阳不落的都城"。赫尔辛基既有欧洲古城的浪漫情调,又充满国际化大都市的韵味。

坦佩雷(Tampere) 芬兰西南部的湖港城市,全国的铁路枢纽。位于奈西湖和比哈湖之间。这里每年都要举办戏剧节、爵士音乐节和电影节等丰富多彩的文化活动,人称"戏剧之都"。

六、经典景点

赫尔辛基大教堂 位于赫尔辛基市。教堂所在的高地高出海平面80多米,希腊廊柱及淡青色青铜圆顶展现了教堂的恢宏气质。教堂以白色为主体,纯净无瑕,结构精美,是赫尔辛基非常热门的婚纱外景拍摄地。

岩石教堂 位于赫尔辛基市。修建在岩石中的教堂,外观像着陆的飞碟,入口像隧道口。整体为半地下结构,只有椭圆形大厅沐浴在日光下。外部墙壁以铜片镶饰,内壁保持天然的花岗岩石壁纹理。教堂内音效奇佳,很多音乐会选择在这里举行。当年江泽民总书记出访芬兰时,曾在教堂的钢琴上弹奏了一曲《茉莉花》。

乌斯别斯基大教堂 位于赫尔辛基市。教堂的颜色和式样充满神秘色彩,13个金圆顶,古雅的红砖外墙,显得格外凝重。两棵大树与教堂交相辉映,见证了俄罗斯风情渗入芬兰的历史。教堂内部的绘画,保留了传统东正教堂的艺术风格。精雕细琢的拱顶和花岗岩石柱是大教堂的两大特色。

阿曼达雕像 位于赫尔辛基市。雕像全身赤裸,面向大海,左手托腮,凝望着芬兰湾。她端庄秀丽,温柔娴雅,人们称她为大海女神——阿曼达。每年4月30日,成千上万的年轻人吹奏着欢乐的乐曲,为雕像泼水清洁,为她戴上大学生帽,开始每年一度的彻夜狂欢。

西贝柳斯公园 位于赫尔辛基市。为纪念作曲家西贝柳斯而建。公园里的西贝柳斯纪念碑由600根钢管组成,如同茂密的森林,象征森林给予西贝柳斯无穷的创作灵感。夏日的公园,草木扶疏,海鸥嬉戏,宁静休闲。

赫尔辛基大学 位于赫尔辛基市。1640年创建于芬兰古都土尔库,1828年迁至赫尔辛基,以悠久的历史、丰富的藏书、一流的设备、齐备的专业以及杰出的成就闻名欧洲。市中心会议会广场上的赫尔辛基大学主楼建筑,与高高耸立的绿顶白壁的大教堂和对面的政府办公楼构成一幅美丽的图画。

七、世界遗产

劳马古城 始建于1422年,是芬兰最古老的港口之一。古城围绕着圣方济各会的修道院而建,拥有600多栋木造建筑房舍,包括15世纪中期的神圣十字教堂。古城在17世纪遭到火灾的破坏,至今保留着中世纪的狭窄的街道,古建筑风貌依旧。

芬兰堡 建于250多年前。芬兰堡作为古老的海防要塞,扼制着从芬兰湾进入赫尔辛基的海上要道。当年的炮台、城堡、军营都被完好地保存了下来,其中有8千米的城墙、105门大炮、290座机房和一系列博物馆。芬兰堡在芬兰独立解放战争中占据着至关重要的军事地位,在芬兰国内革命时期又被用于监禁激进党派的成员。

佩泰耶韦西老教堂 位于芬兰中部。建于1763—1765年。作为路德派乡村式教堂,佩泰耶韦西老教堂典型的建筑特征承袭了斯堪的纳维亚东部独特的传统建筑风格,并与哥特式建筑穹形天花板的古老形式完美地结合在一起。

韦尔拉磨木纸板厂 位于韦尔拉考斯基河西岸。磨木纸板厂与其周边的居民住宅区一起,构成一个保存完好的农村小型工业基地的范例。这种生产纸浆、纸张和纸板的小工业作坊在19世纪至20世纪初的欧洲和北美非常盛行,但只有很少一部分保留至今。工厂附近还有芬兰极为罕见的史前岩画,可能有6000多年的历史。

萨马拉赫登的青铜时代墓葬群 遗址包括33个石堆墓冢,组成一个纪念碑的排列阵,是波的尼亚湾海岸线上发现的北欧最大、绿化最好、最富变化也是最完整的斯堪的纳维亚青铜器时代墓葬遗迹。铜器时代,北欧流行信奉"太阳神",萨马拉赫登墓葬群充分反映了那个时代由北欧传去的太阳膜拜。

斯特鲁维测地弧 从挪威到黑海的测量链,穿过俄罗斯、白俄罗斯、爱沙尼亚、芬兰、拉脱维亚、立陶宛、挪威、摩尔多瓦、瑞典、乌克兰等10个国家,共有265个测量点。因天文学家斯特鲁维凭此对子午线进行精确测量,因而得名。这一测量帮助人类掌握地球的确切大小和形状,是地球科学和地形绘图学发展的重要一步。

第十五节 北欧明珠——瑞典

瑞典,全称"瑞典王国"(Kingdom of Sweden)。"瑞典"的国名由中世纪该国南部的"斯维亚国"演变而来,瑞典语有"亲属"的意思。

一、自然地理

瑞典位于北欧斯堪的纳维亚半岛东南部,西邻挪威,东北接芬兰,东临波罗的海,西南濒北海,与丹麦隔海相望。面积约45.0万平方千米。

瑞典国土的15%在北极圈内。北部为诺尔兰高原,南部及沿海为平原或丘陵。瑞典有湖泊10万个,可通航河流较少。

瑞典大部分地区属于亚寒带针叶林气候,最南部属于亚寒带海洋性阔叶林气候。2月北部平均气温-13℃,南部-0.7℃;7月北部平均气温13℃,南部平均气温17℃。年降水量500~750毫米。

二、国家象征

瑞典的国旗呈横长方形。旗面为蓝色,左侧有1个黄色十字。蓝、黄颜色来自瑞典皇徽。

瑞典的国徽呈盾形,饰有王冠的蓝盾被黄十字一分为四:左上和右下部绘有3顶王冠,右上和左下部绘有戴王冠的金狮。大盾中有一小盾,左面有蓝、银白、红三色斜纹和1个金瓶,右面有1个城堡式的钟楼和1只金鹰。蓝盾两旁是金狮,下端为勋章。

瑞典的国歌是《你古老的、光荣的北国山乡》。

瑞典的首都是斯德哥尔摩。

三、社会生活

瑞典人口约906万人。瑞典是世界上人口自然增长率最低、平均期望寿命最长和老龄化程度最高的国家之一。瑞典人占总人口的九成。瑞典语为官方语言。基督教路德宗是国教,教徒约占全国人口的九成。

瑞典实行君主立宪制。国王既是瑞典教会的最高权威,又是国家元首和武装部队统帅,国王最年长的子女是法定王位继承人。议会为一院制,议员由普选产生。法律规定非信奉国教者不得担任首相。瑞典主要政党:社会民主工党、温和联合党、人民党、中央党、基督教民主党。

瑞典是高度工业化的国家,工业产值占工农业总产值九成以上。森林、铁矿和水利是瑞典的三大自然资源,形成了采矿冶金、林业造纸、电力和机械制造四大传统工业体系。以高工资、高税收、高福利著称,公共服务和社会保险较完善,生活水平位列世界第二位。

四、民俗风情

瑞典人性格豪爽,健谈幽默,待人热情,行为规矩。瑞典人以握手为礼,接吻礼不很多见。闲暇时间喜欢到野外活动,在昼长夜短的夏季纷纷到国内外去旅游。瑞典人是地球上最遵守时间的群体之一。

瑞典妇女喜用香气浓郁的鲜花制作耳环,甚至用许多花环连缀直垂双肩,若对方耳环没有香气,闻者会认为触霉头。瑞典人的戒指既为装饰品,又是职业的象征。戒指上有橡树叶图案的多为中学教师,有一束刺槐叶、一柄斧头和一个十字架交错在一起的图案者多为木匠,有一顶桂冠图案者可能是擦玻璃工。象征职业的戒指戴在食指上。

瑞典人习惯吃欧式西餐,爱吃火腿和奶油蛋糕。特别喜欢瘦嫩肉食和各种蔬菜,乐于喝浓汤。口味清淡,偏爱甜辣味道,一般不喝烈性酒。吃鱼一律清蒸浇汁,只吃整块的鱼肉,余下的全部扔掉。瑞典人吃的传统和精髓是开口三明治,称为"思摩古斯",就是一片面包上有粉红色的肉片、黄的鸡蛋片、绿的灯椒片、紫的鱼子,再放半个红红的草莓,既好看,又好吃。

在瑞典,过去有些事为人所不齿,如不受洗礼、未婚同居或不公开下葬,后者更是20世纪初对自杀者和死刑犯的一种惩罚,如今一切正相反,有时这样做恰恰成了地位的标志。瑞典是"性解放"的前沿阵地,瑞典姑娘会频繁地调换性伴侣甚至结婚离婚再结婚,但很少同时脚踏数只船并最终为功利而抛弃爱情。选美比赛几乎销声匿迹,女权组织甚至对报刊上的美女照片、路牌上的性感广告提出抗议。

瑞典是个半禁酒的国家,酒不可作为礼物。瑞典人交谈,彼此相距1米左右。他们看不惯众目睽睽之下过分亲昵的言行,忌讳在公共场合吸烟。他们忌讳在众人面前擤鼻涕或抠鼻孔,忌讳伤害鸟类及猫、狗等动物。忌讳黄色和蓝色,忌讳数字 13。瑞典人谈话相处中忌讳涉及政治倾向、家庭情况、年龄、宗教信仰、行动去向等问题。

五、旅游城市

斯德哥尔摩(Stockholm) 位于波罗的海西岸梅拉伦湖入海处。瑞典的首都和第一大城市,政治、文化、经济和交通中心。"斯德哥尔摩"意为"木头岛"。斯德哥尔摩风景秀丽,是欧洲最美丽的城市之一。这里是阿尔弗雷德·诺贝尔的故乡,每年一度的诺贝尔奖授奖仪式于 12 月 10 日(诺贝尔逝世纪念日)在此举行。

哥德堡(Goteborg) 位于瑞典西海岸卡特加特海峡。与丹麦北端隔海相望。哥德堡港终年不冻,是一座风光秀丽的海港城市。哥德堡地处哥本哈根、奥斯陆和斯德哥尔摩三个北欧国家首都的中心,有 450 多条航线通往世界各地,是北欧的咽喉要道。

马尔默(Malmo) 位于厄勒海峡东岸。踞守波罗的海海口,海峡对面便是丹麦首都哥本哈根,两城之间有火车轮渡相通。马尔默环境宜人,绿荫成片,娱乐设施、体育场所举目可见,是一个工作效率极高和生活条件舒适的城市。

六、经典景点

斯德哥尔摩老城区 位于斯德哥尔摩市。城内的中世纪小巷、圆石街道和古式建筑,深受北日耳曼式风格的影响。由于瑞典 200 年来没有战争,老城保存完好。漫步在老城街道,古老的教堂,悠长的鹅卵石小巷,空气中氤氲着咖啡的香气,令人心旷神怡。

瑞典皇宫 位于斯德哥尔摩市。最早是一个军事堡垒,17 世纪末期改造扩建成今日的皇宫。现在王室已经搬到郊外的皇后岛宫,但皇宫仍是瑞典国王的官方居所。皇宫富丽堂皇,大厅墙上挂着历代国王和王后的肖像。夏季中午,皇宫前举行卫队换岗仪式,庄严肃穆。皇宫中有文物馆、宝藏展览厅、军械展览厅。

斯德哥尔摩市政厅 位于斯德哥尔摩市。红色砖瓦塔楼,建造时耗用红砖 800 多万块、马赛克瓷砖 1900 多万块,规模宏大。金色大厅墙面是小块玻璃拼成的马赛克画。蓝厅是举行诺贝尔奖晚宴的地方,名为"蓝厅",实为红色,原设计图应铺蓝色马赛克,而红砖的典雅美感更适合市政厅的形象,但"蓝厅"的名字被沿用下来。

瓦萨沉船博物馆 位于斯德哥尔摩市。主要展示沉船瓦萨号——世界上唯一保存完好的 17 世纪沉船。瓦萨号战舰 1628 年首航时遇上大风浪而沉没,直到 1961 年才打捞上来。瓦萨号战舰呈现了 17 世纪瑞典人的造船技术与艺术,被视为国宝。博物馆中所有珍贵的藏品都是从海底打捞上来的。

旅游目的地概述

斯堪森露天博物馆 位于斯德哥尔摩市。户外民俗博物馆。在广大的绿林里，林立着100多个从瑞典各地迁移而来的农家建筑物。每一处接待解说人员都系白色围裙，戴素白衣帽，或腰间系串钥匙，或喂食鸡鸭小猪，活灵活现的传统生活方式。这里还有邮政博物馆、烟草博物馆。

摩赛格尔广场 位于斯德哥尔摩市。广场呈椭圆形，中央有一个巨大的喷水池，池中屹立一根高约40米由8万多块玻璃组成的大柱，在阳光和灯光交织中放出奇异的色彩。广场四周的国王街、皇后街和斯维亚街是城市最繁华的商业区。广场下面有庞大的地下商场和地下铁路中心站，被称为"世界最长的地下艺术长廊"。

斯德哥尔摩大教堂 位于斯德哥尔摩市。瑞典国王加冕的地方。红砖粉墙装饰，古朴素雅而不失庄重。中央通道两侧是皇家座位，暗金色彩流动着光芒。主祭坛的旁边是这座教堂最出名的圣乔治屠龙木雕，整座木雕栩栩如生，圣乔治骑着战马高举宝剑斩向恶龙。

峡湾街 位于斯德哥尔摩市。坐落于波罗的海海边的悬崖上。这里保留了许多17世纪的木质建筑、住宅、酒吧和咖啡馆。街道一侧面临波罗的海的沙尔特海湾，居高临下俯瞰老城、城堡岛，海湖交融，成群的海鸥翱翔，景色妩媚多姿。

哥德堡歌剧院 位于哥德堡市。世界上设备最先进的歌剧院之一。整个建筑为暗红色，粗犷的外形模仿停泊在水中的海盗船。有1300多个座位，声响效果良好，并配有升降舞台等先进设备。晚上，剧院外面的装饰灯全部打开，仿佛是一只即将起航的海盗船。

哥德堡植物园 位于哥德堡市。北欧地区最大的植物园。岩石园区拥有6000多种不同的沼泽和背阴植物，玫瑰园中有多达4000种不同的玫瑰，温室内种植4500多种植物。其中最具吸引力的当属复活节树，这种植被在其发源地——复活节岛已经灭绝。

HSB 旋转中心 位于马尔默市。北欧最高的建筑物之一。楼高190米，分为9个区层，上下2个区层的方向不同，最高的一层和最底的一层成直角，外形像一条扭转的毛巾，非常奇特。旋转大楼附近的公园，是远眺厄勒海峡大桥的绝佳位置。

厄勒海峡大桥 位于马尔默市。也称"欧尔松大桥"。瑞典的马尔默与丹麦的哥本哈根隔厄勒海峡相望，海峡大桥如一个海上走廊将欧洲大陆的中部和北欧的斯堪的纳维亚半岛连成一体，从而把整个欧洲连接起来。大桥全长约7.8千米，桥面可通汽车，二层通火车。桥上标有两国的国界线。

七、世界遗产

卓宁霍姆王家领地 位于埃克尔市。包括卓宁霍姆宫、德罗特宁霍尔姆宫、王后岛宫等瑞典王室的私人宫殿。"卓宁"瑞典语意为"王后"，"霍姆"即"小岛"。初建于16世纪后期，400年来几经重修。目前除了瑞典王室私人居住外，宫中一些厅室，如富丽堂皇的接见厅和礼仪厅对公众开放。

比尔卡和霍高尔登 位于比尔卡岛和阿德尔瑟岛上。是北欧维京时代的商业贸易中心。以比尔卡为主导的商贸中心，闻名于当时的斯堪的纳维亚和波罗的海。这个商贸中心的遗址，是研究 9~10 世纪波罗的海贸易发达状况和当时瑞典经济的重要历史依据。

恩厄尔斯贝里铁工厂 位于西曼兰省。始建于 1681 年，1700—1800 年间逐渐发展成现代化的炼铁工厂，1870 年重新翻修，至今保存完好，尤为独特之处是高炉和锻造车间的水轮车、压碎器、送风机和锤炼机仍可正常工作。

塔努姆岩刻群 位于西哥特兰省。分布面积约 50 平方千米。岩刻群图案刻画了人类和动物、武器、船只以及其他的主题，表现出独一无二的艺术成就和文化与年代的统一。其丰富突出的作品反映了欧洲青铜器时代人们的生活和信仰。

林地公墓 位于斯德哥尔摩。为修建这座公墓，瑞典面向全球征集设计方案，最后年轻的实用主义设计师冈纳·阿斯普朗德和西格德·劳伦兹的作品入选。公墓利用原始的自然风光，创造出一个宁静美丽的环境，对全球的公墓设计都有重要影响。

汉萨同盟城市维斯比 维斯比原为一个海盗据点，12 至 14 世纪成为汉萨同盟城市中的代表性城市。四周筑有环形的防御墙，拥有 13 世纪的堡垒、200 座仓库以及贸易设施和网格式街道，是北欧保存完好的商业防御城市。维斯比的城市景观和极具价值的建筑群以独特的方式保存下来，鲜明地反映出人类社区的形成和功能。

吕勒奥的加默尔斯塔德教堂村 加默尔斯塔德教堂村位于北博滕地区的吕勒奥附近，形成于 17 世纪。如今遗存 424 幢木头房子，围绕着一座建于 15 世纪早期的石头教堂。教堂现在用作社区服务。

卡尔斯克鲁纳军港 位于瑞典东南部。17 世纪末建造。这个军港是欧洲海军基地城镇的杰出代表，也是世界上现存少数古代海军基地之一，它继承了其他国家海军基地城镇的早期元素，并发展成为此后其他海军基地城镇的模仿对象。

厄兰岛南部的农业景观 厄兰岛是瑞典第二大岛，1 万年前后冰河时代从海面浮升的陆地。厄兰岛有着传统的农业景观，风车是最重要的标志，曾经有 2000 多架风车，现存 400 多架。人类自石器时代已经在此生活，历经 5000 年，他们的生活方式逐渐适应了岛上恶劣的自然环境。这里保存了大量人类自史前生活至今的证据。

法伦的大铜山矿区 这里的采矿活动开始于 13 世纪，庞大的开采挖掘是法伦大矿坑最惊人的景观。法伦铜矿生产的红铜被广泛用于欧洲各地的教堂和宫殿。17 世纪开始规划的法伦镇有许多很好的历史性建筑，加之工业经济时代和家庭经济时代的大量居民遗址，展示了一幅几个世纪前世界上最重要的采矿区的生动画面。

瓦尔贝里广播电台 位于瓦尔贝里格里梅顿。建于 1922—1924 年。电台天线塔高 127 米,为当时瑞典最高的天线塔。电台保存完好如初,是唯一现存的人类进入电子时代之前的广播电台,也是目前唯一还可以工作的机械发射机。

斯特鲁维测地弧 从挪威到黑海的测量链,穿过俄罗斯、白俄罗斯、爱沙尼亚、芬兰、拉脱维亚、立陶宛、挪威、摩尔多瓦、瑞典、乌克兰等 10 个国家,共有 265 个测量点。因天文学家斯特鲁维凭此对子午线进行精确测量而得名。这一测量帮助人类掌握了地球的确切大小和形状,是地球科学和地形绘图学发展中的重要一步。

赫尔辛兰带装饰的农舍 包括瑞典东部的 7 所木制房屋。它们展现了 19 世纪独立农民富足的生活及他们利用自身财富创建凸显财力的新家园。农舍房内的装饰画由当时流动艺人绘制,代表了民间艺术与当时乡绅所青睐的风格的相互融合。它们代表着一个悠久文化传统的最后兴盛。

拉普人居住区 位于诺尔布达。4000~5000 年以前,拉普人开始在这里按照祖传方式进行生活,这种生活以牲畜周期性的迁移为基础。每年夏天,人们赶着驯鹿群走向大山,穿越自然风景区,这些风景区至今还保存着。这一地区有深邃的山谷和湍急的河流,从冰碛和水流路线的改变中可以看到历史和现今的地质作用。

第十六节　金舌雄狮——捷克

捷克,全称"捷克共和国"(The Czech Republic)。"捷克"为传说中带领西斯拉夫人来此定居的部族首领、捷克民族始祖,意为"起始者"。

一、自然地理

捷克位于欧洲中部,毗邻斯洛伐克,南面接壤奥地利,北面邻接波兰,西面与德国相邻。面积约 7.9 万平方千米。

捷克是内陆国家,北有克尔科诺谢山,南有舒玛瓦山,东部和东南部为摩拉维亚高原。国土分为两大地理区域,西半部是波希米亚高地,东半部是喀尔巴阡山地。伏尔塔瓦河是捷克最长的河流,捷克最高点是海拔 2655 米的格尔拉霍夫斯基峰。

捷克属于海洋性向大陆性气候过渡的温带气候。夏季炎热,冬季寒冷多雪。7月最热,1月最冷,年平均气温 8℃。年降水量 700 多毫米。

二、国家象征

捷克的国旗呈横长方形,由蓝、白、红三色组成。左侧为蓝色等腰三角形。右侧是 2 个相等的梯形,上白下红。蓝、白、红三色是斯拉夫民族喜欢的传统颜色。

捷克的国徽为盾徽。中心图案分为四个部分:左上和右下对角的图案相同,红底上有 1 头白色双尾狮口吐金舌,前伸双爪,威风凛凛,这是捷克公国的徽记;左下部黄底上有 1 只头戴金冠、胸前有月牙状徽记的黑色雄鹰,代表西里西亚;右上部蓝底上有1只有红、白相间的方格状花纹的雄鹰,代表摩拉维亚。盾徽形象地揭示了捷克历史的渊源。

捷克的国歌是《我的家乡在哪里》。

捷克的首都是布拉格。

三、社会生活

捷克人口约1021万人,其中捷克族约占九成半。官方语言为捷克语。居民中无神论者、罗马天主教徒约各占四成。

捷克以总统为国家元首,由议会联席会议选举产生。立法权归议会。捷克主要政党:公民民主党、社会民主党、捷克和摩拉维亚共产党。

捷克的市场经济框架基本建成。工业以机械制造、各种机床、动力设备、船舶、汽车、电力机车、轧钢设备、军工、轻纺为主,化学、玻璃工业也较发达。纺织、制鞋、啤酒酿造均闻名于世。捷克人均啤酒消费量位居世界前列,是啤酒生产和消费大国。旅游业也是捷克经济收入的重要来源。

四、民俗风情

捷克人穿着比较讲究,正式场合都是西装或长大衣,天气寒冷时还戴帽子,围较长较宽的漂亮的围巾,妇女爱穿具有传统风格的黑色或深红色裙子。捷克人认为可以没有好衣服,不可没有好风度。他们谈吐文雅,彬彬有礼,对长辈十分恭敬,扶老携幼者随处可见。

捷克饮食风格受德国、匈牙利和波兰的影响,略有中欧特色。习惯吃西餐,菜肴以肉食为主,烤猪肉可以说是捷克的国菜,还有面团、马铃薯和熟烧蔬菜或泡菜。捷克人也爱吃中国菜,尤其喜爱广东菜肴。

捷克人对举止轻浮的人非常讨厌,对公众场合勾肩搭背的现象也没有好感。捷克民族普遍忌讳红三角图案。在捷克,最受欢迎的话题是体育运动,最不受欢迎的话题是政治问题和家庭琐事。

五、旅游城市

布拉格(Prague)　捷克的首都,美丽而古老的山城。"布拉格"德语意为"门槛"。位于中波希米亚州、伏尔塔瓦河流域。伏尔塔瓦河像一条绿色的玉带将城市分为两部分,沿河两岸山壁陡立。多塔式古建筑,高高低低的塔尖毗连成一片塔林,绚丽夺目,被称为"百塔之城"。布拉格历史中心已被列入世界文化遗产名录。

布尔诺(Brno)　位于南摩拉维亚州。捷克最重要的工业城市和铁路枢纽。克尔特语"布尔诺"即"小丘之城"。布尔诺18世纪开始工业化,被誉为"摩拉维亚的曼彻斯特"。布尔诺拥有许多文化遗迹,保存有城堡、教堂等中世纪古建筑,城北有天然溶洞。

俄斯特拉发(Ostrava)　摩拉维亚—西里西亚州首府,全国重工业中心,化工基地。位于摩拉维亚东北部的奥得河、奥帕瓦河和俄斯特拉维采河汇流处,邻近波兰边境。保存有建于13世纪的大教堂等历史建筑。

六、经典景点

老市政厅　位于布拉格市。曾是皇家宫廷。其中最值得观赏的是一座中世纪的天文钟,历经600年仍走时准确。天文钟分为上下两座,上面的钟一年绕一周,下面的钟一天绕一圈,每天中午12点,12尊耶稣门徒从钟旁依次现身,6个向左转,6个向右转,随着一声雄鸡鸣叫,窗子关闭,报时钟声响起。

查理大桥　位于布拉格市。横跨伏尔塔瓦河,历代国王加冕游行必经此桥。桥上有30尊圣者雕像,都是捷克艺术大师的杰作,被称为"欧洲的露天塑像美术馆"。据说用心触摸石雕像便会带来一生的幸福。右侧第八尊圣约翰雕像是大桥的守护者,围栏中间刻着金色十字架的位置,就是当年圣约翰被从桥上扔下的地点。

老城广场　位于布拉格市。11—12世纪中欧贸易的重要集市之一,已有900多年的历史。广场上竖立着捷克著名的宗教改革家胡斯的塑像。广场周边建筑风格多种多样,包括哥特式建筑泰恩教堂、巴洛克风格的圣尼古拉教堂。

维特大教堂　位于布拉格市。捷克历代皇帝举行加冕典礼的场所,有"建筑之宝"的美誉。塔顶有文艺复兴式样的大钟。教堂中有波希米亚国王的坟墓。收藏有14世纪波希米亚国王查理四世的纯金皇冠、金球及令牌。

泰恩教堂　位于布拉格市。旧城广场最古老的建筑。教堂有两座80米高的尖塔,犹如两把燃烧的火把,成为旧城广场的焦点。相传这两座尖塔一个代表亚当,一个代表夏娃。灰黑外墙颇具神秘感,酷似童话世界的魔鬼堡垒,因而俗称"魔鬼教堂"。

黄金巷　位于布拉格市。原是仆人工匠居住之处,后因聚集不少为国王炼金的术士,被称为"黄金巷"。捷克著名文学家卡夫卡曾在此租屋居住,完成了《乡村医生》和《致科学院的报告》。黄金巷原本的房舍已经改为小店家,商店内有不同种类的纪念品和手工艺品出售,如木制玩具、锡制布拉格士兵、手绘衣服等。

"跳舞的房子"　位于布拉格市。荷兰人寿保险公司大楼。房子造型充满曲线韵律,蜿蜒扭转的双塔像两个人相拥而舞,因此被称为"跳舞的房子"。左塔玻璃帷幔如"女舞者",上窄下宽像舞裙,右塔呈圆柱状如"男舞者",所以又以著名的双人舞者金姬·罗杰斯、弗雷德·阿斯泰尔的名字命名为"金姬和弗雷德"。

国家博物馆　位于布拉格市。新文艺复兴式建筑,由历史博物馆、自然博物馆、图书馆组成,收藏自然、历史、艺术、音乐和图书馆领域的约1400万件文物。博物馆门前耸立着古代皇帝圣瓦茨拉夫的雕像。1968年的"布拉格之春"事件就发生在这里。

七、世界遗产

布拉格历史中心 建于11至18世纪。这里拥有荷拉德卡尼城堡、圣比图斯大教堂、查理大桥以及宫殿等绚丽壮观的遗迹,展示出从中世纪开始的城市扩建过程。布拉格是西欧与斯拉夫世界之间进行交流的门户,还是早期许多商路的交叉点,自中世纪起就以建筑和文化上的巨大影响而著称于世。

捷克克鲁姆洛夫历史中心 位于伏尔塔瓦河畔。城市依蜿蜒的河流在两岸发展,布局紧密。始建于13世纪,城镇的建筑带有哥特式、文艺复兴式以及巴洛克式的风格。小城与周围的自然景观融为一体,其建筑遗风被原封不动地保留下来,成为欧洲中部中世纪古城的一个杰出典范。

泰尔奇历史中心 位于摩拉维亚群山中部。房屋最初为木结构。14世纪末的一场大火之后,石头成为重建的材料。城镇的哥特式城堡重建于15世纪晚期。泰尔奇历史中心全部是犹太区,古老的犹太墓地和圣普罗皮乌斯大教堂是从中世纪到20世纪犹太教与基督教文化共存的见证。

内波穆克圣约翰朝圣教堂 位于泽莱纳。建于18世纪初,是建筑巨匠圣蒂尼大师的举世之作。它的平面构成一个十边形的圆:5个椭圆形的小礼拜堂和5个三角形的小礼拜堂交替在教堂四周围成一圈。选择"5"这个数字,是因为传说约翰·内波穆克死去后的圣体上出现了5颗星。

圣白巴巴拉教堂和塞德莱茨的圣母主教座堂的历史城镇中心 位于波希米亚中部。历史上曾经是矿业、工业和行政中心。圣白巴巴拉教堂建于14至16世纪。塞德莱茨的圣母主教座堂建于1280年至1320年。这里的众多建筑具有伟大的艺术和建筑价值,尤其是圣白巴巴拉教堂对于中欧以及随后时代的建筑具有广泛而深远的影响。

莱德尼采—瓦尔季采文化景观 占地近300平方千米。波西米亚帝国边界城堡大约修建于12世纪,罗马风格的要塞和村庄建筑与壮美的自然风景交会在一起,组成了令人叹为观止的自然和人文景观。

克罗梅日什的花园和城堡 位于赫日比山山脚下。始建于1686—1698年。城堡内收藏有价值的油画、书籍、音乐材料和钱币。环绕城堡周围的两个美丽的花园,被视为17世纪至19世纪花园建筑的典范。克罗梅日什花园和城堡是巴洛克园艺艺术与宫殿建筑完美结合的典范。

霍拉索维采历史村落 自18和19世纪以来以南波希米亚民间巴洛克风格修建的本土建筑群。作为一种乡村建筑,以其豪华壮观的山墙和丰富多彩的装饰,在整个南波希米亚的乡村巴洛克式建筑中展现了独特的魅力。那些周围由蔬菜、动物和植物点缀着的房屋住宅和农场建筑物,给人留下深刻的印象。

利托米什尔城堡 城堡始建于10世纪末期,完成于1582年,并几经重建。城

旅游目的地概述

堡承袭了文艺复兴时期拱廊式城堡的建筑风格，它的图案和装潢，包括在18世纪又加上去的晚期巴洛克式的装饰物，都堪称极品。这座拱廊风貌的贵族宅邸及其附属建筑被原封不动地保留了下来。

奥洛穆茨的圣三柱 始建于1716年。三位一体是基督教的主要教义之一，即上帝包含圣父、圣子、圣灵三个格位，三者又结合于同一本体。三位一体圣柱是此类建筑的典型。这座具有巴洛克式风格的圣柱高35米，柱体上装饰着许多精美的宗教雕刻。1754年特蕾丝德皇后亲自出席圣柱的竣工典礼。

布尔诺的图根哈特别墅 别墅打破了住宅设计的传统，采用完全开放的玻璃幕墙，房间内部使用的材料是玻璃、打磨的石头、贵重的木材和镀铬的钢铁，家具造型别致而前卫，是20世纪20年代在欧洲兴起的建筑"近代运动"中具有国际风格的优秀建筑范例，它的独特价值体现在利用现代工业新产品来满足新型生活方式。

特热比奇的犹太人区和圣普罗罗科皮乌斯大教堂 特热比奇的犹太人区、古老的犹太人墓地和圣普罗科皮乌斯大教堂，是从中世纪到20世纪犹太教与基督教文化共存的见证。犹太人区是当年这一社区多个生活侧面的证明。作为13世纪早期修道院的一部分，圣普罗科皮乌斯大教堂是西方欧式建筑风格在该地区的一例典范。

第十七节 欧洲路口——爱沙尼亚

爱沙尼亚，全称"爱沙尼亚共和国"（The Republic of Estonia）。"爱沙尼亚"为民族名称，在波罗的语中意为"水边居住者"。

一、自然地理

爱沙尼亚是东欧波罗的海三国之一，西向波罗的海，北向芬兰湾，东与俄罗斯接壤，南与拉脱维亚相邻。面积约4.5万平方千米。

爱沙尼亚四周几乎都是海，边界线1445千米，海岸线3794千米。境内地势低平，间有低矮丘陵，平均海拔约50米。多湖泊和沼泽。主要河流有纳尔瓦河、派尔努河、埃迈厄吉河，最大的湖泊是楚德湖和沃尔茨湖。

爱沙尼亚属于海洋性向大陆性过渡的气候，冬长夏短，多阴少晴，1—2月平均气温约-5℃，7—8月平均气温16℃，年均降水量500~700毫米。

二、国家象征

爱沙尼亚的国旗呈横长方形，自上而下由蓝、黑、白色3个平行且相等的横长方形组成。蓝色象征自由和独立的曙光，黑色象征反抗异族统治的历史，白色象征对和平与安宁的憧憬。

爱沙尼亚的国徽为由橡树叶饰物扶托的盾徽。黄色盾面上横置着3头蓝色狮子,分别象征在古代人民为自由而奋斗的勇气、1343年的一次起义、1918年—1920年间争取自由的斗争;橡树叶装饰象征坚忍不拔的精神和力量,以及自由的传统万古长青。

爱沙尼亚的国歌是《我的土地,我的欢愉》。

爱沙尼亚的首都是塔林。

三、社会生活

爱沙尼亚人口约123万人,其中七成居住在城市。爱沙尼亚人约占总人口的2/3,俄罗斯人占近三成。官方语言为爱沙尼亚语。居民大多信奉基督教。

爱沙尼亚实行议会民主制度。爱沙尼亚主要政党:改革党、祖国联盟—共和国党、社会民主党、中间党。

工业、运输仓储业、通信产业、商业是爱沙尼亚的四大支柱产业。食品加工、木材加工、机械设备制造、轻工业和能源工业是爱沙尼亚的主要工业部门。中转运输业在爱沙尼亚的国民经济中占有重要地位,其运输的主要货物是俄罗斯出口欧洲的原油。爱沙尼亚的旅游业在拉动商业和运输业的增长中起了重要作用。

四、民俗风情

爱沙尼亚人一般行握手礼,采用国际通用的称谓,即男的称先生,女的称夫人、小姐或女士。无论城市还是乡村,人们的服饰都已现代化,民族服装主要用于节日和文艺演出。妇女过节时穿花条裙子和绣花翻领衬衫,外罩色彩鲜艳的背心、围巾和围裙,爱戴圆形银胸饰。

爱沙尼亚人日常饮食跟德国很相似。通常食用面包、土豆、肉类、蔬菜、水果的种类不很丰富,西红柿、黄瓜、白菜、菜花、柿子椒、西蓝花、豆角价格比较贵,水果算得上是奢侈品。爱沙尼亚人爱喝自制啤酒。为了使海鲜更加美味,他们往往会与土豆泥、燕麦一起食用。

五、旅游城市

塔林(Tallinn) 爱沙尼亚的首都,波罗的海沿岸重要的商港。历史上一度是连接中东欧和南北欧的交通要冲,被誉为"欧洲的十字路口"。塔林三面环水,风景秀丽,是北欧唯一一座保持着中世纪外貌和格调的城市。中世纪建造的古城墙、古塔和古堡,至今依然屹立,古风犹存。塔林历史中心已被列入世界文化遗产名录。

塔尔图(Tartu) 位于埃马约吉河畔。公元5世纪建要塞。13—16世纪加入汉萨同盟。塔尔图阴天多,晴天少,冬季温和而漫长,夏季凉爽而短暂,气候舒适怡人。

六、经典景点

塔林市政厅　后期哥特式建筑。1530年以来,市政厅塔楼尖顶上的老托马斯风向标就是城市的守护者,也是塔林的标志。市政厅的二楼是该建筑的主要楼层,公民会堂、理事会大厅、附属厨房以及法官厅都位于该层。市政厅广场是塔林老城风情的集中之地。

亚历山大·涅夫斯基大教堂　位于塔林市。东正教大主教教堂。红色的圆顶教堂配上5个金光闪闪的洋葱头塔尖,气派不凡。教堂安装了11个铜钟,其中最大的铜钟重达16吨。亚历山大·涅夫斯基是中世纪的俄国大公,击败了德国和瑞典的入侵,被视为斯拉夫人的民族英雄。

圆顶大教堂　位于塔林市。也称"圣马利亚教堂"。主体建筑建于14世纪,巴洛克式塔是18世纪70年代末添加的。教堂的墙上挂着各种木质的徽章。这座中世纪教堂坐落于托姆比亚山上,据说阳光充足的时候教堂会光芒四射。

七、世界遗产

塔林历史中心　塔林的起源可追溯到13世纪,当时的十字军骑士们在这里建造了一个城堡,后来发展成为汉萨同盟的主要中心。在后来的几个世纪城堡屡遭战火,但许多建筑还是较为完好地保留了下来。公共建筑特别是教堂的豪华以及商店内部装潢的考究,充分展示了当时这里的繁荣和富裕。

斯特鲁维测地弧　从挪威到黑海的测量链,穿过俄罗斯、白俄罗斯、爱沙尼亚、芬兰、拉脱维亚、立陶宛、挪威、摩尔多瓦、瑞典、乌克兰等10个国家,共有265个测量点。因天文学家斯特鲁维凭此对子午线进行精确测量而得名。这一测量帮助人类掌握了地球的确切大小和形状,是地球科学和地形绘图学发展中的重要一步。

第十八节　铠甲美人——拉脱维亚

拉脱维亚,全称"拉脱维亚共和国"(Republic of Latvia)。"拉脱维亚"为民族名,意为"铠甲""金属制的服装"。

一、自然地理

拉脱维亚是波罗的海三国之一,位于波罗的海东岸,里加湾深入内陆,与爱沙尼亚、俄罗斯、白俄罗斯和立陶宛接壤。面积约6.5万平方千米。

拉脱维亚地形为平原、低地和低矮丘陵相间,全境地势低平,3/4地区在海拔120米以下,最高点海拔311米。

拉脱维亚属于海洋性气候向大陆性气候过渡地带,夏季凉爽,白天平均气温

23℃,夜间平均气温11℃;冬季较长,沿海地区-2℃~3℃,年降水量500~600毫米,全年约有一半时间为雨雪天气。

二、国家象征

拉脱维亚的国旗呈横长方形,自上而下由红、白、红3个平行的横宽条组成。

拉脱维亚国徽分为大、中、小三个样式。小国徽为盾徽;上方为太阳,17道光芒代表17个操拉脱维亚语的地区;左下方的红狮,表示西拉脱维亚;右下方为狮鹫,表示东部地区。盾徽上端有3颗金色五角星,象征了历史的3个区。

拉脱维亚的国歌是《上帝保佑拉脱维亚》。

拉脱维亚的首都是里加。

三、社会生活

拉脱维亚人口约223万人,其中城市人口约占七成,拉脱维亚族约占五成半。官方语言为拉脱维亚语。居民主要信奉罗马天主教。

拉脱维亚国会实行一院制,为国家最高立法机构。总统由议会选举产生,是国家武装力量最高统帅。拉脱维亚主要政党:和谐中心联盟、团结党、改革党、一切为了拉脱维亚及祖国自由联盟、绿色农民联盟。

拉脱维亚经济以工业和农牧业为主,在波罗的海三国中,拉脱维亚的工业位居第一位,农业位居第二位。

四、民俗风情

拉脱维亚人在正式场合行握手礼,称男子为先生,称女子为夫人、小姐或女士。如对某人特别尊敬,赠送柞木叶子做成的桂冠。拉脱维亚人纯朴、好客,朋友到家会拿出家里最好的食物款待。应邀做客,一定准时到达,迟到也不超过10分钟。

拉脱维亚的民族服装,男子着衬衫、长裤、长外衣、扎腰带、戴呢帽;女子着绣花短袖白衬衫、方格或条纹裙子,系绣花围裙,扎头巾。已婚妇女戴亚麻布帽子,姑娘戴穿珠刺绣的花箍。饰物有银手镯、胸针。

拉脱维亚的食品丰盛而油腻,最著名的是烟肉食品。拉脱维亚人很喜欢喝啤酒。

五、旅游城市

里加(Riga) 拉脱维亚的首都,重要商港和西部海洋渔船队的基地。城区掩映在绿荫树丛中,街道宽阔,风景秀丽,有"欧洲美人"之誉。里加历史中心有许多优秀的古建筑,已被列入世界文化遗产名录。

陶格夫匹尔斯(Daugavpils) 位于道加瓦河两岸。拉脱维亚北部的重要文化中心。周围有300多个湖泊,风景优美,堪称国际性旅游城市。

六、经典景点

自由纪念碑 位于里加市。为纪念拉脱维亚在独立战争中牺牲的将士而建。碑高42米,由几个部分组成,分别代表劳动、国家实力、精神力量和自由。顶端是一座自由女神像,面朝西方手托金星。金星代表拉脱维亚的3个历史文化区域,上面还刻着6个字:"为祖国和自由。"自由纪念碑前也是重大活动的举行地。

里加市政厅广场 建于13世纪。广场的中心矗立着罗兰德的雕像,罗兰德代表着中世纪的司法机关、城市自由以及独立,被尊为事业保护神。广场上的市政厅是标准的哥特式建筑,尖塔高近65米。广场四周还伫立着许多著名的建筑物。广场的道路都用石子铺成。

国家歌剧院 位于里加市。始建于1918年。歌剧院的设计精巧而不失大度,华丽而又不失庄重,可谓恰到好处。尤其是创新的舞台设计,吸引了世界顶级的指挥家以及歌唱家,使这里成为文化交流的重地。

民族史露天博物馆 位于里加市。森林环绕,树木葱郁,像是远离尘嚣的世外桃源。博物馆集合了拉脱维亚全境4个区域的120幢木质建筑,这些建筑延续了19世纪的风格,是原汁原味的拉脱维亚历史民俗村。展出上万件历史悠久的手工艺品,成为拉脱维亚的历史缩影。

汽车博物馆 位于里加市。展示不同年代、不同国家生产的汽车,其中有前苏联领导人的汽车,斯大林的汽车也在其中。最为著名的是古董汽车俱乐部的主席从废墟中拯救出来的汽车联盟D型赛车。

航空博物馆 位于里加市。馆内收藏的主要是苏联战争时期的飞机,包括军事飞机、客运飞机、直升机等,还有如雷达、火箭模型、炸弹、手枪等各种形式的军事器材,多用途飞机40多架。大部分展品都摆放在室外。

黑头宫 位于里加市。曾是德国商人会所。当年波罗的海地区黑人很少,为了显示有钱有地位,弄了位黑人看大门。后来这位黑人被画在墙上,大楼也被称为"黑头屋"。这幢漂亮的建筑现在是拉脱维亚总统府,但门口没有警卫,也许是世界上罕见的没有警卫的国家最高权力机关。

圣彼得教堂 位于里加市。哥特式建筑物,始建于1209年,高123米。建筑物越是往上其表面的装饰物越多。教堂的顶端矗立着一只生铁铸成的公鸡,鸡身由两种颜色组成,左边是金色,右边是黑色,顺风时金色的一面面对城市,逆风时黑色的一面面对着城市,表示船只不可以进港,具有导航作用。

圣马利亚大教堂 位于里加市。建于13世纪。教堂在过去几百年中遭受了历史的打磨与洗礼,在不断的修建中融合了不同的建筑风格,形成了如今的多元化样貌。教堂窗户由彩色玻璃构成,形成一幅幅生动的玻璃画。教堂里拥有一架

6000 多根风管的管风琴。

猫屋 位于里加市。里加不少建筑顶端都立有一只傲然挺拔的"风信鸡",唯独这座建筑顶部矗立的是一只黑猫,而黑猫在西方代表厄运与不幸。这座建筑的主人是一位德国富商,因商会拒绝让他成为商会会员,便修建了一座豪宅,并在两座高塔上分别装饰了一只黑猫,猫屁股还对准商会的办公大楼。姿势不敬的黑猫惹怒了商会,后经法院调息,将猫头转过来对着商会大楼,奇特的猫屋得以幸存。

锡古尔达城堡 位于锡古尔达市。通体由石头建成。曾是一户显赫家族的庄园。第一次世界大战后成为拉脱维亚绘画协会的所在地,第二次世界大战后成为苏联卫生部的疗养所,苏联解体后重新归属拉脱维亚,成为市会议中心。城堡见证了拉脱维亚的发展变迁的历史,而岁月也为这座城堡增添了一抹别样的韵味。

闻沓瀑布 位于库尔迪加市。瀑布平时宽度 249 米,汛期可达 270 米,经常出现在拉脱维亚的明信片上。闻沓瀑布的水源源自闻沓河,春秋两季,河中的三文鱼和鲟鱼从这道瀑布跳过去回到自己的出生地繁衍后代,于是出现了一幕拉脱维亚版的"鲤鱼跳龙门"。闻沓河上还有一座古老的红色砖桥。

圣凯瑟琳教堂 位于库尔迪加市。建于 1252 年。教堂外观淡雅朴素,内部装潢十分独特,教堂内的一砖一瓦经过精心挑,每一个构造都是建筑师的心血,各个部分都有一定的比例,木制的雕刻更彰显手工师傅的高超的技艺。

斯里特国家公园 位于塔尔西市。占地 265 平方千米,其中 101 平方千米是波罗的海。岸边的阔叶林和沙丘、沼泽成为一大景观。公园 30% 的面积分布着针叶林,植物种类多达数百种,其中 29 种是拉脱维亚特有的植物种类。地处波罗的海候鸟迁徙的必经路线上,形形色色的鸟儿从空中一飞而过,场面壮观。

让姿娜国家公园 位于雷泽克内、达格达市和卢扎市。占地 532 平方千米。公园内湖泊众多,其中以让姿娜湖泊景色最优美。湖泊周围有很多沙滩,沙滩柔软细腻,每逢周末当地人喜欢到这里来休闲放松。拉脱维亚第三大高山里拉斯·里飘侃山也坐落在这座公园之中。

伦达尔宫 位于伦达尔市。始建于 1736 年。设计师是意大利建筑家——拉斯特雷利,俄罗斯圣彼得堡的冬宫也出自他之手。曾是库尔兰和瑟米利亚公国君主的夏日行宫。装潢华丽精致,房间里挂着不胜枚举的油画、雕刻等工艺品,家具、餐具、壁毯等装饰物也精华无比。玫瑰花园面积达 10 公顷,拥有上千种玫瑰。

阿格洛纳圣殿 位于阿格洛纳市。建于 18 世纪后期。共有两座塔楼,高度都是 69 米。建筑非常雄伟,收藏品更是丰富,其中有大量世界著名的绘画、雕刻作品,以 17 世纪的圣母马利亚像最为出名。每年 8 月 15 日圣母升天节,数以万计的朝圣者奔赴这里一起庆祝。

采西斯城堡 位于采西斯省。采西斯是拉脱维亚的古城,分布着不少古迹废墟,历史可以追溯到中世纪,采西斯城堡便是其中最著名的一个。城堡经历多次毁灭与重建,成为古城最坚实的壁垒,它也见证着波罗的海诸国曾经辉煌的岁月。现已改造成历史博物馆。

里加国家公园 位于采西斯省。面积917平方千米。公园东北区主要是一大片自然保护区,西南方是里加居民休闲娱乐的场地。公园里湖泊星罗棋布,有约900种植物,约50种动物,生物资源十分丰富,以泥盆纪砂岩悬崖而闻名于世。

卡若斯塔监狱 位于利耶帕亚市。19世纪末建成,1994年停止使用。第二次世界大战期间,这里执行了至少160位囚犯的死刑。如今允许游客在监狱度过一晚或者一个周末,体验独特的监狱生活,但需要签订一份奇特的文件,同意在入住期间受到狱卒的虐待。已有近3000名"囚犯"前来体验铁窗生活。在"刑满"后,"囚犯"将获得一纸证书以作纪念。这里也是新婚夫妇的另类蜜月选择,监狱特别为这些新婚夫妇提供特殊的房间。

七、世界遗产

里加历史中心 里加位于波罗的海国家的中心地带,被称为"波罗的海跳动的心脏"。老城有运河环绕,具有中古时代城市的特征,房屋低矮,街道狭窄,屋顶多用红瓦,每座屋顶上有一只闪光的金属制的公鸡——风信鸡。这里的砖制圆顶屋、圣彼得教堂、火药塔、瑞典门、里加城堡以及许多博物馆和艺术画廊,颇为著名。

斯特鲁维测地弧 从挪威到黑海的测量链,穿过俄罗斯、白俄罗斯、爱沙尼亚、芬兰、拉脱维亚、立陶宛、挪威、摩尔多瓦、瑞典、乌克兰等10个国家,共有265个测量点。因天文学家斯特鲁维凭此对子午线进行精确测量,因而得名。这一测量帮助人类掌握地球的确切大小和形状,是地球科学和地形绘图学发展的重要一步。

第十九节 银装骑士——立陶宛

立陶宛,全称"立陶宛共和国"(The Republic of Lithuania)。"立陶宛"波兰语意为"多雨水的国家"。

一、自然地理

立陶宛位于波罗的海东岸,北界拉脱维亚,东南邻白俄罗斯,西南是俄罗斯和波兰。面积约6.5万平方千米。

立陶宛地势平坦,东部和西部丘陵起伏,平均海拔200米左右。主要河流涅曼河,境内多湖泊。

立陶宛属于海洋性向大陆性过渡的温带阔叶林气候,1月平均气温-5℃,7月平均气温17℃。

二、国家象征

立陶宛的国旗呈横长方形,自上而下由黄、绿、红色3条平行的等宽色带构成。黄色代表丰收,绿色代表森林,红色代表血液。

立陶宛的国徽为盾徽。红色盾面上一位银装骑士跨在一匹白色的骏马上,右手挥银剑,左手持蓝地镶金黄色双十字的盾牌。勇士图案最早出现在立陶宛大公韦塔塔斯一世的御玺上,后来成为立陶宛人英勇顽强、坚韧不拔的民族精神的象征。

立陶宛的国歌是《立陶宛,我的祖国》。

立陶宛的首都是维尔纽斯。

三、社会生活

立陶宛人口约356万人,其中立陶宛族超过八成。官方语言为立陶宛语。居民主要信奉天主教,部分人信仰东正教。

立陶宛实行民主共和制。一院制议会是国家最高立法机关。总统由公民直接投票选举产生。立陶宛主要政党:社会民主党、祖国联盟—基督教民主党、劳动党。

工业是立陶宛的支柱产业,主要有矿业及采石业、加工制造业以及能源工业三大产业,高精度机床、仪表、电子计算机等产品行销世界各地。畜牧业产值占农产品产值的九成以上。

四、民俗风情

立陶宛人生活方式接近西方国家,注重生活质量,休息日爱好外出旅游,喜爱体育运动。

立陶宛人以握手为礼,好友相见多施拥抱礼,亲友相见常施吻礼。与宾客攀谈,习惯轻声细语的气氛及温和幽雅的场面。任何场合女士优先,行走、乘车对女士给予特殊的照顾。

立陶宛人穿着注重式样、花色、做工。常见的男装为刺绣的白亚麻布衬衫、方格或条纹的裤子,外面罩一件短小的背心和呢外衣,系腰带和领带。女装为刺绣的长袖白衬衫,外套细花纹丝绸或锦缎背心。他们钟爱色彩艳丽、有五光十色图案的编织腰带。

立陶宛人主要食物是面食、土豆、甜菜、白菜、猪肉、羊肉和奶制品等。火腿、香肠、熏猪肉是传统肉制品。地道的立陶宛食物较为清淡,烹调用油甚少。他们喜欢烤制食品,不喜欢吃虾及海味菜肴。

立陶宛人喜爱红色,以红色为喜庆、欢乐、胜利之色。他们对在众人面前耳语的人很反感。用餐时,忌讳餐具发出声响,也不愿听到咀嚼食物的声音。他们忌讳用一火为三人点烟,认为13、星期五是令人丧气的数字和日期,更忌讳询问年龄、宗教、工资等隐私问题。

五、旅游城市

维尔纽斯(Vilnius) 立陶宛的首都,位于立陶宛东部。"维尔纽斯"由立陶宛语"维尔卡斯"(狼)一词演变而来。城市周围是长满树林的群山和沟壑,城区街道狭窄,蛛网状的青石路曲曲弯弯,两侧多中世纪楼房和教堂。维尔纽斯历史中心已被列入世界文化遗产名录。

考纳斯(Kaunas) 立陶宛陆路交通枢纽,曾为立陶宛的首都。位于涅曼斯及其支流尼亚里斯河汇流处。建于18世纪的白色的巴洛克式前市政厅,现已成为婚礼殿堂和陶艺博物馆。市政厅广场有迈罗尼斯的雕像、考纳斯大教堂,重建的钟塔是13世纪考纳斯城堡的唯一幸存建筑。

克莱佩达(Klaipeda) 立陶宛西部沿海城市,是立陶宛主要的旅游和休养地。位于海库尔斯基湾北端达涅河口,是波罗的海东岸纬度最高的不冻港,也是连接东西方陆路及海路交通要道的枢纽之一。

六、经典景点

维尔纽斯大教堂 位于维尔纽斯市。教堂顶端树立3个雕像,地宫安葬着维陶塔斯大公和妻子、国王日吉蒙塔斯的两位妻子,还保存着国王弗拉基斯拉夫的心脏。小礼拜堂的祭坛上有立陶宛唯一的圣徒卡济米拉斯的棺木。广场上有一块"奇迹砖",是人民为新生而抗争的起点,据说踩踩这块砖,顺时针转360°,许下的愿望就会实现。

圣安娜教堂 位于维尔纽斯市。立陶宛最著名的晚期哥特式建筑,建于1581年。教堂全部用红砖砌成,仅外墙就用了33种不同形状的砖。据说拿破仑东征时被圣安娜教堂的精美所吸引,曾想将它"放在手掌中带回巴黎"。

琥珀博物馆 位于帕兰加市。收藏的文化艺术类琥珀,主要包括15世纪的戒指、16世纪的十字架、过去四个世纪的琥珀首饰以及一些念珠、烟嘴和装饰盒等,还有来自世界其他地区的琥珀和一些精选的现代琥珀制品,藏品达2.8万多件,其中有欧洲第三大的琥珀标本"太阳石",重达3.5千克。

考纳斯城堡 位于考纳斯市。立陶宛最早的防御工事,建于13世纪。初建时墙体厚达2米,高达13米。1362年十字军连续围攻城堡3个星期,终于毁掉了城墙。1368年城堡重建,更为坚固。

考纳斯市政厅 位于考纳斯市。初建于1542年。市政厅大楼高53米,为晚期巴洛克式建筑,并带有早期古典主义和哥特式建筑风格。沙皇统治时期被改为东正教教堂,1837年曾作为沙皇的行宫。1970年重建,现为陶器博物馆和婚礼宫。

十字架山 位于希奥利艾市。几个世纪中,前来朝圣的天主教徒在这里安置了许多十字架,以及巨大的苦像、立陶宛爱国者的雕塑、圣母雕像,以及数以千计的小型雕像和玫瑰经念珠,每个十字架都代表着不屈的精神、高尚的灵魂和默默抗争的民族特性。

格季米纳斯塔楼 位于格季米纳斯山上。建于13世纪,在经历多次战乱和重修后依然屹立在山顶。三层的塔楼外表朴素但历经沧桑。站在古塔上举目远眺,整个城市的美景尽收眼底。

七、世界遗产

维尔纽斯历史中心 维尔纽斯是一座内陆城市,建于10世纪,从13世纪到18世纪末期是立陶宛大公国的政治中心,在文化和建筑发展上对许多东欧国家有着深远的影响。尽管遭到入侵和部分的破坏,仍然保留了文艺复兴时期哥特式和巴洛克式的建筑。

库尔斯沙嘴 地跨立陶宛与俄罗斯,长98千米,最宽处约4千米,最窄处仅400米。这里常常受到海风、潮汐的侵害,居民愚公移山般一代代地种树,沙嘴上的森林覆盖率高达70%以上。这里的琥珀储量占全球储量的九成以上,而且品质极佳。岛上保留了多处历史、考古、建筑等遗迹,还有古朴传统的生活方式。

柯纳维考古遗址 位于东立陶宛。在中世纪,柯纳维曾是一个重要的城镇。遗址包括未设防的居住地、墓地以及5个山上堡垒(大型防御系统的一部分)的残留部分,时间跨越旧石器时代晚期直至中世纪。

斯特鲁维测地弧 从挪威到黑海的测量链,穿过俄罗斯、白俄罗斯、爱沙尼亚、芬兰、拉脱维亚、立陶宛、挪威、摩尔多瓦、瑞典、乌克兰等10个国家,共有265个测量点。因天文学家斯特鲁维凭此对子午线进行精确测量,因而得名。这一测量帮助人类掌握地球的确切大小和形状,是地球科学和地形绘图学发展的重要一步。

第二十节 中欧白鹰——波兰

波兰,全称"波兰共和国"(The Republic of Poland)。"波兰"斯拉夫语意为"平原"。

一、自然地理

波兰北濒波罗的海,西与德国为邻,南与捷克、斯洛伐克接壤,东与俄罗斯、立陶宛、白俄罗斯、乌克兰有共同边界。面积约31.3万平方千米。

海拔200米以下的平原约占波兰全国面积的7/10。主要山脉为喀尔巴阡山脉和苏台德山脉。较长的河流为维斯瓦河和奥得河,最大的湖泊是希尼亚尔德维湖。

波兰属于由海洋性向大陆性气候过渡的温带阔叶林气候,1月平均气温

-1℃~4℃,7月平均气温17℃~19℃,年降水量470~1070毫米。

二、国家象征

波兰的国旗呈横长方形。旗面由上白下红两个平行相等的横长方形构成。白色象征古老传说中的白鹰,还象征纯洁,表达波兰人民渴望自由、和平、民主、幸福的美好愿望;红色象征热血,也象征革命斗争取得胜利。

波兰的国徽为盾徽。红色的盾面上绘有一只头戴金冠、舒展双翼的白鹰。红、白两色是波兰人民喜爱的传统颜色,也是国旗的颜色。白鹰象征波兰人民不屈的爱国精神。

波兰的国歌是《波兰决不灭亡》。

波兰的首都是华沙。

三、社会生活

波兰人口约3848万人,其中城市人口约占六成。居民基本上都是波兰族。官方语言为波兰语。九成以上的居民信奉天主教。

波兰实行总统议会制。国民大会由众议院和参议院组成,是国家最高立法机构。武装力量在国家政治事务中保持中立。波兰主要政党:法律与公正党、自卫党、波兰家庭联盟、公民纲领党、团结工会。

波兰工农业较发达,工业的主要支柱为采煤、机械制造、造船、汽车和钢铁工业。畜牧业以饲养牛、猪为主。琥珀储量丰富,有几百年开采历史,是世界琥珀生产大国。

四、民俗风情

波兰人流行握手礼,亲人和朋友别后重逢时常拥抱,一般拥抱一次,关系亲密者相互左、右、左拥抱三次。波兰人有对已婚妇女吻手背的习惯。

波兰人打手势颇有讲究:举起右手握拳,表示善意、成功;用右手食指和拇指弹一下脖子,那是要请你喝一杯。波兰人喜欢请客吃饭,但就餐者不能是单数;吃整只的鸡、鸭、鹅通常由年轻的女主人亲手操刀将其分割开来,然后逐一分到每位客人的食盘之中;不论饭菜是否合口味,客人都要争取多吃一点,并对主人的款待表示谢意;口中含着食物说话被认为是粗鲁的举止。

波兰人以吃面食为主,爱吃烤、煮、烩的菜肴,口味较淡。吃饭时先喝汤,饮料爱喝咖啡和红茶。饮用红茶时爱加入一片柠檬,不喜欢茶水过浓。波兰有一些世界上绝无仅有的菜肴,如用龙虾黄油配芜菁甘蓝做成的蛋糕,麋鹿肉用山楂叶子作配菜。酸菜"必高思"是传统佳肴,中世纪时就已经出现在波兰人的餐桌上。波兰伏特加在全世界享有盛誉,最受欢迎的当数牛草伏特加(俗称"牛草酒")。

清早出门离家后又折返,清早在路上碰到穿丧服的女人和穿黑袍的修士或修女,半夜遇见黑猫,正午遇到泼出来的食油,用一根火柴点两支以上的烟,进屋顺手把礼帽放在床上,在波兰人看来都是不吉利的征兆。一脚在门内一脚在门外时不能与人握手;送花不能送表示浪漫爱情的红玫瑰;波兰人的床一般不许外人坐,尤其是未婚女子的床。波兰人对 13 这个数字很忌讳,就餐忌讳 13 人同桌,忌讳在 13 日举行任何礼仪性活动;住房没有 13 号,旅馆没有 13 号房间。如果 13 号这天是星期五,一般不会出游。

五、旅游城市

华沙(Warsaw) 波兰的首都,波兰最大的城市,中欧诸国贸易通商要道,音乐家肖邦的故乡。位于维斯拉河两岸。银波粼粼的维斯瓦河如一条玉带环绕城市,欧洲中世纪式的红色尖顶建筑鳞次栉比。绿色都市与郊外的防护林带衔接,有"绿色之都"的美誉。华沙历史中心已被列入世界文化遗产名录。

罗兹(Lodz) 罗兹省首府,全国纺织工业中心,重要的犹太文化中心,波兰电影制片业中心和美术中心。位于波兰中部维斯瓦河与瓦尔塔河的分水岭上。

克拉科夫(Krakow) 中欧最古老的城市之一,位于维斯瓦河上游两岸,历史上曾为波兰首都。克拉科夫被誉为波兰最美丽的城市,曾被选为"欧洲文化之都"。克拉科夫历史中心已被列入世界文化遗产名录。

六、经典景点

维兰诺夫宫 位于华沙市。波兰国王扬·索别茨基三世修建的郊外别墅。宫殿建筑呈五角形,巴洛克风格。王宫广场中心耸立着泽格蒙特三世瓦扎圆柱纪念碑,站立在圆柱上的泽格蒙特三世头戴王冠,身披战袍,手执利剑和十字架。传说国王宝剑的指向含有不同的意思:向上指象征胜利和幸运,向下指预示厄运和衰亡。

圣十字圣殿 位于华沙市。天主教堂。1294 年开始建造,400 年后才竣工。教堂里宽大的正偏三殿间以八棱列柱,列柱上飞起大跨度的双沿尖顶连拱。教堂内有一些重量级名人的纪念碑和陵墓,包括但丁、米开朗基罗、伽利略、马基维利、罗西尼等。

瓦津基公园 位于华沙市。原是波兰末代国王斯·奥·波尼亚托夫斯基的别墅,宫殿、楼阁、池沼、草地错落其间,还有玫瑰园、柑橘园等。最负盛名的水上宫殿瓦津基宫,雄伟多姿,富丽堂皇。入口处树立着一座巨大的肖邦雕像,故又称"肖邦公园"。

华沙老城集市广场 拥有独特的波兰传统餐厅、咖啡馆和商店。华沙起义后,这里曾被德国军队摧毁,第二次世界大战后恢复原来的模样。广场四周大都是哥特式建筑,中间有一个美人鱼雕像喷水池,手持利刃和盾牌的美人鱼是华沙的标志。

肖邦故居 位于华沙市。一排白色的小屋掩映在绿树鲜花之中,存放着肖邦少年时代的作品和他曾经使用过的竖式钢琴。故居外的庭院竖立着肖邦的雕像,种植由波兰各地捐献的名贵花草树木。故居溪水潺潺,琴声飘飘,风景如画。

华沙起义纪念碑 位于华沙市。为纪念反法西斯战争胜利前夕被纳粹镇压的华沙人民起义而建。大型青铜雕塑由冲出街垒的起义士兵、工人,掩护妇孺的战士、为起义者祈祷的神职人员组成,形象生动,气势恢宏。

居里夫人博物馆 位于华沙市。居里夫人是波兰裔法国籍女物理学家、放射化学家,放射性现象的研究先驱,获得两次诺贝尔奖的第一人。该博物馆原为居里夫人的居所。这栋不太起眼的楼房只有3个房间,展示居里夫人的相关资料以及一些个人用品,如化学分析图表、实验用具等。

犹太英雄纪念碑 位于华沙市。1940年秋,希特勒法西斯在华沙建立犹太人隔离区,最多时达45万人。忍无可忍的犹太人起义,大批犹太人遭杀害,犹太人隔离区随即被纳粹军队夷为平地。纪念碑群由2711根长短不一的灰色碑柱组成,黑灰色的石碑如一片波涛起伏的石林。

无名烈士墓 位于华沙市。建于1925年,第二次世界大战期间遭毁坏,后得以重建。这里是波兰举行各种活动的重要场所。按照波兰外交礼仪规定,外国重要代表团来访和驻波兰使节到任,均须向无名烈士墓献花。

涅伯鲁夫庄园 位于华沙市。17世纪由荷兰建筑学家设计建造,18世纪扩建。曾为拉杰约夫斯基主教的庄园,现为华沙国家博物馆分馆。这里曾是贵族聚会的场所。宫殿里陈列许多艺术品及珍贵的古老印刷品。

克拉科夫市政厅塔楼 塔楼是被拆毁的老市政厅仅存的部分,用砖石建造,高约70米,1703年的暴风雨导致倾斜了55厘米。入口处有两座19世纪初雕刻的石狮子镇守,大门上方装饰有城市的盾形纹章。塔楼地窖曾作为监狱,里面还有中世纪的酷刑室。

克拉科夫中央广场 号称欧洲最大的中世纪广场。广场上砖红色的圣母马利亚教堂是克拉科夫的标志,夕阳映照时散发出一种迷人的暖红。每到整点,教堂钟楼顶部的小窗户就会打开,一只金色的喇叭伸出来吹奏一段曲子。居高临下的钟楼曾是一个瞭望哨。

七、世界遗产

克拉科夫历史中心 建于10世纪,是欧洲大陆对犹太人开放最早、开放度最大的地区之一。古典建筑物弥漫着中世纪的风情:四周环绕着教堂、修道院、钟楼和方塔,城市周围是17和18世纪建造的一系列富户宅院,中产阶级建造的哥特式、文艺复兴式和巴洛克式住宅。

维利奇卡盐矿 位于克拉科夫市。自13世纪开始开采,是欧洲最古老且目前仍在开采的盐矿之一。盐矿矿床长约4千米,宽约1.5千米,厚300~400米,巷道全长300多千米,迄今已采盐2000万立方米。盐矿里面有着许多艺术品、祭坛,还有用盐雕刻的塑像。

奥斯威辛集中营 位于克拉科夫西南郊。纳粹德国时期建立的劳动营和灭绝营之一,有"死亡工厂"之称。1940年由纳粹德国党卫队领导人希姆莱下令建造,约有110万人在此被杀。1945年由苏联红军解放。1947年波兰国会立法把集中营改为纪念纳粹大屠杀的国家博物馆,展出纳粹在集中营犯下种种罪行的物证和图片。

华沙历史中心 华沙城建于13、14世纪之交,扩建于15世纪,改建于17世纪,1944年华沙起义失败后,德国法西斯把古城毁成一片废墟,战后重建。古城的中心有个宽广的方形市场,当时的市政机关、商店和手工业作坊都集中在这里。城市中最富有的人们都在此居住。古城周围筑有城墙和护城河。

扎莫希奇老城 16世纪末修建,以当时的军事将领简·扎莫希奇的名字命名。老城完美地保留了16世纪中世纪城镇的最初风貌和要塞堡垒,还保留了大量的、充分体现意大利和中欧建筑完美结合的建筑物。

特多尼克奥尔多城堡 位于马尔堡。建于1276—1309年,是中世纪砖制城堡的杰出代表,在整个欧洲的同类建筑中堪称一流,被视为普鲁士王室传统的象征。第二次世界大战期间多处建筑物被毁坏,文物保护者运用精湛的技艺和文物修复技巧,恢复了城堡的原貌。

中世纪城镇托伦 13世纪条顿骑士团在此修筑城堡,这就是托伦城的雏形。托伦在中世纪的汉萨同盟中发挥了重要作用,成为重要的商业中心。14、15世纪城市的公共建筑和私人建筑物一一重新修建,显示了托伦在历史上的重要地位。由于这里养育了伟大的哥白尼,被称为"哥白尼城"。

风格主义建筑及园林景观建筑群和朝圣公园 位于卡尔瓦里亚—泽布日多夫斯卡。以风格独特的建筑和园林景观群著称,尤其是朝圣公园,建立于17世纪初,模仿耶路撒冷的哭墙设计。朝圣公园那些象征基督受难和圣母降生的建筑,与贝斯基德山的风景生动地融为一体。

亚沃尔和希维德尼察的和平教堂 欧洲最大的木制宗教建筑,建于17世纪中叶。这些教堂没有塔,没有钟,没有采用耐用材料。欧洲在《威斯特伐利亚和约》签订后,宗教斗争极为激烈,受自然界和政治条件的限制,木构教堂成为追求宗教信仰自由的见证,是和天主教教堂相联系的马丁路德教派的珍贵体现。

南部小波兰的木教堂群 包括6座木结构教堂,拥有几百年的历史,均出自普通木匠之手。最古老的教堂建于15世纪,采用杉木,盖以木瓦,内部尚存残缺不全的壁画。一座建于15世纪初的木瓦顶教堂,屋顶呈螺旋式,保留着哥特式和文艺复兴时期的壁画碎片。比那洛瓦教堂拥有珍贵的壁画,还有14世纪的圣母玛利亚木雕像。

旅游目的地概述

马斯科夫公园/马扎科夫斯基公园 位于德国和波兰边境。建于1815年至1844年间。2个公园将周围环境和景观天衣无缝地交织在一起,开拓了一条新的景观设计之路,其建造风格对欧洲甚至美洲的园林艺术有着很大影响。

弗罗茨瓦夫的百年厅 建于1911~1913年,是当时弗罗茨瓦夫的市政厅。对称式结构,开阔的圆形空间,可容纳6000多人。正前方矗立着一座针状的金属雕塑。百年厅是现代工程建筑的先驱之作,展现了20世纪初期各种影响力的交会,对后来钢筋混凝土建筑的发展具有重要的参考价值。

喀尔巴阡地区木质教堂 位于波兰与乌克兰边境。由东正教和希腊天主教组织建于16—19世纪,包括16处教堂,其中波兰、乌克兰各8处。木制教堂与环绕四周的森林群山完美相融。教堂丰富的外形、卓越的设计和木质建筑解决方案成为不同于欧洲其他国家木质教堂的奇妙建筑,体现当时木质结构教堂建筑的最高水平。

塔尔诺夫斯克古雷铅银锌矿 位于波兰南部的西里西亚高原。波兰最大、最具历史价值的地下铅银锌矿。拥有一条巨大的排水网络,开创了公共排水系统的先河,是水利工程学上的里程碑。排水系统既满足了工业用水,又兼顾了迅速增长的人口用水需求。其首创的地下水管理系统是世界上同等类型排水系统中规模最大的。德国工业革命发端于西里西亚,该铅银锌矿是工业革命的基础。

第二十一节 六角黄星——斯洛文尼亚

斯洛文尼亚,全称"斯洛文尼亚共和国"(The Republic of Slovenia)。"斯洛文尼亚"是当地最大的民族。

一、自然地理

斯洛文尼亚位于欧洲中南部,西邻意大利,西南通往亚得里亚海,东部和南部为克罗地亚,东北有匈牙利,北接奥地利。面积约2.03万平方千米。

斯洛文尼亚国土半数以上为茂密的森林,西北部为山地,南部为石灰岩高原。河谷平原占全国总面积的1/5。特里格拉夫峰海拔2864米,为斯洛文尼亚最高峰。斯洛文尼亚最著名的湖泊是布莱德湖。

斯洛文尼亚气候分为山地气候、大陆性气候和地中海式气候三种类型。夏季平均气温21℃,冬季平均气温0℃。

二、国家象征

斯洛文尼亚的国旗呈横长方形,由3个平行相等的横长方形组成,自上而下分别为白、蓝、红三色。旗面左上角绘有国徽。

斯洛文尼亚的国徽为镶有红边的蓝色盾徽。中心图案是白色山峰特里格拉夫山,山峰下两道蓝色波状条纹代表两条主要河——流萨瓦河和德拉瓦河。蓝色的天幕上,3颗象征独立、自由和光荣的黄色六角星熠熠发光,照耀着斯洛文尼亚共和国的锦绣前程。

斯洛文尼亚的国歌是《祝酒歌》。

斯洛文尼亚的首都是卢布尔雅那。

三、社会生活

斯洛文尼亚人口约201万人,斯洛文尼亚族超过总人口的八成。官方语言为斯洛文尼亚语。主要宗教是罗马天主教。

斯洛文尼亚实行议会民主制,立法、行政、司法三权分立。国民议会是国家最高立法机构。斯洛文尼亚主要政党:采拉尔党、积极斯洛文尼亚名单党、民主党、社会民主人士党、维兰特公民名单党、人民党。

斯洛文尼亚为高度外向型经济,受世界经济特别是欧洲经济的影响极大。自然资源贫乏,但拥有较发达的交通基础设施,加工工业基础也较雄厚。

四、民俗风情

斯洛文尼亚人见面一般以握手为礼,但夫妻之间拥抱亲吻,父母子女之间亲脸、亲额头,平辈亲友之间贴面颊,妇女之间亲脸,男子之间抱肩拥抱,男女之间贴面颊,晚辈对长辈亲额头。

斯洛文尼亚人欢迎远道而来的贵宾时,身穿民族服装,捧出面包和盐,客人撕一小片面包蘸盐吃,寓意主人即使清贫,对朋友依然热情欢迎、无私款待,这是隆重的欢迎仪式。

斯洛文尼亚人以面包为主食,羊肉、牛肉等为副食。

五、旅游城市

卢布尔雅那(Ljubljana) 斯洛文尼亚的首都,斯洛文尼亚最大的城市,政治和文化中心,斯洛文尼亚通往意大利、奥地利、巴尔干诸国的国际铁路枢纽。位于萨瓦河上游群山环抱的盆地之中。城市的特别风景是众多的咖啡馆、酒吧和街边酒馆。

马里博尔(Maribor) 斯洛文尼亚东北部城市,重要的旅游中心,位于德拉瓦河畔。有中世纪哥特式教堂、15世纪要塞和壁画以及众多的剧院和博物馆。

科佩尔(Koper) 斯洛文尼亚唯一的商业港口,位于亚得里亚海北端。科佩尔港是进出欧洲各类货物的集散地,奥地利、匈牙利的绝大部分海运货物都通过科佩尔港口登陆。这里保留着中世纪的教堂、钟楼和哥特式走廊。阳光充足,植物茂盛,海滩迷人,还有豪华的赌场。

六、经典景点

卢布尔雅那城堡 位于卢布尔雅那市。始建于 11 世纪，1945 年前一直被用作监狱，现保存有部分监房和中世纪的各种刑具。城堡内有咖啡吧和餐厅等设施，登上城堡可以俯瞰整个城市。

三重桥 位于卢布尔雅那市。卢布尔雅那河上三座并列的道路桥。卢布尔雅那河是亚得里亚海和黑海商旅航道上的一条重要河流，也是卢布尔雅那市的生命之源。沿着广场的卢布尔雅那河河畔，有许多咖啡馆和酒吧。三重桥地段的夜景很美。

卢布尔雅那中央市场 建于 1940 年至 1942 年。这里的商品五花八门，除了日常用品和瓜果蔬菜外，还有花市、鱼市、干果以及斯洛文尼亚别具特色的手工艺品。游客可以品尝当地的特色美食，是一个体验民俗和生活方式的理想之地。

布莱德湖 位于西北部阿尔卑斯山南麓。"三头山"顶部积雪的融水不断注入湖中，故有"冰湖"之称。湖水碧绿清澈，湖心岛上有 1004 年修建的天主教教堂，湖畔悬崖上耸立着风格独特的城堡，远处的阿尔卑斯山重峦叠嶂。

波斯托伊纳溶洞 溶洞全长 27 千米，洞内地形复杂，既有只能通过一个人的"小桥"，也有 45 米高的"大厅"。历经几百万年形成的石柱、石笋和石钟乳形态各异，十分壮观。

七、世界遗产

什科茨扬溶洞 位于塞萨纳市。包括索科拉格、格洛巴哈克、沙彭多尔和利赫纳等四个山谷、长约 2.5 千米的河滩和马霍茨奇溶洞。溶洞中有钟乳石、石笋，还有地下河和地下湖，巨大的钟乳洞展现了一个雄浑壮阔而又多姿多彩的地下世界。每年至少在此举行一次岩洞音乐会。

阿尔卑斯地区史前湖岸木桩建筑 阿尔卑斯地区湖边、河岸及湿地边的史前木桩建筑遗迹共 111 处，分布在斯洛文尼亚以及瑞士、奥地利、法国、德国、意大利 6 国。这些小型定居点建于约公元前 5000 年至 500 年，保存极其完好，文化内涵丰富，是研究这一地区早期农业社会的最重要的史料来源之一。

水银的遗产：伊德里亚 伊德里亚于 1490 年首次发现水银。这些遗址见证了水银的洲际贸易，以及数百年间在此基础上发展起来的欧洲与美洲重要的交流史。

第二十二节　石竹玫瑰——斯洛伐克

斯洛伐克，全称"斯洛伐克共和国"（The Slovak Republic）。"斯洛伐克"为民族名称，有"光荣"的含义。

一、自然地理

斯洛伐克位于欧洲中部,西北临捷克,北临波兰,东临乌克兰,南临匈牙利,西南临奥地利。面积约 4.9 万平方千米。

斯洛伐克是一个内陆国家,地势北高南低,大部分位于西喀尔巴阡山山区,西南和东南有小片平原。主要河流有瓦赫河、赫朗河等,属多瑙河流域。

斯洛伐克属于海洋性向大陆性气候过渡的温带气候,年平均气温10℃,最高气温37℃,最低气温-27℃。年降水量500~700毫米,山区在1000毫米以上。

二、国家象征

斯洛伐克的国旗呈横长方形,由3个平行的长方形组成,自上而下为白、蓝、红3色,白、蓝、红为斯拉夫民族的传统颜色。左侧绘有国徽图案。

斯洛伐克的国徽为盾徽,色彩与国旗相同。盾面上,蓝色的山峰之巅矗立着1个白色的波特涅主教十字架,山峰代表塔特拉山,是威武不屈的斯洛伐克人民的象征;波特涅主教十字架是斯拉夫民族信仰的东正教的圣物,展示了斯洛伐克人民对自由的不懈追求。

斯洛伐克的国歌是《塔特拉上空电闪雷鸣》。

斯洛伐克的首都是布拉迪斯拉发。

三、社会生活

斯洛伐克人口约546万人,斯洛伐克族约占总人口的八成半。官方语言为斯洛伐克语。居民6/10信奉罗马天主教。

斯洛伐克实行多党议会制。国民议会为最高立法机构。斯洛伐克主要政党:社会民主方向党、基督教民主运动、桥党、民主基督教同盟—民主党、自由与团结党。

斯洛伐克的工业有钢铁、食品、烟草加工、交通工具、石油化工、机械、汽车等,机械、电力和运输工业发展很快。

四、民俗风情

斯洛伐克山区青年订婚常常是在晚上。天黑之后,男青年在媒人带领下去女方家,姑娘躲了起来,小伙子对姑娘的母亲说:"这正是我要寻找的一颗星,可以让我去找吗?"女方母亲答应,小伙子就去找姑娘把她带出来,媒人向他们讲亚当夏娃以来的婚俗制度,订婚仪式就算完成了。斯洛伐克人结婚在家设宴请客,请柬上往往注明"请自带碟子刀叉"。

五、旅游城市

布拉迪斯拉发(Bratislava) 斯洛伐克的首都,政治、经济和文化中心,位于多瑙河畔,河对岸就是奥地利。蓝色的多瑙河宛如自天而降横系在城市腰间的玉带,横跨多瑙河上的铁索大桥似彩虹飞架南北。

科希策(Kosice) 科希策州的首府,斯洛伐克东部的经济、文化中心,位于河霍尔纳德河的东部河段,靠近匈牙利边境。拥有众多的教堂、博物馆和剧院,曾被选为"欧洲文化之都"。

六、经典景点

格拉苏尔科维奇宫 位于布拉迪斯拉发市。洛可可式宫殿。1996年重建后成为斯洛伐克总统府。除了会见大厅用金色勾勒线条略显辉煌外,一切都简朴而不失庄重。广场前部有一个喷水池,池中有一个很大的不锈钢圆球,圆球上刻有和平鸽。

布拉迪斯拉发旧市政厅 布拉迪斯拉发最古老的石制建筑之一,由14世纪陆续建成的老建筑群组成。几百年中多次修缮仍保持原貌。红瓦屋檐配格子窗棂,颇具中欧城市的气质。

布拉迪斯拉发城堡 坐落于多瑙河畔一座小山上。城堡形如一张倒置的八仙桌,四角高耸的塔楼犹如桌子的四条腿,别具一格。城堡在1811年的火灾中被焚毁,20世纪50年代重建。

圣马丁大教堂 位于布拉迪斯拉发市。一幢充满神秘色彩的哥特式建筑。教堂长69米,宽23米,高16米,拥有3个大小相等的通廊。从1563年到1830年,共有11位匈牙利国王在此举行加冕典礼。

伊丽莎白教堂 位于布拉迪斯拉发市。因教堂外观蓝白相间,内部装修以蓝色为基调,因此又称"蓝色教堂"。教堂有着漂亮的中世纪巴洛克式的穹顶和塔楼,彩绘玻璃十分漂亮。

迈克尔门 位于布拉迪斯拉发市。1300年前后修建的防御工事建筑,是布拉迪斯拉发城中最古老的建筑之一,现仅存一座塔楼。塔楼为巴洛克式,绿色尖顶,白色塔身。塔楼下有一个圆形钢制零起点标志——黄铜圆圈,圆圈上写有全世界主要大城市的名字,并且标有黄铜圆心到这些城市的距离。

国家博物馆 位于布拉迪斯拉发市。列柱式米白色建筑,曾经是匈牙利的王宫。大门前矗立着1918年捷克斯洛伐克统一独立国家纪念碑。博物馆展出许多珍贵的历史文物,包括武器、家具及手工艺品等。

七、世界遗产

班斯卡·什佳夫尼察 原是中世纪的采矿中心,随着许多著名的工程师和科学家来到这里,演变成为一个城镇,有文艺复兴时期的宫殿、16世纪的教堂、精致的广场和城堡。城镇的中心和周围的环境融为一体,保留着过去采矿和冶金活动的重要遗迹,漂亮的建筑比比皆是,城市景观既有文化内涵又富有工业特色。

斯皮什文化遗迹 东欧13世纪和14世纪集军事、政治和宗教为一体的最大的建筑群体之一,保存最完好的具有罗马式风格和哥特式风格的建筑物。它是中世纪以来多灾多难的历史的见证。墙内一座壮观的主楼和若干隐约可见的望楼凌空而立。

弗尔科利内茨 位于鲁容贝罗克市。保存了45幢传统的欧洲中部村庄的房子,是这个地区这类村庄中最完整的建筑群。留驻在村庄里的居民不采用新的用水系统,也不使用下水道设备,小鸡和其他农养动物在村庄里自由自在地游逛,有一种繁华世界中无法感受到的和平和宁静。

巴尔代约夫城镇保护区 老城始建于9世纪,1376年拉迪斯劳斯一世皇帝宣布为自由城。1402年成为商贸集散地,至今仍保持着中世纪城市的容貌。老城周边遗存有坚固的中世纪城堡与碉楼。建于15世纪的市政厅是斯洛伐克境内第一座晚期哥特式与初期文艺复兴式风格相融合的建筑物。

喀尔巴阡山区木教堂群 由两座罗马天主教堂、3座新教教堂以及3座希腊正教教堂组成,这些教堂建于16世纪至18世纪。由于宗教习俗差异,建筑物在地面设计、内部空间和外观方面风格迥异,反映了在建期间主要的建筑与艺术流派的发展历程,是当地悠久的拉丁文明及拜占庭文明在建筑上的反映。

奥格泰莱克的喀斯特岩洞群和斯洛伐克的喀斯特地貌 位于斯洛伐克和匈牙利交界处。许多较为年轻的洞穴中都有滤石作为天然装饰,高达33米的石笋堪称世界之最。这里以独特的喀斯特地形和自然的、生物的形成物而闻名于世,无论是从科学研究还是艺术欣赏的角度,其价值都难以估量。

第二十三节　童话王国——丹麦

丹麦,全称"丹麦王国"(The Kingdom of Denmark)。"丹"指丹人,即早期居住于此的哥德人,"麦"是"国家"或"土地"的意思,"丹麦"即"丹人居住的土地"。

一、自然地理

丹麦位于欧洲北部波罗的海至北海的出口处,南与德国接壤,西濒北海,北与挪威、瑞典隔海相望,是西欧、北欧陆上交通的枢纽,被称为"西北欧桥梁"。面积约4.3万平方千米(不包括格陵兰和法罗群岛)。

丹麦地势低平,平均海拔约30米。

丹麦属于海洋性温带阔叶林气候,2月气温最低,平均温度低于0℃,7月气温最高,平均温度17℃,年降水量600多毫米。

二、国家象征

丹麦的国旗是世界上最古老的国旗之一,呈横长方形,旗底为红色,旗面上有白色十字形图案。

丹麦的国徽为盾徽。盾面上绘有3头口吐红舌、头戴王冠的蓝色雄狮和9颗血色鸡心,象征勇敢、忠诚、善良。盾之上端是1顶华丽的王冠,象征丹麦是一个古老的王国。

丹麦的国歌是《有一处好地方》。

丹麦的首都是哥本哈根。

三、社会生活

丹麦人口约550万人,其中八成半居住在城市。丹麦人约占总人口的九成半。官方语言为丹麦语。居民主要信奉基督教。

丹麦是君主立宪制国家。女王为国家元首、武装力量最高统帅。一院制议会中的多数党提名首相人选。丹麦被国际机构认为是世界上腐败程度最低的国家之一。丹麦主要政党:社会民主党、激进自由党、保守人民党、社会主义人民党。

工业在丹麦国民经济中占主导地位。船用主机、水泥设备、助听器、酶制剂和人造胰岛素等产品享誉世界。农牧渔业及食品加工业高度发达,农业科技水平和生产效率居世界先进国家之列,猪肉、奶酪和黄油出口量居世界前列,还是世界上最大的貂皮生产国。北海和波罗的海为近海重要渔场,丹麦是欧盟最大渔业国。丹麦第三产业发达,旅游业位居服务行业的首位。丹麦人均国民生产总值居世界前列,以高福利、高收入、高税收、高消费著称,是世界上社会福利最好的国家之一。

四、民俗风情

丹麦人天性乐观,善于结交异国朋友。在社交场合一般以握手为礼。丹麦女子(特别是未婚女子)与有身份的男子见面时施屈膝礼,有的同时将手送至对方,以便对方施吻手礼。

丹麦人应邀到家中做客,在约定时间前后的一刻钟内到达,按惯例给女主人送一束鲜花或巧克力、酒等作为礼物。丹麦人喜欢以鲜花作为礼物,经常用三四朵康乃馨表示感谢。给客人送黄色的花,给出门旅行的人送红色的花。丹麦人待客饮酒热情得简直让人难以接受,甚至常趁客人不注意,往低度酒中添加烈性酒,以示诚心实意。

丹麦男女青年感情外露,交往自由,敢于大胆追求自己的意中人。筹办婚礼秘密进行,据说公开筹办会触怒鬼怪或引起他们的嫉妒。婚庆快要结束时,人们把一大坛啤酒抬到园子里,新郎新娘的手握住酒坛上方,然后酒坛被打得粉碎,在场的适婚女子把碎片捡起来,捡到最大碎片的女子被认为注定会第一个结婚,而捡到最小的将会终身不嫁。人们认为送给未婚妻刻满情诗、木制的棒槌是吉利的。

丹麦人喜爱运动,如足球、游泳、划船、骑车、垒球、手球、长跑等。

丹麦人以面食为主食，对面包食品情有独钟，各式单层、双层和多层的面包多达 700 多种，其中以"安徒生"名字命名的面包夹深得偏爱。三明治是丹麦的代表性食物。

丹麦冬季漫长，人们珍惜七八两个月左右的夏季时间，这段时间不喜欢别人找他们谈公事。与丹麦人谈话，双方距离以 1.2 米左右较为适宜，不能指手画脚，不能大声说话。不要与他们谈论政治和社会问题，也不要打听他们的私事。

丹麦人敬酒有许多规矩，客人不能先于主人敬酒，主人没说"请"之前任何人不应碰酒杯。丹麦人认为云雀会带来美好和吉祥，对鸭子有特殊感情，大城市里汽车和行人遇到鸭群会礼让鸭子通过。白色的花，只可在葬礼、结婚典礼时的新娘和接受洗礼时使用。他们忌讳站在门口聊天说话，绝对不能在门口和别人打招呼。他们忌讳四人交叉握手，忌讳用一根火柴点 3 支以上的香烟。丹麦人认为盐会给人带来灾祸，13、星期五是令人懊丧的数字和日子。

五、旅游城市

哥本哈根（Copenhagen） 丹麦的首都，北欧最大的城市。由于统治欧洲时间最久的皇族玛格丽特女皇二世居住此，别称"女皇之城"。茂密的丛林，漂亮的沙滩，优雅的湖泊，随处可见的美人，擦身而过的骑车少年，组成哥本哈根靓丽而独特的风景。哥本哈根曾被选为"欧洲文化之都"。

奥胡斯（Arhus） 丹麦文化中心之一，位于日德兰半岛。"奥胡斯"古丹麦语意为"小河口"。城市整洁美丽，具有典型的欧洲田园风光。海面上白帆点点，游艇穿梭，清凉的海风拂面而来，是夏季度假胜地。

欧登塞（Odense） 位于哥本哈根与日德兰半岛之间。欧登塞河像一条绿色的带子蜿蜒而过，两岸有美丽的花园和植物园，随处可见成片的低矮木制建筑，古朴典雅。卵石或砖块铺就的道路两旁排列着一排排彩色的老屋，白色的小窗户配着红顶高烟囱，仿佛童话世界。

六、经典景点

阿美琳堡宫 位于哥本哈根市。丹麦王宫，由 4 座相同的建筑组成。如果广场上升起旗帜，说明丹麦女王正住在里面。宫内有一间书房的地面上铺着白色北极熊皮毛的地毯，还有一张女王骑自行车的照片。哥本哈根有 40% 的人骑车上班。

罗森堡宫 位于哥本哈根市。俗称"玫瑰堡宫"，始建于 1606 年，曾是皇室的住所。大厅中有著名的洛森堡挂毯，有女皇与医生约翰·弗里德里希·施特林泽的肖像画，据说女皇曾与他有过一段婚外情。在地下展厅中，还有丹麦的皇冠与皇冠宝石。

克里斯蒂安堡宫 位于哥本哈根市。哥本哈根的老皇宫,欧洲18世纪洛可可式建筑风格。四面合围的宫殿,中心矗立着一个高塔,青铜尖塔的顶部有风向标。皇宫内部更是奢华,连楼梯也被加上了金饰,随处可见欧式雕塑和精美的壁画,还有琳琅满目的水晶吊灯、法国式家具、各类艺术品。

哈姆雷特宫 位于哥本哈根市。原名"克伦堡宫",由于莎士比亚的《哈姆雷特》刻画了克伦堡宫的地理位置和历史,所以被称为"哈姆雷特宫"。曾是丹麦的一座防御建筑,现在是博物馆。

哥本哈根市政厅广场 哥本哈根最古老的商业广场。广场上有公路零千米起点的标记。广场的中心是建于1905年的市政厅,市政厅正门上方有哥本哈根的奠基人阿布萨隆大主教的镀金塑像,正门左侧有一尊丹麦童话作家安徒生的铜像。

小美人鱼铜像 位于哥本哈根市。坐落于长堤公园港口的岩石上,痴情的"小美人鱼"日复一日地遥望着赫尔辛格岛。青铜雕像以安徒生童话《海的女儿》为蓝本,是哥本哈根乃至丹麦的标志。由新嘉士伯啤酒公司创始人卡尔雅格布森出资建造,雕刻家艾瑞克森雕刻。

哥本哈根新港 码头边彩色的房子,古旧的码头,停泊的帆船,岸边色彩丰富的老物,鳞次栉比的啤酒屋和餐厅,运河里竖着桅杆的各种木船,随处可见的寻欢作乐的水手和招揽生意的烟花女子,这里最能品味到哥本哈根的风情。

吉菲昂女神喷泉 位于哥本哈根市。由吉菲昂女神和4条牛及套犁等一组铜塑组成,丹麦雕塑家昂拉斯·蓬高耗时10年铸造而成。这座喷泉的灵感来源于一个美丽的民间传说:吉菲昂请求上帝赐予她一片土地以求生存,上帝说你一天能犁多少地我就送你多少,于是吉菲昂把她的4个儿子都变成了猛牛,日夜不停地犁地。

安徒生铜像 位于哥本哈根市。市政厅旁边面对蒂沃里公园的角落,坐着一位穿西装长袍和戴着高帽的男士塑像,他就是大名鼎鼎、名字与丹麦分不开的童话作家安徒生。安徒生于1805年出生在丹麦欧登塞,写过《美人鱼》《卖火柴的女孩》《丑小鸭》等150篇童话故事,为世界上亿万儿童编织了美丽的童年。

腓特列教堂 位于哥本哈根市。用大理石修建,俗称"大理石教堂"。兴建于18世纪下半叶。教堂内部有个硕大的圆顶,由12跟圆柱支撑,并绘有耶稣12个圣徒的画像,光线从玻璃窗透进来,在墙上呈现出静谧的蓝白图案。

圆塔 位于哥本哈根市。现在仍在使用的古老天文台。外形粗短的圆塔与每隔一刻钟报时一次的红顶伏卧式教堂钟楼,互为衬托,充分体现了克里斯钦四世国王在建筑设计方面的高深造诣。圆塔里面是通体环绕的倾斜坡道,坡道的地面由红砖铺筑,白色的墙壁,拱形的窗户,风格独特。

金顶教堂 位于哥本哈根市。巴洛克风格。教堂最著名的当属螺旋状的尖顶。尖顶外部还环绕着楼梯,可以从这里登到顶部,一览哥本哈根市中心的美景。教堂还因钟乐器而闻名,每天从8时至午夜12时每隔一个小时就会奏响悦耳的声音。

安徒生故居 位于欧登塞市。一座红瓦白墙的平房,坐落在一条鹅卵石铺就的街巷里。陈列介绍安徒生生平及其各时期作品,展出安徒生作品的手稿、来往信件、画稿以及丹麦名画家、艺术家创作的有关安徒生生活的油画和雕塑。2只有补丁的皮箱,1顶礼帽,1个提包,1把雨伞,1根手杖,这就是伴随安徒生的旅行行装。

七、世界遗产

耶灵坟冢、古北欧石刻和教堂 位于瓦埃勒市。耶灵坟冢是丹麦国王哈拉尔德与其父老国王的陵墓,其墓志铭石碑是北欧最大的如尼字母石碑。耶灵坟冢和古代北欧文字的石碑是北欧异教徒文化的典型范例,而其他北欧文字的石碑和教堂诠释了进入10世纪中期时丹麦人逐渐基督教化的进程。

罗斯基勒主教座堂 位于罗斯基勒。建于12世纪到13世纪,融合了哥特式和罗马式的建筑风格。主教座堂的两座尖塔在城市天际中十分显眼。这里也是丹麦皇室死后埋葬的地方,1536年宗教改革以后所有死去的丹麦国王的坟墓在这里都可以被找到。

克伦堡城堡 位于丹麦西兰岛北端,靠近赫尔辛基,居高临下面对丹麦与瑞典交界的桑德水域。始建于1574年,文艺复兴时期风格。城堡在16世纪至18世纪的北欧历史中发挥了重要作用。17世纪晚期,城堡的防御工事根据当时军事建筑的惯例得到了加强。城堡至今仍保存完好。

北西兰岛狩猎园林 位于哥本哈根。包括3处独特的森林景区:斯托尔·鹿之园、格里布斯科夫、斯克斯堡栅栏和斯克斯堡鹿之园。这里曾是丹麦王室狩猎之地,在中世纪至16世纪末达到巅峰。网格状排列的道路、编号的石板、栅栏、狩猎小屋,无不呈现了巴洛克式园林规划风格在森林地带的应用。

克里斯丁菲尔德—摩拉维亚居留区 位于南日德兰半岛。建于1773年,是摩拉维亚教派按规划建造的一片聚居区。围绕着市中心的教会广场,所有的建筑外形统一、质朴,都是一至两层的黄砖红瓦结构。小镇四周被农田包围,镇里还有重要的公共福利建筑。这些建筑至今仍为摩尔维亚教派中很有影响力的一个社团所用。

伊卢利萨特冰湾 位于格陵兰岛北极圈以北。该冰湾是少数几个通过格陵兰冰冠入海的冰河出海口之一,也是世上最活跃的冰川之一。巨大的冰床和迅速移动的冰川发出独特的声音,又被冰山所覆盖,形成一个令人敬畏的自然现象。

库加塔 坐落于丹麦格陵兰岛南部的库加塔,是北极地区最早出现农业活动的地方。冰盖边缘的北欧及因纽特农业,见证了10世纪以来从冰岛迁徙到此的古爱斯基摩狩猎者、18世纪末以后在此发展起来的北欧农民、因纽特猎人及因纽特农业社区的文化历史。北欧格陵兰人和欧洲因纽特人创造了基于农业、牧业及海洋哺乳动物狩猎业的文化景观,包括草房子、储肉石屋和坟墓的遗迹。

第二十四节　冰火天地——冰岛

冰岛,全称"冰岛共和国"(The Republic of Iceland)。"冰岛"意为"冰的陆地"。又称"温泉岛国"。

一、自然地理

冰岛位于北大西洋中部,西隔丹麦海峡与格陵兰岛相望,东临挪威海,北临格陵兰海,南界大西洋。面积约10.3万平方千米。

冰岛地近北极圈,国土的1/8被冰川所覆盖。全岛是个碗状高地,四周为海岸山脉,中间为高原,西部和西南部有平原。多峡湾、喷泉、瀑布、湖泊和湍急河流。最高峰华纳达尔斯赫努克山海拔2119米,最长河流为锡尤尔骚河。有100多座火山,是世界上温泉最多的国家之一,被称为"冰火之国"。

冰岛属寒温带海洋性气候,夏季日照长而冬季日照极短,秋季和冬初可见极光。

二、国家象征

冰岛的国旗呈横长方形。旗面为蓝色,红、白2色的十字将旗面分成四块:两个相等的蓝色正方形,两个相等的蓝色长方形。蓝色代表大海,白色代表白雪。蓝、白两色为冰岛的国色,体现冰岛是蓝色的天空和海洋中浮出的"冰的陆地"。红色象征冰岛火山中的火焰。

冰岛的国徽为盾徽。盾徽上端有1只红舌金爪的白隼和1条白齿红舌金爪的龙,左侧是1头黑牛,右侧站着1位身披斗篷的白衣老人。隼、龙、牛和老人都是传说中的守护神。盾徽下端的石块代表冰岛多岩石的漫长海岸。

冰岛的国歌是《千年颂》。

冰岛的首都是雷克雅未克。

三、社会生活

冰岛人口约31万人,主要民族为日耳曼族。官方语言为冰岛语。基督教为国教。

冰岛实行总统共和制。总统为国家元首,通过直接选举产生。议会和总统共同执掌立法权,法院执掌司法权,总统和政府共同拥有行政权。冰岛没有军队。冰岛主要政党:独立党、进步党、社会民主联盟、绿党、光明未来党、海盗党。

冰岛经济最重要的是捕鱼业,近年来软件生产、生物技术和财政服务都有新的发展。失业率很低,收入分配差距不大,有着广泛的福利系统。

四、民俗风情

冰岛人的姓名,男子在其父名后加上"松"字,女子则在父名后加上"多提尔"。

冰岛人见面行握手礼,但不点头哈腰。在朋友家里或一般社交场合,互不相识的人主动做自我介绍。叫人过来时打手势一般是手心朝上,如果手心朝下就表示再见了。不管在什么场合,冰岛人站着时喜欢腰杆挺直。

冰岛许多地方气候无常,人们通常穿大衣、戴口罩、围围巾。妇女讲究着装和化妆艺术,喜欢穿名贵皮毛大衣,出入社交场合要巧梳发式,戴质料考究的头饰。

冰岛人好客,总是把最好的食物拿出来请客人品尝。越是带有异国情调和特色的礼品便越受欢迎,回赠的礼品不会被拒绝。

冰岛人以面食、米饭为主食,各种鱼类经常成为餐桌上的佳肴。冰岛菜肴以深海鱼、虾类和生牡蛎为主料,每家餐馆的菜单上都少不了鱼,鸡肉却不常见。

冰岛人注重时效,失约就是失礼,不守时便是缺乏信誉,若因故迟到一定要向主人和在场其他人员表示歉意。男子不会参与妇女圈的讨论,不与她们开玩笑,也不会询问女子的年龄。冰岛人忌讳数字13、星期五。

五、旅游城市

雷克雅未克(Reykjavik) 冰岛的首都,冰岛最大的城市,冰岛政治、商业、工业和文化中心以及重要渔港。位于冰岛西部,接近北极圈。拥有许多温泉,"雷克雅未克"冰岛语意为"冒烟的城市"。冰岛天空蔚蓝,市容整洁,有"无烟城市"之称。红红绿绿的居民住房与覆盖皑皑白雪的山峰交相辉映,犹如一幅油画。

阿克雷里(Akureyri) 冰岛第二大城市,但步行一圈只需要两个小时。"阿克雷里"冰岛语意为"海岸线上的土地"。阿克雷里位于峡湾,背依雪山,面临碧湖,风景秀丽,被称作"北极圈边的花园城市"。夜半太阳可谓当地的一大奇景。每年的六七月几乎终日可见太阳。

六、经典景点

居德瀑布 位于雷克雅未克市。断层峡谷瀑布,宽达2500米,高约70米。在阳光的照射下,瀑布喷溅的水珠折射出一道彩虹,散发着缎金般的光彩,因此又称"黄金瀑布"。电影《普陀米修斯》《星际穿越》曾在此取景。

大间歇泉 位于雷克雅未克市。喷泉圆池直径18米,泉眼直径10多厘米,泉水温度高达百度以上。喷发之际,洞内隆隆作响,沸水随之升涌,最后冲出洞口,直冲天空二三十米高,又随即化作琼珠碎玉落下。每次喷发过程持续1~2分钟,周而复始,十分壮美。

雷克雅未克大教堂 位于雷克雅未克市。即哈尔格林姆斯教堂,"哈尔格林姆斯"是冰岛著名文学家。教堂中央是一个高高的塔楼,主塔高 72 米,主厅高约 30 米。教堂前有冰岛独立之父莱夫·埃里克松的雕像。

太阳航海者雕塑 位于雷克雅未克市。一座海盗船骨架雕塑,古维京船造型,坐落于雷克雅未克北海岸的滨海步道上,是这座"无烟城市"的重要标志和北欧地区海盗精神的象征。此处可欣赏宁静的海面和远处的雪山,傍晚时分的日落景色特别美丽。

哈帕音乐厅 位于雷克雅未克市。设计灵感来自冰岛冬季夜晚神秘莫测的极光和火山石的形状。如同一个巨大的万花筒,上千块不规则的玻璃砖随着天空的颜色和季节的变化反射出令彩虹都相形见绌的万千颜色。

特约宁湖 位于雷克雅未克市。市中心一个小湖泊,一年四季都是水禽动物的栖息地,湖面上经常可见鸭子、海鸥、天鹅等野生动物,因此被称为"鸭子湖"。湖的周边围绕着政府大楼、博物馆及大学等重要建筑。

北极光中心 位于雷克雅未克市。是一个关于极光的科普场所。在这里可以浏览世界各地关于极光的故事和传奇,了解这种惊人现象背后的科学原理,饱览冰岛顶尖摄影师拍摄的极光作品。中心还有一个特殊设置的"摄影站",让人们亲自动手来捕捉极光的画面。中心影院循环播放极光活动的高清延时影像。

阳具博物馆 位于雷克雅未克市。收藏阳具及相关文化纪念品的博物馆。馆内共收藏 280 件阴茎,来自 93 种动物,包括鲸鱼的阴茎 55 件、海豹等鳍足类动物的阴茎 36 件、陆生动物的阴茎 118 件。2011 年收藏第一件人的阴茎,来自一位 95 岁的冰岛人。收藏的阴茎大多保存在福尔马林溶液里。馆内还有很多阳具崇拜和相关文化资料。

霍夫迪楼 位于雷克雅未克市。俗称"小白楼",当地政府接待外宾的场所。英国首相丘吉尔曾在这里居住,接待过挪威国王、法国和意大利总统、英国和丹麦的女王等。1986 年美国总统里根与苏联领导人戈尔巴乔夫在这幢小楼里会晤,标志着冷战的结束。

七、世界遗产

辛格韦德利国家公园 辛格韦德利是雷克雅未克东北郊的一座城镇。930 年,冰岛国会在辛格韦德利地区建立,是欧洲历史最为悠久的国会之一。为了保护国会遗迹,1930 年立辛格韦德利国家公园,是冰岛第一个国家公园。1944 年在此宣布脱离丹麦统治,成立冰岛共和国。

叙尔特塞 冰岛外海的一座火山岛。1963 年突出海面,火山喷发持续到 1967 年。该岛的主体部分是沿凹凸不平的火山口边缘形成的弧形山脊,火山口高出周围海面 171 米,顶部直径 1.6 千米。这个全新岛屿的形成为现代科学家研究贫瘠土地上的动植物群提供了独特的机会。

第二十五节　天使之琴——爱尔兰

爱尔兰(Ireland),国名意为"西方的、绿色的",又称"绿岛"。

一、自然地理

爱尔兰位于欧洲西部,西临大西洋,东靠爱尔兰海,与英国隔海相望。面积约7.02万平方千米。

爱尔兰国土由中部平原和环列四周的滨海山构成,形似一个边缘陡峭的盆地,南北高中间低,中部平原占总面积的一半以上。北部、西北部和南部为高原和山地。最长的河流为香侬河,最大的湖泊为科里布湖。

爱尔兰属于海洋性温带阔叶林气候,最冷月平均气温3℃,最热月平均气温16℃,年降水量750~1000毫米。

二、国家象征

爱尔兰的国旗呈横长方形,从左至右由绿、白、橙3个平行的竖长方形组成。绿色代表信仰天主教的爱尔兰人,象征爱尔兰是绿色宝岛;橙色代表新教及信徒,表示尊贵和财富;白色象征天主教和新教派之间永久休战、团结友爱,对光明、自由、民主与和平的追求。

爱尔兰的国徽为盾徽。天蓝色的盾面上绘有金黄色的竖琴。蓝色象征大海和天空,竖琴为爱尔兰人民喜爱的"大使之琴"。

爱尔兰的国歌是《士兵的歌》。

爱尔兰的首都是都柏林。

三、社会生活

爱尔兰人口约420万人,其中近三成生活在都柏林地区。绝大部分为爱尔兰人。官方语言为爱尔兰语和英语。居民九成半信奉罗马天主教。

爱尔兰为共和制国家,总统由选民直接选举产生。爱尔兰主要政党:共和党、统一党、工党、社会党、工人党、新芬党、绿党和共产党。

爱尔兰有"欧洲庄园"之称,但粮食不能自给。以软件、生物工程等高科技产业带动国民经济发展,良好的投资环境吸引了大量海外投资,完成了由农牧经济向知识经济的跨越,被誉为"欧洲小虎",人均收入在世界上名列前茅。

四、民俗风情

爱尔兰人开朗随和,言谈话语重视礼貌修养。与客人相见以握手为礼,亲朋好友相见以亲面颊或贴面颊两三次来代替握手。他们尊重妇女,女士优先已成传统。

竖琴是爱尔兰的民族乐器,也是爱尔兰人的绰号。他们崇尚绿色,逢遇佳节庆典,无论男女都在胸前佩戴一束"三叶草"。

爱尔兰人喜欢清炖菜肴,乐于喝清汤,喜欢在餐桌上配备多种调味品。

爱尔兰人爱狗成风,据说有40%的家庭养狗。爱尔兰人视13为令人沮丧的数字,星期五为令人沮丧的日期。

五、旅游城市

都柏林(Dublin) 爱尔兰的首都。"都柏林"意为"黑色池塘"。位于爱尔兰南部。都柏林约半数居民不足30岁,是世界是最年轻的城市之一。都柏林大学、科学院、美术馆为数众多,上百年历史的老房子随处可见,各种美丽的庭院种满花草,洋溢着浓浓的田园气息,是世界上最富有的城市之一。

科克(Cork) 位于爱尔兰南部,临大西洋。利菲河穿城而过,科克湾是欧洲和爱尔兰的天然良港之一,也是横渡大西洋的航运中心。城市完好地保存了中世纪的风貌。科克四周青山环绕,绿树成荫,美丽的海滩点缀着海岸线,景色颇为壮观。

戈尔韦(Galway) 爱尔兰西部小城,毗邻大西洋。戈尔韦拥有高耸的山脉、迷人的村庄、静雅的湖泊、时尚的酒吧和别具特色的餐馆,斧劈刀削般的悬崖显现出奇特的层次,大自然的杰作令人叹为观止。戈尔韦因多姿多彩的生活方式和多种多样的节日而知名,被誉为"爱尔兰的文化中心"。

六、经典景点

圣三一学院 位于都柏林市。爱尔兰最古老的大学之一,由伊丽莎白一世建立。学院建筑由两个方形庭院组成,古老的城墙围绕着石砖建造的大楼,铺满碎石的小径,绿油油的草坪,高高的钟楼,既有浓郁的文化气息,又充满自然风采。多名诺贝尔奖得主出自这里,久负盛名。

健力士展览馆 位于都柏林市。以啤酒为主题的展览馆。"健力士"是爱尔兰人最喜欢的啤酒品牌。展览馆从黑啤酿造过程到企业发展史再到产品展示,详细而有趣地介绍了健力士黑啤的发展状况。游客可以一边喝着免费的香醇黑啤,一边俯瞰都柏林的无限风光。

凤凰公园 位于都柏林市。占地约117公顷,原为1663年建立的鹿园,历经几个世纪的变迁,仍保持着17世纪鹿园的特点。这里有笔直的大道,大面积的草地,成片的古树,空气清新,景色宜人。

都柏林城堡 位于都柏林市。建于1204年,是都柏林最古老的建筑之一。城堡四周是高高的围墙,正门有吊桥。城堡曾用以盛放国王的金银珠宝,如今珠宝已不知去向,城堡却依然矗立。城堡内部的国宴厅、博物馆、咖啡厅和花园可供参观。

圣帕特里克大教堂 位于都柏林市。爱尔兰境内最大的教堂。教堂西侧的钟塔里收藏着爱尔兰最大的钟。教堂旁边有一块绿地公园,中心是一座小型喷泉,一座古城堡在树木的遮掩下时隐时现。《格列佛游记》的作者斯威夫特曾经是这里的主教,有两位爱尔兰总统死后长眠于此。

半便士桥 位于都柏林市。正式名称为"威灵顿桥"。利菲河上的这座轻便桥,把都柏林南北市区连为一体。1816年大桥开放,是当时横跨利菲河的唯一一座人行桥。行人过桥须交纳半便士的过桥费,所以被称为"半便士桥"。

作家博物馆 位于都柏林市。近百年来,爱尔兰出现了四位诺贝尔文学奖获得者。这家博物馆汇集了爱尔兰近300年来的经典文学作品,如《鳏夫的房产》《钟楼》《驶向拜占庭》等。博物馆内部设计简约,墙上挂有许多文豪的画像,玻璃展台里放置了各类文学书籍和资料卡。

科克布拉尼城堡 爱尔兰历史最悠久的城堡之一,建于1446年。城堡内充满童话浪漫色彩的地方,一是许愿台阶,据说闭着一只眼睛踏上许愿台阶,一边走一边许愿,就可以愿望成真;二是"巧言石",传说只要吻过这块"巧言石"便将能言善辩,滔滔不绝,但石头下面就是深谷,真要吻还得花点工夫。

七、世界遗产

博因河河曲考古遗址 位于都柏林。史前坟墓群。最神奇的纽格兰莱巨墓始建于公元前3100年左右,由20多万吨石头与土块垒成,堪称工程史上的奇迹。巨墓石室的地面、入口与远山山顶处在同一水平面上,冬至早晨,太阳光穿过甬道射到石室的地面,大约15分钟后,随着太阳照射角度的变化,石室复归黑暗,堪称神奇。

斯凯利格·迈克尔岛 位于爱尔兰西南部海外15千米。面积0.18平方千米。孤岛上的修道院建于公元7世纪,为欧洲现存最古老的修道院之一,是反映基督教初期时代的建筑风格的重要史迹。房屋形如蜂窝,沿凸凹不平的岩地而建,没有丝毫的修饰痕迹,唯有十字架显示着这是基督教建筑。修道院至今保存着原始状态。

第二十六节 油画乡村——挪威

挪威,全称"挪威王国"(The Kingdom of Norway)。"挪威"意为"通往北方之路"。

一、自然地理

挪威位于北欧斯堪的纳维亚半岛西北部,东邻瑞典,东北与芬兰和俄罗斯接壤,南与丹麦隔海相望,西濒挪威海。面积约32.4万平方千米。

挪威国土的七成是山地和高原,境内为斯堪的纳维亚山脉盘踞,南部广布山丘、湖泊、沼泽，西海岸多峡湾。沿海岛屿约15万个，故称"万岛之国"。国土的1/3处于北极圈内，最北端的北角也是欧洲大陆的最北点。

挪威属于亚寒带针叶林气候，1月平均气温1℃，7月平均气温11℃~17℃，最北端的芬马克郡极端最低气温达-50℃。沿海地区年均降水量2000~4000毫米，内陆山区为500~1000毫米。

二、国家象征

挪威的国旗呈横长方形，旗面为红色，旗面上有蓝、白色的十字形图案。十字源自丹麦国旗的十字图案，红、蓝、白三色组合象征自由与独立。

挪威的国徽为盾徽，红色的盾面上直立着1只金色狮子，头戴王冠，持金柄银斧。金狮是力量的象征，银斧是挪威自由的保护者圣奥拉夫的武器。盾徽上端是1顶镶嵌着圆球和十字的金色王冠，象征王族的威严和至高无上的权力。

挪威的国歌是《挪威之歌》。

挪威的首都是奥斯陆。

三、社会生活

挪威人口约466万人，其中九成半为日耳曼语系的挪威人。官方语言为挪威语，通用英语。居民超过九成信奉基督教路德宗。

挪威为世袭君主立宪国家，国王为国家元首兼武装部队统帅。议会分上下两院。挪威主要政党：保守党、基督教人民党、自由党、工党、中央党、进步党。

挪威是高度发达的开放型市场经济体，工业在国民经济中占有重要地位，粮食主要靠进口，副食品基本自给；水利资源丰富，人均发电量居世界第一位，沿海为世界著名渔场；近海石油工业已成为国民经济的重要支柱，为西欧最大产油国、世界第三大石油出口国，也是世界上最大的化肥生产国之一，航运居世界第四位。挪威是世界上最富裕的国家之一，曾连续6年被联合国评为最适宜居住的国家。

四、民俗风情

挪威人社交场合行握手礼，朋友相见常以拥抱为礼，女子相见常以贴面为礼。

挪威女子喜欢穿紧身上衣和裙子搭配的服装，也喜爱折叠式的超短裙，头饰很简单。已婚妇女把头发束起，未婚女子则戴一顶小帽或无边女帽，帽带系在下巴处，或在头发上扎根彩带。挪威最流行的是红色，女孩的大衣、儿童的滑雪衫、男人毡帽的镶边，全是红色。

挪威的婚礼较特别。婚礼仪式结束后，一头角上挂满桦树枝的母牛已在院子里恭候新人，新娘给母牛端去一小桶专门为结婚酿的啤酒。要是母牛喝醉，表示新娘会事事顺遂，家庭人丁兴旺。一旦母牛走路东倒西歪，客人们会围着母牛跳起舞来。

挪威地跨北极圈,因此挪威人特别喜欢分量充足又能提供热量的饮食。挪威人饮食以西餐为主,喜吃海鲜品、肉肠、熏鱼、酸菜及各种乳制品,但许多人不吃圆形虾。挪威虾、菲鳟鱼、单层三文治及各式啤酒,均很有名。

每年7—8月是挪威人享受阳光的黄金季节,这段时间内他们尽量避免谈工作做生意。挪威人办事计划性强,赴约准时。应邀出席家宴,要带一束鲜花或糖果做礼物。挪威人没有劝酒、让烟的习惯,吸烟要先征得主人的许可。挪威人不愿他人过问自己的工作、工资、社会地位等情况,忌讳数字13和星期五。

五、旅游城市

奥斯陆(Oslo) 挪威的首都,挪威最大的城市,挪威政治、经济、文化、交通中心。世界裘皮加工、出口中心之一,被誉为"裘皮之都"。"奥斯陆"意为"上帝的山谷",位于斯堪的纳维亚半岛。城市面临迂回曲折的奥斯陆峡湾,背倚巍峨矗立的霍尔门科伦山,既有海滨城市的美丽风光,又有依托高山密林的雄浑气势。

卑尔根(Bergen) 挪威船运和商业中心,位于挪威西海岸。曾为挪威首都,是挪威王国最早举行加冕典礼之地。城市周围散落7座高山,被称为"七山之城"。峡湾地形适合大型船只操作,是中欧最大的邮轮港之一。卑尔根曾被选为"欧洲文化之都"。

特隆赫姆(Trondheim) 位于挪威西海岸。挪威语"特隆赫姆"意为"加冕之地"。商业机构与历史建筑构成特隆赫姆繁荣、秀美的城市风貌,地方性的工业部门被点缀在市郊的翠绿之中。

六、经典景点

奥斯陆皇宫 位于奥斯陆市。占地约3320平方米,有173间房,主楼外有皇家花园和皇室广场。花园内绿树成荫,曲径通幽,还有几座精美的雕塑。皇室广场是挪威最大的庆典广场,每年5月17日挪威国庆节,皇室成员会出现在皇宫阳台上。

奥斯陆市政厅 位于奥斯陆市。市政厅前有一个很大的喷泉,周围有许多雕塑。市政厅的墙壁上覆盖了描绘挪威历史和神话的美丽壁画。不同类型的房间都有特别的展示,从家具摆设到人物壁画以及可以透过窗户看到的海景,充分展示了历史的氛围。每年12月10日诺贝尔和平奖的颁奖仪式在这里举行。

阿克斯胡斯城堡 位于奥斯陆市。矗立在阿克海角边。1319年后的60年间,挪威国王一直居住在此。城堡建成不久便成功地抵御了瑞典埃里克公爵的进攻,并在以后的历次战役中证明了它的坚不可摧。哈康六世还曾将这座城堡作为他的皇家宫邸。

维京海盗船博物馆 位于奥斯陆市。馆内有3艘从奥斯陆峡湾地区出土的维京古船"奥斯堡号""高克斯塔号"和"图内号",俗称"海盗船"。这些船制造于8—10世纪,狭长的造型适合在深窄的峡湾区域活动,木质船身上面的雕花入笔有力,线条明朗又不失柔美,足以体现维京人的骁勇善战。

维格兰雕塑公园 位于奥斯陆市。公园中有挪威雕塑家古斯塔夫·维格兰的212座雕像作品。雕像突出人类"生与死"的主题,从婴儿出世开始,经过童年、少年、青年、壮年、老年,直到死亡,反映人生的全过程,发人深省。众多雕塑中以"愤怒的男孩"雕像和大石柱最著名。

奥斯陆歌剧院 位于奥斯陆市。洁白的大理石屋顶,晶莹剔透的屋体,像一座冰川,又像一艘不沉的巨轮。建筑除了钢骨架,全是木制装修。用深色橡木装饰的音乐厅,音响效果甚佳。在这里曾演出过芭蕾舞、交响音乐会、摇滚和歌剧。

霍尔门科伦山滑雪跳台 位于奥斯陆市。滑雪是挪威最具特色的体育项目,霍尔门科伦山是挪威的滑雪圣地。滑雪跳台高84米,长126米,是世界最高的滑雪跳台之一。山下的滑雪博物馆,收藏着挪威石器时代和陶器时代的滑雪板,其中有挪威著名探险家阿蒙森和南森当年顺贝瑟卢德湖而下使用过的滑雪用具。

卡尔约翰大街 位于奥斯陆市。奥斯陆最繁华的商业街。高级宾馆、商店、餐馆林立,各种漂亮的建筑鳞次栉比,附近还有奥斯陆大教堂和国家美术馆等知名建筑。大街上有一个街心花园和喷泉,西半部是公园和绿地。

挪威民俗博物馆 位于奥斯陆市。世界上最早的露天博物馆之一。约有170个自挪威各地迁移复建的木造建筑,集中展示挪威的民风民情,能在一天内"走遍"挪威全国,一窥农业国挪威的传统建筑物及农民的生活方式。

蒙克博物馆 位于奥斯陆市。为纪念挪威著名画家爱德华·蒙克而建。馆内收藏了爱德华·蒙克的作品约5000件,其中包括名作《呐喊》。

奥斯陆大教堂 位于奥斯陆市。始建于1694年,历时约一个世纪才竣工。教堂的青铜大门由挪威著名雕刻家设计,教堂内有德国制造的6000多支管子的管风琴。教堂前有花市,教堂背后有挪威国王的雕像。国家和皇家重大庆祝活动都在此进行。

于尔里肯山 位于卑尔根市。卑尔根市被7座山峰环绕,于尔里肯山是其中的最高峰。夏天有缆车可以直上山顶,也可以徒步行走在山峦湖泊间,体验姣好的山色湖光,饱览镶嵌在峡湾的市容、环绕的群岛和蔚蓝的天空。冬季期间,山上覆满白雪。这里还有绳降和滑翔翼设施,可享受挑战的惊险和刺激。

哈当厄尔峡湾 位于卑尔根市。峡湾全长179千米,最深处达800米。峡湾两岸为平缓的山坡,田园风光如诗如画。每年5月,苹果花和杏花仿佛在一夜间绽放,峡湾两岸成为花的海洋;夏季,苹果树和杏树上挂满了果实。

胡斯城堡 位于卑尔根市。挪威最重要的文艺复兴式建筑,包括地下储藏室、统治者居所以及顶层的炮台。最古老的部分是中世纪塔楼——卢森尔兹塔,建于

1270 年。城堡内有建于 1261 年的哈康大会堂,传说是挪威海盗王的故宫。挪威是维京海盗的发源地,卑尔根是海盗王胡斯的根据地。

汉萨同盟博物馆　位于卑尔根市。汉萨同盟是为保护贸易利益而结成的商业、政治联盟,加盟城市最多达 160 个。卑尔根是北海鳕鱼业的集散港口,许多从同盟都市赶来的德国商人在此大量采购鳕鱼,晒干后运到各地出售。这座博物馆就是德国商人的住所、仓库和办公室,展品主要是当时的贸易交易船只、见证物等。

布吕根博物馆　位于卑尔根市。布吕根是卑尔根最古老的码头,至今保留着中世纪街道的风貌。1955 年的一场大火使布吕根受到重创,在随后的修复过程中发掘出很多珍贵的文物,于是修建了这座博物馆,展示中世纪的商务、航运、手工业和日常生活。

加姆勒博物馆　位于卑尔根市。卑尔根自古以木板民居和木结构建筑著称。紧邻斯塔万格老港的一片居民区,聚集了 1700 年到 1900 年初期的各种各样风格的木质建筑,清一色的白房子,建筑内部仍保留原有的风貌,也是展示古代卑尔根街貌的露天博物馆。

卑尔根水族馆　位于卑尔根市。北欧最大的水族馆之一。馆内有 60 多个展示水箱,作为各种鱼类和海洋无脊椎动物的活动场所;室外的池塘,供海豹、企鹅以及爬行动物和猴子等玩耍嬉戏。水族馆有记录典型的挪威水生生物的资料,还有专门的观赏鲨鱼的玻璃隧道。

老鹰之路　位于卑尔根市。即盖朗厄尔和埃兹达尔之间的 63 号国道。这条公路依山而建,险峻陡峭。公路的最高点在历史上是一块老鹰盘踞的地区,因此称为"老鹰之路"。公路沿途有不少特色的观景台,都是俯瞰峡湾的绝佳地点。

凡托特木板教堂　位于卑尔根市。维京时代建造的木结构教堂,是挪威仅存的数十处木板教堂之一。原来的建筑为 1150 年所建,位于松恩峡湾沿岸,1883 年移到现在的位置。1992 年教堂被火灾烧毁,1997 年重建复原。

圣玛丽教堂　位于卑尔根市。卑尔根 3 座中世纪教堂之一,也是卑尔根最古老的建筑,还是挪威最著名的罗马式教堂。建造材料主要是皂石,零星点缀页岩。城市音乐会时常在此举行。

尼德罗斯大教堂　位于特隆赫姆市。建于 12—14 世纪,是特隆赫姆城内的著名教堂,也是斯堪的纳维亚半岛最为壮观的教堂之一。教堂是诺曼—哥特风格。挪威历代君王均在此加冕。

七、世界遗产

布吕根　约建于 1070 年。建筑大多是木结构古老房舍,以三层楼房居多,窗户狭长,屋顶陡峭,山墙用木条拼成,一般都有石砌的地下室,还有一组由 35 座 18—19 世纪的木屋组成的露天博物馆。布吕根不仅是汉萨同盟海外商埠的唯一例证,也是城市发展初期阶段和北欧木建筑的典型代表。

乌尔内斯木板教堂 位于斯塔万格。始建于12世纪,是挪威现存的30余座古木板教堂中最著名的一个。主教的座椅、华丽的水晶灯、耶稣及圣母等的雕刻可以追溯至中世纪。祭坛及演说台同属17世纪后期的制品。教堂不仅建造年代久远,而且建造质量好,装饰漂亮。

勒罗斯矿业城镇及其周边地区 勒罗斯的铜矿自17世纪开始开采,一直持续到1977年。勒罗斯城保留了约2000幢木结构的家庭建筑以及一座铸造厂,许多木屋仍然保持着黑色的建筑外墙,呈现出一派中世纪的城市风格。勒罗斯矿业城镇体现了气候严酷而偏远地区的以铜矿开采为基础的文化。

阿尔塔岩画 位于北极边缘的马克郡。岩画雕刻于公元前4200—公元前500年,散布于5千米长的临海斜坡上,总计3000多幅。绝大多数岩画宽达20~40厘米,内容有人物、动物、几何图形等,还有许多狩猎的场面。这些图画都有一定的象征意义,如鱼的形象表示渔业发达,人的形象被认为是消灭敌人的咒符。

维加群岛 位于北极圈南部。最引人注目的是当地居民始终如一的古朴的生活方式和他们的传统民族工艺。1500年来,居民们在相对封闭的环境中依靠捕鱼和加工当地特有的鸭绒毛为生,维加群岛成为重要的鸭绒毛产出地和供给中心。岛上拥有渔村、码头、仓库、农庄和灯塔,还有石器时代人类生存和居住遗留的痕迹。

斯特鲁维测地弧 从挪威到黑海的测量链,穿过俄罗斯、白俄罗斯、爱沙尼亚、芬兰、拉脱维亚、立陶宛、挪威、摩尔多瓦、瑞典、乌克兰等10个国家,共有265个测量点。因天文学家斯特鲁维凭此对子午线进行精确测量,因而得名。这一测量帮助人类掌握了地球的确切大小和形状,是地球科学和地形绘图学发展的重要一步。

尤坎—诺托登工业遗产地 由水电站、输电线路、工厂、交通和城市网络所构成的整体。这两座以工人为主的城市里有工人的住房和社会机构,并有铁路和渡轮与运输化肥的码头相连,体现了融入当地自然景观的工业概念和设施的独特结合,提供了20世纪早期世界新工业的范本。

挪威峡湾——盖朗厄尔峡湾和纳柔依峡湾 位于挪威西南部。挪威海上耸立着1400米高的狭窄而陡峭的水晶岩壁,在海面以下绵延500米,造就了这两个世界上最狭长的峡湾原始秀美的海湾景观。两个峡湾中间有欧洲大陆最大的冰川。美国最负盛名的《芝加哥论坛》将挪威峡湾列为世界七大自然奇迹之一。

第二十七节 谷物女神——罗马尼亚

罗马尼亚(Romania),国名意为"从罗马来的人"。古时达契亚王国被罗马帝国征服,融合成今天罗马尼亚的主要民族。

一、自然地理

罗马尼亚位于东南欧巴尔干半岛东北部,北和东北与乌克兰、摩尔多瓦接壤,西北与匈牙利为邻,西南与塞尔维亚相界,南依保加利亚,东南临黑海。面积约23.8万平方千米。

罗马尼亚国土由平原、山地、丘陵三分天下。多瑙河流经境内1075千米。

罗马尼亚属于温带大陆性气候,夏季暖热,冬季寒冷,年平均气温10℃,年降水量大部分地区为600~800毫米,东南部在500毫米以下。

二、国家象征

罗马尼亚的国旗呈横长方形,由3个平行相等的竖长方形组成,从左至右依次为蓝、黄、红三色。蓝色象征蓝天,黄色象征丰富的自然资源,红色象征人民的勇敢和牺牲精神。

罗马尼亚的国徽为盾徽。蓝色大盾面上有1只红嘴红爪的金鹰,鹰嘴叼着1个东正教十字架,两爪分别握着1把银剑和银色权杖。鹰胸前有1面小盾。整个国徽图案是主权独立、统一、不可分割的罗马尼亚民族国家的象征。

罗马尼亚的国歌是《醒来吧,罗马尼亚人》。

罗马尼亚的首都是布加勒斯特。

三、社会生活

罗马尼亚人口约2222万人,其中罗马尼亚族约占九成。官方语言为罗马尼亚语。东正教、罗马天主教、新教、希腊天主教为主要宗教。

罗马尼亚实行共和制。议会由参议院和众议院组成,是最高代表机构和立法机关。罗马尼亚主要政党:社会民主党、国家自由党、保守党、民主自由党。

罗马尼亚天然资源丰富,工业发达,主要产业为农业生产加工业及机械业。经济成长速度非常快,成长率位列欧盟之首。蓝色的多瑙河,雄奇的喀尔巴阡山,绚丽多姿的黑海,被誉为罗马尼亚的三大国宝。

四、民俗风情

罗马尼亚人只在亲密的朋友之间才以名字相称。在较为正式的场合,用头衔称号加姓氏。社交场合惯以握手为礼,男人之间常以抱一抱肩膀为礼,而女人们之间则轻轻搂一搂并亲吻双颊。

罗马尼亚的民族服装,色彩浓重,并有简洁的花边。大部分地区的男子喜欢穿白色的裤子,有的长及小腿,裤脚塞进黑色长筒鞋里,有的脚上穿一双凉鞋。一到冬天,不论男女都喜欢穿羊皮夹克。

罗马尼亚人把招待客人视为极大的荣幸,最隆重的礼节是由主人家的一位姑娘托着盘子向客人送上面包和盐。

罗马尼亚人约会准时赴约。应邀做客,送鲜花送单数而不送双数,且不能送红玫瑰。送给东道主家里人的礼物可以是香水、化妆品、牛仔裤或咖啡之类,送给商界人士的礼物可以是不太昂贵、印有名字的钢笔或打火机。不论坐车还是在室内,最忌讳同时打开两边的窗子。他们忌讳在宾客面前挖耳剔牙。罗马尼亚人喜欢直截了当,讨厌拐弯抹角,交谈的恰当话题有体育运动、旅行、音乐、时装和图书,不宜谈论罗马尼亚的政治问题或任何消极面。

罗马尼亚人的饮食以西餐为主,重视午餐,晚餐从简。盐和面包是罗马尼亚人生活中必不可少的食物。爱吃煮老玉米,常用土豆当主食。菜肴焦香浓郁,味道微酸,忌食油腻食品,尤其不爱吃肥肉。

五、旅游城市

布加勒斯特(Bucharest) 罗马尼亚的首都,罗马尼亚最大的城市,罗马尼亚的政治、经济、文化中心。位于瓦拉几亚平原。"布加勒斯特"罗马尼亚语意为"欢乐之城"。整座城市掩映在白杨、垂柳、菩提树之中,绿荫如盖,花木成林,湖水片片。

康斯坦察(Constanta) 罗马尼亚最大海港和经济最发达的地区之一。位于黑海西岸的多布罗加地区,是连接黑海和多瑙河的运河的终点。气候宜人,景色秀丽,是著名的海滨旅游胜地。

六、经典景点

人民宫 位于布加勒斯特市。罗马尼亚国会所在地。1984年开始建设,1989年罗马尼亚革命爆发后建设一度中断,现已基本完工。大楼共16层,地上12层,地下4层,内有1000多个房间。外观采用大理石与优质木构造,雄伟壮观。

自由新闻大厦 位于布加勒斯特市。建筑面积3.2万平方米,有1200多个房间。中央大楼高12层,楼顶筑有高塔一座,从地面到塔尖高104米。大厦四周场地空阔,花坛遍布,绿草成茵。大厦对面的左侧是全市最大的公园——赫洛斯特洛乌公园,右侧是全国最大的展览场地——国民经济成就展览会会址。

乡村博物馆 位于布加勒斯特市。展示罗马尼亚农村建筑艺术、民间艺术和农民生活习俗的露天博物馆。博物馆是一个占地约10公顷的大花园,展厅就是散布在其中40个院落中的66座乡村建筑,它们与公园的自然景色融为一体,成为名副其实的"都市里的村庄"。这里还是民间歌舞演出和手工艺表演的场所。

派勒斯城堡 位于普拉霍瓦县。新文艺复兴风格的城堡,建于1873年至1914年。占地约3200平方米,有168个房间。城堡内部用大量的木雕和精美的面料装饰,极具美感。收藏中欧和东欧的艺术作品,包括雕塑、绘画作品、家具、武器、盔甲、黄金、白银、彩色玻璃、细瓷、挂毯等。

布朗城堡 位于布拉索夫县。又称"德古拉城堡",19世纪末爱尔兰作家史托克的著名小说《德古拉》就以这座城堡为背景,其主人公正是吸血鬼德古拉伯爵。由多幢古建筑组成,气氛神秘。原属玛丽王后所有,1938年传给女儿伊莱亚娜公主,1948年被政府没收,2006年归还原来的主人,现已被改造成历史、艺术博物馆。

黑教堂 位于布拉索夫市。东南欧地区最大的哥特式教堂之一。1689年布拉索夫城发生暴动,驻军烧城,教堂木结构部分被焚毁,石质墙壁被熏黑,于是被称为"黑教堂"。黑教堂有5个大门,侧门方形抱柱上有许多神像雕塑,造型美观,表情丰富。收藏119幅来自土耳其的地毯和一座19世纪下半叶的大型管风琴。

传斯弗格拉什公路 总长约90千米,连接特兰西瓦尼亚和瓦拉几亚历史区以及锡比乌市和皮特什蒂市,并可到达形成于数千年以前的冰川湖芭乐雅湖。公路北端的道路最为壮观,期间分布着陡峭的弓字形急转弯。英国《疯狂汽车秀》电视节目曾将这条道路选为世界最棒的道路。

七、世界遗产

苏切维察修道院的复活教堂 位于摩尔达维亚省。教堂的内墙和外壁都以16世纪后期绘制的壁画为装饰,它们不仅构图独特,人物优美,色彩和谐,而且还完美地融入了周围的景观。

霍雷祖修道院 位于罗马尼亚南部。建于14世纪,后拜占庭建筑风格。修道院内的长方形教堂,陈设着雕木家具,门上的雕饰具有巴洛克风格。修道院以其建筑的简洁和对称闻名于世,其华美的雕塑、宗教艺术品、肖像画以及装饰画,成为布兰科艺术风格的典型代表。

特兰西瓦尼亚村落及其设防的教堂 这里的7座村落有着自己独特的土地制度、殖民方式以及农庄的家庭组织单位。早期撒克逊人将村落设计成碉堡,由青砖与石头建成的教堂在危险时刻可以当作避难场所。别尔坦教堂环绕着三道连续的防御设施,高楼和棱堡加强了防御设施的能力,教堂成为城市及其防御设施的中心。

奥勒什蒂耶山脉的达契亚城堡 建于公元前1世纪至1世纪,是达契亚人为对抗罗马帝国入侵而修建,包括6座城堡,范围广大且保存良好。这些城堡是欧洲铁器时代晚期的军事防御建筑,拥有独特的建筑结构,展现了达契亚人当时的技术水平。

锡吉什瓦拉历史中心 位于穆雷什县。锡吉什瓦拉是一座小型中世纪城市的最佳代表,不但是军事要塞,同时也是数个世纪以来中欧边境策略性与商业重镇。锡吉什瓦拉历史中心为德兰斯斐尼亚—撒克逊的文化做了见证,此一文化持续了约850年之久。

马拉穆列什的木教堂群 位于马拉穆列什县。包括8座木造教堂,都以高直、细长的钟楼耸立在西端为特色,并以木瓦单层或双层覆盖,工艺绝伦。这些橡木结构的教堂是当地宗教建筑的杰出代表,同时又是东正教文化受哥特式建筑风格影响的代表之作。

多瑙河三角洲 横跨罗马尼亚与乌克兰两国,大部分在罗马尼亚境内。多瑙河奔流直下汇入黑海,形成了欧洲面积最大、保存最完好的三角洲。多瑙河三角洲不计其数的湖泊和沼泽哺育着 300 多种鸟类和 45 种多瑙河及其支流中特有的鱼类。多瑙河三角洲是欧、亚、非三洲候鸟的栖息地,也是欧洲飞禽和水鸟最多的地方。

第二十八节 钟表王国——瑞士

瑞士,全称"瑞士联邦"(Swiss Confederation)。国名源于州名施维茨,"施维茨"古高德语意为"焚烧",施维茨地区过去曾是一片森林,烧荒后开始有人居住。瑞士国名缩写 CH,源于古代瑞士高原的赫尔维蒂部落"Confoederatio Helvetica"。

一、自然地理

瑞士是欧洲中西部的一个内陆国家,四周与奥地利、列支敦士登、意大利、法国和德国接壤。面积约 4.1 万平方千米。

瑞士全境分中南部的阿尔卑斯山脉、西北部的汝拉山脉、中部高原 3 个自然地形区,最高点杜富尔峰海拔 4634 米,最低点马祖尔湖海拔 193 米。瑞士是欧洲大陆三大河流发源地,有"欧洲水塔"之称。境内莱茵河流域占瑞士总面积的 1/3。最大的莱芒湖(又名"日内瓦湖")面积为 582 平方千米。

阿尔卑斯山由东向西伸展,成为瑞士气候的分界线。阿尔卑斯山以北地区受温和潮湿的西欧海洋性气候和冬寒夏热的东欧大陆性气候的交替影响,气候变化较大;阿尔卑斯山以南地区属地中海气候,全年气候宜人。年平均气温 8.6℃,年降水量 1000~2000 毫米。

二、国家象征

瑞士的国旗呈正方形。旗面为红色,正中一白色十字。白色象征和平、公正和光明,红色象征人民的胜利、幸福和热情。整组图案象征国家的统一。正方形象征国家的公正和中立政策。

瑞士的国徽为盾徽,其图案和颜色均与国旗相同。

瑞士的国歌是《瑞士诗篇》。

瑞士的首都是伯尔尼。

三、社会生活

瑞士人口约 761 万人,其中外籍居民约占 1/5,以意大利人居多。德语、法语和意大利语为官方语言。居民主要信奉天主教和基督教,教徒占总人口的八成。

瑞士是联邦制国家。联邦委员会是国家最高行政机构,联邦委员会主席为国家元首兼政府首脑。联邦、各州和乡镇均有立法权。实行"公民表决"和"公民倡议"的直接民主制度。选民在100天内收集5万人签名,内阁要求的或议会批准的任何法案都应进行全民投票。瑞士主要政党:人民党、自由民主党、社会民主党、基督教民主人民党。

瑞士是中立国,不能加入任何军事联盟,不能在国际冲突中站在任何一方,也不能让外国军队通过其国境转移力量,但世界卫生组织、联合国粮农组织、国际劳工组织、联合国儿童基金会等国际性组织的总部都设在瑞士。瑞士还加入了北大西洋公约组织、欧洲理事会、欧洲安全合作组织。

除了来自冰川、湖泊和河流的资源外,瑞士没有其他自然资源,几乎没有石油、天然气、黄金,经济发展主要依靠对外贸易。瑞士的速溶咖啡和浓缩食品在世界上享有盛誉,传统工业钟表工业久负盛名;金融业非常发达,有"金融帝国"之称。一半以上的从业人群从事服务性行业。瑞士实行高工资、高福利、高消费政策,是全球最富裕、生活水准最高的国家之一。

四、民俗风情

遵守契约,诚实不阿,瑞士人堪称模范。他们保守、谨慎、严肃。女人们安于处理家事,从来不会和男人争出风头。

瑞士男性一般穿过膝的长裤,袖子宽大的衬衫和短夹克;女性着丝质上衣、长裙、天鹅绒背心。

瑞士是一个全民皆兵的国家,上自公司的董事下至汽车司机,每年都要接受军事训练。各个家庭都备有24发子弹。

瑞士人饮食以西餐为主,爱吃法国菜。瑞士的大米饭颇有特色:按比例在大米中加入牛奶、水、生蛋黄、糖和盐,搅拌均匀,用文火煮至没有水,倒入蛋清,焖至米饭呈现黄皮时为好。瑞士人非常喜欢吃土豆,炸土豆条、炸土豆团等不一而足。乐于吃类似中国涮羊肉一样的菜肴,在油炉上置口大肚小的铁锅,锅内的橄榄油烧沸后,将小块生牛肉"涮"于锅中,片刻后取出放入调料盘中食用。干酪是瑞士人最受欢迎的食物,巧克力和芝士就像瑞士人的名字"海蒂"一样多。当今很多方便食品都是由这个中欧小国生产的,如速食汤、速溶咖啡、穆兹利、格兰诺拉麦片以及罐装的婴儿食品等。瑞士人不喜欢太辣的食品。

在瑞士,拜访公私机构要预约,并准时赴约。瑞士人甚少邀人到家中做客,如果受到邀请,肯定要给女主人送鲜花或糖果。如果送3枝红玫瑰,表示是情人关系。邀约瑞士人共进午餐、晚宴,一定是双方相熟者。点葡萄酒可按杯、瓶或按升为单位。矿泉水通常指含有碳酸气的饮料,如果不想要带气的一定要说"No

Gas"。瑞士人喜欢的话题是体育、旅行和瑞士的名胜，避免谈论减肥与节食，也不问他人的年龄、工作、家庭情况和私人生活。

五、旅游城市

伯尔尼（Bern） 瑞士的首都，万国邮政联盟和国际铁路运输总局驻地，联合国教科文组织评定的世界文化名城。当年扎灵根公爵决定以打猎斩获的第一只野兽作为城市的名称，结果打死一头熊，德语中"熊"的发音为"拜尔"，后渐变为"伯尔尼"，"熊"因此成为伯尔尼的城徽。旧城区已被列入世界文化遗产名录。

苏黎世（Zurich） 瑞士第一大城市。苏黎世的银行业在国际上久负盛名，其黄金市场居世界第一位，外汇交易居世界第三位。苏黎世湖畔和利马特河沿岸绿树成荫，以圣母教堂为标志性建筑的旧城区保留着浓郁的中世纪风情。大文豪歌德、音乐家瓦格纳、科学巨匠爱因斯坦、革命家列宁，都曾在这里居住过。

日内瓦（Geneva） 欧洲联合国总部的驻地，国际红十字会发源地。位于瑞士西南部，湖光山色，景色如画。钟表业与银行业是日内瓦两大经济支柱，日内瓦被称为"世界钟表之都"。日内瓦以深厚的人道主义传统，多彩多姿的文化活动，重大的会议和展览会，令人垂涎的美食，清新的市郊风景，众多的游览项目和体育设施而著称。

六、经典景点

国会大厦 位于伯尔尼市。由两个会议厅和中央大厅组成，厚重坚固。高挑的梁柱和绿色的圆顶，显示出意大利文艺复兴时期的风格。大厦左右两翼是联邦各部的办公楼，中间圆顶下面是联邦议会两院的会议厅。

时钟塔 位于伯尔尼市。中世纪塔楼，曾经先后作为城门守卫塔、监狱、钟楼。时钟塔已经存在了800年，仍是伯尔尼最知名的象征。时钟塔除了显示时间、季节、星象，每逢整点前4分钟左右，还会有精彩的玩偶报时秀。

伯尔尼大教堂 位于伯尔尼市。始建于1421年，历时近一个世纪才竣工。19世纪末在教堂顶上修建高约100米的尖塔。教堂正面有著名的《最后的审判》浮雕以及15世纪的彩绘玻璃。有一架由5400多根铜管组成的管风琴，在圣诞节和音乐会期间，这架18世纪的管风琴还会演奏美妙的音乐。

爱因斯坦故居 位于伯尔尼市。坐落在老城区。世界知名的科学家爱因斯坦1902—1909年间旅居伯尔尼，在此期间发表了著名的"相对论"。他的故居妥善地保持着当时的模样。

正义女神 位于伯尔尼市。是坐落于正义大街的雕塑。正义女神双眼蒙布，右手握宝剑（象征宣判和死刑），左手持天平（象征公正），脚踏盔甲和十字架（表示正义高于皇权和教廷），宣示不畏权贵不偏心，即使是帝王将相也要接受正义的裁决。雕塑颜色鲜艳，人物造型生动。

食童喷泉 位于伯尔尼市。喷泉雕塑刻画的是一个食人魔正在吞食一个裸体的孩子，食人魔旁边的一个袋子里有更多的孩子。据说这座喷泉雕塑是伯尔尼的家长吓唬小孩的神器。

苏黎世湖 冰蚀湖，宽约 4 千米，长 39 千米，呈新月形。北岸为富人居住地，号称"金岸"，南岸称为"银岸"。湖面上白天鹅、野鸭悠闲自在，一派和谐景象。湖边码头停满各色游艇，俨然一个富人俱乐部。湖畔筑有中世纪式的卵石小径。

苏黎世大教堂 位于苏黎世市。苏黎世三大教堂之一，始建于 1100 年前后，以罗曼式的双塔闻名。教堂内设有宗教改革博物馆和苏黎世大学神学院。教堂内的彩画玻璃和恺撒大帝的画像是瑞士现代艺术大师贾科梅蒂的杰作。这座教堂与圣母大教堂隔河相望，两者在 16 世纪瑞士宗教改革中起到了举足轻重的作用。

圣母大教堂 位于苏黎世市。苏黎世三大教堂之一。其前身是公元 853 年建立的修道院，修道院院长是事实上的城市管理者。教堂前面有一座担任多年苏黎世市长的汉斯·瓦尔德曼的骑马雕像。教堂屋顶为绿色，钟塔纤细，是具有代表性的哥特式建筑。教堂内 5793 支铜管的管风琴、彩色玻璃窗，最值得一看。

圣彼得大教堂 位于苏黎世市。苏黎世三大教堂之一。它的名字在 857 年的历史文献中就已出现。瑞士宗教改革之前，其余的教堂都附属于修道院，唯独这座教堂是个例外。始建于 1534 年的教堂钟楼上，有欧洲最大的教堂钟表指针盘，钟的盘面直径 8.7 米，时针长 3 米，分针长 4 米。

国家博物馆 位于苏黎世市。瑞士最大的博物馆，有 100 多间陈列室，藏品丰富，涉及自原始文化至近代的艺术和手工艺，重点展示瑞士的三大特色——钟表、银行和奶酪，堪称欧洲千年历史的剪影。

奥古斯丁巷 位于苏黎世市。苏黎世老城最富魅力的一条小巷。这里有苏黎世最漂亮的挑楼建筑，极富浪漫情调。街道两旁荟萃著名的百货店、名牌专卖店、古董珠宝店，是游客的购物天堂。

苏黎世美术馆 位于苏黎世市。当代艺术展览中心，收藏了许多瑞士艺术家的绘画、雕塑和版画作品，常年展出毕加索、莫奈、蒙克、马蒂斯、塞尚、雷诺阿、罗丹等名家的作品，还有不定期的大师级作品展览，凡·高的《自画像》也收藏在这里。门口有罗丹著名的雕塑作品——《地狱之门》。

联合国万国宫 位于日内瓦市。又名"国联大厦"，是联合国的前身"国际联盟"总部所在地，现为联合国驻日内瓦办事处，又称"联合国欧洲总部"。坐落于日内瓦东北郊的日内瓦湖畔，与巍峨的阿尔卑斯山遥遥相望。由 4 座宏伟的建筑组成，总占地面积约 2.5 平方千米。周围绿树环抱，环境幽美。

日内瓦大喷泉 位于日内瓦市。日内瓦湖畔的一座大型人工喷泉。泉水取自日内瓦湖，喷出的水柱高达 140 米，成为日内瓦的著名地标。喷泉下方有一条堤道，喷出的湖水有时会随着风向直接落在堤道上，宛如倾盆大雨。

断腿木椅 位于日内瓦市。为纪念《地雷议定书》生效而建的纪念雕塑。断腿椅子高12米，重5吨，椅子的断腿象征人类因地雷爆炸而失去的肢体。以椅子喻人，一个为地雷所摧残而坚毅地站起来向世界呼救的人。断腿椅子被特意安置在联合国欧洲总部的大门对面，椅子周围没有任何文字说明，留下了更多的疑惑和思索。

花钟 位于日内瓦市。瑞士号称"花园之国"，又称"钟表之乡"，瑞士的能工巧匠将花卉之美与钟表的制造工艺完美地结合起来，别出心裁地创造出这座"花钟"。花钟直径达5米，曾经是全世界最大的花钟。

红十字会博物馆 位于日内瓦市。为纪念由亨利·杜南创立红十字会而建，建造的资金全部由热心人士捐赠。建筑物呈白色，高高飘扬着红十字会和红新月会的旗帜。博物馆主要展示国际红十字会的历史和现在的活动情况。

日内瓦英国花园 位于日内瓦市。坐落于日内瓦湖湖畔，占地约25 430平方米。举世闻名的花钟就在这里。花园里碧湖荡漾，大树参天，古木成荫，游轮、雕塑、喷泉、观光小火车、鲜花，还有闲庭信步的美女，组成一幅美妙的风景画。

日内瓦湖 又称"莱芒湖"，世界最大的高山堰塞湖之一，横跨瑞士和法国两个国家。水平如镜，湛蓝无瑕，终年不冻，被瑞士人视为雪山和冰川赐予的礼物。湖面上终年有洁白的天鹅和白鸽嬉戏，湖畔停靠着色彩缤纷造型奇异的帆船和游轮。入夜，两岸霓虹闪烁，湖水五光十色。

宗教改革纪念碑 位于日内瓦市。为纪念宗教改革家约翰·加尔文诞辰400周年而建。花岗岩石墙高约10米、长约100米，中间是4个高大的人物雕像，加尔文和其他三位改革者并肩而立，碑的上方刻着一行醒目的拉丁文大字："黑暗过去即光明。"

百达翡丽钟表博物馆 位于日内瓦市。20世纪初期曾是宝石切割师和珠宝工匠的工作室。馆内收藏了1937—1966年的古董表20件，计时器2000多件，藏书4000多册。除了百达翡丽的产品集锦，还有丰富精彩的私人收藏古董钟表。该馆被称为"有温暖感觉及私人馆藏特质的博物馆"。

卢梭岛 位于日内瓦市。原名"巴尔克岛"。原是罗纳河上的一块礁石，后修建成一座人工岛屿，成为军事防御堡垒。卢梭的塑像被安置在小岛上，随之更名为"卢梭岛"。罗纳河从阿尔卑斯山一路顺势而下，在小岛前分流两边，缓缓地注入日内瓦湖，几十米之外就是连接日内瓦老城和新区的勃朗峰大桥。

七、世界遗产

米施泰尔的圣约翰本笃会女修道院 位于葛林森斯河谷。据说此修道院由法兰克国王卡尔大帝下令建造，始建于公元775年，至今还有修女在此修行、生活。修道院内拥有世界上最大的中世纪前期壁画群，这些大约创作于公元800年的壁画是卡洛林时期艺术的精品,整座修道院因为这些精美的壁画而熠熠生辉。

圣加仑修道院 建于公元9世纪,是欧洲最大的本笃会修道院之一。正门上用希腊文刻着"灵魂的药房"的字样。修道院图书馆是欧洲保存完好的中世纪图书馆之一,收藏古籍超过16万册,包括2000多册中世纪的手写本和1650册"摇篮书籍"(1501年复活节以前活字印刷的书籍)。一些历史手稿被藏在黄金匣中。

伯尔尼老城 始建于12世纪末。中世纪的伯尔尼已经是一个极具影响力的城市,为遮风避雨兴建了长达6千米的拱形骑楼。老城整体保存完好,古香古色,充满中世纪韵味,有圆石铺就的光亮街道,红瓦白墙相映生辉的房屋,各有典故的街心彩柱喷泉,16世纪的钟塔,始建于1421年的哥特式大教堂。

贝林佐纳的三座城堡及城墙 位于提契诺谷地。地处意大利北部与阿尔卑斯山的交通要冲,罗马时代即在此设置军事营地。贝林佐纳的三座城堡分别是格朗德城堡、蒙特贝罗城堡和萨索科尔巴洛城堡,它们的前身出现于公元6世纪,现在所见的堡垒建于13—15世纪,是阿尔卑斯山区目前唯一尚存的中世纪要塞建筑。

拉沃葡萄梯田 位于瑞士西部。东起西庸,西至洛桑近郊,沿日内瓦湖绵延约30千米,总面积达8.3平方千米。这些葡萄梯田最初由11世纪的修道院修道士们兴建种植。拉沃地区自罗马帝国时代开始种植葡萄,每个村庄都有延续几代的种植葡萄和酿酒世家。

阿尔布拉——贝尔尼纳的雷蒂亚铁路 连接瑞士与意大利的雷蒂亚铁路,兴建于20世纪初,总长约128千米,沿途穿越55个隧道与狭廊、196座桥梁与高架道路,至今仍是穿越阿尔卑斯山区的铁路中海拔最高的一座,同时也是世界同类型铁路中高低落差最大的线路之一,集精良技术、杰出建筑和优美环境之大成。

拉绍德封与力洛克的钟表城镇 位于瑞士汝拉山地区。拉绍德封与力洛克是瑞士钟表制造的大本营,已成为单一制造业城市的典范。这里土壤贫瘠不适合耕种,从17世纪开始致力于发展不需要土地的钟表制造业。由居住区住宅和工厂混合而成的可扩展式带状格局,是19世纪初根据钟表制造业的需要重新规划的。

少女峰—阿莱奇的冰川 位于阿尔卑斯山地区。这里分布着3座海拔4000米以上的山峰,少女峰是其中之一。阿莱奇冰川是阿尔卑斯山地区最大的冰川,全长23千米,由270亿吨冰块组成。这里冰川壮丽,岩石宏伟,森林郁郁葱葱,山花烂漫,冰川景观无与伦比。

圣乔治山 位于瑞士与意大利边境的卢加诺湖南端。海拔约1100米,2亿多年前是100多米深的深海盆地。自19世纪以来,这里发掘出80余种不同种类的鱼类、30余种海洋生物以及陆地爬行动物的化石,还有百余个2.45亿万年前至2.30亿万年前三叠纪时代无脊椎动物以及植物的化石。

萨多纳地质结构区 位于瑞士东北部。面积328平方千米,其中包括7座海拔3000米以上的山峰。该地区突出展现了大陆碰撞形成的造山运动的特征,构造冲击力量形成的地质断面。2.5亿多年的砂岩被35万至50万年的较为年轻的岩石挤压,古老的岩石覆盖在比自己年轻200万年的岩石上,景象震撼。

第二十九节　发亮石头——列支敦士登

列支敦士登,全称"列支敦士登公国"(The Principality of Liechtenstein)。"列支敦士登"德语意为"发亮的石头",因城内建筑物以浅白色大理石作材料而得名。又称"邮票王国"。

一、自然地理

列支敦士登是欧洲中部的内陆国家,夹在瑞士与奥地利两国之间。面积约160平方千米。

列支敦士登是世界上仅有的两个双重内陆国之一,西侧属于平坦的河谷,其余地区大都为山地。列支敦士登与奥地利的界山灰尖峰海拔2599米。

列支敦士登属于温带大陆性气候,1月平均气温1℃,7月平均气温20℃。

二、国家象征

列支敦士登的国旗呈横长方形,由上蓝下红2个平行相等的横长方形组成,左上角有一金色的王冠。蓝色、红色来自公国亲王旗的颜色,蓝色象征蓝天,红色象征地面之火。旗面上的王冠是神圣罗马帝国的王冠。

列支敦士登的国徽呈斗篷式,上端是一顶神圣罗马帝国的王冠。盾面上有6组图案:左上角为戴头冠的鹰,右上角为王冠的饰品,左下角为红白颜色盾牌,右下角系人面鹰。中心小盾由黄、红两色构成,它们是亲王旗的颜色;小盾下端的蓝地上绘有铜管乐器,象征列支敦士登王室。国徽记述了这个公国世代相传的历史进程。

列支敦士登的国歌是《在年轻的莱茵河上》,其旋律沿用英国国歌《天佑女王》。

列支敦士登的首都是瓦杜兹。

三、社会生活

列支敦士登人口约3.5万人,其中日耳曼族超过六成。官方语言为德语。天主教为国教。

列支敦士登实行君主立宪制。议会实行一院制,议员由选民直接选举产生。列支敦士登主要政党:激进公民党、祖国联盟、自由名单、独立党。

工业是列支敦士登国民经济的支柱,工业产品九成以上用于出口。金融业发展很快,邮票销售收入占国民生产总值的一成以上。假牙输出可供全世界1/3人口的需要。

四、民俗风情

典型的列支敦士登男人是蓄着两大撇八字胡子的硕壮农夫,胡须上面是满布皱纹的脸和蓝色的眼睛,口中含着一支曲柄的阿赛式烟斗。

列支敦士登人友善而好客,在街上遇到陌生人也会微笑着打招呼:"上天保佑!"

列支敦士登人喜欢各色各样的鲜花,农舍式小屋的阳台上,明亮的水泥房平台上,饭店的进口处和公园中,处处春意盎然。

列支敦士登人爱好音乐,几乎每一个乡村都有自己的社团,每周聚集一次唱民谣。差不多每个乡村都有一个小型的管弦乐团或一个铜管乐队。他们的乐趣就是和家人及邻居聚集在一起,吃、喝、唱民谣。

五、旅游城市

瓦杜兹(Vaduz)　列支敦士登的首都,政治、经济和文化中心。位于群山环抱的莱茵河上游谷地。全城仅有一条大街,大部分建筑是平房,房前屋后栽花种草,树木成荫,朴素典雅,田园色彩浓厚。街道上行人稀少,无车马喧闹之声,也看不到公共交通车。以印刷邮票著称于世。

六、经典景点

国家议会大厦　一栋白色的三层楼房,建筑外部和内部空间展示三权分立的民主特色以及阿尔卑斯山脉的文化特色。楼上是首相府,楼下是法院,地下室是监狱,真正的"一门式"服务。

瓦杜兹城堡　建于12世纪。自1938年后,王室家族一直居住在这里。周边的景色非常美丽。城堡附近的山脊上,可俯瞰首都瓦杜兹的全景。

米特尔多夫街区　瓦杜兹商业区。这里的房屋和花园保留着100多年前的样子。大街上有邮局、博物馆、餐厅、商店,路边有装置艺术品,抬头就能观赏山上的瓦杜兹城堡。

邮票博物馆　博物馆内四周墙上悬挂着该国历史上发行的所有邮票,世界上100多个国家和地区发行的邮票及首日封,色彩斑斓。博物馆里还摆放着邮递员用具,如手提灯、邮包、喇叭,印制邮票的活字板、邮戳等。

国家艺术博物馆　坐落于瓦杜兹市中心。博物馆建筑为黑色的立方体。该馆收藏列支敦士登王室珍藏的艺术品和世界现代及当代艺术品。

第三十节　绅士淑女——英国

英国,全称"大不列颠及北爱尔兰联合王国"(United Kingdom of Great Britain

and Northern Ireland)。"不列颠"克尔特语意为"杂色多彩",指居民喜欢以五彩文身;又因部分不列颠人移居法国,他们将本土称为"大不列颠"。

一、自然地理

英国位于欧洲大陆西北的大西洋上,隔北海、多佛尔海峡、英吉利海峡与欧洲大陆相望,陆界与爱尔兰共和国接壤。面积约24.5万平方千米。

英国由大不列颠岛(包括英格兰、苏格兰、威尔士)、爱尔兰岛东北部和周围5000多个小岛组成。全境分为英格兰东南部平原、中西部山区、苏格兰山区、北爱尔兰高原和山区。主要河流有塞文河和泰晤士河,主要湖泊是北爱尔兰的讷湖。

英国属于海洋性温带阔叶林气候,多雨雾,秋冬尤甚。1月平均气温4℃~7℃,7月13℃~17℃。年降水量约1000毫米。

二、国家象征

英国的国旗呈横长方形,由英格兰的白底红色正十字旗、苏格兰蓝底白色交叉十字旗和爱尔兰白底红色交叉十字旗重叠而成。带白边的红色正十字代表英格兰守护神乔治,白色交叉十字代表苏格兰守护神安德鲁,红色交叉十字代表爱尔兰守护神帕特里克。

英国的国徽呈盾形,上端为头盔、帝国王冠和狮子,金狮象征英格兰,红狮象征苏格兰,竖琴象征爱尔兰,两侧是代表英格兰的狮子和代表苏格兰的独角兽。盾徽周围用法文写着"恶有恶报"。下端嘉德勋章饰带上写着"天有上帝,我有权利"。

英国的国歌是《神佑女王》。

英国的首都是伦敦。

三、社会生活

英国人口约6111万人,其中九成以上居住在城市。英格兰人占总人口的八成以上。官方语言和通用语言均为英语。居民大多信奉基督教新教。

英国实行君主立宪责任内阁制。国王为国家元首、武装部队总司令和英国国教的世袭领袖,但实权在内阁。下院议员由人民选举,上院由世袭或加封之贵族、教士或社会贤达组成,议院多数党领袖为首相。英国无成文宪法,以惯例、传统、宣言、法案为行宪准则。英国主要政党:工党、保守党、自由民主党。

英国是全球经济最发达和生活水平最高的国家之一。国内生产总值居世界第六位,在国际金融和银行保险业的领导地位牢不可破。英国能源资源丰富,是世界上石油和天然气主要生产国之一。私有企业是英国经济的主体,占国内生产总值的六成以上。旅游业是英国最重要的经济部门之一。英国还是世界第四大贸易国、世界第六大海外投资国和第六大对外援助国。

四、民俗风情

英国人名在前,姓在后,女子婚后从夫姓。一般称呼是姓+先生或夫人或小姐。

英国人凡事讲传统,循规矩,办事认真,生活刻板,对新鲜事物持谨慎态度。他们感情不轻易外露,即便有很伤心的事也不表现出来。很少发脾气,不愿意与别人做无谓的争论。做事很有耐心,任何情况下绝不面露焦急之色。"不管闲事"是英国人的座右铭。英国人讲究社交礼仪,奉行"女子优先"的原则。男人讲究"绅士风度",女人严守"年龄秘密"。

西装是英国的国服,上班族西装革履,重要场合男士着燕尾服,女士着低胸晚礼服。在正式社交场合特别注重服饰,会客、拜访或参加酒会、宴会、晚会一定要穿西服打领带,夏天可以不穿西服只穿短袖衬衫,但也得打领带。

英国人注重生活质量,重视休闲生活,追求精神享受。爱好文化活动,看书、喝茶、足球、园艺是主要的休闲方式。酷爱运动,骑自行车、踢足球、打网球、游泳、滑旱冰,是众多男女的共同爱好。喜欢外出旅游度假,夏季往往涌向地中海沿岸享受日光浴。颇爱宠物,对马、狗、猫、鸟等动物感情很深,有"爱我就爱我的狗"之说。平时喜欢自己动手做家务,周末假日自己动手修缮房屋,制作家具,装修房间,修整花园,甚至制作陶瓷工艺品。天气状况是英国人经常的话题。

英国人以米饭或点心为主食。菜肴注重鲜嫩、焦香、喜甜、酸、微辣,忌讳用味精调味。茶可称为英国的民族饮料,英国人每天上下午各有一次专门的喝茶时间。若要感受英国风味美食,必须一试伦敦酒吧的传统卜午餐。

英国人经常在家里待客,但突然拜访是不合适的。接受邀请又届时违约是不礼貌的。如果有些东西不喜欢吃,应事先设法让主人知道,以免当天的尴尬。不管是仅仅吃一餐饭还是更长时间的做客,都要给主人带件小礼物,如鲜花、巧克力或一小瓶酒,礼物不必太贵重,所费不多才不会被误认为是一种贿赂。他们并不欣赏有公司标志的礼品。用餐时,汤匙应放在汤盆的托碟上,咖啡匙要放在茶托上,咖啡要就着杯子喝。喝汤时用匙的一侧从里往外舀,不能端着汤盆把盆底剩的汤全喝光。不论吃什么东西,尽量不弄出声响,不能在别人面前打饱嗝。英格兰人新年到别人家拜访必须携带一块煤,并且亲手把煤放进他家的炉子里:"祝你家的煤炭长燃不熄!"

在英国人面前,坐姿不能两膝张得太宽,更忌架起二郎腿,站姿不能背手或把手插入口袋。不能从梯子下走过,不能在屋里撑伞,不能把鞋子放在桌子上。在大庭广众面前,不能交头接耳,更不能拍打对方的肩膀。公共场合禁止吸烟,违者将被处以罚款。给16岁以下的人抽雪茄是违法的。英国人忌讳大象、孔雀的图案,忌讳送百合花,忌讳作"V"字形手势,忌讳数字13和星期五,也忌讳"厕所"一词。

不能打听英国人的年龄、职业、婚姻和收入。英国人有排队的习惯,加塞是一种令人不齿的行为。

五、旅游城市

伦敦(London) 英国的首都,欧洲最大的城市,世界著名的金融中心、最大的保险市场、黄金现货交易市场。位于英格兰东南部,横跨泰晤士河。以完善的地铁网著称。一半以上的英国百强公司、100多个欧洲500强企业的总部、众多国际组织总部的驻地。有2000年历史,名胜古迹和现代化建筑多姿多彩,美不胜收。

伯明翰(Birmingham) 位于英格兰中部。16世纪欧洲举足轻重的工业和商业中心。18世纪工程师瓦特在此改良蒸汽机,启动了英国的工业革命,如今仍然是英国重要的工业城市。伯明翰保留着许多古典建筑,有很多足球、网球和板球场,被命名为"欧洲体育之城"。

曼彻斯特(Manchester) 位于英国西北部。商业、金融、工业、文化中心。200多年前在这里诞生了世界上最早的近代棉纺织工业,揭开了工业革命的序幕。第二次世界大战期间生产的大炮、枪支弹药等被源源不断地输送到前线,因此遭到德军无数次的轰炸。全城随处可见各式各样的酒吧、舞厅、电影院、歌剧院。

爱丁堡(Edinburgh) 苏格兰的首府,位于苏格兰中部。曾为苏格兰王国首都,中世纪以来在欧洲文化交流中占有重要地位。峭壁嶙峋的火山,冰川侵蚀的山谷,郁郁葱葱的林木,巍峨庄严的宫殿、教堂和城堡,使爱丁堡赢得了"北方雅典"的美称,并被列为世界文化遗产。

利物浦(Liverpool) 英国最佳旅游城市,位于英格兰西北部。知名建筑超过2500座,大部分建筑兴建于18世纪晚期以后的大英帝国鼎盛时期。拱顶的牌楼下,鹅卵石的街道两旁,布满画廊、博物馆、酒吧和写字楼,孕育了许多世界闻名的艺术家、发明家和政界要人。海商城市利物浦已被列为世界文化遗产。

利兹(Leeds) 约克郡和汉伯地区的首府。利兹经济发达,高档写字楼和优美建筑物之间点缀着剧院、酒店、美术馆和咖啡馆。利兹盛产英国人最喜欢的苦啤酒。

剑桥(Cambridge) 别名"康桥",是剑桥郡首府。被称为"最有灵性"的卡姆河蜿蜒流淌,因而有"架在卡姆河上的桥"的说法。剑桥绿草如茵,环境幽美,处处弥漫中古时代的风情,是令人神往的传统大学城。

牛津(Oxford) 位于英格兰牛津郡。泰晤士河谷地的主要城市,已有1100多年历史,以世界一流学府闻名于世,是英国皇族和学者的摇篮。900多幢历史建筑交相辉映,"大学中有城市"是这个古城的最大特色。

六、经典景点

白金汉宫 位于伦敦市。英国女王的办公地和居住场所,当今世界少数仍在使用的皇家宫殿之一。1703年由白金汉公爵所建，由此得名。夏季每日和冬季隔日上午11:30这里会举行壮观的皇家卫队换岗仪式。白金汉宫与中国的故宫、美国的白宫、法国的凡尔赛宫、俄国的克里姆林宫并称世界五大宫殿。

首相官邸 位于伦敦市唐宁街10号。17世纪唐宁爵士所建。自1937年起，历任英国首相都在此办公和居住。第二次世界大战期间国王乔治和首相丘吉尔常在地下室进餐，共商国是。门口只有一名警察站岗，此外与其他街巷民居并无差别，但它却是世界上出镜率最高的门口之一。

温莎堡 位于伦敦市。伊丽莎白女王最喜爱的居所之一。这里的圆塔为12世纪的古炮台，塔上升旗表明英王驾到。历史上不少英王在此出生、举行婚礼，也囚禁和埋葬了一些英王。堡内收藏着皇室数不清的珍宝，其中有中国慈禧太后赠送给维多利亚女王的条幅。莎士比亚曾在此小住，并写下名剧《温莎的风流娘儿们》。

大英博物馆 位于伦敦市。为规模庞大的古罗马柱式建筑，面积约6.7万平方米。正门两旁各有8根又粗又高的罗马式圆柱，支撑起三角形门楣，三角形中刻着一幅巨大的浮雕。馆内拥有来自世界各地的藏品近800万件，种类繁多，珍品如山。该馆与纽约的大都会艺术博物馆、巴黎的罗浮宫并列为世界三大博物馆。

塔桥 位于伦敦市。泰晤士河口的第一座桥。其古朴凝重，雄伟壮观，是伦敦的象征，有"伦敦正门"之称。塔桥两端由4座石塔连接，两座主塔高43米，跨度61米，上有白色大理石屋顶和5个小尖塔，远看像两顶王冠。桥面为开启式，每当巨轮通过，桥面一分为二，巨轮通过后再恢复原状。

伦敦眼 位于伦敦市。又称"千禧之轮"，为迎接新千年而建造的摩天轮。总投资约1.2亿美元，总重1600多吨，总高135米，设有32个全封闭座舱，每个座舱可乘坐20人，转一圈约需半小时。舱内太阳能电池提供通风、照明和通信系统的电力。夜晚的摩天轮幻化成一个巨大的蓝色光环，增添了泰晤士河的梦幻气质。

伊丽莎白塔 位于伦敦市。原名"大本钟"。钟楼高95米，四面的圆形钟盘直径6.7米，每个钟面由312块乳白色玻璃镶嵌而成。时针和分针分别长2.75米、4.27米，钟摆重305千克，总重量达13.5吨。大钟每隔一小时敲响一次，第一响误差不超过一秒钟。从1859年起开始报时，一个半世纪来从未间断。

海德公园 位于伦敦市。1851年在此举办伦敦国际博览会。1944年美国总统罗斯福和英国首相丘吉尔在此签订合作研发核武器的《海德公园协议》。从19世纪以来，每逢星期日下午，市民可以在"演讲者之角"站在装肥皂的木箱上发表演说，演说的内容不受限制，因此有"肥皂箱上的民主"之说。

国家美术馆 位于伦敦市。馆内收藏大量欧洲的油画，其中包括早期文艺复兴作品，如达·芬奇的炭笔素描，1510—1600年文艺复兴全盛时期意大利和日耳曼绘画，1600—1700年荷兰、意大利、法国和西班牙的绘画，18世纪至20世纪初威尼斯、法国和英国的绘画。风景画是一大特色，也有浪漫派和印象派的许多佳作。

旅游目的地概述

圣保罗大教堂　位于伦敦市。仿梵蒂冈的圣彼得大教堂而建,以壮观的圆形屋顶而闻名。内部装饰华美的浮雕和精致的壁画,配以高大的立柱,富丽堂皇。教堂内整齐地摆放着数十排相连的座椅,圣洁肃穆。教堂地下室中有英国名将纳尔逊、威灵顿和建筑师雷恩的坟墓。戴安娜王妃与查尔斯王子的世纪婚礼就在这里举行。

特拉法加广场　位于伦敦市。为纪念特拉法加大海战而建。因有大量鸽子驻足,又称"鸽子广场"。广场中央矗立着纳尔逊的纪念碑和铜像,纳尔逊是英国海军名将,曾率军击败法国和西班牙的联合舰队,确立了英国的海上霸主地位。广场上高大的圣诞树是挪威为感谢第二次世界大战时伦敦接纳流亡的挪威王室而赠送的。

福尔摩斯博物馆　位于伦敦市。夏洛克·福尔摩斯是柯南·道尔笔下的一名侦探,小说中福尔摩斯的居所位于贝克街221B号,福尔摩斯博物馆成立时经特许使用221B门牌号。馆内的布置摆设都以小说中提及的情节为依据。

苏格兰皇家博物馆　位于爱丁堡市。展厅36个,展品2万多件,分为自然、艺术、设计、科技和世界各地文化等门类。其中3件展品最重要:一是霸王龙化石,长12米,重7吨,距今约6500万年;二是铁器时代的金环,公元前300年至100年制造,由8根金线编制而成;三是第一只克隆哺乳动物——多利绵羊的标本。

王子街　位于爱丁堡市。爱丁堡最繁华的街道,全长不足1500米,却有"全球景色最佳的马路"之称。最著名的是由2.4万朵鲜花组成的苏格兰钟,时针长1.5米,分针长2.4米,钟面直径3.5米,花钟图案每一分钟就有一枝杜鹃花跳出来。东端的花园中,经常有身着苏格兰裙的艺人演奏风笛。

爱丁堡城堡　位于爱丁堡市。筑于死火山岩顶上,一面斜坡,三面悬崖,固若金汤,公元6世纪成为皇室堡垒,1093年玛格丽特女王逝于此地,自此成为皇家住所和国家行政中心,现在是苏格兰国家战争博物馆、苏格兰联合军队博物馆。古堡城墙上整整齐齐地安放着一座座乌黑的古炮,演绎着防御森严的紧张气氛。

圣十字架宫　位于爱丁堡市。苏格兰王室的宫殿。每当女王驾到会升起王室旗帜。画廊中有11幅苏格兰历代国王的画像。号称当时最美丽女人的苏格兰女王玛丽曾住在此,她15岁嫁给法国王室,19岁时丈夫去世回到苏格兰,后登上王位,又失掉王位逃往英格兰,囚禁19年后被处死。玛丽女王的秘书也在这里被刺身亡。

基督君王都会教堂　位于利物浦市。英国最大的天主教教堂之一。建筑风格很有现代感,外观更像一座艺术建筑物。整个建筑像一个倒置的漏斗,被称为"火锅盖"。教堂弥漫着幽蓝的灯光,富于神秘感。

城堡街　位于利物浦市。利物浦主要的商业区,发展历史超过3个世纪,许多道路依然遵循中世纪格局,集中了利物浦市政厅、英格兰银行大楼、阿尔比恩大楼等全市重要的建筑。城堡街尽头的利物浦市政厅,被誉为英国装饰最奢华的市政建筑之一。

威廉布朗街　位于利物浦市。利物浦主要的文化区,拥有许多公共建筑,包括威廉布朗图书馆、沃克艺术画廊、皮克顿阅览室和利物浦世界博物馆。建于1840—1855年的圣乔治大厅,被誉为欧洲新古典主义建筑的一个最佳例证。街上还拥有众多的纪念碑和雕塑,包括著名的惠灵顿圆柱。

斯特拉夫德镇 位于曼彻斯特市。英国南部古镇,布仑河穿镇而过,成群的天鹅和野鸭在河中追逐嬉戏。维多利亚式建筑典雅厚重,哥特式建筑俏丽奇幻,历史悠久的普通民居粗犷古朴,中世纪的拱桥是古老小镇的见证。紧靠河边的圣三一教堂建于文艺复兴时期,是镇上最宏伟的建筑。

莎士比亚故居 位于曼彻斯特市。两层木楼,门楼铁牌标明建于1531年。壁炉中的火焰依然殷红,餐桌上摆放着面包、牛排和刀叉。书房塑有莎翁的蜡像,蜡像前的书案堆放着字迹密集的稿纸,"莎翁"靠着坐椅凝神思索。莎士比亚许多脍炙人口的作品就是在这间书房里完成的。莎翁的遗体埋在这里的方形高台下。

华威城堡 位于伯明翰市。最初由"征服者"威廉于1068年依河而建,14世纪进行改建,加修许多角塔,用石墙取代木栅栏,17至18世纪修建成贵族的官邸,前后有42位伯爵在此居住。1978年城堡被杜莎集团收购,收藏许多杜莎蜡像以及兵器铠甲。华威城堡也是许多鬼故事的题材,著名的"鬼塔"水门塔也在这里。

珠宝角 位于伯明翰市。英国最大的珠宝交易市场。这里集中了400多家的珠宝企业,100多家珠宝专销商以及50余位当代珠宝设计师和工艺师,是英国珠宝制造业的中心。传统工艺加工而成的金银珠宝首饰、手表,美轮美奂。

霍沃斯村 位于利兹市。英国文学胜地之一。雕塑家亨利·摩尔和勃朗特姐妹的故乡。秀丽的小村子,鹅卵石的街道,两旁排列着18世纪和19世纪的石头房子。教堂后面的牧师住宅,曾诞生许多世界名著,包括《简·爱》和《呼啸山庄》。

剑桥大学 位于剑桥市。世界十大学府之一。1209年由为躲避殴斗而从牛津大学逃离出来的学者所创建。大学绝大多数的学院、研究所、图书馆和实验室分布在剑河两岸,没有围墙,没有校牌。几百年来,剑桥大学哺育出牛顿、达尔文等大师,7名首相、90多位诺贝尔奖得主曾负笈剑桥,被称为"自然科学的摇篮"。

圣三一学院 位于剑桥市。学院内的亨利八世雕像,左手托一个象征王位的圆球,右手却举着一条椅子腿,本来握的是一根象征王权的节杖,一个恶作剧的学生用一条椅子腿取而代之,几百年来剑桥人竟然听其自然。草坪中间有一棵毫不起眼的苹果树,据说这棵树上的一个苹果掉下来落到了牛顿头上,从而启发他发现了"万有引力定律"。

国王学院 位于剑桥市。1441年创建。绿地上矗立着亨利六世的青铜像,拜堂拥有世界上最大的扇形拱顶和最出色的中世纪彩色玻璃。经济学家凯恩斯、诗人徐志摩曾就读于此。在《再别康桥》诞生80周年之际,国王学院为徐志摩立下大理石诗碑:"轻轻的我走了,正如我轻轻的来。""我挥一挥衣袖,不带走一片云彩。"

叹息桥 位于剑桥市。剑桥大学圣约翰学院的一座廊桥。据说维多利亚女王参观这座桥时赞叹不已:"这么秀丽！这么别致！"剑桥大学的毕业考试很严格,学生考试通不过,拿不到文凭,往往来到这里叹息、流泪,后悔莫及,因此,校方把它定名为"叹息桥",以此来警示学生要勤奋学习,不可懈怠。

圣体钟 位于剑桥市。由约翰·泰勒设计并出资百万英镑建造,物理学家史蒂芬·霍金揭幕。这是一个类似蚱蜢的金属雕塑钟,泰勒称之为"时间吞吃者",其驱壳表面是斑驳的金粉和血浆,钟上面的蚂蚱在每一分钟的开始张开口,每一分钟结束时闭上口,钟的下面是棺材的形状,寓意蚂蚱在吞噬时间,提醒人们生命短暂。

牛津大学 位于牛津市。英语国家最古老的大学之一,1167年创办。校园与城市融为一体,街道从校园穿过,楼房的尖塔在烟雨蒙蒙中若隐若现,高高的石墙上爬满老藤,古朴素雅。许多著名人物曾就读于此,其中包括6位英国国王、46位诺贝尔奖获得者、26位英国首相、多位外国政府首脑、86位大主教以及18位红衣主教。

七、世界遗产

国王爱德华城堡群和城墙 位于威尔士圭内斯郡。英格兰国王爱德华一世于1283年征服圭内斯公国后,先后建造城堡10座。圭内斯公园的博马里斯城堡、卡那封城堡、康威城堡和哈莱克城堡,基本上保持了原貌,被誉为欧洲13世纪晚期至14世纪初期最佳的军事建筑范例。

达勒姆城堡和座堂 位于达勒姆郡。耸立在威尔河湾陡峭的石坡顶上。大教堂的大部分建筑拥有900多年的历史,内部供奉诺森伯利亚的福音传道者圣库什伯特和圣彼德的遗物,显示了早期本笃会修道士的显赫地位。达勒姆大教堂被认为是英国最大、最杰出的诺曼式建筑遗产,其拱顶的大胆革新预示着哥特式建筑的诞生。

巨人堤道及堤道海岸 位于北爱尔兰。4万多根大小均匀、形状规则的玄武岩石柱聚集成一条绵延数千米的堤道,被称为"巨人之路"。在蔚蓝色大海的衬托下,这条赭褐色的石柱堤道更显鬼斧神工。约5000多万年前,一股股岩浆从裂隙的地壳涌出,灼热的熔岩逐渐冷却、收缩、结晶,形成壮观的玄武岩石柱林。

铁桥峡谷 位于英格兰什罗普郡。采矿区、铸造厂、工厂、车间和仓库的汇集区,密布着由巷道、轨道、坡路、运河和铁路编织成的古老运输网络,占地达10平方千米。1781年通车的大铁桥,全部用铁浇铸,是世界上第一座铁桥,18世纪英国工业革命的象征。铁桥的成功建造,鼓风炉发挥了不可或缺的作用。

圣基尔达岛 包括4个岛屿,面积8.53平方千米。火山爆发和冰川侵蚀形成了高达430米的悬崖峭壁,为珍贵而又濒临灭绝的鸟类提供了一个良好的栖息地。圣基尔达岛是北大西洋上最大的海鸟——塘鹅最多的地方,凤头麦鸡数量占英国凤头麦鸡总数的一半。

巨石阵 位于伦敦西南。建于公元前2300年前后。130多块琢凿过的巨石呈环形屹立,石环内有5座门状石塔,呈向心圆状排列。石柱高达6米,每块重30~50

吨。巨石阵的主轴线、通往石柱的古道与夏至日早晨初升的太阳在同一条线上,其中有两块石头的连线指向冬至日落的方向,很可能是远古人类为观测天象而建造。

斯塔德利皇家公园 位于约克郡北部。建于1716—1781年,占地3.23平方千米,包括人造湖、池塘、雕塑、塔、寺庙、新哥特式风格的宫殿以及饭店、门房等室内建筑,还有喷泉、修道院及圣马利亚教堂,是英国保持原来建筑风格的极少数皇家园林建筑之一。

布莱尼姆宫 位于伍德斯托克镇。建于1705—1722年,田园景色、园林和庭院融为一体,是英国园林的经典之作。花园布局整齐有序,散落在各个角落的雕像象征军队的英勇顽强。纪念堂顶端有一尊雄狮与公鸡相斗的雕塑,象征胜利的力量。在第二次世界大战中成功地保卫英国、后来担任英国首相的丘吉尔就诞生于此。

巴斯城 位于英格兰的萨默塞特。巴斯在中世纪是羊毛工业的中心,乔治王朝时已形成建筑整齐的城市格局,成为上流社会的社交场所。这里的4900座建筑物被列为保护对象,有6个地段被划为考古遗址,从而使巴斯成为英国当今最富有特色的古城之一。在古建筑遗址中,以罗马浴场、水泵房和大教堂尤为著名。

威斯敏斯特宫、西敏寺和圣玛格丽特教堂 位于伦敦。威斯敏斯特宫是英国浪漫主义建筑的代表作品,也是大型公共建筑中第一个哥特式复兴杰作,是当时整个浪漫主义建筑兴盛时期的标志。西敏寺是伦敦历史最为悠久的教堂之一。圣玛格丽特教堂建于11世纪,以绚丽的彩色玻璃而著称于世。

坎特伯雷座堂、圣奥古斯丁修道院和圣马丁教堂 坎特伯雷座堂位于治坎特伯雷市,是英国最古老、最著名的基督教建筑之一。这座教堂的第一任总主教奥古斯丁创建了城墙外的圣奥古斯丁修道院。圣马丁教堂是一座像尖帽的尖塔,1720年兴建,它的最大贡献是对美国教堂建筑产生了深远影响。

伦敦塔 位于伦敦。伦敦塔是一组塔群,其中心是一座诺曼式建筑的白塔。自1140年起,该塔成为英国国王的重要宫殿之一。地下室的皇家珍宝馆展出17世纪以来君主的王冠、权杖及王室的珠宝,其中有维多利亚女王加冕时制作的镶有3000多颗宝石的"帝国王冠"和嵌有530克拉宝石的权杖。

爱丁堡的老城和新城 爱丁堡老城区保留了许多欧洲中世纪和苏格兰改革运动时期的建筑,还有许多古时保存下来的地下街道和地窖。爱丁堡新城于1765年至1850年期间分数个阶段兴建,城内保留着许多原始的新古典主义时期的建筑。

海事格林尼治 位于英格兰。以海事历史、本初子午线的标准点、格林尼治时间而闻名于世。格林尼治是都铎王朝的亨利八世和伊丽莎白一世等多位君主的出生地。1884年国际子午线会议将通过格林尼治天文台的经线作为标准零度经线(即本初子午线)。格林尼治保存了高密度、高质量的具有历史和建筑意义的建筑区域。

新石器时代奥克尼的中心 由苏格兰奥克尼群岛的主岛上4个新石器时代遗迹组成:一是梅肖韦古墓,史前墓葬;二是布罗德盖石圈,直径104米;三是斯丹尼斯立石,史前人类的宗教场所;四是斯卡拉布雷新石器时代遗迹,新石器时代人类定居点。这些村落大约建于公元前3180—公元前2500年。

布莱纳文工业景观 位于南威尔士东北部的产煤区。英国19世纪重要的钢铁和煤炭产地。1788年布莱纳文开始发展炼钢业,随着钢铁和煤矿产业的发展,布莱纳文人口一度超过2万人。1900年炼钢业终止,1980年煤矿矿山也关闭。布莱纳文工业景观见证了南威尔士地区在19世纪世界钢铁和煤炭生产中的显赫地位。

百慕大圣乔治历史城镇及相关防御工事群 圣乔治镇始建于1612年,曾为百慕大的首府,至今仍保持着早期典型的英国殖民城市风貌。圣乔治最古老的房子是17世纪末18世纪初的最早居民的住所,据说也是大西洋西海岸最早建造而且至今仍有居民居住的房屋之一。这里的要塞是17—20世纪英国军事防御工程发展的例证。

德文特河流域工业区 位于德比郡。18世纪至19世纪最重要的棉纺织工厂工业区。这里是阿克莱的发明被第一次运用到工业生产规模中的地方,可以说是工业革命的发祥地之一。工厂的工人宿舍群和其他一些纺织厂仍然保存完好,见证了这个地区社会经济的发展。

多塞特和东德文海岸 总长153千米。这里是英国最壮观的海岸线,也是世界上最奇妙的自然景观之一。多塞特和东德文海岸也被称为"侏罗纪海岸",由三叠纪、侏罗纪和白垩纪的悬崖组成,跨越中生代时期,记载了1.8亿年的地质史。

新拉纳克 位于苏格兰。1800—1825年,乌托邦理想主义者罗伯特·欧文在这里创建工业化社区的最早模型,不仅有设计良好装配齐全的工人住房,同时建设了公共设施来提高工人的身体素质,丰富他们的精神生活。棉磨坊、宽敞且装备齐全的工人社区、严谨的教育机构和良好的学校教育,成为欧文人文主义的证明。

索尔泰尔 位于英格兰。保留完好的19世纪中期工业城镇典范,城镇布局至今完整地保留着原始风貌,在"花园城市"运动中产生了重要的影响。1851年由约克郡毛纺织工业的巨头提图斯索尔特爵士建立,他将布拉德福德的5家毛纺厂搬到这里,并修建了公共浴室、医院和图书馆、公园,成为世界上第一个大型工业住宅区。

邱园 位于伦敦。1759年,威尔士亲王的遗孀奥古斯塔建立了一座占地3.5公顷的植物园,即最初的邱园。邱园拥有约5万种植物,约占世界已知植物的1/8,堪称世界之最。经过几百年的发展,邱园已经从单一从事植物收集和展示的植物园成功转型为集教育、展览、科研、应用为一体的综合性机构。

海商城市利物浦 利物浦是英格兰的港口城市,曾是英国著名的制造业中心。1715年兴建世界上第一个包围式湿船坞,最有名的阿尔伯特船坞建于1846年。1830年世界上第一条客运铁路在利物浦和曼彻斯特之间开通。19世纪初,40%的世界贸易通过利物浦船坞。知名建筑超过2500座,其中很多建于18世纪晚期。

康沃尔和西德文矿区景观 18—19世纪铜矿和锡矿开采迅速发展,这里的景观发生很大的变化。地下矿井、动力车间、铸造厂、卫星城、小农场、港口和海湾以及各种辅助性产业都体现了层出不穷的创新,使该地区在19世纪早期生产了全世界2/3的铜。矿区遗址体现了其对于英国其他地区工业革命做出的巨大贡献。

庞特基西斯特输水道及运河 长约18千米,是英国最长也是最高的高架水道。1795—1805年建造,当时正值英国工业革命,为满足巨大的运输要求,英国政府在各地修建了许多运河。庞特基西斯特输水道及兰戈伦运河是工业革命土木工程技艺的典范,被誉为天才创意经典作品,启发了全球无数土木工程技术人员。

福斯桥 横跨英国苏格兰爱丁堡城北福斯河口的三角湾。铁路高出水位48米,全桥有三个桥塔,主跨跨径519米,是世界上最长的多跨悬臂铁路桥之一,共使用了5.8万吨钢料。1890年启用,至今仍在通行客货火车。在铁路作为长途陆路运输主要手段的年代,福斯桥是桥梁设计和建筑史上的一个里程碑。

戈勒姆岩洞 位于直布罗陀巨岩东部的戈勒姆岩洞。包括4个隐藏于陡峭的石灰岩岩壁上的岩洞。考古发现的残迹、古生物矿层遗址以及岩壁上雕刻的抽象符号,证实了在此生活过12.5万年的尼安德特人的捕猎鸟类和海洋动物以充饥、使用羽毛作为装饰的文化习惯。这些洞穴使考古学家能够进一步深入了解尼安德特人。

英格兰湖区 英格兰西北部坎布里亚郡的一片山地。虽然与众多工业化大城市近在咫尺,湖区依然保持着恬淡与平静。在如此狭窄的范围内,在光影的幻化之中,展示出如此壮观优美的景致。这里的湖光山色孕育了许多英国著名的作家、诗人。被美国《国家地理杂志》列入"一生必去的50个地方"。

第三十一节 双头雄鹰——俄罗斯

俄罗斯,简称"俄国",全称"俄罗斯联邦"(Russian Federation)。居住在第聂伯河两岸的斯拉夫部落,因第聂伯河的支流罗斯河而被称为罗斯人,中国元明之际称其为"罗斯"或"罗刹"。用蒙语拼读俄文"ROCCIA"时,必须在"R"前面加一个元音才合乎规范,如果不加元音很多人发不出"R"这个卷舌音,因此在"R"之前加了一个"O"。清代,蒙语"OROCCIA"转译成汉语成了"斡罗斯"和"鄂罗斯",《大清统一志》音译为"俄罗斯"。

一、自然地理

俄罗斯位于欧洲东部和亚洲北部,北邻北冰洋,东濒太平洋,西接大西洋,西北临波罗的海芬兰湾。邻国有挪威、芬兰、爱沙尼亚、拉脱维亚、立陶宛、波兰、白俄罗斯、乌克兰、格鲁吉亚、阿塞拜疆、哈萨克斯坦、中国、蒙古和朝鲜,并与日本和美国隔海相望。面积1707.54万平方千米,是世界上面积最大的国家。

俄罗斯近4/5的人口、大多数城市和首都莫斯科均在欧洲部分,只有小部分国土在亚洲。国土的七成是辽阔的平原。中西伯利亚高原面积约150万平方千米，为世界上面积最大的高原之一。乌拉尔山南北蜿蜒2000多千米，是欧亚两洲分界线的一部分。最高峰厄尔布鲁士山海拔5642米。伏尔加河全长约3690千米，为欧洲第一长河。

俄罗斯大部分地区属于北半球温带和亚寒带大陆性气候，大部分地区冬季漫长寒冷，夏季短促温暖，春秋两季很短。1月平均气温 $-1℃ \sim -37℃$，7月平均气温 $11℃ \sim 27℃$。年降水量 $150 \sim 1000$ 毫米。

二、国家象征

俄罗斯的国旗呈横长方形，自上而下由白、蓝、红色3个长方形组成，表示俄罗斯地跨寒带、亚寒带和温带3个气候带。这三种颜色是泛斯拉夫民族的传统颜色。

俄罗斯的国徽呈盾形，红色盾面上有1只金色双头鹰，鹰头上是彼得大帝的3顶皇冠，鹰爪抓着象征皇权的权杖和金球。鹰胸前有1个小盾，其中有1名骑士和1匹白马。1497年双头鹰作为国家徽记首次出现在俄罗斯的国玺上，直至1918年。1993年这只象征俄罗斯国家团结和统一的双头鹰又"飞"回到俄罗斯的国徽上。

俄罗斯的国歌是《俄罗斯，我们神圣的祖国》。

俄罗斯的首都是莫斯科。

三、社会生活

俄罗斯人口约1.40亿人。欧洲部分人口稠密，亚洲部分人口稀少，北冰洋沿岸的寒冷地带平均每平方千米仅 $0.1 \sim 0.3$ 人。有130多个民族，俄罗斯族占总人口的八成。俄语是官方语言。国民半数以上信奉宗教，九成多信奉东正教。

俄罗斯实行联邦议会总统制。总统为国家元首、联邦武装力量最高统帅、国家最高行政首脑。联邦议会由联邦委员会和国家杜马组成，为最高立法机关。联邦政府为国家最高执行机关。全国性政党多达140多个，主要有俄罗斯联邦共产党、统一全俄社会政治运动、祖国—全俄罗斯运动、俄罗斯自由民主党等。

俄罗斯经济基础较强，资源丰富，能源充足，工业发达，门类齐全，科技实力雄厚，是世界工业大国，经济总量相当于包括波罗的海国家在内的所有东欧国家的总和。森林覆盖面积、天然气和铁的储量均居世界第一位，水力资源、煤、铝的储量均居世界第二位，黄金储量居世界第四位，铀储量居世界第七位，石油储量超过世界探明储量的1/3。国防工业、核工业和航空航天业在世界上占有重要地位，武器产品出口全球各地。

四、民俗风情

俄罗斯人的姓名比较复杂，一般包括"名——父名——姓"三个部分。口头称呼时,表示尊敬用"名——姓",表示亲切用爱称,对晚辈或同辈人只叫名,而在正式文件中,则为"姓——名——父名",名和父名可仅用第一个字母。女子婚后可随夫姓也可保留原姓。"您"和"你"的用法比较复杂:对家人、熟人、朋友、平辈和儿童称呼"你",表示亲热和随便;对长者和陌生人称呼"您",表示尊敬和客气;如果从"您"改为"你",说明相互关系获得了进展;如果从"你"改成了"您",表明双方发生了分歧;上级与下级说话时使用"你",显示平等、友好和信赖。

俄罗斯人相见一般行握手礼,也有亲吻拥抱的。男人之间只互相拥抱,兄弟姐妹或久别重逢的妇女之间是既拥抱又亲吻。男人与女人亲吻只吻女人的手背,但喝交杯酒后亲女人的嘴。长辈对晚辈一般吻面颊三次,从左到右再到左,以表疼爱;而晚辈对长辈一般吻二次。

俄罗斯人有用面包和盐迎接贵客的习惯。历史上盐为稀有的贵重物品,往往用来款待贵宾,面包是富裕和地位的象征。在欢迎国宾的仪式上,身着鲜艳民族服装的姑娘笑容可掬地向客人行礼,捧献一块圆面包,面包上放一块精致刺绣的方手巾,手巾的角垂在盘子下边。客人吻一下面包,掰一小块,撒上一点盐,品尝一下。许多家庭以茶奉客,主人通常会问:"您想喝点什么,茶还是咖啡?"来客喝茶,主人往往同时端上甜点心、大蛋糕、大馅饼等,直喝到宾主满意为止。主人向客人打招呼:"茶加糖——祝喝茶愉快!"客人向主人致谢:"谢谢您的茶!谢谢您的款待!"

俄罗斯流行一种新的婚礼习俗——邀请扫烟囱工参加婚礼,如果新娘能从他身上扯下一颗"爱的纽扣",并与他一起走几步,那么她的婚姻将保持永恒。受邀的扫烟囱工一般身穿白衬衫、黑礼服、头戴高高的礼帽,脸上有点儿脏,太干净的烟囱工是不具有魔力的。

面包、牛奶、土豆、香肠、奶酪,是俄罗斯的五大美食领袖。微咸的"罗宋面包"是餐餐不离、百吃不腻的主食。牛奶更是俄罗斯人的最爱,牛奶消费量人均每天近一升,用白水而不是牛奶熬粥被视为赤贫的标志。圆白菜、葱头、胡萝卜和甜菜,被称为俄罗斯菜肴的"四大金刚"。俄罗斯的粥较为特别,以玉米片、马亚粉等为主料,掺以牛奶和黄油一起煮,据说"没有黄油粥不香"。喝酒是俄罗斯人的一大快事,爱饮烈性酒,不爱喝葡萄酒,伏特加酒(意为"几乎没有水")是俄罗斯的国酒,但女士们一般喝香槟和果酒。茶炊是温馨家庭的独特象征,早餐时喝茶,午餐后也喝茶,特别是星期天、节日或洗过热水澡后更是喜欢喝茶。喝茶一定要品尝糖果、糕点、面包圈、蜂蜜或各种果酱。

在俄罗斯,无论是做客还是出入公共场所,只要进门就要脱掉外衣。为身边的女士脱下或披上大衣是男士不可推卸的责任。若有女士没有享受到这种待遇,那她身边的男士绝对会背上"不懂礼貌"的罪名。对俄罗斯人的外表、装束、身段和风度都可以夸奖,而对身体状况不能恭维,但他们非常喜欢听"你非常年轻""你不显得老"这类赞美话。

俄罗斯人酷爱鲜花,赠送鲜花的枝数必须是单数,只有吊唁才送双数的鲜花。送给男人的鲜花必须是高茎、颜色鲜丽的大花。俄罗斯人认为镜子是神圣的物品,打碎镜子意味着灵魂的毁灭,而打碎杯、碟、盘则意味着宝贵和幸福,因此喜筵、寿筵时会特意打碎一些杯、碟。俄罗斯人特别爱小动物如猫、狗等,但不喜欢遇见黑猫,路遇黑猫常常驻足等待,甚至绕道而行。看见有人手提或挑着空桶,认为是不祥之兆,而桶里盛满了水则是好兆头。认为马能驱邪,会给人带来好运,尤其相信马掌是祥瑞之物,代表威力又有降妖的魔力。认为红色象征美丽吉祥,白色表示纯洁温柔,绿色代表和平希望,蓝色意味着忠诚信任,而黑色则是不祥的前兆。俄罗斯人喜欢数字7,不喜欢数字13、666,因为三个连写的6在《圣经》里是魔鬼的代号。

五、旅游城市

莫斯科(Moscow) 俄罗斯联邦的首都,欧洲人口最多的城市,位于东欧平原中部。"莫斯科"希腊语意为"城堡"。1922年,莫斯科成为世界上第一个社会主义国家——苏维埃社会主义共和国联盟的首都。第二次世界大战中的莫斯科会战,打破了德军"不可战胜"的神话。绿地约占城市面积的40%,有"森林中的首都"之称。

圣彼得堡(Saint Petersburg) 旧称"列宁格勒""彼得格勒",位于俄罗斯西北部。由100多个岛屿组成,风光旖旎,有"北方威尼斯"之称。每年5—8月几乎没有黑夜,是世界上少数出现白夜的城市之一。第二次世界大战中圣彼得堡被纳粹军队封锁872天,圣彼得堡军民宁死不屈,成为苏联的"英雄城市"。圣彼得堡以建筑精美闻名于世,有"地上博物馆"之称。

叶卡捷琳堡(Yekaterinburg) 乌拉尔和俄罗斯联邦重要工业、交通、贸易、科学、文化和行政中心,位于乌拉尔山脉东麓,以女皇叶卡捷琳娜一世的名字命名。这里的文化生活丰富多彩,环境优美,是著名的度假旅游胜地。

符拉迪沃斯托克(Vladivostok) 原名"海参崴",位于俄中朝三国交界处。原为中国领土,1860年《中俄北京条约》将包括海参崴在内的乌苏里江以东地域割让给沙俄,改名为"符拉迪沃斯托克"(意为"征服东方"),现为俄罗斯滨海边疆州首府。其依山临海,山海相连,拥有天然的不冻港,有"海上之门"的美誉。

伊尔库茨克(Irkutsk) 伊尔库茨克州的首府,位于贝加尔湖南端。地处西伯利亚大铁路上,是铁路、公路和航空运输中心,东西伯利亚的科学、教育和文化中心,被称为"西伯利亚的心脏""东方巴黎""西伯利亚的明珠"。

伏尔加格勒(Volgograd) 曾名"察里津""斯大林格勒",位于伏尔加河畔。列宁运河静静地流经城郊,城北有绿色防护林带,有秀丽的人工湖和欢乐的水上运动场,历来是"南部粮仓"。因1918—1919年的"察里津保卫战"、1942—1943年的"斯大林格勒保卫战"而举世闻名,有"英雄城市"的美称。

索契(Sochi)　俄罗斯最大的滨海温泉疗养地,位于克拉斯诺达尔边疆区的黑海沿岸。依山傍海,终年温暖湿润,四季如春,被称为"夏日之都"。

摩尔曼斯克(Murmansk)　北冰洋沿岸的终年不冻港,俄罗斯乃至世界最大的军港之一。位于科拉半岛东北。这里的奇特之处在于"四个极端"——极夜、极光、极地空气和极贵的鱼子酱,还有北极地区的"奇珍异宝"——数千种有色矿石,数百种北极动物,数十种海鸟。

六、经典景点

红场　位于莫斯科市。"红场"俄语意为"美丽的广场",面积约4公顷,呈长方形,地面全部由条石铺成,青光发亮,整洁古朴。1917年十月革命胜利后,莫斯科成为首都,红场成为国家举行庆祝活动、集会和阅兵的地方。广场四周有许多重要的建筑物。红场是莫斯科历史的见证,也是莫斯科的象征。

圣瓦西里升天教堂　位于莫斯科市。俄罗斯最负盛名的教堂。教堂中央矗立一座有高耸拱顶的塔楼,鼓形圆顶金光灿灿;周围环绕着4座有八角形塔的大礼拜堂,顶部有巨大的洋葱头穹顶,4个塔楼之间的斜对角线上是4个小礼拜堂。历代沙皇在此加冕,教堂前圆形断头台是当年向群众说教和宣读沙皇令的地方。

新圣女公墓　位于莫斯科市。葬有2.6万多位俄罗斯各时期的名人,其中有著名文学家普希金,作家果戈理,舞蹈家乌兰诺娃,政治家米高扬、叶利钦等。赫鲁晓夫的墓碑由黑白各三块大理石交叉构成。女英雄卓娅的雕像衣衫破碎,双手紧缚,胸膛裸露,双腿微曲,头高高昂起。王明的墓碑为半身雕像,身穿中山装,两眼直视前方。

无名烈士墓　位于莫斯科市。深红色大理石陵墓的平台上雕刻着战旗,战旗上有士兵头盔和桂枝的青铜雕塑,还刻着"你的名字无人知晓,你的功勋永垂不朽"。两座玻璃岗亭置放于墓的两侧,亭前站着持枪哨兵,被称为"全国第一岗"。墓前有一个凸形五星状的火炬,五星中央喷出的火焰从未熄灭。

红场名人墓　位于莫斯科市。葬有十月革命的有功人士、阵亡士兵,以及布尔什维克高级干部,包括加里宁、伏罗希洛夫、苏斯洛夫、勃列日涅夫、安德罗波夫以及契尔年科、朱可夫等,也有作家高尔基、科学巨匠库尔恰托夫、人类历史上第一位宇航员加加林。斯大林的骨灰被葬在最后一位。

列宁墓　位于莫斯科市。列宁墓一半在地下,一半露出地面,体表是阶梯状的3个立方体,由红色花岗石和黑色长石砌成。墓前刻有"列宁"字样的碑石净重60吨。墓顶是平台,平台两翼是可容万人的观礼台。列宁遗体躺在铺有红色党旗和国旗的水晶棺内,身穿黄色上衣,胸前佩戴一枚红旗勋节,清晰而安详。

救世主大教堂　位于莫斯科市。为纪念1812年俄国对拿破仑战争胜利而建。金色穹顶周围的4座金顶钟楼极具质感,教堂内的壁画与圣像画细心雕琢。1931年斯大林下令炸毁这座教堂,计划在原址建造一座200米高的苏维埃宫,但终未成功。苏联解体后,莫斯科政府用6年时间斥资3亿美元重建了这座大教堂。

伊凡大帝钟楼 位于莫斯科市。钟楼高81米。大钟高6米,直径6.6米,重约200吨,号称"钟王",由200多名能工巧匠费时两年铸造。大钟落成后敲第一下时就出现裂痕,因此被称为"世界上从未敲响的钟"。

列宁图书馆 位于莫斯科市。馆藏240多种文字的文献3500多万册(件),其中国外文献约占40%。有大量珍贵文献,如6—20世纪的著名学者、作家的手稿,俄罗斯和斯拉夫最早的印刷文献,15—18世纪的国内外古版书,马克思、恩格斯、列宁著作的最初版本,世界文化名人著作的最初版本。

普希金造型艺术博物馆 位于莫斯科市。艺术品藏品数量超过56万件,包括绘画、雕塑、线条画(素描、版画和彩色铅笔画等不用油彩的画作)、实用艺术品、考古文物、古币、艺术照片。附设的图书馆艺术类藏书约100万册。馆内经常举办外国艺术展览、音乐节以及专题美术展。

国家大剧院 位于莫斯科市。俄罗斯历史最悠久的剧院之一,曾经二度遭遇火灾,现在的建筑是1856年重建的,高约40米,有2000多个座位。大剧院正面竖立8根高15米的白色石柱,门廊上方装饰着4匹奔驰的骏马和艺术之神阿波罗的雕像。

普希金故居 位于莫斯科市。俄罗斯诗人普希金于1799年出生于此,在此度过了少年时代的12个春秋,结束在南方的流放后再次回到这里,并与"俄国第一美人"娜塔丽娅·冈察洛娃结婚,成为诗人苦难生涯中唯一的幸福之所。现已恢复诗人居住时的原貌,矗立着诗人夫妇携手的青铜雕塑。

都市轨道系统 位于莫斯科,世界上规模最大的地铁系统之一。地铁线路全长近300千米,有150个站台,4000列列车,每天运送乘客达900多万人次,还可供400余万居民掩蔽之用。各个地铁车站格局、风格各不相同,多用五颜六色的大理石、花岗岩、陶瓷和五彩玻璃镶嵌,有"地下艺术殿堂"的美称。

阿尔巴特街 位于莫斯科市。莫斯科第一条步行街。长约1千米,砖石路面。具有500多年历史,有许多古色古香的建筑,古玩店、旧书店和珠宝店一家接一家。这里是艺人和画家的天堂,街头作画的艺人是一道不灭的风景,被称为"莫斯科的精灵"。

冬宫 位于圣彼得堡市。原为沙皇皇宫,十月革命后辟为国立博物馆,装饰豪华,金碧辉煌,包括5座大楼,建筑面积超过4.6万平方米。400个展厅和陈列室,收藏世界各国的艺术品270万件,油画、雕像、地毯、家具、工艺品等一应俱全,其中古希腊的瓶绘艺术、古罗马的雕刻艺术和西欧艺术藏品享有盛名。

夏宫 位于圣彼得堡市。历代沙皇的郊外离宫,占地近千公顷,外观简朴庄重,内部装饰华丽,以花园、雕塑、喷泉最闻名,被誉为"俄罗斯的凡尔赛宫"。为建造这座宫殿,集中了当时以法国、意大利为代表的全世界优秀的建筑师和工匠,彼得大帝亲自设计的规划图纸达十几幅之多。

叶卡捷琳娜宫 位于圣彼得堡市。又称"凯瑟琳宫"。最初是彼得一世赠送给第二任妻子——皇后叶卡捷琳娜的别墅。琥珀厅通体用琥珀和黄金装饰,绘画厅墙壁上布满绘画,餐厅拥有古罗马风格的浮雕和墙壁画,客厅以印花丝绸覆盖墙壁,极尽奢华。

涅瓦河 位于圣彼得堡市。涅瓦河源出拉多加湖,自东向西流至芬兰湾。河流总长为74千米,其中28千米位于圣彼得堡范围内,被誉为圣彼得堡的母亲河。圣彼得堡境内的涅瓦河,水道纵横,桥梁遍布,风光旖旎,圣彼得堡因此有"北方威尼斯"之称。

喀山大教堂 位于圣彼得堡市。为存放俄罗斯东正教圣物——"喀山圣母像"而建。由94根圆柱排列的半圆形回廊是教堂的显著特征。据说俄法战争期间,喀山圣母托梦给俄军统帅库图佐夫将出现寒流,这次寒流使拿破仑军队不战而逃、冻死过半,借圣母显灵战胜法军的库图佐夫最后埋葬在这座教堂中。

彼得保罗要塞 位于圣彼得堡市。一度作为关押政治犯的监狱,陀思妥耶夫斯基、高尔基就曾囚禁于此。十月革命前夕成为起义军的司令部,以棱堡旗杆上悬挂一盏明灯为号,阿芙乐尔号巡洋舰炮轰冬宫。此地区有彼得保罗大教堂、钟楼、圣彼得门、彼得大帝的船屋、造币厂、兵工厂、克龙维尔克炮楼、十二月革命党人纪念碑。

十二月党人广场 位于圣彼得堡市。1825年十二月党人从这里冲进枢密院,要求废除沙皇统治,解放农奴。广场上有彼得大帝骑马雕像,雕像底座的天然巨石来自芬兰,由数百名农奴把巨石拖出沼泽地,再架上几根底部挖有沟槽、装有铜球的大木梁,沿着一条专修的道路滑行,历时一年拉到芬兰湾,最后用木排从水路运到这个广场。

阿芙乐尔号巡洋舰 位于圣彼得堡市。原为波罗的海舰队的一艘巡洋舰,经整修后停在涅瓦河畔。1917年11月7日,列宁在阿芙乐尔巡洋舰上向全国广播革命军事委员会的《告俄国公民书》,当晚阿芙乐尔号巡洋舰炮轰沙皇的最后堡垒——冬宫,打响了十月革命的第一炮。"阿芙乐尔"意为"黎明"或"曙光"。

斯莫尔尼宫 位于圣彼得堡市。原为"斯莫尔尼女子学校",十月革命期间成为工农武装起义的指挥部,现为圣彼得堡市长办公地。1917年11月7日,列宁在这里的会议大厅宣布一切政权归苏维埃,这一天成为举世闻名的十月革命节。宫内保存着当年列宁讲话的录音。

大理石宫 位于圣彼得堡市。叶卡捷琳娜为她的情人格里高里·奥尔洛夫伯爵建造的豪华宫殿。宫殿高22米,最大特色是大理石装饰,这些大理石来自俄罗斯各地及希腊、意大利。大理石厅的墙壁上镶有暗灰色、粉红色、白色、蓝色等天然大理石浮雕,色彩多样,工艺精湛。

尤苏波夫宫 位于圣彼得堡市。尤苏波夫公爵的宅第。椭圆厅有16根人造大理石石柱,藻井式屋顶,132个蜡烛的三层吊灯,严格按次序摆放的镀金家具,既庄严又和谐。"怪僧"拉斯普京因治愈皇太子阿列克谢的病而飞黄腾达,尤苏波夫在此设宴"招待"拉斯普京,先在酒菜中下毒,继而用手枪射击,最后将他的尸体投入冰洞。

舍列梅捷夫宫 位于圣彼得堡市。舍列梅捷夫是彼得大帝时的俄国外交家,俄罗斯第一位元帅。金色客厅用金色的浮雕与别致的吊灯装饰,非常漂亮。现为音乐博物馆,展示世界各国的各种乐器。宫殿的室内装饰与优雅的古乐器相得益彰。

康斯坦丁宫 位于圣彼得堡市。原是俄罗斯大公爵的宫殿,苏联卫国战争期间遭到严重破坏。专家们采用19世纪的修复技术,恢复了蓝色大厅、大理石厅和木马大厅的天花板上的天神和英雄的图像,大理石厅所有的墙、柱、壁柱表面都用深浅不一的仿大理石装饰,基本恢复了原貌。现在是俄罗斯总统的海滨官邸。

米哈伊洛夫城堡 位于圣彼得堡市。坐落在一个人工岛上,只能通过吊桥进入。城堡四面采用不同的建筑风格,如法国古典主义、意大利文艺复兴和哥特式建筑风格。城堡前竖立着彼得大帝的骑马雕像。18世纪末沙皇保罗一世下令建造,但他搬到这座新建宫殿仅40天就被暗杀,城堡被荒废。

伊萨基辅大教堂 位于圣彼得堡市。教堂高约102米,由16根粗大的石柱排成双列托起雕花山墙,圆顶直径22米,以墨绿色大理石装饰,壁画用14种不同宝石镶嵌而成,三扇橡木巨门每扇面积达42平方米,祭坛前的圣像全部镀金。该教堂与梵蒂冈的圣彼得大教堂、伦敦的圣保罗大教堂和佛罗伦萨的花之圣母大教堂并称为世界四大教堂。

东方艺术博物馆 位于圣彼得堡市。收藏俄罗斯著名收藏家的私人藏品、俄罗斯国家基金会和各机构转送的藏品。有100多个国家的绘画、雕塑、实用艺术品和装饰品,科学考察中发现的考古文物,还收藏了日本、中国、伊朗、印度、东南亚和中亚国家的艺术品,其中中国的艺术品约1.4万件。

欧亚分界线碑 位于叶卡捷琳堡市。以乌拉尔山脉为界划分欧亚大陆的界碑,有新旧两座。老碑位于叶卡捷琳堡西郊,为尖形金属塔,底座由暗红色大理石建造,中间用灰白色大理石作为分界线,两侧分别标明欧洲和亚洲。新碑位于叶卡捷琳堡西北郊,碑柱为深红色大理石,顶端安置双头鹰标志,俄文字体的"亚洲"和"欧洲"分列在底座两边。

瓦伊涅拉街 位于叶卡捷琳堡市。叶卡捷琳堡最古老的街道之一,也是一条热闹的步行街。街上有一批有趣的铜雕——货郎、骑车人(纪念埃菲姆·阿尔塔莫诺夫发明自行车)、银行家、恋人、乌拉尔四轮车和"时光飞逝"喷泉。19世纪风格的商家店铺、表现旧时生活的铜雕与现代购物中心同处一街,甚为特别。

C-56潜艇博物馆 位于符拉迪沃斯托克市。C-56号潜艇在第二次世界大战中先后击沉敌舰10艘,重创4艘,战后被分割成数段,用火车、汽车、起重机运送至此,组合焊接复原,建立了这个实体博物馆。旁边是黑色大理石砌成的纪念碑,碑前燃烧着长明火。博物馆左侧的高层建筑,曾是前苏联太平洋舰队总指挥部。

十月革命广场 位于符拉迪沃斯托克市。广场上最重要的建筑物是远东苏维埃战士纪念碑。为争取在远东建立苏维埃政权,布尔什维克战士与国内外反动势力进行了艰苦卓绝的斗争,终于在1922年取得最终胜利。为纪念英勇牺牲的战士,广场中央常年燃烧着长明火。

红波利那亚雪山 位于索契市。海拔约1120米,曾经人迹罕至,现已开通索道直达山顶。在登高的过程中,可以透过缆车的窗户欣赏大自然的美景。山上有一座罗马式的瞭望塔,登塔可以远眺被白雪覆盖的高加索山群峰、索契市全貌和汪洋大海。

奥斯特洛夫斯基故居博物馆 位于索契市。奥斯特洛夫斯基是著名小说《钢铁是怎样炼成的》的作者。这幢房子是前苏联政府奖励给奥斯特洛夫斯基的。收藏奥斯特洛夫斯基的私人藏书及其生前的很多资料,保留了作家当年的生活场景,1936年他去世当年的日历还挂在墙上。

极夜—极光 位于摩尔曼斯克市。在摩尔曼斯克,太阳始终不会升上地平线,星星一直在黑洞洞的天空闪烁。一年中有半个月月亮整天在天际四周游走,另有半个月则看不见月亮,除中午略有光亮外,白天也要开电灯,这就是"极夜"。被称为"上帝烟火"的极光,颜色斑斓,似雾非雾,美丽的曲线一直延伸到天际。

列宁号核动力破冰船 位于摩尔曼斯克市。全世界第一艘采用原子能反应堆产生的能量行驶的船只。排水量约1.9万吨,长134米,宽27米,有1050多个船舱,可载员240多人。主要执行北冰洋地区的考察和救援任务,可以全年在极北地区实施导航。1989年退役后停泊在摩尔曼斯克港,成为一个博物馆。

七、世界遗产

圣彼得堡历史中心及相关古迹组群 圣彼得堡是沙俄时期俄国的首都。圣彼得堡市中心的37处历史建筑,大部分是18—19世纪的巴洛克和新古典主义风格。被称为"北方威尼斯"的圣彼得堡,以其无数的河道和400多座桥梁而闻名于世,这是在彼得大帝统治下于1703年开始实施的宏大城市规划的一个重要成果。

基日岛木结构教堂 位于奥涅加湖中央。建于1714年的22个圆顶的主显荣大教堂,建于1764年的九顶圣母教堂,建于1874年的八角锥形钟楼,组成了无与伦比的古俄罗斯宗教建筑群。教堂和形形色色的19世纪农村牧舍、粮仓、磨坊及仓库等建筑物,组成一个美妙的原木建筑群,被称为"没有屋顶的博物馆"。

莫斯科克里姆林宫和红场 克里姆林宫既是富丽堂皇的帝王住所,又是坚固的堡垒,还珍藏大量的文物。红场是莫斯科最古老的广场,占地面积超过9万平方米,红场上有圣瓦西里大教堂、列宁墓、19世纪时用红砖建成的历史博物馆。克里姆林宫与红场一起构成了莫斯科最有历史文化价值的地区。

旅游目的地概述

索洛韦茨基群岛文化历史建筑群 位于俄罗斯北冰洋白海沿岸。这里的历史建筑群分为两类,一是修道院,如建于15世纪的索洛韦茨基修道院,它既是反对政治和宗教独裁的避难所,也是俄罗斯北部传教中心;二是纪念碑塔,如建于16世纪初期的贝伦塔,造型优美的航海纪念碑,状如一艘石刻大帆船的亨利纪念碑。

诺夫哥罗德历史古迹 诺夫哥罗德是杰出的文化中心,俄罗斯石制民族建筑的发源地,最早的国家绘画学院所在地,对中世纪俄罗斯的艺术发展产生了深远的影响。中世纪的建筑中最重要的是1045年至1050年建造的圣索非亚大教堂,它可能是俄罗斯最古老的依然在被使用的建筑和最早体现俄罗斯建筑风格的建筑物。

弗拉基米尔和苏兹达尔的白色古迹群 弗拉基米尔始建于1108年,1157年成为弗拉基米尔—苏兹达尔公国的首都,1299年成为俄罗斯首都,留下许多著名的建筑物。苏兹达尔建于9至10世纪,拥有200多座纪念碑和一些宏伟的教堂。这两座城市的老建筑,外墙呈白色,还有精巧的浮雕,因而被誉为"白石之城"。

谢尔吉耶夫镇的三一谢尔盖拉夫拉建筑集合体 包括14—18世纪修建的众多教堂。圣三一修道院建于1423年,由宗教活动家拉多涅什斯基创建,他的棺木就安置在教堂里,人们把他当作俄罗斯的守护神。圣母安息大教堂由伊凡四世下令修建,完成于1585年。圣母大教堂的北侧是鲍利斯·戈东诺夫沙皇家族的墓地。

科罗缅斯克的耶稣升天教堂 位于莫斯科。1532年,为庆祝一位王子(后来成为伊万四世沙皇)的诞生修建了这座耶稣升天教堂。这座下部是砖石结构上面是木屋顶的传统教堂,对俄国教会建筑风格的发展产生了极大影响。

科米原始森林 位于乌拉尔山麓。面积约3.28万平方千米。高山冰河是这里典型的地理特征,保存了欧洲面积最大的亚寒带森林,具有完整而平衡的生态系统,许多珍贵稀有的物种在这里安家落户。1984年被联合国教科文组织列入"生物圈保护计划"。

贝加尔湖 位于东西伯利亚南部。面积31 722平方千米,为世界第七大湖,蕴藏着地球全部淡水量的20%,相当于北美洲五大湖水量的总和,是世界上储水量最大的淡水湖泊,被誉为"世界之井"。湖畔阳光充沛,有300多处温泉,是俄罗斯东部地区最大的疗养胜地。贝加尔湖还有许多未解之谜。

堪察加火山群 地处太平洋火山带上。火山总数超过300座,其中约30座属于活跃的活火山。被火山学家誉为世界上最美火山的克罗诺基火山、欧亚大陆中最高也最年轻的火山——海拔4750米的克留契夫火山都在这里。火山群熔岩形成了曲折的洞穴、间歇泉、温泉、喷泉等自然景观。

阿尔泰金山 阿尔泰山山脊是整个北冰洋的制高点,这里有不计其数的湖泊、瀑布、河流,植物种类达2000余种,其中有17种属濒危物种,212种为该地所特有。

西高加索 黑海至厄尔布鲁士峰一带的高加索山脉西部地区,是欧亚之间的天然界限。占地2750平方千米,是欧洲现存唯一没有明显受人类影响的山区。拥有大量本地植物和野生动物,显示了其生态系统的多样性。北部以石灰石山丘居多,其间有许多洞穴。西高加索山保护区已列入联合国教科文组织的"人与生物圈计划"。

库尔斯沙嘴 沙丘半岛长98千米,最宽处4千米,最窄处仅400米。沙嘴的北部属于立陶宛,南部属于俄罗斯。从公元前3000年起,沙嘴上就有渔夫和猎人居住,如今完整地保留了多处历史、考古、建筑等遗迹,还有古朴传统的生活方式。森林覆盖率高达70%以上,琥珀储量占全球储量九成以上。

喀山克里姆林宫 "喀山"鞑靼语中意为"锅",因城市建于洼地,形似铁锅而得名。宫殿融合俄罗斯演变过程中各个时期及西欧各国的宗教文化和建筑艺术,形成了东西合璧、庄严宁静、华美和谐的建筑风格。宫殿周围环绕着高大的白色石头墙,拥有独特的环形洞穴和13座具有斜脊的城堡,苏尤姆别卡红色尖塔最引人注目。

费拉蓬特修道院建筑集合体 建于15世纪至17世纪。修道院建筑物以清纯的风格和独具匠心的开创力而格外引人注目。修道院墙壁上是15世纪末期俄国画家季奥尼西精心刻制的壁画,这为修道院增添了几分优美和雅致。该修道院被相当完美地保存下来,成为俄罗斯传统修道院建筑物中得到完整保存的典范。

中锡霍特山脉 地形复杂,四周有重大地质断层,西北部地槽结构即为乌苏里江谷地。大部分山地森林茂密,是俄罗斯远东主要伐木区之一。这里是针叶树林地带与亚热带混合地区,老虎、喜马拉雅熊等南方物种与棕熊、山猫等北方物种得以共同栖息,对于东北虎等濒危生物的存活至关重要。

杰尔宾特的古城和城堡建筑 杰尔宾特是俄罗斯达格斯坦自治共和国古城,从公元前1世纪起就是卡斯匹亚海西部控制南北往来的要塞。杰尔宾特古堡、旧城和城堡是叶塞妮亚波斯人帝国的北部边线的一部分,它使得卡斯匹亚海的东西得以扩展。石头城墙保留了中世纪的印迹。

乌布苏湖盆地 乌布苏湖是蒙古最大的湖泊,其东北部属俄罗斯图瓦共和国。冬天气温可低至-58℃,夏天可高达47℃,但却是173种雀鸟和41种哺乳动物的家园。湖周围的盆地是亚欧大陆保持得最好的温带草原景观。乌布苏湖的闭合盐类湖泊系统,独特的气候和水文体系,对于国际自然科学研究具有重要意义。

新圣母修道院建筑集合体 位于莫斯科。建于1524年。18世纪前曾处于皇家的保护之下。17世纪末彼得大帝同父异母的姐姐索菲娅在权力之争中失败后被强行剃度为修女,后死于这座修道院。主体建筑是斯摩棱斯克大教堂和八角形钟楼,内有名人公墓,果戈理、契诃夫、奥斯特洛夫斯基、赫鲁晓夫都葬在这里。

弗兰格尔岛保护区的自然系统 位于俄罗斯东北部,主要保护北极冻原生态。这里年平均气温-11.3℃,还有两个月的极夜,是典型的极地苔原亚带。弗兰格尔岛和赫拉德岛是以前连接亚洲和北美洲的陆桥的一部分,是两个大陆系统的交叉点,多变的地形提供了多种生活环境,有着北极地区最高的生物多样性。

雅罗斯拉夫尔城历史中心 位于伏尔加河与科拖罗斯尔河的交汇处。以大量的17世纪教堂和城市规划改革而闻名。13世纪的教堂、寺院、官邸等都用石块砌成,17世纪中叶教堂均绘有宗教典故的壁画,在俄罗斯建筑艺术史上占有重要的地位。

普托拉纳高原　位于中西伯利亚高原西北端。中西伯利亚高原的最高部分。地处北极地区,苔原生态系统拥有丰富的多样性,坐落着超过2.5万个湖泊、数十个深峡谷、河流和小溪以及数千个瀑布。一种罕见的驯鹿在迁徙时也要穿过这个高原。这里是真正意义上的野生环境之一,自然景色美得令人吃惊。

勒那河柱状岩自然公园　位于俄罗斯萨哈共和国中部。这里的年温差近100℃。以拥有高达100米的壮观岩柱而著称。地表水的渗透促进了低温过程(冻融作用),并造成岩柱之间冲沟的进一步扩大和石柱之间的隔离。河流的作用也是影响石柱形成的重要因素。有大量寒武纪生物化石遗迹,其中有一些是这里独有的。

博尔格尔历史和考古遗址　博尔格尔存在于7~15世纪,代表着几个世纪以来欧亚大陆历史文化的交流和传播,在文明、风俗和文化传统的形成中起到了关键作用。这些历史遗产为历史的延续和文化的多样性提供了重要的证据,也是伏尔加—保加尔人接受伊斯兰文化的象征,目前依然是鞑靼斯坦穆斯林神圣的朝圣之地。

岛城斯维亚日斯克圣母升天大教堂和修道院　1551年沙皇远征喀山,建立斯维亚日斯克作为据点。在斯维亚日斯克岛上的建筑群中,建有圣母升天大教堂的圣安息修道院最为有趣。大教堂内的壁画是东正教壁画中极其罕见的作品,这些壁画的外形明显不符合教规,令人称奇。其他更晚一些的17世纪至18世纪的教堂,都是用白色石头和红砖建造的,也值得参观。

第三十二节　无税天堂——安道尔

安道尔,全称"安道尔公国"(The Principality of Andorra)。国名源于圣经中的名字"隐多尔","安道尔"为其变音。

一、自然地理

安道尔是位于西南欧法国和西班牙交界处的内陆国家,面积约468平方千米。安道尔全境遍布高山峡谷,全国平均海拔1100余米,是欧洲地势最高的国家。安道尔属于山地温带气候,大部分地区冬季漫长寒冷,高山积雪达8个月。夏季干燥凉爽,冬季降雪较多。

二、国家象征

安道尔的国旗呈横长方形,旗面由3个平行相等的竖长方形构成,从左至右依次为蓝、黄、红三色,中央绘有国徽。

安道尔的国徽为盾徽。盾面上有4组图案:左上方为红底上1顶主教冠和1柄主教权杖,代表西班牙乌盖尔地方主教;右上方和右下方为黄底上3道红色竖条和2头牛,分别代表福伊克斯伯爵和贝尔恩伯爵,他们曾受法国国家元首委派对安道尔公国行使宗主权;左下方为黄底上4道垂直条纹,代表西班牙的历史地区——加泰罗尼亚。盾徽上端有1顶王冠,下端的绶带上写着一句格言:"团结增强力量。"

安道尔的国歌是《安道尔公国国歌》。

安道尔的首都是安道尔城。

三、社会生活

安道尔人口约8.4万人,其中只有1/3是安道尔人,外国侨民以西班牙人为主。官方语言为加泰罗尼亚语,通用法语和西班牙语。居民大多数信奉天主教。

安道尔为君主立宪制国家。国家元首称"大公"。国家立法权由安道尔总委员会行使,但须经大公批准。首相为政府首脑。安道尔没有国防预算,没有军队,只有数十名警察。安道尔有三个政党:社会民主党、改革主义者联盟、改革党。

安道尔为传统农业国,主要农产品有马铃薯和烟草等。主要矿藏有铁、明矾和铅。工业以香烟制造为主,其次为纺织、皮革、木材和食品加工。水力资源丰富,可满足全国用电1/4的需要。商业和旅游业是国家收入的主要来源。金融业的发展为经济注入了新的活力。安道尔没有自己的货币,现使用欧元。

四、民俗风情

安道尔人乐善好施。遇有问路,男女老少都会认真热情地作答,有时还会直接带路。

安道尔警察大多数是女性,警察的着装都是红色大盖帽、红色上衣和蓝色裤子、黑皮鞋。

安道尔人的主菜以肉类和海鲜为主,如牛排、煎鸡腿、羊排、小牛肉、煎鱼排及什锦海鲜。汤必不可少,著名的有牛肉清汤、法式焗洋葱汤、海鲜汤、番茄奶油汤等。讲究菜肴与酒的搭配,黑樱桃鸭胸肉搭配高级红酒、肉汁、洋葱及蔬菜酱汁,爽口无比。

五、旅游城市

安道尔城(Andorra La Vella) 安道尔的首都,位于安道尔西南部。四周高山环绕,瓦利拉河从城区流过,长期与世隔离,保留了中世纪风貌。历经沧桑的古堡,披着雪冠的远峰,山谷湖泊、草原羊群、渔村农舍,如诗如画。

六、经典景点

罗通达广场 广场上竖立着一座高14.5米的方尖石碑。这座方尖石碑原是埃及法老王拉西斯二世建造并立在埃及开罗附近,后被移至此,并在方尖石碑顶端装饰了一颗代表教皇克雷蒙十一世的星形十字架。石碑的周围是一个完成于1711年的喷泉,石雕人嘴里不断流出泉水,两旁伴有石雕的鱼、蛇、海豚。

水上世界 位于安道尔城购物街。外观呈金字塔形,全部由玻璃制成,在阳光下通体闪闪发光。内部设施齐全,有瀑布下水潭、人工波浪、土耳其式浴室、水床、桑拿、冰屋等。

索而多滑雪场 安道尔有5个滑雪场,其中索而多滑雪场最大。滑雪季节一般在12月至翌年3月,5月间比利牛斯山顶还覆盖着皑皑白雪,下面的山谷已经一片绿油油,游客可穿泳衣滑雪。

七、世界遗产

马德留—佩拉菲塔—克拉罗尔山谷 位于安道尔东南部的一条冰河山谷。总面积42平方千米,峭壁崎岖、牧场广袤、树木繁茂,冰川景观壮丽迷人。封闭的峡谷未经开发,成为野生动物,尤其是那些濒危野生动物的天堂。迄今仍然以牧业为主,展现了过去700年来人类在贫瘠的比利牛斯与大自然共生的画面。

第三十三节 玫瑰骑士——保加利亚

保加利亚,全称"保加利亚共和国"(The Republic of Bulgaria)。"保加利亚"为民族名称,意为"叛逆者"。又称"玫瑰之邦"。

一、自然地理

保加利亚位于南欧巴尔干半岛东南部,北面与罗马尼亚接壤,南面毗邻土耳其和希腊,西面邻接塞尔维亚和马其顿,东濒黑海。面积约11.1万平方千米。

保加利亚全境低地、丘陵、山地三分天下。国境中部横贯巴尔干山脉,以北为广阔的多瑙河平原,以南为罗多彼山地和马里查河谷低地,湖泊、河流纵横。里拉山脉主峰穆萨拉峰海拔2925米,为巴尔干半岛最高峰。

保加利亚北部属于大陆性气候,南部属于地中海式气候。平均气温1月-2℃~2℃,7月23℃~25℃。年降水量平原约450毫米,山区约1300毫米。

二、国家象征

保加利亚的国旗呈横长方形,由3个平行相等的横长方形组成,自上而下为白、绿、红三色。白色象征人民热爱和平与自由,绿色象征农业和国家的主要财富,红色象征勇士的鲜血。

保加利亚的国徽,1只金狮直立在深红色背景的盾牌上,另两只金狮分立盾牌两侧,盾牌上是 1 顶画有 5 个十字架的皇冠,国徽的底部有"联合就是力量"字样。

保加利亚的国歌是《亲爱的父母邦》。

保加利亚的首都是索菲亚。

三、社会生活

保加利亚人口约 721 万人,其中保加利亚人约占九成。保加利亚语为官方语言和通用语言。信奉东正教的居民约占人口总数的 1/4。

保加利亚为议会共和制国家。总统为国家元首。一院制的国民议会行使立法权和监督权,议员实行比例代表制,由选民直接选出。保加利亚主要政党:争取欧洲进步公民党、社会党、争取权利与自由运动、"阿塔卡"联盟、民主力量联盟。

保加利亚已经从一个落后的农业国变成比较发达的工农业国家。主要矿藏有煤、铅、锌、铜、铁、铀、锰、铬、矿盐和少量石油,主要工业部门有冶金、机械制造、化工、电机和电子、食品和轻纺等。农产品主要有谷物、烟草、蔬菜等,盛产蔬菜、水果,酸奶加工、葡萄酒酿造技术比较著名,雪茄烟的输出量、玫瑰油的产量和输出量均占世界首位。

四、民俗风情

保加利亚人在社交场合一般施握手礼,亲朋好友相见施拥抱礼和亲吻礼。女子对特别尊敬的男子施屈膝礼,同时伸手给对方以便对方施吻手礼。

保加利亚人穿戴服饰强调内外有别,在家穿着随意,正规场合才穿着西服。

保加利亚大部分家庭饲养宠物,如狗、猫、荷兰猪,宠物有专门的居室、餐具,在公园、街道常常会看到娇小玲珑的美女旁边跟着一条威风凛凛的猎犬,佝偻的老人牵着一条可爱的哈巴狗。人们对宠物视同自己的孩子,幽默的保加利亚人常常说:"我们家有三口人:我、我爱人和我们的这条狗。"

保加利亚公共交通车辆秩序井然,先下后上,先女士后男士,先老幼后年轻人。上车不抢座位已成惯例,但一般不主动让座,否则被视为瞧不起人。行车途中听不到喧哗之声,只有柔和的音乐伴随。

保加利亚人以面包和烤饼为主食。保加利亚人常以风味独特的烤南瓜待客。保加利亚人用餐一般用活动的或一边固定在墙上的折叠桌。餐位有严格规定,靠火炉最里边的位置为上座,是家中长者之位。

保加利亚居民点头表示否定,轻微左右摆头表示赞同。流行 OK 手势,用大拇指和食指构成一个圆圈,再伸出其他三指,表示赞扬和允诺。他们酷爱玫瑰花,忌讳数字 13 和星期五,日常生活中赠礼或献花忌双数,葬礼上献花才是双数。

五、旅游城市

索菲亚(Sofia)　保加利亚的首都和第一大城市,政治、经济和文化中心。位于保加利亚中西部，地处四面环山的索菲亚盆地南部，为欧洲交通中心之一，曾为罗马帝国要塞城市和拜占庭帝国政治中心。鲜艳的花圃，齐整的草坪，遍及城区每个角落，享有"花园都市"的盛名。

普罗夫迪夫(Plovdiv) 保加利亚经济、文化和交通中心，普罗夫迪夫州首府，位于马里查河上游，罗多彼山北侧。这是一座具有6000年历史的古城，古建筑富有特色，商铺鳞次栉比，生机勃勃。

瓦尔纳(Varna) 保加利亚第一大港口。"瓦尔纳"有"水边村镇"之意。瓦尔纳位于保加利亚东北部，地近多瑙河出海口和博斯普鲁斯海峡，是连接欧亚的纽带。黑海之滨的美妙风景，悠久的历史文化，有"黑海明珠"之誉。"瓦尔纳之夏"国际音乐节是欧洲最古老的音乐盛会之一。

六、经典景点

亚历山大·涅夫斯基大教堂 位于索菲亚市。为纪念1877—1878年俄土战争中俄军"解放"保加利亚而建。教堂以俄国沙皇亚历山大二世的名字命名，占地3170平方米，是世界上最大的东正教教堂之一。镀金圆顶高达45米，钟塔高达53米，大殿内装饰着各种颜色的意大利大理石、巴西缟玛瑙、汉白玉和其他豪华材料。教堂内还有12个总计重量为23吨的钟，其中最重的12吨。

国家博物馆 位于索菲亚市。坐落于市郊的一处山坡上，背倚维托莎山。博物馆前面是一片树林，依山傍水，景色秀丽。馆藏丰富，展品涉及从被奥斯曼帝国奴役到民族独立，再到第二次世界大战和最近几年加入欧盟的保加利亚历史。

古罗马露天剧院 位于普罗夫迪夫市。依山而建的一座半圆形建筑。石凳的边角被磨得残缺而光滑；破败的大石柱依然透露出昔日的帝国风貌，静静地躺在那儿向人们诉说着辉煌与血泪。

巴奇科伏修道院 位于阿塞诺夫格勒市。始建于1083年，是欧洲东正教最大最古老的修道院之一。修道院融合了拜占庭文化、乔治亚文化以及保加利亚文化三种风格，食堂内的壁画尤其精美。修道院珍藏并展出大量圣像、书籍以及木刻十字架、弗列德里·巴尔巴罗萨曾使用的剑等历史文物。

国家文化宫 位于索菲亚市。总建筑面积达12.3万平方米，共有11层，其中8层在地上，3层在地下，包含13个大厅、15 000平方米的展览区、一个贸易中心以及一个停车场，是保加利亚最宏伟的建筑之一，曾被国际议会中心组织评为世界上最好的议会中心。

巴尔奇克宫 位于多布里奇州黑海镇。玛丽王后到巴尔奇克游玩，非常喜欢这里的夏季住宅，随即命人建造了这座宫殿。宫殿整体面向大海，背依山坡，奢华精美，由一系列别墅住宅、地下酒窖、发电站、寺庙、温泉、礼拜堂、后花园以及诸多其他功能性建筑构成，功能齐全，俨然一座迷你小城。

七祭坛修道院 位于索菲亚市。因其独特的7个祭坛闻名于世。相传在奥斯曼时代,这里曾有一个修道院,但不幸毁于一场大火,当时的7个总督重新修建了一个修道院,为了纪念他们,该修道院内特设7个祭坛。七祭坛修道院北面还有一个堡垒废墟,当地人称为"拉丁要塞",据说修道院大门的材料就来自这里。

阿拉达修道院 位于瓦尔纳市。中世纪的东正教修道院,开凿在一座被称为十字山的悬崖上。洞高25米,内部供奉着圣父、圣子和圣灵,即俗称的圣三一。据说12世纪到18世纪时期,阿拉达修道院曾是保加利亚第二帝国最活跃的修道院,香火旺盛。

七、世界遗产

博亚纳教堂 位于索菲亚。由3座建筑物组成。这里最著名的是壁画,其中尤以《最后的晚餐》和圣像画最为著名。这些壁画由一位佚名画家于1259年绘成。壁画中人物的面部表情非常生动,不再是因袭的、刻板的偶像,而是有个性和有特色的人物,具有明显的现实主义色彩,体现了东欧中世纪的艺术风格。

马达拉骑士崖雕 位于保加利亚东北部。为公元8世纪原始保加利亚部落所雕刻。雕刻在离地面约23米的岩壁上,雕刻的是一位几乎与真人同样大小的骑士,身穿一件长过膝盖的制服,系着腰带,左手执缰绳,右手刚投掷出一杆长矛,一只被长矛刺穿的狮子倒卧在他的脚下。骑士身后有一只奔跑着的猎犬。

卡赞勒克的色雷斯古墓 卡赞勒克城是古代色雷斯文化的中心,有大量的色雷斯文物出土,其中以公元前4世纪的色雷斯古墓最著名。古墓是色雷斯王国墓地的一部分,古墓内有狭长的地道和圆形墓室,以壁画装饰。这些壁画代表了卡赞利克的墓葬仪式和文化。古墓中的绘画作品是保加利亚保存最完好的古希腊时期的艺术杰作。

伊万诺沃的岩洞教堂 位于鲁塞城。建于12世纪初。大大小小的岩洞教堂由长廊和木拱廊联结在一起。精细的石雕,或纵或横的大型壁龛,四通八达的游廊,显示出古代建筑学的发展水平。几乎所有的岩洞教堂都绘有风景或人物壁画,是现实主义的杰作和中世纪壁画的孤品。

里拉修道院 位于巴尔干半岛。建于10世纪中期。修道院是18和19世纪保加利亚文艺复兴时期的代表之作,在中世纪保加利亚的宗教生活和社会生活中扮演着非常重要的角色。珍藏的保加利亚的第一架地球仪、修道院士使用过的各种武器、朝圣妇女供献的银带扣、历代主教权杖和织金法衣以及古代皇室器物,弥足珍贵。

内塞巴尔古城 位于黑海海岸一个半岛上。建城已有2000余年,城市遗迹大多可以追溯到古希腊时期,其中包括卫城、阿波罗神庙、广场和色雷斯人建造的堡垒,中世纪时期建造的旧米特罗利亚教堂和一些要塞。木质建筑以彩色的石头和陶瓷装饰,体现了文艺复兴时期黑海地区典型的建筑特色。

斯韦什塔里的色雷斯古墓 大约2300年以前色雷斯国王的坟墓。坟墓内有3个墓室,都是由整块石头雕砌而成。主室保存完好,如4个古希腊建筑风格的大柱子,10个刻在墙壁上的女神塑像,两张石床,墙壁上记载死者生平的横饰带。这个独特的建筑物为研究色雷斯文化和古希腊语言艺术提供了重要的见证。

斯雷伯尔纳自然保护区 占地约6平方千米。保护区2/3的面积为禾本科群落,形成了一道沿湖天然屏障。有约100种鸟类在这个保护区内生活繁衍,其中许多是稀有濒危鸟类,另外还有约80种候鸟每年到这里过冬。这里最重要的鸟类包括达尔马提亚鹈鹕、白鹭、夜苍鹭、紫苍鹭、朱鹭和白鹮鹭。

皮林国家公园 位于保加利亚西南山区。占地约400平方千米,包括巴埃维杜普基—金吉日萨保护区、马尔卡和塞格门泰佩保护区。石灰石巴尔干地貌,有湖泊、瀑布、洞穴和松树林。约70个冰川湖泊分布在崇山峻岭之间,有成百上千种当地的珍稀物种,其中很多是巴尔干更新世时期植物的典型代表。

第三十四节 长剑道士——摩纳哥

摩纳哥,全称"摩纳哥公国"(The Principality of Monaco)。国名源自历史上在此居住的摩诺尼哥部落。

一、自然地理

摩纳哥位于欧洲西南部,南部靠地中海,北、西、东三面被法国包围,面积约2平方千米,稍大于世界上最小的国家梵蒂冈。

摩纳哥地形狭长,东西长约3千米,南北最窄处200米,平均海拔约500米。

摩纳哥属于亚热带地中海气候,夏季干燥凉爽,冬季潮湿温暖。年平均气温16℃,年降水量500~600毫米。

二、国家象征

摩纳哥的国旗呈横长方形,为红白两色旗。

摩纳哥的国徽呈斗篷式。斗篷上方是1顶王冠,斗篷内的盾形由红、白两色构成,底色为白色,上有15块红色的菱形图案。盾形两侧各有1位手持长剑的修道士,盾四周由绶带装饰,下方悬挂着1枚圣查尔斯勋章,勋章两侧的绶带上写着"上帝恩助我治理"。

摩纳哥的国歌是《摩纳哥进行曲》。

摩纳哥的首都是摩纳哥城。

三、社会生活

摩纳哥人口约3.3万人,其中法国籍约占一半,摩纳哥籍、意大利籍各占一成半。

官方语言为法语,通用意大利语、英语和摩纳哥语。居民九成以上信奉罗马天主教。

摩纳哥为君主立宪制国家。亲王为国家元首,享有不受侵犯权和豁免权。亲王与国民议会共同行使宪法修改权和立法权。每项法律均由亲王提议,政府起草,提交国民议会审议和表决,最终由亲王批准颁布。政府委员会成员由亲王任命,枢密院为亲王的咨询机构。摩纳哥没有固定的政治组织和党派。

摩纳哥主要工业部门有化工、医药、化妆品、塑料加工、电器和电子元件、印刷和包装品、机械、纺织和服装、食品、首饰制作等。银行业发达,世界上一些大银行在摩纳哥均设有分支机构。旅游业、邮票业和博彩业为摩纳哥财政收入的主要来源。

四、民俗风情

摩纳哥人相见施拥抱礼,握手礼也日益普及。女子与客人相见时往往施屈膝礼。

摩纳哥人礼貌好客,对妇女非常尊重。客人见到主人的妻子,可以表示问候,但不可过分亲热,更不能主动去握手。在体态语言中,如果伸出中指再弯回来,表示有暧昧关系,是轻浮的表现。

摩纳哥虽是出名的赌城,却绝不是赌场遍布,也看不到潦倒的赌徒。街上巡警很多,到处都安有监视犯罪行为的摄像机,几乎不存在那类令人败兴的小偷小摸,被誉为"世界上最安全的国家"。

五、旅游城市

摩纳哥城(Monaco-Ville) 摩纳哥公国的首都。整座城市建在阿尔卑斯山脉伸入地中海的一座悬崖上,有"悬崖顶上的首都"之称。城市小巧精致,只需半个小时就可走遍全城。保留了中世纪街巷的特色,最古老的建筑物是古城堡。摩纳哥城发行的精美邮票,远销世界各地。

蒙特卡洛(Monte Carlo) 世界四大赌城之一,位于地中海沿岸。有豪华的歌剧院、明媚的海滨浴场、舒适的温泉浴池、华丽的游泳池以及运动场地等游乐设施。宾馆的房间号码、早餐用的盘子、盛牛奶的杯子、集邮册等,无不成为赌博工具,住宿、就餐、乘车甚至买报都带有博彩色彩。

六、经典景点

摩纳哥王宫 位于摩纳哥城。建于13世纪,坐落于海边的峭壁之上,视野开阔,可以俯瞰城市全貌。淡粉色的外墙,几乎无任何雕饰。由两部分组成,一半是王室的私人住所和办公场所,另一半是博物馆。每到正午11点55分举行卫兵换岗仪式。王宫广场周围陈列着路易十四时期铸造的炮台。

摩纳哥大教堂 位于摩纳哥城。始建于1875年,建筑主体为当时风靡一时的罗马—拜占庭风格。教堂内一整套文艺复兴之前的尼斯艺术家作品十分珍贵。教堂在重大的国家节日里提供教皇服务，可以聆听四键风琴演奏的美妙乐章。这里还是浪漫的婚礼场所，凯莉皇妃大婚就在此举行。

海洋博物馆 位于摩纳哥城。背山面海，透过正厅的巨型玻璃可以看见浩瀚的地中海。馆内陈列着从古至今的渔船模型、各种海兽海鱼的骨骼标本以及各种各样的捕鱼工具，还有名目繁多的观赏鱼。

赫库勒斯港 位于摩纳哥城。摩纳哥唯一的深水港，海水清澈湛蓝。海堤上矗立着一尊航海雕塑，极富活力。40米外的标准泊位，停满了大大小小、各式各样、极尽奢欲的豪华游艇。

路易二世体育场 位于摩纳哥城。以当时在位的摩纳哥亲王路易二世的名字命名。座位1.85万个，可容纳摩纳哥一半以上的人口。摩纳哥足球俱乐部和摩纳哥国家足球队的主要场地，自1998年起是一年一度的欧足联超级杯比赛场地，曾经举办过国际田联总决赛。

蒙特卡洛大赌场 位于蒙特卡洛市。1856年摩纳哥亲王夏尔三世开设第一家赌场，摩纳哥博彩业自此始，并因此成为欧洲最富裕的国家。古色古香的宫殿式建筑物，高挑的楼高设计，做工精细的装潢，白天也发光的钻石水晶灯，满铺的红地毯，高雅舒适，成为欧洲王公贵族、商界名流的赌博圣地。

蒙特卡洛赛道 位于蒙特卡洛市。世界四大知名赛道之一。以街道为赛道，是F1赛道中最短的一条，并拥有F1赛道中最慢的弯角和著名的隧道，只有最顶尖的车手才可能在此赛道获得胜利。

圣马丁花园 位于蒙特卡洛市。又名"珍奇花园"。一条条小径环绕在山崖之上，小径两侧有不少精美的雕塑。野生的地中海植物以及一些珍稀的外来品种遍布其中，繁多的花朵竞相争艳。园内有清澈的池塘，美不胜收。

第三十五节　报春之花——黑山

黑山，全称"黑山共和国"（The Republic of Montenegro），国名源于洛夫琴山，意即"黑色的山"。

一、自然地理

黑山位于欧洲巴尔干半岛的中北部，亚得里亚海东岸，东北为塞尔维亚，东为科索沃，东南为阿尔巴尼亚，西北为波斯尼亚和黑塞哥维那以及克罗地亚，西南为亚得里亚海。面积约1.4万平方千米。

黑山西南部主要为喀斯特地貌，荒山秃岭寸草不生，也有一些可耕地。东部地区有大片森林和草地。沿海地区为狭长的平原地区。博博托夫库克山海拔2522

米,为黑山第一高峰。塔拉河是黑山境内最长的河流,河道险峻。

黑山大部分地区属于温带大陆性气候,沿海地区属于地中海气候,年平均气温14℃。谷地气候温和,海拔较高的地区气候恶劣,许多高山全年大部分时间积雪,一些阴冷的谷地冰雪从不融化。

二、国家象征

黑山的国旗呈横长方形,红底金边,中间为国徽图案。

黑山的国徽,图案为双头鹰,鹰的胸部有1只金狮子。双头鹰是斯拉夫民族的图腾,金狮子是黑山古王朝的象征。

黑山的国歌是《啊,五月的清晨》。

黑山的首都是波德戈里察。

三、社会生活

黑山人口约67万人,主要民族为黑山族、塞尔维亚族。官方语言为塞尔维亚语。3/4的居民信奉东正教。

黑山以总统为国家元首、武装部队最高统帅。一院制的议会是立法机构,议员通过直选产生。总理由国会任命。国家安全委员会是最高军事决策机构。黑山主要政党:社会主义者民主党、社会主义人民党和社会民主党。

黑山国土面积的四成覆盖着森林。畜牧业以养羊为主,农产品有玉米、马铃薯等。铝、煤等储藏丰富。工业产品、农产品、能源及日用消费品大多依赖进口。旅游业是国民经济的重要组成部分和主要外汇收入来源。因受战乱和国际制裁的影响,经济长期低迷不振,物价水平偏高。

四、民俗风情

黑山人个子高身体壮,平均身高在整个欧洲地区雄居榜首,身高1.95米的男性、1.85米的女性很常见。

黑山的民族盛装雍容华贵。男服主要由黑呢帽、白衬衣、宽腿裤、长袜、长靴、带袖或无袖的粗呢短外套组成,用金线在外套上绣制和点缀各种各样的图案和装饰。女服的上身主要是手绣丝织衬衣,浅色的无袖马甲,下身是绣有各种图案的丝织长裙。未嫁姑娘一般戴帽子,已婚妇女大多围不同颜色的头巾。

黑山人对父亲、部落首领、统治者极为尊重并言听计从。每个家庭选一位老人作为保护神,每年到了家庭保护神纪念日,再远的亲人也要想方设法赶回家相聚。家庭中只要老人健在就绝不会分家,因此几代同堂的家庭很普遍。没有家中长者的允许,绝对不允许谈婚论嫁。

黑山小伙子如果倾心于某位姑娘,可以大大方方地到姑娘家中去求婚,主人把一杯决定命运的爱情咖啡端到小伙子手中,如果咖啡的味道是甜的意味着可以订婚,并且象征婚后的生活甜甜蜜蜜;如果是苦的,那世界上就又多了一个伤心人。

黑山人重男轻女观念比较明显,尤其喜欢男孩。男孩降生,家人亲友都来祝贺,鸣枪庆祝。如果连生几个女孩以后才生下男孩,整个家族甚至整个部落如同过节一样,杀猪宰羊,大肆庆祝。黑山人对枪情有独钟,父母们往往将一支真枪挂在男孩的摇篮上,从小教育男孩枪支将陪伴他的一生,男人的功业就应建立在疆场上。

黑山人以粗粮为主食。肉制品和奶制品食用较多。口味偏重,不怕油腻,爱吃辣味食品。有很多烹制独特的鱼、虾、蟹和鲜美的海鲜汤,海鲜比萨久负盛名。

黑山商人乐观友善,讨价还价的功夫也令人敬佩。人们喜欢谈论美国的生活方式,喜欢谈论体育、家庭及服饰,但不喜欢谈论宗教尤其是敏感的政治问题。

五、旅游城市

波德戈里察(Podgorica) 曾名"铁托格勒",黑山的首都,政治、经济、文化中心,交通枢纽、航空港。位于黑山东南部斯库台盆地莫拉查河畔。第二次世界大战期间毁于战火,仅存钟楼、清真寺和几处房屋。城市在群山环抱之中,是城市中的乡村,也是乡村中的城市。

尼克希奇(Niksic) 位于尼克希奇平原,特雷别萨山脚下。19世纪末20世纪初是黑山地区最重要的工业、文化和教育中心,是一个有着丰富文化传统的现代化城市。

采蒂涅(Cetinje) 黑山共和国的宪法首都,位于山脉环抱的绿色高原上。一个乡村与城市风光兼容、农舍与高楼并立的不寻常的结合体。保留有许多古老的修道院,整个城市就是一座博物馆和档案馆。

六、经典景点

塔拉河谷大桥 横跨塔拉河,长365米,主桥拱114米,桥距塔拉河河面172米,完工之时为欧洲最大的公路混凝土拱桥。青山、绿水、白云、大桥,组成一幅和谐美丽的画面。前南斯拉夫著名影片《桥》在此拍摄。

亚得里亚海海滨 有众多温泉和沙滩,空气新鲜,阳光明媚,气候宜人,风景优美,是欧洲人度假消夏的好去处。每年在此举办含羞花节。当黑山大部分地区还是冰天雪地之时,这里的含羞花早已金黄满地,人们称它是"冬天里的报春花"。

杜米托尔国家公园 一个被冰川和河流切割出来的自然公园。山峦起伏,山石嶙峋的山坡上树木郁郁葱葱,河谷的沙砾石块间涓涓流水清澈透明。蓝天白云下秀丽的冰川湖澄碧如镜,一年四季美丽而静谧。

七、世界遗产

科托尔的自然和文化历史区 科托尔建于公元7世纪,历史上是一座重要的艺术和商业中心。在1979年的一次地震中被严重毁坏，后在联合国教科文组织的帮助下基本恢复了原貌。科托尔自然和文化历史区的遗迹因其精心选择的地理位置和在城市中的布局而具有独特的价值。

杜米托尔国家公园　位于黑山北部的拉什卡河谷。公园内有15个高峰超过2000米，最高峰博博托夫库克峰海拔2522米。高峰间有深邃峡谷和冰川湖，湖周有浓密的松树和枞树，在浓密的松林中点缀着清澈的湖水，隐藏着大面积的特色植物。夏天常常有罕见的"夏日雪"降临，美丽绝伦。

第三十六节　斗篷王冠——塞尔维亚

塞尔维亚，全称"塞尔维亚共和国"（The Republic of Serbia）。"塞尔维亚"意为"奴隶""邻国""盟国"。

一、自然地理

塞尔维亚位于欧洲东南部，周边国家有黑山、克罗地亚、匈牙利、罗马尼亚、保加利亚、马其顿及阿尔巴尼亚，面积约8.8万平方千米。

塞尔维亚地处巴尔干半岛中部，中部和南部多丘陵和山区，北部是平原，国土面积一半以上是耕地。最高峰杰拉维查山，海拔2656米。

塞尔维亚属于温带大陆性气候和地中海气候。7月平均气温25℃~38℃，1月平均气温0℃~5℃。年降水量660~12 000毫米。

二、国家象征

塞尔维亚的国旗呈横长方形，旗面自上而下依次由红、蓝、白3道平行相等的长方形组成。红、蓝、白3色是斯拉夫人的传统颜色。国旗中间偏左方有国徽。

塞尔维亚的国徽有大小两种。小国徽为盾徽，红色盾面上方有1顶金色王冠，是过去塞尔维亚王国的象征。盾面内有自拜占庭帝国时期流传下来的南欧斯拉夫民族象征——双头鹰。鹰的胸部有1个被白色十字居中分割成4个区域的红色小盾，每一区域里各有1个C形的火器，象征"唯有团结拯救塞尔维亚人"的国家格言。大国徽原来是塞尔维亚王国国徽，由小国徽覆以斗篷和王冠构成。

塞尔维亚的国歌是《正义的上帝》。

塞尔维亚的首都是贝尔格莱德。

三、社会生活

塞尔维亚人口约1015万人，大多是塞尔维亚人。官方语言为塞尔维亚语。主要宗教为东正教。

塞尔维亚实行议会民主制。总统兼任武装力量最高统帅。议会为一院制，议员通过直选产生。塞尔维亚主要政党：激进党、民主党、民主党—新塞尔维亚党联盟。

塞尔维亚经济以服务业为主，其产值超过国民生产总值的六成。矿藏有煤、铁、锌、铜等，水力资源丰富。化学工业是领先行业之一。

四、民俗风情

塞尔维亚人热情豪爽，亲朋好友相见施拥抱礼，相互亲吻脸颊。称谓与问候比较讲究，要冠以先生、夫人、小姐和头衔，家人之间、亲密朋友之间才直呼其名。

塞尔维亚人喜欢邀请熟悉的客人或朋友到郊外或旅游胜地游览休闲，期间一定宴请。宴会上主人盛情邀请客人品尝当地酿造的烈性果酒，并相互祝酒。在塞尔维亚，贸然到访属于不礼貌的行为。到家里拜访，习惯送实物礼品或送玫瑰、百合等鲜花，但绝不送菊花（菊花被视为"墓地用花"）。重要节日相互送礼，礼品一般为酒类、鲜花及经典套装系列、办公文具等。递交礼品时当面拆掉包装纸，展示并介绍礼品。

塞尔维亚人饮食以西餐为主，也乐于品尝中餐。偏爱牛肉，爱吃蘸点细盐的煮老玉米。一年四季爱喝清凉饮料。

足球是塞尔维亚人最热衷的运动项目。

五、旅游城市

贝尔格莱德(Belgrade) 塞尔维亚的首都和最大的城市，经济、文化、教育和科技中心。位于多瑙河与萨瓦河的交汇处，北接多瑙河中游平原，南接老山山脉延伸的舒马迪亚丘陵，居多瑙河和巴尔干半岛的水陆交通要道，被称为"巴尔干之钥"。

诺维萨德(Novi Sad) 南巴奇卡地区行政中心，黑土平原农产品集散地。位于潘诺尼亚平原的南部。高楼大厦鳞次栉比，纪念碑、博物馆、咖啡馆众多，获得"塞尔维亚的雅典"的美称。

六、经典景点

共和国广场 位于贝尔格莱德市最繁忙的中心商业区。广场上有1882年矗立的迈克尔王子青铜雕塑，2000年悬挂的既可报时又可预报天气的千禧钟。广场附近有很多重要的公共建筑，如塞尔维亚国家博物馆、国家剧院。

国家博物馆 位于贝尔格莱德市。建于1844年，设史前古物部、希腊·罗马古物部、中世纪艺术部、钱币与民族部、现代艺术部、图书馆、教育出版部，收藏包括许多外国杰作在内的40多万件展品，其中中世纪以前的古代艺术品和拜占庭时代的壁画精品极其珍贵。

当代艺术博物馆 位于贝尔格莱德市。成立于1958年,收藏、保护和展出塞尔维亚和前南斯拉夫1900年以来的艺术作品35000多件,包括绘画、雕塑、版画、新媒体艺术(照片、电影和视频),其中1945年以前的138位艺术家的900多幅艺术作品、1945年后的2045件艺术作品、20世纪的752件雕塑作品,件件都是精品。

应用艺术博物馆 位于贝尔格莱德市。建于1950年。博物馆分为金属和珠宝、纺织服饰、家具、平面视角艺术摄影和应用、陶瓷玻璃和瓷器、当代实用艺术以及建筑、都市生活和建筑设计等七个部分,藏品达3.7万多件,时间跨越2400年。最古老的展品是公元前4世纪的古希腊硬币。

航空博物馆 位于贝尔格莱德市。建于1957年,多边形的玻璃建筑。馆内收藏了200多架飞机,包括滑翔机、直升机、喷气式战斗机和被击落的美国和北约的飞机,其中菲亚特G.50战斗机等在世界上硕果仅存;还收藏了130多个航空发动机、雷达、火箭和各种各样的航空设备,2万多册参考书和技术文档以及20万多张照片。

铁托墓 位于贝尔格莱德市。前南联邦著名领导人铁托的墓地。铁托在第二次世界大战期间领导前南斯拉夫人民英勇抵抗法西斯,后来担任前南斯拉夫总统和前南斯拉夫共产党总书记。

卡莱梅格丹城堡 位于贝尔格莱德市。城堡主体始建于17世纪,也有一些中世纪的大门、伊斯兰风格的坟墓和土耳其浴室。城堡由巨大的石块建成,多次修缮和扩建,至今可见古罗马、奥匈帝国的建筑遗风。蜿蜒曲折的小路,绿荫下的长椅,逼真的雕像,波澜壮阔的历史建筑,成为塞尔维亚著名的公园。

阿达岛 位于贝尔格莱德市。原是萨瓦河河心小岛,到处是沼泽,后人工改造而成半岛。最吸引人的莫过于这里的沙滩和体育运动设施。夏季周末假日,每天有10万~30万名的游客,阿达岛因此被称为"贝尔格莱德的海",这个昵称成为贝尔格莱德2008年的广告标语。

佩特罗法拉丁城堡 位于诺维萨德市。1692年开建,1780年完工,建筑过程近一个世纪。占地112公顷,有很多地下隧道。第一次世界大战期间成为储藏设施和军营,如今为艺术中心,经常举办各种风格的画展、音乐会和艺术活动节。登上城堡,可一览诺维萨德市的全景和风景如画的多瑙河风光。

拉提波尔州西罗谷镇 塞尔维亚最时尚的小镇。每年举行时尚秀,展示当地妇女手工编织品,教授陶器制造、编织、镶嵌和绘画技术。镇里的东正教教堂建于1764年。镇中还有一个"老村庄博物馆",展示当地的传统木屋建筑,如面包房、乳品店、制酪场和客栈等,是19世纪塞尔维亚人生活的真实写照。

札那查尔州加莱里乌斯宫 建于3世纪末至4世纪初的罗马帝国末期,由皇帝加莱里乌斯下令修建。堡垒式宫殿建筑,罗马传统建筑的典型代表。整个建筑群分为两大部分,中间以凯旋门相连,宏伟壮观,气势恢宏。

拉什卡州科帕奥尼克山 界于南摩拉瓦河与伊巴尔河之间,海拔2017米,山上多松、杉、栎、山毛榉林。海拔1600米以下为草甸，用作夏季牧场。山区一年内有7个月被皑皑白雪覆盖，滑雪斜坡长达44千米，滑雪缆车长达20千米，是塞尔维亚最大的旅游目的地。

斯雷姆斯基卡尔洛夫齐镇 古代是一个罗马城堡，奥匈帝国时期逐渐成为塞尔维亚的政治、经济和文化中心。小镇上有18世纪90年代建立的塞尔维亚最早的体育馆、当时世界上第二个古老的东正教神学院，还有1895年建立的大主教行宫。环境良好，风景优美。

兹拉提波尔州木头城 小镇的地面、房屋全部用木头建成，木屋有主屋、粮仓、牲畜棚。有的用片岩做屋面，耐用防火且不腐烂，经历百年风吹雨打依然屹立。木头城还建造了蜿蜒曲折的窄轨铁路。

博尔州德答普国家公园 占地约640平方千米，峡谷长100多千米，是通往喀尔巴阡山的"铁门"。公园风景如画，环境宜人，还有新石器时代人类定居的遗址、罗马帝王图拉真时代建造的罗马城堡、破损的道路和飘摇的大桥、历经风雨依然挺立的纪念碑，充满历史韵味。

南巴奇卡州鲁什卡国家公园 占地2.2万公顷。公园内有大面积的茂密森林，历史悠久的果园和葡萄园，还有欧洲最大的椴树群。另有16座修道院，以独特的建筑风格和壁画著称。游客在公园可野餐、远足、打猎和垂钓。公园每年举办品酒会。

七、世界遗产

斯塔里拉斯和索波察尼 位于拉什卡河的河谷。斯塔里拉斯曾是塞尔维亚的第一个首都，保存了中世纪的纪念碑、城堡、教堂和修道院。索波察尼教堂的壁画是拜占庭绘画中最感染人的作品之一，巧妙的色彩搭配，娴熟的绘画技巧，具有强烈的感染力。

斯图代尼察修道院 位于塞尔维亚南部。建于12世纪晚期。2座纪念碑、圣母大教堂及国王大教堂，都由白色的大理石建造。修道院收藏了13世纪和14世纪时期的拜占庭艺术绘画，其中最著名的是1314年完成的圣安娜和圣约阿西姆壁画以及《圣母马利亚的分娩》壁画。

科索沃中世纪古迹群 包括一座14世纪教堂、格拉查尼察修道院和列韦萨圣母教堂等宗教建筑群，体现了拜占庭和罗马教会文化鼎盛时期的情景。佩奇修道院由4座带圆屋顶的、墙上都绘有壁画的教堂组成，阿皮特勒教堂13世纪的壁画无与伦比，圣母教堂14世纪初期的壁画标志着一种新风格的出现。

贾姆济格勒—罗慕利亚纳的加莱里乌斯宫 位于塞尔维亚东部。建于公元3世纪末至4世纪初。建筑群分为两大部分，一侧是堡垒和宫殿，另一侧是墓地和纪念碑，中间以凯旋门相连，巨大的拱门横跨道路，宏伟壮观，气势恢宏，是罗马传统建筑的典型代表。

斯特茨奇中世纪墓葬群 斯特茨奇大型中世纪墓葬群包括 30 余处遗址，分布于黑山、克罗地亚、波黑和塞尔维亚等国家。这些墓葬大多由石灰岩雕刻而成，可追溯到 12 世纪。

第三十七节　欧洲粮仓——乌克兰

乌克兰（Ukraine），国名源于民族名，意为"边境上的"。

一、自然地理

乌克兰位于欧洲东部，东北部和东部与俄罗斯相邻，北与白俄罗斯毗邻，西与波兰、捷克和斯洛伐克为邻，西南同匈牙利、罗马尼亚和摩尔多瓦接壤，南面是黑海和亚速海，隔海与土耳其相望。面积约 60.37 万平方千米。

乌克兰国土面积的九成半为平原。喀尔巴阡山海拔 2061 米。第聂伯河流经境内 981 千米。最大的湖泊德涅斯特罗夫斯基湖面积约 360 平方千米。

乌克兰大部分地区属于温带大陆性气候。冬季 1 月最冷，北部和东部地区平均气温约 -7℃，夏季绝大部分地区最高气温 36℃~39℃。年降水量从西部和西北部向东南部和南部逐渐减少，喀尔巴阡山区最多时达 2000 毫米。

二、国家象征

乌克兰的国旗呈横长方形，由上蓝下黄 2 块平行相等的横长方形组成。

乌克兰的国徽为盾徽。蓝色盾面上的金色三叉戟是国徽的主体，它是弗拉基米尔大公时代基辅国家的标志，象征乌克兰民族悠久的历史及其发展的连续性，也是乌克兰国家观念复兴和为民族独立而战的标志。

乌克兰的国歌是《乌克兰不会灭亡》。

乌克兰的首都是基辅。

三、社会生活

乌克兰人口约 4559 万人，民族 130 多个，人口最多的民族是乌克兰族。官方语言为乌克兰语。居民主要信奉天主教、东正教。

乌克兰实行共和制。总统为国家元首，最高议会（拉达）为立法机关，政府为行政机关。乌克兰主要政党：地区党、季莫申科集团、打击党、乌克兰自由运动。

乌克兰是新兴的自由市场经济体。农业产值占国内生产总值的 1/5，是世界上第三大粮食出口国。国土面积的 2/3 为黑土地，森林资源较为丰富，有 80 多种可供开采的富矿，锰矿石的储量位居世界前列，煤、染料矿石、陶土地蜡和石墨的储量也比较丰富，但石油和天然气资源相对匮乏，国内所需石油九成依赖进口。

四、民俗风情

乌克兰人性格坚强而又温和，严肃而又不失开朗。陌生人相见一般称呼女士、先生，兄弟姐妹之间喜欢用昵称。握手和拥抱是最普遍的见面礼仪。

乌克兰男子多穿衬衫长裤，外罩坎肩。妇女的传统服装大都呈流线型，样式很独特：紧身衬裙外罩羊毛短裙，衬裙上有各色图案；着深红色、绿色或蓝色天鹅绒或羊毛料的无袖上衣；上衣前襟部分交叠，左边开襟；脚穿红色长靴；有的颈上挂几串彩色珠子或项链。女子喜欢扎花头巾，小姑娘爱扎漂亮的小辫，节日戴用鲜花和树枝编成的花冠。

乌克兰有专职的媒婆，她们常用"你家中有奇货，我手头有买主"来作开场白。如果女方的父母同意这门亲事，就和媒人一起绕桌走三圈，再对神像画个十字，然后商谈相亲事宜。相亲这一天，媒人把小伙子及其父母带到姑娘家，姑娘的母亲端来一碗蜜糖水，如果小伙子一饮而尽，就表示他相中了，否则只用嘴唇沾一下杯子。乌克兰人非常重视订婚仪式，订婚后不得随意毁约，否则必须赔偿损失。

乌克兰人以面包、牛奶、土豆、牛肉、猪肉和乳制品为主要食物。一般不吃乌贼、海蜇、海参和木耳。只有等饭菜端上餐桌时才能打开餐巾，餐巾应当铺在两膝上而不应当围在脖颈上。用餐后，纸巾要叠好放在盘子里，餐巾要放在桌子旁边。必须等到女主人把餐巾搁在一边，客人才可以离开餐桌。

乌克兰人喜欢蓝色和黄色，对红色和白色也很感兴趣，但许多人对黑色不感兴趣。送礼不送菊花，花的支数不能是偶数。过新年时，忌讳衣冠不整的不速之客光顾。乌克兰人喜欢谈论文艺创作、科技成果等方面情况，不愿涉及宗教、对历史人物的评价等话题。他们忌讳数字13和星期五。

五、旅游城市

基辅（Kiev） 乌克兰的首都和经济、文化、政治中心，位于乌克兰中北部，已有1500年历史，有"俄国城市之母"之称。第二次世界大战期间遭受战火蹂躏，战后重建。第聂伯河蜿蜒而过，有数十条林荫大道、数百个街心花园和草坪，有"花园城市"的美名。在世界知名旅游杂志评选全球十大"美女之都"中傲居榜首。

哈尔科夫（Kharkov） 乌克兰最主要的文化和教育中心，最大的铁路枢纽，位于乌克兰东北部。第二次世界大战中遭受严重破坏，战后重建。

敖德萨（Odessa） 敖德萨州首府，黑海沿岸最大的港口城市。天然海港常年不冻，被誉为"黑海明珠"。气候温和，海滩多样，人称"南部棕榈"。欧洲文化浓郁，建筑新颖雄伟，是著名的旅游和疗养胜地。

雅尔塔（yalta） 位于克里木半岛南岸。"雅尔塔"源于希腊文"雅洛斯"，意为

"海岸"。背山面海，气候宜人，盛产葡萄和亚热带水果。1945年美、苏、英三国首脑在此聚会，就战后世界格局安排问题签订了著名的《雅尔塔协定》。

六、经典景点

切尔诺贝利博物馆 位于基辅市。1986年发生了历史上最严重的核电厂事故，即切尔诺贝利核事故，所释放的辐射线剂量是广岛原子弹的400倍以上，切尔诺贝利被称为"鬼城"。博物馆门口停着几辆"嘎斯"吉普和一辆轮式装甲车，它们是参加切尔诺贝利事故现场救援的功勋车辆。更多的车辆因为高辐射被遗弃在现场。楼梯上方的牌子上写着一个个受污染的地名。

圣安德烈教堂 位于基辅市。乌克兰四大建筑地标之一。巴洛克风格的教堂，兴建于1747—1754年，由一个大穹顶和5个尖塔组成，外立面由6根科林斯式圆柱作装饰，窗户和门由精美而华丽的坠饰作装饰，壮观无比。

城市奠基者纪念碑 位于基辅市。为纪念基辅建城1500周年而建。相传公元5世纪初，基、谢克、哈里夫三兄弟和他们漂亮的妹妹列别齐在第聂伯河右岸建立了城市，城市以大哥基的名字命名，故称为"基辅"。纪念碑上共有四个人物，四人位于一艘船上，三兄弟手持弓箭和长矛，妹妹站在船头遥望远方。2010年谢克和哈里夫的雕塑突然倒塌，之后得以重建。

赫雷夏蒂克街 位于基辅市。基辅最重要的街道之一，长约1.2千米。第二次世界大战期间被彻底毁坏，战后重建了许多斯大林时代的建筑，如今已经成为基辅市民休闲娱乐场所。曾被评为欧洲二十大最贵购物大街之一。

克米拉米屋 位于基辅市。新艺术派建筑，非常怪异。外部装饰各种动物的雕塑，如美人鱼、鳄鱼、海豚、蟾蜍、鲶鱼、蜥蜴和大象，栩栩如生，活灵活现。传说建筑师的女儿失恋后，跳入第聂伯河殉情，悲伤的父亲设计了克米拉米屋作为女儿的地下墓穴，上面的动物都是陪伴女儿的河流生灵。

安德烈斜坡 位于基辅市。长约720米，被称为"基辅的蒙马特"。这条街位于安德烈教堂之侧的一条石头斜坡上，因此得名"安德烈斜坡"。斜坡上的摊点和商店，出售具有特色的商品，如木器、银器、石器、老式前苏联军帽、像章、照相机、望远镜、防毒面具、军装以及油画、水粉画、版画、素描，任由欣赏与挑选。

七、世界遗产

基辅的圣索菲亚大教堂及相关修道院建筑 圣索菲亚大教堂由拜占庭帝国的查士丁尼下令建造，至今已有1500多年的历史，黄金的墙面所剩不多，但依然可以想象到当年的辉煌。佩乔尔斯克修道院的历史已近千年，最初修建在一个山洞里，当修道生活从洞穴转移到地面后，原来地下的迷宫般的洞穴变成了修道士的墓地。

利沃夫历史中心 利沃夫建于1256年，历经沧桑，几易国别，曾被称为"小欧洲"。老城区曾是上流社会阶层世代居住的地方,周围环绕着风格各异的历史建筑,如16世纪文艺复兴时期风格的历史博物馆,建于1735年的药店博物馆,18世纪巴洛克风格的多米尼加教堂,建于14—15世纪波兰时代的罗马天主教大教堂等。

布科维纳与达尔马提亚的城市民居 修建于1864年至1882年,主要包括过去布科维纳府主教们的住宅、教堂、修道院和庭园,现在部分建筑是切尔诺夫策大学的校舍。这些城市民居反映出哈布斯堡君主国宗教宽容政策时期东正教拥有的巨大影响力,同时融合了不同时代建筑样式的特征,是历史主义建筑的杰作。

陶瑞克—切森尼斯古城及其乔拉镇 位于乌克兰北部黑海海岸。公元前5世纪由希腊人修建。包括7处有城市遗迹和农业用地的遗址,这些农业用地上所产的葡萄产品出口一直繁荣到15世纪。这里有公共建筑、住宅社区、基督教古迹、罗马和中世纪防御工事及供水系统、许多保存完好的葡萄园和分隔墙。

喀尔巴阡地区木质教堂 位于下喀尔巴阡山省和小波兰省。包括8处教堂,由东正教和希腊天主教信仰组织建于16世纪至19世纪。木制教堂与环绕四周的森林群山完美相融,丰富的外形、卓越的设计和木质建筑解决方案,成为不同于欧洲其他国家木质教堂的奇妙建筑,体现了当时木质结构教堂建筑的最高水平。

第三十八节 自由太阳——马其顿

马其顿,全称"马其顿共和国"(The Republic of Macedonia)。国名源于居住在巴尔干半岛的古部落名。在联合国中,称为"前南斯拉夫马其顿共和国"(The Former Yugoslav Republic of Macedonia)。

一、自然地理

马其顿位于欧洲南部的巴尔干半岛中部,东邻保加利亚,南界希腊,西接阿尔巴尼亚,北傍塞尔维亚和黑山,面积约25 713平方千米。

马其顿是一个内陆国家,境内多山,山间谷地和盆地错落其间。西部地势较高,最高峰科拉比山海拔2764米。主要河流有瓦尔达尔河、布雷加尼尔察河和黑德林河,主要湖泊有奥赫里德湖、普雷斯帕湖、多伊兰湖。

马其顿气候以温带大陆性气候为主,大部分地区夏季最高气温达40℃,冬季最低气温达-30℃;西部地区受地中海气候影响,夏季平均气温为27℃,全年平均气温为10℃。

二、国家象征

马其顿的国旗呈横长方形。旗面红色;正中有1轮金黄色的太阳,向外放射出八道光芒。红地金色太阳表示马其顿人民为了解放和自由的天空而愿献出自己的鲜血和生命。

马其顿的国徽呈圆形,由五角星、太阳、麦穗、山峰、水波等图案组成。

马其顿的国歌为《今天,自由的新太阳在马其顿上空升起》。

马其顿的首都为斯科普里。

三、社会生活

马其顿人口约203.4万人,主要民族为马其顿族、阿尔巴尼亚族。官方语言为马其顿语。主要宗教为东正教。

马其顿为议会民主制国家。国家元首为象征性的总统,以无记名投票方式通过普选产生。一院制议会为国家最高立法机构,政府是国家权力执行机构。总理为政府首脑,由议会选举产生。马其顿的主要政党:内部革命组织、自由党、社会民主联盟、民主繁荣党。

马其顿是欧洲最贫穷的国家之一。矿产主要有铁、铅、锌、铜等,主要工业部门有冶金、化工、木材加工、食品加工、烟草等,原料工业规模较大。农作物主要是水稻、棉花、烟草,蔬菜和水果也有大产量,是前南斯拉夫时期的"国家菜园"。主要出口产品有食品、水果、蔬菜、烟酒、化工产品、纺织品、铜、锌、铅、电缆、电冰箱等。主要进口产品有肉类、原油、汽车、成衣等。

四、民俗风情

在马其顿,不同宗教信仰的国民各自信守教规。马其顿人采用国际通用的称谓,即称男士为先生,称女士为小姐、夫人、女士。正式场合通行握手礼,亲朋好友见面会行贴面礼或拥抱。

马其顿男子的传统服饰为上穿衬衣、呢背心或皮背心,下穿长裤,佩色彩鲜艳的腰带。妇女喜穿立领绣花衬衣和短背心,常穿围裙,佩彩色腰带,戴头巾和平顶锥形小帽。在正式社交场合,男士通常穿西装,女士穿裙装或套装。举行婚礼时人们要身穿传统服装庆祝三天。

马其顿人热情好客,应邀做客一般不会迟到,但晚到10~15分钟可以理解。一般带一些小礼物,如花、葡萄酒或巧克力。喜庆生日、乔迁新居等送花时送单数,送双数花通常用于葬礼。在下午5点前拜访或打电话到他人家里被视为不礼貌。马其顿人喜欢到餐馆、酒吧、咖啡厅过夜生活,周末通常要娱乐到很晚才休息。

马其顿人能歌善舞,民间舞蹈节拍开始时庄重缓慢,然后逐渐加快,最终以动作骤然停止而结束,具有独特的民族风格。

马其顿人饮食以面食和肉类为主,多数人喜欢喝土耳其咖啡、红茶、葡萄酒、果子酒和矿泉水。马其顿特色餐为大盘烤肉和香肠,搭配当地的面包、大葱、青辣椒以及当地的葡萄酒、土耳其咖啡或当地的啤酒。

五、旅游城市

斯科普里（Skopje） 马其顿的首都和最大的都市，城市人口占全国总人口的 1/3。位于巴尔干半岛中部，古罗马时期称为"斯库皮"。瓦尔达尔河流经城区，四周高山环绕。有从拜占庭到近代的多种不同建筑样式的教堂和修道院，保留有科穆宁王朝时期的艺术遗迹，并以湿壁画而闻名。每年都举行爵士音乐节。

比托拉（Bitola） 马其顿南部城市，邻近希腊边境，自公元7世纪开始因数量众多的教堂及修道院而闻名。比托拉地处不同文明交融地带，逐渐发展成为区域性中心城市，因驻有众多的外国领事馆而被称为"领事之城"。

六、经典景点

奥赫里德湖 位于马期顿与阿尔巴尼亚交界处。面积347平方千米，湖最深处286米，为巴尔干半岛第二大湖。湖内生物进化活动非常缓慢，现存生物与5000万年前第三纪的生物几乎一样，因此湖中动植物被称做"活化石"。湖内的蜗牛达53种之多，且多属远古族种。群山环抱，湖岸陡峻，以景色幽美驰名。

普雷斯帕湖 位于马其顿、阿尔巴尼亚和希腊三国交界处。面积285平方千米，平均深度约20米，湖水清澈，湖中有大量的鱼。湖沿岸多山，湖边有半岛和深而窄的小港湾，风景优美。此地生长着树龄几百年的树木，还有丰富多样的野生动物，周围的自然环境没有被人类破坏，被认为是马其顿的一片净土。

塞缪尔王城堡 位于奥赫里德市。建于976—1014年，是马其顿现存中世纪最大的城堡遗址之一。城堡占据整个奥赫里德山顶，四周筑有塔楼和长达3千米的坚固城墙。直至15世纪被奥斯曼土耳其人占领之前，奥赫里德的居民一直居住在城堡内。

奥赫里德古剧场 位于奥赫里德市。建于2000多年前的希腊文化晚期或者罗马统治伊始时期，近年重建。每年的"奥赫里德之夏"国际艺术节在此举办。在这里极目远眺，奥赫里德湖的美景尽收眼底。

地震博物馆 位于斯科普里市。马其顿于518年、1963年发生两次大地震，造成历史性的大灾难。1963年的大地震，斯科普里市几乎被夷为平地，地震中幸存的斯科普里老火车站被改建为这个博物馆，博物馆外墙上的时钟停留在大地震发生的时间：5点17分。

卡列城堡 位于斯科普里市。瓦尔达尔河左岸，建于6世纪初。站在城堡上可以俯览整个斯科普里市。每年5月6日马其顿圣乔治节，吉卜赛人穿上节日的盛装在这里载歌载舞，欢庆春天的到来。

旧巴扎 位于斯科普里市。巴尔干地区最大的集市之一，至少从12世纪开始就成为城市的商贸中心。全市的清真寺集中于此，建筑多为典型的奥斯曼风格。

附近的伊萨·贝伊清真寺建于 1439 年，有 2 个大穹顶、5 个小穹顶，庄严肃穆。清真寺后面有伊萨·贝伊的墓地。

圣南姆修道院　位于奥赫里德市以南马其顿和阿尔巴尼亚交界处。早期的大天使教堂建于公元 900 年，毁于土耳其占领时期，如今的教堂是在原教堂的基础上从 16 世纪到 17 世纪分阶段修建的。修道院以对精神疾病治疗效果神奇而闻名遐迩。附近有一个清澈的小湖，湖底约有 200 眼小喷泉和漂亮的水生植物。

穆斯塔法·帕夏清真寺　位于斯科普里市。马其顿最漂亮的伊斯兰建筑之一，建于 1492 年，保存完整，至今没有修缮过。清真寺旁边的石冢里躺着穆斯塔法·帕夏的女儿。清真寺还有一个漂亮的玫瑰园。

七、世界遗产

奥赫里德地区的文化历史遗迹和自然环境　位于马其顿西部城市奥赫里德。奥赫里德坐落于四周群山环抱的奥赫里德湖湖畔，是欧洲最古老的人类聚居地之一，建于公元 7 世纪至 19 世纪，拥有最古老的古斯拉夫修道院和 800 多幅 11 世纪至 14 世纪末的拜占庭风格的画像，被誉为仅次于莫斯科托里托拉可夫画廊之后世界上最重要的收藏地。

第三章

美洲地区

美洲,"亚美利加洲"的简称。地跨南北两半球,面积4219万平方千米。美洲地区有美国、秘鲁、加拿大、墨西哥、委内瑞拉、洪都拉斯、哥斯达黎加、巴西、阿根廷、牙买加、苏里南、萨尔瓦多、圣卢西亚、安提瓜和巴布达、智利、巴哈马、巴拿马、玻利维亚、厄瓜多尔、尼加拉瓜、圣基茨和尼维斯、古巴、伯利兹、乌拉圭、巴巴多斯、格林纳达、多米尼加、特立尼达和多巴哥、海地、圭亚那、巴拉圭、哥伦比亚、危地马拉、多米尼克、圣文森特和格林纳丁斯等35个国家,总人口约9.24亿人。

美洲地区通常以巴拿马运河为界,分为北美洲和南美洲,20余个拉丁语系的国家,故被称为拉丁美洲。北美洲位于西半球的北部,东面是大西洋,西面是太平洋,北面是北冰洋。南北走向的山脉将北美大陆分割为东西两部分,河流以落基山脉为分水岭,东流入大西洋和北冰洋,西流入太平洋。阿拉斯加山脉麦金利山海拔6193米,为北美第一高峰。密西西比河长达3734千米,是北美最长的河流。苏必利尔湖、休伦湖、密歇根湖、伊利湖和安大略湖等五个大湖组成世界上最大的淡水湖群。格陵兰岛面积216万平方千米,为世界第一大岛。地跨热带、温带、寒带,气候复杂多样;中部地区处于北温带,宜于作物生长和人类生存。

北美洲是世界上经济发达地区之一,美国和加拿大工业基础雄厚、生产能力强大、科技先进,墨西哥经济也很发达。

南美洲位于西半球的西部,东面是大西洋,南面隔海与南极洲相望。大陆地形呈南北方向的三个纵列带:西部为狭长的安第斯山,东部为波状起伏的高原,中部为广阔平坦的平原低地。东部的巴西高原面积500万平方千米,是世界上最大的高原;中部的奥里诺科平原、亚马孙平原和拉普拉塔平原是世界上最大的冲积平原。阿空加瓜山海拔6960米,为南美洲最高峰。水系以安第斯山为分水岭,西面的河流大多河短流急,独流注入太平洋,东面的河流大多源远流长,支流众多、水量丰富、流域广阔,其中亚马孙河是世界上水量最大、流域面积最广的河流。南美洲多瀑布,伊瓜苏瀑布是世界上最大的瀑布,安赫尔瀑布是世界上落差最大的瀑布。南美洲大部分地区为热带雨林和热带高原气候,温暖湿润。自然资源丰富,石油、铁、铜等储量均居世界前列。

南美洲的历史进程艰难而曲折,第二次世界大战后经济才得到较快的发展,但各国很不平衡,其中巴西和阿根廷发展较快,两国国内生产总值占南美洲的2/3。

北美地区经济发达,旅游资源丰富,生态环境良好,五大湖风光、国家公园、人造景观,美不胜收。拉丁美洲和加勒比海地区土地广袤,海岸线漫长曲折,山川恢宏,有热带雨林、火山奇观、生物基因库,风光旖旎。美洲地区文化遗迹丰富多彩,民族风情独特,玛雅文化、印加文化、拉丁风情,神秘而古老的印第安文明与现代文化对比强烈,是世界上最重要的旅游区之一。

本章介绍美洲地区的19个已经开展组团出境旅游业务的目的地国家,包括古巴、智利、牙买加、巴西、墨西哥、秘鲁、安提瓜和巴布达、巴巴多斯、格林纳达、巴哈马、阿根廷、委内瑞拉、美国、圭亚那、厄瓜多尔、多米尼克、加拿大、哥伦比亚和哥斯达黎加。

第一节 雪茄同志——古巴

古巴,全称"古巴共和国"(Republic of Cuba),国名泰诺语意为"肥沃之地"。

一、自然地理

古巴是美洲加勒比海北部的一个群岛国家,北为美国佛罗里达州,西为墨西哥尤卡坦半岛,南为牙买加和开曼群岛,东为海地和特克斯与凯科斯群岛。面积约11.1万平方千米。

古巴由古巴岛、青年岛以及其他1600多个岛屿组成。古巴岛大部分地区地势平坦,东部、中部是山地,西部多丘陵。最高峰图尔基诺峰海拔1974米,最长的河流考托河长370千米。

古巴大部分地区属于热带雨林气候,西南部沿岸为热带草原气候。5—10月为雨季,11月至次年4月为旱季,年平均气温25℃,年平均降水量1375毫米。

二、国家象征

古巴的国旗呈横长方形,旗面为红、蓝、白三色,左侧是红色等边三角形,正中1颗白色五角星。红色三角形象征自由、平等、博爱及不屈不挠、反抗殖民统治的斗争,五角星象征国家的独立和自由。右侧是象征民族精神的5道蓝、白相间的宽条,3道蓝色条表示共和国分成3个州,白色条表示人民在独立战争中怀着纯洁的目的。

古巴的国徽呈盾形。上部是1把钥匙。右下侧是1棵棕榈树,代表肥沃多产的国土;左下侧是与国旗旗面相同的蓝、白色图案。最上面是1顶有五角星的红色"自由之帽"和1根"自由之竿",象征自由、权威和人民的正义;两侧是碧绿的橡树和月桂枝叶交叉而成的花环。

古巴的国歌是《巴雅莫颂》。

古巴的首都是哈瓦那。

三、社会生活

古巴人口约1145万人,其中城市人口约占3/4,白人占近四成。官方语言为西班牙语。主要宗教是罗马天主教、新教和非洲原始宗教以及古巴教。

古巴是共和制国家。国家最高权力机构是行使立法权的全国人民政权代表大会。内阁为部长会议,国务委员会是执行机构。古巴共产党是古巴唯一的合法政党。

古巴是一个经济落后的农业国,工业基础落后,国民经济支柱产业是旅游业、农业(甘蔗、烟草)、制造业、矿业。外汇收入主要来源于旅游,出口糖、雪茄烟和龙虾。近几年,炼钢、电力、石油、水泥等行业增长速度较快。

四、民俗风情

古巴人诚实谦逊,热情随和,乐于交际,待人友善,对客人即使是初次见面也会热情招呼,主动问候,握手致意。第二次见面时,除握手外还行吻面礼。朋友或亲人相见也常以拥抱为礼。不论年龄大小、地位高低,人人都可以称"同志"。

古巴人早餐通常是面包、牛油,午餐多吃三明治、牛奶,晚餐则多食肉类、蔬菜。古巴人非常喜欢黄米饭,不爱吃羊肉和海味品。爱喝酒,宴客更是离不开酒。

在古巴进行商务洽谈必须预约,并准时赴约。初次商务性会面,主动递送用西班牙文印制的名片,既是一种自我介绍,也是一种礼节。古巴人说话干脆、痛快,与他们交往,最好直截了当,不要拐弯抹角。

五、旅游城市

哈瓦那(Havana) 古巴的首都和政治、经济、文化和交通中心。据说"哈瓦那"原是一位美丽善良的印第安姑娘的名字,在富安柴炮台上有少女哈瓦那的塑像。城区街道像棋盘一样井然有序。哈瓦那老城已被列入世界文化遗产名录。

圣地亚哥(Santiago de Cuba) 古巴第二大港口、最炎热的城市,拥有众多风景名胜和历史古迹,风味美食更是当地一绝,人称"加勒比之都",曾是美国大富豪们的休闲地。

卡马圭（Camaguey）　卡马圭省省会,位于中部萨瓦纳草原。保留有殖民时期的建筑和狭窄的街道及古老的教堂、热带植物园。卡马圭人用水缸储存雨水,据说男孩子只要喝了某个女孩子家水缸里的水,就会爱上这个女孩,水缸成为城市的象征,卡马圭也被称为"水缸之城"。卡马圭历史中心已被列入世界文化遗产名录。

六、经典景点

国会大厦　位于哈瓦那市。大厦式样模仿华盛顿的国会大厦。当时用作政府办公地,现改为博物馆。大厦内所有地面都用黄金镶嵌的大理石铺就,每个房间的墙壁和天花板装饰精美,古典风格的家具和灯饰无处不在。大楼地板中央有一颗24克拉的钻石,据说这里是古巴的中心。

武器广场　位于哈瓦那市。广场中央竖立着古巴1868年至1878年起义的领袖、战时共和国总统塞斯佩德斯的雕像。这里曾经是宗教、政治和军事活动的中心地带,后来成为城市权贵们的集结地。广场上有棵木棉树,据说围绕它转三圈许愿就能实现。广场周围都是殖民时期的老建筑。

哈瓦那大教堂　巴洛克风格的教堂。这里曾是哈瓦那老城区的中心。门楼和广场的设计能让飓风带来的雨水更快地散开。教堂最大的亮点是两边不对称的塔楼。发现美洲新大陆的哥伦布的骨灰,就存放于这个教堂。

西班牙总督府　位于哈瓦那市。建于1772年,几经沧桑,一度成为总统府、邮局、参议院和高等法庭所在地,现已改建为城市博物馆。宫殿西北角的权杖、北边的旗帜大厅、宫殿中心的画廊、展出18—19世纪瓷器的白色房间,东南角的王座,值得欣赏。

朗姆酒博物馆　位于哈瓦那市。曾是一位伯爵的私人住宅。建筑内部是哈瓦那典型的四方庭院,大红色的回廊墙壁很抢眼,彩绘玻璃光影很美。朗姆酒是古巴的特产,游客在博物馆内可以通过各种模型和实物了解朗姆酒的酿制过程,并亲手将甘蔗送进酿酒的机器,品尝正宗的朗姆酒。

殖民艺术博物馆　位于哈瓦那市。修建于18世纪,哈瓦那殖民时期的精品建筑。一层和二层的12个房间,保存着17—18世纪中产阶级的居室摆设——家具、水晶灯、陶瓷器具、玻璃器皿、格子门窗。第13个房间举办现代艺术展。博物馆外还有一个别致典雅的花园。

巴拉德罗海滩　位于哈瓦那市。海滨游览胜地。海滩长25千米,宽50~100米,毫无污染。清澈的海水一望无际,从近处的浅蓝逐渐变为蔚蓝、深蓝,层次分明。夕阳沉入大海,彩色射灯和霓虹灯亮起,风格迥异的建筑物被衬得金碧辉煌,流光溢彩。

柏麦拉溶洞　位于哈瓦那市。溶洞长约5千米,曲折幽深。洞内晶莹光洁的石钟乳像葛蔓低垂,百姿竞秀。洞中有水潭,水滴潭中,铿锵悦耳,是世界上罕见的

"地下宫殿"。

七、世界遗产

哈瓦那旧城及其工事体系 旧城的城堡及其工事体系包括城墙旧址与哈瓦那湾之间的一系列城堡,其中建于1587—1597年的莫罗城堡最为著名。这些工事是西班牙在美洲建立的用于征服新大陆的重要基地之一。环绕古城区的城堡群具有很高的建筑学价值,哈瓦那旧城的非凡原貌保存至今。

特立尼达和洛斯因赫尼奥斯山谷 特立尼达位于圣斯皮里图斯省。建于16世纪初期。18世纪和19世纪的建筑,包括伯尼特宫殿和坎特罗宫殿,都是在食糖贸易最繁荣的日子里建造的,虽历经沧桑巨变仍保持高度的原样性。郊外的洛斯因赫尼奥斯山谷,面积约12平方千米,曾经是一个制糖业中心,被称作"糖谷"。

圣地亚哥的圣·佩德罗·德拉罗卡堡 17世纪加勒比海地区商业和政治竞争,导致在海岬上建筑厚重的防御工事,以保护重要港口圣地亚哥。圣地亚哥的圣·佩德罗·德拉罗卡堡是根据意大利文艺复兴原理设计的复合建筑体,包括堡垒、军火库、工事,是讲西班牙语的美洲人的军事建筑中保存得最完整、最好的一个。

比尼亚莱斯山谷 位于比那尔德里奥省。包括36处自然保护区、2处生物圈保护区。农业生产尤其是烟草种植业仍然在使用保持了几个世纪的传统技术。优美的建筑大多建于19世纪晚期到20世纪早期,有红色的屋顶、带有圆柱的拱廊,窗子上饰有彩色斑点的玻璃。这里在手工艺和音乐方面保留了大量当地的传统。

古巴东南第一个咖啡种植园考古风景区 位于马埃斯特腊山山脚下。一座19世纪的咖啡种植园。它见证了贫瘠地区的农业开发,独特而雄辩地证明了原始森林农业开发的形式,即在不规则土地上进行农业种植的创新形式,清晰地展示了加勒比海地区和拉丁美洲地区经济、社会和技术发展的历史。

西恩富戈斯古城 这里曾是一个甘蔗、烟草和咖啡贸易中心,保留了和谐统一的小镇风貌。最引人瞩目的建筑物是市政大厅、圣洛伦索学校、费雷罗宫。西恩富戈斯是19世纪拉丁美洲建筑群中第一个杰出典型,体现了城市规划中现代化、卫生和秩序的新观念。

卡玛圭历史中心 始建于1528年,是以养牛和制糖业为主的内陆地区城市中心,也是一个相对孤立于主要贸易路线的传统城市居住区。这座城市是在一个不规则的城市格局基础上发展起来的,包含了大大小小的广场、蛇纹石街道、胡同和不规则的城市街区,这在平原地区的拉丁美洲殖民城市中极为罕见。

德桑巴尔科国家公园 位于格朗玛省。占地261平方千米。这里既有壮观的梯田,又有西大西洋海岸最原始、最壮观的悬崖,还有上升的海底、至今仍在发展的喀斯特地形地貌,展现了具有全球意义的地貌和地形特点以及正在进行的地质作用。

阿里杰罗德胡波尔德国家公园 位于加勒比海地区。这里几乎与世隔绝,有着复杂的地质和不同的地形,形成了与众不同的生态系统,创造了地球上最复杂的热带岛屿生物多样性系统。独特的进化过程使加勒比海地区形成了许多新的物种,这个国家公园就是西半球保护本土植物资源的一个重要保护区。

第二节　天涯之国——智利

智利,全称"智利共和国"(Republic of Chile)。"智利"印第安语意为"世界的边缘"。又称"铜矿之国"。

一、自然地理

智利位于南美洲西南部,安第斯山脉西麓。东与阿根廷为邻,北与秘鲁、玻利维亚接壤,西临太平洋,南与南极洲隔海相望。面积约75.7万平方千米。

智利国土南北长4352千米,东西最窄处97千米,是世界上地形最狭长的国家。境内多火山,地震频繁。智利、阿根廷边境的奥霍斯—德尔萨拉多峰海拔6885米,为智利最高点。

由于国土横跨38个纬度,智利各地区地理条件不一,气候复杂多样。全国大多数地区有4个季节:夏季(12月至次年2月)、秋季(3—5月)、冬季(6—8月)和春季(9—11月)。

二、国家象征

智利的国旗呈横长方形,旗面由蓝、白、红3色构成。红色象征独立和自由,白色象征安第斯山高峰的白雪,蓝色象征海洋。

智利的国徽,中心为盾徽,盾面图案来自国旗。盾徽左侧是安第斯鹿,右侧是美洲大兀鹰,上方是与国旗颜色相同的美洲鸵鸟羽毛。底部的"戈比爱"野百合花是独立自由的象征。绶带上用西班牙文写着"依靠公理和武力进行斗争"。

智利的国歌是《亲爱的祖国》。

智利的首都是圣地亚哥。

三、社会生活

智利人口约1660万人,其中城市人口占八成半,印欧混血人占3/4。官方语言为西班牙语。居民中八成半信奉天主教。

智利以总统为国家元首,政府首脑为内政部长。智利主要政党:基督教民主党、社会党、争取民主党、社会民主激进党、独立民主联盟、民族革新党。

智利属于中等发展水平国家,矿业、林业、渔业和农业是国民经济四大支柱。铜储藏量约占世界的1/3,铜的产量和出口量均为世界第一位。智利盛产温带林木,木质优良,智利是拉美第一大林产品出口国。渔业资源丰富,是世界第五大渔业国。

四、民俗风情

智利人注重礼节,热情好客。第一次见面大多握手致意,最常用的问候语是"您好""见到您非常高兴""感谢上帝让我们相识"。熟悉的朋友见面则热情拥抱和亲吻。

智利人的时间观念比较强,应邀做客准时赴约,迟到或早到都是不礼貌的。可主动送一束鲜花或包装精美的糖果给女主人,先向女主人表示问候,随后问候男主人和其他成员。

智利人的主食,有用新鲜玉米面制成的名叫"乔克洛"的嫩玉米糕,用大米、玉米粉、肉汤和蔬菜制成的"肉汤菜饭",用奶酪、海鲜或肉末、葱头、葡萄干、油橄榄、鸡蛋等制作的馅饼。智利人爱饮酒,低度白酒、红葡萄酒、白葡萄酒等是待客的常备酒水。

五、旅游城市

圣地亚哥(Santiago) 智利的首都和最大的城市,位于国境中部。夏季干燥温和,冬季凉爽多雨雾,碧波粼粼的马波乔河从城边缓缓流过,终年积雪的安第斯山仿佛一顶闪闪发光的银冠,天然山水增添了迷人的风韵。因屡遭地震、洪水等自然灾害的破坏,圣地亚哥的历史性建筑荡然无存。

瓦尔帕莱索(Valparaiso) 智利国会所在地,横贯安第斯山国际铁路的西部终端站,南美洲太平洋东岸重要海港。城市名称源自第一批来此的欧洲探险者补给船船长的西班牙家乡的名字。位于瓦尔帕莱索湾南岸,道路和鹅卵石小巷如同迷宫一样,被誉为"太平洋珍珠"。瓦尔帕莱索历史区已被列入世界文化遗产名录。

康塞普西翁(Concepcion) 比奥比奥大区的首府,全国工农业中心之一。位于智利中南部,比奥比奥河傍城而过。屡遭地震、海啸破坏,屡迁城址。周围农产丰富,水力资源充足,是葡萄酒和谷物的贸易中心。

六、经典景点

拉莫内达宫 位于圣地亚哥市。白色的殖民地风格建筑,现为总统府。在智利19世纪初摆脱西班牙殖民统治之前,这里曾是一家造币工厂。"拉莫内达宫"西班牙语意为"货币"。

武器广场 位于圣地亚哥市。即阿玛斯广场。广场教堂内有一幅《最后的晚餐》画像和一盏重达22.7千克的17世纪银灯。广场上有骑马铜雕、印第安头像雕塑。四周汇聚着圣地亚哥城最重要的宗教、政治和文化机构。广场西侧是智利规模最大、气势磅礴的大教堂,北侧有国家邮政局、历史博物馆和圣地亚哥市政厅。

圣卢西亚山 位于圣地亚哥市。山高约 230 米,一条弯弯曲曲的山路盘旋而上,直通山顶。入口处有深红色宫殿式大门,附近矗立着一座反殖民统治英雄的塑像。山上有古希腊雅典式的白石门廊,门廊两侧是古朴、苍劲的巨型壁画。满山都是茎干肥硕、形态各异的仙人掌,色彩艳丽的花草点缀其间。

奥希金斯大街 位于圣地亚哥市。大街如一条纽带串联起密如蛛网的大街小巷,绿树繁花里有一座座栩栩如生、神韵飞扬的青铜雕像。香味四溢的海鲜餐厅,五光十色的夜总会,街巷宁静而活泼。

大都会公园 位于圣地亚哥市的圣克里斯托瓦尔山上。山顶耸立着大理石圣母塑像,高 14 米,重 37 吨,是圣地亚哥的主要标志。山坡花草林木之中建有天文台和动物园。登山可俯瞰全城景色。

中央邮局 位于圣地亚哥市。初为西班牙征服者佩德罗·德·瓦尔蒂维亚的私人住所,殖民时期为历任总督官邸,自 1810 年智利独立至 1846 年为总统官邸。此后不久,建筑失火,但有几堵墙劫后余生,仍巍然屹立。1882 年被改建成新古典主义风格的大楼。

托雷德佩恩国家森林公园 位于智利南部。汇集了冰川、湖泊、森林、瀑布、河流,还有火红的火烈鸟和南极的企鹅。在美国《国家地理》杂志评选的世界上 51 个"一生中必须去的"旅游胜地中名列第 28 位,被推崇为 10 个"人间天堂"之一,评语为"美丽、平静、天堂般愉悦"。

维尼亚德尔马 南美洲太平洋沿岸的著名旅游城市。从耸立海边的望海楼举目远眺,可饱览汹涌澎湃的太平洋景色。依山而建的露天剧场可容纳万名观众,每年举行国际歌咏比赛。古老的卡拉斯科庄园,被市政府辟为"文化之家",法国著名雕塑家罗丹的作品——英雄纪念碑与其翘首相望。

七、世界遗产

拉帕努伊国家公园 位于复活节岛。面积约 117 平方千米。岛上耸立多座火山丘,地面崎岖不平,是世界上最与世隔绝的岛屿之一。波利尼西亚人约于公元 300 年在岛上建立了一个社会,从 10 世纪到 16 世纪建筑了神殿。岛上已发现近 1000 尊巨大的石像,这些石像和文字符号至今是不解之谜。

奇洛埃的教堂群 位于智利南部。包括圣墓教堂、骷髅教堂和寻获圣架教堂 3 座木制建筑,这些教堂和周围景致、自然环境组合在一起,成为完美和谐的统一。17—18 世纪,欧洲基督宗教文化和奇洛埃群岛土著文化相互交融形成一种"混血"文化,这些木制教堂是这种"混血"文化的最高表现形式。

瓦尔帕莱索港口城市历史区 青山环绕,绿水幽深,大海湛蓝,依山建楼,傍海造屋,有"海上葡萄园"和"天堂之路"的美称。这里既处在一个地球板块漂移所形成的地理断层上,又完整地保留着世界海运变迁所留下的历史断层,是 19 世纪晚期拉丁美洲城市发展和建筑发展的典范。

亨伯斯通和圣劳拉硝石采石场遗址 位于潘帕斯沙漠地区。从1880年开始，数千名智利、秘鲁和玻利维亚矿工在这里开采硝石矿，为美洲和欧洲的农业发展提供必不可少的化肥硝酸钠。在长期的共同劳作和生活中，这些矿工创造了独特的社区文化，形成了与不公正现象作斗争的团结精神，为智利历史书写了重要的一页。

塞维尔铜矿城 20世纪初全球最大的地下铜矿产区。沿着街道搭建的房屋以原木为主要建材，通常漆成鲜艳的绿色、黄色、红色和蓝色。当地劳工与工业国家的资源融合，在采矿与加工出高价值的自然资源的过程中产生了这个小镇，小镇同时也是许多世界各偏远角落的公司城的杰出范例。

第三节 蓝山碧水——牙买加

牙买加（Jamaica），国名阿拉瓦克族语意为"泉水之岛"，因岛上水草丰茂、地下水源丰富而得名。

一、自然地理

牙买加位于加勒比海西北部，东隔牙买加海峡与海地相望。面积约1.1万平方千米。

牙买加沿海地区为冲积平原，东部为山地，中部和西部为丘陵和石灰岩高原。岩溶地貌发达，缺少地表径流，多洞穴。

牙买加属于热带雨林气候，全年分为两个旱季和两个雨季，四季昼夜温差不大，年平均气温26℃。夏秋季常受飓风侵袭。

二、国家象征

牙买加的国旗呈横长方形，旗面上有4个三角形，两绿两黑。黑色象征已经克服和即将面临的困难，绿色象征希望和国家丰富的农业资源。

牙买加的国徽为盾徽。白色盾面上有红色十字，缀有5只菠萝。盾徽上端是1顶饰有黄白花冠图案的头盔，头盔上顶着1段木头和1条鳄鱼。盾徽两侧为1男1女两个印第安人。下端的绶带上用英文写着"出类拔萃，一个民族"。

牙买加的国歌是《牙买加，我们热爱的家园》。

牙买加的首都是金斯敦。

三、社会生活

牙买加人口约283万人，其中黑人和黑白混血人占九成。官方语言为英语。居民多数信奉基督教，少数人信奉印度教和犹太教。

牙买加以英国女王为国家元首。内阁是国家行政机构,总理为政府首脑。由参众两院组成的议会为国家立法机构。牙买加主要政党:人民民族党、工党、新牙买加联盟。

旅游业、农业、矿业以及新兴的信息业为牙买加的四大经济支柱。铝矾土储量居世界第四位。牙买加具有悠久的农业传统,但粮食需大量进口;旅游业发展迅速,从业人数约占全国就业人口的1/4。

四、民俗风情

牙买加最常用的称呼是先生、女士、太太、夫人等,习惯在称呼前面加官衔或职称。

牙买加人常穿衬衫、短裤。妇女平时穿裙子,在庄重场合穿西装。

牙买加人喜欢跳迪斯科,喜欢听莱加乐曲,喜欢群体对舞。板球、足球、田径和赛马是当地居民擅长的运动项目。

在牙买加赴宴,应当携带礼物。与牙买加人交往,不要询问妇女的年龄。牙买加人忌讳数字13,认为每月的13日是个不吉利的日子。

五、旅游城市

金斯敦(Kingston) 牙买加的首都和政治、经济、文化、商业及交通中心,旅游疗养胜地。"金斯敦"意为"国王之域"。城市三面是苍绿的丘陵和山峰,一面是远海碧波,街道旁棕榈树和马合树成行,有"加勒比城市的皇后"之誉。

蒙特哥贝(Montego Bay) 牙买加人称为"梦湾",位于蒙特哥湾畔。市区沿海滨延伸,依山傍水,美丽的白沙滩一望无际,日照充足,气候宜人,是加勒比海休闲度假胜地。

六、经典景点

奥乔里奥斯 曾经是一座渔港,因大量出口香蕉而著名。港湾被椰子林和甘蔗林、水果种植园所环绕,热带风光媚丽,不仅有迷人的自然景观,还有颇具特色的建筑。海水温和,海滨浴场全年开放。有大量的瀑布景观,杜恩河瀑布落差180米,直泻入海,蔚为壮观。

黑河 这里的生态环境非常丰富。鱼类、鸟类以及其他生物物种栖息在较低的沼泽、湿地和红树林沼泽地。美国鳄鱼居住在沼泽中,但数量日益下降。这里有各种各样的鸟类,其中最常见的是白鹭、苍鹭和鱼鹰。

蒙特哥贝—法尔茅斯 加勒比海地区乔治亚式建筑保留最好的城市之一。站在高处可以眺望法尔茅斯港湾,一望无垠的大海与蔚蓝的天空交相辉映,风景美丽。这里也是世界上顶尖的帆船基地,皇家加勒比邮轮的集散地。

尼格瑞尔 不仅有迷人的白沙沙滩,还有宁静而美丽的珊瑚礁,海边有大量的海葡萄、椰子树。当地的建筑法规定,建筑物禁止超越树冠,所以房屋都是清一色的低腰设计,形成了尼格瑞尔独特的异国风情。

七、世界遗产

蓝山 位于金斯顿。海拔 2256 米,常年为雾气包围,带有神秘气氛。据说从前抵达金斯顿的英国士兵,看看遥远的山峰,大呼:"看啊!蓝色的山!"因而取名为蓝山。该地区出产的蓝山咖啡世界知名。蓝山地区具有反殖民主义文化和生物的多样性。

第四节　足球之王——巴西

巴西,全称"巴西联邦共和国"(Federative Republic of Brazil)。"巴西"是一种可提炼红色染料的树。

一、自然地理

巴西位于南美洲东南部,北邻苏里南、圭亚那、委内瑞拉和哥伦比亚,西界秘鲁、玻利维亚,南接巴拉圭、阿根廷和乌拉圭,东濒大西洋。面积约 851.2 万平方千米,是拉丁美洲面积最大的国家。

巴西全境分为亚马孙平原、巴拉圭盆地、巴西高原和圭亚那高原,其中亚马孙平原约占全国面积的 1/3,是世界上最大的平原之一。亚马孙河全长 6751 千米,横贯巴西西北部,是世界第二长河,世界流量第一的河流。

巴西南端属于亚热带气候,北部亚马孙平原属于赤道气候,中部高原属于热带草原气候。

二、国家象征

巴西的国旗呈横长方形,旗底为绿色,中间是 1 个黄色菱形,菱形中间是 1 个蓝色地球仪,其上有 1 条拱形白带。绿色象征广阔的丛林,黄色代表丰富的矿藏和资源。地球仪上的拱形白带将球面分为上下两部分,下半部象征南半球星空,其上大小不同的白色五角星代表巴西的 26 个州和 1 个联邦区。白带上用葡萄牙文写着"秩序和进步"。

巴西的国徽,中间为 1 颗大五角星,象征国家的独立和团结。大五角星内的蓝色圆环上有 5 个小五角星,代表南十字星座;圆环中有 22 个小五角星,代表巴西各州和联邦区;大五角星周围环绕着用咖啡叶和烟草叶编织的花环,背后竖立 1 把剑。绶带上有葡萄牙文"巴西联邦共和国""1889 年 11 月 15 日"(共和国成立日)字样。

巴西的国歌是《听伊皮兰加的呼声》。

巴西的首都是巴西利亚。

三、社会生活

巴西人口约 1.99 亿人，其中白种人占一半以上，黑白混血种人约占四成。官方语言为葡萄牙语。主要宗教为天主教，信徒约占总人口的七成。

巴西以总统为国家元首和政府首脑兼武装部队总司令，国民议会行使立法权，内阁为政府行政机构。巴西主要政党：劳工党、工党、民主运动党、社会主义人民党、进步党、社会民主党。

巴西是拉美第一经济大国，工业体系较完整，铁矿储量、产量和出口量均居世界第一位，铀矿、铝矾土和锰矿储量均居世界第三位。巴西的钢铁、汽车、造船、石油、化工、电力、制鞋等行业在世界享有盛誉，核电、通信、电子、飞机制造、信息、军工等领域的技术水平已跨入世界先进国家行列，还是拉美第一位、世界第九位汽车生产大国。巴西的大豆、牛肉、鸡肉产量居世界第二位，被誉为"21世纪的世界粮仓"。咖啡以质优味浓而驰名全球，是世界第一大咖啡生产国和出口国，有"咖啡王国"之称。甘蔗和柑橘的产量居世界之首。旅游业久负盛名，为世界十大旅游创汇国之一。

四、民俗风情

巴西为移民国家，融入了各种文化和风俗，居民热情活泼，性格开放。

巴西人在社交场合最常用的礼节是微笑和握手礼、赠送名片。一般人相见往往施拳礼：握紧拳头，向上伸出拇指，表示问安和致敬。亲朋好友、熟人或情人之间习惯施拥抱礼或亲吻礼。妇女之间常用吻礼，脸贴脸，嘴里发出接吻声，但嘴并不接触脸。

巴西人穿着考究，在重要的政务、商务活动中一定穿西装或套裙，在一般公共场合男人至少要穿短衬衫、长西裤，女士穿高领带袖的长裙。如果是第一次见面，男士一般穿黑色西服，如果对方是公司领导则穿三件套的西服，女士穿正式的套装，并注意修剪指甲。

巴西人参加宴会最好比约定时间晚 10~15 分钟，初次见面送些小礼物，但女士避免送礼给男伙伴，否则容易引起误解。在巴西人家里接受招待，礼貌的做法是在翌日给女主人送一束鲜花并附上一封感谢信，不要特别赞赏主人的任何一件东西，否则他们将坚持要送给你。巴西人爱夸耀自己的孩子，对孩子表示关注会使他们高兴，给孩子送礼物最受赏识和欢迎。

巴西人的饮食主要是欧式西餐，食物中肉类所占比重较大。巴西人爱吃红辣椒，少不了巴西烤肉。巴西人忌吃奇形怪状的水产品和用两栖动物肉制作的菜品，不爱吃用牛油制作的点心。巴西人酷爱咖啡，人均年消费量曾达 5.8 千克。

巴西人忌讳"OK"手势,忌讳未经许可私入宅门,忌讳送手帕,忌讳紫色、棕黄色、绛紫红花,忌讳数字13,忌讳议论与阿根廷有关的政治问题。

五、旅游城市

巴西利亚(Brasília) 巴西的首都。始建于1956年,仅用41个月的时间就在海拔1200多米、一片荒凉的中部高原上建成一座现代化的新城市。新都落成时只有十几万居民,而今已变成一座近240万人口的大都市。城市建筑融合了世界古今建筑艺术的精华,有"世界建筑博览会"之称。巴西利亚已被列入世界文化遗产名录。

圣保罗(Sao Paulo) 位于巴西东南部。圣保罗州的首府,南半球最大的城市,巴西金融、商业和制造业中心,一些国际著名银行驻巴西总部和国内各大银行的总部均设于此。圣保罗证券交易所位居拉美第一位,期货交易市场位居世界第三位。

里约热内卢(Rio de Janeiro) 位于巴西东南部。这里的狂欢节规模之大内容之丰富世所罕见,因此被誉为"狂欢节之都"。这里山川雄伟,沙漠白色,雨林翠绿,海水深蓝,桑巴狂放,文化多彩,曾被美国《国家地理》杂志评为世界上51个"一生中必须去的"旅游胜地之一。

萨尔瓦多(Salvador) 城市建于海滨山坡悬崖之上,面临浩瀚的大西洋,曾一度为非洲黑奴贸易中心,如今大多数居民是非洲后裔,有"黑罗马"之称。浓厚的巴伊亚文化,迷人的沙滩椰林,是巴西人向往的度假胜地。萨尔瓦多历史中心已被列入世界文化遗产名录。

六、经典景点

基督山 位于里约热内卢市。山高约710米,山顶处矗立着一座巨型耶稣像,是为纪念巴西独立100周年而建。耶稣雕像张开双臂,鸟瞰城市。山下小教堂墙上有耶稣的壁画。

科帕卡瓦纳海滩 位于里约热内卢市。海岸线长达4.5千米,海水蔚蓝,沙滩洁净。海浪翻腾,蓝色的浪谷和白色的浪峰此消彼长,一次次涌来,在阳光下如同一幅幅鲜艳无比的油画。在海滩上可以远眺里约热内卢的标志——基督山。

糖面包山 位于里约热内卢市。因形似法式面包而得名。山高约400米,由两个山头组成,一个像横着的面包,一个像竖立起来的面包。从面包山顶可以俯瞰城市和整个瓜纳巴拉湾,还能远眺基督山、科帕卡瓦纳海滩和罗德里格环礁。

天梯教堂 位于里约热内卢市。教堂高75米,底径106米,整个框架由规则的方框构成,好像天梯,因此得名"天梯教堂"。教堂正门前有教皇保罗二世的铜质塑像,左侧有与教堂高度相当的钟楼。教堂奇特的造型,在现代化的楼群之中显得鹤立鸡群。教堂周围花木葱茏,环境幽雅。

马拉卡纳球场 位于里约热内卢市。多功能运动场,可容纳20万名观众,被公认为世界上规模最大的足球场之一,曾作为1950年世界杯、2007年泛美运动会、2013年联合会杯、2014年世界杯比赛场馆,也是2016年奥运会开幕式以及足球比赛场馆,是有史以来第二个举办两届世界杯决赛的球场。

圣保罗主教堂 位于圣保罗市。始建于1913年。教堂的每扇窗上都有关于圣经故事的绘画,地下墓室安放着包括原印第安酋长在内的名人的灵柩。教堂里有一架巨大的意大利管风琴以及包含65个小钟的大套钟。教堂广场是盛大宗教游行的出发点,中央的"零起点"是测量圣保罗与其他城市距离的起点。

独立公园 位于圣保罗市。公园内有博物馆、花园、独立广场和独立纪念碑。独立广场和纪念碑是1922年为纪念巴西独立100周年而建。纪念碑的圣火终年不熄,与迎风飘扬的巴西国旗遥相呼应。纪念碑地下室存放着为巴西独立作出贡献的佩德罗的灵柩。

伊瓜苏大瀑布 "伊瓜苏"意为"巨大的水流",位于伊苏瓜国家公园内,丛林里生长着2000种植物和400种鸟类。大瀑布由275个瀑布组成,最高落差达70米,震耳欲聋,极为壮观,被称为"魔鬼之喉"。

伊瓜苏热带鸟园 内有多座高达8米的巨型鸟笼,饲养包括大嘴鸟、鹦鹉、黄莺及其他巴西品种鸟类共180多种近千只,其中半数以上的品种濒临绝种的威胁。

七、世界遗产

欧鲁普雷图古镇 位于巴西东南部。1696年这里发现大金矿,纷至沓来的淘金者营造了富丽堂皇的住宅和教堂。19世纪金矿资源枯竭,但许多教堂、桥梁和喷泉仍然保留着。古镇街巷狭窄幽深,路面用卵石铺砌,房屋大部分是白色的平房或二层楼,许多建筑、绘画、雕刻都保持着殖民地时期的风格。

奥林达历史中心 始建于16世纪,现存的城市基本结构可以追溯到18世纪。幸存有几座南美杰出的殖民时期建筑,如格拉卡教堂、胡安·巴蒂斯塔教堂、多卡尔莫教堂、内维斯教堂、圣本托教堂等。城市建筑、花园、巴洛克教堂、修道院和为数众多的"帕索斯"(小教堂),布局和比例和谐,赋予奥林达以独特的氛围。

瓜拉尼耶稣会传教区 包括巴西的圣米格尔·德拉斯米奥内斯以及阿根廷的圣安娜村、圣伊格纳西奥·米尼村、圣母马利亚埃尔马约尔村、罗雷托圣母村等5个村落,残留着学校、住宅、作坊等古建筑遗址。这个传教区是17—18世纪耶稣教团在南美传播的见证,在天主教传播史和南美天主教史上具有重要的意义。

巴伊亚的萨尔瓦多历史中心 萨尔瓦多始建于1549年,此后至1763年是巴西的首都。随着奴隶们于1558年抵达萨尔瓦多,成为新世界第一个奴隶市场。城市保留了很多著名的文艺复兴时期的典型建筑。老城的特色是明亮的高质量的灰墁装饰着多彩的房屋。萨尔瓦多见证了欧洲、非洲和美洲文化的融合。

旅游目的地概述

孔戈尼亚斯的仁慈耶稣圣殿 位于巴西东南部，1772年竣工。圣殿通体洁白，大门富丽堂皇，造型精美的两座圆顶方体塔楼排列在两边。内部藏有典型的巴洛克艺术风格的雕刻作品。教堂的旁边是12个皂石作的先知画像和64个自然大小的雕像。这一切使得这座圣殿成为极具基督教艺术特色的宏伟建筑之一。

巴西利亚 20世纪以后从荒原上诞生的年轻都市。没有一般城市所具有的红瓦屋顶，没有标志不同时代的令人眼花缭乱的各类建筑，没有用各种色彩构成的浮华印象，而是一座冷色调的现代化都市，设计严谨，线条简洁流畅，被认为是20世纪中叶城市规划的里程碑。

卡皮瓦拉山国家公园 位于皮奥伊州。曾是南美大陆最古老的居民栖息之所，洞窟里有一批绘制于公元前1.2万—前4000年期间的壁画，多以几何图形表示人体和各种动植物，内容主要有舞蹈、爱的场面、狩猎和在树木周围举行仪式等。这些抽象而极富含义的壁画是南美洲最为古老的人类社会为数不多的证据之一。

圣路易斯历史中心 位于赤道南部大西洋沿岸。17世纪由法国人建造，先后由葡萄牙、荷兰人统治。这里完整地保留了当年长方形街区，17世纪起的历史建筑物几乎全都保存完善，包括数量惊人的二层楼宇、王宫，教堂仍维持原始建筑，城市成为一座名副其实的露天殖民时期博物馆。

迪亚曼蒂纳城历史中心 位于米纳斯吉拉斯州。这是一个殖民地村落，它像项链上的宝石镶嵌在荒凉的岩石山脉。迪亚曼蒂纳城历史中心是18世纪钻石开采冒险的图说，是人类文化和艺术战胜生存环境的证明。

戈亚斯城历史中心 18世纪初期这里是一个淘金点。城市布局和建筑是南美中部独特的气候、地理和文化环境中的欧洲城镇典范，反映了南美殖民地城市结构与建筑特点的发展过程，并且充分利用了当地的建筑材料和建筑技术，保留了其独特的文化底蕴。

圣克里斯托旺镇的圣弗朗西斯科广场 广场周围主要的早期建筑有圣弗朗西斯科教堂和修道院、仁慈堂大楼、地方政府大厦以及大量不同历史时期的相关房屋建筑。广场建筑群与周围18—19世纪的房屋，形成一个折射出该镇起源及历史的城市景观，是巴西东北部教派典型建筑的一个范例。

山海之间的卡里奥克景观 位于里约热内卢。包括建立于1808年的植物园，科尔科瓦多山及其山上的基督雕像，瓜纳巴拉湾附近的山丘，沿着科帕卡巴纳湾设计的景观。这里拥有塑造和激发城市发展的自然要素，为壮阔的城市户外生活文化做出了贡献，里约热内卢也被看作是音乐家、园林设计师和城市设计师艺术灵感的来源地。

伊瓜苏国家公园 跨越阿根廷和巴西国界，世界上最壮观的瀑布——伊瓜苏瀑布就位于这个地区的中心。巴西和阿根廷两国分别在伊瓜苏河两岸建立了国家公园。巴西境内的伊瓜苏国家公园面积达1700平方千米，是巴西最大的森林保护区。典型的亚热带的湿润气候形成了伊瓜苏公园内特有的生态系统。

大西洋沿岸热带雨林保护区 位于巴伊亚州和圣埃斯皮图里州。由8个保护区组成,包括1120平方千米的热带雨林和与之有关系的灌木,是世界上物种最丰富的地区。保护区内有3种地貌,每种地貌对应不同的地质年代。年代最老的岩石是前寒武纪变质岩和岩浆片麻岩,它们形成了保护区内地势最高的山岭。

大西洋东南热带雨林保护区 位于巴拉那州和圣保罗州。其中包括巴西最大的热带雨林类型。总面积4700平方千米的25块保护区,组成和展示了生物财富和热带雨林持续的进化历史。喀斯特地貌是保护区最典型的地理特征。深邃的河谷加上雄伟的山峰点缀其间,形成了一幅壮丽的雨林风光。

亚马孙河中心保护区 位于马瑙斯市。占地超过6万平方千米,是亚马孙盆地中最大的保护区,也是地球上生物多样性最完整的地区之一。保护区内不仅有平坦耕地生态系统、洪泛森林生态系统,还有无数湖泊和河流,为许多珍稀濒危动物提供了保护。

潘塔纳尔保护区 位于马托格罗索州及南马托格罗索州。湿地面积达24.2万平方千米,是世界上最大的湿地之一。雨季时洪水泛滥,超过八成的面积会被水淹没,是全球最丰富的水生植物集中地,有已知的植物3500多种、雀鸟650多种、鱼类400多种,也是蓝紫金刚鹦鹉的家园,是全球动植物最密集的生态系统。

费尔南多—迪诺罗尼亚岛和罗卡斯岛护区 位于奥格兰德州。南大西洋露出海面的海底山脉,形成了费尔南多—迪诺罗尼亚群岛和巴西沿海的罗卡环形礁。这个区域包括了南大西洋大部分岛屿,对于鲔鱼、鲨鱼、海龟和海洋哺乳动物的生长和繁衍具有重要意义。巴西大西洋群岛也是西大西洋上热带海鸟最集中的地方。

塞拉多保护区 位于戈亚斯州。由韦阿代鲁斯高原国家公园和埃马斯国家公园组成。韦阿代鲁斯高原有1200米宽的瀑布和清澈的溪流,丘陵深入岩石组成的峡谷深处。埃马斯国家公园随处可见各种巨大的动物,包括许多草原特有的和地方特有的物种。塞拉多保护区是世界上最古老和最富多样性的热带生态系统之一。

潘普利亚现代建筑 城市花园项目。由著名建筑师奥斯卡·尼迈耶与一些创意艺术家联合设计,建于1940年。这个独特的文化中心围绕着一个人工湖而建,包括赌场、舞厅、高尔夫游艇俱乐部、圣方济各教堂,建筑、景观设计、雕塑和绘画融为一体,成为一个和谐的整体。这些现代建筑反映了当地的传统以及巴西气候和自然环境对现代建筑建设原则的影响。

瓦隆古码头考古遗址 瓦隆古码头考古遗址位于里约热内卢的市中心,厚重的混凝土下面埋藏着的破旧铺路石曾是来自非洲的数百万奴隶踏上巴西的首站。1811年瓦隆古码头建成,从刚果、安哥拉及中西非等地运来的奴隶可以直接登陆里约。这里是巴西最大的奴隶入境处遗迹,是"人类历史上最残忍事件的见证者"。

第五节 战神之地——墨西哥

墨西哥,全称"墨西哥合众国"(United States of Mexico)。国名源于阿兹特克人的一支"墨西卡",意为"战神指定的地方"。

一、自然地理

墨西哥位于北美洲,北部与美国接壤,东南与危地马拉相邻,西部是太平洋,东部有墨西哥湾与加勒比海阻隔。面积约197.3万平方千米。

墨西哥国土面积5/6左右为高原和山地。墨西哥高原居中,两侧为东西马德雷山,以南是新火山山脉和南马德雷山脉,东南为地势平坦的尤卡坦半岛,沿海多狭长平原。最高峰奥里萨巴火山海拔约5700米。主要河流有布拉沃河、巴尔萨斯河和亚基墨西哥河。最大的湖泊查帕拉湖面积为1109平方千米。

墨西哥沿海和东南部平原属于热带气候,年平均气温25℃~28℃;墨西哥高原终年气候温和;西北内陆为大陆性气候。年降水量西北部不足250毫米,内地750~1000毫米。

二、国家象征

墨西哥的国旗呈横长方形,从左至右为绿、白、红3个平行相等的竖长方形,白色部分有墨西哥国徽。绿色象征独立和希望,白色象征和平与宗教信仰,红色象征国家的统一。

墨西哥的国徽,由1只展翅的雄鹰及橡树和月桂树枝叶组成。雄鹰口中叼着1条蛇,一只爪抓着蛇身,另一只爪踩在仙人掌上。橡树和月桂树枝叶象征力量、忠诚与和平。这组图案描绘了墨西哥人的祖先阿兹特克人建国的历史。相传太阳神为拯救四处流浪的阿兹特克人,托梦给他们,只要见到鹰叼着蛇站在仙人掌上,就在那个地方定居下来。阿兹特克人找到了太阳神所描绘的地方,建立了墨西哥城。

墨西哥的国歌是《墨西哥合众国国歌》。

墨西哥的首都是墨西哥城。

三、社会生活

墨西哥人口约1.11亿人,其中印欧混血人占九成。官方语言为西班牙语。居民主要信奉天主教。

墨西哥为联邦共和制国家,立法、行政和司法三权分立。总统是国家元首和政府首脑,由参众两院组成的联邦议会是国家立法机构,内阁是政府行政机构。墨西哥主要政党:国家行动党、革命制度党、民主革命党。

墨西哥是拉美经济大国。石油储量居世界第九位,是拉美第一大石油生产国和出口国。蜂蜜产量居世界第四位。剑麻被称为"绿色金子",其产量居世界前列。旅游业已成为墨西哥主要创汇来源之一。

四、民俗风情

墨西哥人潇洒大方,生活浪漫。在社交场合施握手礼,熟人、亲戚朋友或情人相见都以亲吻和拥抱为礼节。他们无论对谁总是以笑脸相待。

墨西哥男子习惯戴一种宽沿的大草帽,穿长条式的方格衬衫,有的还穿紧身裤;妇女爱穿西服上衣和长裙。几乎人人都披彩色披肩。墨西哥人人喜欢仙人掌,偏爱雄鹰。他们非常喜欢骷髅糖,用骷髅糖做祭品,还常馈赠情侣或朋友。

墨西哥人以玉米为主食,爱吃玉米面饼。偏爱辣味,吃水果时也撒上点辣椒面。款待宾客时,往往要上一道独具特色的仙人掌佳肴。他们不喜欢油腻的菜品和用牛油烹调的菜肴,也不吃用鸡油做的点心。

墨西哥人忌讳相互不熟悉的男子之间亲吻或吻手。赴约时不习惯准时到达,迟到15分钟至半小时左右是一种礼节风度。千万不能用中国人惯用的手势来比划小孩的身高,这种手势只可用来表示动物的高度。墨西哥人讨厌蝙蝠及其图案和艺术造型,忌讳送黄色或红色的花,忌讳紫色,喜爱白色鲜花。他们忌讳数字13。

五、旅游城市

墨西哥城(Mexico City) 墨西哥的首都和最大的城市,集中了全国约1/5的人口,是世界上最大的城市之一。街道名称很特别,如灵魂街、好运街、希望街、墨鱼街、洋葱街、鸡肉街、细菌学街、心脏病学街等,遍布建筑楼宇、历史古迹、博物馆、纪念碑、商场、政府大楼,以不夜城著称。

瓜达拉哈拉(Guadalajara) 位于哈利斯科州圣地亚哥大河畔。1531年由西班牙人建立,曾几度重建。城内保存有众多的各式建筑,具有法国或西班牙风格的殖民建筑随处可见。干净整洁,宁静舒适,文化底蕴深厚。

普埃布拉(Puebla) 位于普埃布拉州马林切火山西南,阿托亚克河和圣弗朗西斯科河汇流处,是一座典型的西班牙风格的城市。普埃布拉四周山脉环绕,城区多殖民时期建筑,有教堂约60座。1973年,普埃布拉曾遭强烈地震破坏。

六、经典景点

太阳金字塔 位于墨西哥城。古印第安人祭祀太阳神之地。塔高66米,共5层,248阶台阶,估计堆砌成塔所用的石头超过300万吨。有一条100多米长的隧道从金字塔的西侧通向中心正下方的一个洞穴,这个巨大的洞穴由4间内室组成,存有宗教物品。金字塔内有用石雕水管组成的排水系统,其精巧复杂程度令人赞叹。

旅游目的地概述

国家人类学博物馆 位于墨西哥城。拉美地区最大的博物馆之一。博物馆建筑是墨西哥现代建筑的典范,中央大厅巨大的伞状石柱喷泉堪称点睛之笔。收藏和展出的主要是印第安人文明遗存,如彩绘人像锅、彩绘陶锅、美洲虎翁、玉米神像香炉、笑面人像、人面纹香炉、雨神像瓮等。

查普尔特佩克城堡 位于墨西哥城。国家历史博物馆,展出从西班牙殖民地建立到墨西哥革命爆发之间的历史文物,包括各个时期有象征意义的物品和技艺精湛的壁画,全景式描绘墨西哥独立战争的壁画作品《独立画板》令人惊叹。

独立纪念碑 位于墨西哥城。为纪念墨西哥独立100周年而立,由墨西哥建筑师和法国雕刻家合作完成。纪念碑高约36米,白色大理石基座,顶端站立着沐浴在金色光辉中的独立天使,正中是墨西哥独立之父伊达尔戈雕塑,后面是手持桂冠为他加冕的女神,非常壮观。

改革大道 位于墨西哥城。前称"皇帝大道",后为纪念华雷斯领导的改革运动更名为"改革大道",是一条往返8条主车道、4条辅车道的现代化道路。最引人入胜的是沿途的历史性建筑,如独立纪念碑、国家音乐厅、迪安娜猎神、国家人类学博物馆、为抗击殖民入侵英勇献身的夸乌特莫克塑像、新大陆发现者哥伦布铜像。

诸神之都遗址 位于墨西哥城。占地20多平方千米。古印第安玛雅人中的一支托尔特克人的宗教圣地,他们曾兴建大量宏伟的建筑,包括宗教祭坛、太阳金字塔和月亮金字塔,羽蛇神庙,纵贯南北的"逝者大街"。

托卢卡植物园 世界上最大的彩色玻璃镶嵌钢架结构式建筑,共用75吨钢架、45吨吹制玻璃、25吨铅骨、50万块彩色玻璃,镶嵌总面积达5000平方米,60名工匠花费3年完工。镶嵌玻璃画以"宇宙与人"为主题,被称作"玻璃中的宇宙"。

单身女人角 位于莫雷利亚市。圣米盖尔画廊。画廊里摆放着400尊头朝下的"月下老人"的雕像。当地传统女孩超过17岁找不到对象,父母就将女儿作为新年贺礼送人,着急的女孩把"月下老人"雕像倒着放,直到让她们找到如意郎君。成千上万单身女子前来祈祷"月下老人"帮助找到另一半,因而被称为"女人角"。

七、世界遗产

墨西哥城和霍奇米尔科历史中心 这里最早是土著阿兹特克人的首都特诺奇特兰,16世纪西班牙人在此建立了墨西哥城。现存古旧建筑有5座阿兹特克寺庙、1座天主教堂和一些19—20世纪的建筑。城南的赫霍奇米尔科的建筑遗迹是阿兹特克人独特建筑的证明。

瓦哈卡历史中心和阿尔班山考古遗址 瓦哈卡城1521年落入西班牙殖民者手中后,殖民者将城市布局设计成棋盘状。阿尔班山一块42平方千米的平地周围有金字塔形神殿、球类游戏场、天文台等古建筑,精心建造的墓室里绘有精美的壁画和浮雕,并有大量的陪葬品。

普埃布拉历史中心　普埃布拉始建于1531年,现保存了建于16世纪的双塔大教堂、圣莫尼卡隐修院等60多座教堂。许多教堂拥有彩釉瓷砖的圆屋顶,有机地融合了巴洛克式的建筑风格和印第安的艺术特色。这里还有建于1790年的美洲最古老的剧院普林西帕尔剧院、建于1537年的普埃布拉大学,用瓷砖做围墙的房子至今保存完好。

帕伦克古城　帕伦克的历史可追溯到公元前1世纪,公元300—900年间为玛雅人文化艺术中心。帕伦克城沿河谷地带平缓地延伸11千米,奥托罗姆河从市中心缓缓流过,一座长50米的拱形引水渡槽横跨河面。神庙、宫殿、广场、民舍等依坡而建,形成雄伟壮观的古代建筑群,有"美洲的雅典"之称。

特奥蒂瓦坎古城　印第安文明的重要遗址,建于公元1—7世纪。城市呈现严谨的格状结构,建筑物按照几何图形和象征意义布局,以建筑物的庞大气势而闻名于世,被称为"众神创造的城市"。高耸的金字塔、华丽的宫殿、宏大的建筑、排列整齐的宽阔街道和高度发达的文化,对当地后来的建筑产生了深远的影响。

瓜纳华托的历史城镇和临近矿山　1548年,西班牙人在海拔2000米的山中发现4处银矿,这4个银矿区组成的城市就是今天的瓜纳华托。18世纪瓜纳华托鼎盛时期,规模不等的银矿达1816座,矿产量占世界银产量的2/3。古城区街道斗折蛇行,房屋鳞次栉比,教堂结构精巧,装饰华丽。

奇琴伊察古城　建于公元7—10世纪,具有玛雅文化特色,有金字塔神庙、柱厅殿堂、球场、市场和天文观象台,以石雕刻装饰为主。奇琴伊察是古希腊罗马时期玛雅人的圣殿,对整个乌松布拉河盆地有着重大的影响。

莫雷利亚历史中心　莫雷利亚始建于1541年。这里的249个具有历史价值的建筑物大部分用粉红色的石头建造,围绕圣方济会修道院按棋盘式分布。这些建筑物均被完整地保存了下来,展现出17世纪这个城市的繁荣的文化和经济生活。

埃尔塔津古城　玛雅文明存世不多的建筑群。作为维拉克鲁斯地区的最大和最重要的城市,埃尔塔津古城曾经在公元600—1000年间盛极一时。装饰豪华的公众广场、著名的"壁龛金字塔"保存完好,在艺术和建筑价值上颇有特色。

萨卡特卡斯历史中心　萨卡特卡斯始建于1546年,大量17—18世纪的巴洛克式宗教建筑构成了城市一道美丽的风景线。许多现代建筑为这幅美丽的图画增添了绚烂的一笔。萨卡特斯卡是墨西哥从西班牙殖民地时代迄今为止最重要的银矿加工中心,它是欧洲人在美洲建立的殖民城市的典型代表。

圣弗朗西斯科山岩画　位于下加利福尼亚州。岩画被绘制在大山洞窟的岩壁或洞顶上,形成于公元前1100年至公元1300年,数量多,规模大,而且保存完好。岩画大部分描绘的是人和动物,有些画大小与实物相等,栩栩如生。

波波卡特佩特尔山坡上的最早的16世纪隐修院群　"波波卡特佩特尔火山"意为"冒烟的山"。这座高5452米的火山正处于休眠状态,经常会喷发大量的烟云。

山坡上16世纪的14座修道院至今保存完好,修道院壁画格外引人注目。建筑代表了首批修道士的风格,这些修道士于16世纪初期将基督教传播给当地的土著。

克雷塔罗历史古迹区 克雷塔罗是墨西哥历史上最重要的城市之一。古老的殖民城市保留了全部印第安土人和西班牙占领者的街道,弯弯曲曲的印第安区和几何图形的西班牙区形成对照。欧多米人、塔拉斯克人、齐齐美卡人和西班牙人和平相处,这些建于17—18世纪黄金年代的奢华的市政和宗教的巴洛罗式建筑值得观赏。

乌斯马尔古城 位于尤卡坦。"乌斯马尔"玛雅语意为"重建三次之地"。乌斯马尔古城是公元600—900年玛雅文化鼎盛时期的代表性城市,建筑物按当时的天文学知识排列。主要建筑占卜金字塔至少被覆盖、重建了5次。乌斯马尔、卡卜以及萨伊尔这些仪式遗址代表了玛雅人艺术和建筑的顶峰。

瓜达拉哈拉卡瓦尼亚斯救济院 受国王查尔斯三世之托,由著名建筑师曼努埃尔·托尔萨设计,1805年开始建造。建筑物的墙壁、拱顶和炮塔,以及自身与众不同的建筑物风格,均是哈利斯科州的何塞·克莱门蒂·奥罗斯科的杰作。

大卡萨斯的帕基梅考古区 史前人类聚集区,为北美洲土坯建筑的发展提供了证据。楼群建筑风格具有美洲绿洲文明的特点,展示了史前建筑师娴熟高超的技艺,在北美洲的文化演变过程中起着重要的作用,尤其展现了西班牙征服之前北墨西哥的村镇文化与中美洲的先进文明之间的贸易和文化联系。

特拉科塔尔潘的历史古迹区 特拉科塔尔潘建于16世纪中期,至今仍可以看到宽阔的街道、风格迥异的带柱廊房屋以及公共场地和私人庭院中的参天古树。街道笔直干净,房屋颜色鲜艳,这些漂亮的建筑一行行一排排,组成了很有轮廓的格子状。都市布局和建筑风格描述了西班牙和加勒比传统文化的结合。

霍奇卡尔科考古区 众多的防御墙呈阶梯状分布在山坡上,显示出战争和衰落后广泛的文化影响的痕迹,集中表现了当时的中美洲不同地区的文化组成的融合。霍奇卡尔科以其古老的文化渊源,展示了一幅绚丽的古老艺术的画卷,为考古学家提供了大量确凿、具有很高价值的考古资料。

坎佩切的设防镇 位于墨西哥湾南部的坎佩切湾。由西班牙征服者在1540年建立。这里早在玛雅文明时期就有3000多个建筑物和一些纪念碑,其中的一部分遗址至今依然可见。此外,这里还完好地保存了许多西班牙殖民时期修建的城墙。

卡拉克穆尔的古代玛雅城市 卡拉克穆尔是玛雅文明古典时期最重要的城邦之一,公元9—10世纪被遗弃在丛林之中。在诸多玛雅城市中,卡拉克穆尔是发现较晚的一个,直到1931年才在丛林中发现它的遗迹。雄伟的建筑结构及其独特的整体布局保存得非常完好,展现了一幅生动的古玛雅首都的生活画面。

谢拉戈达的方济会传教区 建于18世纪的5座珠宝盒一般的教堂,闪耀在谢拉戈达高山上的阳光下。修道院展示了在墨西哥中北部及美国西部的基督教会重要的传道过程,见证了欧洲传教机构与墨西哥中部的游牧民族之间的文化冲突,也成为北美基督教发展第二阶段的极有价值的史料。

路易斯·巴拉干住宅和工作室 位于墨西哥城。混凝土结构,面积约 1161 平方米,还有一个小花园。路易斯·巴拉干是墨西哥 20 世纪庭园景观的著名建筑师,曾获普利策建筑奖。他设计的这处住宅,被认为是当地传统建筑艺术与现代建筑技术相结合的典范,对现代建筑、花园、广场和景观的设计产生了巨大的影响。

龙舌兰景观和特基拉的古代工业设施 位于哈利斯科州。这里以盛产墨西哥最具特色的植物龙舌兰著称,龙舌兰文化是墨西哥国家的一个象征。用龙舌兰根茎中的汁液所酿造的龙舌兰酒,口味干烈,是墨西哥的国酒,也是世界上最受欢迎的烈性酒之一。特基拉的古代工业设施以加工、酿造龙舌兰酒为主。

墨西哥国立自治大学的大学城中心校园 拉丁美洲最重要的标志性建筑之一,60 多名建筑师、工程师和艺术家参与了这项工程。校园里坐落着许多著名建筑,体现出独特的 20 世纪现代风格,是 20 世纪建筑、工业设计、土地规划和现代艺术的独特典范。

圣米格尔德阿连德的防卫镇和阿托托尼尔科的拿撒勒人耶稣的圣地 圣米格尔德阿连德位于墨西哥中部,保留了许多杰出的墨西哥式巴洛克风格宗教与市民建筑,其中有些是从巴洛克演变到新古典风格的杰作。传说耶稣在拿撒勒度过童年,被钉死于十字架上后,他生前活动过的地方都成了圣迹,拿撒勒是其中之一。

皇家内陆大干线 从墨西哥北部一直延伸到美国得克萨斯州和新墨西哥州境内,总长约 2600 千米,是欧洲殖民者在北美大陆最早建立的也是最长的一条公路,16—19 世纪的 300 年间一直主要用于白银和汞的运输,以"白银大道"著称。这条内陆大干线促进了西班牙与美洲在社会、文化和宗教方面的联系。

瓦哈卡州中央谷地的亚古尔与米特拉史前洞穴 位于特拉科卢拉山谷。洞穴中发现的 1 万年前的葫芦种子,被认为是美洲大陆上最早进行植物栽培的证据;玉米穗残粒被看作是最早的人工栽培玉米的证据。这里的文化景观展现了人与自然之间的纽带,不仅导致北美洲人工种植的产生,并且推动了中美洲文明的发展。

腾布里克神父水道桥水利设施 位于特诺奇提特兰。西班牙殖民时期重要的水利建设工程。1545 年至 1562 年建造,总长 44 千米,目前仍在继续使用。水道桥拱廊上所有的拱门保存相当完善。这座水利设施体现了欧洲罗马水利工程建设传统和美洲传统建筑技巧的融合。

锡安卡恩生物保护区 占地约 5280 平方千米,周围有加勒比海环绕,东部有深约 50 米的暗礁作为天然屏障,东南部是沼泽和半常青树的交结地带,南部是切图马尔湾和圣埃斯皮里湾汇合而成的积水盆地。生长着半长青森林,中纬度的半落叶森林,生活着 103 种哺乳动物,其中包括美洲虎、虎猫和美洲狮等 5 种猫科动物。

埃尔比斯卡伊诺鲸鱼保护区 位于下加利福尼亚半岛。占地约 3709 平方千米。沿海环礁湖是灰鲸、港湾海豹、加利福尼亚海狮、北方的海象以及蓝鲸的重要繁殖地及越冬地,还为4种濒于灭亡的海龟提供栖身之地。

加利福尼亚湾群岛和保护地 加利福尼亚湾位于墨西哥西北,面积约16万平方千米。这里红色藻类浮游生物繁衍,海水呈红色,因而有"红海"之称。在很短的距离内同时存在着冰期低于海平面的"桥岛"和高于海平面的"洋岛"。这个星球上几乎所有主要海洋过程都存在于此,被称为研究物种形成的"自然实验室"。

莫那其蝴蝶生物圈保护区 莫那其蝴蝶即黑脉金斑蝶,俗称"帝王蝶",它们在墨西哥度冬,在美国东部和加拿大繁殖,每年百万成群迁徙往返于相隔千里的栖息地之间,场面相当壮观。位于墨西哥城西北部崎岖山区的帝王蝶生态保护区,可说是帝王蝶的乐园。

皮那卡特和格兰德坛里生物圈保护区 格兰德坛里保护区面积约7145平方千米,景观对比强烈,具有显著的线性特征。星球状与圆屋顶状的沙丘和数座光秃秃的花岗岩山丘就像沙海里的岛屿,为独特且高度多样化的野生动植物提供庇了护之地。

第六节 玉米之仓——秘鲁

秘鲁,全称"秘鲁共和国"(The Republic of Peru)。"秘鲁"古印第安语意为"玉米之仓",因当时这里的农作物主要为玉米而得名。

一、自然地理

秘鲁北邻厄瓜多尔和哥伦比亚,东与巴西和玻利维亚接壤,南接智利,西濒太平洋。面积约128.5万平方千米。

秘鲁境内安第斯山纵贯南北,山地占全国面积的1/3。瓦斯卡兰山海拔6768米,为秘鲁最高点。喀喀湖为南美洲第二大湖。

秘鲁西部热带沙漠区气候干燥而温和,平均气温12℃~32℃;中部山地高原区气温变化较大,平均气温-1℃~14℃;东部热带雨林区终年高温多雨,平均气温24℃~35℃。

二、国家象征

秘鲁的国旗呈横长方形,由3个平行相等的竖长方形组成,中间为白色,两侧为红色,白色长方形中间有国徽图案。白色象征自由、民主、和平与幸福;红色象征人民在独立战争中取得的胜利,也表示人民对烈士的怀念。

秘鲁的国徽为盾徽。盾面左上方是1只南美骆马,代表国家的动物资源,也是秘鲁民族的象征;右上方是1棵金鸡纳树,代表该国的植物资源;下半部为1只象征丰饶的羊角,代表该国的自然资源和矿藏。盾徽上端为1个绿枝叶环,两侧各有两面秘鲁国旗。

秘鲁的国歌是《我们是自由的,让我们永远保持自由》。

秘鲁的首都是利马。

三、社会生活

秘鲁人口约 2955 万人,其中印第安人超过四成,印欧混血人约占三成半,白人约占两成。西班牙语为官方语言。居民绝大多数信奉天主教。

秘鲁实行总统议会制。总统是国家元首和政府首脑。国会实行一院制。秘鲁主要政党:民族主义党、阿普拉党、"2011 力量"党、基督教人民党。

秘鲁为传统农矿业国家,矿产丰富,石油自给有余。工业以加工和装配业为主。农业人口约占全国总人口的 1/3,是世界鱼粉、鱼油主要生产国。

四、民俗风情

秘鲁人约会习惯迟到半小时左右,他们认为这样方可显示礼节风度。

秘鲁人非常喜欢猫头鹰,认为它是智慧和力量的象征,会给人类造福。秘鲁人忌讳乌鸦,认为乌鸦是一种不祥之鸟;特别忌讳"死亡"这个字眼,若以"死亡"来诅咒他人,必定会引起一场殴斗。

五、旅游城市

利马(Lima) 秘鲁的首都和政治、经济、文化中心,位于里马克河沿岸。东北有圣克里斯托瓦尔山,西连太平洋沿岸的港口城市卡亚俄。利马曾长期为西班牙在南美洲殖民地的行政中心。利马多广场、教堂、博物馆,终年阳光灿烂,海风阵阵,有"南美洲最富庶、最优美的城市"的美称。利马历史中心已被列入世界文化遗产名录。

阿雷基帕(Arequipa) 阿雷基帕省的首府,位于秘鲁南部米斯蒂火山山麓地带的奇利河谷地。建筑多用一种白色火山凝灰岩建造而成,被称为"白城"。原为印加古城,保存了很多状况良好的西班牙殖民美洲的建筑物。阿雷基帕历史中心已被列入世界文化遗产名录。

六、经典景点

总统府 位于利马市。初建时为西班牙式风格,历经3次大火,重建后为法式巴洛克风格。总统府内的大花园里有一株无花果树,栽种时几乎是一根树干却居然成活,经历近5个世纪活到今天,堪称神奇。每当重要节日或庆典,总统在靠近市政府一端的阳台上观看中心广场上的庆祝活动,向公众发表讲话。

利马中心广场 位于利马市。秘鲁政治生活历程中许多重要事件的见证地,曾被当作斗牛场和宗教裁判所执行死刑的地方。广场中央的焚尸炉焚烧被判了死刑的人,被废除后在原地建了一个青铜水池,保存至今。1821年圣马丁将军在这里宣布秘鲁独立。1541年利马市创建人皮萨罗在其新卡斯蒂利亚总督官邸内被暗杀。

利马大教堂 位于利马市。1625年修建。初建时为典型的西班牙巴洛克建筑艺术风格,现存建筑为1904年大地震后的建筑,是巴洛克式、哥特式、罗马式建筑的混合体。据说利马市创建人皮萨罗的遗体于1891年迁入此教堂,但真假难辨。

帕恰卡马克遗址 位于利马市。土坯和干打垒的泥土建筑群。地基由石块铺垫,墙壁上有一排上窄下宽的梯形窗式装饰。遗址中最高大的建筑物是山顶上的太阳宫,高6层,背靠大海,大殿背后建有观象台。低洼处建有月亮宫,月亮宫内的通道犹如迷宫,宫内有水池、水渠供美女们沐浴。

黄金博物馆 位于利马市。展品包括两大类:一是16世纪以来的世界各国兵器,如拉美独立战争英雄使用过的佩刀,拿破仑用过的兵器,中国古代刀剑,各国军服、铠甲、马具。二是公元前5世纪至公元5世纪期间秘鲁出土的各种金银制品、木乃伊、服饰、雕刻、陶制品。藏品中有中国领导人毛泽东赠送的手杖式佩剑。

圣卡塔莉娜修道院 位于阿雷基帕市。1580年一位有钱的寡妇创办了这座修道院,并从当地最富有的西班牙家庭中挑选修女,享乐的生活方式在这里维持了近3个世纪。修道院占据了一整条街,四面围着用火山岩建造的高墙,街道狭窄,楼梯隐藏,庭院美丽。

卡亚俄皇家费利佩城堡 西班牙在美洲殖民地修筑的最大、最坚固的城堡。城堡呈不等边五角形,每边建有碉堡,每个碉堡上有仓库,前两个堡垒上有塔楼。城堡占地约7万平方米,城墙长约1580米,高6米,厚12~14米,全部用石块砌成,足可抵挡炮轰。这里曾关押过秘鲁历史上多位著名人物。

的的喀喀湖 南美洲海拔最高、面积最大的淡水湖,被称为"高原明珠"。传说水神的女儿伊卡卡与青年水手蒂托结为夫妇,水神发现后将蒂托淹死,伊卡卡将蒂托化为山丘,自己则变成浩瀚的泪湖,印第安人将他俩的名字结合一起称为"的的喀喀"湖。的的喀喀湖四周群山环抱,景色秀丽,印第安人称之为圣湖。

七、世界遗产

库斯科古城 位于秘鲁南部,长期是印加帝国都城,具有独特的宗教和行政的职能。这里气候宜人,崇山峻岭和葱郁的林木围绕在城市四周,有"安第斯山王冠上的明珠"的美称。16世纪西班牙入侵者保留了原有的建筑,同时又在衰落的印第安城内建造了巴洛克风格的教堂和宫殿。

查文考古遗址 位于安第斯山的高山峡谷中。查文城内有纵横交错的长廊,高大的兰宋庙和泰优金字塔以及众多的石碑雕刻。斜坡和广场周围都是石头建筑，伴有大量兽形装饰物，景物别致。该遗迹形成于公元前 1500 年到公元前 300 年，是古代进行礼拜的场所。

昌昌考古区 建于 12 世纪，是世界上最大的一座土砖城。昌昌城的中心是庙宇般的查珠第城堡，有一座至今保存特别完好的议事厅。24 个坐席围着矩形庭院的土墙，坐在不同座位上的人哪怕用低声轻轻说话，都能被听得很清楚。考古区内还有巴拉科斯水库、一些居住区和举行宗教仪式的平台。

利马历史中心 利马始建于 1535 年，大部分建筑可追溯到 17 世纪和 18 世纪。许多宗教和民用建筑体现了巴洛克风格，是西班牙与美国独创的建筑艺术的典范。经过雕琢的大门和木雕阳台为这个城市增添了独特的风格。还拥有殖民时期以前的一些遗迹，相互垂直的网格状布局保持原样，仍在发挥着原来的功能。

纳斯卡和胡马纳的地画 大约刻于公元前 500 年到公元 500 年，用简单的线条复杂排列构成各种奇怪的图形，在地面上形成一条条弯弯曲曲的小径，从高空俯视则呈现出各种兽类，硕大无比。这些迷宫般的图案占地约 500 平方千米，被称为"人类第八大奇迹"。这些存在了 2000 年的迷局一直无人破解。

阿雷基帕城历史中心 这里在公元前五六千年就有人聚居。城市灵动的城墙、拱门、拱形屋顶、院子、开阔的空间，以及建筑正面复杂的巴洛克式装饰，表明地理环境、当地土著文化因素、殖民征服和宗教征服的逐步深化以及周围壮丽的自然景色对古城建筑的影响。

卡拉尔—苏佩圣城 整个城市围绕 6 座金字塔修建，中央屹立着圆形剧场和主寺庙。这是迄今为止秘鲁境内发现的最大的金字塔，其辉煌毫不逊色于古埃及金字塔。夕阳之下，一望无垠的沙漠中突兀的城堡反射着金色的光芒，庄严雄伟夹杂着些许苍凉。在该遗址发现的结绳文字证明了卡拉尔社会的发展及其复杂性。

瓦斯卡兰国家公园 占地约 3400 平方千米，是世界上热带山脉地区海拔最高的一座公园。幽深的峡谷中，发源于高山冰川的激流沿着陡峭的山崖奔腾而下。公园冰川湖泊众多，湖泊清澈见底，植被繁多，美丽异常。

玛努国家公园 占地约 15000 平方千米。这里几乎囊括了秘鲁东部地区的所有生态环境因素：低层的热带丛林、山区森林和普纳草地。每一种生态环境中都生长着各自的动物群及植物群，受保护的生物种属堪称世界之最。公园中至少有 4 个不同的民族部落长期居住，这些种族被视为公园的一个天然组成部分。

马丘比丘历史保护区 马丘比丘始建于公元 1500 年，全部建筑都是印加传统风格：磨光的规则的墙，美妙的接缝技巧，墙上石块和石块之间的缝隙连匕首都无法放进去；还有超过 100 处由一整块巨大的花岗岩凿成的阶梯，大量的水池。至今没人明白公元前 8000 年印加文明时代是如何把重达 20 吨的巨石搬上马丘比丘的山顶。

里奥阿比塞奥国家公园 为保护安第斯山脉中潮湿的森林里特有的动物和植

物而建。公园里的动植物具有很强的地方性,还发现了以前被认为已经绝种的黄尾毛猴。该国家公园环绕于阿比塞奥盆地周围,二者形成一个有机的整体,并且从未遭受到农业开垦及伐木的损害。

第七节 粉色贝壳——安提瓜和巴布达

安提瓜和巴布达(Antigua and Barbuda),"安提瓜"是西班牙的一座教堂,意为"年高德劭",航行美洲到达这里的哥伦布以此命名这里的一座岛屿。

一、自然地理

安提瓜和巴布达位于加勒比海小安的列斯群岛的北部,南同瓜德罗普岛相望,西与圣基茨和尼维斯为邻。面积约441平方千米。

安提瓜和巴布达由安提瓜岛、巴布达岛以及一些小岛屿组成。安提瓜岛平均海拔约300米,河流罕见,林木稀少,多港湾和岬角。

安提瓜和巴布达属于热带气候,年平均气温27℃,年降水量约1020毫米。地处飓风带,常遭飓风袭击。

二、国家象征

安提瓜和巴布达的国旗呈横长方形,旗面由3个三角形组成。左右两个三角形为红色,中间三角形由黑、蓝、白3色构成,黑色部分中间绘有半轮金黄色的太阳。黑色象征人民,红色与"V"字形象征人民的力量和胜利,半轮金黄色太阳象征黎明,蓝色象征希望。

安提瓜和巴布达的国徽,中间为盾徽。盾面上半部一轮旭日象征国家的独立和人民的自由。下半部白蓝相间波状图案象征加勒比海,窑塔象征发达的制糖工业。盾徽左侧为牝鹿和甘蔗,右侧是牡鹿和龙舌兰;上端有1只菠萝和木槿;下端的绶带上写着"人人全力以赴,方能取得胜利"。

安提瓜和巴布达的国歌是《美丽的安提瓜和巴布达》。

安提瓜和巴布达的首都是圣约翰。

三、社会生活

安提瓜和巴布达人口约8.6万人,其中大多数为非洲黑人后裔。官方语言为英语。居民多数信奉基督教。

安提瓜和巴布达是一个"统一的和享有主权的民主国家"。英国女王为国家元首。总督由本国人担任,代表女王执掌国家行政权。议会由参议院和众议院组成,享有立法权。安提瓜和巴布达主要政党:联合进步党、安提瓜工党。

安提瓜和巴布达经济基础薄弱,产业门类单一。农业主产棉花、甘蔗和薯类。旅游业是国民经济中最重要的部门,其产值占国民生产总值的四成。离岸金融业和网上博彩业亦为主要财政来源。

四、民俗风情

安提瓜和巴布达人生活俭朴,性格开朗,为人处世通情达理,礼节也非常周到。社交场合称呼语用先生、夫人、女士、小姐。常行握手礼。居民一年四季着夏装,重要场合穿西装。

每逢星期日和节假日,安提瓜和巴布达人成群结队地涌向教堂做祈祷。

安提瓜和巴布达居民喜吃带刺激性的食品,咖喱粉是必不可少的菜肴作料。居民最爱吃牛肉、羊肉、猪肉、鸡、鱼、土豆,爱喝自己酿造的朗姆酒。

五、旅游城市

圣约翰(St. John's) 安提瓜和巴布达的首都和经济中心,位于安提瓜岛西北岸。早在18世纪就是英国海军舰队西印度群岛基地的最重要的补给站,城市具有明显的欧洲色彩。街道井然有序,房屋外墙色彩鲜艳,室内陈设古色古香,被认为是美洲最古老和最美丽的城市之一。

六、经典景点

巴布达岛 安提瓜和巴布达的主岛之一。珊瑚岛,地势低平,森林遍布,仅东北部有一些低矮山丘。迷人的海岸风光,美丽的白沙滩,碧蓝的海水,茂密的椰林,构成巴布达岛完美的画面。这里有丰富多样的水上活动。

圣菲利普岛 海岸线曲折,有大片美丽的沙滩。气候宜人,阳光充沛,海水清澈,风景秀丽,具有浓郁的热带风情,是度蜜月的好地方。游客在这里可以进行浮潜、冲浪等水上娱乐活动,是海滨度假的天堂。

粉沙滩 上千米的沙滩恰似一条玉带。沙滩沙质细腻,无数的粉色贝壳和沙子混在一起,远看整个沙滩粉红一片,和深蓝色的大西洋海水交相辉映,十分壮观。

七、世界遗产

安提瓜海军造船厂及其相关考古遗址 位于安提瓜岛。造船厂由英国海军和18世纪末被奴役的非洲人共同建造,设置在一个封闭的围墙内,狭窄的海湾,周围的高地,可以保护造船厂免受飓风的影响,是世界上唯一幸存的格鲁吉亚风格的海军建筑。造船厂在一定时期内保护了为争夺加勒比海东部的主权而斗争的甘蔗种植园主的利益。

第八节 珊瑚之国——巴巴多斯

巴巴多斯(Barbados),国名葡萄牙语意为"长胡须的地方"。当年葡萄牙人来到岛上,只见满山遍野被藤蔓缠绕的无花果树,藤蔓上长着许多须子,酷似胡须,因而得名。

一、自然地理

巴巴多斯位于东加勒比海,面积约431平方千米。

巴巴多斯岛大部分由珊瑚石灰岩构成,全岛最高点海拔约340米。岛上无河流。

巴巴多斯属于热带雨林气候,7—11月为雨季,2—3月为旱季。气温变化不大,通常为23℃~30℃。

二、国家象征

巴巴多斯的国旗呈横长方形,分为两蓝一黄3个竖长方形。在黄色长方形中间有一把黑色三叉戟。蓝色代表海洋和天空,金黄色代表海滩,三叉戟象征民有、民享、民治。

巴巴多斯的国徽,中心为盾徽,盾面上有一棵巴巴多塔树(无花果树),盾面上部有红花点缀。盾徽上端头盔之上的黑人手臂持举着两根交叉甘蔗,代表该国的经济特点——甘蔗种植业和制糖业。盾徽左侧是一头海豚,右侧是巴巴多斯的国鸟鹈鹕。下端的绶带上用英文写着"自尊和勤勉"。

巴巴多斯的国歌是《在熟年,在荒年》。

巴巴多斯的首都是布里奇敦。

三、社会生活

巴巴多斯人口约29万人,其中非洲黑人后裔占九成。通用语言为英语。居民大多信奉基督教和天主教。

巴巴多斯以英国女王为国家元首。总督是英国女王的代表。议会为国家立法机构。巴巴多斯主要政党:民主工党、巴巴多斯工党、人民自强党。

旅游业、制造业和农业是巴巴多斯三个主要的经济部门。制造业主要是食品、制糖、饮料、朗姆酒和啤酒以及化学药品、电子零部件、服装和家具。甘蔗种植占重要地位,是外汇的重要来源之一。

四、民俗风情

巴巴多斯人行握手礼。人们常用的称呼是先生、夫人、女士、小姐。由于地处热带,服饰多为夏装,正式场合则穿西装、礼服和燕尾服。

巴巴多斯对外国人比较热情,倘若问路,常会驱车送你前往。

巴巴多斯人的主食为面包、米饭和土豆,也吃甘薯、白薯、木薯和玉米。

五、旅游城市

布里奇敦(Bridgetown) 巴巴多斯的政治、经济、文化和交通中心,东加勒比地区的贸易枢纽,西印度群岛的深水良港之一。古老的建筑和现代化楼房风格迥然又浑然一体。

六、经典景点

拔示巴 巴巴多斯东海岸的一个渔村。小镇风光田园般安静,滨海地区有着干净的白色沙滩和陡峭的岩石,每年举办国际冲浪比赛。小镇上还有许多古色古香的建筑,其中圣约瑟夫公会教堂是当地最负盛名的古老教堂,旧糖厂也是当地颇受欢迎的旅游景点。

圣安德鲁 坐落在巴巴多斯岛的东部海岸线上,全年温暖如春。灿烂的阳光,湛蓝的海水,洁白的沙滩,油绿的树木,绚丽的鲜花,安静的旅店,组成一幅迷人的风情画卷。

北点 位于巴巴多斯岛最北端。"北点"上的标志杆,标明该岛为加勒比海和大西洋的分界点。周围的岩石区域极为开阔,惊涛拍岸,极具气魄。海边矗立着头人脚小倒立着的"蘑菇石"。

七、世界遗产

布里奇顿及其军事要塞 由一组建于17—19世纪、保存完好的老城镇所构成。城镇所采取的蛇形城市布局,有别于西班牙及荷兰在此处的殖民城镇所采取的井字形布局建设方式,展现了殖民地城镇规划所采用的不同方式,是英国殖民地建筑的典范之作,也是大不列颠在大西洋进行殖民帝国扩张的见证。

第九节 香料王国——格林纳达

格林纳达(Grenada),国名西班牙语意为"石榴"。"格林纳达"是西班牙南部的一座城市,哥伦布以此来命名这个国家。又称"香料之国"。

一、自然地理

格林纳达位于东加勒比海向风群岛的最南端,与委内瑞拉、特立尼达、多巴哥隔海相望,东临大西洋,东北是巴巴多斯,面积约344平方千米。

格林纳达由格林纳达及卡里亚库岛、小马提尼克岛等组成。主岛格林纳达岛为火山岛,地形中间高周边低,沿海为平原。最高峰圣凯瑟琳峰海拔约840米。多深谷、瀑布、矿泉和火山湖。

格林纳达属于热带海洋性气候,年平均气温26℃,年降水量约1520毫米。

二、国家象征

格林纳达的国旗呈横长方形,旗面上有两黄两绿4个三角形,左侧三角形中有1颗肉豆蔻图案;四周有红边,上下边各有3颗黄色五角星。旗面中央的红色小圆内有1颗黄色五角星。红色象征友爱精神,绿色象征农业和丰富的植物资源,黄色象征充足的阳光。7颗五角星代表全国的7个教区。肉豆蔻是该国特产。

格林纳达的国徽,中心为盾徽,盾面上的黄色十字代表居民大多数信奉天主教;十字交叉处的帆船为纪念哥伦布发现格林纳达;左上角和右下角的黄色狮子,表明与英国的联系;右上角和左下角的肉豆蔻和香蕉为主要农作物。盾徽上的灰色犰狳、可可树、红睛蓝鸽和椰树,代表格林纳达特有的动植物资源。底部白色饰带上写着"顺从上帝的旨意,我们从事建设,如同一个人前进"。

格林纳达的国歌是《欢呼格林纳达》。

格林纳达的首都是圣乔治。

三、社会生活

格林纳达人口约9.1万人,其中黑人约占八成半。官方语言为英语。主要宗教为天主教。

格林纳达以英国女王为国家元首。由参众两院组成的议会是国家最高立法机构。内阁是政府行政机构,总理是政府首脑。格林纳达主要政党:新民族党、民族民主大会党。

格林纳达经济以农业、旅游业为主,有农产品、饮料、酿酒、制衣、矿业开采等小型加工制造业。主要出口肉豆蔻、香蕉、可可,是世界上第二大肉豆蔻生产国。

四、民俗风情

格林纳达一般称男子为先生,称女子为夫人或小姐,行握手礼,熟人之间行亲吻礼。白人大多是土地所有者、政府官员、旅游业巨头和大商人、海运造船主等,多穿西装。黑人通常穿白上衣和白裤子,村民不穿鞋,但也有穿一双木制凉鞋的。

格林纳达集中了加勒比海的热带佳肴精粹,饮食习惯与欧美人士相同。

格林纳达严禁剥树皮、从森林和河流中获取野生动植物、从海里捞取珊瑚。

五、旅游城市

圣乔治(St.Georges)　　格林纳达的首都,最大的城镇和商业中心,东加勒比海著名良港。城市以传说中杀死恶龙的骑士圣乔治的名字命名。圣乔治位于格林纳达岛,依坡而建,四周绿山环抱,郁郁葱葱。街道整洁,绿树成荫,鲜花盛开。绿树红花丛中点缀着色彩明快的住宅,房屋一般都带有平台,屋顶颜色鲜艳夺目,别具风情。

六、经典景点

长山种植园 种植园内的房子用彩色的河间卵石并涂以糖蜜、石灰建造,古朴而不失高雅,在周围绿草红花的掩映下极具风采。园内的饭店采用亭阁风格,在用餐的同时亦能欣赏种植园的秀丽风景,而且饭店本身也融入到种植园的氛围中。种植园有山有水,绿树红花,亭台楼阁,俨然一座宁静幽雅的大庄园。

水下雕塑馆 位于格林纳达海域水下。每个雕像都按照现实人物的形体比例塑造,在陆地上雕刻好之后运送并固定在海底。雕像所用材料很多是对珊瑚礁的再生利用。海洋是一个神秘的载体,随着海水和各种海洋生物的不断渗透,这些形态各异的雕塑每天都在发生微妙的变化。

大湾海滩 海滩处在下风向的位置,外围有一个海湾拥抱着这个雪白的沙滩。海滩长约2千米,沙滩细软,踩在上面非常舒服。海水湛蓝,非常适合游泳。附近还分布着其他私密的海滩。

拉萨斯自然中心 包括优雅迷人的乡村房舍、高大的棕榈树、银白色的海滩、适合浮潜的珊瑚暗礁、仙人掌森林和一个含盐的甜池塘。河口的西南海岸有一个红树林,是格林纳达最好的赏鸟地之一。

第十节 美洲富翁——巴哈马

巴哈马,即巴哈马国(The Commonwealth of the Bahamas)。国名源于佛罗里达海峡的旧称新巴哈马海峡,西班牙语意为"浅滩"。又称"千岛之国"。

一、自然地理

巴哈马位于加勒比海、西印度群岛的最北部。面积约1.4万平方千米。

巴哈马包括700多座岛屿和珊瑚礁,其中20余个岛屿有居民。大部分岛屿地势低平,最高海拔只有63米,无河流。

北回归线横贯巴哈马群岛中部,大部分地区属于温和的亚热带气候,8月最热平均气温24℃~32℃;1—2月最冷平均气温17℃~25℃。年降水量1000毫米左右。

二、国家象征

巴哈马的国旗呈横长方形,旗面由黑、蓝、黄3色构成。靠旗杆一侧为黑色等边三角形,右侧为3个平行宽条。黑色象征人民团结一致,蓝色象征海洋环绕岛国,黄色象征美丽的沙滩。

巴哈马的国徽为盾徽。盾面上部的太阳图案,象征获得独立的巴哈马如太阳一般冉冉升起;下部的图案描绘哥伦布首航美洲抵达巴哈马的情景。盾徽左侧的旗鱼象征渔业;右侧为国鸟红鹳。盾徽上端有头盔、蓝色花朵、海螺和棕榈叶,下端的绶带上写着:"迈步向前,共同前进!"

巴哈马的国歌是《巴哈马,向前进!》。

巴哈马的首都是拿骚。

三、社会生活

巴哈马人口约31万人,其中黑人后裔占八成。官方语言为英语。多数居民信奉基督教。

巴哈马为英联邦成员国,沿用英国的政治体制,实行君主立宪制。以英国女王为国家元首。总督由女王任命,按内阁的意见行使职权。议会为立法机构。巴哈马主要政党:进步自由党、自由民族运动、民主全国联盟。

巴哈马是加勒比地区最富裕的国家之一,但贫富悬殊较严重。旅游业和金融服务业是国民经济最重要的部门,产值占国内生产总值九成左右。巴哈马有鸟类200多种,红鹳5万多只,是世界上红鹳数量最多的国家,有"红鹳之乡""鸟类王国"之称。

四、民俗风情

巴哈马人名在前,姓在后,见面都行握手礼。在各种喜庆场合,巴哈马人都会跳热情洋溢的贾卡努舞。

巴哈马的美食口味较重,偏向辛辣,有美国南方菜的风味。鱼对巴哈马人而言既是主食也是副食。农民种植印度木豆和豆子供自己食用。辣椒拌鲜海螺是有名的地方风味,其次是烤螃蟹。大部分汤品中都含有豌豆。

五、旅游城市

拿骚(Nassau) 巴哈马的首都,中美洲著名的国际金融市场、国际海港,以英国亲王拿骚的名字命名,位于西印度群岛。城区狭小,英国乔治王时代的浅色建筑和造型奇特的木制公寓及店铺错落有致地分布在街道两旁。城内有许多历史遗址、古老的城堡,还有专为女王手工雕刻的楼梯,富有历史感。

六、经典景点

易路斯岛 也称"自由岛"。岛长177千米,大多数地方宽仅1.6千米,是巴哈马群岛中最狭长的岛屿。幽静的海湾、险峻的峭壁、秀丽的港口、粉白色的沙滩,是皇家成员光顾的旅游胜地之一。

天堂岛 岛长约 6 千米,宽约 0.8 千米,有两座桥与拿骚相连。沙滩一直绵延到北部海岸。岛上的"亚特兰特水景"是全世界最大的室外水族馆,占地 567 公顷,有 100 多种鱼类。还有两个备受游客欢迎的项目——"海豚对话"和"机动船探险"。

夏洛特要塞 巴哈马最大的古城堡。为抵御西班牙人、法国人入侵和海盗骚扰,英国驻巴哈马总督邓莫尔于 1787 年建造。古堡中陈列着一尊年代久远的火炮。站在炮台顶层可环视全城,远眺港湾优美的景色。

第十一节 粮仓肉库——阿根廷

阿根廷,全称"阿根廷共和国"(Republic of Argentina)。当年西班牙探险家发现这里的印第安人佩戴着很多银制的饰物,以为当地盛产白银,便将当地的一条河命名为"拉普拉塔河"。拉普拉塔省独立后将国名定为"阿根廷"。在西班牙语中,"阿根廷""拉普拉塔"的词义相同,均为"白银"。

一、自然地理

阿根廷位于南美洲东南部,南与南极洲隔海相望,东濒大西洋,西同智利接壤,北接玻利维亚、巴拉圭,东北与巴西和乌拉圭为邻。面积约 276.7 万平方千米。

阿根廷西部是以绵延起伏、巍峨壮丽安第斯山为主体的山地,纵贯南北 3000 余千米;东部和中部为潘帕斯草原;北部主要是格兰查科平原,多沼泽、森林;南部是巴塔哥尼亚高原。海拔 6964 米的阿空加瓜山为南美洲万峰之冠。巴拉那河全长约 4700 千米。

阿根廷北部属于亚热带湿润气候,中部属于亚热带和热带沙漠气候,南部为温带大陆性气候,大部分地区年平均气温 16℃～23℃。东北部降水量 1000 毫米左右,西北部和南部为 250 毫米,夏季雨水较多。

二、国家象征

阿根廷的国旗呈横长方形,自上而下由浅蓝、白、浅蓝 3 个平行相等的横长方形组成,白色长方形中间有一轮"五月的太阳"。太阳酷似一张人脸,是阿根廷发行的第一枚硬币的图案。沿太阳圆周等距离分布着 32 根弯直相间的光芒线。浅蓝色象征正义,白色象征信念、纯洁、正直和高尚,"五月的太阳"象征自由和黎明。

阿根廷的国徽呈椭圆形。椭圆面上蓝下白,上端有一轮"五月的太阳",椭圆形中有两只紧握着的手,象征团结;手中握有"自由之竿",象征权力、法令、尊严和主权;竿顶为红色的"自由之帽"。椭圆形图案由绿色的月桂树叶环绕,绿色象征忠诚和友谊,月桂树叶象征胜利和光荣。

阿根廷的国歌是《祖国进行曲》。
阿根廷的首都是布宜诺斯艾利斯。

三、社会生活

阿根廷人口约4091万人,其中主要是欧洲人和印第安人。官方语言为西班牙语。居民近九成信奉天主教。

阿根廷为联邦制国家。总统是国家元首、政府首脑和武装部队总司令,执掌国家最高行政权。副总统兼任参议院议长。总统、副总统均由普选产生。内阁是政府执行机构,议会是国家最高立法机构。阿根廷主要政党:正义党、激进公民联盟、广泛进步阵线、共和国方案联盟、公民联盟。

阿根廷是拉美地区经济较发达的国家。矿产资源主要有石油、天然气、煤炭、铁和银等。工业基础较好,主要有石油、化工、电力、钢铁、水泥、纺织、皮草和食品加工等部门。原子能发电、轧钢、屠宰和食品部门技术比较先进,是拉美最早发展核技术的国家。种植业发达,牛羊饲养量居世界前列,是世界上粮食和肉类的主要生产和出口国之一,还是水果大国,素有"粮仓肉库"之称。

四、民俗风情

阿根廷人见面,与男士行握手礼,对女士轻吻脸颊。男女老少天天喝马黛茶,"宁可食无肉不能居无茶",还喜欢以玛黛茶款待客人,如茶中加糖表示友好,如加苦味作料则表示冷淡。如果客人说谢谢,主人以为你不想再喝便不再续水。

阿根廷人人是"夜猫子",一般晚上九、十点钟开始出门活动,夜场电影,赌马大赛,常常玩到深夜凌晨。餐馆灯火通明烤肉飘香,咖啡馆灯光幽暗高朋满座,唱片店人头挤挤乐声阵阵,热闹非凡。

赴阿根廷人家中做客,要给女主人敬献一束鲜花或一些糖果,也可带进口威士忌,但不送衬衫、领带之类的贴身用品。阿根廷人喜欢别人夸奖他们的孩子、家里的陈设和他们的饭菜。咖啡馆是阿根廷人重要的社交场所,一杯咖啡可喝上好几个小时,聊天谈生意,谈心求婚,随心所欲。闲谈的话题最好是体育特别是足球,或者是当地的公园,妇女喜欢谈论时装,但避免谈论有争议的宗教、政治问题。

阿根廷是探戈的故乡,人们视探戈为国宝。因为曲高和寡,年纪大的阿根廷人乐此不疲,而年轻人却敬而远之。阿根廷几乎人人都是足球迷。

阿根廷人习惯吃欧式西菜,肉食以牛肉、鸡、驴肉为主。主菜通常是烤肉。

阿根廷人不喜欢在圣诞节、复活节前后两周以及度假期进行商务活动,也不喜欢在早餐时分商谈业务,谈判过程中一般不涉及个人私事。商人愿意面对面地谈判,通过电话联系很少能成交业务,一次会谈就成交的事例极为少见。在阿根廷看歌剧、话剧演出,要穿西装打领带,否则不准进场。

五、旅游城市

布宜诺斯艾利斯(Buenos Aires)　阿根廷的首都和第一大城市,政治、经济、文化、金融和交通中心;南美地区第二大城市,素有"南美巴黎"之称,以众多的街心公园、广场和纪念碑而著名。城市建筑多受欧洲文化影响,至今还保留有几个世纪前的西班牙和意大利风格的建筑。

科尔多瓦(Cordoba)　科尔多瓦省首府,位于科尔多瓦山脉东麓,普里梅罗河畔。初为骡马驿站,19世纪后随当地修筑铁路和普里梅罗河上建立大型水电站而得以迅速发展。城市三面环山,风景秀丽,为阿根廷重要的旅游胜地。

罗萨里奥(Rosario)　位于世界最富有的三大粮仓之一——潘帕斯大草原的中心,为阿根廷重要的工业港口城市,是阿根廷共和国第一面国旗升起的地方。罗萨里奥历史悠久,文化发达,有大量保存完好的新古典主义建筑。

六、经典景点

总统府　位于布宜诺斯艾利斯市。历任总统都以粉红色涂料装饰建筑外观而得名"玫瑰宫"。大楼呈典型的罗马三进四合院式结构。地下一层为博物馆,陈列历届总统的塑像、曾经颁布的重要法令、政府重要文献及其他历史文物。总统府广场周围有许多著名的建筑物,如国家银行、天主教大教堂、市政厅大厦等。

五月广场　位于布宜诺斯艾利斯市。1816年阿根廷的《独立宣言》在此诞生,从此成为阿根廷重要活动的举行地,如总统就任庆典、国家足球队胜利狂欢、重要游行和集会。广场中心的"五月金字塔",为纪念1910年在五月革命中献身的爱国志士而建。广场周围有许多重要建筑,如玫瑰宫、主教座堂、市政厅。

七月九日大街　位于布宜诺斯艾利斯市。因纪念阿根廷1816年7月9日的独立而命名。大街长4.6千米,宽148米,共有22车道,是全球少见的宽阔街道。大街两边有很多街心花园,有绿树、鲜花、雕塑、喷泉,令人赏心悦目。

布宜诺斯艾利斯大剧院　典型的文艺复兴式建筑。剧院大理石走廊里有无数根圆柱和一尊尊雕像、一排排菱形吊灯,四壁金光灿灿。剧院有2500个观众席,还能容纳1000位站着的观众,为世界上最大的歌剧院之一。

乌斯怀亚　世界最南的城市之一。"乌斯怀亚"印第安语意为"美丽的海湾"。这里离南极只有800千米,成为通往南极洲的门户。小城依山傍水,街边全是可爱的小木屋,郁郁葱葱的山坡和巍峨洁白的雪山交相辉映,构成一幅绝美的风景画。

巴里洛切风景区　自然环境酷似欧洲的阿尔卑斯山地区。居民以德国、瑞士、奥地利移民后裔为主,建筑风格也沿袭了他们欧洲故国的传统,因而有"小瑞士"的美称。这里四季风景如画,每年都会举行盛大的冰雪节,是一个休闲度假胜地。

伊瓜苏瀑布　位于阿根廷和巴西边境的热带雨林中。河宽约1500米,河水顺着倒 U 形峡谷的顶部和两边向下直泻,凸出的岩石将奔腾而下的河水切割成大大小小 270 多个瀑布,形成一个半环形瀑布群,总宽度 3000～4000 米,平均落差 80 米。峡谷顶部的瀑布中心水流最大最猛,人称"魔鬼喉"。

阿根廷湖 阿根廷南部的冰川湖,面积为 1414 平方千米,以冰块堆积景观而闻名于世。该湖接纳来自周围 150 多条冰河的冰流和冰块,巨大的冰块互相撞击,缓缓移动,有时形成高达 80 米的冰墙,组成洁白玉立的冰山雕塑。湖畔雪峰环绕,山下林木茂盛,景色迷人。

七、世界遗产

冰川国家公园 位于圣克鲁斯省。拥有 47 条冰川,是世界上少有的现在仍然"活着"的冰川。这是一个奇特而美丽的自然风景区,有着崎岖高耸的山脉和许多冰湖,其中包括 160 千米长的阿根廷湖。在湖的远端 3 条冰河汇合处,乳灰色的冰水倾泻而下,像小圆屋顶一样巨大的流冰带着雷鸣般的轰响冲入湖中。

伊瓜苏国家公园 跨越阿根廷和巴西国界,占地约 1700 平方千米。世界上最壮观的瀑布——伊瓜苏瀑布就位于公园的中心地区。瀑布产生的云雾滋润着葱翠植物的生长。许多小瀑布成片排开,层叠而下,激起巨大的水花。许多稀有和濒危动植物物种在公园中得到保护。

瓦尔德斯半岛 位于阿根廷南部。面积 3625 平方千米。最低处海拔低于海平面 35 米,土地贫瘠,多盐湖,栖息有美洲鸵、原驼等野生动物。海岸栖息有多种海洋哺乳动物,如南美毛皮海狮、海象、南露脊鲸等。半岛上已发现 41 个种属的 130 种植物,其中 41 种属于濒危物种。

伊斯奇瓜拉斯托—塔兰帕亚自然公园 占地 2753 平方千米,土地干燥,崎岖不平,称为"月亮谷"。这是地球上唯一一块记载了三叠纪地质年代大陆沉积物化石化完整过程的土地,化石层中有已知年代最早的恐龙的遗骸,记录了恐龙从三叠纪早期的哺乳动物祖先到三叠纪后期恐龙时代的演变过程。

瓜拉尼耶稣会传教区 包括阿根廷的圣安娜村、圣伊格纳西奥·米尼村、圣母马利亚埃尔马约尔村、罗雷托圣母村以及巴西的圣米格尔·德拉斯米希奥内斯村等 5 个村落。残留着学校、住宅、作坊等古建筑遗址。这个遗迹是 17—18 世纪耶稣教团在南美传播的见证,在天主教传播史和南美天主教史上具有重要的意义。

平图拉斯河手洞 巴塔哥尼亚地区的一个山洞,主洞深约 24 米,入口宽约 15 米,高约 10 米。洞中有无数的远古人类绘制的谜一般的手印和其他图画。这些手印有黑色的、赭色的、紫罗兰的、黄色的和红色的,大约完成于公元前 550 年。还有几何图形和动物,最早的骆马图画大约画于 9000 年前,反映了远古猎人的生活。

科尔多瓦的耶稣会街区和庄园 科尔多瓦修建于 1616 年至 1725 年。这里有大学、教堂、教会住宅,还有栏圈和小牧场,菜地和果园,各种作坊。400 多年来人们从遥远的地方赶来寻求科学知识,浓郁的学术氛围深深地感染着他们。这里还产生了科尔多瓦最早的本土砖瓦匠、珠宝匠、艺术家,他们的杰作至今仍为世人称道。

乌马瓦卡谷　位于胡胡伊省。残留着过去 1 万年之前开始的重要通商路段及多样的遗迹,包括史前狩猎—采集者集落、印加帝国及发生于 19—20 世纪的独立战争遗迹。朱红的铁矿石,发绿的铜矿石,淡黄的磷矿石,形成异彩纷呈的"瑰宝峡谷"。峡谷里还有古代印第安人的城堡遗址。

库鲁切特博士宅邸　位于阿根廷拉普拉塔。这座宅邸为"勒·科尔比西耶现代建筑系列作品"之一。被列入世界遗产的勒·科尔比西耶的现代建筑作品共 17 处,分布在阿根廷、比利时、法国、德国、印度、日本和瑞士等 7 个国家。勒·科尔比西耶(1887~1965)是现代设计的先驱,20 世纪最重要的建筑师之一,被公认为"功能主义建筑之父"。他的作品体现了现代主义运动为适应社会需求而引入的全新的建筑技法,为现代建筑奠定了基础,实现了建筑技术的现代化。

卢斯阿莱尔塞斯国家公园　卢斯阿莱尔塞斯国家公园位于阿根廷中部的安第斯山脉北部,面积约 2630 平方千米,成立于 1937 年。公园拥有冰川活动所形成的冰碛地貌,拥有壮观的冰碛石、冰斗和晶莹的冰川湖,植被为温带森林。作为巴塔哥尼亚地区最后的原始森林,是许多濒危动植物的最后栖息地。

第十二节　兰花之国——委内瑞拉

委内瑞拉,全称"委内瑞拉玻利瓦尔共和国"(The Bolivar Republic of Venezuela)。"委内瑞拉"西班牙语意为"小威尼斯",因意大利航海家发现马拉开波湖地区水上村落星罗棋布,颇似意大利水城威尼斯而命名。又称"石油之国"。

一、自然地理

委内瑞拉位于南美洲北部,北临加勒比海,西与哥伦比亚相邻,南与巴西交界,东与圭亚那接壤。面积约 91.2 万平方千米。

委内瑞拉地形分为三个区域:西北部和北部山区,中部奥里诺科平原,东南部圭亚那高原。玻利瓦尔峰海拔 5007 米为最高点。马拉开波湖面积 14 344 平方千米,是拉丁美洲最大的湖泊;安赫尔瀑布落差 979 米,是世界上落差最大的瀑布。

除山地外,委内瑞拉大部分地区属于典型的赤道型气候,山地温和,低地炎热,6 月—11 月为雨季,12 月至次年 5 月为旱季。年平均气温 26℃~28℃。年均降水量约 1400 毫米。

二、国家象征

委内瑞拉的国旗呈横长方形,自上而下由黄、蓝、红 3 个平行相等的横长方形

旅游目的地概述

相连而成。旗面中央有8颗白色五角星,呈弧形排列;左上角绘有国徽图案。黄、蓝、红3色来自原大哥伦比亚共和国国旗颜色。8颗五角星代表1811年委内瑞拉联邦的7个省以及1817年并入委内瑞拉的圭亚那省。政府机构使用绘有国徽的国旗,民间则使用未绘国徽的国旗。

委内瑞拉的国徽,中心为盾徽。盾面左上方为1捆紧束的20穗麦穗,象征20个州的团结;右上方为两面国旗和武器,象征军事上的胜利;下方为蓝天绿地中1匹白色骏马,象征独立和自由。盾徽上端为绿叶、水果和两只羊角,象征丰饶;两侧由棕榈叶和橄榄枝环绕。下端为3色绶带,左边用西班牙文写着"1810年4月19日独立",右边写着"1859年2月20日联邦",意在纪念联邦共和国革命打响第一炮;中间写着"委内瑞拉共和国"。

委内瑞拉的国歌是《光荣属于人民》。

委内瑞拉的首都是加拉加斯。

三、社会生活

委内瑞拉人口约2682万人,其中城市人口约占八成,印欧混血人约占六成。官方语言为西班牙语。居民绝大多数信奉天主教。

委内瑞拉以总统为国家元首兼政府首脑。全国代表大会是最高立法机构,最高法院为全国最高司法机构。委内瑞拉主要政党:第五共和国运动、民主行动党、争取社会主义运动。

委内瑞拉矿产资源丰富,石油储量居世界第六位,为世界第五大石油输出国。天然气储量居世界第九位。冶金、矿业、电力、制造、建筑、石化和纺织等部门发展较快。农业发展缓慢,粮食不能自给,大豆、菜豆、食用油、黄玉米、牛奶、糖等均需进口。东北沿海地带盛产珍珠。贫富悬殊,贫困人口占总人口的三成半以上。

四、民俗风情

委内瑞拉原住民印第安人按语言、风俗划分部族,散居在不同的地区。有的部落一夫多妻,有的部落分为若干母系亲属集团,有些部落仍过着游牧生活。印第安人的游戏有玩球、赛跑和跳舞,跳舞时用泥或竹子制成的喇叭、鼓和葫芦笙伴奏。

在委内瑞拉,朋友见面或道别时互相握手,关系密切的还拥抱和亲吻面颊。一般的称谓是先生和夫人、小姐,还要加上行政职务或学术职称。交谈时喜欢距离很近,几乎可以碰到对方的鼻子,说话时可能捏捏对方的肩膀,摸摸对方的领口,熟人之间时常抓住对方的双手。

委内瑞拉人平时穿着比较随便,但正式场合男女都穿西装、皮鞋。男士的西服大多是三件套装,颜色为深色,内穿白色衬衫,衬衣的下摆塞进裤子里,系好袖扣和领扣。女士的西装以合体为宜,配以各种衬衣或内衣,系领带或不系领带均可,但套裤或套裙与衬衣的色彩必须协调。

新年来临之际,委内瑞拉人热衷于购买黄色内衣,黄色代表财富,贴身穿黄色衣服能"招财进宝";喜欢将大面额的纸币放在钱包或右脚穿的鞋子里,表示掌握了财富;妇女特别是大龄女青年会站在椅子上往地面跳或从桌子底下钻过去,祈求收获甜蜜的爱情和幸福的婚姻。新年钟声敲响,人们碰杯祝酒,并有意让一枚金戒指掉进酒杯中,以此祝愿发大财;喝的酒首选香槟等起泡沫的酒,因为泡沫象征好运;人们相信,随着新年到来的12下钟声一连吃掉12颗葡萄,或者烧掉事先秘密准备的写有三个愿望的纸片,便能梦想成真。

委内瑞拉是一个狂热崇拜美女的国家,已经诞生了6位环球小姐冠军,是著名的"环球小姐的世界工厂"。每年9月初,一年一度的评选委内瑞拉小姐是整个国家最重要的事情,届时街上空空荡荡,包括出租车在内的所有汽车全部停驶,人们坐在电视机前观看选美节目。棒球是委内瑞拉最流行的体育运动项目之一。

"阿利亚卡"是一种典型的委内瑞拉食品,用玉米面和猪肉、牛肉、鸡肉加上果仁等材料做成。火腿果仁面包已有近百年的历史。圣诞节的餐桌上,木瓜甜食、火腿肉、鸡丝色拉等不可缺少。

五、旅游城市

加拉加斯(Caracas) 委内瑞拉的首都和政治、经济、文化、金融中心,位于加勒比海之滨的卡拉卡斯谷地,三面环山,长年如春,被誉为"春城"。游客在这里既可以享受风和日丽的春光,又可以领略热带海滩的情趣,加拉加斯被称为"天府之都"。

马拉开波(Maracaibo) 苏利亚州首府,位于马拉开波湖西岸。地势低平,气候湿热。随着丰富石油资源的开发,水道的不断疏浚,一跃成为世界著名的石油工业中心和石油输出港之一。

六、经典景点

总统府 位于加拉加斯市。亦称"观花宫",原为华金·克雷斯波总统为其夫人米西亚·哈辛塔建造的私人住宅。欧洲文艺复兴建筑风格,红顶、白墙,庄严肃穆,周围花草遍地,绿树成荫。天井式庭院中的鱼雕和玉柱,据说源于一段神话故事。珍藏着尼克松总统1973年赠送的月球岩石标本。

国会大厦 位于加拉加斯市。原址为一所修道院。设计师和主要承建人是大哥伦比亚共和国末任总统拉裴尔·乌达内塔之子、著名工程师卢西亚诺。庭院式建筑,内设代表3个民族颜色的黄厅、蓝厅和红厅。东西两厢分别是国徽厅和三联厅,厅内分别珍藏描写独立战争历史的名画和国家公墓内玻利瓦尔石棺的金钥匙。

玻利瓦尔广场 位于加拉加斯市。玻利瓦尔是委内瑞拉的"国父"和"民族英雄",加拉加斯是他的故乡。广场上屹立着玻利瓦尔骑马举剑的铜像,这是加拉加斯第一座公共纪念碑。广场上有大水池、长廊、喷泉、裸女像,绿树成荫。广场四周为市政府、首都联邦区政府、外交部和大教堂等建筑物。

特雷萨·卡雷尼奥剧院 位于加拉加斯市。工程历时10年,耗资5.4亿玻利瓦尔,当时的坎平斯总统亲自主持剪彩仪式。建筑面积约8万平方米,外形新颖别致,内部装潢考究,有2400个观众席位,舞台设有转台和升降台,是委内瑞拉国家芭蕾舞团和歌剧团的定点演出场所。

哈迪约 "哈迪约"西班牙语意为"小畜群",得名于1570年建于此地的牧场。古老宅院点缀于青山之间,被誉为"镶嵌在翡翠首饰上的钻石"。环境幽雅、空气清新,富商巨贾多结庐于此,郊外豪华的花园别墅错落有致,各显风姿。哈迪约以保存完好的殖民时代建筑风格而著称。

卡拉沃沃古战场遗址公园 位于巴伦西亚市。1821年解放者玻利瓦尔率起义军与西班牙殖民军在此决战大获全胜,委内瑞拉彻底摆脱了几百年的西班牙殖民统治。园内建有凯旋门和无名烈士墓,昔日玻利瓦尔麾下将领们的雕像侍立在通向凯旋门的长廊两侧。玻利瓦尔的青铜骑像耸立在战役纪念碑的顶部。

七、世界遗产

科罗及其港口 科罗始建于1527年,为西班牙探险队的基地,重要农牧区的商业中心。许多街道用卵石铺砌而成,瓦片、泥砖、房屋的装饰保证了古城的整体和谐。有602座历史建筑,全部以砖为材料,巧妙地融合了伊斯兰色彩很浓的西班牙建筑风格、土著印第安风格和荷兰的巴洛克样式,形成了自己独特的建筑风格。

加拉加斯大学城 位于加拉加斯,1940年至1960年间建造。它将大量建筑物及功能融入一套连接清晰的综合性建筑群体之中,这群建筑包括现代建筑与视觉艺术的杰作,如带有亚历山大·卡尔德"云烟"的大学礼堂曼格纳、奥林匹克体育馆、隐藏的大厦,是建筑史上现代运动的杰出典范。

卡奈马国家公园 面积约3万平方千米。包括3个主要的地质岩层,最古老的岩层形成于36亿—12亿年前,是地下火成岩和变质岩的岩基。16亿至10亿年前,其上部形成了一个沉积盖,最早形成的岩层被深深地埋在地表下面。陡峭的悬崖和高达1000米的瀑布,构成卡奈马国家公园的独特景观。

第十三节 山姆大叔——美国

美国,全称"美利坚合众国"(United States of America,简称USA)。国名是一位英国人为北美殖民地创造的。1812年美英交战时,美军的牛肉桶上都盖有E.A.U.S.的标记,U.S.是美国的缩写,恰与"山姆大叔"的缩写一样,后美国国会正式确认"山姆大叔"为美国的象征。

一、自然地理

美国位于北美洲的中部,还包括北美洲西北部的阿拉斯加和太平洋中部的夏威夷群岛以及新近加入的波多黎各群岛。面积约937.7万平方千米,居世界第四位,仅次于俄罗斯、加拿大和中国。

美国本土内地均为平原,西部内华达山脉惠特尼峰海拔约4418米,为美国最高点。河流湖泊众多,水系复杂,注入大西洋的河流主要有密西西比河、康乃迪克河和哈得森河,其中密西西比河全长约6020千米;注入太平洋的河流主要有科罗拉多河、哥伦比亚河。北美洲中东部5个大湖泊——苏必略湖、密西根湖、休伦湖、伊利湖和安大略湖,总面积达24.5万平方千米,有"北美地中海"之称,其中密西根湖属美国,其余四湖为美国和加拿大拥有。苏必略湖为世界最大的淡水湖,面积仅次于里海而居世界第二位。

美国东北部属于温带气候,冬季寒冷,夏季温暖;东南部和墨西哥湾沿岸地带属于亚热带气候,温暖湿润;中部平原地区春夏气温高,冬季寒冷多雨;西部内陆高原冬季干燥寒冷,夏季干燥炎热。阿拉斯加为极圈内寒冷气候区,而夏威夷群岛和波多黎各群岛位于北回归线以南,属于热带气候区。

二、国家象征

美国的国旗俗称星条旗,呈横长方形。旗面左上角为蓝色星区,星区以外是红白相间的条纹。红白相间的横条共13条,代表组成合众国的最初13个州。星区内有9排50颗星,以一排6颗、一排5颗交叉排列,代表美国50个州。红色象征强大和勇气,白色象征纯洁和清白,蓝色象征警惕、正义和坚忍不拔。

美国的国徽,以白头鹰为主要图像。

美国的国歌是《星条旗永不落》。

美国的首都是华盛顿。

三、社会生活

美国人口约3.07亿人,其中3/4生活在城市里。白人占总人口的八成半,主要是欧洲移民的后裔。通用美式英语。居民信仰宗教的约占六成,基督教、天主教、犹太教、东正教为主要教派。

美国实行"三权分立",国会、总统、法院分别行使立法、行政和司法权。国会是最高立法机构。总统是国家元首、政府首脑和三军总司令。美国是个联邦制国家,各州享有很大的自主权。美国政党组织松散,入党不必填写申请,党员不需交纳党费,更换党籍也比较随便。主要政党是民主党和共和党,前者党徽为驴,后者党徽为象,故有"驴象之争"的说法。

美国工农业门类齐全,集约化程度高,技术先进。第三产业在国民经济中的比重达 1/3。长期以来,美国 GDP 规模长期居世界首位。美国有着世界上最强大的军事力量,世界上最强大的综合国力,堪称头号世界强国。

四、民俗风情

美国人的姓名,通常由第一名(教名)+第二名+姓组成,女子婚后改夫姓。交往不拘礼节,习惯直呼其名,从不用行政职务如局长、经理、校长等头衔称呼别人,正式的头衔只用于法官、高级政府官员、教授。社交场合遵循女士优先的原则。

美国人穿着随意,服装样式五花八门,西装、夹克、牛仔、运动衫不拘一格,少见衣冠楚楚,但正式社交场合则按礼仪要求着装。

美国人热爱体育运动,以棒球、橄榄球、篮球最普遍,棒球被视为国球,高尔夫球和网球也已大众化。电影和电视成为美国人生活中的一个重要内容。美国人对音乐情有独钟,爵士乐、摇滚乐已走向全球。喜欢跳舞,摇摆舞、迪斯科、霹雳舞、夏威夷风情舞,不一而足。

美国人的吃简单随意而快节奏,以美式快餐最常见,肯德基、麦当劳最著名。美国人一日三餐,晚餐最丰盛。不爱油炸食品,不爱吃肥肉,忌食各种动物的内脏。爱饮加冰块的啤酒、鸡尾酒、苏打水、咖啡等饮料。

在美国,约会、做客要提前预约。朋友生日、结婚或节日,要送上一份薄礼,而且要送单数,包装要讲究,收到礼品会当面打开。隐私权被看作最基本的不可侵犯的人权,日常交谈不能涉及个人的隐私,如年龄、婚姻、收入等问题。吸烟要征得在场女士的同意。蝙蝠被视为凶恶之物,黑猫被视为不吉利动物。在某些少数民族部落,千万不要提及他们的图腾动物。美国人非常忌讳数字 13,忌讳星期五。

五、旅游城市

华盛顿(Washington) 美国的首都。世界银行、国际货币基金、美洲国家组织等国际组织总部的驻地。位于美国东北部。以美国第一任总统乔治·华盛顿的名字命名。华盛顿各式建筑林立,但均不超过 10 层楼高,被称为"建筑艺术博物馆"。华盛顿四周群山环抱,市内绿草如茵,没有工业,商业不发达,主要经济是服务业和旅游业。

纽约(New York) 美国最大的工商业城市,联合国总部所在地,位于大西洋哈得逊河口。城市呈棋盘状布局,摩天大厦鳞次栉比,有著名的金融中心华尔街、娱乐区百老汇、联合国总部大厦、哥伦比亚大学等,还有各种类型的博物馆、展览馆,是世界上最大、最繁华的城市之一。

洛杉矶(Los Angeles) 美国最大的海港,电影业的中心。位于南加州西南部。分为城中区、好莱坞区、戏曲区、海岸区以及山谷地区等五大地区,不同的自然、人文景观组成多元化的文化风貌。一望无垠的沙滩，闻名遐迩的好莱坞，引人入胜的迪士尼乐园，峰秀地灵的贝佛利山庄，是举世闻名的"电影城"和"旅游城"。

芝加哥（Chicago） 别称"世界屠猪城""巨肩之城""劳动之城"，是美国重要的铁路、航空枢纽，金融、文化、制造业、期货和商品交易中心之一。位于伊利诺伊州的东北部。芝加哥拥有良好的会议设施，号称"世界会议城"。1886年芝加哥几十万工人举行罢工，争取8小时工作日，"五一国际劳动节"即起源于此。

波士顿（Boston） 马萨诸塞州的首府，位于查尔斯河与米斯蒂克河两河河口。1775年在这里打响了美国独立战争的第一枪。城市经济以银行、保险、投资管理、商业为主，传统的轻工业部门如制鞋、皮革、纺织、服装、食品、印刷出版等仍占重要地位。远洋巨轮可自由停靠波士顿港。

费城（Philadelphia） 别名"费拉德尔菲亚""友爱之城"。位于宾夕法尼亚州东南部。1776年在此发表《独立宣言》，宣布摆脱英国殖民统治，揭开美国历史崭新的一页。全城绿意盎然，街道布局呈棋盘状，适宜居住，有"住家城"之称。

亚特兰大（Atlanta） 佐治亚州的首府，位于蓝岭东南的山麓台地。南北战争期间毁于战火，战后重建，现为美国东南部商业、运输业和工业中心。气候温暖，环境优美，每年春天盛开白色的山茱萸花，故有"山茱萸城"之称。每年有上千场重要会议在此举行。

奥兰多（Orlando） 位于中佛罗利达州橙县。有食品加工、电子部件、火箭发动机等工业，也是柑橘类水果的集散中心。湖泊众多，街道干净，气候温暖，周边有一批大型的游乐场，是著名的休闲城市。

迈阿密（Miami） 位于佛罗里达州。美国本土最南端的城市，被认为是北美洲、南美洲、中美洲以及加勒比海地区的"文化大熔炉""美洲的首都"。因良好的空气质量，大量的植被覆盖，清洁的饮用水，干净的街道和全市范围的垃圾回收计划，曾被评为"美国最干净的城市"、美国最富裕的城市。

底特律（Detroit） 世界著名的汽车城，位于密歇根州东南部。原为印第安人的毛皮市场和木材集散地，第二次世界大战后成为美国黑人比重最高的大城市。汽车制造业为城市工业的核心部门，与汽车制造业有关的钢材、仪表、塑料、玻璃以及轮胎、发动机等零部件生产也相当发达。

休斯敦（Houston） 位于得克萨斯州。墨西哥湾沿岸最大的经济中心。城市周围井架林立，油管纵横，号称"世界石油之都"。以宇航和医疗科研闻名于世，设有美国国家航空和航天局最大的空间研究中心，号称"太空城"。

西雅图（Seattle） 位于华盛顿州。城市之名原是印第安人酋长的名字。西雅图为美国西海岸主要海港，素称"通往阿拉斯加和远东的门户"。城市建在小丘上，东西水域外围群山环抱，森林茂密，山、湖、海浑然一体，风景秀丽。世界上最大的喷气式民用客机制造公司波音公司总部设在这里，有"波音之城"的称号。

拉斯维加斯（Las Vegas） 美国最大的赌城，与摩纳哥的蒙特卡洛、中国的澳门并称世界三大赌场。位于内华达州。全城有300多家酒店和赌场，夜幕降临，灯火辉煌。博彩业、酒店业和其他服务行业是拉斯维加斯最主要的经济支柱。

旧金山（San Francisco） 美国西岸最早开发的城市，美国最大的华人聚居区之一。旧金山海湾海域辽阔，金门海峡外通浩瀚的太平洋，是东西方商品汇流的集散地和文化交流的孔道。旧金山气候温和，风景美丽，是举世公认的旅游名城。

圣地亚哥（San Diego） 位于美国本土西南角，以温暖的气候和美丽的沙滩著名。土地肥沃，气候温暖，海洋资源丰富，印第安人世代在此以耕种、捕鱼、打猎为生。设有多处军事基地，人称"海军航空兵的诞生处"。

六、经典景点

白宫 位于华盛顿市。美国总统居住和办公地，常代指美国政府。白宫的基址由美国开国元勋、第一任总统乔治·华盛顿选定。1812年英美战争中受到严重破坏，战后重建。因外墙为白色砂岩石，由罗斯福总统命名为"白宫"。白宫占地7.3万多平方米，主楼高26米，宽52米，东侧有肯尼迪夫人花园，西侧有玫瑰园。

五角大楼 位于华盛顿市。因建筑物为五角形而得名，美国国防部所在地，常用作美国国防部的代名词。此地原为沼泽地，打下41 492根水泥柱，以68万吨砂石压制成30万立方米的钢筋混凝土建筑材料，建起这座庞然大物。大楼高23米，走廊总长度超过28千米，建筑面积约60万平方米，是世界上最大的单体办公楼之一。

国会山 位于华盛顿市。美国国会办公大楼，因地处一高地之上而得名。以白色大理石为主料，中央顶楼有三层大圆顶，圆顶上有一尊6米高的自由女神青铜雕像。众议院会议厅是美国总统宣读年度国情咨文的地方。东侧大草坪是历届总统举行就职典礼的地方。美国人把国会大厦看作是民有、民治、民享政权的最高象征。

华盛顿纪念碑 位于华盛顿市。为纪念美国首任总统乔治·华盛顿而建。1848年的美国独立纪念日，美国总统詹姆斯·波尔克用华盛顿为国会大厦奠基所用过的泥刀为华盛顿纪念碑砌下了奠基石。纪念碑为大理石方尖碑，高169米，内墙镶嵌纪念石188块，其中刻有中文的一块为中国清政府所赠。碑身上没有一个字母，寓意华盛顿一生的伟业难以用文字来表达。

杰弗逊纪念堂 位于华盛顿市。为纪念美国第三任总统托马斯·杰斐逊而建。罗马神殿式的白色大理石圆顶建筑，高29米，外围有54根花岗岩石柱，每根重45吨。大厅中央耸立高6米的杰弗逊总统立身铜像，身后的石壁上镌刻杰弗逊生前的名言："我已经在上帝圣坛前发过誓，永远反对笼罩着人类心灵的任何形式的暴政。"

林肯纪念堂 位于华盛顿市。为纪念美国第16任总统亚伯拉罕·林肯而建。用通体洁白的花岗岩和大理石建造的古希腊神殿式建筑。纪念堂内正中央放置大理石的林肯雕像，雕像上方是一句题词——"林肯将永垂不朽，永存人民心里。"纪念堂前有一泓清水池，华盛顿纪念碑和林肯纪念堂倒映其中，神圣庄严。

国会图书馆 位于华盛顿市。各类收藏近1.21亿项，其中包括很多稀有图书、特色收藏、世界上最大的地图、电影胶片和电视片等，书籍超过2/3以多媒体形式存放。图书馆所设置的图书编目系统和题录标准已为世界图书界所采用。图书馆馆长由总统任命，并由参议院投票表决，为终身制。

越战纪念碑 位于华盛顿市。又称"越战墙"，碑体用黑色花岗岩砌成，上面刻着越南战争中美军5.7万名阵亡者的名字。纪念碑的设计者为年仅21岁的大学三年级女生林璎，她祖籍中国，曾入选"20世纪最重要的100位美国人""50位美国未来的领袖"之一，获得2009年度美国国家艺术奖章。

国际间谍博物馆 位于华盛顿市。上千件展品将隐秘的谍海战争公之于众，其中包括克格勃女特工的血红色唇膏样式的微型手枪，美国中央情报局发明的黑色钢笔样式的催泪枪，一次性打火机样式的微型发报机，与平常纽扣无异而能快速摄影的纽扣相机，可安装在皮鞋鞋跟内的窃听器，藏有微缩胶片的刮胡刀。

联合国大楼 位于纽约市。地处纽约，其土地为国际领土。包括秘书处大楼、会议厅大楼、大会厅和图书馆4栋建筑。核心建筑秘书处大楼，因外观四四方方而被称为"火柴盒"，由包括梁启超之子建筑家梁思成在内的世界10位建筑师共同设计。秘书处大楼前方悬挂联合国成员国的国旗，主旗杆上是蓝色的联合国旗帜。

帝国大厦 位于纽约市。现代化办公大楼，102层，高448米，建筑面积20多万平方米，造价6700多万美元。共使用6万吨钢、1000万块砖、80丁米长的电缆与电线、192千米长的管道、1600千米长的电话电缆，有6500个窗户、73部电梯、1860级台阶，电梯速度高达每分钟420多米。

时代广场 位于纽约市。又称"时报广场"，是繁盛的娱乐及购物中心，也是纽约市内唯一必须悬挂亮眼宣传版的地区。每年新年前夕时代广场举行盛大的水晶球降落迎新年仪式，水晶球降落，彩纸空中飞舞，节日礼花绽放，热闹非凡。很多题材黑暗而具影响力的电影如《午夜牛郎》《计程车司机》在此取景。

中央公园 位于纽约市。占地约3.4平方千米，有总长93千米的步行道、9000多张长椅和6000多棵树木，被誉为"纽约之肺"。中央公园四季皆美，春天嫣红嫩绿，夏天阳光璀璨，秋天枫红似火，冬天银白萧索。很多中国艺术家经常在此摆摊画素描。节庆日举办各种音乐会，成为身处闹市的居民休闲场所和宁静的精神家园。

纽约中心 位于纽约市。全世界最大的私人建筑群之一。由19栋商业大楼组成，被美国政府定为"国家历史地标"。最核心的建筑是无线电音乐厅和通用电器大楼。无线电音乐厅设计美轮美奂，可容纳6000多观众。通用电器大楼是其中最高的建筑，共70层，高约260米，顶楼观景平台可以鸟瞰曼哈顿全景。

华尔街 位于纽约市。全长500多米，宽仅11米，两侧摩天大楼高耸入云，摩根财阀、洛克菲勒石油大王和杜邦财团等开设的银行、保险、航运、铁路等公司的经理处以及纽约证券交易所集中于此。华尔街的铜牛雕像，身长近5米，据说抚摸铜牛的牛角可祈求好运。"华尔街"一词可代指整个美国的金融市场和金融机构。

百老汇大道 位于纽约市。长25千米，最早的百老汇剧院建于1810年。中心地带在时代广场附近，周围云集几十家剧院，中段是美国商业性戏剧娱乐中心。内百老汇上演经典热门的商业化剧目，外百老汇演出一些实验性的低成本剧目。"百老汇"因此成为美国戏剧活动的同义语，也是美国现代歌舞艺术、娱乐业的代名词。

大都会艺术馆 位于纽约市。与英国伦敦的大英博物馆、法国巴黎的罗浮宫、俄罗斯圣彼得堡的列宁格勒美术馆并称为世界四大美术馆。占地约13万平方米，分为欧洲绘画、美国绘画、原始艺术、中世纪绘画和埃及古董等五大展厅，收藏艺术珍品330余万件。馆内的明轩仿自中国苏州的网师园，颇具苏州园林的艺术神韵。

自然历史博物馆 位于纽约市。馆藏3600万余件，展厅50多个。古生物和人类学的收藏在世界博物馆中占居首位，所藏宝石、软体动物和海洋生物标本尤为名贵。馆内展出的长12米、高5米的陆生食肉动物霸王龙骨骼，高28.7米的蓝鲸模型，563克拉的蓝宝石"印度之星"，重31吨的世界最大陨石等，堪称馆藏精品。

古根海姆博物馆 位于纽约市。私人现代艺术博物馆。建筑外观像一只茶杯，又像一条巨大的白色弹簧，结构呈螺旋线因而又像海螺，奇美的造型、特异的结构和崭新的材料举世瞩目。占地约2.4万平方米，陈列空间约1.1万平方米。古根海姆基金会是世界上首屈一指的跨国文化投资集团。

中央火车站 位于纽约市。拥有44个站台，67条铁轨，每天进出列车500多个班次、乘客50多万人次，是世界上最大、最繁忙的火车站之一。候车大厅的拱顶有2500多颗"星星"，一通电源便满目生辉。火车站还有一个吻室，那些远道而来的乘客包括一些政要和各行各业的名人们，在此与迎送的至爱亲朋拥抱接吻。

归零地 位于纽约市。纽约世贸中心遗址。"归零地"原意为导弹目标或核装置爆炸点。2001年世贸中心遇袭，高415米的双子大楼轰然倒塌，3000多人丧生，世贸中心成为一片废墟，因而被称为"归零地"。遗址旁的楼墙上有一组约20米长的铜浮雕，刻画了遇袭事件中英勇救援的消防员，在那场消防战役中有343名消防官兵献出生命。

布鲁克林大桥 位于纽约市。大桥全长约1834米，桥身由上万根钢索吊离水面41米，是当年世界上最长的悬索桥，也是世界上首次以钢材建造的大桥，被誉为工业革命时代的建筑工程奇迹之一。大桥百年华诞时，美国曾发行一枚20美分面值的纪念邮票。每天从桥上经过的车辆约14万辆次。

波士顿州议会大厦 金色圆顶古典建筑，是波士顿的标志之一。大厦的旗厅收集了美国内战时期的战旗。参议院楼梯厅有关里维尔飞骑报信和"波士顿茶党案"的壁画，众议院大厅悬挂着一个著名的木制鱼——马萨诸塞州"神圣的鳕鱼"，地下档案馆和博物馆里有《五月花和约》等珍贵的历史文件。

旧北教堂　位于波士顿市。外壁为砖砌,内部为纯白色。1775年,英军欲袭击波士顿郊外的弹药库,鲍尔·利维拉为通知武器库的保卫者,在教堂尖塔上挂出两盏石油灯示警,并连夜飞马报信,使守军得以从容迎击翌晨出现的英军,这一仗揭开了美国独立战争的序幕。竖立在教堂前的骑马铜像,刻画的就是这位英勇机智的英雄。

哈佛大学　位于波士顿市。美国历史上第一所高等学校。美国有史以来的44位总统中,有7人曾就读于这所高校。校内有座铜像,底座上刻有"约翰·哈佛,创校者,1638年",其实,约翰·哈佛只是重要的赞助者,建校是1636年,铜像也不是哈佛本人。这就是人们常常引为趣谈的"哈佛三大谎言"。

自由钟　位于费城市。重达900多千克,由多种金属混合铸成,因质量不佳而二次重铸。最早置放在独立宫的旁殿里,英国占领费城期间被转移藏匿,后被移回费城安放在独立宫后面的新殿,继而搬到独立宫广场上一个玻璃房里。钟面上刻着《圣经》名言:"向世界所有的人们宣告自由。"自由钟已成为美国自由精神的象征。

富兰克林科学博物馆　位于费城市。为纪念科学家富兰克林而建。馆内展出的物品包罗万象,从运输、航空、物理、化学以至天文地理无所不包。最具特色的标志是一个巨大的心脏,人们可以按照血液流动的方向在里面穿行。另一个特色是一个可以开动的真正的蒸汽机火车头,人们可以进到驾驶舱内。

马丁·路德·金历史遗址　位于亚特兰大市。马丁·路德·金是美国黑人民权运动领袖,他的著名演说《我有一个梦想》成为千古绝唱,最后遇刺身亡。亚特兰大有马丁·路德·金的故居,安葬他和他的妻子的基督教会教堂,有马丁·路德·金和他的父亲当过牧师的埃比尼泽浸礼会教堂。

华特迪士尼度假区　位于奥兰多市。简称"迪士尼乐园",面积达124平方千米,是全世界最大的迪士尼主题公园。有"动物王国""魔幻影城""科幻天地"和"梦幻世界"等主题园区,运用声光化电等高科技手段,再现远古时代的景象和未来世界的科学技术,成为令人流连忘返的科学世界和神话迷宫。

肯尼迪宇航中心　位于奥兰多市。美国最重要的航天器测试、发射场所。这里是美国本土最接近赤道的地区,向东发射火箭有助于入轨;面临浩瀚的海洋,适宜监控,是各种航天器理想的发射场。美国第一颗人造卫星、举世瞩目的航天飞机都是从这里启程飞向太空,被称为"人类通向太空的大门"。

西礁岛　位于迈阿密市。为热带珊瑚岛。小岛通过长约160千米的一号公路连接美国大陆。这里长夏无冬,没有高楼大厦,有美国总统哈里·杜鲁门的度假行宫、著名作家海明威的故居,还是同性恋者的乐园。环游加勒比海的豪华邮轮无不停靠这里。面积仅11平方千米,长住居民25 000人,而平均每天游客竟达1.86万多人。

旅游目的地概述

福特汽车博物馆　位于底特律市。福特汽车创始人福特当年在这里买地修建了一个休闲主题公园,汽车博物馆是其中之一。展示各式各样的汽车,最值得一看的是美国总统的座驾,包括肯尼迪被刺时所乘坐的汽车,老罗斯福、里根、杜鲁门等总统乘坐过的汽车。还有蒸汽机、火车头、发电机、滑翔机、飞机等工业革命的代表性物品。

西尔斯大厦　位于芝加哥市。高443米,地上110层,地下三层,用9个23米见方的钢架结构方筒束成一个整体。整个建筑分成4级,造型类似中国民族乐器芦笙,变化丰富但又稳如泰山。顶上两根巨型天线直刺青天,深褐色的铝质外壁和青铜色的玻璃幕墙在阳光下璀璨发光。有时楼顶红日高照,楼下却云积雨落。

云门　位于芝加哥市。巨型雕塑,高9米,长18米,宽13米,重约110吨,市民昵称为"豆子"。外表采用抛光不锈钢,远望如一滴水银,可将周围的景色映入其中,不同的时间、不同的角度看到的是不同的"豆子",设计者称为"通往芝加哥的大门,映射出一个诗意的城市"。

太空中心　位于休斯顿市。美国的航天火箭、航天飞机都在佛罗里达发射,但所有的控制都在这里,所以人类在月球上说的第一个词就是"休斯敦"。有很多珍贵的实物展品,如返回舱、月球岩石,游客可以参观登月的火箭,触摸从月球上采集回来的岩石块,观看宇航、登月及星际旅行电影。

微软总部　位于西雅图市。占地120公顷,树林、草坪和鲜花丛中有35幢楼房,总建筑面积超过400万平方米,有1.5万多间办公室和1.3万多个泊车位。这里每天要消耗3500块比萨饼、2400个汉堡包、1000只鸡、4.8万罐饮料,每年收回的废品易拉罐达112吨、白纸197吨、混合纸581吨、纸板461吨,堪称世界上最繁忙的地方。

太空针塔　位于西雅图市。为1962年西雅图世博会而建的观景塔。塔高184米,当时是美国西部最高的建筑之一。塔身最宽处42米,总重9550多吨,可抵御9级以上地震和每小时10千米的风力。在瞭望台和旋转餐厅可俯览西雅图全景。

雷尼尔山国家公园　位于西雅图市。雷尼尔山拥有除阿拉斯加以外最大的单一冰河以及最大的冰河系统。山顶终年冰雪覆盖,曾出现地球上有史以来最大的降雪量。夏季,冰川消融的雪水汇成湍急的溪流和倾泻的瀑布,响彻山谷,1500米以下的景色被隐没在雾海之中,只有较高的山峰探出一角,仿佛海中浮岛。

飞行博物馆　位于西雅图市。波音公司博物馆,收藏飞机145架,包括最早期的波音747空军一号专机、波音737和协和客机。一个红色建筑物是保存下来的波音公司早期的飞机制造厂,里面收藏许多了波音公司发展的文献。展示区里设有电影院,另有两个专为儿童设计的区域,分别有很酷的宇宙飞船和好玩的模拟飞行机。

火焰谷州立公园　位于拉斯维加斯市。占地约14平方千米。数百万年风雨侵蚀的砂岩奇形怪状,满布山谷;大面积露出地表的中生代时期的红色砂岩,在阳光下折射出烈火般的红色,"火焰谷"之名由此而来。红色砂岩上留有许多壁画,最早的壁画已有8000年的历史。此地被原住民印第安人奉为圣地。

拉斯维加斯长街　拉斯维加斯最繁华的街道。这里汇集了豪华的度假酒店、庞大的博彩大厅、丰盛的自助餐厅以及无数的娱乐活动,成为拉斯维加斯的灵魂与象征。世界上房间数量最多的25家酒店中,有18家在这里。每家大型酒店和赌场都有自己的主题,以地域为主题的酒店建造了各地的地标建筑。

拉斯维加斯婚礼教堂　教堂门口高高竖立的牌子上有两颗巨大的红心,被一支丘比特箭射穿,非常引人注目。教堂里的白色长凳铺着天鹅绒坐垫,两旁摆满白色的蜡烛和鲜艳的花朵,无数情侣选择这个教堂举行婚礼。

硅谷　位于旧金山市。"硅谷"是加州圣塔克拉拉谷的别称,因最早研究和生产以硅为基础的半导体芯片而得名,现泛指高新技术产业。择址这里的计算机公司约1500家。以附近的斯坦福大学、伯克利大学和加州理工学院等世界知名大学为依托,以高新技术的中小公司群为基础,拥有苹果、英特尔、惠普、思科、朗讯等大公司。

旧金山大桥　位于旧金山市。大桥雄峙于长1900多米的金门海峡之上,耗用10万多吨钢材,耗资约3550万美元,被认为是旧金山的象征。大桥全长2737米,南北两侧的钢塔高342米,钢塔之间的跨度达1280米,为世界罕见的单孔长跨距大吊桥。朱红色的宏伟大桥横卧于碧海白浪之上,犹如巨龙凌空,堪称世界奇观。

渔人码头　位于旧金山市。以一个画有大螃蟹的圆形广告牌为标志。码头有许多商场、购物中心和酒店,举办过许多大型活动,包括美国国庆节焰火表演等。码头附近有海洋历史公园、哥拉德利广场、机械博物馆以及唐人街、伦巴底街和北滩等景点。这里盛产海鲜,每年11月到次年6月是品尝海鲜的最佳时节。

九曲花街　位于旧金山市。即"伦巴底街",街道陡峻而弯曲,长度不过400米,却有8个急弯,车行至此时速不得超过9千米,因此有"世界上最弯曲的街道"之称。街道两旁遍植花木,花团锦簇。在花街高处可远眺旧金山大桥和科伊特塔。

亚洲艺术博物馆　位于旧金山市。收藏亚洲各类艺术珍品1.7万多件。其中中国的瓷器2000多件,玉器1200多件,青铜器800多件,这些中国文物始于新石器时代,迄于清代。藏品中的一尊中国青铜佛像,据考证为公元338年的作品,是目前所发现的最早的中国青铜佛像,被视为镇馆之宝。

缪尔树林国家保护区　位于旧金山市。美国的红杉是世界上最古老、最巨大的树种之一。19世纪初,美国西部太平洋沿岸尚有800千米的狭长地带散布着许多红杉林,但遭到毁灭性的采伐。1905年美国国会议员威廉•肯脱夫妇在旧金山湾区发现约100多公顷的红杉林,他们买下这块土地连同成千上万棵红杉捐献给国家。

恶魔岛　位于旧金山市。面积约9万平方米,岩石丛生。岛上曾设联邦监狱,囚禁恶性囚犯。小岛四周波涛汹涌,还有凶残嗜血的鲨鱼,逃狱绝无可能活命。第

旅游目的地概述

一次世界大战期间拒绝服兵役而被判有罪的菲利普·格罗瑟,把自己的铁窗经历整理成书——《山姆大叔的恶魔岛》,这座小岛从此获得了"恶魔岛"的名号。

卡梅尔小镇　位于旧金山市。海滨文艺小镇。小镇依山面海,充满波西米亚风情。小镇因早期居民绝大多数是专业艺术家,被称为"艺术家、诗人和作家的卡梅尔"。中国国画大师张大千曾在此居住,居所称为"可以居"。很多画廊、雕塑精品店的主人本身就是成就卓著的艺术家,不少商品是世上独一无二的珍品。

旧金山唐人街　亚洲之外最大的华人社区。19世纪末中国移民来加州修筑太平洋铁路和淘金,却被视为"次等公民",被规定居住在特定区域内。他们在以都板街为中心的小范围内活动,后来迁入者越来越多,发展成为如今的"唐人街"。

好莱坞　位于洛杉矶市。世界著名影城。温和的气候,充足的阳光,理想的户外拍摄光源,美丽如画的海洋风貌,形态各异的山峦背景,适宜搭建大型外景,调度大规模动作镜头。有著名影片公司8家,大型摄影棚200多处,众多的作家、音乐家、影星汇聚于此,每年生产的影片占美国影片总量的2/3,被誉为"梦幻工厂"。

星光大道　位于洛杉矶市。沿好莱坞大道与藤街伸展的人行道,道路两旁是绵延的棕榈树和林立的电影广告牌。大道上镶嵌着超过2500枚五尖水磨石及黄铜的"星星",留下了许多影星的签名和手印、脚印。

杜比剧院　位于洛杉矶市。奥斯卡金像奖颁奖地。柯达公司耗资7400万美元获得这家剧院20年的冠名权,因此称为"柯达剧院"。后来柯达公司无力支付这笔巨额的冠名费,美国电影与艺术学院将剧院更名为"好莱坞高地中心"。不久,著名音响技术公司杜比实验室公司获得20年的冠名合同,从此改名"杜比剧院"。

迪士尼乐园　位于洛杉矶市。1955年美国动画片大师沃尔特·迪士尼创办的第一座迪士尼游乐园。乐园占地约206公顷,有冒险乐园、新奥尔良广场、动物王国、拓荒者之地、米奇卡通城、梦幻乐团、未来王国等主题园区。中央大街上经常会碰到一些演员扮演的米老鼠、唐老鸭、白雪公主和小矮人。

环球影城　位于洛杉矶市。电影主题游乐园,由影城之旅、上园区、下园区三部分组成。片场一条街上是世界各大城市的街景,西部片里的小镇、纽约、英国伦敦、德国柏林、罗马古城等布景几可乱真。斥资一亿美金的侏罗纪公园充满热带景象,漫步的"恐龙"会突然间大发兽性制造出一场场混乱,犹如天崩地裂,令人心惊肉跳。

盖蒂艺术中心　位于洛杉矶市。盖提是美国著名收藏家,他去世时留下丰厚的遗赠。艺术中心展示盖提收藏的中世纪以来的西方艺术品,其中有美国本土精美的名作手稿和老照片,大量的欧洲绘画、雕塑、装饰艺术以及欧美摄影艺术品。艺术中心建筑线条简洁,色调明快,采光自然,室内天井与室外花园浑然一体。

格利菲斯公园　位于洛杉矶市。北美最大的都市公园之一。由格利菲斯将军买下后捐赠出来,后人以他的名字命名公园。公园维持早期印第安人居住的景观,种植了许多橡树和野生鼠尾草。有动物园、高尔夫球场、博物馆、天文瞭望台等。

山上的好莱坞巨型英文标牌高达五层楼。山顶的天文台有一座巨型天文望远镜。

圣地亚哥港　美国太平洋舰队驻地。港口停泊的中途岛号航空母舰,长298米,自重5.1万吨。当年一个水兵与一个素不相识的姑娘在此深情接吻,被一个记者抓拍到,后来他们还真的结成了夫妇,这张照片被做成雕塑矗立在迎接水兵归来的广场上,名为"海军之吻"。

卡尔斯班花海　位于圣地亚哥市。全球十大花海之一。每年从3月中旬开始一直持续到5月初,卡尔斯班农场的20公顷坡地被五彩缤纷的鲜花所覆盖。这里不同颜色的鲜花分区栽种,排列间隔有致,颇具匠心,是南加州的观光胜地。

珍珠港　位于夏威夷市。三面环山,一面临海。1941年日本法西斯350余架飞机偷袭珍珠港美军基地,炸沉炸伤舰艇40余艘,炸毁飞机200多架,毙伤美军4000多人,促使美国决心投入反法西斯战争。1962年在沉舰上建起乳白色的纪念馆,以永远纪念珍珠港事件中阵亡的美军官兵。港口有密苏里号战舰纪念馆。

大风口风景区　位于夏威夷市。地处高山缝隙处,来自东北方的强风至少8级以上,游人难以单脚站立,但数米以外却是风和日丽。大风口曾是古战场,1795年瓦胡岛酋长被卡美哈美哈国王击溃,节节败退逃到此处跳下悬崖,数千人丧命。1941年日本飞机从大风口飞向珍珠港,太平洋战争爆发。

火奴鲁鲁动物园　位于夏威夷市。占地约17公顷。1000年以前最早来到夏威夷的波利尼西亚移民带来了狗、猪和鸡3种动物,直到17世纪夏威夷人才知道还有其他动物。1876年"快乐国王"大卫卡拉卡瓦捐地造园,1914来了第一批动物:一只猴子、一头熊、几只小狮子和其他一些小动物,如今动物超过1230种。

卡皮奥拉妮公园　位于夏威夷市。占地45平方千米。卡拉阿考国王将这片土地赐给檀香山人民,并以皇后的名字命名。这里高山雄伟,蓝海辽阔,风景极佳,有足球场、手工艺品集市、音乐表演,还是受游客欢迎的野餐地点。每年3月这里举办国际风筝节,成为夏威夷风筝运动的热门场地。

威基基海滩　位于夏威夷市。"威基基"夏威夷语意为"喷涌之泉"。沙滩洁白,椰树摇曳,高楼林立,有世界一流的购物、餐饮、娱乐场所和度假村。夜幕降临,度假村响起夏威夷音乐,表演夏威夷草裙舞。威基基海滩长1.6千米,虽是弹丸之地,每年的观光收益几近夏威夷观光收入的一半。

玻利尼西亚文化中心　位于夏威夷市。这里依山傍水,热带植物郁郁葱葱,蜿蜒曲折的人工湖把文化中心巧妙地分割成7个自然区,来自太平洋岛屿上的波利尼西亚人分别组成自己的村庄,展示他们原住地岛屿的文化传统与风土人情。村庄之间由假山相隔,一座座小木桥又把各个村庄连成一个整体。

七、世界遗产

黄石国家公园　世界上第一座国家公园,地跨怀俄明州、蒙大拿州和爱达荷州

旅游目的地概述

州,面积约 9000 平方千米。这片冰火磨砺的世界、犬牙交错的幻境,诞生于数百万年前的一次火山爆发。气势宏伟的间歇泉,五彩斑斓的大棱镜,水平如镜的黄石湖,奔流直下的大瀑布,壮丽的大峡谷,美丽的巨象温泉,显示了大自然鬼斧神工的伟力。

弗兰格尔—圣伊莱亚斯国家公园 位于阿拉斯加州。美国最大的国家公园,面积是黄石国家公园的 6 倍,被冠以"北美山国"的美誉。公园内有马拉斯皮纳冰川,美国境内 20 座最高峰中的 8 座,北美大陆最大的冰川群,令人叹为观止。

大峡谷国家公园 占地约 4930 平方千米,由科罗拉多河的强烈下切作用而形成,所以又称"科罗拉多大峡谷"。谷壁地层断面节理清晰,层层叠叠,如万卷诗书构成的曲线图案,缘山起落,循谷延伸。大峡谷的壮观,不仅在于千姿百态的奇峰异石和峭壁石柱,还在于其色彩的变幻,被称为"活的地质史教科书"。

大沼泽地国家公园 占地 5668 平方千米。大沼泽长约 160 千米,宽约 80 千米,15 厘米深、80 千米宽的淡水河缓缓流过广袤的平原,造就了这种独特的大沼泽地环境。辽阔的沼泽地、壮观的松树林和星罗棋布的红树林,为无数野生动物提供了安居之地,是美国本土最大的亚热带野生动物保护地。

红木国家公园及州立公园 世界上最古老的红木原始林在这片海岸生长了 200 万年。树龄平均 500~700 年,有的已达千年,树高达 100 米以上。一棵巨红木树干有一个大洞,汽车可以穿越树洞;一棵活的巨红木树被改成精巧的树屋;有几棵整齐的巨红树紧紧地围成半圆,像教堂的讲台,称名为"教堂树"。

猛犸洞国家公园 占地约 207 平方千米,形成于 1 亿年前,拥有已经探明的 56 千米长的通道和其他尚未探明的通道,成为世界上最庞大的洞穴体系。地表和地下充沛的水源与 3 亿多年前沉积的石灰岩,共同创造出这个被称作"万洞之地"的地下洞穴网。

奥林匹克国家公园 占地 3626 平方千米。整个区域内结合了海岸、群山及雨林 3 种截然不同的极端的地面景观。2428 米高的奥林匹克山雄踞其中,公园因此而得名。公园内景色多变,生态系统多种多样,岩石垒垒的海边生长着许多海洋生物,美洲鹿徜徉其间的山谷中生长着巨大的针叶树森林。

大烟山国家公园 占地约 2000 平方千米。大烟山形成于 1 万年前的更新世冰期末,寒冷的气候使得北方的常青树以及其他植物向南延伸,后来冰川北撤这些森林随之消失,因大烟山高处阴凉潮湿而保存了部分森林。公园内蓝色似烟的大雾几乎天天笼罩在大烟山的高峰上,公园因此得名。

优胜美地国家公园 以优胜美地溪谷为中心,峡谷内有默塞德河流过,还有许多美丽的山峰,其中最著名的船长峰由谷底垂直向上高达 1099 米,是世界上最高的不间断陡崖之一。溪谷地势落差极大,不断映入眼帘的山峰、峡谷、河流、瀑布,构成了山谷内鬼斧神工的雄伟景色。"优胜美地"在印第安语中意为"灰熊"。

夏威夷火山国家公园 面积约 880 平方千米,其中基拉韦厄是世界上最活跃的火山之一,火山口的熔岩湖经常处于沸腾状态,景色奇幻。爆发后的滚烫火山熔岩流入冰凉的海水中,受到来往浪潮的推挤,冲击岩石和暗礁,逐渐形成黑沙滩,成为夏威夷岛最受瞩目的海岸景色之一,也是特殊的火山景观。

冰川国际和平公园 这里有3000多处冰川,形成于200万年前的冰川时期。公园内还有数百多个湖泊,这些湖泊相互贯通,生长着种类繁多的植物,栖息着珍奇罕见的动物。

卡尔斯巴德洞窟国家公园 面积约190平方千米,有81个独立的洞穴,最深的位于地表以下305米,最大的比14个足球场面积的总和还要大,这些洞穴形成于2.8亿~2.25亿年前的二叠纪。黄昏时蝙蝠倾巢出动,形成漫天飞舞的"蝙蝠云"。各具特色的洞穴构成了一个多姿多彩的喀斯特地形网。

梅萨维德国家公园 约在2000年前,一个印第安部族在此建立了小王国,他们在地坑里盖造粗犷的房舍,成为这里最早的聚居和以务农为生的印第安人。后为了躲避其他部族的侵袭,迁移到峡谷两侧的悬崖峭壁间,开山凿石,构置峭壁石室,在历史上称为"峭壁居民"。

独立厅 又称"独立纪念馆",位于费城,1753年竣工。它是形成美国民主政治制度的重要文件的起草和讨论场所,可以称为美国的诞生地。《独立宣言》在这里通过,《联合宪章》也在这里讨论、起草并通过。这两个文件在美国历史上起着重要的作用,它所阐述的原则也为世界各国立法者立法提供了标准。

卡霍基亚土丘历史遗址 古印第安人遗址,位于伊利诺伊州。卡霍基亚曾经是北美洲最大的城市之一,这座密西西比河流域的文化中心曾经出现过井然有序的社会、繁荣的商业并修建堤坝,其中僧侣土丘长316米、宽241米、高30米,被称为世界上最大的"金字塔",很可能是建造居所的地基。

波多黎各的福塔莱萨和圣胡安国家历史遗址 波多黎各是美国的一个自治领地。16世纪30年代西班牙人在圣胡安建造多处要塞,并在后来的4个世纪中不断得到加强。福塔莱萨要塞经过数年改造,被作为皇家军官的寓所和保存文献的仓库。这些遗址的存在显示了波多黎各在"新世界"的探险和殖民地化过程中扮演的重要角色。

自由女神像 法国赠送给美国独立100周年的礼物,位于纽约。神像金属铸造,高46米,重达225吨,置于混凝土台基上。女神穿着古希腊风格的服装,头冠上有象征世界七大洲的7道尖芒,脚下有着许多打碎的脚镣,左手持标有1776年7月4日的铭板,宣布自由的到来。1886年美国总统克里夫兰主持了神像揭幕仪式。

查科文化国家历史公园 公园内有大量1020至1110年查科文化鼎盛时期的遗址,具备了城市系统结构,周围有许多村庄和纵横交错的道路,其中最大的土坯建筑物为1.2万平方米的半圆形结构。这些建筑物的定位可能与太阳和月亮的方位有关。最神秘的是村落周边如同网络般的道路遗址,被认为是查科文化宇宙观的反映。

夏洛茨维尔的蒙蒂塞洛私邸和弗吉尼亚大学 这里是美国第三任总统杰弗逊的出生地,杰弗逊去世后被安葬在他亲自设计的私邸庭园里。1812—1825年杰弗逊筹划创建了弗吉尼亚大学,并担任第一任校长。杰弗逊的蒙蒂塞洛私邸和弗吉尼亚大学是融实用主义、象征主义与自然环境为一体的新古典主义建筑形式的极好例证。

陶斯普埃布罗村 位于新墨西哥州。建于1000—1450年,至今保留着印第安人的生活和宗教习俗,被认为是美国境内一直有人居住的最古老的村落之一。房屋主要用泥砖和石块建成,墙壁厚达35~70厘米,每年用土坯在外层加固。屋顶通常由木材搭建,再覆以土坯石膏板。陶斯印第安人使用他们的母语普埃布罗方言。

波弗蒂角纪念土冢 由5座土冢、6个同轴半椭圆的山脊和一个中央广场组成,占地约3.6平方千米。土冢修建于公元前3700年至公元前3100年,跨越了几十个世纪甚至几千年,建造的用途尚不明确,可能是作为猎人和渔夫的居住之地和宗教仪式场所。这一历史遗迹是北美土垒建筑的杰出代表,至少2000年来从未被超越。

圣安东尼奥布道区 位于得克萨斯州。包括50多个考古景观,其中有工场、牧场、住所、磨坊、谷仓、作坊、水井、石灰窑、教堂、修道院和起防卫作用的围墙。这些建筑群为18世纪圣方济各派传教士修建,诠释了西班牙王室为巩固新西班牙地区的殖民和福音传播所做的努力,体现西班牙文化与考奎特坎文化的融合。

第十四节 南美水乡——圭亚那

圭亚那,全称"圭亚那合作共和国"(The Cooperative Republic of Guyana)。"圭亚那"印第安语意为"多水之乡",因圭亚那境内多河流而得名,又称"森林之国"。

一、自然地理

圭亚那位于南美洲北部,东邻苏里南,南临巴西,西邻委内瑞拉,北邻大西洋。面积约21.5万平方千米。

圭亚那北部是沿海平原和丘陵,南部和西部为圭亚那高原。境内多草原,多河流,多瀑布。埃塞奎博河、德默拉拉河、伯比斯河为主要河流。凯尔图尔瀑布落达约226米。

圭亚那基本属于热带雨林气候,年平均气温24℃~32℃,年降水量1500~2000毫米。

二、国家象征

圭亚那的国旗呈横长方形,白边的黄色三角形箭头在旗面上划分出两个相等对应的绿色三角形,三角形箭头中套有1个带黑边的红色等边三角形。绿色代表农业和林业资源,白色象征河流和水力资源,黄色代表矿藏和财富,黑色象征人民勇往直前和坚忍不拔的精神,红色象征人民建设祖国的热情和力量。三角形箭头象征国家前进的步伐。

圭亚那的国徽,中间为盾徽,盾面上有3个图案:上部为国花睡莲;中间为3道蓝色波纹,象征圭亚那的3条主要河流及众多的瀑布、激流;下部为1只白胸红羽雉,代表丰富的动物资源。盾徽上端为1顶君主式王冠,王冠之上是1顶镶着2颗钻石的印第安酋长的王冠。盾徽两侧各有1只美洲豹:左边的豹握着1把镐,象征开发矿藏;右边的豹握着1根甘蔗,代表传统农作物。下端1条红、黄两色绶带上用英文书写着格言"一个民族、一个国家、一种命运"。

圭亚那的国歌是《最亲爱的圭亚那的山河》。

圭亚那的首都是乔治敦。

三、社会生活

圭亚那人口约77万人,其中印度裔超过四成,非洲裔约占三成。官方语言为英语。印度教为第一大宗教,信徒约占总人口的三成。

圭亚那实行总统共和制。总统为国家元首、政府首脑和武装部队最高统帅。一院制的国民议会为立法机构。内阁是政府执行机构,总理是政府首脑。圭亚那主要政党:人民全国大会党、人民进步党、变革联盟、联合力量党。

圭亚那经济以初级产品生产为主。地矿资源较丰富,是世界主要铝土矿国家之一,还有砂金矿、金刚石、铁、钼、铜、锰、钽等矿物。有丰富的森林和水力资源,森林面积占国土面积的八成以上。农业人口占总人口的七成,盛产大米、蔗糖、椰子、咖啡、可可。

四、民俗风情

圭亚那人见面行握手礼。最常用的称呼是先生、女士、夫人或太太,未婚青年男女可称少爷或小姐。在称呼前一般加行政职务或学术职称。

南美各国都有狂欢节,而圭亚那的狂欢节时间最长。在狂欢节化装舞会上,女人们可以随意挑选自己中意的男舞伴,但想方设法掩盖自己的真实身份,戴上面罩,不得用真嗓子说话唱歌,不露手脚肤色,还要在眼皮上涂满黑墨。这些参加舞会的女人们被称为"嘟噜噜"。

圭亚那居民的主要食物是米饭、青菜、面包、饼、猪肉、鱼虾、家禽等。

五、旅游城市

乔治敦(Georgetown) 圭亚那的首都,最大的城市,政治、文化、教育中心,加勒比共同体和共同市场总部的驻地,位于德梅腊腊河入海口。乔治敦地势低平,有的地方甚至低于海平面2米,因此海边筑有一条长长的大堤。乔治敦靠近赤道,但天气并不酷热。乔治敦到处可见高大的椰子树和各种棕榈树,是一座富有热带风情的花园城市。

六、经典景点

圣乔治天主教堂 位于乔治敦市。建于1892年,几经重建、改建,现存的白色建筑为英国建筑师设计。高44米,哥特式建筑风格,采用圭亚那的绿芯木和英国橡木建造。洁白的墙壁,高高的台阶,精巧的窗户,既朴实无华又雄伟庄严。

德默拉拉河大浮桥 位于乔治敦市。由英国援建。大浮桥全长1851米,共61孔,由52座浮墩支撑,宽32米,距离地面7.9米,像一条钢铁长龙横卧水面,蔚为壮观。桥的两端设有观光点。

圭亚那国家博物馆 位于乔治敦市。二层建筑,分为社会历史馆和自然历史馆两部分。社会历史馆展示圭亚那的历史,其中有一张圭亚那最早的邮票和当年的邮票印制机,据说这张面值一分钱的邮票现在价值100万美元。自然历史馆陈列各种各样的飞禽走兽、水生动物和植物的标本,显示了圭亚那丰富的自然资源和生物的多样性。

罗赖马山 位于圭亚那和巴西、委内瑞拉三国交界处。边缘陡峭、顶部平坦的桌状山地,约有3亿年历史。原为浩大的浅湖和三角洲,因地壳运动而隆起,后因侵蚀变成山和露出地面的岩层。山上的生物大多为当地所特有。柯南道尔的《失落的世界》描述的正是罗赖马山。

谢尔比奇海滩 细白的沙滩长达145千米,碧海蓝天。该地区是一个独特的生态系统,包括红树林,沼泽,森林和内陆的草原,有海牛、貘、鹿、美洲豹、吼猴和其他大型动物,还是鸟类的聚集地。每年来这里筑巢和产卵的海龟中有4种已濒临灭绝——棱皮巨龟、玳瑁、橄榄雷德利龟和绿海龟,在其他地区难觅踪影。

鲁普努尼热带稀疏大草原 一个天然的热带和亚热带草原、稀疏草原和热带动植物生态区。大草原上奔跑的动物、飞翔的鸟儿和随风摇曳的植物,构成一幅天高地阔的热带草原风光。草原上动物很多,其中美洲虎和角雕是这里的长居客。在大草原中还有印第安人的小村庄和过着传统生活的牧牛人。

凯尔图尔瀑布 坐落于圭亚那中西部的凯尔图尔国家公园。瀑布从一片砂岩的峭壁上飞泻而下,宽达140米,垂直落差达226米,倾注绝谷,咆哮轰鸣,激起阵阵烟雾,惊心动魄。周围的热带原始森林多珍禽异兽。游客只有坐小飞机才能到达此地。

大草棚 为当年在圭亚那召开的不结盟运动外长会议准备的场所。印第安人住房样式,由圭亚那土著部落印第安瓦瓦人施工建造,占地640平方米,高17米,呈锥体,穹顶苫着茅草和芦苇编织的草帘,周围有2.7米高的草栅墙,极富印第安传统建筑风格。即使在骄阳似火的日子,草棚内仍凉爽舒适。

第十五节 美洲神鹰——厄瓜多尔

厄瓜多尔,全称"厄瓜多尔共和国"(The Republic of Ecuador)。"厄瓜多尔"西班牙语意为"赤道",因赤道从国境北部穿过而得名,又称"赤道之国""香蕉之国"。

一、自然地理

厄瓜多尔位于南美洲西北部,西临太平洋,与秘鲁、哥伦比亚毗邻。面积约28.4万平方千米。

赤道横贯厄瓜多尔北部,安第斯山脉纵贯中部,火山众多,地震频繁。科托帕希火山海拔5897米,为世界最高的活火山之一。

厄瓜多尔地处赤道,冷暖海流相互交替,气候呈现明显的多样性。

二、国家象征

厄瓜多尔的国旗呈横长方形。旗面由黄、蓝、红3个长方形相连组成,中央绘有国徽图案。黄色象征国家的财富、阳光和粮食,蓝色象征蓝天、海洋和波澜壮阔的亚马孙河,红色象征为自由和正义而战的爱国者的鲜血。

厄瓜多尔的国徽,中间为椭圆形,其中有一组图案:山峰代表最高峰钦博拉索山;轮船表示海上贸易的重要性;太阳的带子上写着3月、4月、5月、6月,纪念为独立自由而进行的艰苦斗争。椭圆形两侧各有两面国旗和绿枝。上端为国鸟大兀鹫,象征自由和勇敢,下端是象征正义和权威的束棒。

厄瓜多尔的国歌是《厄瓜多尔共和国国歌》。

厄瓜多尔的首都是基多。

三、社会生活

厄瓜多尔人口约1457万人,其中印欧混血人超过四成,印第安人占1/3。西班牙语为官方语言。全国人口的九成信奉天主教。

厄瓜多尔以总统为国家行政首脑。国会实行一院制,行使最高立法权,最高法院大法官实行终身制。厄瓜多尔主要政党:基督教社会党、人民民主党、罗尔多斯党、民主左派党。

厄瓜多尔矿物以石油为主,还有金、银、铁、铅、硫黄等矿。工业主要有石油提炼、制糖、纺织、水泥、食品加工和制药等。森林面积约占国土总面积的七成,盛产贵重木材。沿海盛产金枪鱼和虾类。主要粮食作物为玉米、大麦、小麦、马铃薯等。

沿海渔业资源丰富。原油出口约占出口总值的 2/3。

四、民俗风情

厄瓜多尔人以握手为礼,朋友之间妇女可亲面颊,男人则拥抱。

厄瓜多尔人讲究头衔,可不称呼对方的名字而直呼头衔,名片上一定会标明职务头衔,印有英文、西班牙文对照的名片甚为有用。商务活动时,一般穿保守式样的薄西装。

去厄瓜多尔人家做客,席位一般早已安排好,男女主人分别坐在长方形桌子的上、下方,女主人的右边是男主宾,男主人的右边是女主宾,其他客人男女相间。主人没拿餐巾之前客人不能拿餐巾。女主人把餐巾放在桌子上站起来后,客人才可放下餐巾离开座位。

厄瓜多尔人常吃的食物是米饭、土豆和肉类(牛肉、鸡肉和猪肉),菜肴一般都配辣汁。厄瓜多尔的煲汤世界闻名。

五、旅游城市

基多(Quito) 厄瓜多尔的首都和政治、经济和文化中心。"基多"印第安语意为"有人居住的地方"。基多位于国境北部,地近赤道,却气候凉爽,四季如春,是理想的避暑胜地。基多已被列入世界文化遗产名录。

瓜亚基尔(Guayaquil) 城市之名由最早栖居在这里的一对印第安夫妇的名字组合而成。位于国境西南部瓜亚基尔湾,面对太平洋。建筑多姿多彩,街道纵横交错,高层建筑林立,绿荫如盖,繁花似锦,高楼、白云、碧树、青天交相辉映,被称为"太平洋的滨海明珠"。

六、经典景点

赤道纪念碑 位于基多市。基多的赤道纪念碑有新旧两座。旧碑立于1936年,碑高约10米,碑身为方柱形花岗石,碑顶是一个大型石刻地球仪。新碑立于1982年,碑高约30米,碑底为直径100米的圆盘,碑顶是直径4米半、重约4吨的铜铸地球仪,上面有一条象征赤道的白线,标明赤道的准确位置。这里被看作是"地球的中心"。

独立广场 位于基多市。广场四周耸立一座座富有意大利文艺复兴后期特色的建筑。广场南端的天主教堂始建于1550年,绿瓦圆顶,灰白色圆柱支撑门廊,是阿拉伯、波斯和摩尔人的建筑风格的混合体;外墙上有用金叶镶嵌的基多城奠基者姓名,院内有苏克雷将军的陵墓。教堂对面是大主宫,广场西北角是雄伟的政府宫。

圣多明各广场 位于基多市。亦称"剧院广场"或"苏克雷广场",广场中央竖立着苏克雷将军的雕像,东端耸立着以收藏丰富的木雕闻名的圣多明各教堂和修道院。圣阿古斯丁古堡是苏克雷将军亲自签署厄瓜多尔独立协议书的地方,迄今保存着当年的原貌。广场附近是罗恩达大街与瓜亚基尔大街的交会处。

面包山 位于基多市。海拔183米。山顶上有一座基多女神石雕像,被誉为基多人民争取独立自由的象征。山腰有一座古老的印加神庙,可俯视全城。面包山云雾缭绕,白雪皑皑,绚丽多姿。基多市区塔楼、尖顶建筑同面包山的丘陵、山峰相互映托。

钦博拉索峰 休眠火山,有许多火山口,山顶多冰川。钦博拉索峰是距离地心最远的高峰,从地心到山峰峰顶为6384千米,为世界最厚之地。远眺钦博拉索峰,像一个老人头顶戴着一顶白色帽子蹲坐在那里,非常壮观。

七、世界遗产

基多城 城市于16世纪在印加城的废墟上建立起来,尽管经过大地震,仍然是拉丁美洲保存最好、改变最小的历史中心。城内有大小教堂、修道院87座,许多地方保留了印第安人和西班牙人的建筑风格。这里的修道院、教堂及其内部装饰成为"基多巴洛克风格"的纯正典范。

昆卡的圣阿娜历史中心 圣阿娜始建于1557年,原为印加帝国汤姆班巴城故址,南部山区的最大商业中心,是谷物、水果、牛、皮革、金、银、大理石等的集散地。这里有毛纺织、制革、食品加工、轮胎、锯木、酿酒、陶器、塑料等工业,尤以巴拿马草帽、花边编织、金银首饰等手工艺品著称。

桑盖国家公园 面积约2720平方千米,有世界上活动持续时间最长的活火山桑盖火山,生长着许多珍稀的动植物。以独特秀丽的自然风光和两座活火山的壮观景象展现一个完整的生态系统,它从热带雨林延伸至冰川,覆盖着冰雪的山峰和葱绿的平原森林形成鲜明的对照。这种孤立的环境对当地的动物物种提供了保护。

第十六节 香蕉岛国——多米尼克

多米尼克,即多米尼克国(The Commonwealth of Dominica)。"多米尼克"拉丁语意为"星期日",因哥伦布于1493年11月3日(星期日)到此而得名。

一、自然地理

多米尼克位于东加勒比海小安的列斯群岛东北部,东临大西洋,西濒加勒比海。面积约750平方千米。

多米尼克是东加勒比海向风群岛中面积最大的火山岛,山高林密,地势崎岖,河溪交错,火山喷气孔和温泉星罗棋布。迪亚布洛廷山海拔约1447米,为全岛最高点,也是向风群岛的最高点;中部有一狭小的平原,土壤肥沃。

多米尼克属于热带雨林气候,年平均气温27℃,年降水量约2000毫米。

二、国家象征

多米尼克的国旗呈横长方形,黑、黄、白3色的十字贯穿旗面,十字中央交叉处为红色圆圈,内有1只帝王亚马孙(鹦鹉)和10颗绿色五角星。绿色象征遍及全岛的香蕉园和茂密的森林,黄色代表柠檬、柑橘、可可、椰子等种植业和加勒比领地原住民,白色象征河流、瀑布和人民的纯洁,黑色代表黑人和黑白混血人及肥沃的土地,十字形代表人民信仰天主教,红色圆圈象征社会公正,10颗五角星代表10个教区,帝王亚马孙(鹦鹉)是国鸟。

多米尼克的国徽呈盾形。盾面上有4组图案:左上角为椰子树,右下角为棕榈树,均象征农业;右上角是1只象征丰富特产的牛蛙;左下角为海上飘荡的轻舟,象征航海捕鱼业。盾冠上有1头狮子,象征自由。盾徽两侧各有1只帝王亚马孙(鹦鹉),下端的绶带上用克里奥尔文写着"我爱天主,也爱万物"。

多米尼克的国歌是《美丽的岛屿,伟大的岛屿》。

多米尼克的首都是罗索。

三、社会生活

多米尼克人口约7.3万人,其中主要是黑人和黑白混血人。英语为官方语言和通用语。约3/4的居民信奉罗马天主教。

多米尼克实行议会民主制。总统为国家元首,一院制的议会是最高立法机构,总理为政府首脑。多米尼克没有军队,只有警察约400人。多米尼克主要政党:工党、统一工人党、自由党。

多米尼克经济基础薄弱,自然资源缺乏,仅有小型的水果加工、服装、卷烟、酿酒、肥皂、榨油等轻工业,加工产品主要有肥皂、牙膏、去污剂、洗涤液、矿泉水、果汁、饮料、蜡烛、啤酒、果酱调料、油漆、木制品、小礼品、铝合金门窗、太阳能热水器等。香蕉业是农业的主导产业。旅游业收入超过国内生产总值的一半。

四、民俗风情

多米尼克基本流行欧式礼仪,奉行女士优先的原则,严格遵守宗教教规。常用的称呼是先生、女士或夫人,对未婚青年男女可称少爷或小姐。正式场合习惯在称呼前加行政职务或学术职称。

多米尼克四季炎热,居民平时穿着比较随意,但正式场合或宗教活动时的穿着却很讲究,一般都穿西装着皮鞋。

多米尼克居民喜欢跳舞,周末和节庆日经常举行舞会。

多米尼克菜肴最大的特点是"混合",欧洲种植园主带来的烹调方法,经过黑人奴隶的改良,融合成一个独特的菜系——克里奥尔菜。

五、旅游城市

罗索(Roseau) 多多米尼克的首都和第一大城市,政治、经济中心,最大港口,位于多米尼加岛西南岸罗索河河口。1805年法国人放火焚城,损毁严重,后重建。1979年遭受飓风吹袭,全城几乎变成一片废墟,再次重建。港口自然条件优良,市郊有瀑布和温泉。

六、经典景点

皮顿山国家公园 皮顿山是一个火山岛,地势起伏,多陡峭峡谷,三座后期喷发而成的玄武岩顶叠加在先前生成的火山上,人称"三顶山"。皮顿山国家公园位于火山区中心,面积约700公顷,有无数的喷气孔、热喷泉、活水湖,生物物种资源非常丰富。

羚羊国家公园 三面环海,面积约104公顷。园内崇山峻岭,绿树成荫,历史遗迹丰富,有独具特色的火山沙海滩,还有多米尼克最高峰——迪亚布洛廷火山。早期的羚羊是西班牙、葡萄牙和法国水手放逐的。鲁珀特王子要塞,包括50余个主体建筑,用火山岩建造而成,是当时西印度群岛最宏伟的军事建筑之一。

三座峰国家公园 多米尼克最大的森林保护区。整个园区像一只巨大的骆驼匍匐在地,山峰海拔约1400米。园内景观众多,大多保持着原始风貌,是探险旅游的绝佳去处,其中翡翠池、沸腾湖、淡水湖等景点最负盛名。

七、世界遗产

毛恩特鲁瓦皮顿山国家公园 占地约68平方千米。清澈的河流,高耸的山峰,神秘的热带原始森林,肥沃的天然热带森林和火山特有的景致交织在一起。处处可见陡峭的斜坡,刀割一样的深谷。公园内有50处火山喷气孔以及温泉、3座淡水湖、1个"沸腾湖"以及5座火山,还生长着小安的列斯群岛最丰富的生物物种资源。

第十七节 枫叶之国——加拿大

加拿大,全称"加拿大联邦"(Canada's federal)。航海家杰克斯·卡蒂埃尔首次探险圣劳伦斯海湾来到魁北克,在向法国国王报告时把魁北克称为"Canada"。Canada一词源于印第安语,意为"群落""村庄"。

一、自然地理

加拿大位于北美洲北部,东临大西洋,西濒太平洋,西北邻美国阿拉斯加州,东北隔戴维斯海峡与格陵兰相望,南接美国本土,北靠北冰洋达北极圈。面积约998.47万平方千米,为世界第二大国,仅次于俄罗斯。国境边界8892千米,为全世界最长的不设防疆界线。海岸线超过24万千米,是世界上海岸线最长的国家。

加拿大陆地的最南点是伊利湖上的米德尔岛,最北点是埃尔斯米尔岛上的哥伦比亚角,直线距离约4640千米。全国地形西高东低,波状起伏的低高原和平原低地是加拿大国土的主体部分。最高峰洛根峰海拔6046米,著名湖泊有大熊湖、大奴湖和休伦湖、安大略湖等,是世界上湖泊最多的国家之一。

加拿大大部分地区属于典型的北欧形态的大陆性气候,气温东部稍低,西部温和,夏季短暂,冬季漫长,北极群岛终年严寒。

二、国家象征

加拿大的国旗呈横长方形。旗面由红白两色组成,两侧的红色代表东西两岸相邻的大西洋和太平洋。中间白色代表加拿大广阔无垠的国土。中央绘有一片红色枫树叶。枫树是加拿大的国树,也是加拿大民族的象征。

加拿大的国徽,中间为盾徽,盾面下部为一枝3片枫叶,上部的4组图案分别为3头金色的狮子、1头直立的红狮、1把竖琴和3朵百合花,分别象征加拿大历史上与英格兰、苏格兰、爱尔兰和法国之间的联系。盾面之上有一头狮子举着一片红枫叶,狮子之上为一顶金色王冠,象征英国女王是加拿大的国家元首。盾面左侧的狮子举着一面联合王国的国旗,右侧的独角兽举着一面原法国的鸢尾花旗。底端的绶带上用拉丁文写着"从海到海",表示加拿大的地理位置。

加拿大的国歌是《啊,加拿大》。

加拿大的首都是渥太华。

三、社会生活

加拿大人口约3490万人,集中住在东部和西部沿海一带以及靠近美国的哈得逊河流和五大湖地区。白人约占八成,主要为英国人和法国人的后裔,华裔是加拿大最大的少数族裔。官方语言为英语、法语。居民中近一半信奉天主教,信奉基督教新教的约占四成。

加拿大是联邦制国家。作为英联邦成员国,国家元首是英国女王,联邦总督是女王的代表。由众议院中占多数席位的政党组阁,其领袖任总理,总理是实际上的最高统帅。加拿大主要政党:自由党、保守党、魁人政团、新民主党。

加拿大是世界第八大经济体,西方七大工业国家和世界十大贸易国之一。制造、建筑、采矿构成加拿大国民经济三大支柱。加拿大矿产资源丰富,镍、锌、铂、石棉的产量居世界首位,铀、金、镉、铋、石膏的产量居世界第二位;有色冶金、信息通信、运输设备、电力水利、纸浆造纸、微电子软件、新能源新材料等产业处于世界领先水平;能源产业发达,是世界第二大石油储藏国,发达国家中极少数能源出口国之一;森林面积居世界第六位,淡水资源约占全世界的1/10。加拿大是世界上农业机械化最高的国家之一,世界最大的农产品出口国之一,也是世界上最大的渔产品出口国。

加拿大是世界上最富有的国家之一,公共教育支出占国民生产总值的5.4%,2/3的家庭有私人住宅,80%的家庭至少拥有一辆汽车。根据人均收入、人均寿命及教育程度三项指标,曾连续7次被联合国评为最适宜人类居住的地方。

四、民俗风情

加拿大是个移民国家,以欧洲移民后裔最多,许多生活习俗与欧洲及美国大致相同。

加拿大人朴实、友善,讲礼貌但不流于烦琐礼节,喜欢直呼其名。事事要预约,不速之客不受欢迎。亲朋好友之间一般在家里宴请,由女主人安排座位,事先在每个座位前放好写有客人姓名的卡片。应邀做客,事先送去或随身携带一束鲜花给女主人,但不送白色的百合花,白色的百合花只有在葬礼上才用。大部分招待会在饭店和俱乐部举行。一般实行分餐制。加拿大人喜欢喝凉水。

加拿大人的食俗与英、美相似,以面食、米饭为主食,烹饪方式非烤即煮,花样也不太多,但分量很大。加拿大人一日三餐,最重视的是晚餐。有喝白兰地、香槟酒的嗜好。他们忌食虾酱、鱼露、腐乳以及怪味、腥味的食物和动物内脏。

在加拿大,衣着不必名牌但一定干净整洁。与朋友吃饭或喝咖啡,一般自己付钱。应邀做客,主人问喝什么,最好如实回答,否则什么都喝不到。参加朋友的生日或婚礼等重大聚会,应准备一张签名贺卡,礼品不必贵重,但礼品盒一定要精致。

加拿大人喜爱冰球和冰雪运动,喜欢枫树。加拿大人喜欢谈论有关他们国家和人民的长处,不喜欢把他们的国家和美国进行比较。不能打听别人的私生活,不问工资和开支,不问女士的年龄和体重,不对宠物表示厌恶,也不要谈论狗肉的话题。

五、旅游城市

渥太华(Ottawa) 加拿大的首都和政治、文化中心,位于渥太华河南岸。寒冷多雪,是世界上最寒冷的首都之一,被称为"严寒之都"。随处可见色彩艳丽的郁金香,因此又称"郁金香城"。渥太华依山傍水,风景秀丽,文化气息浓郁,是北美生活质量第一的城市,在加拿大190个城市中连续3年位居最佳居住城市榜首。

多伦多(Toronto) 加拿大第一大城市和金融中心,位于安大略湖以东。近半数居民是来自全球100多个民族的移民,流行140多种语言。由于犯罪率极低、宜人的环境和高质量的生活,曾多次被评为全球最适宜居住的城市,也是加拿大消费价格最为昂贵的城市。"年轻城市指数"居全球25个参评城市之首。

蒙特利尔(Montreal) 位于加拿大渥太华河和圣劳伦斯河交汇处,是世界上仅次于巴黎的第二大法语城市。加拿大国家铁路和太平洋铁路在此交会,10多条高速公路辐射各地。独特的文化个性,优美的都市风光,闲适的生活情调,蒙特利尔多次被评为全球最适宜人类居住的城市之一,被认为是北美的"浪漫之都"。

温哥华(Vancouver) 加拿大西部最大的工商、贸易、科技和文化中心,拥有加拿大西海岸最大的港口,年吞吐量约1亿吨,来港船舶中约八成来自中国、日本及其他远东国家,因此被称为"通往东方的门户"。温哥华电影制片业发达,是北美洲继洛杉矶、纽约的第三大制片中心,素有"北方好莱坞"之称。

卡尔加里(Calgary) 新兴的石油工业城市。20世纪发现石油和天然气,世界上众多石油公司在此设立常驻机构,因此被称作加拿大的"能源中心"。此地天气多变,一天之中可以体会到一年四季。卡尔加里多次被评为世界上最干净的城市。卡尔加里为期10天的牛仔节,号称世界上最大的室外活动。

六、经典景点

国会大厦 位于渥太华市。矗立于国会山山麓,俯视渥太华河。构成国会大厦的3座哥特式建筑建材考究,装修独特,随处可见精美的雕塑。和平塔高度超过92米,钟楼内53座大钟总重53.4吨,最重的达11吨,最小的仅4.5千克。为纪念加拿大建国百年而建的火炬坛,自1967年至今一直熊熊燃烧。

和平塔 位于渥太华市。为纪念第一次世界大战中牺牲的加拿大烈士而建,以砂岩建造,高92米。和平塔包括一座4.88高的四面钟及53个铃铛组成的琴钟。琴钟总重60吨,53个音阶各不相同的铃铛,最小的直径仅16厘米,重4.5千克,最大的重达10多吨。纪念馆地板的石料取自加拿大战士曾经战斗过的第一次世界大战战场,墙壁和支柱的装饰石料采自法国和比利时。

总督府 位于渥太华市。自1867年起是历任加拿大总督工作和居住的地方,还是嘉奖加拿大优秀公民和接待来访世界各国领导人之处,占地约30公顷。总督府绿草茵茵,花红柳绿,美轮美奂,四季开放,可以漫步其中,并可在庭院中野餐。

国家美术馆 位于渥太华市。除了收藏美轮美奂的精致艺术品和静态绘画作品,还提供动态艺术表演,如小提琴、手风琴、管弦乐器和歌唱表演。独特的建筑结构,新颖的玻璃建筑,美妙的艺术形式,被誉为加拿大的文化瑰宝。

航空航天博物馆 位于渥太华市。由国家航空博物馆、加拿大战争博物馆、皇家空军博物馆合并而成。藏有大量的民用及军用机型,其中包括加拿大在第二次世界大战以及冷战期间的战机。所有的飞机都在室内存放,其中三角形机库是第二次世界大战时代的老式木质机库。

上加拿大仿古村 位于渥太华市。包括40个遗留建筑,如磨房、贸易栈、农场、教堂、家居、工厂和只有一间教室的学校。村庄中随处可见身着当年服饰的解说员,匠人们展示打铁、塑形并焊接马口铁器皿、制作家具和挂马掌等各种技能。花园里的花草树木,田野里的庄稼果树,构成一幅19世纪加拿大乡村生活画卷。

阿堤勒利公园 位于渥太华市。又名"古炮台公园",其中有3处别具特色的历史建筑:1712年的王妃城堡、1818年的机关总部以及1903年的兵工厂。每天两次进行燧火枪开火示范,空气中弥漫着浓浓的黑火药味。

加蒂诺公园 位于渥太华市。这里是动物的天堂,有许多白尾鹿、松鼠、豪猪、兔子、狐狸、浣熊、土拨鼠、野生火鸡。以绝世美景和特殊生态著称的粉红色湖泊,可以观赏渥太华河谷全景的瞭望台,拥有浪漫花园和如画般石柱栏的麦金斯金故居,是这里的3个最佳景点。色彩斑斓的秋季是这里最佳的旅游季节。

奥米加公园 位于渥太华市。渥太华附近有多个自然保护区和野生动物园,奥米加公园是其中之一。公园占地约6平方千米,野生动物种类繁多。一条长达10千米的旅游路线,经由湖泊、草甸、山谷、森林和岩石小山等各种各样的风景点。驾车游览,很多野生动物会走到车跟前。

圣母大教堂 位于蒙特利尔市。北美最大的教堂之一,参照法国巴黎圣母院的样式建造,故又称"小巴黎圣母院"。两座高耸雄伟的塔楼,外形像哥特式风格的城堡。中间部分稍低,正上方是一个圣神十字架,下方的圣母雕像泛着金光。3扇尖拱式的大门庄严而又神秘。大堂内流光溢彩,金碧辉煌,浪漫奢华而又庄严肃穆。

皇家山公园 位于蒙特利尔市。占地101公顷。公园内有3座山,最高的山峰高233米,是蒙特利尔的制高点。湖水荡漾,波光粼粼,锦鳞游泳,鸥鸟飞翔,湖边挺拔的枫树掩映湖水与蓝天,景色宜人。站在平台式的瞭望台,远处古老而富有韵味的高楼建筑,庄严肃穆的教堂,街道上来往的鲜花观光马车,一览无遗。

地下城 位于蒙特利尔市。地下综合性住宅商业中心,被称为"室内城市"。全长32千米,地道占地12平方千米,包括市中心80%的办公室和35%商业面积。其中有购物中心、酒店、办公楼、银行、博物馆,还有7个地铁站、2个火车站、1个长途汽车终点站和1个贝尔中心,出入口多达120多个,天天人流涌动。

现代艺术博物馆 位于蒙特利尔市。东边大街的博物馆收藏欧洲众多精美油画,西边大街博物馆陈列现代艺术和加拿大艺术家的作品。两座博物馆隔街相望,通过一条长长的地下通道连接,在通道两侧陈列着来自印度、日本、中国、波斯等文明古国的古代文物。每年的蒙特利尔国际电影节在此举办。

蒙特利尔植物园 位于蒙特利尔市。北美最大的植物园之一,法国庭园风格,有10个温室和30个各有主题的室外园区,植物种类22 000多种。最引人注目的当数昆虫馆,展出蜜蜂、螳螂、甲壳虫、蜘蛛、蜈蚣、蝎子等昆虫,且大部分是活体。还展览许多奇特的昆虫,如具有拟生态和保护色等奇特生存武器的昆虫,趣味横生。

天顶大厦 位于多伦多市。世界上第一个拥有全方位伸缩顶盖的体育馆。外形类似蛋壳,被称为"空中巨蛋"。其体积庞大,可以容纳8架波音飞机或600多头非洲大象。顶盖由 4 个盖板构成，其中 3 个可以自由伸张或收缩，打开或关闭顶盖只需 20 分钟，其移动速度达每分钟 21 米。站在大厦顶层可俯瞰繁华的多伦多市。

多伦多市政大楼 建筑造型极富特色，两座弧形的高楼相对而立，一幢 25 层，另一幢 31 层，中间是一个扁圆形的会议厅，形成"双龙戏珠"的格局。灯光照射下的市政大厦颇具梦幻色彩。楼前的大广场是市民休息的场所，步行者的天堂，周末还举办露天市场。

尼亚加拉大瀑布 位于多伦多市。世界三大跨国瀑布之一。滚滚而来的尼亚加拉河流经此地，骤然坠落，巨大而湍急的水流以银河倾倒之势冲下断崖，声震如雷，震人心魄，被誉为"从上帝花园中陨落的一处风景"。夜幕降临，瀑布四周的巨型聚光灯一瞬间绽放光芒，原已灰暗的瀑布顿时光彩四溢，晶莹透亮，熠熠生辉。

国家电视塔 位于多伦多市。高 553 米，有近 1700 级金属阶梯，多部高速电梯只需 58 秒就可到达最高层。335～365 米处悬挂着一座"空中楼阁"，楼阁中除安放电视发射信号台外，还设有可容纳 600 多人的瞭望台及旋转餐厅。宽阔的空中瞭望台，一望无际的视野，使人仿佛置身云层。登顶远眺，都市风景一览无余。

恐龙公园 位于埃德蒙顿市。公园内的沉积物分成 3 个地层。由于地处干燥地区，溪流稀少，有些深深地切入岩床，暴露在外的白垩纪页岩和砂岩被雕刻成壮观的荒野景象。公园保留着大量的恐龙时代的化石，其中 35 种可以追溯到 7500 万年前。

班芙镇 位于埃德蒙顿市。盘卧在落基山脚下。以前只是孤立世外的荒蛮谷地，因太平洋铁路经过而发展起来。群山环绕，繁花似锦。小镇有数十家精致的礼品店，古老的糖果店，随处可见印第安小饰物，空气中飘溢着墨西哥食物香气，荡漾着苏格兰风笛乐声。小镇艺术节长达整个夏季，每年一度的电视节汇聚各地优秀作品。

天文星球馆 位于卡尔加里市。为纪念加拿大建国百年而建。馆内有一座观星室，可在圆顶上观察由蔡氏星球投影机所造出的 100 多种特殊效果，探索宇宙，并可欣赏雷射声光表演。馆内有出售天文方面的书籍与望远镜的商店，还上演各类戏剧和放映影片。

奥林匹克公园 位于卡尔加里市。为 1988 年冬季奥运会而建，占地 95 公顷。设有滑雪跳台、雪橇、自由式滑雪及残障者比赛等项目。许多国家级和国际级的运动竞赛会在此举行。游客可以驾驶快艇在波光粼粼的弓河上畅游，参加长达 460 千米的自行车拉力赛。公园里还有许多有名的建筑，如奥林匹克博物馆。

吊索桥公园 位于温哥华市。公园内最负盛名的景观是悬吊在加碧兰奴河上的吊索桥，100 多年前用大麻绳及香柏木结扎而成，后多次改建，两端用钢缆及混凝土加固，可承受 13 吨的压力。来回走过吊索桥，会得到公园主人签发的一张奖状，证明一次勇敢的经历。公园里还有许多印第安的图腾柱和雕像。

海洋博物馆 位于温哥华市。由一艘古老舰船改建而成。船身坚固，船首镶有一层金属厚板以便破冰之用;船底呈圆弧形,以防被冰块撞击。此舰曾服役于加拿大皇家骑警队,经常航行北极,退役后由温哥华市政府购得,改建为博物馆。

斯坦利公园 位于温哥华市。北美最大的城市公园之一,以加拿大总督斯坦利爵士之名命名。有三个大沙滩、动物园、水族馆、小高尔夫球场、玫瑰花园、小型火车及许许多多巨型图腾柱。公园入口有一座斯坦利的铜像,还有一个由温哥华孩子们捐出糖果钱而建成的维多利亚女皇喷泉。在公园可眺望太平洋上的"狮门铁桥"。

惠斯勒 位于温哥华市。世界知名的冬季滑雪胜地,曾协办2010年温哥华冬季奥运会。伊丽莎白女王公园的最高处建有一座圆顶玻璃建筑——热带植物园温室,即使严冬室内也是百花齐放。这里有约500种热带植物,展现原始森林和沙漠景观;约50种鸟类在自由飞翔,池塘中有许多金色鲤鱼悠然嬉戏。

七、世界遗产

纳汉尼国家公园 占地约4770平方千米,以湍急的河流、幽深的峡谷、天工巧成的石柱和苔原覆盖的山巅蜚声世界,也是北部山区森林里动物的乐土。公园内最富魅力的景观当属纳汉尼河和弗拉特河,两河汇流于奇伟壮丽的峡谷,流越弗吉尼亚大瀑布,河水陡落到谷底深约1000米。

艾伯特省立恐龙公园 位于艾伯塔省。面积约75平方千米。公园地处艾伯塔省最为温暖干燥的地区,常年的溪流稀少,暴露在外的白垩纪页岩和砂岩被雕刻成壮观的荒野景象,沉淀物可以追溯到7500万年前,时间跨度200万年。公园内已发现35种恐龙化石。

克卢恩国家公园和塔琴希尼—阿尔塞克国家公园 面积约97 000平方千米。圣埃利亚斯山脉横跨自然保护区。整个山脉有极地冰盖以外的世界最大的冰原和世界上移动最快的冰川。这里有很多高大山峰,包括加拿大的最高峰——洛根峰。公园内生态环境未遭到破坏,仍保持着原始风貌。

伍德布法罗国家公园 占地约44 800平方千米。公园内广阔的草原是美洲野牛的乐园,生活在这里的美洲野牛数量居世界第一位,还生活着狼、加拿大山猫、北极狐、美洲水貂、麝鼠和美洲河狸,北美特有的野生动物——加拿大豪猪。鸟类多达227种,其中以北美白鹤最为珍贵,它们已濒临灭绝。

洛基山公园群 包括逶迤相连的班夫、贾斯珀、库特奈和约虎国家公园,以及罗布森山、阿西尼博因山和汉伯普罗文秀公园等,这里有山峰、冰河、湖泊、瀑布、峡谷和石灰石洞穴,构成了一道亮丽的高山风景线。

格罗莫讷国家公园 占地1805平方千米,悬崖峭壁、蜿蜒河流,富含养分的湿地、湖沼、岩岸,形成优美奇异的独特景观。这里属于亚寒带气候,生长着胶枞(冷杉)、黑云杉、落叶松、石南杜鹃、针叶树等亚热带植物,动物种类也很丰富。

沃特顿湖国家公园 占地约505平方千米,包括崎岖的山地及其他自然景观。

旅游目的地概述

位于阿尔伯塔省南端与美国交界处,对面是美国的格雷西亚国家公园。这里是"群山与大平原相会的地方",两种地形相会的独特环境,令人惊奇。

米加沙国家公园 米加沙化石遗址,被认为是世界上关于泥盆纪"鱼的时代"的最著名的化石遗址。有大量的保存完好的鱼石螈的化石标本,这是第一个进化为4条腿的呼吸空气的陆地脊椎动物——四足动物。这些鱼类和植物化石揭示了生物进化的一个重要时期:爬行动物是如何在地球上占有统治地位的。

乔金斯化石悬崖 位于芬迪湾。受世界上最高的潮汐影响,形成了绵延14千米、高23米的断崖。崖壁上的岩石展示了地球历史时期的风貌,其中包括自宾夕法尼亚纪以来已知的最完整的陆地生物化石记录。那些世界上首批爬虫动物的遗体,是证明陆生动物生活在"煤炭时代"的第一个证据。

兰塞奥兹牧草地国家历史地点 位于纽芬兰与拉布拉多省纽芬兰岛最北端。这是一处维京人村落遗迹,已经出土8座建筑物,包括铸造场、冶炼厂,提供木材给船厂的伐木场。这些建筑物表明公元1000年左右曾有一群维京殖民者在这里居住,比哥伦布的时代还要早5个世纪,是北美最古老的欧式建筑。

碎头野牛跳崖 位于亚伯特省。这里是史前印第安土著居民最大的围猎场之一。悬崖伸延约300米,最高点离崖底约10米,黑脚族人把野牛赶往"奔跑追逐小径",迫使它们全速跃下悬崖。此跳崖已经使用超过5500年,野牛骸骨有10米之深。碎头野牛跳崖对原住民的史前生活与习俗提供了珍贵的实证。

安东尼岛 海达印第安人在此生活了2000多年,他们用红松做独木舟、盖房子、树纪念柱。地处荒野、暴露在大自然中的32根图腾柱和丧葬柱被保存下来,是原始宗教艺术最精美的代表作之一,展示了曾经在北太平洋沿岸居住的土著印第安人渔猎活动的独特景观。

魁北克历史城区 魁北克原是北美印第安人聚落地,1608年法国探险家率先对这里进行开发,英法七年战争后归英国所有。古城拥有许多教堂、修道院及著名的历史建筑,包括芳提娜城堡、星形城堡要塞等。魁北克历史城区的标志建筑魁北克古堡建于1892年,被称为北美殖民化以及近代化进程的重要历史见证。

卢嫩堡老镇 港口小镇,1753年开埠。最初的殖民者都是来自德国、瑞士、法国的新教徒,他们为政府保证的免费土地而来。这些殖民者在政府规划的井字形社区内定居,这地区就是现在的"老镇"。卢嫩堡老镇的井字形规划方式展示出英国在北美殖民地城市规划的最佳例子。

丽多运河 建于1832年,全长202千米,北起加拿大渥太华,南接安大略湖金斯顿港,连通丽都河与卡坦拉基河。丽都运河是首批专为蒸汽船设计的运河之一,是北美保存最完好的静水运河样本,表明当时北美大陆已大规模使用这项欧洲技术。运河两岸四季景色绝佳,冬天则是世界上最大的天然滑冰场。

格朗普雷景观 面积超过13平方千米。从17世纪开始,阿卡迪亚人开始使用排水沟及木制水闸系统。这里是世界上潮差最大的地区,平均潮差达 11.6 米。这里的景观是早期欧洲定居者在北美大西洋沿海地区调整自己适应当地环境的最好例证,也是纪念始于 1755 年的阿卡迪亚人遭放逐——史称"大动荡"的标志性地区。

红湾巴斯克捕鲸站 16 世纪 30 年代建立,作为海岸捕捞、屠宰、熬煎鲸肉以获取鲸油以及储藏的基地。捕鲸站被使用了约 70 年,成为向欧洲运送用以照明的鲸油的主要来源地,直到当地的鲸群被捕杀殆尽。捕鲸站是美洲最宝贵的水下考古遗址,为欧洲人捕鲸传统提供最早、最完整、保存最完好的证据。

迷斯塔肯角 位于纽芬兰省阿瓦隆半岛的东南角,包括一个狭长的 17 千米长的沿海悬崖。岩石海岸时常大雾笼罩,使水手们看不清附近的危险,这片崎岖的沿海峭壁因此而得名。这里拥有地球上已知的最古老的大型的复杂的多细胞生命形式的遗迹。具有 5.65 亿年历史的海床,保存有被称为埃迪卡拉生物群的一些化石,展现了一个古老的海洋世界。

第十八节 自由之帽——哥伦比亚

哥伦比亚,全称"哥伦比亚共和国"(Republic of Columbia)。国名意为"哥伦布之国",但据说哥伦布从未到过哥伦比亚陆地。

一、自然地理

哥伦比亚位于南美洲西北部,东邻委内瑞拉、巴西,南接厄瓜多尔、秘鲁,西北与巴拿马接壤,北临加勒比海,西濒太平洋。面积约 114.17 万平方千米。

哥伦比亚西部除沿海平原外都是高原,西北部为马格达莱纳河下游冲积平原,水道纷歧,湖沼广布,东部的冲积平原约占全国总面积的 2/3。

赤道横贯哥伦比亚南部,平原南部和西部属于热带雨林气候,向北逐渐转为热带草原和干燥草原气候。

二、国家象征

哥伦比亚的国旗呈横长方形,自上而下由黄、蓝、红 3 个平行横长方形相连而成,黄色象征金色的阳光、谷物和丰富的自然资源,蓝色代表蓝天、海洋和河流,红色象征爱国者为争取国家独立和民族解放而洒下的鲜血。

哥伦比亚的国徽,中心呈盾徽,盾面中间是 1 顶"自由之帽",象征自由和解放。盾面上部为 2 只象征丰饶的羊角,中间 1 颗红石榴(哥伦比亚曾称"新格拉纳达","格拉纳达"在西班牙语中意为"石榴")。盾面下部的图案描绘哥伦比亚西濒太平洋、北临加勒比海的地理位置。盾徽上端为 1 只美洲神鹰叼着月桂枝叶花环,象征国家的独立和光荣;鹰爪下的绶带上用西班牙文写着"自由、秩序",意为在秩序下实行自由。盾徽两侧各悬挂两面国旗。

哥伦比亚的国歌是《啊,永不褪色的光荣》。

哥伦比亚的首都是波哥大。

三、社会生活

哥伦比亚人口约4637万人,其中印欧混血人占六成。西班牙语为官方语言。居民大多信奉天主教。

哥伦比亚以总统为国家元首、政府首脑、武装力量统帅。议会是国家立法机构。内阁是政府行政机构。哥伦比亚主要政党:绿党、保守党、自由党。

哥伦比亚自然资源丰富,煤炭、石油、绿宝石为主要矿藏,煤炭储量居拉美首位,石油、天然气、铝矾土、铀的储量巨大。哥伦比亚绿宝石产量居世界首位;铂产量居世界第四位;咖啡产值占农业总产值的1/3以上,产量和出口量居世界第二位;花卉出口居世界第二位。

四、民俗风情

哥伦比亚人注重礼仪,热情好客。最常用的称呼是先生和女士(或夫人、太太)。未婚男女青年可称为少爷、小姐。男性之间一般行握手礼,女性之间还要互相拥抱并亲吻对方的脸颊。初次交往的异性之间大多鞠躬点头致意。非常注重社交场合的仪表,男性着西装、系领带、穿皮鞋,女性穿西服长裙、化淡妆,衣着不整是对主人的不礼貌行为。他们召唤人时掌心向下,手指与手掌一同摆动,交了好运则用食指与小拇指伸直做牛角状。

哥伦比亚一些乡下仍然保持着一种古老奇怪的婚俗。新婚之夜,新娘的母亲要在洞房里参观指导。如果新郎做得不对或者不好,丈母娘就会给予指导和建议。

哥伦比亚人的主食是米饭和玉米,常品尝各类面食,爱吃猪肉、牛肉。注重菜肴的造型色彩,喜清淡,爱甜味。哥伦比亚是咖啡生产大国,很多甜品都含咖啡。

哥伦比亚人不喜欢邀请客人到家中做客,一旦被邀请,要给女主人送一些鲜花、水果或巧克力等礼物,但不能将贴身物品作为礼物。约会迟到,双方都不会见怪。妇女不愿别人询问她的年龄和与男子社交方面的问题。哥伦比亚人认为人体右边是罪恶之源,所以把身体的右半边从头至脚用麻袋片遮掩起来(故称"麻袋人"),左半体裸露在外。哥伦比亚人喜爱红色、黄色,忌讳黑色和紫色,认为这两种色彩令人懊丧。无论做任何事情,只用左手,禁用右手。

哥伦比亚人不容他人对民间传统习俗说三道四,只有不懂礼貌的人才会贬低他们引为自豪的斗牛运动。如果对体育运动(特别是英式足球)、艺术、哥伦比亚的咖啡和美丽的乡村景色感兴趣,哥伦比亚人会很高兴。在哥伦比亚,切记别谈论政治问题。他们忌讳13和星期五,视其为灾难、厄运的数字和日期。

五、旅游城市

波哥大（Santa Fe de Bogota） 哥伦比亚的首都和第一大城市，山岭环绕，林木苍翠，四季如春，名胜众多，被誉为"南美的雅典"。波哥大文化事业发达，素有"文化之都"之誉。

麦德林（Medellin） 位于南美洲安第斯山脉北部，麦德林河穿城而过。原为金、银等矿产区，是全国最大的咖啡市场和皮革、纺织工业中心，全国唯一拥有地铁的城市。四季如春，气候宜人，被誉为"花都"。

卡利（Cali） 位于哥伦比亚西部，为哥伦比亚面向太平洋的门户。每年举办甘蔗小姐比赛和兰花节，被称为"歌舞之都"。

卡塔赫纳（Cartagena） 位于加勒比海南端，是哥伦比亚北方重要的港口。漫长的海岸，湛蓝的海水，金色的沙滩，构成秀丽迷人的滨海风光，是闻名遐迩的游览胜地。

六、经典景点

圣卡尔洛斯宫 位于波哥大市。有300多年历史的古老建筑，曾先后作为皇家图书馆和独立后的国家总统府。当年哥伦比亚总统玻利瓦尔曾在宫内居住过，院内有他亲手栽种的胡桃树。1828年玻利瓦尔为躲避暗杀从临街的窗户一跃而下幸免于难。

国会大厦 位于波哥大市。修建在圣菲波哥大建城时的遗址上。大厦建筑式样别致，内有反映奴隶获得自由时狂欢场面的大型壁画，椭圆形玻璃大厅是举行隆重宴会的地方。

国家博物馆 位于波哥大市。收藏该国历史、艺术和文化藏品超过2万件。常设展览呈现了哥伦比亚考古学和人种学文物样品，上溯至公元前1万多年，一直到20世纪的土著和非洲裔哥伦比亚人的艺术和文化，其中有许多世界知名大师的作品。

玻利瓦尔广场 位于波哥大市。根据西班牙王室命令建造的西班牙式广场，其中的大教堂在原西班牙教堂的旧址上兴建。广场中央一座玻利瓦尔骑着骏马的高大雕像矗立在约3米高的碑身上，玻利瓦尔是拉丁美洲著名的军事家、政治家。广场四周耸立着形态各异的雄伟建筑。每到夜晚，广场彩灯大开，泉水四射，五彩缤纷。

黄金博物馆 位于波哥大市。世界上规模最大的黄金博物馆之一，始建于1939年。展品都是古代印第安人的装饰品和举行各种宗教仪式用的器皿，如耳环、鼻环、项链、别针、手镯、脚镯和各种壶、杯、碟、碗、盘、面具、香炉等，多达2.4万件。"黄金大厅"展出数百件稀世珍品。

桑塔玛瑞亚斗牛场 位于波哥大市。建于1931年，可容纳14 500人观赏比赛。由农民桑塔玛瑞亚捐赠自己的土地而建立，因而斗牛场以其名字命名。斗牛场的外部有一尊佩佩·卡塞雷斯的雕塑,佩佩·卡塞雷斯是哥伦比亚最优秀的斗牛士。从16世纪开始,哥伦比亚开始盛行斗牛,这项传统被保存了下来。

拉斯拉哈斯教堂 位于伊皮亚莱斯市的峡谷中。名字源于一种页岩沉积石。1754年,美国人马利亚·穆埃塞斯和其聋哑的女儿在一场暴风雨中被困山谷,她的女儿令人意外地开口说话,并且看到了圣母马利亚在一块石头上显灵,最后她们被发现救起。目前的教堂建于1916年。

盐矿教堂 位于锡帕基拉市。建在地下160米处。教堂内有四殿,各长120米,高74米,共有14根柱子,柱子、神龛、画像等皆在盐矿石上雕成,堪称地下建筑奇观。除此之外,还可观赏盐矿墙壁、壁画、雕塑、礼拜堂、神像、地下商场、盐矿石工艺品、苦难点、坑道等。

莱瓦镇 位于通哈市。始建于1572年。由于坐落于海拔较高的半荒漠山谷,400多年来发展缓慢,是一座依然保留着殖民地风采的小城。街道和大型广场铺满了鹅卵石,大部分建筑的历史可以追溯至16世纪。这里每年都会举办几个节日,包括11月的美食节、水节、树木节,8月的国际风筝节,11月的洋葱选美大赛等。

七、世界遗产

卡塔赫纳 濒临加勒比海海湾,哥伦比亚的港口和要塞。城市建筑具有西班牙风格,古城墙环绕,教堂林立,许多宫殿和教堂都是巴洛克风格,且都有阳台。大教堂、修道院、旧炮台、城堡、高楼、旅馆、饭店散落在花团锦簇的市区之中。漫长的海岸线,金色的沙滩,一望无际的蔚蓝大海,滨海风光美丽动人。

圣克鲁斯·德·蒙波斯历史中心 位于哥伦比亚北部马格达莱纳河畔。建于1540年,在西班牙统治南北美洲时扮演着一个重要的角色。城市建筑与周围景观和谐融合,主要街道担当着河堤的作用,提供了一幅西班牙殖民地的特殊的画面。

铁拉登特罗国家考古公园 分布着大量的6—10世纪的墓葬群。墓穴中装饰几何图形的图案,有的墓穴壁上画着一些瘦长的动物,支撑墓穴顶部的圆柱上雕刻三角形、酷似北欧人的面孔和深陷的眼睛。还发掘出大量风格类似圣奥古斯丁考古遗址雕像的塑像群,但迄今为止考古学家们仍然未能揭示遗址石像群之间的联系。

圣奥古斯丁考古公园 圣奥古斯丁是哥伦比亚中南部城镇。考古公园占地约1310平方千米。这里火山灰覆盖的土地非常适宜农耕。居住在此的印第安人创造了灿烂的文化,在1—8世纪左右最为繁荣。公园中的各处遗址比较分散,大多是石雕像、石棚、石柱和墓地,其中还有许多谜团没有破解。

哥伦比亚咖啡文化景观 位于安第斯山脉的中西部。由6处农业景观和18个城市中心所组成。上百年的咖啡种植传统主要表现为在乔木林中进行小块种植,以及当地农民为了克服高山环境的不利影响所采取的独特的咖啡种植方式。城区建筑以受西班牙影响的安蒂奥基亚殖民建筑为主。

洛斯卡蒂奥斯国家公园 占地约 720 平方千米,东部是阿特拉托河,它是世界上流速最快的河流。低地沼泽森林几乎覆盖了整个公园的一半,而其余的植物均集中于山区热带雨林地带。公园里生活着美洲虎、大吼猴、大食蚁兽、草狗等动物,是一些濒危动物的家园。

马尔佩洛岛动植物保护区 面积约 8575 平方千米。这里是鲨鱼、石斑鱼和尖嘴鱼的聚居区,还是世界上为数不多的几个可以看见短鼻粗齿鲨的地方。陡峭的崖壁,瑰丽的洞穴,是公认的世界顶级跳水胜地。

第十九节　富庶海洋——哥斯达黎加

哥斯达黎加,全称"哥斯达黎加共和国"(The Republic of Costa Rica)。"哥斯达黎加"西班牙语意为"富饶的海岸"。

一、自然地理

哥斯达黎加位于中美洲南部,东临加勒比海,西濒太平洋,北接尼加拉瓜,东南与巴拿马毗连。面积约 5.11 万平方千米。

哥斯达黎加海岸边是平原,中部被崎岖的高山所隔绝。海岸线长约 1200 千米。

哥斯达黎加大部分地区属于热带和亚热带气候,全年只有两个季节,4—12 月为雨季,降雨多;12 月底至次年 4 月为干季,也称为夏季。高原地区平均气温 23℃~26℃,沿海地区平均气温 29℃~36℃。

二、国家象征

哥斯达黎加的国旗呈横长方形,旗面自上而下由蓝、白、红、白、蓝 5 条宽条组成。红色宽条比蓝、白色宽一倍,左侧绘有国徽。

哥斯达黎加的国徽为盾徽。盾面中间的 3 座山峰分别代表太平洋和加勒比海之间的巴尔巴、伊拉苏和波阿斯 3 座火山。下端的蓝色水面象征加勒比海,山峰背后为太平洋,表明哥斯达黎加位于二者之间。水面上的旭日东升图案寓意前途光明,两艘帆船象征与他国的贸易往来。盾徽上端的 7 颗白色五角星代表 7 个省。白星之上的绶带上用西班牙文写着"哥斯达黎加共和国",顶端绶带上写着"中美洲"。

哥斯达黎加的国歌是《伟大祖国,你美丽的旗帜》。

哥斯达黎加的首都是圣何塞。

三、社会生活

哥斯达黎加人口约 467 万人,其中主要是白人以及印欧混血人。官方语言为西班牙语。居民绝大多数信奉天主教。

哥斯达黎加实行立法、司法和行政三权分立的总统共和制。总统为国家元首和政府首脑。立法大会实行一院制,政府重大决策需经立法大会审批通过,被称为国家"第一权力"。哥斯达黎加主要政党:民族解放党、公民行动党、自由运动党、基督教社会团结党。

哥斯达黎加经济发展水平在中美洲名列前茅。该国1/4的国土面积为国家公园或自然保护区,森林覆盖率超过一半。工业以轻工和制造业为主,原材料依赖进口,石油全部进口。农业以生产咖啡、香蕉、甘蔗等传统产品为主,是世界上第二大香蕉出口国。外贸、旅游和服务业在国民经济中占有重要地位。哥斯达黎加没有军队,只有警察约1.8万人。

四、民俗风情

哥斯达黎加人坦诚朴实,热情好客。哥斯达黎加人对外来客人十分友好,无论在任何场合都会主动打招呼,热情问候。男子见面一般行握手礼,关系非同一般的还要拥抱。男子见到较熟悉的女子有的轻吻她的右手,有的吻脸。跟初次见面的人打交道,不能哈哈大笑,也不能询问对方的年龄、种族,称呼时可在名字后再加先生、女士等。

哥斯达黎加男子不重妆饰,不修边幅,大都上着衬衫,下穿黑色或深色裤子;女子则非常重视妆饰,打扮入时,喜穿袒胸式裙服、紧身裤,肩披彩色长披巾。

哥斯达黎加人喜爱和朋友聚会聊天,常常将知心好友邀请到家中喝咖啡,海阔天空地神侃,还要唱歌跳舞。如果客人言谈举止礼貌,熟悉当地的风俗习惯,能够讲几句当地的民族语言,会被视为故友相逢。对于哥斯达黎加人的盛情邀请不可谢绝,否则会引起主人的不快。应邀做客,应带鲜花、蛋糕、酒之类的礼物。

哥斯达黎加普通家庭的日常主食是玉米、豆类、大米、香蕉等。晚餐是哥斯达黎加人的正餐。

哥斯达黎加人普遍忌讳数字13、5,认为这两个数字不吉利;喜欢3、7,认为这两个数字是吉利的。

五、旅游城市

圣何塞(San Jose) 哥斯达黎加的首都,位于哥斯达黎加中部高原。街道呈方格形,依山而筑,忽上忽下,东西称大道,南北称大街,所有街道名均以市中心为零,向四个方向依次排号,别有风趣。马路两旁种有金合欢树,茶花和玫瑰花栽满各家庭院,整个城市宛如一个大花园,因此有"花城"之雅称。

六、经典景点

蒙特沃德云雾森林保护区 热带雨林,因生物的多样性和完整性而知名。保护区由七大生态区组成,其中90%为原始森林。保护区有2500多种植物,100种哺乳动物,400种鸟类,120种爬行动物和两栖动物,上千种昆虫。

哥斯达黎加树屋酒店 树屋酒店远离喧嚣的城市,栖身在高大的树木枝干上,被浓荫遮蔽,有门有窗还家具齐全,设施完备,就像是雨林里精灵们的住所。每天清晨在可爱的鸟儿们的叫声中起床,安逸享受原生态的自然之美。

塔拉曼卡仰芝—拉阿米斯泰德保护区 占地约8000平方千米。第四纪冰川在这里留下了痕迹,北美和南美的动植物在这里杂居、杂植,热带雨林覆盖了保护区大部分面积,呈现出五彩缤纷的地形地貌,构成许多不同的生境。这片土地上生活着4个不同的印第安部落。

圣何塞伊拉苏火山 间歇性火山,海拔约3432米。火山口直径约1050米,深约300米,底部有一潭碧绿的积水,上方则烟雾缭绕,气象万千。森林密布,花草茂盛,风光旖旎。哥斯达黎加被誉为"中美洲的花园",而伊拉苏火山是园中之园。

七、世界遗产

塔拉曼卡山脉 位于哥斯达黎加与巴拿马边境地区。这条山脉在大约3000万年之前崛起,地壳构造运动和火山爆发所产生的巨大压力造成了上新世期间的地层上升,最终填平了当时曾把南北美洲分隔开来的大洋盆地,在大约700万年前呈现出目前的形状。除自然奇观外,该地区还有大量的古文化遗迹。

科斯岛国家公园 科斯岛是东太平洋上唯一拥有热带雨林的岛屿,因此是研究生物进程的理想实验室。公园的海底被认为是世界上观看远洋生物的绝佳地点,鲨鱼、鳐鱼、金枪鱼以及海豚等随处可见。这里曾是猖獗于南美洲太平洋沿岸一带海盗的老巢,传说在此掩埋了三处宝藏,但迄今为止谁也没能发现。

瓜纳卡斯特自然保护区 1968年阿雷纳尔火山爆发,摧毁了牧场,有10万头牛死亡。保护区内有超过1.2万种线虫类昆虫、2万多种甲虫类昆虫及1.3万多种蜂类昆虫。这里保持了生物的多样性,有最好的旱地森林栖息地、从中美洲到墨西哥北部的生物群落以及主要的濒危植物和动物。

迪奎斯三角洲石球以及前哥伦比亚人酋长居住地 包括由人工建成的土丘、已铺筑的地区、墓地遗址以及巨型石球。这些石球是当地原住民在公元前200年到1500年的石头雕刻物,大的直径几十米,最小的直径也在2米以上,最大的重达16吨,上面刻着一些莫名其妙的图案,其制造的方法和用途目前依然是个谜。

第四章

大洋洲地区

　　大洋洲,位于太平洋的西南部和南部、赤道南北的广大海域。大洋洲有帕劳、瑙鲁、图瓦卢、澳大利亚、马绍尔群岛、斐济、萨摩亚、基里巴斯、所罗门群岛、巴布亚新几内亚、汤加、新西兰、北马里亚纳、瓦努阿图、所罗门群岛、密克罗尼西亚16个国家。大洋洲总面积约897万平方千米,人口约3400万人,是世界上面积最小、人口最少的一个洲。

　　大洋洲少数地区海拔超过2000米,大部分地区海拔在600米以下。大部分岛屿为珊瑚礁型,面积小,地势低平,部分岛屿由火山喷发物质堆积而成。大堡礁绵延2000余千米,有3000余个岛礁,面积21万平方千米,是世界上最大的珊瑚礁群。大洋洲河流稀少且都短小,水量不大。除澳大利亚内陆为大陆性气候外,绝大部分地区为海洋性气候。矿藏品种多,储量大,镍、铝土等储量在世界名列前茅。

　　大洋洲的经济发展差异显著,澳大利亚和新西兰经济发达,其他国家经济较落后。大洋洲四面环海,环境孤立,保留了大批世界罕见的古老生物和自然奇观,空气清新,风光秀美,独特的野生动物魅力无穷,土著文化独树一帜。

　　本章介绍大洋洲地区的10个已经开展组团出境业务的目的地国家和地区,包括澳大利亚、新西兰、北马里亚纳、斐济、瓦努阿图、汤加、法属波利尼西亚、巴布亚新几内亚、密克罗尼西亚和萨摩亚。

第一节　绵羊大国——澳大利亚

　　澳大利亚,全称"澳大利亚联邦"(Commonwealth of Australia)。"澳大利亚"一词源自拉丁文,意为"南方的土地"。

第四章 大洋洲地区

一、自然地理

澳大利亚位于南半球东部、世界上最小的大陆大洋洲,北临帝汶海和阿拉弗拉海与印度尼西亚隔海相望,东北隔海与巴布亚新几内亚毗邻,西濒印度洋,东、南临塔斯曼海。面积约768.7万平方千米,是世界上最大的岛国。

澳洲大陆平均海拔低于300米,分为东部山地、中部平原和西部高原3个地区。占大陆面积2/3的西部高原1/3是沙漠,东部高地山脉绵延,而大陆中央则是平坦的低地。科修斯科山海拔约2230米,是全国最高峰;埃尔湖湖面低于海平面12米,是澳洲的最低点;墨累河和达令河是澳洲最长的河流。

澳大利亚9—11月是春季,12月至次年2月为夏季,3—5月是秋季,6—8月为冬季。北部是热带气候,西部和中部是热带和亚热带沙漠气候,东部主要是温湿的亚热带气候,东南部是温带气候,南部是地中海气候。各地温差极大,东北部的克隆卡里气温曾达53℃,为澳洲有记录以来的极端最高温度;而夏洛特隘口曾出现-23℃,为极端最低温度。年均降雨量465毫米,是除南极外降雨量最少的大陆。由于干旱缺水,中部大部分地区不适宜人类居住。

二、国家象征

澳大利亚的国旗呈横长方形。旗面深蓝色,紧靠旗杆的上部有"米"字形图案,代表澳大利亚与英国的历史渊源。旗帜下方的七角星,代表6个州和北部地区。旗的外侧有5颗小星座——南半球夜空的一个显著特征。

澳大利亚的国徽,正中1块盾牌,上印6幅图案,分别代表澳大利亚的6个州。周围镶嵌吊皮鞭,象征6个州组成联邦。正上方是1颗蓝色和金色花环上的七角星,分别代表6个州和北部自治区。盾牌两边是澳大利亚特有动物大袋鼠和鸸鹋。

澳大利亚的国歌是《澳大利亚,前进》。

澳大利亚的首都是堪培拉。

三、社会生活

澳大利亚人口约2126万人,其中绝大多数是英国及其他欧洲国家移民后裔。平均每平方千米不足3人,是全世界人口密度最低的国家之一。官方语言为英语,但澳洲英语可说是英语中的方言。3/4以上的澳大利亚人声称是基督教徒。

澳大利亚政治体制承袭英国的君主立宪制。国家首脑是英国女王。总督由女王根据澳大利亚政府的建议任命。联邦议会是双院制的立法机构,内阁由总理主持。澳大利亚主要政党:工党、自由党、国家党。

澳大利亚是世界上资源最丰富的国家之一,有"骑在羊背上"和"坐在矿车上"的美称。澳大利亚是世界上第三大黄金出口国,宝石和半宝石的主要出产国。石油自给率达七成左右,还是世界上第三大捕鱼区。南澳大利亚饲养的绵羊多达1.4亿只,出产的羊毛占世界总产量的七成以上。证券交易所是亚太地区仅次于东京的第二大股票和期权交易所。

澳大利亚是世界上生活水平最高的国家之一,国民享有从摇篮到坟墓的完善的社会福利,四成以上的家庭拥有自己的房子,多数家庭至少拥有一辆小汽车。

四、民俗风情

澳大利亚人名在前姓在后。通常互称先生、夫人、女士或小姐,熟悉之后直呼其名,交谈时使用头衔称号。见面习惯握手,拥抱亲吻的场面罕见,女友相逢常亲吻对方的脸。公共场所妇女优先,秩序井然。

澳大利亚人既有西方人的爽朗,又有东方人的矜持。他们喜欢体育运动,冲浪、帆板、赛马、钓鱼、地滚球运动、澳式橄榄球及游泳等都有众多的热衷者。澳大利亚人喜欢喝啤酒,常呼朋唤友到酒吧饮酒谈天,欣赏音乐。

澳大利亚人通常衣着简便,但在商务会议、剧院和一些高级餐厅,男子多穿西服,打领带或黑色领结,女士则西装上衣西装裙。无论男女都喜欢穿牛仔裤。土著居民往往赤身裸体,或在腰间扎一条围巾,讲究些的将围巾披在身上,他们的装饰品丰富多彩。

澳大利亚的土著人仍然以狩猎为生,他们大部分居住在用树枝和泥土搭成的窝棚里,围一块布或用袋鼠皮蔽体。喜欢文身或在身上涂抹各种颜色,平时仅在颊、肩和胸部涂上一些黄白颜色,参战时在身上涂红色,死后涂白色,节庆仪式或节日歌舞时彩绘全身。文身不仅是成年土著人的装饰,而且还用以吸引异性的爱慕。

澳大利亚人菜肴以英式西菜为主,更喜鱼类菜肴。食物丰盛,口味清淡,不喜油腻。烤肉最受欢迎,但不吃海参。

澳大利亚人不喜欢以命令式的口气指使别人。约会必须事先安排,准时赴约。重视交换名片,名片多少是地位高低的象征。最合适的礼物是给女主人献上一束鲜花,也可以给男主人送一瓶葡萄酒。澳大利亚人不喜欢紧紧拥抱或握住双肩之类的动作。在社交场合,忌讳打哈欠、伸懒腰等小动作。他们对兔子特别忌讳,认为是一种不吉利的动物。

五、旅游城市

堪培拉(Canberra) 澳大利亚的首都,位于澳大利亚东南部。莫朗格洛河横贯市区,中央是一个人工湖格里芬湖。堪培拉气候温和,四季分明,阳光普照,绿意盎然,享有"天然首都"的美誉。堪培拉四周森林环绕,全城树木葱翠,鲜花四季不断,被誉为"大洋洲的花园城市"。

悉尼(Sydney) 位于澳大利亚东南海岸。以当时英国内务大臣悉尼子爵的名字命名，澳大利亚经济、金融、科技、教育及交通中心，亚太地区最重要的金融中心和航运中心之一，有"南半球纽约"之称。悉尼夏无酷暑，冬不寒冷，日照充足，气候宜人，环境优美，曾连续3年被评为世界最佳旅游城市之冠。

墨尔本(Melbourne) 维多利亚州的首府，曾是澳大利亚的首都，其藏金量超过美国旧金山，故有"新金山"之名。墨尔本有精致的维多利亚式建筑物，高耸入云的摩天大楼，文化艺术活动多姿多彩。春季赏花，夏季海泳，秋季郊游，冬季滑雪，墨尔本被称为"花园之城"，多次被联合国教科文组织评为最适合人类居住的城市。

布里斯班(Brisbane) 澳大利亚最大的海港，四季如春，被称为"阳光之城"。布里斯班河从山峦天际飘然而下，犹如一条明亮的缎带。现代都市与亚热带自然风光蜿蜒交织，是假日旅游胜地。这里有多处树袋熊保护区，享有"树袋熊之都"的美誉。

阿德莱德(Adelaide) 南澳大利亚州的首府，依山傍水，市中心为偌大的公园绿地，无数个葡萄酿酒场环绕四周，典雅的维多利亚式建筑物及殖民地时代的房屋保存完好，还有热闹的路边咖啡馆、著名设计师的精品店、魅力无穷的夜生活。阿德莱德有"教堂城""艺术城""公园城"之称。

珀斯(Perth) 西澳大利亚州的首府，位于美丽幽静的天鹅河畔。既有现代化的高楼大厦，又有乡野风情，气候温和，景色别致，盛产铁矿砂和宝石，曾位居"世界最友善城市"的首位。聚集无数的黑天鹅，因而有"黑天鹅城"之称，西澳旅游局的标志上就有黑天鹅。

达尔文市(Darwin) 澳大利亚北部地区的首府，有"北方门户"之称。因英国生物学家达尔文曾到此考察而得名。这里原来是土著人的居住地，19世纪70年代发现金矿后迅速发展起来。这里三面环海，碧波金沙，为钓鱼和游泳者的乐园。

六、经典景点

国会大厦 位于堪培拉市。占地约32公顷，建筑面积约7.5万平方米。大厦有4500多间房间，矗立在大厅顶上的不锈钢旗杆高达81米，直插云霄。以收藏艺术精品为最大特色，陈列名画、雕塑、饰品和照片3000多件，其中包括世界上最大的挂毯。大厦周围绿树成荫，有很多精美的庭院和喷泉，建筑与环境、政治与自然美妙地结合在一起。

格里芬湖 位于堪培拉市。以规划堪培拉的设计师命名，面积约700公顷。环湖有公路，路边遍植花木，湖岸有为纪念库克船长而建造的喷泉，从湖底喷出的水柱高达130多米，在阳光的照耀下闪烁着一道道彩虹。国会大厦、国立图书馆、国立美术馆近在咫尺，倒映在碧波万顷的湖水中。"不去格里芬湖，就不能说到过堪培拉。"

澳大利亚图书馆 位于堪培拉市。罗马式现代建筑，44根十字形的白色大理石柱围绕四周。藏书400多万册，来自世界各地的期刊和报纸10多万种，还有地图、照片、影片、库克船长的航海日志。可以通过现代化的检索手段迅速找到所需的各类资料。

战争纪念馆 位于堪培拉市。为纪念第二次世界大战中阵亡的澳大利亚战士而建。纪念馆呈十字架形，墨绿色的圆顶肃穆中饱含着和平的气息。以珍贵的历史照片和实物，详细记载了澳洲经历的许多战争，介绍反法西斯战争中澳大利亚将士的个人情况。展品中有大量的兵器、被击沉的日本海军微型潜艇、布莱德贝瑞的战机等。

国立美术馆 堪培拉市繁华的街道上矗立着图书馆、文献馆、博物馆、美术馆、肖像馆，其中以国立美术馆最出名。馆内藏品分三大类：一是艺术家的作品，二是海报，三是期刊书籍。馆内有澳大利亚土族及美国、亚洲、欧洲等多个国家和地区的艺术作品，总数超过12万件。

澳洲电讯塔 位于堪培拉市。曾获得当时非常有声望的建筑和设计大奖。塔高195米，观景台可360°远距离观赏堪培拉。入口处大型展览厅名曰"创造链接"，触摸那些模拟的按键可以感受澳洲电讯在日常生活中的作用；录像带声文并茂地介绍电讯塔的历史以及独特的设计和建筑特色。

海港大桥 位于悉尼市。因形如衣架而被称作"大衣架桥"。大桥由约600万颗铆钉固定，桥拱跨度503米，最高处距离海面134米，耗用钢材5.28万吨，水泥9.5万立方米，花岗石1.7万立方米，油漆27.2万升，工程浩大。大桥如一道横贯海湾的长虹，气势磅礴。夜幕降临，灿烂夺目。攀爬大桥是最受欢迎的旅游项目之一。

达令港 位于悉尼市。别称"情人港"。原是荒芜破落的死水港，澳大利亚建国200周年之际被改造成为庆典的中心场所。港区内有奥林匹克运动会展示中心、悉尼娱乐中心、悉尼水族馆、海事博物馆、超大屏幕电影院和会展娱乐场所。夜晚灯光璀璨，每周六晚上有音乐焰火表演。

悉尼塔 位于悉尼市。澳洲最高的建筑物。管状塔身高约230米，由46根管子一个压一个堆积而成，并由56根钢缆与地面建筑物相连，每根钢缆重约7吨，钢缆总长达170千米。近处是林立的楼房，光闪如银带的高速公路，连绵似流水的汽车，远处碧海蓝天浑然一体难辨边际，海湾里巨轮进出，帆船随波逐浪，美如图画。

悉尼博物馆 位于悉尼市。世界上最大的博物馆之一。总督府遗址被开发成门前广场。广场西边的一组雕塑"树林边缘"，由木制图腾柱、不锈钢柱和岩石构成，代表了两种文化最初的对话，柱子上刻着乘坐第一艘船登陆的殖民者的名字，穿行柱林间声控扩音器会传来不同土著部落的声音。

悉尼水族馆 位于悉尼市。海洋生态展示馆。主体建筑在达令港水面之下，水底通道长达146米，全部为圆弧形的玻璃观景窗。水族馆展示海豹、鳄鱼、红树林、远洋鱼类以及大堡礁、岩石海岸、悉尼港、达令海等地的海底生态，汇集澳洲5000多种水底生物，其中有世界上最大的鸭嘴兽，鲨鱼种类之多名列世界之首。

维多利亚女王大厦 位于悉尼市。大厦长 200 余米,占据整个街区。大厦顶端耸立圆形拱顶,周围还有 20 个小圆顶。内层以及建筑侧面装饰彩色雕花玻璃,还有细密的木头镶板。虽然以维多利亚女王的名字命名,但她从未光顾。1986 年英国女王伊丽莎白二世在此留下一封关于这座大厦的神秘书信,不过要等到 2085 年才能公布。

悉尼市政厅 位于悉尼市。市政厅中最有特色的是维多利亚式建筑音乐大厅。百年纪念堂内有一架巨大的管风琴,这架管风琴在伦敦打造,由 8000 多个管子装配而成,音响效果妙不可言,1890 年用轮船运到澳大利亚。

岩石区 位于悉尼市。这里曾是海员、贸易商、盗贼和妓女的出没地,也是 1900 年鼠疫的爆发地。早期的建筑大多用当地的砂岩建成,有许多代表悉尼开拓史的老屋老街,如澳大利亚第一条街道乔治街。苏珊娜房舍建于悉尼开港初期的 1884 年,100 多年间从未大规模整修过,呈现了当年悉尼一般市民的住宅风貌。

悉尼大学 位于悉尼市。号称"澳洲第一校"。一个半世纪以来,悉尼大学毕业生掌控着澳洲的政治与经济命脉。校友中有澳洲 3 位联邦大法官,6 位澳大利亚总理,23 位最高法院法官、联合国大会主席、世界银行总裁,5 位诺贝尔奖得主,100 多位其他重要奖项获得者,以及很多政商界知名人士。校园古色古香。

圣马利亚大教堂 位于悉尼市。悉尼大主教驻地,被称为澳大利亚天主教堂之母,采用当地砂岩建造,尖顶拱门,气势雄伟,内部庄严肃穆,深具欧洲中世纪大教堂的建筑遗风。教堂地下墓穴的马洛哥神父地板图案,以《创世纪》为主题,由彩色碎石镶嵌而成,手工精巧,举世闻名。

玫瑰湾 位于悉尼市。这里棕榈婆娑,绿草茵茵,有许多处水池及喷泉,有大型电动游戏设施、超大屏幕电影院,有熙熙攘攘的购物中心,还有街头艺人的表演,精彩纷呈。2000 年奥运会的会标也矗立于此。这里经常举行各种展览、文艺表演和庆祝活动。每逢盛大节日,是观赏焰火的绝佳之处。

海德公园 位于悉尼市。公园的中心是一个设计独特的喷水池——阿奇博尔德喷泉,为纪念澳大利亚在第一次世界大战中所做的贡献而修建。这里有大片洁净的草坪,百年以上的参天大树,是悉尼人休闲的一个好去处,也是情侣们喜爱的约会地点。

皇家植物园 位于悉尼市。园区内有 7000 余种植物和 100 万份以上的植物标本。东南隅有一棵红色尤加利树,因 1851 年在此树周围集会庆祝维多利亚州独立,被称为"分离纪念树"。宫廷花园是 1879 年国际博览会的遗址。棕榈园是历史最久的园区之一,140 多种棕榈科植物令人目不暇接。

塔隆加动物园 位于悉尼市。占地约 29 公顷,与歌剧院、海港大桥遥遥相望,位于天然丛林区内,风景优美,有"世界最美丽的动物园"之称。园中生活着各类动物约 2400 种,包括袋鼠、考拉、鸭嘴兽、澳洲野狗、"坦斯马尼亚恶魔"袋獾、澳洲鸟类等澳大利亚代表性动物。

海港国家公园 位于悉尼市。南北两角的悬崖峭壁，如两位哨兵屹立于海港的入口。公园拥有人迹罕至的沙滩、风景如画的小岛和片片本土林地，是小鸟和动物们赖以生存的家园。公园天然风光秀丽，还有原住民遗址、城堡要塞和历史遗址。游客可以海滨游泳、野餐健行，搭乘渡轮游览海港小岛，亲密接触野生动物，探索古老岩画艺术。

爬虫动物公园 位于悉尼市。澳洲最大的爬行动物公园。园内四处可见蜥蜴、蜘蛛、鸭嘴兽、袋熊、考拉、袋鼠及鳄鱼等罕见的动物。园内每天举办动物表演，还有象龟展览、考拉展览、蜘蛛展览和爬虫秀、树熊和巨蟒表演，精彩纷呈。

麦考利夫人座椅 位于悉尼市。为纪念麦考利夫人而雕刻的石椅。这里古木参天，绿草成茵，树荫下整齐地排列着供人休息的深红色木制长椅。此地与悉尼歌剧院只相隔一道狭窄的海湾，是远眺歌剧院、悉尼大桥的最佳地点。

菲兹罗花园 位于悉尼市。占地约 65 公顷。入口处有一座库克船长小屋，库克是最早登上澳洲大陆的英国人，被视为澳大利亚的开国者。从空中俯瞰，花园内的林荫小路组成一幅巨大的英国米字国旗的图案。公园有林木花卉，花圃温室，喷泉小湖，犹如一幅英国乡村风情画。

大洋路 位于墨尔本市。为纪念参加第一次世界大战而在悬崖峭壁上修建的海滨公路，许多参战老兵参与了建设，全长近 300 千米。公路沿着维多利亚州西海岸蜿蜒伸展，沿途散落着一些海岸城镇和渔村，原始森林，夕阳斜照，群鸟飞舞，还有野生袋鼠和考拉，奇景迭出，被称为"世界上风景最美的海岸公路"。

十二门徒岩 位于墨尔本市。有千万年历史的石灰石、沙岩和化石经海水风化而逐渐形成的 12 个断壁岩石，矗立在湛蓝的海洋中，形态各异。因其数量和形态酷似耶稣的 12 个门徒，因此得名"十二门徒岩"。最高的"门徒岩"高达 45 米。日出和日落之时，独立的礁石最有魅力。

黄金海岸 这里是太平洋暖流冲击地带，终年有日照，气候宜人。20 世纪初一位旅游家在此盖起一家旅馆"冲浪者天堂"，此后逐渐发展成为颇具规模的旅游区。这里拥有主题游览区 30 多个，世界级主题公园 3 个，因此享有"主题公园之都"的美誉。浪花雪白，海水清澈，是冲浪者理想的竞技场。

企鹅岛 位于珀斯市。即"菲利浦岛"，面积约 100 平方千米，形状酷似海豚，栖息企鹅超过 3 万只，是世界上最大的野生企鹅保护基地。世界上最小的企鹅——神仙企鹅，身高仅 30 厘米，它们在沙丘中筑巢，每天循着固定的路线早出晚归。夜幕降临，归巢的企鹅成群结队，人称"企鹅大游行"。

波浪岩 位于珀斯市。屹立在广阔干燥的沙漠之中，形成于 25 亿年前，长约 100 米，高出地面 15 米，高低起伏像一片席卷而来的波涛巨浪，相当壮观。岩体上有一条条红褐色、黑色、黄色和灰色的条纹，在阳光下闪闪发光。附近另有一座空心岩,外形像河马张开的嘴巴,故名"马口"。还有一组奇形的岩石"驼峰岩"。

布鲁姆 位于珀斯市。海港小城,采珠业中心。每年3—10月,布鲁姆海滩边会出现"月亮天梯"奇观。由于当地空气纯净,每次月圆之后的3天内,升起的满月照耀在潮汐跌宕的沙滩上,其反射光映照在退潮的海水上,海面上呈现出一幅"金色长梯",直抵月亮。

库胡奴树袋熊公园 位于珀斯市。园内饲养有西澳洲最大的树袋熊群。树袋熊又称"考拉",是澳大利亚奇特的原始树栖动物,属于有袋目,性情温顺,体态憨厚,每天18个小时处于睡眠状态,从取食的桉树叶中获得所需的90%的水分,只在生病和干旱的时候喝水,当地人称它"克瓦勒",意思是"不喝水"。

玛丽河 位于达尔文市。玛丽河流域及其湿地吸引了许多珍奇鸟类,以观鸟胜地而闻名。这里还是垂钓者的天堂,澳洲肺鱼和其他大量热带鱼类在此欢蹦乱跳,许多人包船来钓鱼;还有以观赏野生动物为主题的河上巡游,享用大自然的视觉盛宴,游客可与咸水鳄鱼近距离接触。

阿纳姆地 位于达尔文市。拥有长长的海岸线,无人的岛屿,充溢着鱼群的河流,茂盛的雨林,耸立云端的峭壁以及草原林地,是世界上为数不多的未被现代文明污染的处女地之一。当地水域几乎未进行过渔业捕捞,因而成为绝佳的钓鱼场所。其独特、原汁原味的土著文化艺术而闻名于世。

腾南特克里克镇 位于达尔文市。高原小镇。20世纪30年代澳大利亚的最后一次淘金热就发生在这里,如今游客可以尝试自己淘金。石头建筑电报站建于1872年,欧洲人在这里架设了"大陆电报线",澳大利亚和世界上的其他地方从此建立起联系。有许多宗教圣地,包括著名的地标魔鬼大理石。

艾尔斯巨石 位于达尔文市。在炎热的北澳大漠之中。巨石高384米,周长9.4千米,还有2/3以上的岩体埋藏在沙地之下,是目前世界上发现的最大的单体巨石。在阳光照耀下,火红的巨石随光线照耀的角度不同而反射出不同颜色的光芒,如万星闪烁,神秘莫测。

七、世界遗产

大堡礁 位于南太平洋。约有2900个独立礁石、900个岛屿,面积34.44万平方千米。礁岛如一块块碧绿的翡翠熠熠生辉,若隐若现的礁顶如艳丽花朵在碧波万顷的大海上怒放。这里生存着不同类型的珊瑚礁400余种,鱼类1500种,软体动物4000余种,聚集的鸟类242种,还是某些濒临灭绝的动物物种的栖息地。

昆士兰的湿热带地区 面积约9000平方千米,约有30种雨林群落。引人入胜的景致与稀有而且濒危的动植物种类共存在此,50多个动物种类为这个地区所独有,澳大利亚1/3的有袋类动物、1/4的蛙类与爬行动物和60%的蝙蝠与蝴蝶物种,生活在这片湿热地带。

旅游目的地概述

西澳大利亚的鲨鱼湾 澳大利亚最大的海湾，海岸线超过1500千米。鲨鱼湾的野趣和自然景观无与伦比，海湾里狭长的水域维持着多样的生态系统，包括炫目的珊瑚和丰富的水生生物。哈马林池叠层岩令人叹为观止，被称为世界上最古老和最伟大的活化石。

弗雷泽岛 位于昆士兰州。面积约1620平方千米。移动的沙丘，彩色的砂石悬崖，沙地上的雨林植物，清澈见底的海湾，绵长的白色海滩，构成独一无二的景观。1836年"寻金"号轮船撞上库雅利岛北部的暗礁，只有船长的妻子弗雷泽逃了出来，她的特殊经历使这个世外桃源引来许多渔民、传教士和伐木者，岛名由此而来。

澳大利亚哺乳动物化石地点群 里弗斯利化石有许多第三纪中期和晚期哺乳动物群系的特例，这些哺乳动物生活在世界上哺乳动物演化历史上最独特且最孤立的大陆上。纳拉库特化石属于一种独特的动物群化石，它以当时因气候变化将要被毁灭的巨型动物为生。这两个地点的化石沉积物，分别提供了世界上孤立大陆的动物群演化史上不同的关键时期的证据。

赫德岛和麦克唐纳群岛 赫德岛于1833年被英国猎豹船发现，麦克唐纳群岛是一群无人居住的岩石岛。两岛由石灰石和火山喷发物堆积而成，生长着原始的生物，自然展示了生物和地理的进化过程。作为唯一靠近南极而火山活跃的岛屿，它们在地球深处开了一扇窗户，可以观察不断发展的地貌过程和冰河动态。

麦夸里岛 岛上有80余种各类苔藓，至少46种花卉以及各式各样的地衣、硅藻类植物。主要动物有长毛海豹和本土的各种鲸鱼，还有海象、海狮等大型动物。至少有72种鸟类在此生存。岛上保留了许多经过雕琢的、有着重要艺术内涵的土著人窑洞，这些沿陡峭山坡而建的窑洞大约可追溯到18 000年前。

大蓝山地区 山上生长着各种桉树，桉树可以提取挥发油，其挥发的油滴在空气中经过阳光折射呈现蓝光，因而得名"蓝山"。这里有114类具有明显地域特征的植物和120种稀有植物和濒危植物，还有几种进化的古代遗留物种；还有高450米的三姊妹峰、吉诺蓝岩洞、温特沃思瀑布和鸟啄石等名胜。

波奴鲁鲁国家公园 "波奴鲁鲁"在澳大利亚原住民语言中意为"砂石"。公园以班古鲁班古山脉的独特地形而闻名。班古鲁班古山脉海拔约578米，岩层的颜色为红色、黑灰色交叠。公园内地形独特，生态丰富，约有130种雀鸟，也有不少澳大利亚特有的动物。

宁格罗海岸 由暗礁、洞穴、浅水区构成的巨大复合体，占地约7000平方千米，拥有世界上最大的活珊瑚礁群、世界上最长的岸礁。宁格罗暗礁群还是鲸鲨和海龟等稀有野生动物的家园。陆地上广布喀斯特地形、地下洞穴网络和水系，为海洋和陆地生物多样性提供了支持保障。

皇家展览馆和卡尔顿园林 位于墨尔本。为1880年至1888年在墨尔本举办的国际性展览会而特别设计。澳洲本土并不存在皇室，"皇家"是指英国维多利亚皇室。展览馆由木头、砖、钢和石板等材料组合而成，整体风格融合了拜占庭式甚至意大利文艺复兴时候的各种元素，总面积达 1.2 万平方米。

悉尼歌剧院 20 世纪最具特色的建筑之一，世界著名的表演艺术中心。造型非常特别，远眺像一艘正要起航的帆船，近观如一个陈放着贝壳的大展台。这里每年举办约 2400 次活动，外国总统和众多国际名人亦至此造访。当初为了筹措建造经费，除了募集基金外，澳洲政府曾发行悉尼歌剧院彩券。

澳大利亚监狱遗址 即阿瑟港监狱。阿瑟港位于塔斯曼半岛，曾是罪犯流放地，有"鬼城"之称。1788 年英国将第一批囚犯运抵澳洲，建立流放犯人的殖民地。1804 年在澳大利亚第一大岛——塔斯马尼亚建造多所监狱，其中最有名的就是阿瑟港监狱，从 1830 年至 1877 年的 47 年间，有 1.2 万多名犯人在这所监狱服刑。

卡卡杜国家公园 位于达尔文市。面积约 19 804 平方千米，保存着完整的自然生态原始环境，澳洲大陆最初的人类足迹，其中包括 2 万年前的山崖洞穴间的原始壁画。这里连续有人类居住达 4 万多年之久，是一个典型的生态平衡的例子，也是人种学人类种族遗迹唯一保存完好的地方。

威兰德拉湖区 位于墨累河盆地。由一系列干湖组成，形成于第三纪早期。已发现更新世以来的一系列湖泊和沙滩的形成遗留下来的化石，还留有 4 万年以前人类居住的痕迹，如 2.6 万年历史的火葬遗址，3 万年历史的赭石墓葬遗址，1.8 万年以前用于碾碎野草的磨石和臼。

塔斯马尼亚荒原 位于塔斯马尼亚岛。面积约 1.4 万平方千米。这里有世界上仅存的温带雨林，生活着许多世界上古老的动物，世界上仅存的生活在阿尔卑斯山流域的淡水虾，22 种塔斯马尼亚哺乳动物，世界上仅存的食肉有袋动物——塔斯马尼亚巨兽，还有 10 亿年历史的澳大利亚最大的河系、最深的湖泊和最壮观的山脉。

乌鲁汝—卡塔楚塔国家公园 面积约 1325 平方千米。乌鲁汝是一块巨大的圆形柱石，长约 3600 米，宽约 2000 米，高 348 米，是世界上最大的巨石之一。巨石圆滑光亮，寸草不长，底部的洞穴有雕刻和壁画，神秘莫测。卡塔楚塔由 36 块巨岩所组成，这些巨石和岩山形成于 6 亿年前。

第二节 白云星岛——新西兰

新西兰（New Zealand），国名意为"新的海中陆地"。因岛小而称为"星洲""星岛"。

一、自然地理

新西兰位于南半球太平洋西南部，西隔塔斯曼海与澳大利亚相望，东邻汤加、斐济。面积约 26.9 万平方千米。

新西兰全境 3/4 为丘陵，南北走向的山脉纵贯全国，多湖泊、瀑布、喷泉。南岛西部南阿尔卑斯山脉的库克峰海拔 3764 米,为全国最高峰,山区多冰川和湖泊;西部是丘陵;西南部是高原。北岛东部多火山,中部为火山高原,地震频繁。

新西兰邻近国际日界线,四面环海,属于海洋性温带阔叶林气候,南北纵贯多个气候区,夏季平均气温 25℃,冬季平均气温 10℃。全年温差一般不超过 15℃,但昼夜温差较大。西部冬季多雨,东部相对干燥,年降水量东海岸仅 500 毫米,而南岛沿海地区可达 5000 毫米。

二、国家象征

新西兰的国旗呈横长方形。旗底色为深蓝色,即皇家宝蓝色。靠旗杆一边的上方为英国国旗"米"字图案,表示同英国的传统关系;右边 4 颗红色五角星,表示南十字星座,也是独立和希望的标志。

新西兰的国徽呈盾形,盾面上有 5 幅图案:中间 3 艘古老船只,表示新西兰的海上贸易;右上角有 1 只金色绵羊,左下角有 1 捆麦穗,表明以农牧立国;左上角有 4 颗五角星,表明国家位置;右下角为大锤和木槌,象征兴盛的采伐业;左侧是肩扛国旗的欧洲女性,右侧是手持棍杖的毛利族首领,表明这块土地的主人是欧洲移民和毛利人。盾徽上端有 1 顶王冠,象征英国女王是国家元首。

新西兰的国歌是《上帝保佑新西兰》。

新西兰的首都是惠灵顿。

三、社会生活

新西兰人口约 421 万人,其中欧洲移民后裔占八成,85% 的人口生活在城镇,是世界上都市化程度最高的国家之一。官方语言为英语和毛利语。2/3 的居民信奉基督教新教和天主教。

新西兰是英联邦成员国,以英国女王为国家元首,总督由女王任命新西兰人担任。总督和内阁组成的行政会议是最高行政机构。立法权属于一院制的众议院。新西兰主要政党:新西兰国民党、新西兰工党、新西兰共产党。

新西兰国土面积的一半以上是牧场,号称"世界最大牧场"。羊肉和奶制品出口居世界首位,羊毛出口排行世界第二位,人们戏言"新西兰=奶桶+肉库"。新西兰粮食自给不足。猕猴桃产量居世界第一位。林业是第三大出口产业。新西兰是世界上最富裕的国家之一,典型的高福利、高消费、高通货膨胀的"三高"国家。

四、民俗风情

新西兰人的生活方式基本西化,生活悠闲,节奏缓慢,对衣食住行比较讲究。

新西兰人一般施握手礼,鞠躬和昂首也是通用礼节。正式场合的称呼是先生、夫人、女士,一般情况下则比较随便。工人、商人、医生、教师杂居相处,彼此直呼其名。大部分居民是英国人的后裔,因此常见英国人的体姿语和示意动作,女子常以抖手等手势来表达自己的情感。正式集会大多穿深色西服或礼服,但一般场合穿着趋于简便。妇女打高尔夫球时都是穿裙子。只要找个小小的理由,几乎谁都可以见到总理。

新西兰土著居民毛利人,非常尊敬长者,重视传家宝,如权杖、绿玉项链等。毛利人能歌善舞,大多是天生的艺术家。毛利人的待客礼仪很特别,首先选一位部落里跑得最快的人做各种鬼脸,挥舞手中的剑或长矛表示欢迎,然后由德高望重者致毛利人最高的礼节碰鼻礼,即双方鼻尖碰鼻尖两三次,据说碰鼻子的时间越长礼遇越高。毛利人实行试婚制,同居后彼此感到满意,经双方父母同意,女方到男方家里过一夜就算结婚了。

新西兰人以土豆和肉类为主食,传统菜肴以羊肉、鹿肉和猪肉为主,口味清淡。喜欢吃猕猴桃和树茄果,蛋白蛋糕是新西兰特有的甜点。新西兰对酒类限制很严,但啤酒销量相当大,平均每人每年要喝110升啤酒。新西兰人嗜好饮茶,一天至少7次,茶馆遍布各地,许多单位都有专门的用茶时间。

新西兰近一半的人至少参加一种运动或健身俱乐部,有点橄榄球和板球的知识会引起他人的好感。应邀到新西兰人家里做客,可带一盒巧克力或一瓶威士忌作为礼物,送给女主人一束鲜花。大声喧嚷和装腔作势会令人不满,打哈欠时务必捂住嘴巴,当众嚼口香糖或用牙签剔牙被视为不文明的举止。他们不会用"V"形手势来表示胜利。他们忌讳男女同场活动,戏剧、电影通常也分男子场和女子场。新西兰人把13视为不吉利的数字,处处事事要设法回避。新西兰人不愿谈论有关宗教、国内政治和私人事务的话题,万万不可询问家居生活、工资收入、配偶子女情况。

五、旅游城市

惠灵顿(Wellington) 新西兰的首都,位于北岛西南端,濒临库克海峡。原是英国人建立的乡村小镇,称为"不列颠利亚",意为"英国的地方",后以惠灵顿公爵的名字命名。惠灵顿三面环山一面临海,环抱尼克尔逊港,天清气爽,风景秀丽。

奥克兰(Auckland) 新西兰经济、商业和金融中心,有大桥、港湾、沉睡的火山,被称为"兼具自然风光及都市生活的最佳地方"。这里既有19世纪殖民地色彩的建筑,也有近代欧美工艺雕刻和华族文化,有"皇后之都"的美称。

基督城(Christchurch) 位于南岛东岸。又名"花园之城",是新西兰南岛最大的城市。安静的雅芳河蜿蜒流过城区,古老的住宅建筑构成生动的艺术区,优雅的生活方式和有趣的文化乐趣有机结合。洁净的道路,浓浓的林荫,雅致的环境,醇厚的文化气息,古朴而又充满生机。

六、经典景点

皇后镇 新西兰地理景观多变,被喻为"活地理教室",皇后镇是全国地势最险峻美丽而又富刺激性的地区,因而有"探险之都""户外活动天堂"之称。游客可以在附近世界一流的滑雪场感受雪上运动的魅力,体验蹦极与喷射快艇的惊险与刺激,参加美食与葡萄酒之旅。

瓦纳卡湖 长42米,宽约10米,深约300米,湖水纯净透明,碧蓝清澈,如同镶嵌在大地上的一块闪闪发光的蓝宝石。保留着最原始的风貌,春可赏花,夏可游泳,秋可拍照,冬可滑雪。附近是一望无际的葡萄园,可以品尝葡萄、葡萄酒。

基督城蒂卡普湖 冰川堰塞湖。冰河融解注入湖泊,冰河中的岩石碎裂成细粉状,湖水色泽呈现带有乳白色的湛蓝色,充满神秘之美。湖畔有一座小镇,人烟稀少。远处的山脉积雪皑皑,成为速降滑雪和越野滑雪的大本营。

奥克兰天空塔 高328米,重约2.1万吨,相当于6000头大象的重量。耗用混凝土1.5万立方米、强力钢筋2000吨,费时33个月建造完成。天空塔楼梯1267阶,有3部透明玻璃电梯,每15分钟可乘载255人,以时速18千米的速度上升,由底层到观望台仅需40秒钟。

奥克兰独树山 高约200米,绿草如茵,因山顶有一棵松树而得名。这里保存有十七八世纪毛利人城市的遗迹、纪念碑,可俯览市郊和港湾,附近天文台可观赏星象和城市夜景。

但尼丁火车站 使用科孔加玄武岩建造,以奥玛鲁石灰岩为装饰面。马赛克的地面、色彩鲜艳的玻璃窗,咖啡色的屋顶,白色的门窗,黑色的墙面,像童话故事里的"姜饼屋",设计者乔治·楚普建筑师也赢得了"姜饼乔治"的绰号。

怀托摩萤火虫洞 活性岩石洞穴,由3个各具特色的溶洞组成。洞穴上下均有通口,吸引许多昆虫入内繁殖,其中以捕食昆虫、如蜘蛛般的萤火虫居多。萤火虫吐着一粒接一粒如珠子般的黏丝,尾部发出绿色萤光,攀附在岩洞深处的上方,组成一个绿色精灵的奇妙世界。

迷幻世界 主题公园,分为室内幻觉房间和室外大迷宫两部分。里面有各种古灵精怪的东西,集中了众多视觉错觉的把戏,就连卫生间都是3D绘画效果,让人有一种陷进深坑的错觉。还有一个大型的木制迷宫,全程达5千米。

七、世界遗产

蒂瓦希普纳穆 "蒂瓦希普纳穆"毛利语意为"绿玉之地",位于新西兰南岛,包括库克山国家公园、阿斯帕林山国家公园、泰普提尼国家公园以及峡湾国家公园。有广阔的森林、白雪覆盖的山脉、陡峭的冰川峡谷和海岸峡湾。公园里的大鹦鹉是世界上仅有的高山鹦鹉。还有一种巨大的不会飞的南秧鸟,属于稀有的濒危品种。

亚南极群岛 包括邦地群岛、安蒂鲍迪斯群岛、斯奈尔斯群岛、奥克兰群岛和坎贝尔岛5组岛屿。斯奈尔斯群岛和邦地群岛在花岗岩和变质岩基底上形成,另外 3 组岛屿在火山岩构造上发展而成。奥克兰群岛和坎贝尔岛上有大规模冰川发育的证据。这些弱不禁风的岛屿为鸟类提供了聚居地。

汤加里罗国家公园 公园内 15 座近代活动过或正在活动的火山口呈线状排列。这里地热资源丰富,沸泉、间歇泉、喷气孔、沸泥塘等遍地可见。这里的沸泥塘也是一大奇观,黄色的泥浆突突沸跳,就像熬稠的米粥。中心地带的山脉对于毛利人具有宗教上的象征意义,标志着整个部落及其环境在精神上的联系。

第三节 待雕美玉——北马里亚纳

北马里亚纳,全称"北马里亚纳群岛自由联邦"(Commonwealth of the Northern Mariana Islands)。原是美国托管地,现属于美国管辖。

一、自然地理

北马里亚纳位于西太平洋,西距檀香山约 5300 千米。面积约 475 平方千米。

北马里亚纳由塞班岛、天宁岛和罗塔岛等 17 个岛屿组成,其中 6 个有居民。

北马里亚纳属于热带海洋气候,全年阳光充沛,年平均气温 27℃,年降水量约 2120 毫米。

二、国家象征

北马里亚纳自由联邦使用美国国旗和国徽。

北马里亚纳的国歌是《在广阔大海的中央》。

北马里亚纳的首府是塞班。

三、社会生活

北马里亚纳人口约 8.9 万人,其中多数为查莫罗人。官方语言为英语、查莫罗语、加罗林语。居民主要信奉罗马天主教。

北马里亚纳群岛实施自由联邦宪法,行政、立法和司法三权分立。以美国总统为国家元首,由普选产生的总督和副总督主持政府,选举产生驻华盛顿的代表。

北马里亚纳的经济以农渔业为主,主要生产咖啡、可可豆、水果和烟草等,渔业资源丰富,旅游业是主要外汇收入来源。

四、民俗风情

北马里亚纳人崇拜"水神",在徒步去森林里打猎或者出海捕鱼前必做祭拜仪式。传统的舞蹈及音乐,传统的针线法及手工艺,留传至今。当地人非常好客,常以邀请客人共舞作为欢迎的方式,舞蹈结束后会献上一大圈新鲜的鸡蛋花花环以示祝福。

北马里亚纳首府塞班的餐厅数目众多,游客可以品尝查莫罗菜、卡罗来纳菜、美国的汉堡、日本的寿司、中国的川菜、韩式的烧烤、菲律宾的阿斗波、意大利新鲜比萨、印度的咖喱,还有墨西哥菜、法国菜、泰国菜等。岛上的新鲜鱼类及海鲜佳肴不容错过。

五、旅游城市

塞班(Saipan) 北马里亚纳的首府,位于塞班岛,有着蔚蓝如洗的晴空、翡翠湛蓝的海水及细白绵长的沙滩。这里的海水尤其神奇,在阳光的折射下会呈现淡绿、碧绿、深蓝、墨蓝等不同颜色,就像一块色彩丰富的"调色板",被称为"七色海"。这里有玻璃般的海水,妩媚动人的女郎与土风舞,浪漫而令人兴奋的沙滩烧烤,旅游业成为塞班的经济支柱之一。

六、经典景点

提尼安岛 岛上有被称做"潮吹海岸"的神奇喷井:火山岩构成的海岸上有许多岩井,涌来的海潮被火山岩挡住,海水从井口喷出,喷出的水柱高达6米多,隆隆作响,十分壮观。

罗塔岛 这里保留着最原始的天然美景。在海鸟保护区有数千只海鸟在此筑巢,鸟儿们或自由飞翔于树林间,或温婉地栖息在巢中,鸣叫之声不绝于耳。白沙树影,鸟语花香,娇红日落,罗塔岛被誉为"未经雕琢的宝石"。

天宁岛 位于马里亚纳群岛南部。第二次世界大战中美国投向广岛和长崎的两颗原子弹,都是从这里装载起飞,现在还留有当时安放原子弹的铁架等遗迹。岛上建有天宁皇朝酒店和赌场、机场和游船码头、美国自由亚洲电台的短波发射台。

军舰岛 位于塞班岛潟湖之中。周长仅1.5千米,是浮潜及游泳的热门地点。军舰岛四周环绕细柔的白色沙滩和澄净清澈的海水,小岛像一颗跳出海面的绿色珍珠。第二次世界大战期间,日军在岛上大筑工事,建造炮台,美军误以为是一艘军舰,但狂轰滥炸却怎么都炸不沉,才发现它原来是一座岛屿,从此命名为"军舰岛"。

喷水海岸 位于天宁岛。火山熔岩形成的礁石下有一些不规则的洞穴,当潮水扑打过来时,这些洞穴会象鲸鱼似的喷出水来,水柱可高达六七米,在很远的地方就可以听见喷水口隆隆作响的声音。喷水洞喷出水柱后,水慢慢地回归消逝,彩虹在海天之间中变幻出来,甚是美丽。

塞班植物园 位于塞班岛中部的半山坡上。占地3万多平方米。植物园内分布着约2000多种花草及果树等丰富多样的热带植物,一年四季都有美丽的热带鲜花盛开,形状各异的热带花草争奇斗艳,尤以芙蓉花、木槿花引人入胜。

蓝洞 北马里亚纳有20多处热门潜水点,能见度普遍达20~30米,大型浮游生物、海龟、魔鬼鱼、吞拿鱼及珊瑚鱼四处穿梭。蓝洞是其中最著名的一处,曾被潜水杂志选为全球第二潜水洞穴。

第四节 香蕉甜岛——斐济

斐济,全称"斐济群岛共和国"(The Republic of the Fiji Islands)。国名由主岛维提岛名转译而来,又称"太平洋上的甜岛""香蕉之岛"。

一、自然地理

斐济位于西南太平洋中心,最近的邻国东为瓦努阿图,西为汤加,南为图瓦卢。面积约1.83万平方千米。

斐济由330多个岛屿组成,多为珊瑚礁环绕的火山岛,其中106个岛屿有居民。最高点托马尼维山海拔1324米。

斐济属于热带雨林气候,雨量充沛,平均气温22℃~30℃。常受飓风袭击。

二、国家象征

斐济的国旗呈横长方形。旗底色为浅蓝色,旗面左上方为"米"字图案,右侧图案是斐济国徽的主体部分。浅蓝色象征海洋和天空;"米"字为英国国旗图案,表明斐济与英国的传统关系。

斐济的国徽呈盾形。盾面上方是1头带着皇冠的黄色狮子,狮子抱着1个椰子。狮子下面的圣乔治红十字把白底盾面分成4格,叼着橄榄枝的鸽子象征和平,甘蔗、椰子、香蕉象征农作物在国民经济中的重要性。上端绘有帆船,象征这个国家位于南太平洋和古老的交通工具。饰带上用英文书写着"敬畏上帝,尊崇国王"。

斐济的国歌是《上帝保佑斐济》。

斐济的首都是苏瓦。

三、社会生活

斐济人口约95万人,其中半数以上为土著人,超过四成为印度族人。官方语言为英语、斐济语和印地语。居民半数以上信奉基督教。

斐济以总统为国家元首,总统拥有行政权。众议院是最高立法机构。斐济主要政党:统一斐济党、斐济工党、联合人民党、民族联盟党、民族联合党。

糖业和旅游业是斐济国民经济的两大支柱。斐济的物产以热带作物、渔业为主,盛产水果、甘蔗、咖啡豆等。在国民经济产值中,服务业约占一半,工业约占两成,农林、渔业产值约占两成,交通运输约占一成。

四、民俗风情

斐济人很友善，欢迎游客到家中做客。进入斐济的村庄，最好买一份见面礼，并且一定要摘下帽子和太阳眼镜。进入当地人家中一定要脱鞋。拍摄当地人的照片事前要经过他们的同意。斐济人不喜欢穿着过于暴露的衣服，不喜欢高声交谈，禁忌触摸人的头部。

五、旅游城市

苏瓦（Suva） 斐济的首都，位于维提岛东南沿海。三面环水，一面靠山，绿树成荫，花团锦簇，是一座整洁、清新、美丽的花园城市。这里每晚都要举行具有土著遗风的舞会。这里保存了很多代表性的历史文物，被称为"南太平洋文化十字路口"。

六、经典景点

玛那岛 海水清澈，海洋生物隐藏在红色、白色、紫色的珊瑚中。在阳光的折射下，五彩斑斓的沙子、礁石、珊瑚使海水变得五颜六色。这里最好的选择是浮潜，与鱼儿、十字海星、小海马、虎皮斑纹贝一起游泳。

丹娜努岛 面积非常小，却聚集了众多的五星级豪华酒店。这里有斐济最美的海滩和白沙，每个五星级酒店都配有私密海滩，潜水、游泳、垂钓等各种水上活动设施齐全，是名副其实的度假胜地。

金银岛 这里有碧绿的海水，白色的海滩，别致的草房，还有许多丰富多彩的娱乐项目。阳光照射在近乎透明的海水上，珊瑚一片一片，色彩鲜艳的小鱼在珊瑚周围穿梭。游客可自由畅快地在晶莹剔透的海中游泳和浮潜，但每天只接待一二十名游客。

沉睡巨人公园 斐济最大的兰花花园。因花园外观轮廓像个呼呼沉睡的巨人而得名。园内有上千种兰花，其中包括斐济当地独特稀有的兰花品种。兰花长廊，爬满树叶的花亭，疯帽子一样的稻草人，仿佛仙境。

苏瓦斐济博物馆 斐济最大的博物馆，主要介绍斐济的发展历史。展品丰富，3000多年前的石器，记录原始土著石器的历史文物，巨大的鲸鱼牙齿，代表了南太平洋岛国的风土人情。

七、世界遗产

莱武卡 晚期殖民港口城镇，位于欧伐劳岛。建于1820年前后，1882年前一直为斐济的首都，是斐济群岛中欧洲人建立的第一个定居点，也是斐济第一个现代化的城市。莱武卡是19世纪太平洋移民港口城市的最杰出代表，反映了当地传统建筑深受欧洲和美洲建筑的影响，因而形成了世界上独一无二的城市景观。

第五节　猪牙勇士——瓦努阿图

瓦努阿图，全称"瓦努阿图共和国"（The Republic of Vanuatu）。"瓦努阿图"皮金语意为"土地永远属于我们"，又称"火山岛国"。

一、自然地理

瓦努阿图位于西南太平洋上，属美拉尼西亚群岛。面积约1.2万平方千米。瓦努阿图由80多个岛屿组成，其中68个岛屿有居民。

瓦努阿图属于热带海洋气候，终年高温多雨，夏季常有热带旋风。地处太平洋火山地震带，5.5级以下的地震频发，偶有破坏性地震。

二、国家象征

瓦努阿图的国旗呈横长方形，带有黑边的黄色横置"Y"字形将旗面分成3块。横置"Y"字形表示该国岛屿的分布形状，黄色象征阳光普照全国，黑色代表人民的肤色，红色象征鲜血，绿色象征肥沃土地上生长繁茂的植物。靠旗杆一侧为黑色等腰三角形，内有双环猪牙和"纳米丽"叶图案。猪牙象征传统的财富；"纳米丽"叶象征神圣、吉祥。

瓦努阿图的国徽，中心是一位身穿传统服装、手执武器的美拉尼西亚勇士，象征时刻准备为捍卫瓦努阿图的独立和自由而献身。勇士站立的山峰象征该国最高峰——塔布韦马萨纳峰，勇士背后是猪牙和"纳米丽"叶图案。底端的绶带上用瓦努阿图文写着"上帝与我们共存"。

瓦努阿图的国歌是《我们！我们！我们！》。

瓦努阿图的首都是维拉港。

三、社会生活

瓦努阿图人口约22万人，基本上都是瓦努阿图人。官方语言为英语、法语和比斯拉马语。居民主要信奉基督教。

瓦努阿图以总统为国家元首，由选举团无记名投票选举产生。一院制的议会为立法机构。瓦努阿图主要政党：瓦努阿库党、温和党联盟、民族联合党、美拉尼西亚进步党、共和党、人民进步党。

瓦努阿图以椰子种植园经济为主，出产可可、香蕉、咖啡、天然橡胶、白檀木等。捕鱼业较发达。

四、民俗风情

瓦努阿图人等级严明，不同教派的居民严格遵守自己的宗教教规。城市里有身份的人一般穿西装,普通居民服饰比较随便。

瓦努阿图人喜食西餐,但味道清淡,不吃辣。鱼、虾、牛肉、冷盘、炒蛋、煎蛋、西红柿等,是瓦努阿图人常吃的食物。

五、旅游城市

维拉港(Port Vila) 瓦努阿图的首都,位于埃法特岛西南端,是天然的良港。三面环山,一面傍海的迈利湾,是天然的避风港,也是世界闻名的潜水胜地。整个城市几乎被森林覆盖,处处鸟语花香,犹如一个大花园。

六、经典景点

塔纳岛 每逢喜庆日子或亲友聚会,岛民会杀猪宰牛庆祝。岛上常常举办大型宗教仪式舞会。女舞蹈者身着色彩鲜艳的服装,用油彩在面部画出不同的图案,脖子上挂着贝壳或猪牙等制作的项链,头戴用鸡翎或鸟羽做成的各种头饰,边歌边舞,祈求上苍保佑幸福安康。

桑托岛 岛上的"香滨海滩",白沙如银,碧波万顷,是游泳、潜水、野营、垂钓等娱乐的好去处。这里每建一个新村落都要举行竣工仪式,男人赤裸身子,将全身涂黑,只在腰间裹一块树皮布,头上戴着羽翎,脚踝套着一串花环,手持长棍,敲击自制的木鼓,祈求上帝赐福。

彭迪科斯特岛 岛上最大的特色是每年举办蹦极节。依着大榕树以藤条绑木杆搭起一个三四十米高的塔架,勇士们立于塔顶,以藤条系足,从高处跳下,头发触地而皮肉无损,传为绝技。

塔纳岛伊苏尔火山 世界上唯一的时刻都在喷发的活火山,重重的硫黄味和火山灰扑面而来。突然一阵轰鸣,伴随着大地的一阵颤抖,鲜红色的岩浆喷涌而出,壮观之极。黑色的火山灰以及寸草不生的地貌,足以证明其无穷的威力。岩浆洞内迸发出炙热的岩浆液,当地人称为"上帝的烟火"。

埃卡剎普村 村落里的茅屋全部用椰树干及干椰叶盖成。原始打扮的武士们拿着弓箭长矛埋伏在热带丛林中迎接游客。头戴羽翎、脚套花环、手持车棍的头人带领游客穿过树洞来到他们低矮茅屋的村落。酋长会展示诸如捕鱼打猎、织物煮食的生活方法和技巧,还表演民族歌舞,当然少不了吸人眼球的踩火石。

马鲁库拉岛纳卡茅屋 又叫"传统男人屋"。夜幕降临,男人们聚集于此,用椰子壳做的酒杯畅饮卡瓦酒,讨论决定族里的重大事情。这座房子不准女人涉足,否则被视为不吉利。

水底邮局 世界上唯一的水下邮局,水深3米。每天下午一点,潜水员会取拿明信片。岸边小店出售防水明信片和铅笔,但到水下3米处去投寄却不是轻而易举能成功的。

七、世界遗产

洛伊·玛塔酋长领地 玛塔酋长是17世纪初瓦努阿图中部地区的最后一位酋长,结束了部族纷争,实现了地区和平,但不幸被害身亡,葬于阿尔托克岛。酋长领地由居住地、死亡地和墓葬区组成,其中墓葬区为太平洋地区最大的活人陪葬区,内有玛塔酋长及50余名陪葬者遗骨。

第六节　胖子之国——汤加

汤加,全称"汤加王国"(The Kingdom of Tonga)。"汤加"当地土语意为"神圣之岛"。又称"友爱群岛""胖子之国"。

一、自然地理

汤加位于南太平洋西部赤道附近,国际日期变更线的西侧,是世界上最先开始新一天的国家。面积约747平方千米。

汤加群岛可分为东西两列,东列是珊瑚礁岛,主要有汤加塔布岛、哈派群岛等,地势低平,海拔不超过30米;西列为火山岛,有托富阿岛等十几座火山岛。

汤加属于热带雨林气候,5—8月为旱季,12月至次年4月为雨季。年平均气温南部23℃,北部27℃。年降水量1600~2200毫米。11月至次年3月常有飓风和暴雨。

二、国家象征

汤加的国旗呈横长方形。旗底红色,左上角有1个白色小长方形,其中有1个红十字。红色象征基督所洒下的鲜血,十字代表信奉基督教。

汤加的国徽呈盾形,由6个黄色花冠组成。正中为白色六角星;左上方的3颗白色六角星象征该国的三大群岛;右上方的王冠象征汤加王朝;左下方的白鸽象征和平;右下方的3把剑代表汤加历史上的三大王朝。盾形上端的大王冠,象征汤加是一个君主立宪制国家;两侧各有1面国旗,下端的绶带上写着"上帝和汤加才是我的遗产"。

汤加的国歌是《汤加王国国歌》。

汤加的首都是努库阿洛法。

三、社会生活

汤加人口约12万人,98%是汤加人。通用汤加语和英语。居民多数信奉基督教。

汤加为君主立宪制国家。议会由全体内阁成员、9名贵族议员和9名平民议员组成。国王有权召开或解散议会,议会通过的法案须经国王批准方能生效。汤加主要政党:友好岛屿民主党、汤加民主工党、人权和民主运动、人民民主党。

农业和渔业为汤加主要经济支柱,主要种植椰子、香蕉、菠萝等热带水果以供出口。旅游业是汤加政府收入的重要来源之一。

四、民俗风情

汤加人相称用名而不用姓,表示特别尊敬对方时才用姓氏加头衔相称。社交场合一般是握手为礼,并习惯相互问候和寒暄几句。汤加等级低的人拜见等级高的人要施吻足礼。

汤加男人穿着传统的"图班努"的裙子,女人腰间佩戴不同款式的"基基"腰围。

汤加人迎宾惯摆全猪宴,并盛情敬献卡瓦酒。女主人把亲自制作的花环套到客人脖子上以表示欢迎。尽管餐桌上备有餐具,但他们喜欢用手取食。

汤加人以胖为美,认为越是标致的女子就应越肥胖,脖子越粗短,因而体态臃肿的人居多,但每年举行选美活动,入选的小姐个个身材苗条。

汤加人以薯类为主食,也喜欢面制食品。菜肴丰盛量大。

汤加人过星期日绝对在家休息,城里的人无特殊事情也绝不出门,法律也不允许人们出去工作。在汤加,不能穿袒胸露膀的服装,进食时不能讲话,不要给汤加人送鲜花。

五、旅游城市

努库阿洛法(Nuku'alofa) 汤加的首都,工商业中心、交通枢纽和进出口货物集散地。"努库"意为"居留","阿洛法"意为"爱"。位于汤加塔布岛的北部海岸,濒临海港,绿茵遍地,鲜花盛开,风景优美,是世界公认的"零污染"地区。

六、经典景点

汤加皇宫 位于努库阿洛法市。又称"维多利亚宫",建于1867年,面海而立,红顶白墙,掩映在苍翠的树林中,既端庄又恬静。皇宫不对外开放,但国王生日那天有巡游表演。

喷潮洞 绵延数千米的珊瑚海岸被侵蚀成千奇百怪的孔洞,而且洞洞通天。每当涨潮时,海水从孔洞中穿出,涌向空中,飞舞高达数十米,再直泻地面,在阳光下炫目耀眼,颇为壮观。

蝙蝠村 即卡罗瓦伊村。村中最壮观的景象是成千上万的蝙蝠。几乎每一棵"度阿"树上吊着数不清的蝙蝠,它们头朝下,两只爪子抓着树枝,就像树上结的果子,蔚为壮观,因而有"蝙蝠村"之称。这种蝙蝠是世界上形体最大的蝙蝠——狐蝠。

第七节　大洋珍珠——法属波利尼西亚

法属波利尼西亚(Polynésie fran? aiseFrench Polynesia),国名意为"多岛群岛"。

一、自然地理

法属波利尼西亚位于太平洋中南部,西与库克群岛隔海相望,西北临莱恩群岛。面积约4170平方千米。

法属波利尼西亚岛群包括社会群岛、土布艾群岛、土阿莫土群岛、马克萨斯群岛、甘比尔群岛、刀罗蒂里群岛(巴斯群岛)和拉帕岛等120个岛屿。

法属波利尼西亚属于热带海洋性气候,11月至次年4月为雨季,3月最高气温28℃,8月最冷气温20℃。年平均降水量1625毫米。

二、国家象征

法属波利尼西亚的国旗呈横长方形,自上而下为红色、白色和红色3个条纹,正中间有一个圆形,其背景为太阳与海洋,太阳代表生命,海洋代表财富;海洋上的1艘独木舟上有5个人,象征法属波利尼西亚的五大群岛。

法属波利尼西亚的国徽呈圆形,其图案与国旗中间的圆形相同。

法属波利尼西亚的国歌是《马赛曲》。

法属波利尼西亚的首都是帕皮提。

三、社会生活

法属波利尼西亚人口约29万人,其中七成为波利尼西亚人。官方语言为法语。居民半数以上信奉基督教新教,三成信奉罗马天主教。

法属波利尼西亚以领地议会为权力机构。政府称部长会议,其成员由领地议会选举产生。法属波利尼西亚主要政党:共和党、解放阵线、新陆地党、自由联盟党。

法属波利尼西亚经济以农业为主,工业基础薄弱,主要有采矿业、制造业、建筑业及实用性经济产业。矿藏主要是磷酸盐和钴。渔业资源丰富,盛产金枪鱼和珍珠贝。人工养殖黑珍珠产量曾占世界总产量的95%以上。旅游业为主要经济部门,从业人口占劳动总人口七成。约八成的食品依赖进口,每年靠法国政府提供援助补贴财政亏损。

四、民俗风情

法属波利尼西亚的酋长拥有最高的社会地位,触犯禁忌的人常被判以死刑。法属波利尼西亚人崇拜多种神灵,各种神灵的地位并不相同,但都有一套祭祀仪式。

法属波利尼西亚人喜欢制作羽毛斗篷,把数以千计细小而罕见的羽毛集合成簇,重叠成行,系成一件件精致的网状编织品。他们善于用面包树制造独木舟,用面包树的内皮捶制成一种称为"塔帕"的衣服,还利用某些植物的叶子编织席子、衣服、船帆和其他家庭用品。

法属波利尼西亚以海鲜和热带水果闻名。除了鱼类,软体类和甲壳类动物也是食物的主要来源。土灶做出来的传统大溪地饭菜以及椰奶、柠檬泡生鱼,声名远播。

五、旅游城市

帕皮提(Papeete) 法属波利尼西亚的首都,位于塔希提岛西北岸,临太平洋马塔维湾。塔希提岛是个火山岛,大海蔚蓝,沙滩洁白,森林茂密,峡谷幽深,还有水平如镜的一些小湖泊,被称为"南太平洋的一颗明珠"。

六、经典景点

珍珠博物馆 位于帕皮提。大溪地有悠久的采珠史,最早可追溯至古希腊时期。传说月亮的甘露坠落人间,当甘露滴落于黑碟贝中,在海洋的孕育下,荟萃日月精华,形成梦幻般的大溪地黑珍珠,所以当地的黑珍珠呈水滴形。博物馆里有一座中国清代慈禧太后的雕像,她的身上挂满了珍珠。

高更博物馆 位于大溪地西南角。高更曾于1891至1893年和1895至1901年两度到此,完成了他一生中重要的画作。博物馆是高更作品的一个收藏所,包括高更的原始作品、图片、复制品、雕塑、版画、水粉画。

帕皮提植物园 占地约137公顷,内有池塘、棕榈树林和大片的枫树林。植物园由美国人哈里森·史密斯于1919年建立,引入东南亚柚树等大量植物,但部分不适宜当地气候环境的树种也给帕皮提造成了植物灾难。

大溪地 即塔希提岛,是向风群岛的最大岛屿,面积约1000平方千米,四季温暖如春、物产丰富。衣食无忧的当地人常常无所事事地望着大海远处凝思,静待日落天亮。当地人管自己叫"上帝的人",人们管那里叫"最接近天堂的地方"。

塔哈岛 法属波利尼西亚社会群岛的一部分,是点缀在祖母绿的礁湖中的迷人天堂。幽深的山谷使小岛呈现凹陷的形状,绵绵的山坡上覆盖着茂密的植被,椰子树、蕨类植物和开花的禾本植物,郁郁葱葱直到山顶。这里香草的气息浓郁醉人,环绕在整个沿海地带,穿越村庄,弥漫在长满木槿的丘陵中。

伦吉拉环礁 世界级的潜水胜地。环礁呈扁平的椭圆形,外形像一头游动的鲸鱼。环礁湖像是一片巨大的内海,周围的旱地像小岛一样围绕着这片湖泊。环礁上没有淡水,居民用水箱储存雨水。这里还是闻名世界的葡萄种植基地,每年冬季和春季收获两次。

波拉波拉珊瑚礁 法属波利尼西亚社会群岛中下风向群岛的一部分。700万年前这里曾是一座死火山,火山下沉后残留下来的遗迹周围形成了一圈珊瑚礁。从空中鸟瞰,清澈的潟湖呈现出梦幻般的蓝色,潟湖之中生活着数百种热带鱼。这里最著名的景点是洁白如雪的沙滩和两座高峰,即奥特马努山和帕西牙山。

七、世界遗产

塔普塔普阿泰考古遗址 塔普塔普阿泰遗址坐落在郁郁葱葱的火山岛赖阿特阿岛上,位于法属波利尼西亚三角地带的中心,包括两座绿林掩映的山谷、一块泻湖与珊瑚礁以及一片海洋。这个三角地带是地球上最后一处人类社会定居之地,是波利尼西亚原住民千年文明独一无二的见证。遗址中心的毛利会堂,是一个具有政治、礼仪和丧葬功能的空间,是传统波利尼西亚人敬拜神灵的最好证明。

第八节 极乐皮鼓——巴布亚新几内亚

巴布亚新几内亚,全称"巴布亚新几内亚独立国"(The Independent State of Papua New Guinea)。"巴布亚"源自马来文,意为"卷发",因当地人头发自然卷曲而得名。当年葡萄牙人初到该岛,见当地居民和自然景观很像非洲的几内亚,故称之为"新几内亚"。

一、自然地理

巴布亚新几内亚位于南太平洋西部,西与印度尼西亚的伊里安查亚省接壤,南隔托雷斯海峡与澳大利亚相望。面积约46.3万平方千米。

巴布亚新几内亚由600多个岛屿组成。各岛多山,地震频繁。

巴布亚新几内亚海拔1000米以上地区属于山地气候,其余地区属于热带雨林气候。5~10月为旱季,11月至次年4月为雨季,沿海地区平均气温21℃~32℃,山地平均气温5℃~6℃。年降水量约2500毫米。

二、国家象征

巴布亚新几内亚的国旗呈横长方形。从左上角至右下角的对角线将旗面分为两个相等的三角形。右上方为红色,内有1只展翅飞翔的黄色极乐鸟;左下方为黑色,内有5颗白色五角星,其中一星较小。红色象征剽悍、勇敢;极乐鸟是巴布亚新几内亚特有的鸟,象征国家、民族独立、自由和幸福;黑色代表国家领土处于"黑人群岛"之中;5颗星的排列位置象征南十字星座,表明国家地处南半球。

巴布亚新几内亚的国徽,是1只停歇在2只皮鼓和1支长矛上的极乐鸟。皮鼓和长矛象征国家的传统文化。

巴布亚新几内亚的国歌是《啊,起来,祖国全体儿女》。

巴布亚新几内亚的首都是莫尔兹比港。

三、社会生活

巴布亚新几内亚人口约606万人,基本上都是美拉尼西亚人。官方语言为英语,全国流行皮金语,地方语言多达700多种。居民九成以上信奉基督教。

巴布亚新几内亚以英国女王为国家元首,女王根据总理提名任命总督为代表。立法机构为一院制的国民议会。由议会中占多数的政党或政党联盟组阁。巴布亚新几内亚主要政党:国民联盟党、人民进步党、人民行动党、人民全国代表大会党。

巴布亚新几内亚农业人口约占全国总人口的九成,矿产、石油和经济作物是最重要的经济产业。主要农产品为椰干、可可豆、咖啡和天然橡胶、棕榈油。石油、天然气蕴藏丰富,金、铜产量居世界前列,一半以上的出口收入来自矿业。捕鱼区达230万平方千米,盛产金枪鱼、对虾和龙虾,潜在捕捞量约40万吨。政府财政收入的主要来源是税收和国际援助。许多居民仍过着原始部落自给自足的生活,近四成的人口挣扎在国际贫困线以下。

四、民俗风情

巴布亚新几内亚人在社交场合习惯以握手为礼。有些岛上的居民,习惯先伸开手掌,然后用中指互相钩一钩,以示礼貌。

巴布亚新几内亚有一些奇特的传统习俗。人们把夫妻吵架看成是一种最好的娱乐方式,越吵心情越愉快,越吵夫妻越恩爱,各地都设有专供夫妻吵架的大场地。特罗布里恩群岛的热恋情侣,要把对方的眼睫毛咬掉才算显示自己的情爱心意,因而当地男女青年大多没有眼睫毛。东部中央高地的土著部落,凡家中遇有亲属不幸死亡,妇人将手指放在石斧下,有男子以木棒猛击石斧,将其手指切下,因而当地土著妇女极少有人是十指齐全的。有的部族酋长在自己的鼻子上挖洞将野猪的爪尖嵌进去,有的把野猪的睾丸串起来戴在手腕上,以此表示对猪的崇敬和作为权威势力的象征。还有的把用木炭和猪油制作的化妆墨浓抹在脸上,表示具有不辱祖先的勇武。高地人男子绝不提举笨重东西,如果一个男人被人发现肩负重物,他的妻子就可能遭受惩罚,甚至有因此丢掉脑袋的危险。

巴布亚新几内亚人喜爱极乐鸟,认为它体态华美、羽毛绚丽,视为保佑平安的守护神、美的化身、富有的标志、国家的象征。他们爱嚼槟榔,常以槟榔来招待宾客。忌讳飞狐、猫头鹰和其他长着短嘴的鸟儿,认为这些动物没有鼻子(没有阳性生殖器)。

巴布亚新几内亚人的主要食品是番薯、芋头、沙壳米、椰子和香蕉。任何食物不是放在盐水里煮,就是放入油锅里炸熟。

五、旅游城市

莫尔兹比港（Port Moresby）　巴布亚新几内亚的首都。位于新几内亚巴布亚海湾。以第一位到此的西方人莫尔兹比船长的父亲、海军上将莫尔兹比爵士的名字命名。斯坦利山脉为屏障，两面环水，山水相依，港湾套港湾，美不胜收。草原茫茫，植物茂盛，常年花开不败，争奇斗艳，香飘万家。

六、经典景点

国民议会大厦　位于莫尔兹比港市。占地面积约2万平方米，1984年落成。议会大厦的主体建筑饰满立体绘画和雕刻，可以说是巴布亚新几内亚过去与未来的写照。

自然公园　位于莫尔兹比港市。这里有超过150种动物，包括多种袋鼠、食火鸡、天堂鸟、鹦鹉、鸽子、爬行动物等。公园内还设有莫尔兹比港全市唯一的热带雨林道，游人可以欣赏到漂亮的原生植物，如兰花。

战争公墓　位于莫尔兹比港市。建于1942年。这里埋葬着近3800名第二次世界大战中捐躯的盟军士兵，其中约700人是无名英雄。他们大部分是澳大利亚人，曾在附近的科科达小径与日军血战。公墓四周绿草如茵，一排排白色的大理石石碑组合成一幅壮观的几何图形，据说这是太平洋地区最大的一座墓园。

科科达小径　巴布亚新几内亚山区的一条土道，长约100千米，沿途丛林密布、道路崎岖。第二次世界大战期间，澳军在这里与日军展开一场殊死的战斗。这条小径也是翻越欧文斯坦利山脉的唯一途径。

七、世界遗产

库克早期农业遗址　位于南高地省。在这里发现了9000年前种植的芋头和修建水渠帮助湿地排水的遗迹，直到20世纪初期当地人仍在种植香蕉和根类蔬菜，并使用木制水渠进行灌溉，是世界上为数不多的在如此长时间段内独立的农业实践，见证了7000多年前人类由植物采集向耕种转变的技术跨越。

第九节　世外桃源——密克罗尼西亚

密克罗尼西亚，全称"密克罗尼西亚联邦"（The Federated States of Micronesia）。在希腊语中，"密克罗"意为"小"，"尼西亚"意为"岛"，"密克罗尼西亚"即"小群岛"。

一、自然地理

密克罗尼西亚位于赤道以北西太平洋加罗林群岛上，面积约700平方千米。

旅游目的地概述

密克罗尼西亚包括607个岛屿,其中65个岛屿有居民。主岛属于火山岛,主岛外围的小岛多为环状珊瑚礁岛。无活火山,无地震。

密克罗尼西亚属于典型的热带海洋性气候,终年阳光明媚潮湿多雨,昼夜温差大,年平均气温28℃。年降雨量4400~5000毫米。

二、国家象征

密克罗尼西亚的国旗呈横长方形。旗面浅蓝色,中间镶有4颗白色五角星。浅蓝色象征辽阔的海域,4颗星分别代表4个州。

密克罗尼西亚的国徽呈圆形。圆圈中心为浮在海上的椰子,背景为4颗白色五角星,绶带上以英文书写国家格言"和平、团结、自由",下方为联邦成立的年份"1979"。

密克罗尼西亚的国歌是《密克罗尼西亚的爱国者》。

密克罗尼西亚的首都是帕利基尔。

三、社会生活

密克罗尼西亚人口约11万人,主要为密克罗尼西亚人。英语为官方语言,通用密克罗尼西亚语。主要宗教为天主教徒。

密克罗尼西亚为联邦制国家,总统为国家元首兼政府首脑,由国会议员选举产生。国会为一院制。密克罗尼西亚没有政党。

密克罗尼西亚渔业资源丰富,是世界上金枪鱼主要产地之一。粮食及生活日用品依赖进口。椰子、香蕉、面包果、木瓜、菠萝等热带果木到处可见,优质胡椒出口国外。只有少量加工工业,如鱼产品、制皂、椰油和成衣加工。政府财政严重依赖外援。生活在贫困线以下的人口超过1/4。

四、民俗风情

密克罗尼西亚人社交场合穿着随意,花衬衣是最常见的正式着装。应邀出席宴请,多穿花色T恤衫和花色短袖衬衣,不系领带,饭后主人把剩余的可口食品用锡盒和锡纸打包让客人带走,以示真诚和尊重。

密克罗尼西亚居民爱吃烧烤食物,如烤鸡翅、鸡腿、鱼、大虾、牛排、猪排和猪腿等,也有吃狗肉的习俗。他们喜欢咀嚼夹着石灰粉和烟叶的槟榔。

五、旅游城市

帕利基尔(palikir) 密克罗尼西亚的首都,位于波纳佩岛的太平洋西海岸。周围被茂密的森林包围,小巧玲珑的建筑在绿色的森林中时隐时现,海岛风光浪漫,自然景观绝美,民族风俗独特。这里是一个冲浪的胜地,每天有不同肤色、不同水平的冲浪爱好者来此挑战海浪,享受冲浪的乐趣。

六、经典景点

楚克岛 周围约有 2129 平方千米环礁围绕。岛屿外层的珊瑚礁点缀着如田园诗般的沙滩,椰子树散落其中。附近海域是世界上沉船数量最多最集中的区域,其中有 1944 年被美军击沉的日本 44 艘舰艇、249 架飞机,因此成为潜水爱好者向往的沉船潜点。

波纳佩岛 蓝天、白云、金沙、碧海、椰林,一派热带风情。岛周围海水晶莹清澈,水下能见度在 30 米以上。堤礁的通道处,鲨鱼、鲑鱼、金枪鱼等各种深海鱼频频活动,是漂流潜水、环礁探险的好地方。侵害太平洋诸岛的台风发源于此,但这里反而一片宁静;太平洋诸岛均无淡水,而这里却有着丰富的地下水。

水母湖 湖面平静无波,与周围未经人工雕琢的自然风光交相辉映。需要光合作用的水母,每天正午时分成千上万地浮出水面,相当壮观。水母湖的底部与外海相通,游人可潜入湖中欣赏如果冻般透明的水母。

纳玛托古城遗址 纳玛托岛面积极小,荒无人烟。在一处远古时代的建筑废墟中,有 40 万根每根重达数吨的石柱,其中 4328 根石柱整整齐齐码放成一座 10 多米高的石头山。这些玄武岩石柱是用独木舟从附近的波纳佩岛运来的,据估计要工作 296 年才能把这么多石柱运上岛。

土著民族文化中心 展示当地土居民族风土人情的民俗村。这里的传统草裙舞,舞姿极美,一些青年男女光着上身,围上草编裙,踏着音乐节奏又歌又舞,激情动感,忘我陶醉。这里还有手工艺品的编织、雕刻和制作表演。

七、世界遗产

南马都尔遗址 位于密克罗尼西亚联邦波纳佩岛的海岸边。"南马都尔"当地语意为"环绕群岛的宇宙"。由 99 座人工岛屿构成,建于公元 1200—1500 年,如今小岛上还有石宫、寺庙、陵墓和居民区的遗迹。从高空俯瞰,犹如意大利水城威尼斯,被喻为"太平洋上的威尼斯"。南马都尔遗迹庞大而古怪,其建造之谜至今未解。

第十节 南太天堂——萨摩亚

萨摩亚,全称"萨摩亚独立国"(The Independent State of Samoa)。"萨摩亚"是当地人视同神物的恐鸟。又称"椰子和可可之国""火山群岛"。

一、自然地理

萨摩亚位于太平洋南部的波利尼西亚群岛的中心,面积约 2934 平方千米。

萨摩亚由10个岛屿组成,两个最大的岛屿萨瓦伊岛和乌波卢岛约占国土面积的九成半。境内大部分地区为丛林覆盖。

萨摩亚属于热带雨林气候。4—11月为旱季,较为凉爽,12月至次年3月为雨季,温暖潮湿。年平均气温28℃,年降水量2000~3500毫米。

二、国家象征

萨摩亚的国旗呈横长方形。旗底红色,左上方的蓝色长方形占旗面1/4,长方形中有5颗白色五角星。红色象征勇气,蓝色象征自由,白色象征纯洁,5颗星代表南十字星座。

萨摩亚的国徽,中心为盾徽。盾面下半部为蓝底上的5颗白色五角星,代表南十字星座;上半部有象征海洋的绿色波纹,中间的椰子树象征该国的绿色自然。盾徽上端是放射光芒的十字,象征基督教在人民生活中的重要地位。盾徽外围是两个同心圆,象征地球,中间的红色横线代表赤道。同心圆由两支橄榄枝环抱,象征和平与和睦。下端的白色绶带上写着"愿上帝为我们创建萨摩亚"。

萨摩亚的国歌是《自由的旗帜》。

萨摩亚的首都是阿皮亚。

三、社会生活

萨摩亚人口约19万人,其中九成为萨摩亚人。官方语言为萨摩亚语,通用英语。多数居民信奉基督教。

萨摩亚为君主立宪制国家。国家元首由议会选出,首任国家元首为终身制。议会为一院制,称立法大会。总理由议会选出并经元首确认。萨摩亚没有军队,只有警察500多名。萨摩亚有两大政党:人权保护党、服务萨摩亚党。

萨摩亚是世界上最不发达的国家之一。农业人口超过全国总人口的3/4,主要种植椰子、可可、咖啡、芋头、香蕉、木瓜、卡瓦和面包果。有小型轻工业及农产品加工业。旅游业是主要经济支柱之一和第二大外汇来源。

四、民俗风情

萨摩亚基本上还是部落制,每个部落就是一个父系氏族。部落里的"马塔伊"(酋长)掌握部落土地分配权。

萨摩亚的民房,无论简陋低矮或高大宽敞,无一例外地没有完全封闭的墙体,只是简单地砌几处承重架构,因为当地气候炎热,只需挡雨无需遮风。

萨摩亚传统的问候方式是用食指互相钩住,向自己身边微微拉一下,表示关系亲密。萨摩亚人迎送宾客或亲朋好友时有贴脸的习惯。传统迎宾仪式是献卡瓦酒,客人不可拒绝,喝酒之前要往地上洒一点表示祭奠,仪式结束时主宾要给跳舞者赏钱。到萨摩亚人家做客,要盘腿坐在草席上,忌讳站着吃饭,更不能边走边吃。在公共场合穿短裤或打赤背都被是无礼的行为。萨摩亚人笃信宗教,吃饭前有专人祈祷,千万不可贸然闯入。

萨摩亚妇女喜欢色彩鲜艳、长及脚面的连衣裙,耳戴一朵火红的木槿花或淡黄色的鸡蛋花。男子也穿长过膝盖的彩色花短裙,将一块长方形花裙布围于腰间,上边两角前方打一个结。职业男子多穿素色西服裙,警察的制服为天蓝色短袖衫和西服裙。萨摩亚男人有文身习惯,既是艺术装饰,又是社会地位的标志。

萨摩亚人的食物主要是芋头、香蕉、面包果,喜欢用烧红的卵石烤煮食物。烹饪时先把一大堆拳头大小的石块烧红,把芋头、香蕉等食物用树叶包住,埋在石堆中烤熟,然后剥掉树叶蘸着椰子肉汁吃。

五、旅游城市

阿皮亚(Appiah) 萨摩亚的首都,位于乌波卢岛北岸中部,国际日期变更线紧挨其西侧。阿皮亚依山傍水,街道整洁,绿树成荫,是一座美丽的热带城市。建筑多为二层木质结构的楼房,既有太平洋岛国的特色,又有西方建筑的风格。城区街道无路牌,红绿灯极少,私家汽车和出租车较多。

六、经典景点

萨摩亚群岛 由太平洋底火山喷发而形成的岛屿,具有丰富的岛国旅游资源:岛礁、沙滩、椰林、海湾、瀑布、火山以及茂盛的植被。90%的土地被热带雨林所覆盖,花繁树茂,热带水果丰富,当地人自豪地称为天堂乐园。

阿皮亚海滨大道 3千米长的海滨大道贯穿全市。沿海滨大道矗立着白色的西萨摩亚银行,褐色的国家邮局,红色的波利尼西亚航空公司。大道东端有英国著名作家斯蒂文森的故居,其对面的海滨广场是举行文娱活动的场所,逢年过节热闹非凡。大道西端的天文台、广播电台附近有一块宽阔的草坪,美如花园。

茜娜蕾海滩度假村 占地2.2公顷,一半为供游客休息的海滩,另一半为萨摩亚式茅屋顶的现代建筑。别墅精致美观,设施齐全。在这里可以俯瞰半月形的珊瑚礁海湾,在柔软的白色海滩上漫步,也可以在洁净的海水中游泳。

史蒂文森故居 史蒂文森是英国著名作家,1890年后定居阿皮亚,度过了生命中最后的5年。他的遗体被葬在可以俯瞰浩瀚无垠的太平洋的瓦埃亚山山顶。其故居先后成为萨摩亚总督和国家元首的官邸,现已列为纪念馆,陈列史蒂文森生前使用过的故物以及他的著作。故居保留着昔日的庄严和逝去时代的光辉。

第五章

非洲地区

非洲,"阿非利加洲"的简称,拉丁语意为"阳光灼热的地方"。位于东半球的西南部,东临印度洋,西濒大西洋,北隔地中海与欧洲大陆相望,东北角以苏伊士运河与亚洲为邻,赤道横贯中部,面积3020万平方千米,约占世界陆地总面积的1/5。非洲有贝宁、南非、吉布提、尼日尔、赞比亚、尼日利亚、阿尔及利亚、毛里塔尼亚、埃及、加蓬、几内亚、冈比亚、博茨瓦纳、塞内加尔、埃塞俄比亚、中非、加纳、安哥拉、肯尼亚、卢旺达、科特迪瓦、塞拉利昂、厄立特里亚、马达加斯加、马里、布隆迪、利比亚、索马里、津巴布韦、斯威士兰、几内亚比绍、刚果(布拉柴维尔)、苏丹、喀麦隆、莱索托、塞舌尔、莫桑比克、坦桑尼亚、赤道几内亚、刚果(金沙萨)、乍得、科摩罗、摩洛哥、突尼斯、毛里求斯、利比里亚、布基纳法索、圣多美和普林西比、多哥、佛得角、马拉维、乌干达、纳米比亚等53个国家,总人口11.48亿人(2015)。

非洲为高原大陆,地势较为平坦。埃塞俄比亚高原海拔1000米以上,被称为"非洲屋脊"。乞力马扎罗山海拔5895米,为非洲最高峰。撒哈拉沙漠面积920万平方千米,占非洲总面积的1/3,是世界上最大的沙漠。东非大裂谷全长约6400千米,是世界上最长的裂谷。河流多峡谷、急流和瀑布,水力资源丰富,但不利于航行。湖泊集中于东非高原,维多利亚湖是世界第二大淡水湖,坦噶尼喀湖是世界第二深湖。非洲高温、少雨、干燥,因此有"热带大陆"之称。非洲的石油、天然气、铁、锰、铬、钴、镍、钒、铜、铝、锌、锡、铀和磷酸盐都有可观的储量,黄金和钻石更是久负盛名。非洲植物达4万种以上,有不少是稀有或特有物种,有"世界资源仓库,珍奇动物之乡"的美称。非洲的部族至少超过250个,数量之多可称世界之最。

非洲是世界上经济发展水平最低的地区,绝大多数国家是1960年之后独立的农业国。联合国公布的世界最不发达国家中,非洲国家占绝大多数。古老的非洲是人类发源地之一,非洲人民创造了灿烂的古代文明。丰富的历史遗迹,迷人的自然风光,奇异的野生动植物,幻影似的大漠风情,魅力无穷。

本章介绍非洲地区的 19 个出境旅游目的地国家,包括已经开展组团出境业务的埃及、南非、埃塞俄比亚、津巴布韦、坦桑尼亚、毛里求斯、突尼斯、塞舌尔、肯尼亚、赞比亚、乌干达、摩洛哥、纳米比亚、佛得角、加纳、马里、马达加斯加、喀麦隆、卢旺达。

第一节　文明摇篮——埃及

埃及,全称"阿拉伯埃及共和国"(Arab Republic of Egypt)。国名可能起源于古埃及语 Ptah(意为"张口者"),古埃及神话中的世界是由 Ptah 神从嘴里吐出来的。阿拉伯人称其为 Misr,意为"辽阔的国家"。

一、自然地理

埃及地跨亚、非两洲,大部分位于非洲东北部,只有苏伊士运河以东的西奈半岛位于亚洲西南角。北濒地中海,东临红海,西连利比亚,南接苏丹,东临红海并与巴勒斯坦接壤,北濒地中海,东南与约旦、沙特阿拉伯相望。面积约 100.1 万平方千米。

埃及疆土呈不规则的四方形,一般分为尼罗河流域及尼罗河三角洲、西部沙漠、东部沙漠、西奈半岛等 4 个地区。国土面积 96% 是沙漠,利比亚沙漠占全国面积的 2/3。埃及全境大部属于海拔 100~700 米的低高原。最高峰凯瑟琳山海拔 2637 米。尼罗河全长 6671 千米,是非洲第一长河,也是世界上最长的河流。尼罗河两岸谷地和三角洲面积达 4 万多平方千米,被称为埃及的生命线。苏伊士运河是连接欧、亚、非三洲的交通要道。纳赛尔水库是非洲最大的人工湖。

埃及南部属于热带沙漠气候,夏季气温较高,昼夜温差较大。尼罗河三角洲和北部沿海地区属于亚热带地中海气候,气候相对温和。冬季平均气温 9℃~19℃,夏季平均气温 22℃~34℃。年降水量 50~200 毫米。

二、国家象征

埃及的国旗呈横长方形,由 3 个相等的横条组成,上为红色,下是黑色,中呈白色,旗面中间是金黄色的鹰徽。

埃及的国徽,中心是昂然挺立的金黄色雄鹰,展示日益丰盈的文明;雄鹰的胸部镶嵌着红、白、黑 3 色竖纹盾形徽章。

埃及的国歌是《祖国,祖国,祖国》。

埃及的首都是开罗。

三、社会生活

埃及人口约 8308 万人,主要为阿拉伯人和科普特人。尼罗河河谷和自开罗伸向地中海的三角洲地区,集中了埃及 95% 以上的人口。官方语言为阿拉伯语,中上层社会通用英语。人口的九成信仰伊斯兰教。

埃及实行总统共和制。行政权首先属于总统,其次属于政府。人民议会行使立法权。新闻独立,被认为是起监督作用的第四权力机构。埃及主要政党:民族民主党、社会主义工党、自由者党、阿拉伯民主纳赛尔主义党。

农业在埃及国民经济中占有重要地位,农村人口占总人口近六成,但七成的粮食靠进口。工业以纺织业和食品加工业为主。石油工业是支柱产业之一,为非洲第四大产油国。侨汇、旅游、运河和石油工业为四大外汇收入来源。

四、民俗风情

埃及人称亲吻为"布斯"。嘴对嘴的接吻局限于情人和夫妇之间。流行一种"吹吻",将右手掌张开,用嘴向手掌吹一口气,把"吻"吹给远处的人。还有表示喜悦的吻(亲吻脸颊),表示尊敬的吻(吻手背)。喜庆节日常以触鼻为礼,客人、身份低的人用鼻子的两侧触身份高的或年长者的鼻子两侧,以表敬意。

埃及人办喜事喜欢大摆筵席,平时与主人无甚交往者同样会受到热情款待。请客座席讲究身份及等级,主人用发誓的方式劝客人多吃,自始至终非常热情。菜肴越多越好,即使原封未动端上端下,宾主都十分高兴。

埃及的餐饮带有浓郁的北非色彩和阿拉伯风情。埃及人以"耶素"(不用酵母的平圆形面包)为主食,与"富尔"(煮豆)、"克布奈"(白乳酪)、"摩酪赫亚"(汤类)一并食用。埃及菜以烧烤煮拌为主,口感偏重。蚕豆是必不可少的一种食品。

埃及人喜欢绿色和白色,讨厌黑色和蓝色,美好的一天称"白色的一天",不幸的一天则称"黑色(或蓝色)的一天"。认为右是吉祥的,做事要从右手或右脚开始,握手、用餐、递送物品必须用右手,穿衣先穿右袖,穿鞋先穿右脚,进入清真寺先迈右脚。最忌讳针,最恶毒的诅咒是把人形容为"针",无眼针为避邪之物。每天下午 3—5 时被认为是"天仙"巡视之时,商店拒绝卖针。政府不禁酒,但从普通宴请到国宴均不上酒,只上饮料和矿泉水。

五、旅游城市

开罗(Cairo) 埃及的首都,非洲及阿拉伯国家的文化中心。巍然耸立的金字塔,深奥莫测的狮身人面像,气势恢宏的古神庙,神秘无比的木乃伊,风光秀美的尼罗河,多姿多彩的地中海海滨,久负盛名的国际水道苏伊士运河,保留了浓郁的阿拉伯风情。开罗古城已被列入世界文化遗产名录。

亚历山大（Alexandria） 埃及和东地中海最大港口，风景秀丽，气候宜人，名胜古迹颇多，被誉为"地中海新娘"，是埃及的"夏都"和避暑胜地。

阿斯旺（Aswan） 位于埃及东南部。埃及与非洲其他国家进行贸易的重镇，通往苏丹的门户。壮观的神庙遗址，长满热带植物的绿色宝岛，充满香料香味的调味品和香水，构成阿斯旺特有的风情，是世界闻名的冬季休养地。

六、经典景点

吉萨金字塔 位于开罗市。埃及最著名的金字塔群，世界七大奇迹之一。这里耸立着3座大金字塔，分别属于第四王朝的爷孙三代胡夫、哈夫拉、门卡拉三位法老，每一座都非常雄伟。塔内的珍奇珠宝已经全部被搬到了博物馆，只有空荡荡的石棺。此外还有狮身人面像、太阳船、河谷神庙等世界著名遗迹。

埃及国家博物馆 位于开罗市。一座古朴的双层砖红色建筑。馆藏古代埃及文物珍宝25万件。最著名的是图坦卡蒙陵墓出土的珍贵文物，3座金字塔的主人胡夫、哈夫拉、门卡拉国王的雕像，十二王朝公主们的纯金花瓣式的头冠，拉美西斯二世木乃伊。

尼罗河 全长6671千米，非洲第一长河，世界上最长的河流。尼罗河谷三角洲是埃及文化的摇篮，因而被称为"母亲河""生命之河"。河水清澈，沿岸多绿洲，远处是沙丘。白色的帆船静静地飘在尼罗河上，构成一道素美的风景线。

卢克索神庙 古埃及第十八王朝的第九位法老阿蒙霍特普三世为祭奉太阳神阿蒙神以及阿蒙神的妻子穆特、儿子月亮神孔斯而修建。第十八王朝后期，经拉美西斯二世扩建，形成现今的规模。神庙长262米，宽56米，由塔门、庭院、多柱厅和神殿构成。神庙外面有一条穿越水面的堤道，两边矗立着狮身人面像。

帝王谷 共有60多座帝王陵墓，埋葬着第十七王朝到第二十王朝的64位法老。陵墓不规则地分布在山谷之中，墓穴依山开凿，巨大的岩石洞被挖成地下宫殿，墙壁和天花板布满壁画，装饰华丽。入口往往开在山腰，以防止盗墓者的破坏。帝王谷被誉为自然的金字塔。

哈特谢普苏特女王神庙 哈特谢普苏特是古埃及第一个女性法老，也是古埃及法老时代唯一一个统治过埃及的女人。神庙有3500多年的历史，内部的壁画描绘了哈特谢普苏特法老祭祀各种神灵的场面以及她的重要功绩。幽雅的建筑风格，精美绝伦的浮雕壁画，被认为是古埃及最杰出的建筑之一。

凯特贝城堡 埃及国王凯特贝下令修筑，并以自己的名字命名。城堡是一座长方形阿拉伯式建筑，三面为高大的城墙，顶部有一尊海神的雕像。凯特贝城堡与开罗古城堡并称为埃及两大中世纪古城堡。城堡的房屋现已成为清真寺和博物馆。

门农巨像 两座巨大的阿蒙霍特普三世法老的岩石雕像，高约20米，脚长2米，厚达1米。左侧的一座为一块整石雕成，右侧的一座由石块砌成。法老坐在王位上,双手平放在大腿上。两尊坐像风化严重,脸部已不可辨识。

庞贝石柱 位于亚历山大市。又称"骑士之柱",是一根高达27米的粉红色亚斯文花岗岩石柱。建于公元1世纪左右的罗马皇帝戴克里先时期。石柱原是萨拉皮雍神庙的一部分,神庙被毁,只有石柱保存下来。石柱附近有两尊红色花岗岩狮身人面像、古代法老拉美西斯二世和萨姆提克一世的雕像。

康翁波神庙 祭奉老鹰神荷鲁斯、鳄鱼神索贝克的双神庙。一条中轴线把神庙分成互相对称的两部分,各供奉一个神。左右两边无论是建筑还是雕刻都自成体系,互不相干。神殿中处处都有与老鹰神与鳄鱼神相关的壁画。古埃及人相信鳄鱼是法老权威的象征。老鹰神是埃及九大主神之一,地位至高无上,象征神圣的王权。

荷鲁斯神庙 埃及艳后克娄巴特拉七世的父亲建造。塔门高达36米,塔门上的壁画描绘托勒密十二世拖着敌人头发预备在老鹰神荷鲁斯面前打碎他们头骨的场景。塔门前是两尊鹰形荷鲁斯的花岗岩雕像。神殿后方的墙壁为"胜利走廊",雕刻着荷鲁斯与其杀父仇人赛特的搏斗的情景。

七、世界遗产

孟菲斯及其墓地金字塔 孟菲斯曾是古埃及的都城,已有5000年历史。在漫长的岁月中,孟菲斯几度兴衰,最后毁于公元7世纪。现今孟菲斯古城仅存拉美西斯二世时代的神庙遗迹、第十八王朝的斯芬克司石像、阿庇斯圣牛庙和第二十六王朝的王宫遗迹等。孟菲斯的墓地有80多处古代法老的陵墓——金字塔。

底比斯古城及其墓地 底比斯是古埃及中世纪和新王国时代的首都,已有四五千年的历史。凯尔奈克神庙是现存规模最大的神庙之一,供奉底比斯主神——太阳神阿蒙。尼罗河西岸群山是古埃及帝王后妃和达官贵族墓葬集中之地,这些墓穴依山开凿,"国王谷"的法老墓室有的在地下100多米。

阿布辛拜勒至菲莱的努比亚遗址 这里是古埃及文明的发源地。最雄伟的古建筑是阿布辛拜勒神庙,建造于公元前1275年。20世纪50年代,尼罗河上游建造大水坝,水坝建成后努比亚地区将变成一个巨大的水库,阿布辛拜勒神庙等古迹面临永沉水底的厄运。工程技术人员将神庙石体建筑切割成块,易地组装,成功重建。

开罗古城 开罗是当今世界少有的遭受战争破坏最少的古城,古今并存,相互辉映。1400年来,开罗一直是伊斯兰世界的政治和文化中心,是伊斯兰古代文化和建筑保存最好的一个城市,以"千塔古城"闻名于世。全市现有800多座清真寺,历史古迹和著名古建筑622处,是一座名副其实的"伊斯兰博物院"。

阿布米那基督教遗址 阿布米那是早期基督教圣城,城中的建筑包括教堂、洗礼池、古罗马长方形会堂、公共建筑、街道、修道院、民居和工场。古城中心有亚历山大大帝时期殉教者米纳斯的坟墓,这位殉教者死于公元296年。传说米纳斯的尸体在运回的途中,驮运尸体的骆驼突然停止行走,米纳斯的尸体只好就地掩埋。

圣卡特琳娜地区 基督教、伊斯兰教和犹太教共同的圣地。卡特琳娜修道院位于基督教《旧约全书》中所记载的西奈山脚下,传说摩西在这里得到神授十诫。修道院始建于公元6世纪,是世界上仍在使用的最古老的修道院之一。修道院所在的地区,山峦高峻,蕴藏着无数的考古遗迹和宗教古迹,给修道院提供了完美的环境。

鲸鱼峡谷 鲸鱼峡谷是开罗西南沙漠深处的一个古生物学化石场。远古时期这里是一片汪洋,有成群的鲸鱼出没。这里是一处独特的露天博物馆,拥有数以百计的早期鲸类的化石,显示出古代鲸鱼后肢的残余部分,记录了鲸类由陆上生物演化成海洋生物的过程,具有重要的自然、文化和科研价值。

第二节 黑人家园——南非

南非,全称"南非共和国"(Republic of South Africa),因地处非洲大陆南部而得名。又称"黄金之国""世界矿库"。

一、自然地理

南非位于非洲大陆最南端,东、南、西三面被印度洋和大西洋环抱,陆地上与纳米比亚、博茨瓦纳、莱索托、津巴布韦、莫桑比克和斯威士兰接壤。东南部内陆有一个"国中之国"莱索托王国。面积约122万平方千米。

南非全境大部分为海拔600米以上的高原。卡斯金峰海拔3660米,为南北最高点,奥兰治河和林波波河为两大主要河流。西南端的好望角是世界上最繁忙的海上通道之一,有"西方海上生命线"之称。

南非大部分地区属于热带草原气候,年平均气温12℃~23℃,冬无严寒,夏无酷暑。年降水量约470毫米。

二、国家象征

南非的国旗呈横长方形,由几何图形的红、白、蓝、黑、绿、黄6种颜色组成,象征多种族团结、奋进。6种颜色各有含义:黑色代表以黑人为主的南非人民,黄色代表地下蕴藏的黄金,绿色代表肥沃的土地,白色代表持久的和平,红色代表民族的血脉,蓝色代表辽阔的天空。

南非的国徽,底部有1个圆形图案,绿色的半圆形中写着柯萨语名言"不同的人团结在一起";半圆的上面有两只象征智慧、力量、现代和永恒的象牙,圈内两侧是代表人民富足、五谷丰登的麦穗;中间1枚金盾,上有两个握手的男子,象征人民团结统一;金盾的上方交叉平放长矛和权杖,表示和平,象征国防与主权;长矛、权杖的上方是帝王花,象征美丽的南非大地。圆形上方是1只南非神话故事中的神秘鸟,双翅昂然向上,意味着国家的未来与展望。国徽的最上方是地平线和冉冉升起的金太阳,代表生命的源泉,也象征希望。

南非的国歌是《南非的呐喊》。

南非有3个首都——行政首都比勒陀利亚,立法首都开普敦,司法首都布隆方丹。

三、社会生活

南非人口约4905万人,有黑人、白人、有色人和亚裔人四大种族,黑人占总人口的八成,白人占近一成。英语和阿非利卡语为官方语言。宗教主要为基督教。

南非实行总统内阁制。南非主要政党:非洲人国民大会、国民党、因卡塔自由党、共产党、民主党、保守党。

南非是非洲最富裕的国家,国内生产总值和人均国民生产总值远远高出其他非洲国家。在各个经济部门中,服务业产值居首位,金融业与西方发达国家的水平相当。国内生产总值的近一半来自对外贸易。能源工业尚不能满足国内需要。

四、民俗风情

南非黑人对自己的传统情有独钟。绝对不能直呼黑人为"Black People",而应称为"Africa People"。黑人的姓名大多已经西方化,但仍喜欢在姓氏之后加上相应的辈分,如称其为"乔治爷爷""海伦大婶",往往令其喜笑颜开。男子对女子一律尊称"妈妈"。有些黑人行拥抱礼,有些行亲吻礼,有些则行独特的握手礼,即先用自己的左手握住自己的右手腕,再用右手去与人握手。如果是特别亲热者,则先握一下他的手掌,然后再握对方的拇指,最后紧紧握一下他的手。女子相见,双膝微屈,行屈膝礼。农村妇女相遇,一边围着对方转,一边发出有节奏的尖叫声。

南非人把宾客临门视为荣幸,殷勤招待。用咖啡待客是比较常见的礼节。送客时往往列队相送,载歌载舞,欢呼狂啸。他们习惯以鸵鸟毛或孔雀毛赠与贵宾,客人则将这些羽毛插在自己的帽子或头发上。

南非民族众多,信仰各异,生活环境不同,衣着服饰式样繁多。越来越多的人开始脱去传统服装,穿起西装,但科萨族男子多数仍赤身裸体,最多在腰间围一块布遮住下身,年长一些和较有地位的男人则披毯子或裹棉布。未婚女子一般也是裸露上身,已婚妇女则把全身包得严严实实,还要围上镶有花边和珠子的围裙。所有的女人都喜欢戴一种"头巾帽"。

南非白人的餐饮以西餐为主,经常吃牛肉、鸡肉、鸡蛋和面包,爱喝咖啡与红茶,而黑人的主食是玉米、薯类、豆类,喜欢吃牛肉和羊肉,一般不吃猪肉,也不大吃鱼。南非人不喜生食,爱吃熟食。最著名的饮料是被称为"国饮"的如宝茶,它与钻石、黄金并称为"南非三宝"。

南非人常用手势来表达喜怒哀乐:举起并挥动右手,竖起大拇指,双目注视,表示尊敬；五指握拳不停地挥动，表示诅咒和谩骂；用拇指和食指捻出"达达"的声音，表示对话题很感兴趣，完全同意对方的意见；用手指头迅速地刮自己的耳朵，表示话不投机或完全不同意对方的见解；一只手抹另一只手的手背，表示此事与己无关；两手手掌朝上，表示疑问；一只手掌拍另一只手掌表示惊异和奇怪；用手指指某人，然后张开手掌，举起手左右转动，这是在骂某人是傻瓜；用食指指着某人，表示蔑视或看不起；伸出手并张开五指，或是用手指刮别人的鼻子，双方势必有一场激烈的争吵甚至斗殴。在南非，不能当众剔牙、摸皮带、拉裤子、脱鞋。与南非人交谈，不要为白人评功摆好，不要评论不同黑人部落或派别之间的关系及矛盾，不要非议黑人的古老习俗，也不要为对方生了男孩而表示祝贺。

五、旅游城市

比勒陀利亚（Pretoria） 南非的行政首都，南非总统府、各国使馆都驻在这里，所以是南非的政治决策中心，南非工商、金融、交通中心。街道清洁，花木繁盛，风光秀丽，有"花园城市"之称。街道两旁种植了许多紫葳，故又名"紫葳城"。

开普敦（Capetown） 南非的立法首都。原是欧洲殖民者在南部非洲的第一个据点，荷、英殖民者向非洲内地扩张的基地。开普敦风景优美，被誉为全球最舒适的居住地，名列世界十大旅游城市。

布隆方丹（Bloemfontein） 南非的司法首都，最高上诉法院驻地。"布隆方丹"塞索托语意为"猎豹居住地"。布隆方丹位于中部高原，四周环绕小丘，夏热冬霜。城区丘陵起伏，风景秀丽。附近的富兰克林野生动物保护地，是南非的旅游胜地之一。

约翰内斯堡（Johannesburg） 南非最大的城市，最重要的工矿业中心，附近有60多处金矿，素有"黄金城"之称。约翰内斯堡金融、商业发达，南非证券交易所、各大公司和银行总部多设于此。约翰内斯堡西南的索韦托，是南非最大的黑人城镇。

六、经典景点

太阳城 位于约翰内斯堡市。豪华度假村，人称"世外桃源"，也是世界小姐选美的胜地。这里具有创意独特的人造海滩浴场，惟妙惟肖的人造地震桥，优美的高尔夫球场和人工湖以及赌场。皇宫酒店位列世界十大豪华酒店。"时光之桥"每隔一小时会发出"轰隆轰隆"的巨响，桥身会有轻微的晃动，给人一种山崩地裂的感觉。

好望角 位于开普敦市。在苏伊士运河开通之前，绕过非洲南端的航线是欧洲通往亚洲的海上必经之路。这里是大西洋与印度洋的交汇区，海流相撞引起的滔天巨浪终年不息，因此被称为"风暴角"，但绕过这里就有希望到达东方，因此葡萄牙国王把它改名为"好望角"。

桌山 位于开普敦市。海拔1087米。桌山山顶像桌面一样平坦，当地人称为

"上帝的餐桌",而四周几乎都是笔直的绝壁。桌山山脉挡住了寒流,为开普敦创造了温暖湿润的气候。桌山自然保护区前拥波光粼粼的大西洋海湾,背枕一座乱云飞渡、形似巨大长方形条桌的奇山,风景奇佳。

企鹅滩 位于开普敦市。开普敦东海岸的西蒙镇,有个被称为"巨砾公园"的小海湾,这里是南非企鹅的家园,成群的企鹅在海水中冲浪、戏水、觅食或是在沙滩上享受阳光。1982年当地渔民在这里发现两对企鹅,经过20多年的繁衍,现在企鹅的数量已经超过3000只。

大康斯坦提亚葡萄酒庄园 位于开普敦市。南非最古老的葡萄酒庄园。这里背靠桌山,面向福尔斯湾,四季都有充足的阳光和雨水,适合种植葡萄。出产的红酒享誉世界,受到拿破仑、路易·菲利普国王的青睐。在这里不仅可以欣赏优美的田园风光和庄园风情,还可以品尝口味纯正的葡萄酒。

信号山 位于开普敦市。除周日外,每天正午12点这里都会举行一种传统仪式——鸣炮,因此得名"信号山"。信号山地理位置得天独厚,在山上可以观赏海上的罗本岛,夕阳下的桌山和大西洋落日,俯瞰开普敦夜景。

坎普斯湾 位于开普敦市。前临大西洋,背靠桌山,白浪层层逐入海湾,连绵山顶云雾缭绕,构成一幅美丽的山水画卷。这里的12座山峰,传说是基督的12位圣徒钟情美丽景色而幻化成山。海湾有许多依山而建的别墅,是开普敦顶级富豪区。

花园大道 从莫塞尔港到斯托姆河连续255千米的一级海滨公路。花园大道与湖泊、山脉、黄金海滩、悬崖峭壁和茂密原始森林丛生的海岸线平行,横穿无数不同殖民风格的小镇,是南非最著名的风景之一。

祖鲁部落 "祖鲁"在当地意为"天",祖鲁族是"天之子民",祖鲁地就是"天堂"。圣露亚湖附近的杜马祖鲁村,是祖鲁王特准开放的自然祖鲁村落。房屋用茅草搭建,呈圆形。游客进村,村民以鼓声和舞蹈表示欢迎。

七、世界遗产

斯泰克方丹化石遗址 位于约翰内斯堡。以浑然天成的地下湖泊和千姿百态的钟乳石、石笋享誉四海。非洲原始人类化石最丰富的地区之一,人类学家和考古学家认为第一批人类就诞生在非洲的这一地区。这里已发现数以百计的300~260万年前的人类化石、成千上万的其他动物的体骨和牙齿化石、300多个树木化石的断片。

罗本岛 面积约5平方千米,从17世纪开始,成为殖民者关押土著反抗运动首领的地方,1960年以后成为南非当局关押政治犯的监狱,先后关押过3000多名黑人运动领袖。黑人领袖曼德拉在此关押18年之久。罗本岛上的建筑象征着民主和自由战胜了压迫和种族主义,是其阴暗历史的最有说服力的见证。

马蓬古布韦文化景观 位于南非北部边境。该景观见证了当时非洲次大陆最大的马蓬古布韦王国逐渐发展强大最后走向衰落的历史。作为横穿东非港与阿拉伯和印度之间最强大的国际贸易区，马蓬古布韦的建立是非洲次大陆历史上一个重要的里程碑。遗迹生动地记录一段由于不可逆转的社会变革而变得脆弱的文化发展史。

理查德斯维德文化植物景观 位于西北部山区沙漠中，占地约1600平方千米。这里保留了纳马人维持了近2000年的半游牧生活模式，包括季节性迁徙、牧场、储藏站以及有芦苇草垫席的房屋，说明可能在南非已存在2000年的季节变化模式。

大圣卢西亚湿地公园 面积2396平方千米。湿地类型丰富，生活着从海洋、沼泽到大草原的各种生物，形成了5个生态系统之间相互连接的综合生态体系，拥有自然界体积最庞大的动物群，展示着大自然的"镶嵌艺术"。

弗洛勒尔角 位于开普省。由8个保护区组成，占地约5530平方千米。这个不及非洲面积0.5%的地方，却是非洲近20%植物的养殖区。在40千米长的海岸线中，孕育着超过1500种各类植物，还有许多鸟类和爬虫类及小型动物，如鸵鸟、羚羊、狒狒等。其突出的植被多样性、密度和地方特殊性在世界范围内独一无二。

弗里德堡陨石坑 陨石坑直径250～300千米，弗里德堡位于陨石坑的中心。陨石坑形成于21亿年前，是世界上最古老、最大的陨石坑。陨石可能来自一颗直径10千米的彗星或某个行星，撞击速度为每小时4万～25万千米，能量相当于原子弹的10倍以上。陨石坑的形成对地球的气候及生物的演化产生过重大影响。

夸特兰巴山脉/德拉肯斯堡山公园 公园具有独特的天然美景，包括玄武岩柱和金色的沙石堡垒，高纬度的草地、原始的陡峭河谷及岩石密布的峡谷。多样的栖息地为当地及地球上濒危物种提供保护，尤其是鸟类和植物。壮观的景致还包括众多的山洞和岩石棚，集中保存了数量最多的非洲南部撒哈拉人4000多年间的绘画。

蔻玛尼文化景观 蔻玛尼位于南非北开普省的北部地区，毗邻博茨瓦纳和纳米比亚的边界。这片广袤的沙漠地带，包含了蔻玛尼萨人从石器时代到现代人类丰富的历史、文化习俗、自然地貌的变迁以及蔻玛尼萨人自然生存与繁衍的智慧。

第三节 非洲屋脊——埃塞俄比亚

埃塞俄比亚，全称"埃塞俄比亚联邦民主共和国"（The Federal Democratic Republic of Ethiopia）。国名由希腊语"晒黑的"和"脸孔"二词演变而来。又称"高原之国"。

一、自然地理

埃塞俄比亚位于东非高原，东与吉布提、索马里接壤，西与苏丹交界，南邻肯尼亚，北接厄立特里亚。面积约112.7万平方千米。

埃塞俄比亚地形以山地高原为主，东非大裂谷纵贯全境，平均海拔近3000米。

最高峰达尚峰海拔约4620米,最低点达罗尔洼地在海平面以下113米。有30多条大河发源于中部高原,有"东北非水塔"之称。

埃塞俄比亚地处热带,大部地区气候温和,年平均气温10℃~27℃。大部分地区10月至次年2月为旱季。年降水量高原区1000~1500毫米,低地和谷地250~500毫米。

二、国家象征

埃塞俄比亚的国旗呈横长方形,自上而下由绿、黄、红3个平行相等的横长方形组成,旗面中间有国徽图案。绿、黄、红3种色彩分别代表埃塞俄比亚的3个地区:提克列(红)、阿姆哈拉(黄)、西奥亚(绿)。现在绿色代表肥沃的土地、温和的气候和丰富的植物资源,象征对未来的希望;黄色象征和平与博爱,代表人民建设国家的决心;红色象征人民为保卫祖国随时准备流血牺牲。

埃塞俄比亚的国徽呈圆形。蓝色圆面上有1颗放射光芒的金黄色五角星。蓝色象征和平,五角星代表多样与统一,光芒象征繁荣、昌盛。

埃塞俄比亚的国歌是《前进,我的母亲埃塞俄比亚》。

埃塞俄比亚的首都是亚的斯亚贝巴。

三、社会生活

埃塞俄比亚人口约8524万人,有80多个民族,人数较多民族的是奥罗莫族、阿姆哈拉族、提格雷族。通用英语,阿姆哈拉语为工作语言。居民主要信奉伊斯兰教。

埃塞俄比亚实行以民族区域自治为基础的联邦政体。总统为国家元首,总理和内阁拥有最高执行权,联邦议会为最高立法机构。埃塞俄比亚主要政党:人民革命民主阵线、团结民主联盟党。

埃塞俄比亚是世界上最不发达的国家之一,工业基础薄弱,经济以农牧业为主,除牛、羊、马、驴、骡、骆驼外,还饲养高山珍兽灵猫,是非洲牲畜数量最多的国家。生产多种世界著名的咖啡品种,咖啡产量约占世界咖啡总产量的七成。

四、民俗风情

埃塞俄比亚国民谦恭礼貌。至亲好友或贵客临门,喜欢用咖啡待客。

埃塞俄比亚的传统服饰风格独特。男子上身为高领长窄袖的衬衣,下身为窄裤或马裤,身披白色"沙马",冬天外加带风帽的斗篷。妇女穿长而窄的连衣裙,外罩"沙马",有的裹住头部只露面部。男女青年初次接吻,如把盐粒吐在对方的口中,表示真诚相爱、情投意合。

埃塞俄比亚人主食是民族传统食品"英吉拉",用苔麸粉或大麦粉做成糊状发酵后,在平底锅内烙烤而成,蘸牛肉或羊肉酱而食。"瓦特"和"菲特"是埃塞俄比亚的特色菜肴,这两种菜主要原料均为牛肉、羊肉或鸡肉,但调料稍有所不同。

埃塞俄比亚人喜爱鲜艳明亮的颜色,禁忌黑色,也禁忌宗教象征的图案。哀悼死者穿淡黄色服装,出门做客绝对不穿黄色服装。埃塞俄比亚人视黄色、淡黄为丧色,忌讳数字13。

五、旅游城市

亚的斯亚贝巴(Adis Abeba) 埃塞俄比亚的首都。"亚的斯亚贝巴"意为"新鲜的花朵"。位于埃塞俄比亚高原中部,是非洲海拔最高的城市。桉树林面积达50多平方千米,被称为"桉树之都"。虽为大城市,但大街小巷没有门牌号码。四季如春,风景如画,是非洲著名的避暑胜地。

德雷达瓦(Dire Dawa) 埃塞俄比亚东部交通枢纽和商业中心,位于东部艾哈迈尔山脉东北麓。德恰塔间歇河穿城而过,街道弯曲狭窄,是农畜产品集散中心和重要的咖啡市场。

贡德尔(Gondar) 贡德尔省首府,位于西北部高原。曾为阿比西尼亚帝国都城。有古代的宫殿建筑群,保存着许多古代拱桥以及雕刻精美、装饰丰富多姿的多层塔、城堡、皇宫和教堂。

六、经典景点

鸡蛋桥 由葡萄牙人修建的石桥,已有400余年历史,据说修桥时将鸡蛋清渗在石头缝中,故称"鸡蛋桥"。在这里可以看到东非大裂谷的东支裂谷,雨季会有小瀑布,上面常年盘旋着老鹰。

民族博物馆 展品是埃塞俄比亚国王的遗物和一些埃塞俄比亚民族文化的作品和生活用品。镇馆之宝为一具据说是人类最早的女性人类化石。埃塞俄比亚境内发现了360万年前的古人类骨骼化石,完整度近60%,是至今为止发现的人类最早的起源地之一。

天使头教堂 教堂内四周墙壁布满壁画,讲述着一个个神秘的基督故事。天花板上绘有80个蕴含神力的天使头像、三圣人头像、早期到埃塞俄比亚传教的9位圣人头像,据说这些独特的彩色头像能够看穿人间世事。

法西尔盖比城堡 皇帝法西拉达斯于1635年建造,包括皇宫、教堂、城堡和塔,并围以长约900米的城墙,融合了近代欧洲、印度及阿拉伯的建筑风格。湛蓝的天、褐色的地、巨大的黑石头、粗大的木头、齐腰高的草,偶尔传来几许乌鸦的叫声,肃穆而沧桑。

阿克苏姆德布勒达摩修道院 建于公元6世纪,只能通过绳索轮进入,很多历史财富得以在1400年的风雨动乱中保存完好,其中包括埃塞俄比亚最古老的稿本碎片。修道院以珍藏的圣经手抄本著称。

七、世界遗产

拉利贝拉岩石教堂 拉利贝拉自公元4世纪开始归信基督教东正教会。在耶路撒冷被穆斯林占据后,拉利贝拉一度被提倡为新的耶路撒冷城。拉利贝拉岩石教堂是13世纪"新耶路撒冷"的11座中世纪原始窑洞教堂,附近是环形住宅构成的传统村落。拉利贝拉是埃塞俄比亚基督徒的圣地,至今仍有虔诚的信徒前去朝圣。

法西尔盖比城堡及古建筑 位于贡德尔地区。贡德尔曾是埃塞俄比亚的首都,17世纪至19世纪是埃塞俄比亚的宗教和艺术中心,城内有古代的宫殿建筑群,保存着许多座古代拱桥以及雕刻精美、装饰丰富多姿的多层塔、教堂、城堡和皇宫。

阿克苏姆考古遗址 这里曾是古代埃塞俄比亚的心脏地带,当时的阿克苏姆王国是东罗马帝国和波斯帝国之间最强大的国家。大量的遗迹可追溯到公元1世纪至13世纪之间,包括完整的方尖碑、大型石柱、皇家墓地和古代城堡遗迹。公元10世纪政治衰退很久以后,埃塞俄比亚皇帝的加冕仪式仍然在阿克苏姆举行。

阿瓦什低谷 非洲大陆最重要的古生物学遗址之一。在阿瓦什地区发现的一具古老的人类祖先的骨架,属于生活在350万年前的一位20岁女性,这项发现填补了从类人猿发展到人类的空白,也为探索人类起源铺平了道路。

奥莫低谷 这个史前遗址已经发掘出大量的类人化石,并有数目众多的牙齿、下颌骨以及各种其他部位的骨骼残骸,还有许多炻器时代的石器工具。奥莫低谷是迄今为止所知的人类所居住的最古老的史前时期的露营地之一,人类在这里所从事的最久远的生产活动,即使用工具。

蒂亚文化遗址 玻利维亚印第安古文化遗址,包括36座纪念碑,其中32个石柱刻有图案,这些图案大部分都很难诠释。古城的太阳门长9米、宽4.5米、厚1.8米的基座,用同一块岩石雕凿而成,门上雕刻有1.2万年前灭绝的类似大象的古生物,还有既繁复又精确的天文历法。蒂亚文化遗迹的年代至今尚未考证出来。

历史要塞城市哈勒尔 哈勒尔城是伊斯兰圣城,包括82座清真寺和102处圣地。城市格局形成于16世纪,有着迷宫般的窄巷。传统的连栋房屋,一层有3个房间,庭院有礼拜区域。哈勒尔人以高质量的手工制品著称,包括织物、编篮、书籍装订等,而有着非凡内部设计的房屋是哈勒尔文化遗产中最壮观的部分。

孔索文化景观 占地约55平方千米。作为人类克服干燥恶劣的自然环境顽强生存下来的杰出范例,孔索文化景观代表着一个传承400多年依然具有活力的文化传统,展现出各社区的共同价值观、社会凝聚力及其所拥有的工程知识。矗立在城镇中的石碑,共同构成了一种纪念一代代逝去的领导人的复杂体系。

塞米恩国家公园 占地约220平方千米。公园以峰峦叠起的山峰、幽深的峡谷和1500米高的陡峭悬崖为特征,构成了世界上最杰出的自然景观。该公园是某些稀世珍奇动物的隐身之处,藏有杰拉达狒狒、塞米恩狐狸和瓦利亚野生山羊。

第四节　非洲石屋——津巴布韦

津巴布韦,全称"津巴布韦共和国"(The Republic of Zimbabwe)。"津巴布韦"班图语意为"石头城"。又称"鳄鱼之乡"。

一、自然地理

津巴布韦位于非洲东南部,与赞比亚、莫桑比克、博茨瓦纳、南非相邻。面积约39.1万平方千米。

津巴布韦是一个内陆国家,东部边境为山地,其他地区分属三级阶梯状高原,海拔800~1500米。主要河流有赞比西河和林波波河。

津巴布韦属于热带草原气候,年平均气温22℃。从西南向东北,年降水量由300毫米递增到1250毫米。

二、国家象征

津巴布韦的国旗呈横长方形。靠旗杆一侧有带黑边的白色等腰三角形,正中有1颗红色五角星,五角星内有1只津巴布韦鸟,白色象征和平,五角星代表国家和民族的良好愿望,津巴布韦鸟是该国特有的标志,也是津巴布韦和非洲国家古老文明的象征;右侧为7道平行横条,黑色居中,向上下两边依次均为红、黄、绿色。黑色代表占人口多数的黑人,红色象征人民为争取独立而洒的鲜血,黄色象征矿产资源,绿色代表国家的农业。

津巴布韦的国徽,中间为盾徽,盾面上部是蓝白相间的波纹,象征津巴布韦广阔的水域;下部的图案为举世闻名的文化遗址"石头城",这是非洲古老文明的象征。盾徽上端是五角星和津巴布韦鸟及基座,寓意同国旗。鸟的基座旁有锄头、步枪等图案,盾形下方的山坡上有玉米、棉花图案,象征丰富的农产品和矿产资源。盾徽两侧各有1只津巴布韦羚羊。底端的绶带上用英文写着"团结、自由、劳动"。

津巴布韦的国歌是《高举津巴布韦的国旗》。

津巴布韦的首都是哈拉雷。

三、社会生活

津巴布韦人口约1139万人,主要民族是绍纳族以及恩德贝莱族。英语、绍纳语和恩德贝莱语均为官方语言。居民中四成信奉原始宗教,近六成信奉基督教。

津巴布韦实行总统内阁制。议会实行两院制,内阁成员由总统任命。津巴布韦主要政党:民革运茨派、民盟、民革运穆派。

津巴布韦以制造业、矿业和农业为国民经济三大支柱,经济发展水平在南非地区仅次于南非。工业占工农业总产值的 2/3。工业制成品出口周边国家,正常年景粮食自给有余,为世界第三大烟草出口国。私有企业产值约占国内生产总值的八成。

四、民俗风情

　　津巴布韦人在正式场合一般穿西装,但平时穿着较随便。津巴布韦人注重礼节,热情友好。津巴布韦人有见面送花的习惯,花束扎得比较精致,见面后谦恭地鞠一躬,送上一束鲜花,说些祝福的话,这被视为高雅而有礼貌的行为。

　　在津巴布韦,拜访朋友要预先约定,准时到达。当地居民对游客拍照很敏感,被拍照后往往会索费。

　　津巴布韦料理主要是非洲菜。非洲菜通常用玉米磨成粉调和成"撒杂",再浇上肉汁,一般用牛肉和鸡肉,偶尔也用鳄鱼肉或羚羊肉做肉汁。

五、旅游城市

　　哈拉雷(Harare)　津巴布韦的首都和最大的城市。哈拉雷意为"不眠之城",位于国境东北高原。哈拉雷周围 60 千米地下遍布铬矿,有"铬都"之称。哈拉雷常年凉爽如春,花繁草茂,享有"花园城市"和"非洲小巴黎"的美誉。

六、经典景点

　　平衡石公园　位于哈拉雷市。这里既没有名贵的花卉,也没有秀丽的风景,却以奇形怪状的大石头闻名世界。"船形巨石"图案被印制在纸币和旅游册子上,已成为国家象征之一。

　　马托搏山　位于布拉瓦市。锯齿形山脉,以不同寻常的风景和动植物的多样性而闻名。裸露大约 30 亿年的花岗岩底盘已经受到侵蚀。弓起的带后背的拱形结构是由花岗岩的落屑引起的。

　　比由目巴山　位于津巴布韦和莫桑比克交界处。高约 1911 米,主要由花岗岩组成,连同奇马尼马尼山和伊尼扬加尼山构成津巴布韦与莫桑比克分界处的东部高地。早上经常弥漫着仙境般的雾气,故被称为"雾山"。巍巍青山周围分布着乡村酒店、赌场和高尔夫球场、植物园。

七、世界遗产

　　大津巴布韦国家纪念地　包括早期的一些卫城、围场、卫城和围场之间的各类建筑遗址。围场的外墙以及围场内庙宇的内墙都呈曲线状,内墙和通道的功用不得而知,石头圆锥塔的作用也令人费解。卫城矗立在高 27 米的悬崖上,阶梯的台阶从峭壁中间修凿而成。大津巴布韦壮观而又神秘的石头建筑是非洲人的杰作。

　　卡米国家遗址纪念地　卡米曾是大津巴布韦的首都,16 世纪中叶被遗弃。卡米古城遗址是赞比西河与林波波河之间 50 个知名城市遗址中最引人注目的一个,修建于 15 世纪中叶至 17 世纪中叶。这里出土的珍贵文物,如西班牙银器及中国瓷器、葡萄牙瓷器,充分证明大津巴布韦曾与其他国家有过广泛的世界性贸易往来。

马纳波尔斯国家公园、萨比和切俄雷自然保护区 马纳波尔斯国家公园面积 2196 平方千米,萨比和切俄雷自然保护区面积分别为 3390 平方千米、1180 平方千米。切俄雷高地上,辽阔的草地和其他植物群落相连,生长着面积不大但十分重要的山地植物群。切俄雷自然保护区内生活着非洲最大的黑犀牛群。

莫西奥图尼亚瀑布 又称"维多利亚瀑布",位于津巴布韦与赞比亚边境地区的赞比西河上。宽度超过 2 千米,水雾形成的彩虹 20 千米以外都能看到。大瀑布所倾入的峡谷本身就是世界上罕见的天堑。高峡曲折,苍岩如剑,巨瀑翻银,疾流如奔,堪称人间奇观。

第五节　天然良港——坦桑尼亚

坦桑尼亚,全称"坦桑尼亚联合共和国"(The United Republic of Tanzania)。因国土主要由坦噶尼喀和桑给巴尔两部分组成而得名,"坦噶尼喀"班图语意为"无数溪流在此汇合"。又称"剑麻之乡""丁香之国"。

一、自然地理

坦桑尼亚位于非洲东部、赤道以南,北与肯尼亚和乌干达交界,南与赞比亚、马拉维、莫桑比克接壤,西与卢旺达、布隆迪和刚果(金沙萨)为邻,东濒印度洋。面积 94.5 万多平方千米。

坦桑尼亚由坦噶尼喀大陆、桑给巴尔岛及 20 多个小岛组成。高原面积占陆地总面积的一半以上,东非大裂谷从马拉维湖分东西两支纵贯南北。乞力马扎罗山的基博峰海拔 5895 米,是非洲最高峰。

坦桑尼亚东部沿海地区和内陆部分低地属于热带草原气候,西部内陆高原属于热带山地气候。大部分地区年平均气温 21℃~25℃。

二、国家象征

坦桑尼亚的国旗呈横长方形。旗面由绿、蓝、黑、黄 4 色构成。绿色代表土地,象征对伊斯兰教的信仰;蓝色象征河流、湖泊和海域;黑色代表非洲黑人;黄色象征丰富的矿产资源和财富。

坦桑尼亚的国徽,中央为盾徽,盾面分为 4 个部分,自上而下依次为:象征自由和光明的火炬,坦桑尼亚国旗,交叉着的斧头、镰刀和长矛,象征湖泊、河流和东临印度洋的蓝白相间的波纹。盾徽下面是象征乞力马扎罗山的山峰,山峰两旁长满咖啡和棉花,代表国家欣欣向荣的农业生产。盾徽两侧是一对手持象牙的男女。底部的绶带上用斯瓦希里文写着"自由和团结"。

坦桑尼亚的国歌是《上帝保佑非洲》。

坦桑尼亚的首都是多多马。

三、社会生活

坦桑尼亚人口约4105万人,有126个部族。斯瓦希里语为国语,官方语言为英语。居民主要信奉原始拜物教、天主教和伊斯兰教。

坦桑尼亚以总统为国家元首、政府首脑和武装部队总司令。议会是国家最高立法机构。坦桑尼亚主要政党:革命党、民主发展党、公民联合阵线、全国建设和改革会议、劳动党、联合民主党。

坦桑尼亚名列世界上最不发达国家。经济以农牧业为主,结构单一。农牧业人口占总人口的九成以上,农业产值占国民生产总值的一半左右,平年粮食勉强自给。

四、民俗风情

坦桑尼亚人尊重老人,注重礼节,非常好客。坦桑尼亚典型的妇女民族服装,是一种长及膝盖的无褶长裙,从胸或腰一直到腿踝部围一块印有椰树或田园风光等图案的花布。坦桑尼亚仍保留一夫多妻制。

坦桑尼亚素以丰富多彩的部族歌舞闻名,以"砍刀舞"最具代表性。耍蛇是坦桑尼亚人喜闻乐见的民间技艺。

在坦桑尼亚,左右手分工明确,握手、拿东西、吃饭都用右手,左手是用来洗下身的。

坦桑尼亚人以玉米、米饭、甜薯为主食。爱吃牛羊肉,口味较重,不怕油腻,喜食辣味的食品。上层人士爱吃英式西菜。坦桑尼亚人爱喝咖啡,忌食猪肉、动物内脏、海鲜以及奇形怪状的食物,如鱿鱼、海参、甲鱼等。

五、旅游城市

多多马(Dodoma) 坦桑尼亚的官方首都,位于坦桑尼亚的中心地带。原为中部地区农产品和牲畜贸易中心,现在是坦桑尼亚新兴的酿酒业中心,全国交通枢纽,中央铁路和著名的非洲国际公路干线大北公路的交会点。

达累斯萨拉姆(Dar es Salaam) 坦桑尼亚的前首都和第一大城市。"达累斯萨拉姆"斯瓦希里语意为"平安之港",位于非洲东海岸,是著名的天然良港。沿海有大片海滩浴场,沙软潮平,是游泳和日光浴的理想场所。这里终年绿色,环境优美,点缀着西式及阿拉伯式古建筑。我国明代郑和下西洋曾经到过这里的沿海地区。

桑给巴尔(Zanzibar) 世界上最大的丁香出口港,东非著名驳运港,位于桑给巴尔岛西岸中部。中国宋代典籍中称桑给巴尔为"层拔国",在桑给巴尔博物馆中陈列有中国清朝瓷器。"桑给巴尔"阿拉伯语意为"黑人海岸"。融汇非洲传统黑人文化、伊斯兰文化及印度文化,是这里的一大特色。

六、经典景点

国家博物馆 位于达累斯萨拉姆市。由5个博物馆组成,陈列民族史、考古学和历史资料。馆内最著名的是村庄馆,汇集了坦桑尼亚各民族的建筑模式,馆内收藏有175万年以前古人类的头盖以及非洲、阿拉伯、波斯和中国艺术品与手工艺品。

奇迹屋 由苏丹宫殿改建而成的桑给巴尔国家历史与文化博物馆,是岛上第一座有电灯和电梯的宫殿,故也称"珍奇宫"。宫内有40根圆柱,据说每根圆柱下都活埋着60个黑奴。

奥杜瓦伊峡谷 位于坦桑尼亚北部。在峡谷中发现了多处早期"能人"的遗迹和遗骨化石,被称为人类的摇篮。现代人类最早的直系祖先是"能人",或称"巧手人",他们是被称做"南方古猿"的早期类人猿的后裔,但与之有显著的区别。"能人"的颅骨是圆的,面孔看上去很像人类,脑部体积稍大一些,能直立行走,能制造工具。

维多利亚湖 位于东非高原。大部分在坦桑尼亚和乌干达两国境内,一小部分属于肯尼亚,以英国女王维多利亚的名字命名。湖中多岛群和暗礁,暗礁通常就在清澈的水面下。这里蓝天白云,碧波荡漾,草木繁茂,百花盛开,空气清新,景色极佳。湖中有200多种鱼类,盛产鲈鱼和罗非鱼。

坦噶尼喀湖 面积约32 900平方千米,蜿蜒曲折的湖岸线长达1900千米,最深处达1470米。该湖像一条绿色的带子飘落在东非大断裂谷的南段。风和日丽时湖面波光云影,白帆片片,阴雨天则满湖烟雾腾腾,浪花飞溅;落日西坠,湖面浮光闪烁,夕照美丽。

曼亚拉湖国家公园 坐落于东非大裂谷的悬崖底部。这里有文献记载的鸟类超过400种,其中粉红色火烈鸟最引人注目。狒狒目中无人,蓝猴灵活地跳跃,羚羊小心翼翼地走过树荫,犀鸟在树顶高声鸣叫,和茂密的森林相映成趣。

姆科马齐国家公园 占地约3234平方千米,是犀牛和野狗繁衍生息的天堂。公园内有大大小小的哺乳动物,包括银色背脊的豺狼、狮子、印度豹、美洲豹、捻角羚、长颈鹿、美洲野牛、大象和斑马,还有450种鸟类,包括林戴胜、草原雕、鹦鹉、翠鸟等。

冈贝河国家公园 占地约52平方千米。这里是一个长条形的狭窄地带,黑猩猩站立在陡峭的斜坡上和低洼的河谷里,狒狒成群结队在海滨流连,而红尾猴和疣猴则以森林作为天然篷幛。

鲁阿哈国家公园 坦桑尼亚最大的大象栖息地。公园因大鲁阿哈河而得名,河中生活着犀牛和鳄鱼,集壮观的荒野景象、宁静的野生动物景观和激动人心的美丽风景于一身。大羚羊、小苇羚和水牛在河边饮水,狮子、猎豹、土狼、豺狗和豺狼频频出没。

米库米国家公园 这里群山叠翠,灌木丛生,牧草丰盛,溪水池塘遍布,非洲许多珍稀的野生动物就生活在这里。公园有悠闲的长颈鹿、凶猛的花豹、其貌不扬的角马、善跑的斑马、小巧的羚羊和300多种飞禽。野生动物园以动物品种众多而著称。

塔兰吉雷国家公园 占地约2850平方千米。公园里生活着种类繁多的食肉动物和食草动物。雨季时,食草的斑马、角马、羚羊、长颈鹿、水牛都会迁徙到别的地方,狮子、豹子、土狼跟着它们的食物也会迁徙。大象没有天敌,无论雨季旱季都扎根在这里。

马哈尔山国家公园 占地约1613平方千米,是非洲野生黑猩猩的聚集地,总数约800只。山坡上也有不同的森林动物群,包括随处可见的红疣猴群、红尾巴蓝猴,以及色彩斑斓的森林鸟类。

鲁邦多岛国家公园 占地约240平方千米。荒芜的沙海和原始森林相连,罗望子、棕榈和无花果树构筑起一个迷宫,胜似水上仙境。这里栖息的动物除了本土的河马、非洲草原猴、香猫和猫鼬,还有外部引进的种类,如黑猩猩、黑白相间的疣猴,其他地方难以见到的毛发蓬松的水栖林羚在这里随处可见。

萨阿达尼国家公园 占地约1100平方千米。这里是与印度洋相连的野生动物园,棕榈树在清凉的海风中摇摆,白色的沙子、蓝色的海水在热带阳光照射下动人地闪耀。公园内以森林和热带草原林地为主,野生动物有长颈鹿、角马、羚羊、大象、狮子、豹、黄狒狒和白尾长尾猴等。

齐图洛国家公园 占地约413平方千米,植被丰富,其中30多种是坦桑尼亚南部的原生植物。此外,公园内还有稀有的登氏大鸨种群,濒临灭绝的青燕,地域性很强的山区沼泽鱼鹩、恩仲贝莺和齐本戈里食籽雀。

乌德宗瓦山国家公园 坦桑尼亚东部沿海丛林平原上有多座大山拔地而起,森林覆盖,相连成带,统称为东部弧形山脉,乌德宗瓦山是其中最大也是生物种类最多的一座山。该山脉由若干独立的山丘组成,有许多特有的动植物,最出名的当属美丽的非洲紫罗兰。

曼雅拉湖国家公园 旱地面积约330平方千米,森林和碱湖面积约200平方千米。曼雅拉湖在600米深的铁锈色东非大裂谷和金光色的悬崖底部延伸50千米,被海明威赞为"非洲最可爱的地方"。公园内道路蜿蜒,森林茂密,山峦起伏,活跃着狒狒、蓝猴、羚羊、斑马、大象、狮子等野生动物。

七、世界遗产

基尔瓦遗址和松戈马拉遗址 位于松果岛。至今还完好的保存着5座清真寺及多处用矮护墙围起来的民居。从13世纪到16世纪,基尔瓦的商人从事黄金、白银、珍珠、香水、阿拉伯陶器、波斯土陶以及中国瓷器的贸易。基尔瓦和其周围的松戈马拉遗址一同构成了坦桑尼亚关于斯瓦希里文明的最重要遗址之一。

桑给巴尔石头城 桑给巴尔帝国的石造城墙、塔形堡垒和原苏丹王宫珍奇宫至今犹存。桑给巴尔曾是臭名昭著的黑奴交易地,石头城中一座斑驳陆离的房子就是当年关押奴隶的地方。圣公会基督教堂旧址是世界上最后一个奴隶交易市场,它的建成标志着惨无人道的奴隶交易的结束。

孔多阿岩画遗址 该地突出的沉积岩地层被地壳断层所分割,那些垂直的平面在近2000年来成为岩石绘画的区域。在面积超过2336平方千米的范围内,已发现150多处孔多阿特征的岩画群,系统性地记录了孔多阿人从采猎饮食生活走向农牧经济的轨迹。部分岩画群被推测与居民的生活信仰、祭典传统和宇宙观相关。

塞伦盖蒂国家公园 非洲最大的野生动物保护区。蓝色暮霭中的塞伦盖蒂充满神秘的色彩,上演着适者生存的故事。塞伦盖蒂草原上发生的一年一度的动物大迁徙是世界上最伟大的自然景观:每年约有150万只牛羚和斑马、约30万只汤姆森瞪羚和3万只格兰特瞪羚,争先恐后地奔走在迁移路上,从空中俯瞰迁徙的场面尤为壮观。

塞卢斯禁猎区 面积5万多平方千米。禁猎区内至少有植物2000多种,大型哺乳动物超过80万只,鸟类300多种。在这个很少受人类干扰的广大的避难所里,生活着数量众多的大象、黑犀牛、印度豹、长颈鹿、河马以及鳄鱼。

乞力马扎罗国家公园 在斯瓦希里语中"乞力马扎罗"意为"闪闪发光"。乞力马扎罗山是一座现今仍在活动的休眠火山,大约形成于75万年以前。乞力马扎罗山在辽阔的东非大草原上拔地而起,高耸入云,气势磅礴,四周都是山林,这里生活着众多的哺乳动物。

恩戈罗恩戈罗保护区 保护区是一片辽阔的高原火山区,占地约8万平方千米。这里集中了草原、森林、丘陵、湖泊、沼泽等各种生态地貌,生活着无数种类的野生动物,形成一个独立的生态链系统。每年五六月间,庞大的斑马群和花斑牛羚群汇聚在此,开始行程为500千米的大迁徙,极为壮观。

第六节 东非明星——毛里求斯

毛里求斯,全称"毛里求斯共和国"(The Republic of Mauritius)。荷兰殖民者以荷兰王子的名字命名这个国家。又称"印度洋门户的钥匙""甜岛"。

一、自然地理

毛里求斯是非洲东部的一个岛国,由毛里求斯岛和其他小群岛组成,面积约2040平方千米。

毛里求斯岛是一个火山岛,四周被珊瑚礁环绕,沿海是狭窄的平原,中部是高原山地,有多座山脉和孤立的山峰。

毛里求斯属于亚热带海洋性气候,全年分雨旱两个季节,年平均气温25℃。

二、国家象征

毛里求斯的国旗呈横长方形,由红、蓝、黄、绿4种颜色组成。红色象征为独立自由而斗争,蓝色表示毛里求斯位于蓝色的南印度洋,黄色象征独立的光芒照耀岛国,绿色表示国家的农业和四季常青。

毛里求斯的国徽呈盾形。盾面左上角的木船象征历史上第一批到达这里的移民;左下角的钥匙象征该国战略地位的重要性;右下角的五角星表示毛里求斯被誉为印度洋的"一颗明星",白色三角形象征这个岛国的山峰;右上角的3根甘蔗和盾形外的两根甘蔗象征该国的经济特征。盾形左侧的"多多鸟"是毛里求斯特有的鸟类,现已绝迹;右侧的鹿为该国稀有动物。绶带上用拉丁文写着"印度洋的明星和钥匙"。

毛里求斯的国歌是《祖国》。

毛里求斯的首都是路易港。

三、社会生活

毛里求斯人口约128万人,其中约2/3为印巴人后裔。官方语言为英语,法语使用也较普遍。半数以上居民信奉印度教。

毛里求斯是议会共和制国家,总统为礼仪性国家元首。国民议会为国家最高立法机构,总理由议会多数党领袖担任,行使国家行政权。毛里求斯主要政党:社会民主党、战斗党、社会主义战斗党。

毛里求斯形成了以糖业、出口加工业、旅游业、金融业为四大支柱的经济格局。制糖业为最主要的创汇产业。毛里求斯每年需进口粮食20万吨左右。毛里求斯专属经济区约230万平方千米,经济价值较高的渔业资源主要为金枪鱼,但海产品不能自给。旅游业是毛里求斯主要的创汇产业之一。

四、民俗风情

在毛里求斯,地方传统宗教的信徒们经常在脸上化妆,顶礼合十,穿着奇特的服饰游行。毛里求斯人有强烈的身份意识,但在业余生活中不分界限打成一片。

毛里求斯聚集了很多不同的民族,所以有着多种多样的饮食习惯。印度咖喱、东非烧鸡、英国烧牛肉、客家梅菜扣肉,都是当地美味。

五、旅游城市

路易港(Port Louis) 毛里求斯的首都,第一大城市和最大海港,苏伊士运河通航前曾是欧亚间绕好望角航线必经之地。位于毛里求斯岛西北海岸,地处南大西洋和印度洋之间的航道要冲。路易港三面环山,面朝印度洋,建筑物掩映在绿树丛中,一派热带风光。

六、经典景点

红顶教堂 红色的大屋顶,仿蚌壳的圣水盆,都很精致。教堂临海,蓝天白云,碧海银沙,绿草红瓦,美景如画。因香港明星陈小春和应采儿的一场婚礼,不少新人选择这里度蜜月和举行婚礼,因此成为著名的婚礼教堂。

蓝湾 公众海滩,以水天相接、海天一色而得名。乘坐玻璃底船漂浮在水面,海水清澈见底,透过船底的玻璃,海底五彩斑斓的珊瑚和鱼群清晰可见,幸运的还能看到大海龟。浅水区域水深2~4米,有大片的珊瑚和成群结队的鱼群。

庞普勒穆斯皇家植物园 "庞普勒穆斯"是一种爪哇橘树。植物园引进了许多珍贵的热带植物和动物,郁郁葱葱,生机盎然。一个长方形的池子铺满了睡莲,这种睡莲是世界上最大的睡莲——亚马孙睡莲,可以承载一个婴儿的重量。植物园内还生活着来自塞舌尔的象龟和马达加斯加的红嘴鸟等动物。

黑河谷国家公园 毛里求斯唯一的国家公园。园内最知名的景观是黑河山瀑布和七色土。黑河山瀑布由雨水汇集而成,喧嚣而下,景色壮丽。七色土是在强烈阳光照射下产生化学变化而形成的火山岩,连绵起伏,五颜六色。

拉凡尼勒鳄鱼公园 茂密的热带雨林养育了1500多条尼罗河鳄鱼以及世界上最大的象龟,这里的象龟甚至可以驮着人慢慢前行。园内的昆虫馆有千奇百怪的昆虫,有的昆虫居然有人脸一般大小。一种酷爱吃杧果的蝙蝠——水果蝙蝠很淡定地倒挂在游人面前。

格朗池 又名"圣水湖",火山喷发形成的天然湖泊。湖水干净清澈,四周的山和植物倒映在翠绿的湖水中。湖边有毛里求斯著名的印度教寺庙,湖中的水被视为与印度恒河相通的圣水,人们在这里拜祭、为婴儿洗礼,还打圣水回家祭祀,这里每年的"湿婆节"规模相当宏大。

七、世界遗产

阿普拉瓦西·加特地区 位于路易港。"阿普拉瓦西·加特"印度语意为"移民登陆的地方",70%以上毛里求斯人的祖辈都是在这里登陆毛岛的。登陆点建于1849年,被认为是现代契约式劳动和今天全球经济体系的发源地。这里的建筑是最早清晰地展示未来世界经济体系的建筑之一,也是历史上最伟大的移民的见证。

莫纳山文化景观 毛里求斯作为重要的东部奴隶贸易中转站,被称为"逃奴共和国"。莫纳山在整个18世纪和19世纪早期一直是逃亡奴隶的避难所。由于地处偏僻,树木繁茂而且绝壁环绕,逃奴在这座山的山洞和山顶上建立了小型定居点。莫纳山成为一个象征,标志着奴隶们曾经为自由而战,他们曾经遭受痛苦和做出牺牲。

第七节　黄金沙滩——突尼斯

突尼斯,全称"突尼斯共和国"(The Republic of Tunisia)。"突尼斯"一词由腓尼基人崇拜的守城女神的名字演变而来。又称"油橄榄之邦""世界镶嵌画之都"。

一、自然地理

突尼斯位于非洲大陆最北端,北部和东部面临地中海,隔突尼斯海峡与意大利的西西里岛相望,东南与利比亚为邻,西界阿尔及利亚。面积约16.4万平方千米。

突尼斯的北部多山,中西部为低地和台地,东北部为沿海平原,南部为沙漠。最高峰舍阿奈比山海拔1544米。

突尼斯北部属于热带地中海气候,中部属于热带草原气候,南部属于热带沙漠气候,8月最热平均气温21℃~33℃;1月最冷平均气温6℃~14℃。

二、国家象征

突尼斯的国旗呈横长方形。旗面红色,中央有1白色圆地,圆地中有1弯红色新月和1颗红色五角星。新月和五角星来自奥斯曼帝国的标志,也是伊斯兰国家的标志。

突尼斯的国徽为盾徽。盾形之上为红色新月和五角星,寓意同国旗。盾面上有3组图案:上部是海洋中航行的帆船,象征历史上腓尼基人第一次乘船来到突尼斯;左下方为黄地上1副天平,象征正义与平等;右下方为红地上1只握刀直立的狮子。盾面中间的绶带上用阿拉伯文写着"秩序、自由和正义"。

突尼斯的国歌是《祖国的卫士》。

突尼斯的首都是突尼斯城。

三、社会生活

突尼斯人口约1049万人,其中九成以上为阿拉伯人。阿拉伯语为国语,通用法语。伊斯兰教为国教。

突尼斯实行共和制政体。议会由众议院和参议院组成。突尼斯主要政党:复兴运动、保卫共和大会党、争取工作与自由民主论坛、人民请愿党、民主进步党。

突尼斯经济以农业为主,但粮食不能自给。工业以石油开采、制造业和加工工业为主。旅游业较发达,是第一大外汇来源。橄榄油是主要的出口创汇农产品。

四、民俗风情

突尼斯人通行握手礼。在城市，男子身穿西服，头上常常戴顶红色的土耳其高筒帽，女子有时会在西服外面套上传统的长袍。在农村，仍有不少中老年人穿传统的阿拉伯服装，姑娘外出还要戴面纱。

突尼斯人以面食为主食，喜欢吃大饼、面包和米饭。正餐常是一种上面有馅或蛋的煎饼，配以味道鲜美的汤。菜肴注重浓郁、焦香，口味清淡。"古斯古斯"——一种用麦粉团加上蔬菜以及肉类或鱼肉做成的食品，可谓是突尼斯的"国菜"。

突尼斯人忌讳询问工资情况，忌讳用酒作为礼品，认为数字13不吉利。

五、旅游城市

突尼斯城（Tunis） 突尼斯的首都，位于地中海突尼斯湾西岸。民族传统的旧城和欧化的新城合璧，建筑物大多为乳白色，掩映在枣椰树、棕榈树和橄榄树的绿荫中，充满古色古香的阿拉伯色彩。突尼斯城是阿拉伯联盟总部的驻地，被联合国教科文组织选定为"世界文化之都"。

苏塞（Sousse） 位于地中海哈马迈特湾，被誉为"地中海的花园港"。有中世纪以来修建的城垣、宗教建筑、王公府邸、地下陵墓和民居，建筑风格多样，是一个典型的伊斯兰城镇。

六、经典景点

巴尔多国家博物馆 位于突尼斯城。博物馆是历代皇宫所在地，始建于1882年。上万件展品是从全国各地近百个古迹处搜集而来，其年代最早可追溯到史前期。展品分6个时期：史前期、腓尼基时期、罗马时期、基督教时期、阿拉伯伊斯兰时期和希腊艺术品。

蓝白小镇 位于突尼斯城。地中海边峭壁上的一座小镇。所有的房屋只有蓝白两种颜色，白色的墙，蓝色的门窗。街道上穿梭着推销花毯的阿拉伯孩童，"最佳求婚地""世外桃源"的称谓绝不是徒有虚名。在小镇可隔海远眺欧洲。

奥克巴大清真寺 位于凯鲁万市。凯鲁万是北非地区的伊斯兰圣地，大街小巷有300多座造型各异的清真寺。奥克巴大清真寺以土黄色砖瓦建成，石墙厚达19米，石柱逾400条，每条石柱都不同，地上铺满信徒们亲手编织呈献的绚丽的地毯。

欧格白清真寺 位于凯鲁万市。北非历史最悠久、规模最大的清真寺。寺院长130米，宽80米，院墙高4米，外表像一座巨大的城堡。院内大理石铺地，三面由300根石柱顶托的拱形长廊环抱。宣礼尖塔为四方形三层梯形，高35米，是凯鲁万城最高建筑物。寺内收藏有大量伊斯兰经籍和珍贵文物。

杰里德盐湖 位于托泽尔。大盐湖有4900平方千米的盐滩盆地，除雨期外仅最低处有水。这里有丰富的磷酸盐蕴藏。湖周围有托泽尔和内夫塔两个绿洲城镇。在这片辽阔空旷的地区,没有任何生命的迹象,只有到这片不毛之地来采盐的车辆偶尔打破这里的寂静。

椰枣树林　位于托泽尔。面积达10平方千米,共有20多万棵椰枣树。每一片土地都是三个层次,耐力最强的植物保护着最脆弱的植物:水果树在棕榈树的树阴下生长,蔬菜则生长在水果树下面。每年的10月和11月是椰枣收获的季节。椰枣树的树龄能达百年,一棵椰枣树每年可产100千克椰枣。

七、世界遗产

杰姆村圆形竞技场　世界上保存最好的古罗马竞技场之一,建于公元230—238年,呈椭圆形,长148米,宽122米,用大石块砌成。中央表演区周围有3米高的安全石墙,外围有三层拱廊,看台可容纳4万～6万人。1726年奥斯曼帝国皇帝为镇压抗拒捐税的义民,下令向竞技场开炮,因而遭到严重破坏。

突尼斯的麦地那　"麦地那"阿拉伯语意为"城市"。老城区保存了13世纪哈夫斯王朝和17—18世纪土耳其王朝的城市布局,街道弯弯曲曲如迷宫一般,据说有2800个手工作坊、3050家店铺、1050个商业服务点,充满古老的阿拉伯风情。宫殿、清真寺、陵墓、伊斯兰学校和喷泉等建筑,默默地显示着这座城市昔日的辉煌。

迦太基遗址　位于突尼斯城。"迦太基"腓尼基语意为"新的城市"。公元前814年由腓尼基人兴建,是当时北非地中海地区政治、经济、商业和农业的中心。著名的安东尼浴池于公元2世纪罗马皇帝安东尼时期建成。在数处庭院的地面上,有2000多年前用各种颜色小石块拼成的镶嵌画,残存部分的色泽依然绚丽华美。

科克瓦尼布尼城及其陵园　保存完好的古迦太基遗迹。这里在公元前2世纪被部分破坏,当年的城市布局、房屋围墙、寺院依稀可辨,侧石、台阶、门槛、带普通镶嵌砖的地板随处可见。最高的建筑物是一根孤零零的石柱。最能反映古腓尼基人生活的物品是各种洗浴设施,有些浴室还保留着完整的镶嵌砖和浴缸。

凯鲁万　公元670年兴建,公元800—909年艾格莱卜王朝在此定都,发展成为北非重要的政治、商业和文化中心。街巷曲折,店铺林立,有80余座清真寺、100余处陵墓、数十座蓄水池和穹顶室内市场,凯鲁万大清真寺、"三大门"清真寺和阿格拉比德大蓄水池最著名。突尼斯人认为到凯鲁万朝觐7次即等于去麦加朝觐。

苏塞的麦地那　城堡修建于公元821年,历史上曾作为灯塔和警备烽火台,是沿海防御体系的重要组成部分。公元851年阿格拉比特王朝国王穆罕默德下令建造的大清真寺,院墙极厚,无宣礼塔,三个墙角各有一座穹顶塔楼。寺中庭院由白色大理石铺地,古色古香。

杜加遗址　杜加始建于公元前6世纪末,曾是迦太基国的首都。遗址包括一组气质恢宏的建筑群,展现了努米底亚文化、迦太基文化、希腊文化以及罗马文化等不同文化之间的奇妙组合。最典型的古罗马式建筑杜加剧院能容纳 3000 名观众的半圆形剧场。建于公元 2 世纪的朱比特神殿,更是那个辉煌时代的见证。

伊其克乌尔国家公园　面积约 126 平方千米,由林木茂盛的伊其克乌尔山和咸水湖——伊其克乌尔湖组成。伊其克乌尔山由三叠纪和侏罗纪岩层构成,采石场中侏罗纪石灰岩和沉积矿床裸露出地面。伊其克乌尔湖是上万种候鸟迁徙的主要中转站,鸭子、鹅、鹳、火烈鸟等鸟类在此觅食筑巢。

第八节　珊瑚礁岛——塞舌尔

塞舌尔,全称"塞舌尔共和国"(The Republic of Seychelles)。国名源自 18 世纪法国财政总监摩罗德·塞舌尔子爵,又称"燕岛"。

一、自然地理

塞舌尔坐落在东部非洲印度洋上,与肯尼亚、马达加斯加、毛里求斯隔海相望。面积约 455 平方千米。

塞舌尔由 115 个岛屿组成。全境没有河流,水源匮乏。

塞舌尔属于热带雨林气候,高温多雨,年平均气温 24℃。

二、国家象征

塞舌尔的国旗呈横长方形。旗面上有 5 道光芒,按顺时针方向依次为蓝、黄、红、白、绿色。蓝色和黄色代表塞舌尔民主党,红、白、绿 3 色代表塞舌尔人民进步阵线。

塞舌尔的国徽,中间为盾徽,盾面上的海水、帆船代表印度洋,椰子树象征该岛国的农作物,玳瑁象征丰富的海产资源。盾徽之上是 1 只热带鸟,为塞舌尔所独有;两侧的旗鱼是该国的特产,象征人民强悍和勇敢的性格。底端的绶带上用拉丁文写着一句格言"事竟功成"。

塞舌尔的国歌是《塞舌尔人,团结起来》。

塞舌尔的首都是维多利亚。

三、社会生活

塞舌尔人口约 8.8 万人,居民主要是班图人、克里奥尔人以及印巴人后裔、华裔和法裔。克里奥尔语为国语,通用英语和法语。九成居民信奉罗马天主教。

塞舌尔实行立法、行政、司法三权分立。总统为国家元首兼政府首脑、全国武装部队总司令。国民议会为最高立法机构。内阁为国家最高行政机构。塞舌尔主要政党:人民进步阵线、民族党、民主党、社会民主联盟。

塞舌尔经济以旅游、渔业和少量手工业为主。旅游业为经济第一支柱，创造七成以上的国内生产总值。渔业资源丰富，鱼类产品位居出口商品首位。粮食、生活用品和生产资料依赖进口。国家实行免费教育、免费医疗、终身保健等高福利政策。

四、民俗风情

塞舌尔为欧亚非三大洲移民后裔以及他们的混血后裔克里奥人组成的国家，他们肤色不同但友好相处，没有种族歧视。这里离婚率很高，离异后孩子通常由母亲扶养。

塞舌尔人的克里奥餐和东南亚饮食有些相似，既有食物原汁原味的清新，也有辛辣的强烈刺激。塞舌尔的辣椒值得一试，龙虾和石斑鱼很有名。

五、旅游城市

维多利亚（victoria） 塞舌尔的首都，椰子、肉桂、香草的集散地，位于马埃岛东北角。港湾优良，是印度洋海运的重要停泊港和中继站，也是重要渔港。街道整洁，建筑典雅，小巧玲珑，幽静秀丽，具有独特的多民族特色的城市风貌。全市只有一个交通红绿灯，是非洲最小的首都，世界上最小的城市之一。

六、经典景点

圣安妮国家海洋公园 位于维多利亚市。由6个小岛及其附近海域组成，囊括了塞舌尔神秘的海底世界，还有塞舌尔最大的"海草牧场"。公园里禁止钓鱼和滑水运动，但可以潜水，乘坐透明玻璃船观赏海洋生物。

马埃岛 塞舌尔最大的岛屿，面积约148平方千米。岛上集中了全国大部分人口，塞舌尔的首都和国际机场也在这里。岛上有65处美丽的海滩，还有洛奈港国家海洋公园和圣安妮国家海洋公园。

拉迪格岛 塞舌尔第三大岛。岛屿被珊瑚环礁包围，设有鸟类保护区，保持了极好的原始生态。有很多法式风情的民宿，充满浓郁的生活气息。德阿让海滩多次被评为全球最美海滩之一。

普拉兰岛 18世纪中叶，欧洲人盛传找到了传说中的伊甸园，其实就是普拉兰岛上的五月谷。五月谷盛产海椰子，这种海椰子成了塞舌尔的标志物。岛上的拉齐奥海滩曾经入选世界上最美的十大海滩，排名第二位。

圣皮埃尔岛 浑然天成的礁石小岛，只是几块露出水面的巨岩，没有沙滩也没有可踏足的陆地。周围风平浪静，海水以翡翠绿为主，浅蓝深蓝渐次，水清鱼多，如果往水里扔一点点面包，沙丁鱼会蜂拥而至。

北岛 这里还是一片处女地，动植物保持着原始状态，濒危动植物受到绝对的保护。北岛度假村是世界上最昂贵的酒店之一，外观低调时尚，细处却显奢华。整个岛屿只有 11 栋别墅,室内家具和饰品都是专门定制,堪称完美。威廉王子和王妃的蜜月就在这里度过。

七、世界遗产

阿尔达布拉环礁 由四大珊瑚岛组成,因与外界隔绝而未受到人类的破坏,成为约 2000 只巨型海龟的世外桃源。这种海龟体型庞大,长约 2 米,重约 200 千克,背上站立两个人依然可以爬行。极其珍贵的显花植物和蕨类植物多达 273 种,其中 19 种为地方品种;有濒临灭绝的植物——海岸香瓜;记录在案的昆虫种群就有 1000 多种。

玛依谷自然保护区 普拉兰国家公园的重点保护区,占地约 2 平方千米。主要保护当地特有的森林特别是椰子林,还有塞舌尔特有的黑鹦鹉、塞舌尔夜莺、蓝鸽、塞舌尔太阳鸟、塞舌尔茶隼、穴居小褐雨燕以及 6 种棕榈,直到 20 世纪 30 年代依旧保持原始状态。

第九节　阳光花城——肯尼亚

肯尼亚,全称"肯尼亚共和国"(The Republic of Kenya)。国名源于肯尼亚山。"肯尼亚"班图语意为"鸵鸟"。又称"东非十字架""鸟兽的乐园"。

一、自然地理

肯尼亚位于非洲东部,东南濒临印度洋,东邻索马里,南接坦桑尼亚,西连乌干达,北与埃塞俄比亚、苏丹交界。面积约 58.3 万平方千米。

肯尼亚地跨赤道,东非大裂谷纵贯南北。境内多高原,平均海拔约 1500 米。最高峰基里尼亚加峰海拔 5199 米。

肯尼亚大部分地区属于热带草原气候。西南部高原区除大裂谷谷底地区外属于亚热带森林气候。东部沿海平原区炎热湿润,年平均气温 24℃;北部和东半部半沙漠区,气候干热少雨。

二、国家象征

肯尼亚的国旗呈横长方形。旗面自上而下由黑、红、绿 3 个平行相等的横长方形构成,红色长方形上下各有一白边。旗面中间的图案为 1 面盾和 2 支交叉着的长矛。黑色象征肯尼亚人民,红色象征为自由而斗争,绿色象征农业和自然资源,白色象征统一与和平;矛和盾图案象征祖国统一和为捍卫自由而斗争。

肯尼亚的国徽,下方为山峰,象征非洲第二高峰的基里尼亚加峰;山坡上有咖啡、剑麻、菠萝等图案,象征该国丰富的农产品。山峰之上为盾徽,盾面上是国旗图案,中间有1只握斧的雄鸡,这是肯尼亚非洲民族联盟的标志,象征肯尼亚人民新的繁荣生活。盾徽背后有2支交叉的长矛,两侧各有1头象征力量的雄狮,底部的红色绶带上用斯瓦希里文写着"共处"。

肯尼亚的国歌是《造物之神》。

肯尼亚的首都是内罗毕。

三、社会生活

肯尼亚人口约3900万人,有42个部族,人口最多的部族为吉库尤族,约占全国总人口的1/4。斯瓦希里语为国语,斯瓦希里语、英语为官方语言。居民主要信奉基督教新教、天主教以及伊斯兰教。

肯尼亚实行多党制民主政体。总统为国家元首、政府首脑兼武装部队总司令。内阁由总统、副总统、各部部长和总检察长组成,不设总理职位。肯尼亚主要政党:橙色民主运动、民族团结党、革新民主运动党。

肯尼亚实行以私营经济为主、多种经济形式并存的"混合经济"体制。农业、服务业和工业是国民经济三大支柱,茶叶、咖啡和花卉是农业三大创汇项目。工业发展较快,门类比较齐全,是东非地区工业最发达的国家。全国七成以上的人口从事农牧业,正常年景粮食基本自给,并有少量出口。出口的鲜花占欧盟鲜花市场的1/4,除虫菊产量占世界总产量的八成。旅游业较发达,为主要创汇行业之一。

四、民俗风情

肯尼亚人性情温和,喜欢结交朋友。朋友见面必须打招呼,点头致意或行握手礼,还要加一连串的问候语。亲朋好友到家,主人总是热情地拿出最好的食物款待。

在肯尼亚,西式餐点相当普遍。肯尼亚人喜爱肉食。"乌伽黎"是肯尼亚非常受欢迎的主食,这是一种稠密的玉米糊,把乌伽黎掰碎,与肉、炖菜或蔬菜一起食用。烤肉是肯尼亚最著名的菜肴之一。肯尼亚人有击鼓就餐的习俗。

肯尼亚不同的地区和部族有不同的宗教信仰和风俗习惯,由此产生了许多不同的禁忌。带有普遍性的禁忌是用左手与他人握手、行礼、抓饭或递物接物。他们认为任何以7结尾的数字均不吉利。

五、旅游城市

内罗毕(Nairobi) 肯尼亚的首都,东非第一大城市,位于肯尼亚中部高原。"内罗毕"马赛语意为"冰凉的水",得名于城市凉爽的气候。内罗毕绿树成荫,花团锦簇,有"阳光下的绿城"和"东非小巴黎"的美誉。

蒙巴萨(Mombasa) 滨海省省会,全国工商业中心。"蒙巴萨"意为"战争岛",位于东南沿海,临印度洋。蒙巴萨港有完善的现代化设备,为非洲东海岸最大海港。市内有49座清真寺,来这里朝拜的伊斯兰教徒络绎不绝。

六、经典景点

马赛马拉国家公园 由开阔的平原、林地和河岸森林组成,占地约1672平方千米,拥有95种哺乳动物和450种鸟类。一望无垠的草地上散居着成群的斑马、长颈鹿、羚羊和转角牛羚;洋槐树林中到处是鸟类和猴群;大象和非洲水牛在宽广的沼泽地里打滚;马拉河中有众多的河马和鳄鱼,简直是一个动物的天堂。

马拉河 马拉河发源于多雨的山区,从不断流。每年7—9月发生的野生动物大迁徙,被称为"天国之渡"。在长达3000千米的迁徙中,角马渡过马拉河激流和鳄鱼的阻击是最艰难而壮观的一幕,只有30%的角马能回到它们的出发地。大雨季来临前,又有40万只小角马诞生。新生命的诞生和弱者的淘汰每年往复循环,生生不息。

马塞村落 马塞人是东非草原遗留的原始部落,他们以牧牛放羊为生,不论男女终年穿着红色的鲜艳衣服,戴着漂亮的大耳环和项链,手里握着根棍子,很有"黑非洲"特色。他们不愿意融入现代社会,流连于一望无际的草原,风餐露宿,过着随遇而安的生活。

纳库鲁湖国家公园 为保护禽鸟而建。这里最出名的是成千上万只火烈鸟,粉红一片,壮观无比。这些火烈鸟趴在湖面,一簇一簇像野外的篝火,飞起时有大雁的队形,又有大鹅的优雅,宛如一道彩虹。

耶稣堡 位于蒙巴萨市。葡萄牙殖民期间建造,先被用于军事用途,中期改建成监狱,后来改为博物馆。一些来自中国的文物也在其中,如明宣德年间的瓷盘、花瓶等,很可能是郑和下西洋途经此地时留下的。城堡呈"大"字形,长约100多米,宽约80米,城墙高15米,厚2.4米,大门上布满约10厘米长的尖钉,以防大象的冲撞。

七、世界遗产

拉穆古镇 东非最古老、保存最完整的斯瓦希里人聚居地。街道狭窄曲折,住房用珊瑚石和红树林木材建造。拉穆的建筑和城市结构生动地体现了来自于欧洲、阿拉伯半岛和印度的几百年来的文化影响,利用传统的斯瓦希里技术创造出一个独特的文化。20世纪70年代初期,因异国情调、偏僻沉寂而出名。

米吉肯达卡亚圣林 包括肯尼亚沿海地区的11处森林,绵延200多千米。圣林里生活着九大部落,他们的"卡亚"大都位于森林的外围。"卡亚"是米吉肯达人居住地,大都建于16世纪,20世纪40年代被废弃,后来被当地人奉为祖先的居所,并作为圣地由长老院的长老们负责保护。

蒙巴萨的耶稣堡 位于印度洋的珊瑚礁小岛。四周水深浪静,自古为天然良港,是肯尼亚乃至东非广大腹地通往世界各地的门户,因此成为阿拉伯人、土耳其人、葡萄牙人和英国人竞相争夺的交通要冲。耶稣堡是葡萄牙人为立足东非而修建的一个军事碉堡,其设计布局与形式体现了文艺复兴的理想。

图尔卡纳湖国家公园 图尔卡纳湖的生态系统极佳,种类繁多的鸟类生活和沙漠环境为动植物的研究提供了一个特殊的实验室。这里还是尼罗河鳄鱼的繁殖地。丰富的哺乳动物化石、软体动物化石和其他化石遗迹,是了解非洲大陆史前地理、气候等自然环境的最佳研究实物。

肯尼亚山国家公园及自然森林 肯尼亚山是东非大裂谷中最大的死火山,也是古库尤族的祖山。国家公园横跨赤道,地质构造变化多样,有湖泊、冰河、森林、矿泉和濒临灭绝的物种、独一无二的高山植被。非洲高山地区的植物的演化和生态为生态进程的发展提供了突出的样例。

肯尼亚东非大裂谷的湖泊系统 由3个浅水湖泊组成,分别为博戈尼亚湖、纳库鲁湖、埃尔门泰塔湖。这里是世界上鸟类种类最为丰富的地区之一,其中有13种鸟类是濒危物种。不仅是小火烈鸟最重要的觅食之所,也是白鹈鹕筑巢和繁殖的基地。这里还生活着大量的大型哺乳动物,对研究重大生态过程具有重要价值。

第十节　铜矿之国——赞比亚

赞比亚,全称"赞比亚共和国"(The Republic of Zambia)。国名源自赞比西河,"赞比西"系非洲土语,意为"大河"。又称"铜矿之国"。

一、自然地理

赞比亚位于非洲中南部,北靠刚果民主共和国,东北邻坦桑尼亚,东面和马拉维接壤,东南和莫桑比克相连,南接津巴布韦、博茨瓦纳和纳米比亚,西面与安哥拉相邻。面积约75.3万平方千米。

赞比亚是内陆国家,国土大部分为高原地区。全境分为东北部东非大裂谷区、北部加丹加高原区、西南部卡拉哈里盆地区、东南部卢安瓜—马拉维高原区、中部卢安瓜河盆地区。最高点马芬加山海拔2164米。河流众多,水网稠密。

赞比亚大部分地区属于热带草原气候,分凉干(5~8月,平均气温16℃~27℃)、热干(9~11月,平均气温27℃~32℃)、暖湿(12月至次年4月,平均气温27℃~32℃)3个季节。年降水量约1270毫米。

二、国家象征

赞比亚的国旗呈横长方形。旗面绿色,右下方的竖长方形由红、黑、橙3个平行相等的竖长条相连而成,其上方为1只展翅的雄鹰。绿色象征国家的自然资源,红色象征为自由而斗争,黑色代表赞比亚人,橙色象征国家的矿藏。飞翔的雄鹰象征赞比亚的独立、自由。

赞比亚的国徽,中间的盾形图案由黑白相间的波纹构成,象征著名的莫西奥图尼亚瀑布。盾形两侧为穿着工人制服的黑人男子和穿民族服装的黑人女子,象征非洲黑人的兄弟家庭。盾徽上端交叉着锄头和镐,象征农民和矿工;其上的雄鹰象征赞比亚的独立、自由和国家有能力解决面临的问题。盾徽下端为绿地,象征肥沃的土地,绿地上的玉米象征农业和农作物,矿井和斑马象征该国丰富的自然资源。底部的绶带上用英文写着"同一个赞比亚,同一个国家"。

赞比亚的国歌是《高歌赞比亚,自豪又自由》。

赞比亚的首都是卢萨卡。

三、社会生活

赞比亚人口约 1186 万人,大多数为班图语系黑人,有 73 个部族,主要部族为奔巴族、通加族。官方语言为英语。农村居民大多数信奉原始宗教,其余信奉基督教和天主教。

赞比亚实行总统内阁制,立法、司法、行政三权分立。总统为国家元首、政府首脑兼武装部队总司令。国民议会是最高立法机关。赞比亚主要政党:爱国阵线、多党民主运动、国家发展联合党。

赞比亚是世界上最不发达的国家之一。自然资源丰富,铜蕴藏量超过世界总蕴藏量的 1/20,但经济结构单一。能源除原油依靠进口外,其他基本能自给。农业是国民经济的重要部门,全国约 2/3 人口从事农业。邮票业也是一项较大的收入。

四、民俗风情

赞比亚人注重礼仪,热情好客。朋友见面,双手紧握对方,上下摇动,热情寒暄。客人临门,主人热情接待。赞比亚人待人友好,搭便车是常事,司机分文不取。

赞比亚人崇拜铜,铜制的工艺品、纪念品是男女婚嫁必备之物。用铜制餐具招待客人是最高的礼遇。

在赞比亚,除旅游观光地区以外不要拍摄照片,赞比亚人认为女人、小孩被拍照是莫大的耻辱,会立刻叫来警察将拍照者送进拘留所。

赞比亚女主人一般不接待客人。忌讳用左手递东西,单用左手有侮辱人的意思。妇女一般不与男人握手;若其主动伸手,男子才可伸手相握,但不宜紧握或长时间相握。他们忌讳有人从自己背后穿过,认为这样是不礼貌的,而从面前穿过才合乎礼仪。忌讳以右手握拳挥动手臂的动作;忌讳他人用手指着自己说三道四,认为这是一种蔑视和污辱。他们认为数字 13 预兆厄运,会带来灾祸。

赞比亚人以玉米面为主食,习惯把玉米面煮成很稠的玉米糊,就着沙丁鱼汤吃。平时用手抓食,在社交场合使用刀叉。

五、旅游城市

卢萨卡(Lusaka) 是赞比亚的首都和最大的城市,工商业中心,农畜产品集散地,位于赞比亚东南部高原。卢萨卡有很多铜制品建筑,享有"铜都"之誉。卢萨卡四季如春,多热带花草,环境优美,有"花园城市"之称。

六、经典景点

卡里巴湖 赞比亚和津巴布韦两国之间的一个湖泊,占地约5200平方千米。岸线深凹,湖中多岛屿,总容量约1806亿立方米,年产鱼1.5万吨。湖面平展如镜,茫茫碧水,磷光闪闪,像万条银鱼游动,风光秀美。

卡富埃国家公园 面积达2.25万平方千米,是赞比亚最大的野生动物园。野生动物种类丰富,最多的是野牛和羚羊,还有野鹿、斑马和狒狒等,狮子和豹也时常出没,另有600多种鸟类。公园还以美丽的花草树木著名,许多花草是本地区特有的。

南卢安瓜国家公园 位于赞比亚东南部。占地约9050平方千米。卢安瓜峡谷是东非大裂谷的一部分,有660千米长的卢安瓜河穿过,动物逐水而居。公园以野生动物品种繁多而闻名,野生动物群体中数量最多的是野象和黑犀牛,有数千头之多。

蒙达万加植物园 位于卢萨卡市。"蒙达万加"在当地语中意为"我的花园"。面积仅5.3公顷,却栽植着3000多种植物,其中绝大多数是从外国引进的珍稀品种,有中国北方的银杏、美国加利福尼亚的花菱草、墨西哥高原的松树、葡萄牙的木棉等。

魔术山旅馆 位于卉罗卉罗生物保护区。旅馆依山而建,外形模仿火山形状,石块表面布满青苔和蔓藤,和周围的森林融为一体,仿佛置身于真正的火山里面。旅馆顶部的装置可以喷出大量的水,像瀑布一样流过每一个窗户。共有13个房间,还有11间小屋,每个房间都可以透过窗户俯瞰茂密的森林和野生动物。

七、世界遗产

莫西奥图尼亚瀑布 位于流经赞比亚与津巴布韦的赞比亚河上。赞比西河在此切割南非高原边缘,河床陡落,河水跌落至深窄的结晶岩裂缝中,形成"之"字的瀑布峡谷,绵延近百千米。主瀑最高约122米,宽约1836米,被岩岛分割成五股,泻入宽400米的深潭,飞雾和声响可远及10余千米,是世界上最壮观的瀑布之一。

第十一节 高原水乡——乌干达

乌干达,全称"乌干达共和国"(The Republic of Uganda)。国名由布干达族族名演变而来,意为"干达人之国"。

一、自然地理

乌干达是横跨赤道的东非内陆国家,东邻肯尼亚,南界坦桑尼亚和卢旺达,西接刚果(金沙萨),北连南苏丹。面积约23.6万平方千米。

乌干达西部纵贯东非大裂谷,多河流湖泊。最高峰玛格丽塔峰海拔5109米,非洲最大的淡水湖维多利亚湖近一半面积在乌干达境内。

乌干达大部分地区属于热带草原气候,年平均气温22℃,大部分地区年降水量1000~1500毫米。

二、国家象征

乌干达的国旗呈横长方形,自上而下由黑、黄、红3色相间的六道平行相等的宽条组成。旗面中央有一白色圆地,其中为1只乌干达国鸟皇冠鹤。黑色代表人民,象征黑人,黄色象征阳光,红色象征自由,3色组合象征阳光照耀下人民获得独立自由。在重要场合或正式升旗仪式上,使用带国鸟图案的国旗,一般场合则用无国鸟图案的黑、黄、红的色条旗。

乌干达的国徽,中心为盾徽。盾面上部为蓝、白相间的波纹,象征国家的水域;中间是光芒四射的太阳,表示国家处于赤道地带;下部的非洲鼓象征传统文化,也代表悠久的历史。盾徽下方为绿色高地,表示国家的地理位置;高地上有棉桃和咖啡等图案,代表经济作物;蓝、白相间的波纹象征尼罗河和维多利亚湖。盾徽背后为两支长矛,两侧是羚羊和皇冠鹤,底端的绶带上用英文写着"为了上帝和我的祖国"。

乌干达的国歌是《喔,乌干达,美丽之地》。

乌干达的首都是坎帕拉。

三、社会生活

乌干达人口约3237万人,约有40个部族,班图族群占总人口的2/3。官方语言为英语。居民主要信奉天主教、基督教新教和伊斯兰教。

乌干达总统由直接选举产生,无任期限制。议会有权弹劾总统和罢免不称职的部长,总统的重大任命、决定和签署重要条约均应先经议会批准。乌干达主要政党:民主党、乌干达人民大会党、保守党。

乌干达以农牧业立国,农牧业产值占国内生产总值的七成,出口产品主要是农产品。矿产资源有铜、锡、钨、绿柱石、铁、金、石棉、石灰石和磷酸盐等。水产资源丰富,维多利亚湖是世界上最大的淡水鱼产地之一。旅游业是仅次于咖啡和棉花的第三大创汇产业。

四、民俗风情

乌干达人见面一般握手致意。邀请他人出席某项活动会发正式邀请信函,向某人表示慰问或感谢会发慰问信或感谢信,介绍或推荐某人某事会写介绍信或推荐信,问候或祝贺会发问候信或祝贺信,表示道歉会写道歉信,甚至连送别、告别也要写送别信、告别信,这些信函要求称谓得体,用语恰当,格式规范,通俗易懂。应邀做客,客人的夫人即使未在请柬中提及也理所当然在被邀请之列。

乌干达人家招待客人始终不离香蕉。客人入屋,先敬上一杯香蕉汁,然后端上烤得焦黄的香蕉点心,正餐香蕉饭。开宴时,将酒坛摆在桌上,坛顶插着一米长的草管,宾主吮管对吸。许多人习惯用手抓饭吃,但禁止姑娘在初次月经期间直接用手抓饭吃。

乌干达人不喜欢中国式的问候,如"您到哪里去呀""您吃饭没有呀"等,认为这是不懂礼貌。在社交活动中,忌讳涉及同某位高级人士关系密切之类的内容。酒席餐桌上,可谈论艺术、非洲传统文化,但忌讳询问他们的牛羊,打听别人的财产。

五、旅游城市

坎帕拉(Kampala) 乌干达的首都和最大的城市,曾是历史上著名的布干达王国的都城。"坎帕拉"当地语意为"小羚羊之地"。坎帕拉地近赤道,终年如春,街道宽阔,树木葱郁,鲜花常开,景色秀丽。乌干达有"非洲明珠"之誉,坎帕拉是"明珠中的明珠"。

金贾(Jinja) 乌干达重要的工业城市,位于尼罗河东岸,赤道圈以北,地靠维多利亚湖、尼罗河源头。渔业发达,畜牧业以饲养牛、羊为主。

六、经典景点

默奇森国家公园 面积约 3840 平方千米,是一块还未开发的原始大草原。气势恢宏的尼罗河流经这里,河中有非洲最密集的河马和鳄鱼,还有多种水鸟,包括世界上最容易接近的野生群体——珍贵的鲸头鹳。

伊利莎白国家公园 位于乌干达西部与刚果边界地区。在这里动物是主宰,自由自在地漫步、觅食。公园的美景之一是一望无际的草原,草原中点缀着一丛丛的仙人掌树,树高近 2 米,随处可见的是一群群的羚羊。

基代波河谷国家公园 面积约 1440 平方千米,是乌干达三大国家公园之一。这里山峦起伏,河川密布,森林茂密,杂草丛生,一直未受到人类活动的影响,保持着自然原始状态,各种野生动物在这里生息繁衍,构成一幅十分壮观的自然景观。

七、世界遗产

巴干达国王卡苏比陵 位于坎帕拉。曾是巴干达王国穆特萨一世的王宫,后成为皇家墓地,穆特萨一世和他的 3 个继位者均埋葬于此。一道以常年翠绿的小竹子建成的篱笆环绕四周,树皮包裹的原木柱子纵横交错,交叉处用柔韧的藤条捆扎,整个皇陵建筑不用一个钉子,不用一条钢筋,是最原始材料建筑的典范。

布恩迪国家公园　处于平原和山区森林的交汇处,以生物的多样性而闻名。这里拥有 160 多种树木和 100 多种蕨类植物,还有种类繁多的鸟类和蝴蝶,其中有许多濒危物种,包括山地猩猩。

鲁文佐里山国家公园　鲁文佐里山脉位于东非大裂谷的一侧,是非洲大陆很少几处有永久冰雪覆盖的山脉之一,被称为"月亮山"。国家公园占地约 1000 平方千米,植物区系具有独特性,动物区系也复杂多样。这里的优势树种是雪松、樟树和罗汉松。

第十二节　沙漠花园——摩洛哥

摩洛哥,全称"摩洛哥王国"(The Kingdom of Morocco)。"摩洛哥"阿拉伯语意为"遥远的西方"。古代阿拉伯人征服北非受阻于大西洋,以为此地便是西方最遥远的边界,遂称为"摩洛哥"。另一说法是腓尼基人在此登陆,被这里的自然美景所吸引,谓之"摩洛哥",意为"休养胜地"。又称"磷酸盐之国"。

一、自然地理

摩洛哥位于非洲西北端,东部与阿尔及利亚接壤,南部紧邻西撒哈拉,西部濒临大西洋,隔直布罗陀海峡和地中海与西班牙相望。面积约 44.7 万平方千米。

摩洛哥中部和北部为阿特拉斯山脉,东部和南部是上高原和前撒哈拉高原,西北沿海一带为狭长的平原。最高峰图卜加勒山脉海拔 4165 米,乌姆赖比阿河是摩洛哥第一大河。

摩洛哥北部为地中海气候,夏季炎热干燥,冬季温和湿润,1 月平均气温 12℃,7 月 22℃~24℃,降水量 300~800 毫米。中部属于副热带山地气候,温和湿润,山麓地区平均气温 20℃,降水量 300~1400 毫米。东部、南部为热带沙漠气候,平均气温 20℃,降水量在 250 毫米以下。

二、国家象征

摩洛哥的国旗呈横长方形,旗底为红色,中央有 1 颗由 5 根绿色线条交叉组成的五角星。红色来自摩洛哥古国早期国旗的颜色,绿色是穆罕默德后代所喜欢的颜色,五角星象征人民对伊斯兰教的信仰。

摩洛哥的国徽呈盾形。盾徽中间一轮光芒四射的金色太阳普照白雪覆盖的阿特拉斯山,天空、国王和御座的意义包含其中。山前的红土代表沙漠及火焰般灼热的烈日。盾徽两侧各有 1 只向着徽顶王冠攀登的雄狮,勇猛而威严。国徽基部的金色饰带上,用阿拉伯文书写着一句《古兰经》:"如果你们相助真主,他就相助你们。"

摩洛哥的国歌是《摩洛哥颂》。

摩洛哥的首都是拉巴特。

三、社会生活

摩洛哥人口约3486万人,其中阿拉伯人约占八成。阿拉伯语为国语,通用法语。居民主要信奉伊斯兰教。

摩洛哥实行君主立宪制。国王是国家元首、宗教领袖和武装部队最高统帅,王位世袭。议会由众议院和参议院组成。摩洛哥主要政党:独立党、人民力量社会主义联盟、进步与社会主义党、自由人士联盟。

农业是摩洛哥国民经济的主要部门,农业人口占全国总人口的一半,基本靠天吃饭。主要农作物有小麦、大麦、玉米、水果、蔬菜等。磷酸盐储量占世界总储量的3/4。工业部门主要是食品加工、化工医药、纺织皮革、采矿和机电冶金工业。渔业资源极为丰富,沙丁鱼出口居世界首位,是非洲第一大产鱼国。

四、民俗风情

摩洛哥人流行握手礼,握手后抽回手摸一下胸部或额头以示尊敬。款待贵宾的最高礼遇是堆起一大盆椰枣,盛一小碗鲜牛奶放在托盘里,宾客要吃两颗椰枣、呷两口牛奶或一饮而尽。

摩洛哥传统民族服装是齐脚连帽的白长袍、缀有黑流苏的硬壳红绒帽、生羊皮落底尖头拖鞋。金银首饰异常考究,婚礼时新娘佩戴的金银腰带和花冠更是华贵。摩洛哥最早的居民柏柏尔人骁勇善战,尤以骑术闻名非洲,至今每逢盛典必有柏柏尔马队前往助兴,数百名骑士挥舞长枪大刀劈天盖地而来,烟尘滚滚,杀声震天,别有一番情趣。

传统的摩洛哥房屋与中国四合院极为相似,但墙壁更高一些,临街的墙上没有窗户。一般屋门都用优质木料雕花油漆,地板用陶瓷或大理石碎块拼成各种图案,四面墙围用陶瓷片镶嵌成五彩图案,天花板用成千上万块雕花细木组合成图案。

摩洛哥人以面食为主食,副食喜欢牛肉、羊肉、鱼、虾等,调料爱用橄榄油,偏爱烤、煎、炸等烹调方法制作的菜肴,一般不吃红烩和带汁的菜肴。

在摩洛哥,当众高声谈论、发怒或激动,与人握手后搓手或洗手,都被看作没有教养。去摩洛哥人家做客,未经邀请和允许不得进门。摩洛哥人禁食猪肉,忌讳猪革制品。不饮酒,也很少吸烟。摩洛哥妇女只能偷偷地吃鸡蛋,当着丈夫的面吃鸡蛋被认为败坏风俗。摩洛哥人忌讳白色,认为白色象征贫穷。

五、旅游城市

拉巴特(Rabat) 摩洛哥的首都,世界文化遗产。"拉巴特"阿拉伯语意为"胜利的营垒"。位于摩洛哥西北,濒大西洋。由两座紧连的姐妹城组成,居民的生活和生产方式存留着浓厚的中世纪风采。

达尔贝达(Dar el Beida) 摩洛哥最大的港口城市,全国经济和交通中心,有"摩洛哥肺叶"之称。"达尔贝达"阿拉伯语意为"白色的房子"。位于大西洋岸,建筑大多数为白颜色,与辽阔蔚蓝的大西洋交相辉映,构成一幅淡雅多姿的景象。

菲斯(Fes) 摩洛哥穆斯林宗教文化中心。"菲斯"阿拉伯语意为"肥美土地"。菲斯位于菲斯河两岸。旧城多阿拉伯式建筑,街道狭窄;新城道路宽广,有现代化车站、工业区和建筑群。建筑物的外围千篇一律平淡无奇,内里却另有乾坤。

六、经典景点

哈桑二世清真寺 该清真寺全部由松木镂刻而成,大殿中大理石地面常年供暖,夏季屋顶可以自动打开散热,有电梯可直达宣礼塔顶,雕花和马赛克图案极其精致,堪称奢华。寺庙有1/3的部分建于海上,据说是为了纪念那些从海上来到摩洛哥的阿拉伯祖辈。

马拉喀什马约尔花园 占地12公顷的植物花园,也是摩洛哥艺术家的集聚之地。花园花繁叶茂,小桥流水,有数十种高矮不一肥瘦各异的仙人掌。从小道到花盆,从亭子到房子,都被漆以鲜艳夺目的颜色。

马拉喀什巴希亚宫 拥有150多间房的大宅院,耗时10年之久才完工。宫内几乎每一个角落都有伊斯兰雕花、马赛克拼贴。天花板的彩绘,墙角的修饰,门上的浮雕,匠心独具。

菲斯梅克内斯城 摩洛哥四大皇城之一,建于11世纪。阿拉维王朝的第一位君主穆拉伊·伊斯梅尔嗜马如命,据说当时马厩里有御马约1.2万匹,粮仓里的粮食足够这些马吃15年,马厩外储备的水足够它们饮用一年。当年的皇家马厩和粮仓至今仍保存完好,每年9月在此举行全国骑术表演。

拉巴特乌达雅堡 海角上的军事要塞,始建于12世纪,曾被葡萄牙人和法国人占领,现保留着柏柏尔民居的房屋和蓝白色街道。堡内的花园为伊斯梅尔国王于17世纪所建,小巧玲珑,幽雅精致,花木繁茂,具有安达鲁西亚园林建筑的典型风格。

海洋博物馆 修建工程持续11年,使用石料10万吨。外立面巍然耸立在海边礁石上,高达85米。收藏丰富,有阿勒拜尔亲王收集的海洋动物骨架和许多动物标本,其中有一条20米长的鲸鱼,还有阿勒拜尔亲王使用过的试验船模型及用海产品制造的艺术品。地下层的水族馆展出来自世界各大洋的稀有珍贵鱼类。

丹吉尔 摩洛哥古城,位于摩洛哥北端从大西洋进入地中海的入口处。扼地中海——大西洋国际航线要冲,战略地位重要。公元前6世纪腓尼基人始建。市区分布于海滨山坡上,海滩绵延10多千米,多阿拉伯建筑,风景秀丽。

七、世界遗产

菲斯的麦地那 菲斯古城建于公元9世纪,14世纪和17世纪颇为繁荣鼎盛。1912年法国统治者把首都迁移拉巴特后,菲斯的政治地位逐渐衰落。由于这里有两座著名的清真寺——卡拉维因大清真寺和安达鲁斯大清真寺,所以至今在宗教信仰和文化交流方面仍然扮演着重要角色。

马拉喀什的麦地那 城区周围长约10千米的城墙,历经800多年风雨仍雄风依旧。国王王宫金碧辉煌,体现了摩洛哥传统的建筑风格;建于1199年的库特比亚清真寺,成为城市的象征。市中心广场建于12世纪,曾经是公开处决叛逆者的地方,现在每天聚集着不同民族的艺人,如同一个全球文化的汇聚地。

阿伊特本哈杜的筑垒村 中世纪乡村防御工事,地处摩洛哥南部阿特拉斯群山之中,守卫着一条穿过撒哈拉沙漠的重要商业路线。几个世纪以来,这些利用烘干的泥土搭建而成的建筑物群一直是非洲最杰出的建筑精品之一,以其独特的方式展现了与众不同的魅力。

梅克内斯历史城市 梅克内斯古城建于11世纪。街道随地形变化自然起伏,古老的建筑群掩映在繁密的棕榈树之中。宗教建筑装饰华丽,绘画精美,表现了古典主义的艺术风格。古城中有许多巨大的纪念建筑,如达尔马克赫宰王宫、西迪清真寺和穆拉伊·伊斯梅尔陵墓等。古城历经许多世纪的沧桑,依然保持了原来的风格。

沃吕比利斯的考古遗址 沃吕比利斯据说为摩西时代的埃及法老兴建,被称为"法老的宫殿"。这里有保存完好的凯旋门和剧场的白色石圆柱,古城的街道、居民住房、油磨房、公共浴室、市场等都依然清晰可见,还有许多镶嵌式的壁画。从废墟中还挖掘出大批制作精巧的青铜人像和大理石人头像。

得土安的麦地那 得土安原是摩洛哥西北部历史古城。公元9世纪有阿拉伯人居住,14世纪由马里尼德王朝设防并建要塞,后被西班牙人摧毁。古城街巷曲折,店铺林立,有80余座清真寺,100余处陵寝,数十座蓄水池和穹顶室内市场。得土安城的建筑和艺术风格深受安达露西亚的影响。

索维拉的麦地那 "索维拉"阿拉伯语意为"美如画"。从大西洋吹来的风终年光临小城,因而被称为"非洲风城"。自古以来这里是一个汇合多民族和多种文化的"大熔炉",形成了独特的人文景观。风景如画的城堡和炮塔,迷宫般的社区,错综复杂的小巷,宁静的广场和艺术作坊,号称摩洛哥第一的落日,无不让人心醉神迷。

马扎甘葡萄牙城 葡萄牙探险者在西部非洲建立的早期殖民地之一,这里是欧洲与摩洛哥文化相互影响交流和融汇的例证。城周环绕着厚厚的城墙,城墙上建有4个堡垒。防御工事及其城墙和堡垒具有文艺复兴军事设计的早期风格,水塔和圣母升天教堂带有晚期哥特式建筑的曼奴埃尔风格。

拉巴特——现代都市与历史古城 旧城部分可追溯至12世纪,包括始建于

1184 年的哈桑清真寺和阿尔莫哈德城墙与城门。新城是 20 世纪非洲大陆上最大的现代城市建筑项目之一,是阿拉伯穆斯林的传统与西方现代主义深度对话的产物。

第十三节　沙漠平原——纳米比亚

纳米比亚,全称"纳米比亚共和国"(The Republic of Namibia)。国名源于纵贯境内西部沿海的纳米布沙漠。旧名"西南非洲"。

一、自然地理

纳米比亚位于非洲南部西岸,西濒大西洋,北靠安哥拉和赞比亚,东连博茨瓦纳,南接南非。面积约 82.5 万平方千米。

纳米比亚地处南非高原西侧,沿海有狭长平原,内陆为高原、山地。最高点布兰德山海拔约 2610 米。

纳米比亚大部分地区属于亚热带、半沙漠性气候,终年温和,干旱少雨,平均气温 18℃~22℃,年降水量自西南往东北从 10 毫米增至 700 毫米。

二、国家象征

纳米比亚的国旗呈横长方形。旗面左上方和右下方为蓝色和绿色两个相等的直角三角形,1 条两侧有白色细边的红色宽带从左下角斜贯至右上角。旗面左上角有 1 个放射 12 道光芒的金色太阳。太阳象征生命和能力,金色代表温暖和平原、沙漠,蓝色象征天空、大西洋、海洋资源,红色象征英雄主义,人民决心建设平等、美好的未来,绿色代表植物和农业,白色象征和平与统一。

纳米比亚的国徽,中间为盾徽,盾面上为国旗图案。盾徽两侧各有 1 只非洲直角大羚羊,象征勇气、优美和自豪;上端为 1 只鱼鹰,代表水资源,鹰爪下绘有国家主要的矿产资源钻石。盾徽之下是沙漠性平原,代表坚忍不拔的民族精神;沙漠性平原上的花饰象征传统和丰富的自然资源。底部的饰带上写着"团结、自由、正义"。

纳米比亚的国歌是《纳米比亚,勇气之地》。

纳米比亚的首都是温得和克。

三、社会生活

纳米比亚人口约 211 万人,其中黑人约占九成。有十多个部族,奥万博族约占总人口的一半。英语为官方语言,通用南非荷兰语。居民主要信仰基督教。

纳米比亚实行总统内阁制。总统为国家元首、政府首脑兼武装部队总司令。国民议会拥有立法权,全国委员会拥有审议和驳回国民议会方案的权力。纳米比亚主要政党:西南非洲人民组织、民主者大会党、特恩哈尔民主联盟。

纳米比亚以矿业、渔业和农牧业为三大支柱产业。矿产资源丰富,是非洲第四大矿产国,有"战略金属储备库"之称。畜牧业以养牛、羊为主,占农牧业总产值的八九成。主要农作物为玉米、小麦、棉花等,粮食不能自给。沿海盛产鲱鱼、沙丁鱼、鲭鱼、鳕鱼及龙虾。工业仅有肉类鱼类加工厂、食品厂、木材加工厂和小型机械厂。钻石出口占出口收入总额的四成。绝大部分生产、生活资料和日用品依赖进口。失业率曾高达40%。

四、民俗风情

纳米比亚人的姓名大多由两节组成,前为名,后为姓。如果姓名由3节组成,前为本名,中间是父名,后为姓。妇女在婚前有自己的姓名,结婚后喜爱在自己的名前加上丈夫的姓。在社交场合,对一般男士可以称先生,对一般女性视情况称为夫人、女士或小姐,但都要冠以职位、学衔或军衔。遇见久别重逢的亲朋好友,先热情握手,再相互拥抱,左右左地亲吻对方的面颊3次,摸摸对方的右手拇指,最后紧紧握住对方的手,两眼盯着对方的面部开始问候交谈,直到谈话结束时双方的手才会松开。许多女性会主动伸手同素不相识的男士握手,对熟悉的男士还要拥抱并亲吻对方的面颊。纳米比亚人讲究"女士优先"的原则。

应邀到家中做客,纳米比亚人会准时赴约,男士刮胡子,穿西装,系领带,擦亮皮鞋;女士穿西装上衣,着色彩艳丽的裙子,穿高跟皮鞋,戴金项链、金耳环、金戒指,抹口红。进入客厅,按照主人指定的位置入座,交谈中不可随意打听主人的年龄、工资收入、几位妻子、有无女儿等。对室内摆设的物品,特别是宗教活动所用的圣物、圣品等,只能用眼观看,不得用手抚摸,更不得随意挪动。不要与当地教徒讨论宗教信仰方面的问题,更不能对某种宗教信仰提出非议。

因文化传统和民族习惯的不同,纳米比亚各个民族、各个地区一般都有各自特殊的风俗习惯,对此不可大惊小怪,更不可妄加评论。纳米比亚人普遍忌讳数字13和星期五。

五、旅游城市

温得和克(Windhoek) 纳米比亚的首都和第一大城市,工商业中心和交通枢纽,位于中部高原,周围丘陵阻挡旱风侵袭,气候凉爽,被誉为非洲最干净的花园首都。尖顶圆拱的基督教堂,日耳曼风格的城堡,错落有致的庭院别墅,熙来攘往的金发碧眼人群,花团锦簇中洋溢着浓郁的欧陆风情。

六、经典景点

沃尔维斯湾 也称"鲸湾港",海滨风光,旖旎多彩,有巨大的盐场,火烈鸟遍布的堰湖。游客可乘游艇畅游海上，与海豚嬉戏，也可乘滑翔机或骑沙滩车饱览大漠风光，还可伴着日落享用海鲜，体验大自然的神奇。

骷髅海岸国家公园 坐落于纳米布沙漠和大西洋水域之间。因历史上捕鲸作业和密封狩猎致使这里骨头林立，被葡萄牙海员称为"地狱之门"。海岸线长约500千米，一望无垠的金黄色沙滩充满神秘的魅力，壮观的沙滩和海岸边碧蓝的海水相映衬，形成独特的景致。

埃托沙天然野生动物园 位于纳米比亚北部。面积约6000多平方千米。"埃托沙"当地语言意为"白色干水之地"，其实就是个巨大的盐沼。这里地域辽阔，地势复杂，是许多珍禽奇兽的栖息之地。斑马、羚羊、非洲小羚羊、鬣狗、直角羚羊在平川上奔驰，长颈鹿、鹿、狷羚在灌木丛及小树林里游荡，豹和猎豹出落于灌木丛中，大象随处可见。

私人养豹农场 分为圈养区和放养区。这里的豹子都是印度豹。为了保持豹子的残暴天性，从小就喂血淋淋的鲜肉，如牛、羊、鸡等家畜、家禽。放养区完全模拟野外野生环境，这些豹子除了提供给国家动物园和野生动物园外，还出口世界各地的动物园和野生动物园。

精灵怪圈 纳米比亚海岸线附近存在着许多神秘的"精灵怪圈"。这些"精灵怪圈"直径从2米到10米不等，周围杂草茂盛，但怪圈内却寸草不生。科学家提出了3种可能：一是怪圈中的泥土具有放射性，从而阻止了植物生长；二是怪圈地底下有许多白蚁，它们将植物种子全部吃光了，从而导致寸草不生；三是怪圈泥土中带有某种有毒蛋白质，这种有毒蛋白来自一种被称作"牛奶灌木"的沙漠有毒植物。科学家对这些"可能"进行检验，但其中的奥秘至今未解。

七、世界遗产

推菲尔泉岩画 位于纳米比亚西北部半沙漠地带。这是一个举世罕有的岩石艺术遗址，据记载有2000多幅图画，大多数是犀牛、大象、鸵鸟和长颈鹿以及人和动物的脚印画。石器时代的狩猎者和采摘者制作了大部分石刻和或许全部的绘画。

纳米布沙海 位于纳米比亚西南部。世界上最古老、干燥的沙漠之一。呈带状的沿海平原沙漠，沙漠覆盖区域超过3万平方千米。该沙漠的砂砾平原、沿海滩涂、海岸潟湖、季节性河流等景观非常有特色。随着日照角度改变，沙漠颜色会渐次变成橘红——暗红——艳红。

第十四节　绿色海角——佛得角

佛得角，全称"佛得角共和国"（The Republic of Cape Verde）。"佛得角"葡萄牙语意为"绿色海角"。

一、自然地理

佛得角位于北大西洋的佛得角群岛,面积约 4030 平方千米。

佛得角属于火山群岛。除东部萨尔等岛地势低平外,其余各岛地势崎岖。福古岛上的福古火山海拔 2829 米,为全国最高峰。高地多草原,河谷土地肥沃。

佛得角属于热带干燥气候,终年盛行干热的东北风,年平均气温 20℃~27℃,年降水量 100~300 毫米。

二、国家象征

佛得角的国旗呈横长方形。旗底为蓝色,中部偏下有白、红、白 3 条色带横贯旗面,左下方有 10 颗黄色五角星构成圆环。蓝色象征海洋和天空,白色象征希望和平,红色象征人民的努力,条带象征人民用勤劳的双手建设国家的道路,五角星圆环象征民族及其团结。

佛得角的国徽呈圆形。圆面顶端有 1 铅锤,象征宪法的公正;中心为等边三角形,象征团结和平等;三角形内的火炬象征经过斗争获得的自由;下方的三道条带象征海洋、环绕各岛的水域和人民的支持;圆面上的文字为葡萄牙文"佛得角共和国"。圆形两侧有 10 颗五角星,象征组成国家的岛屿;下面的两枝棕榈叶象征民族独立斗争的胜利和人民的精神支柱;连接棕榈叶的链环象征友情和相互支持。

佛得角的国歌是《自由之歌》。

佛得角的首都是普拉亚。

三、社会生活

佛得角人口约 43 万人,其中黑白混血的克里奥尔人约占七成,黑人占近三成。官方语言为葡萄牙语。居民基本上都是天主教徒。

佛得角以总统为国家元首。国民议会行使立法权。最高法院院长、总检察长由总统任免。佛得角主要政党:非洲独立党、争取民主运动。

佛得角是个农业国家,居民大多从事农业和渔业,主产香蕉、咖啡、可可、花生、甘蔗、玉米、木薯。粮食不能自给,年产量仅占需要量的一成半。盛产鲔鱼和龙虾。工业基础薄弱,以建筑业为主,有水产加工、食品和制盐等工业企业。四成以上人口从事服务业。

四、民俗风情

佛得角人初次见面会主动伸手同对方握手,熟悉的朋友先热情拥抱,用脸颊轻轻地贴一下对方的脸颊,然后握手。女性对男性客人行屈膝躬身礼或弯腰鞠躬礼,有身份的女性有时也会主动伸手同男性客人握手问候;如果对方无握手的意思,则向对方点头致意或微微鞠躬。亲吻礼仪在佛得角很流行,习惯是亲吻对方的面颊,一边各一次。行吻手礼时,双方相距80厘米左右,四目相视,女方先伸手并轻轻地向左前方抬起再做下垂姿势,男方轻轻将女方的手提起,略俯身低头,在对方手背上轻轻吻一下,但绝对不发出"吭"的声音。友人见面时也常用拥抱礼仪,两人相对而立,相距20厘米左右,彼此左臂偏上,右臂偏下,右手扶着对方的左后臂处,左手扶着对方的右后腰处,头部及上身均向左相互拥抱,但双方身体不能贴得过紧,拥抱的时间不能过长,更不能用嘴去亲吻对方的脸颊。

佛得角人以玉米为主食。用玉米制作的当家饭叫作"乌嘎里",当地人待客可以没有大鱼大肉,但"乌嘎里"断不可缺。饮土酒时,几个人甚至几十个人同时把3~5米长的细管子插进酒坛子,一边吸一边谈天说地,直到歪歪斜斜打"醉拳"。

佛得角人办事、约会很遵守时间,认为迟到、失约是一种缺乏礼貌的行为。如果因故不能赴约,会事先通知并表示诚挚的歉意,甚至登门道歉。

五、旅游城市

普拉亚(Praia) 佛得角的首都。"普拉亚"葡萄牙语意为"海滩"。普拉亚位于圣地亚哥岛,地处大西洋交通要冲,扼西非北部门户,是欧洲、南美、西非之间的海底电缆站和来往船只及国际客机的燃料补给站。普拉亚建筑物具有浓厚的西方建筑风格,整齐的石头街道两旁绿树成荫。

六、经典景点

马约岛 佛得角东部的一个岛屿。岛上有茂密的森林,这在干旱的佛得角非常罕见。这里有传统的制盐业。柔软干净的沙滩,适合海边休闲度假。游客可漫步、游泳、晒太阳,享受热带海岛的美丽风光。

博阿维斯塔岛 佛得角最东部的岛屿。地处大西洋的腹地,不仅自然风景优美,还有曾经的古村落,整个小岛就像大西洋上的明珠。游客可以体会当地悠久的历史和特殊的殖民文化。

莫什泰鲁什城 小城面朝大海背靠山,景色非常美丽。附近有几个很重要的咖啡种植园,游客可以品尝原生态的咖啡。小城还有一座小巧独特的教堂。登山可以远眺美丽的大西洋。

萨尔岛 海水温和,气候宜人,环境舒适,为度假胜地。南岸的马利亚海滩,绵延8千米,细沙洁白,海水清澈,是萨尔岛最具魅力之处。

七、世界遗产

佛得角老城 圣地亚哥群岛南部的大里贝拉,是大西洋航行者必须停靠的中转站。曾因良好的战略位置而成为贩运奴隶的集散地,至今保留着最初的街道布局，包括两座教堂、一处皇家要塞和大理石石柱装饰的绞刑场。大里贝拉见证了欧洲在非洲的殖民统治和奴隶史。

第十五节　黄金海岸——加纳

加纳，全称"加纳共和国"（The Republic of Ghana）。"加纳"是该国历史上一个古老的国名。因盛产黄金曾称"黄金海岸"，又称"可可之乡"。

一、自然地理

加纳位于非洲西部、几内亚湾北岸，南濒大西洋，西邻科特迪瓦，北接布基纳法索，东界多哥。面积约23.9万平方千米。

加纳大部地区为平原，东部有阿克瓦皮姆山脉，南部有夸胡高原，北部有甘巴加陡崖。最高峰杰博博山海拔876米。最大河流为沃尔特河。

加纳沿海平原和西南部高原属于热带雨林气候，沃尔特河谷和北部高原地区属于热带草原气候。4—9月为雨季，11月至次年4月为旱季。年降水量西南部约2180毫米，北部地区约1000毫米。

二、国家象征

加纳的国旗呈横长方形，自上而下由红、黄、绿3个平行相等的横长方形组成，黄色部分中间有1颗黑色五角星。红色象征为国家独立而牺牲的烈士的鲜血；黄色象征国家丰富的矿藏和资源，也代表加纳原来的国名"黄金海岸"；绿色象征森林和农业；黑色五角星象征非洲自由的北极星。

加纳的国徽，中间为盾徽，盾面被1个镶金边的绿色十字分为4个部分：左上角为蓝地上交叉着金色权杖和出席仪典时用的金剑，象征地方政府；右上角为蓝色波纹，象征海洋，城堡象征国家行政机构；左下角为1棵可可树，右下角是1个矿井，象征国家的财富。绿十字中心是1头金色狮子，象征加纳和英联邦之间的联系。盾徽上端有1颗镶金边的黑色五角星，象征非洲自由的北极星；两侧各有1只展翅的雄鹰，其脖子上系着国旗3色的带子，并各挂1颗黑五角星；底部的金色绶带上用英文写着"自由和正义"。

加纳的国歌是《上帝保佑我们的家》。

加纳的首都是阿克拉。

三、社会生活

加纳人口约2383万人，其中阿肯族占四成以上。官方语言为英语。居民主要信奉基督教、原始宗教以及伊斯兰教。

加纳以总统为国家元首、政府首脑和武装部队总司令。议会为国家最高权力机构。内阁成员由总统任命，议会批准。加纳主要政党：新爱国党、全国民主大会党、大会人民党、人民全国大会党。

加纳以黄金、可可和木材三大传统出口产品为经济支柱。主要矿物有黄金、钻石(储量居世界第四位)、铝矾土、锰(储量居世界第三位)等。工业基础薄弱，原料依赖进口。农业是经济的基础，农业人口占全国就业人数的六成。主要作物为玉米、薯类、高粱、大米、小米等，正常年景可基本满足国内需要甚至略有出口。可可是传统出口商品，产量居世界前列。

四、民俗风情

加纳人见面和告别习惯以握手为礼。一般情况下，来访客人先向主人致意，老师进教室先向学生致意，两人相遇先看到对方者先打招呼。忽视这些规矩，很容易被对方误解成是污辱或故意找麻烦。

加纳人主食以面食为主，也喜欢吃米饭，副食爱吃牛肉、羊肉、猪肉、鸡、鱼、虾及蛋类等，偏爱烤、烧、扒、蒸等烹调的菜肴。加纳人爱吃烤全羊。

加纳人把名誉看得比生命还重要。加纳人视金黄色或黄色为高贵、富足、荣耀及成熟，白色为纯洁、美德、欢乐及胜利，绿色为新生、活力与强壮，蓝色为爱情和温柔，黑色为忧郁、魔鬼、死亡及衰老，红色为悲愤、灾难、死亡与战争，灰色为落魄及耻辱。加纳人把凳子视为一种吉祥物，喜欢精心保存一只乃至几只凳子，还常以其珍藏的凳子当作最好的礼品馈赠客人。加纳人视左手为"肮脏""无礼"，认为用左手向人指点、打手势或传递东西及食物都是极不礼貌的。他们反感那些声明上厕所的人，对进门就打听厕所的客人更感扫兴。他们恼火那些收到礼物而毫不在意的人，认为是对送礼人的轻蔑及污辱。随意开玩笑，讽刺或讥笑，在加纳人看来那是对人格的污辱。

五、旅游城市

阿克拉(Accra) 加纳的首都和最大港市，西非地区重要航空港，重要的可可豆、金刚石市场。"阿克拉"是阿坎语词"恩克兰"的误读，原词指当地一种黑蚂蚁并被用来称当地居民。阿克拉位于国境东南部，濒几内亚湾。

库马西(Kumasi) 阿散蒂首府。"库马西"意为"厚树皮"。位于加纳中南部，以传统的编织和陶器手工艺品闻名。城区建筑在几个坡度不大的山丘上，一幢幢白色建筑物坐落在绿树鲜花丛中，四周环绕着郁郁葱葱的森林，有"西非花园城市"的美称。

六、经典景点

埃朱拉 加纳南部城市。这里是加纳玉米的主要种植区，有加纳第二大国家公园——迪吉亚国家公园,公园中有非洲象、豹子、羚羊等野生动物,更是200多种鸟类的家园。

海滨浴场 位于阿克拉市。地处大西洋几内亚湾畔,是理想的天然浴场。棕榈树矗立海天,木瓜树、香蕉树和杧果树随风摇曳,海面上两头尖的彩绘小木船在风浪中出没,渔民们在撒网捕鱼,充满一幅诗情画意。

2月28日路 位于坎帕拉市。第二次世界大战期间,7万加纳人在英国军队服役,英国殖民当局承诺将保证他们复员后的生活和工作。1948年2月28日数百名复员军人上街游行,要求英国殖民当局履行诺言,遭到殖民当局开枪镇压,引发了持续一个多月的民族斗争。加纳独立后,这条大街被命名为"2月28日路"。

奴隶城堡 位于坎帕拉市。包括葡萄牙人修建的詹姆士堡和荷兰人修建的克勒弗吉尔堡,这两座城堡当年曾专门关押奴隶,成为世界上奴隶交易的见证场所之一。

七、世界遗产

沃尔特、大阿克拉、中西部地区的要塞和城堡 位于凯塔与贝因之间的加纳海岸。包括城堡和要塞11处,建于1482年至1786年间,其遗迹至今仍清晰可见。海岬滨岸城堡见证了无数外来统治者由此经过。埃尔米纳城堡是迄今所知的在热带地区建造的最早的欧洲建筑物。

阿散蒂传统建筑 位于库马西市。阿散蒂古文明的极盛时期是18世纪,当时修建了许多高官府邸、民用住宅和殿堂神殿,保存下来的那些木草结构住宅是当地居民就地取材、采用传统方式建成的,成为研究阿散蒂人类社会历史的第一手材料。现存传统建筑13座,是18世纪鼎盛时期阿散蒂文明保留下来的最后物证。

第十六节　微笑民族——马里

马里,全称"马里共和国"(The Republic of Mali)。国名源自曼丁戈语"河马",因中世纪时流经马里的尼日尔河中河马成群而得名。

一、自然地理

马里位于非洲西部撒哈拉沙漠南缘,北为阿尔及利亚,东为尼日尔,南为布基纳法索和科特迪瓦,西南为几内亚,西为毛里塔尼亚和塞内加尔。面积约124万平方千米。

马里是内陆国家,地势平坦,大多为海拔300米的平原和台地,中部为大平原,北部主要为沙漠。

马里北部为热带沙漠气候,干旱炎热。中部和南部为热带草原气候。全年分为3个季节:3—5月为热季,6—10月为雨季,11月至次年2月为凉季。热季最高气温可达50℃,凉季最低气温约14℃。

二、国家象征

马里的国旗呈横长方形。旗面由3个平行相等的竖长方形构成,从左至右依次为绿、黄、红3色。绿色是穆斯林崇尚的颜色,还象征肥沃的绿洲;黄色象征矿产资源;红色象征为祖国独立而牺牲的烈士的鲜血。绿、黄、红3色也是泛非颜色,是非洲国家团结的象征。

马里的国徽呈圆形。圆面为蓝色,中间是一座风格独特的城堡,其上为一只展翅的和平鸽,下方是光芒四射的太阳和两张引箭待发的弓。圆周上方为法文写着"马里共和国",下方用法文写着格言"一个民族、一个目标、一个信念"。

马里的国歌是《为了非洲,为了马里》。

马里的首都是巴马科。

三、社会生活

马里人口约1267万人,其中班巴拉人超过1/3。官方语言为法语,通用班巴拉语。居民主要信奉伊斯兰教以及传统拜物教。

马里以总统为国家元首,一院制的国民议会是最高权力机构,政府是最高执行机构。马里主要政党:联盟党、非洲团结正义党、全国民主创议大会党。

马里是世界上最不发达的国家之一,经济以农牧业为主,工业基础薄弱。主要矿藏资源有黄金、铁、铝矾土、硅藻土、岩盐、磷酸盐等,主要工业部门有食品、纺织、卷烟、建筑材料、机修和制药等。农村人口占总人口的八成,农业和畜牧业产值占国内生产总值的三成。

四、民俗风情

马里人重视名片,认为名片是身份、地位、尊严、价值的显现,交换名片是寻求社会认同、理解和尊重的一种方式。在未确定对方的来历之前,一般不会轻易赠送名片,也不会主动索要名片。

马里的大街上,男人们穿着又长又大的阿拉伯式长袍,以白色和蓝色为主,而且尽管气候炎热,仍戴着呢绒帽子。妇女们喜欢穿花花绿绿的印有人物或田园风光图案的非洲式连衣裙,袒露双肩,脚上穿着红色或绿色拖鞋;也有的上身穿西服,下身穿裙子,脚蹬高跟鞋。那些有身份的妇女,大都要戴金项链和手镯。

五、旅游城市

巴马科(Bamako) 马里的首都和最大的城市,位于尼日尔河上游,地近撒哈拉沙漠,常年日照强烈,是西非最炎热的城市。宽阔的尼日尔河从城市南侧静静地流过,北面是青翠的山峦,红色、棕色、黄色和白色的建筑小巧玲珑,掩映在高大的"火焰树"和杧果树丛中。

六、经典景点

国家博物馆 位于巴马科市。考古学和人类学博物馆。馆内共有考古学和人类学的收藏品6000件,手稿和幻灯片40 000件,乐器150件,录音带500盒,录影带300个。此外,还有乐器、服饰和马里少数民族的相关物品。

德博湖 位于马里中部。因尼日尔盆地季节性的洪水而形成的内陆湖,面积约160平方千米,水深只有1米左右。偌大的湖面一眼望不到边际,在阳光的映照下烟波浩渺,湖面上散落着几只渔船,湖岸上四处是放牧村民的身影,一片生机盎然的景象。白色的沙丘、金色的太阳以及湖边的村庄,组成一幅水墨山水画。

卡伊 马里西部城市,位于塞内加尔河河畔。"卡伊"源自索宁克语,意指干燥地区雨季的洪水。卡伊周边为富含铁矿的山脉,夏季温度相当高,故有"非洲压力锅"之称。这里拥有典型的殖民建筑,保留了美丽的风景。

七、世界遗产

杰内古城 以独特的撒哈拉——苏丹建筑风格著称于世,被喻为"尼日尔河谷的宝石"。用灰泥涂抹的捣实黏土块是气候干旱国家常用的建筑材料,经过装饰的壁柱、雉堞以及护墙使建筑立面精细别致,居城市景观主体的大清真寺丰富了城市的立体线条。

廷巴克图 位于撒哈拉沙漠南缘。建城历史可以追溯至12世纪,一度是商贸重镇和伊斯兰文化中心之一,也是伊斯兰文化向非洲传播的中心。城内3座清真寺和16座陵墓颇具建筑和文化价值。当地大约有60个私人图书馆,藏有70万册古籍手稿。因遭武装人员破坏,多座陵墓古迹损坏,已被列入"濒危世界遗产"名录。

阿斯基亚陵 位于加奥。包括1座泥土金字塔形坟墓、两座清真寺、1座公墓和1片场地,是西非泥造建筑的代表。墓主阿斯基亚·穆罕穆德一世是桑海帝国皇帝,他开创了阿斯基亚王朝,帝国边界一度扩张到大西洋海岸。

邦贾加拉悬崖 位于马里中部邦贾加拉山地一处海拔500米的断崖上。悬崖峭壁间布满了蜂窝般的多戈族的住宅,这里的居民至今仍然保持着传统生活方式。邦贾加拉悬崖是房屋、粮仓、圣坛、神殿和集会厅等大型建筑的保护伞,而这些建筑正是几个世纪以来传统多贡文化的灵魂。

第十七节　水牛王国——马达加斯加

马达加斯加,全称"马达加斯加共和国"(The Republic of Madagascar)。"马达加斯加"意为"马尔加什人的国家"。别称"牛的王国""华尼拉故乡"。

一、自然地理

马达加斯加位于印度洋西部,隔莫桑比克海峡与非洲大陆相望。面积约59万平方千米,是非洲最大的岛屿。

马达加斯加全岛由火山岩构成,海岸线长约5000千米。中部为海拔800~1500米的中央高原,察拉塔纳纳山主峰马鲁穆库特鲁山海拔2876米,为全国最高点。

马达加斯加东部属于热带雨林气候,终年湿热,季节变化不明显;中部属于热带高原气候,温和凉爽;西部属于热带草原气候,干旱少雨。

二、国家象征

马达加斯加的国旗呈横长方形。旗面靠旗杆一侧为白色竖长方形,右侧为上红下绿两个横长方形,3个长方形面积相等。白色象征纯洁,红色象征主权,绿色象征希望。

马达加斯加的国徽呈圆形。中间是马达加斯加国土轮廓,上部为旅人蕉枝叶,下部为稻田图案和水牛头。圆周上方的文字为马尔加什语的"马达加斯加共和国",下方为棕榈枝叶。底部写着民族格言"祖国、自由、正义"。

马达加斯的国歌是《啊,我们亲爱的祖国》。

马达加斯加的首都是塔那那利佛。

三、社会生活

马达加斯加人口约2193万人,基本上都是马达加斯加人。有18个民族,各民族语言、文化、风俗习惯大体相同。官方通用法语和英语。居民主要信奉传统宗教、基督教。

马达加斯加的总统由直接选举产生,总统具有任命总理、解散议会的权力。议会由国民议会和参议院组成。马达加斯加主要政党:我爱马达加斯加党、众评社、社会民主联盟。

马达加斯加是世界上最不发达的国家之一,国民经济以农业为主,农业人口占全国总人口八成以上,工业基础非常薄弱。石墨储量占非洲首位,水力发电潜力很大。粮食作物有大米、木薯、玉米等,大米已接近自给。主要经济作物有咖啡、丁香、剑麻、甘蔗、花生、棉花等,香草的产量和出口量均占世界首位。畜牧业以养牛为主,盛产驼峰牛。

四、民俗风情

马达加斯加人尊重老人,许多社会机构的管理人员大多是上了年纪的人。他们认为人的年纪越大,涉世就越深,就越有智慧。

马达加斯加平均两个人拥有一头牛,视牛为财富的标志,牛头为国家的象征。牛像孩子一样要接受洗礼,一个星期中的某一天不能强迫牛去干活。在马路上,汽车必须让道于牛群。"不得无故伤害牛"是人人遵守的信条。马达加斯加人视猴面包树为"圣树"。

马达加斯加人一天三顿都吃米饭,一般就着用蔬菜、鱼、羊、家禽或野禽肉做的卤而食。喜欢吃白薯和木薯,爱喝酸奶,经常把水果当作饭后甜点。

五、旅游城市

塔那那利佛(Antananarivo) 马达加斯加的首都和最大的城市,位于马达加斯加岛中东部,地近赤道。"塔那那利佛"意为"千人勇士城",因伊美利那王国在此建都时有上千勇士守卫该城而得名。高耸的教堂尖塔,挺拔成行的桉树,红瓦盖顶的民居,块石铺砌的路面,肤色体态各异的居民,兼具欧亚非三大洲风格。

六、经典景点

女王宫 位于塔那那利佛市。1839—1840年间修建,雄踞在全城最高的山岭上,是当年梅里纳王朝女王统治权力的象征,19世纪欧洲宫廷建筑风格。主体建筑全部由花岗岩砌成,巍峨挺拔。原是木制建筑,后在一场火灾中被烧毁,现在的石质建筑是按照女王宫原样再建的。

塔那那利佛阿努希湖 位于塔那那利佛市。马达加斯加总统府和政府大楼环湖而建。10月的阿努希湖,湖畔蓝楹花挂满枝头,漂亮至极。湖心小岛上的天使雕塑,是法国人为纪念第二次世界大战而设立。

昂达西贝国家自然保护区 马达加斯加最早的自然保护区之一。保护区的植被以热带雨林为主,物种丰富,其中狐猴就有11种之多,最著名的是现存体形最大的短尾狐猴,成年的短尾狐猴身长可达70厘米。

伊萨鲁国家地质公园 公园内的荒原石林地貌形成于侏罗纪时期。地形复杂多变,沟壑纵横,石林高耸,暗河流淌,深谷险峰,存在着保存良好的原始森林,生长栖息着众多独特珍奇的动植物,是感受和探索神奇大自然的美妙之地。

贝玛拉哈国家地质公园 位于穆龙达瓦市。绝大多数地区由崎岖不平的喀斯特石灰岩组成,有很多纸一样薄、剃刀般锋利的尖锥、尖柱和尖峰,有些高达30米,鬼斧神工。

猴面包树大道 位于穆龙达瓦市。长约260米,路旁耸立着造型奇特的猴面包树,包括马达加斯加独有的7个品种的猴面包树,有的树龄已达数百年。猴面包树即"波巴布树",又名"猢狲木",树冠巨大,树杈千奇百怪,远看是个"倒栽葱",是地球上古老而独特的树种之一。猴面包树果实味道鲜美,是猴子们的最爱。

诺西贝岛 面积约320平方千米,满岛都是水雾缭绕的热带雨林。岛上的依兰树可以提炼香料,因此又被称为"香岛"。环岛200多千米的海岸,沙白海平,水质清澈,是世界上最漂亮的海水浴和潜水地之一。

迪戈迪雅兹城 保留了许多殖民时代各种风格的建筑。当时的海盗首领在此建立城隅,欢迎任何人来投奔居住,人称"乌托邦之国",至今还有当时的遗迹。当地有世界上最小的灵长类动物——指猴,最小的体重只有50克。

七、世界遗产

安布希曼加的皇家蓝山行宫 因有王宫和皇室陵寝,又称"圣城"。皇家蓝山行宫为木质结构,建筑在石砌的台基上。在过去的500年里,这里一直是举行宗教仪式和祭祀的地方,也是马达加斯加和世界各地朝圣者前往朝拜的地方。

黥基·德·贝马拉哈自然保护区 由喀斯特地貌和石灰岩丘陵组成,景色壮美。保护区内不仅有挺拔的青贝峰、尖岩林、壮丽的马南布卢河河谷、连绵起伏的群山和高耸的山峰,更有未遭到破坏的森林、湖泊、红树林、沼泽,为珍稀动物狐猴和各种鸟类提供了最佳的生存环境。这里是非洲目前已知的唯一存在变色龙的地区。

阿钦安阿纳雨林 由马达加斯加岛东部的6个国家公园组成。自6000万年前与大陆分离后,马达加斯加岛上的动植物一直在封闭的环境中自我演化。雨林内的动植物有80%~90%为此地独有的物种,因此这里对保存和挽救这些稀有或濒危物种,尤其是其中的灵长类动物,具有极其重要的意义。

第十八节 中非粮仓——喀麦隆

喀麦隆,全称"喀麦隆共和国"(The Republic of Cameroon)。"喀麦隆"葡萄牙语意为"龙虾"。葡萄牙殖民者初到喀麦隆,在武里河口寻找食物时网到大量龙虾,便以此命名这个国家。

一、自然地理

喀麦隆位于非洲中西部,南与赤道几内亚、加蓬、刚果共和国接壤,东邻乍得、中非,西与尼日利亚交界,北隔乍得湖与尼日尔相望,西南濒临几内亚湾。面积约47.5万平方千米。

喀麦隆国土大多是高原和山地,仅乍得湖畔和沿海有小块平原。西部和中部高原为尼日尔河、刚果河和乍得湖等水系的分水岭。喀麦隆火山海拔约4070米,为西非最高峰。

喀麦隆属于热带气候,年平均温度24℃。3—10月为雨季,10月至次年3月为旱季。年降水量2000毫米以上。喀麦隆火山山麓降水量高达1万毫米,是世界上降水量最多的地区之一。

二、国家象征

喀麦隆的国旗呈横长方形,从左至右由绿、红、黄3个平行相等的竖长方形组成,红色部分中间有1颗黄色五角星。绿色象征南部赤道雨林的热带植物,还象征人民对幸福未来的希望;黄色象征北部草原和矿产资源,也象征给人民带来幸福的太阳光辉;红色象征联合统一的力量。五角星象征国家的统一。

喀麦隆的国徽呈盾形,中央的红色金字塔是喀麦隆火山的标志,红底里面有喀麦隆地图和代表国家统一与平等的宝剑和天平。盾徽后面两把交叉的金色束棒,象征权威与不可侵犯。盾面上的两颗星星分别表示东部法语区与西部英语区。绶带上用法文和英文写着"和平、劳动、祖国",下端的绶带上写着"喀麦隆共和国"。

喀麦隆的国歌是《集合歌》。

喀麦隆的首都是雅温得。

三、社会生活

喀麦隆人口约2040万人,有200多个民族、200种民族语言。法语和英语为官方语言。南部及沿海地区居民主要信奉天主教和基督教新教,内地及边远地区居民主要信奉拜物教,富尔贝族和西北部一些民族主要信奉伊斯兰教。

喀麦隆以总统为国家元首、武装部队最高统帅。国民议会和参议院组成两院制议会。总理是政府首脑。喀麦隆有合法政党250多个,主要政党:人民民主联盟、社会民主阵线、民主联盟、全国民主进步联盟。

喀麦隆以农业和畜牧业为国民经济主要支柱,全国七成以上的人口直接从事农业生产,农牧业生产总值约占国内生产总值的四成,每年向周边国家出口粮食。经济作物以可可、咖啡为主,可可产量居世界第五位。石油储量估计为1亿吨,天然气储量约为1100亿立方米。森林面积约占国土面积的一半,八成可供开采,盛产黑檀木、桃花心木等贵重木材。

四、民俗风情

喀麦隆人的姓名由3节组成,依次是小名、父亲名(或姓)和外文名(或宗教名),社交场合一般以对方外文名字称呼。亲密朋友相见可行贴面礼,女性遇见外国客人大多行弯腰屈膝礼。一般人不能与酋长握手或拥抱,只能保持一定距离行注目礼。在喀麦隆,容貌端庄、姿态优美、服饰得体,将备受欢迎;言谈放荡,表情冷淡,不修边幅,会令人讨嫌;点头哈腰,奴颜婢膝,也会让人瞧不起。

喀麦隆南部的主食是木薯、谷类、香蕉、芭蕉,北部的主食是小米、玉米、高粱。喀麦隆人视玉米制作的"乌嘎里"为当家饭,视土酒"布萨"为佳酿。喀麦隆人流行手抓饭,每个人面前备有两杯水,一杯供饮用,另一杯供洗手。一盆主食,一盆菜肴,每个人用左手按住饭盆边沿部位,用右手食指、中指和大拇指将主食捏成团状,放进菜盆里滚一下,夹着一块肉或者一块鱼,放进嘴里,动作干净利落。待客可以没有大鱼大肉,但"乌嘎里"断不可缺。

喀麦隆流行文面艺术,一张张黑黝黝的面孔上文着各种奇形怪状的图案,或几条横向刀痕,或一个五角星,或几个三角形,甚至是公鸡或者蝎子,不同的图案有不同的含义,但从不向外人透露,外人不能对此指指点点、评头论足。

五、旅游城市

雅温得(Yaounde) 喀麦隆的首都,位于喀麦隆中部高原。萨纳加河和尼昂河蜿蜒流过,岗峦重叠。鳞次栉比的住房依山而建,层次分明地掩映在绿树丛中。市中心有许多高层建筑,造型奇特,组成一幅幅美丽的几何图案。

杜阿拉(Douala) 喀麦隆交通中心、海上门户,有"经济首都"之称,位于国境西南部。第二次世界大战中为戴高乐将军领导的自由法国的重要基地之一。沿海风景如画,旅游业发达。

六、经典景点

统一纪念塔 位于雅温得市。为纪念1961年东部法语区与西部英语区合并统一而建。纪念塔为螺旋形,高15米,两道相互缠绕的阶梯盘旋而上会集于顶端,标志着东西喀麦隆密不可分。塔底建有展览厅,四周墙壁镶嵌有富有浓郁喀麦隆风情的装饰画。塔前有一座5米高的雕塑,寓意各民族团结和睦的精神代代相传。

雅温得会议大厦 位于雅温得市。由中国援建,1982年落成。总建筑面积3万多平方米,包括1502座的大会堂、1000座的宴会厅、400座的国际会议厅以及两个100座的会议室,还有一幢七层楼房,巍峨壮观,是喀麦隆举办各种重要会议和重大娱乐活动的场所。

喀麦隆火山 火山基底长约50千米,宽35千米,像一个庞大的圆丘矗立在大西洋边,自古以来就是航海家们的陆标。山顶终年云雾弥漫,极难看到它的全貌。一般的火山都是顶部喷火,这座火山却是腰间喷火,远眺像一座喷火的战车。火山周围青山叠翠,群峰染绿。

瓦萨国家公园 位于喀麦隆极北区域。占地约1700平方千米,是非洲最引人入胜的讲法语的公园。公园里嬉戏着各种西非动物,是狮子和其他哺乳动物的乐园,也是各种鸟类的聚集地。

林贝黑沙滩 位于喀麦隆西南区林贝海滨。火山熔岩和火山灰朝着大海方向流动,熔岩流向大海深处,而火山灰与海滩上的泥沙糅合在一起,变成巧克力色的黑沙滩。黑沙滩又细又软,踩在上面特别舒服。

俾格米矮人村 位于非洲中部的热带雨林中。俾格米人是史前桑加文化的继承者,成年人平均身高1.3米至1.4米,体力过人,听觉、视觉和嗅觉十分灵敏,是捕猎的高手,自称是"森林的儿子"。喀麦隆最大的俾格米部落不足4万人。

尼奥斯湖 先前是个火山口,久未喷发,积水成泽而形成"火山湖"。海拔1091米,平均水深约200米。每年流入尼奥斯湖的二氧化碳含量高达500万立方米,其中大部分都被湖水吸收,因而被称为"杀人湖"。

七、世界遗产

德贾动物保护区 面积约5260平方千米,拥有丘陵、平原、河间地等多样化的地形,德贾河及其支流纵横交错,水源异常充足,植物繁茂,为野生动物栖息繁殖提供了理想的天地。保护区内生存着107种哺乳动物,其中有5种濒临灭绝。

桑加河保护区 位于喀麦隆、刚果和中非三国的交界处。3座相互毗邻的国家公园总面积达7500平方千米,其大部分至今尚未受到人类活动的影响。这里以潮湿的热带雨林生态系统为特点,是大量动植物的栖息地,如尼罗河鳄鱼、非洲大象以及濒危的西部低地大猩猩和黑猩猩等。

第十九节 常春千丘——卢旺达

卢旺达,全称"卢旺达共和国"(The Republic of Rwanda),又称"常春之国""千丘之国"。

一、自然地理

卢旺达位于非洲中部,东邻坦桑尼亚,南连布隆迪,西与扎伊尔交界,北与乌干达接壤,是赤道南侧的一个内陆国家。面积约26 338平方千米。

卢旺达地势西高东低,多湖泊和沼泽。境内多山,最高峰卡里辛比火山海拔4507米。

卢旺达大部地区属于热带高原气候和热带草原气候,温和凉爽,年平均气温约18℃。3—5月为大雨季,10—12月为小雨季,年均降水量1000~1400毫米。

二、国家象征

卢旺达的国旗呈横长方形,为蓝黄绿3色旗。旗右上方有一个24道光芒的太阳标志。24道光芒表示全国人民团结一致、纯真透明;蓝色代表人民必须为和平而战;黄色代表人民必须安居乐业以促进永久的经济发展;绿色象征合理开发达到繁荣的希望,也象征国家的资源。

卢旺达的国徽,由高粱穗、咖啡枝、草编篮子、盾牌、齿轮和打结的飘带等组成,寓意繁荣、爱国、科技和团结。国徽上标有用卢旺达语写的格言"团结、劳动、爱国"。最外围为绿色的平结，象征团结。

卢旺达的国歌是《美丽的卢旺达》。

卢旺达的首都是基加利。

三、社会生活

卢旺达人口约 1130 万人，主要是胡图、图西以及特瓦 3 个部族。年均人口增长率达 3.3%，是世界上出生率最高的国家之一。官方语言为卢旺达语、英语和法语。居民主要信奉天主教、基督教新教以及伊斯兰教。

卢旺达以总统为国家元首和武装部队最高统帅，总理由总统任命，但不得来自同一政党。卢旺达主要政党：爱国阵线、社会民主党、自由党、中间民主党。

卢旺达是世界上最不发达的国家之一。经济以农牧业为主，天然牧场占全国总面积的 1/3，农牧业人口占全国总人口九成以上。经济作物有咖啡、茶叶、棉花、除虫菊等，大部分供出口。粮食不能自给。绝大部分工业品依赖进口。

四、民俗风情

卢旺达素有敬老的习俗，年长者是自然的当家人，晚辈对长辈总是毕恭毕敬。人们相见，青年人行举手礼，中老年行脱帽礼，官方场合行握手礼。

客人登门拜访，主人在递给客人食物或饮料前会自己先尝一口，以此证明是安全的。在庆典活动等重要场合，会提供一些简单的食物和酒水，但不提供正餐。婚礼和葬礼一般提供一片肉和一个烤土豆以及高粱酒和香蕉酒。高粱酒坛置于房间中央，客人可以用芦苇秆吸饮，香蕉酒则盛在葫芦里在人群中传递饮用。

卢旺达人的主食有米饭、玉米、高粱、木薯、豆类、香蕉等，副食有羊肉、猪肉、鸡、蔬菜等。烹饪方式以煮、蒸、烧、炸、烤为主，尤以烤为多见。习惯用手抓食。

与卢旺达人交往，不要询问其民族，避免谈论大屠杀事件。

五、旅游城市

基加利 (Kigali)　卢旺达的首都和政治、经济、交通中心，咖啡、牲畜、皮革、粮食的重要集散地。基加利位于中部高原，靠近赤道。山间湖泊波平如镜，树林灌木茂密翠绿，气候终年如春，犹如人间仙境，被称为"非洲的避暑胜地"。

六、经典景点

国家博物馆　位于布塔雷市。馆内收藏众多的实物和图片，展示了卢旺达丰富的历史场景和古代、近代和现代人的生活侧面。藏品中有卢旺达 5 万年前的石器，公元前 9 世纪的冶铁炉残片等，占星卜卦及代代相袭的口传历史证物和一些出

旅游目的地概述

土文物。

火山国家公园 位于卢旺达极西北处。壮观峰峦若隐若现,热带雨林神神秘秘,还有火山岩浆固化后形成的桥,尚无多少人迹打扰的美丽湖泊,永远翠绿无边无际的草地,傲然挺立的棕榈树、椰子树,灿烂阳光照耀的陡峭山冈,自然景色美不胜收。这里是大猩猩、金丝猴、野牛和野象的家园。

卡盖拉国家公园 位于国境东北地区。占地约2500平方千米,几乎占卢旺达国土面积的1/10。野生动物数量巨大,种类繁多。这里所独有的野生动物是一种名叫"伊帕拉"的羚羊,约有150万只。

纽恩威国家公园 横跨卢旺达东南部。绵延上千千米,地貌崎岖不平,既有枝繁叶茂的森林、竹林,也有视野开阔、繁花似锦的沼泽地。公园拥有东非或中非地区最大群落的高山树林,也是最古老的山区雨林之一。

附录一

出境旅游目的地首都、人口、面积一览表

序号	国家/地区	首都	面积(千平方千米)	人口(万人)
亚洲				
1	中国香港	——	1.09	705.51
2	中国澳门	——	0.03	55.98
3	泰国	曼谷	514	6590.54
4	新加坡	新加坡城	0.69	465.75
5	马来西亚	吉隆坡	329.75	2571.58
6	菲律宾	马尼拉	300.00	9797.66
7	韩国	首尔	98.48	4850.90
8	日本	东京	377.84	12 707.87
9	越南	河内	329.56	8696.75
10	柬埔寨	金边	181.04	1449.43
11	缅甸	内比都	678.50	4813.77
12	文莱	斯里巴加湾市	5.77	38.82
13	尼泊尔	加德满都	147.18	2856.34
14	印度尼西亚	雅加达	1919.44	24 027.15
15	土耳其	安卡拉	780.58	7680.55
16	印度	新德里	3287.59	116 607.92
17	马尔代夫	马累	0.30	39.63
18	斯里兰卡	科伦坡	65.61	2132.48
19	巴基斯坦	伊斯兰堡	803.94	17 624.29
20	塞浦路斯	尼科西亚	9.25	79.67

续表

序号	国家/地区	首都	面积(千平方千米)	人口(万人)
21	约旦	安曼	92.30	634.29
22	老挝	万象	236.80	683.49
23	蒙古	乌兰巴托	1564.12	304.11
24	孟加拉	达卡	144.00	15 605.09
25	叙利亚	大马士革	185.18	2017.85
26	阿曼	马斯喀特	212.46	341.81
27	中国台湾	——	35.98	2297.43
28	以色列	耶路撒冷	20.77	723.37
29	阿联酋	阿布扎比	83.60	479.85
30	朝鲜	平壤	120.54	2266.53
31	乌兹别克斯坦	塔什干	447.40	2760.60
32	黎巴嫩	贝鲁特	10.40	401.71
33	伊朗	德黑兰	1648.19	7514.9
34	格鲁吉亚	第比利斯	69.70	430.0
欧洲				
35	马耳他	瓦莱塔	0.32	40.52
36	德国	柏林	357.02	8232.98
37	克罗地亚	萨格勒布	56.54	448.94
38	匈牙利	布达佩斯	93.03	990.56
39	希腊	雅典	131.94	1073.74
40	法国	巴黎	551.60	6062.80
41	荷兰	阿姆斯特丹	41.53	1671.60
42	比利时	布鲁塞尔	30.53	1041.43
43	卢森堡	卢森堡城	2.59	49.18
44	葡萄牙	里斯本	92.39	1070.79

续表

序号	国家/地区	首都	面积(千平方千米)	人口(万人)
45	西班牙	马德里	504.79	4052.50
46	意大利	罗马	301.23	5812.62
47	奥地利	维也纳	83.87	821.03
48	芬兰	赫尔辛基	338.14	525.03
49	瑞典	斯德哥尔摩	449.96	905.97
50	捷克	布拉格	78.87	1021.19
51	爱沙尼亚	塔林	45.23	129.94
52	拉脱维亚	里加	64.59	223.15
53	立陶宛	维尔纽斯	65.20	355.52
54	波兰	华沙	312.70	3848.29
55	斯洛文尼亚	卢布尔雅那	20.27	200.57
56	斯洛伐克	布拉迪斯拉发	48.85	546.30
57	丹麦	哥本哈根	43.09	550.05
58	冰岛	雷克雅未克	103.00	30.67
59	爱尔兰	都柏林	70.28	420.32
60	挪威	奥斯陆	323.80	466.05
61	罗马尼亚	布加勒斯特	237.50	2221.54
62	瑞士	伯尔尼	41.29	760.45
63	列支敦士登	瓦杜兹	0.16	3.48
64	英国	伦敦	244.82	6111.32
65	俄罗斯	莫斯科	17075.20	14 004.12
66	安道尔	安道尔城	0.468	8.39
67	保加利亚	索非亚	110.91	720.47
68	摩纳哥	摩纳哥城	20.00	3.30
69	黑山	波德戈里察	14.03	67.22

续表

序号	国家/地区	首都	面积(千平方千米)	人口(万人)
70	塞尔维亚	贝尔格莱德	88.36	1015.0
71	乌克兰	基辅	603.7	4558.9
72	马其顿	斯科普里	25.713	203.4
美洲				
73	古巴	哈瓦那	110.86	1145.17
74	智利	圣地亚哥	756.95	1660.17
75	牙买加	金斯顿	10.99	282.59
76	巴西	巴西利亚	8511.97	19 873.93
77	墨西哥	墨西哥城	1972.55	11 121.18
78	秘鲁	利马	1285.22	2954.70
79	安提瓜和巴布达	圣约翰斯	0.44	8.56
80	巴巴多斯	布里奇敦	0.43	28.46
81	格林纳达	圣乔治斯	0.34	9.07
82	巴哈马	拿骚	13.94	30.92
83	阿根廷	布宜诺斯艾利斯	2766.89	4091.36
84	委内瑞拉	加拉加斯	912.05	2681.48
85	美国	华盛顿	9376.63	30 721.21
86	圭亚那	乔治敦	214.97	77.23
87	厄瓜多尔	基多	283.56	1457.31
88	多米尼克	罗索	0.75	7.27
89	加拿大	渥太华	9984.67	3489.8
90	哥伦比亚	波哥大	1141.75	4636.6
91	哥斯达黎加	圣何塞	51.10	466.7
大洋洲				
92	澳大利亚	堪培拉	7686.85	2126.26
93	新西兰	惠灵顿	268.68	421.34
94	北马里亚纳	塞班	0.48	8.87

续表

序号	国家/地区	首都	面积(千平方千米)	人口(万人)
95	斐济	苏瓦	18.27	94.47
96	瓦努阿图	维拉港	12.20	21.85
97	汤加	努库阿洛法	0.75	12.09
98	法属波利尼西亚	帕皮提	4.17	28.70
99	巴布亚新几内亚	莫尔兹比港	462.84	605.73
100	密克罗尼西亚	帕利基尔	0.70	10.74
101	萨摩亚	阿皮亚	2.934	18.5
	非洲			
102	埃及	开罗	1001.45	8308.27
103	南非	比勒陀利亚	1219.91	4905.25
104	埃塞俄比亚	亚的斯亚贝巴	1127.13	8523.73
105	津巴布韦	哈拉雷	390.58	1139.26
106	坦桑尼亚	达累斯萨拉姆	945.09	4104.85
107	毛里求斯	路易港	2.04	128.43
108	突尼斯	突尼斯城	163.61	1048.63
109	塞舌尔	维多利亚	0.46	8.75
110	肯尼亚	内罗毕	582.65	3900.28
111	赞比亚	卢萨卡	752.61	1186.27
112	乌干达	坎帕拉	236.04	3236.96
113	摩洛哥	拉巴特	446.55	3485.94
114	纳米比亚	温得和克	825.42	210.87
115	佛得角	普拉亚	4.03	42.95
116	加纳	阿克拉	239.46	2383.25
117	马里	巴马科	1240.00	1266.70
118	马达加斯加	塔那那利佛	590.7	2192.6
119	喀麦隆	雅温得	475.44	2040
120	卢旺达	基加利	26.338	1130

附录二

出境旅游目的地国际域名、电话代码、时差、流通货币一览表

序号	国家/地区	国际域名后缀	国际长途电话区号	与北京时差/小时	流通货币/代码
亚洲					
1	中国香港	hk	852	0	港元/HKD
2	中国澳门	mo	853	0	澳门元/MOP
3	泰国	th	66	曼谷-1	泰铢/THP
4	新加坡	sg	65	新加坡0	新元/SGD
5	马来西亚	my	60	吉隆坡0	新加坡元/MYR
6	菲律宾	ph	63	马尼拉0	比索/PHP
7	韩国	kr	82	首尔+1	韩元/KRW
8	日本	jp	81	东京+1	日圆/JPY
9	越南	vn	84	河内-1	越南盾/VND
10	柬埔寨	kh	855	金边-1	瑞尔/KHR
11	缅甸	mm	95	仰光-1.5	缅元/MUK
12	文莱	bn	673	斯里巴加湾港0	文莱元/BND
13	尼泊尔	np	977	加德满都-2.5	卢比/NPR
14	印度尼西亚	id	62	雅加达-1	印度尼西亚盾/IDR
15	土耳其	th	90	安卡拉-6	土耳其镑/TRL
16	印度	in	91	新德里-2.5	卢比/INR
17	马尔代夫	mv	960	马累-3	卢比/MVR
18	斯里兰卡	lk	94	科伦坡-2.5	卢比/LKR
19	巴基斯坦	pk	92	伊斯兰堡-3	卢比/PRK
20	塞浦路斯	cy	357	尼科西亚-6	欧元/EUR

续表

序号	国家/地区	国际域名后缀	国际长途电话区号	与北京时差/小时	流通货币/代码
21	约旦	jo	962	安曼-6	第纳尔/JOD
22	老挝	la	856	万象-1	基普/LAK
23	蒙古	mn	976	乌兰巴托 0	图克里克/TUG
24	孟加拉国	bd	880	达卡-2	塔卡/BDT
25	叙利亚	sv	963	大马士革-6	叙利亚镑/SYP
26	阿曼	om	968	马斯喀特-4	里亚尔/OMR
27	中国台湾	tm	886	0	新台币/TWD
28	以色列	il	972	耶路撒冷-6	新谢克尔/ILS
29	阿联酋	ae	971	阿布扎比-4	迪拉姆/AED
30	朝鲜	kp	850	平壤+1	朝鲜圆/KPW
31	乌兹别克斯坦	uz	998	塔什干-3	苏姆/UZS
32	黎巴嫩	lb	961	贝鲁特-6	黎巴嫩镑/LBP
33	伊朗	ir	98	德黑兰-4.5	里亚尔/IRR
34	格鲁吉亚	gr	995	第比利斯-4	拉里/LARI
	欧洲				
35	马耳他	mt	356	瓦莱塔-7	欧元/EUR
36	德国	de	49	柏林-7	欧元/EUR
37	克罗地亚	hr	385	萨格勒布-7	库纳/HRK
38	匈牙利	hu	36	布达佩斯-7	福林/HUF
39	希腊	gr	30	雅典-6	欧元/EUR
40	法国	fr	33	巴黎-7	欧元/EUR
41	荷兰	nl	31	阿姆斯特丹-7	欧元/EUR
42	比利时	be	32	布鲁塞尔-7	欧元/EUR
43	卢森堡	lu	352	卢森堡市-7	欧元/EUR
44	葡萄牙	pt	351	里斯本-8	欧元/EUR
45	西班牙	es	34	巴塞罗那-8	欧元/EUR

续表

序号	国家/地区	国际域名后缀	国际长途电话区号	与北京时差/小时	流通货币/代码
46	意大利	it	39	罗马-7	欧元/EUR
47	奥地利	at	43	维也纳-7	欧元/EUR
48	芬兰	fi	358	赫尔辛基-6	欧元/EUR
49	瑞典	se	46	斯德哥尔摩-7	克朗/SEK
50	捷克	cz	420	布拉格-7	克郎/CZK
51	爱沙尼亚	ee	372	塔林-6	克鲁恩/EEK
52	拉脱维亚	lv	371	里加-6	拉兹/LVL
53	立陶宛	lt	370	维尔纽斯-6	利塔斯/LTL
54	波兰	pl	48	华沙-7	兹罗提/PLZ
55	斯洛文尼亚	si	386	卢布尔雅那-7	欧元/EUR
56	斯洛伐克	sk	421	布拉迪斯拉发-7	欧元/EUR
57	丹麦	dk	45	哥本哈根-7	克朗/DKK
58	冰岛	is	354	雷克雅未克-8	克郎/ISK
59	爱尔兰	ie	353	都柏林-8	欧元/EUR
60	挪威	no	47	奥斯陆-7	克朗/NOK
61	罗马尼亚	ro	40	布加勒斯特-6	列伊/ROL
62	瑞士	ch	41	日内瓦-7	法郎/CHF
63	列支敦士登	li	423	瓦杜兹-7	法郎/CHF
64	英国	uk	44	伦敦-8	英镑/GBP
65	俄罗斯	ru	7	莫斯科-5	卢布/RUB
66	安道尔	ad	376	安道尔城-7	欧元/EUR
67	保加利亚	bg	359	索非亚-6	列弗/BGN
68	摩纳哥	mc	377	摩纳哥城-7	欧元/EUR
69	黑山	yu	381	波德戈里察-7	欧元/EUR
70	塞尔维亚	rs	381	贝尔格莱德-7	第纳尔/RSD
71	乌克兰	ua	380	基辅-6	格里夫纳/UAH

续表

序号	国家/地区	国际域名后缀	国际长途电话区号	与北京时差/小时	流通货币/代码
72	马其顿	mk	389	斯科普里-7	马其顿第纳尔/MKD 美洲
73	古巴	cu	53	哈瓦那-13	比索/CUP
74	智利	cl	56	圣地亚哥-12	比索/CLP
75	牙买加	mj	1876	金斯敦-13	牙买加元/JMD
76	巴西	br	55	巴西利亚-11	新克鲁赛罗/BRC
77	墨西哥	mx	52	墨西哥城-14	比索/MXN
78	秘鲁	pe	51	利马-13	新索尔/PEN
79	安提瓜和巴布达	ag	1268	圣约翰-12	东加勒比元/XCD
80	巴巴多斯	bb	1246	布里奇敦-12	巴巴多斯元/BBD
81	格林纳达	gd	1809	圣乔治-12	东加勒比元/XCD
82	巴哈马	bs	1242	拿骚-13	巴哈马元/BSD
83	阿根廷	ar	54	布宜诺斯艾利斯-11	比索/ARS
84	委内瑞拉	ve	58	加拉加斯-12	博利瓦/VEB
85	美国	us	1	华盛顿-13	美元/USD
86	圭亚那	gf	594	乔治敦-12	圭亚那元/GYD
87	厄瓜多尔	ec	593	基多-13	美元/USD
88	多米尼克	dm	596	罗索-12	新台币/TWD
89	加拿大	ca	1	渥太华-13	加拿大元/CAD
90	哥伦比亚	co	57	波哥大-13	比索/COP
91	哥斯达黎加	cr	505	圣何塞 14	科朗/CRC
大洋洲					
92	澳大利亚	au	61	堪培拉+2	澳大利亚元/AUD
93	新西兰	nz	64	惠灵顿+4	新西兰元/NZD
94	北马里亚纳	mp	1670	塞班岛+2	美元/USD
95	斐济	ej	679	苏瓦+4	斐济元/FJD
96	瓦努阿图	vu	678	维拉港+3	瓦图/VUV

续表

序号	国家/地区	国际域名后缀	国际长途电话区号	与北京时差/小时	流通货币/代码
97	汤加	to	676	努库阿洛法+5	潘加/TOP
98	法属波利尼西亚	pf	689	帕皮提-18	太平洋法兰西共同体法郎/XPF
99	巴布亚新几内亚	pg	675	莫尔兹比港+2	基那/PGK
100	密克罗尼西亚	fm	691	帕利基尔+3	美元/USD
101	萨摩亚	ws	685	阿皮亚-19	美元/USD
			非洲		
102	埃及	eg	20	开罗-6	埃及镑/EGP
103	南非	za	27	开普敦-6	兰特/ZAR
104	埃塞俄比亚	ep	251	亚的斯亚贝巴-5	比尔/ETB
105	津巴布韦	zw	263	哈拉雷-6	津巴布韦元/ZWD
106	坦桑尼亚	tz	255	达累斯萨拉姆-5	先令/TZS
107	毛里求斯	mu	230	路易港-4	卢比/MUR
108	突尼斯	rn	216	突尼斯-7	第纳尔/TND
109	塞舌尔	sc	248	维多利亚-4	卢比/SCR
110	肯尼亚	ke	254	内罗毕-5	先令/KES
111	赞比亚	zm	260	卢萨卡-6	克瓦查/ZMK
112	乌干达	ug	256	坎帕拉-5	先令/UGX
113	摩洛哥	am	212	拉巴特-8	迪拉姆/MAD
114	纳米比亚	an	264	温得和克-6	纳米比亚元/NAD
115	佛得角	ca	238	普拉亚-9	埃斯库多/CVE
116	加纳	gh	233	阿克拉-8	塞地/GHC
117	马里	ml	223	巴马科-8	非洲法郎/XOF
118	马达加斯加	mg	261	塔那那利佛-5	阿里亚里/MGA
119	喀麦隆	cm	237	雅温得-7	中非共同体法郎/XAF
120	卢旺达	rw	250	基加利-6	法郎/RWF

策　　划：李荣强
责任编辑：李荣强

图书在版编目（CIP）数据

旅游目的地概述/夏林根编著．—北京：旅游教育出版社，2005.4（2018.1）
出境旅游领队培训与考试用书
ISBN 978-7-5637-1270-0

Ⅰ．旅…　Ⅱ．夏…　Ⅲ．旅游指南—世界　Ⅳ．K919

中国版本图书馆 CIP 数据核字（2005）第 026509 号

出境旅游领队培训与考试用书

旅游目的地概述
（第 5 版）

夏林根　编著

出版单位	旅游教育出版社
地　　址	北京市朝阳区定福庄南里 1 号
邮　　编	100024
发行电话	（010）65778403　65728372　65767462（传真）
本社网址	www.tepcb.com
E-mail	tepfx@163.com
印刷单位	艺堂印刷（天津）有限公司
经销单位	新华书店
开　　本	787 毫米×960 毫米　1/16
印　　张	34
字　　数	557 千字
版　　次	2018 年 1 月第 5 版
印　　次	2018 年 1 月第 1 次印刷
定　　价	68.00 元

（图书如有装订差错请与发行部联系）